Adolf Strodtmann

Dichterprofile, Literaturbilder aus dem neunzehnten Jahrhundert

Zweite Ausgabe

Adolf Strodtmann

Dichterprofile, Literaturbilder aus dem neunzehnten Jahrhundert
Zweite Ausgabe

ISBN/EAN: 9783743310384

Hergestellt in Europa, USA, Kanada, Australien, Japan

Cover: Foto ©Thomas Meinert / pixelio.de

Manufactured and distributed by brebook publishing software
(www.brebook.com)

Adolf Strodtmann

Dichterprofile, Literaturbilder aus dem neunzehnten Jahrhundert

Dichterprofile.

Literaturbilder aus dem neunzehnten Jahrhundert.

Von

Adolf Strodtmann.

Zweite Ausgabe.

———— ✦ ————

Berlin 1883.

Abenheim'sche Verlagsbuchhandlung
(G. Joël).

Vorwort.

„Dichterprofile“ habe ich diese Sammlung von Literaturbildern nicht ohne Absicht genannt. Denn wie in den scharf umrissenen Kontouren des Profils die eigenartigen Züge der Gesichtsbildung am deutlichsten hervortreten, war es mein Wunsch und Bestreben, in den nachfolgenden Charakteristiken neuerer Dichter weniger eine Galerie bunt ausgetüpfelter Porträts zu liefern, als vielmehr eine Reihe prägnanter Stizzen ihrer schriftstellerischen Individualität, wie dieselbe in ihren Werken sich ausspricht. Ich bin mir bewußt, mit unbefangenem, genußfreudigem Sinne, zum mindesten niemals mit einer willkürlichen ästhetischen Schablone, an die Lektüre der künstlerischen Erzeugnisse unsrer Geisteheroen heran geschritten zu sein. Es lag mir fern, Werth und Bedeutung derselben nach Schulmeisterart an abstrakten Maßstäben zu messen; im Gegentheil war ich stets bemüht, aus ihren eigenen Schöpfungen ein klares Bild Dessen, was sie gewollt, zu gewinnen, und Das, was sie erreicht oder verfehlt hatten, nach dem Kunstideal zu beurtheilen, das ihnen selber bei ihrem Schaffen vor der Seele stand. Mögen die Gegner der modernen Literatur, welche seit vierzig Jahren unermüdlich das alte Stichwort vom „Epigonenthum“ aller neueren Dichtung wiederholen, immerhin ihre weisen Häupter dazu schütteln, daß der Verfasser dieser Porträtskizzen in den

Zügen der Schriftsteller des neunzehnten Jahrhunderts nicht einen blassen Abklatsch der großen Charakterköpfe unsrer goldenen Ära erblickt, sondern einen Reichthum selbständiger Physiognomieen, in denen sich das Ringen und Kämpfen unsres Zeitalters eben so typisch ausprägt, wie in den klassisch edlen Häuptern ihrer Vorgänger das Leben und Streben einer früheren Periode. Die Zeit selbst ist eben eine andre geworden, sie trachtet nach anderen — und, wie wir glauben nicht minder erhabenen — Zielen, als ehemals; da ist es die Aufgabe des Dichters, ein neues Panier, das Panier seines Jahrhunderts, zu entfalten und es leuchtend voran zu tragen in den Wettern der Geistesschlacht. Die Erkenntnis, daß eine stolze Schar neuerer Schriftsteller, deren Zahl wir leicht um eine Reihe gleich ruhmvoller Namen vermehren könnten, jene Aufgabe, Bannerträger der Ideen ihrer Zeit zu sein, aufs würdigste begriffen hat, — diese herzerhebende Erkenntnis an seinem bescheidenen Theile zu fördern, ist der Zweck des vorliegenden Buches.

Selma's Villa,
Steglitz bei Berlin.

Adolf Strodtmann.

Erste Abtheilung.

Deutsche Dichtercharaktere.

Inhalt.

Deutsche Dichtercharaktere.

Hoffmann von Fallersleben.

Es war in den letzten Junitagen des Sommers 1847. Die Liedertäfler von nah und fern waren nach Lübeck geströmt, um in der alten Hansestadt das große norddeutsche Sängerfest zu feiern. Draußen vor dem Thore im Grünen hatten wir auf dem fahnengeschmückten Festplatz in tausendstimmigem Jubelchor unsere Lieder gesungen von Frühling, Wald und Warderlust, von Deutschlands alter, ewig junger Pracht und Herrlichkeit. Dann hatten wir beim fröhlichen Mahl unterm Zeltdach der geräumigen Festhalle den Rednern gelauscht, die von der Macht des deutschen Liedes und von der deutschen Einheit und Freiheit sprachen, und manches begeisterte Hoch war erklungen auf das meerumschlungene Schleswig-Holstein, auf den alten Vater Arndt und auf Emanuel Geibel, welcher aus der Ferne einen freundlichen Willkommgruß an die Sangesbrüder am Travestrande gerichtet. Nun war es Abend geworden, Gesang und Gläserklang übertäubten die Stimmen der Redner, und ich schlenderte mit einigen neu erworbenen Freunden, Gymnasiasten gleich mir — die Jugend schließt ja schnell Brüderschaft — in die Stadt zurück, um im Rathskeller bei einer Flasche Rheinwein und heiterem Wechselgespräch den schönen Tag zu beschließen.

Auch der Rathskeller hatte sein Festgewand angelegt. Die riesigen Stückfässer an den Wänden und die Eingangsbogen der Gewölbe waren mit Guirlanden von Eichenlaub umwunden; dazwischen blinkten zahllose Lichter und bunte Laternen und warfen einen unruhigen Flackerschein auf die Gruppen, welche dichtgedrängt um die flaschen- und gläsergefüllten Tische saßen. Wie sollten wir uns hier einen Platz erobern? Wir spähten von Gemach zu Gemach umher; endlich traten wir in ein etwas abseits

1*

gelegenes Gewölbe, aus welchem uns ein lustiges Lachen entgegenscholl.
Ein stämmiger, herkulisch gebauter Mann hatte sich hier vor einer Batterie von Weinflaschen hingepflanzt. Sein langes, schlichtes, blondes
Haar war mit einer schwarzen Mütze bedeckt, wie Philister und Handwerksburschen sie tragen; es wallte bis über die Schultern hinab und floß
mit dem Kinnbarte zusammen, der bei dem herzlichen, vollen Lachen des
fein geschnittenen Mundes und bei dem gutmüthig schelmischen Zwinkern
der tief liegenden Augen beständig in schütternder Bewegung war. Der
Mann mochte zu Anfang oder zu Ende der Vierzig stehen, sein falten-
loses, heiteres Gesicht ließ sein Alter nicht mit Bestimmtheit erkennen;
auch sein Stand war uns räthselhaft — am wahrscheinlichsten dünkte es
uns, daß er ein alter Student, ein bemoostes Haupt von unzähligen
Semestern sei; denn unter seiner Tischgesellschaft leuchteten die weißen
Mützen einiger Kieler Burschenschafter hervor, denen er die ergötzlichsten
Universitätsschnurren erzählte.

„Ist's erlaubt?" frugen wir. Die Studenten rückten zusammen, und die
Batterie wurde um ein Paar neue Flaschen vermehrt. Wir hatten den Tag
über des Guten schon ziemlich viel gethan, und ließen, den Anekdoten des Unbekannten lauschend, die gefüllten Gläser fast unberührt vor uns stehen. Er
schien Das plötzlich zu gewahren und rief zu uns hinüber: „Nun, meine
jungen Herren! schmeckt Ihnen der Wein nicht? Sie brauchen im Lübecker
Rathskeller doch nicht zu befürchten, daß es Ihnen wie weiland dem Hofrath Böttiger ergeht! — Ja so," fuhr er fort, als wir ihn fragend an-
blickten, „die Geschichte kennen Sie nicht, da will ich sie Ihnen erzählen.
Also, der Hofrath Böttiger in Weimar, der bekannte Kritikus und Archäo-
log, welcher viele Jahre lang die Literaturberichte für die ‚Allgemeine
Zeitung' schrieb, kam häufig zur Messe nach Leipzig und wurde dann von
den Buchhändlern, die seine einflußreiche Feder und nicht minder seine
feinschmeckende Zunge kannten, aufs stattlichste bewirthet. Bei solcher
Gelegenheit lud ihn auch Herr Brockhaus zum Mittagessen ein. Der
Hofrath erhielt den Ehrenplatz zwischen dem Hausherrn und seiner würdigen Ehehälfte, und der Wirth hieß den Diener eine Flasche des besten
Weines vor seinen berühmten Gast hinsetzen. Die Tafel war aufs reichste
bestellt, und der Hofrath erwies den Trüffelpastetchen und dem Kapaunen-
braten alle Gerechtigkeit. ‚Aber was ist Das, Herr Hofrath?' frug der

Buchhändler plötzlich, als er bemerkte, daß sein Gast, wider Gewohnheit, kaum nippend das Weinglas berührte; ‚schmeckt Ihnen der Wein nicht?‘ Nun war Hofrath Böttiger der höflichste Mann von der Welt, der auch die ausgesuchteste Bosheit bei Tribe nicht anders als in der artigsten Form gesagt hätte. Er antwortete — aber bitte, meine Herren, nun achten Sie auf jedes Wort; verstehen Sie, auf jedes einzelne Wort! — also, er antwortete mit bescheidenster Miene: ,Dieser, sonst so vortreffliche Wein dürfte mit der Zeit vielleicht einen kleinen Stich bekommen.‘ Erschrocken nahm der Buchhändler die Flasche, schenkte sich ein Glas voll und führte den Wein an die Lippen. ‚Pfui Teufel, Johann!‘ schrie er ausspuckend dem Diener zu, ‚was haben Sie da wieder gemacht? Sie haben dem Herrn Hofrath ja eine Flasche Weinessig vorgesetzt!‘ Hahaha, nun hören Sie den Satz noch einmal! ,Dieser — sonst — so — vortreffliche — Wein — dürfte — mit der Zeit — vielleicht — einen kleinen — Stich — bekommen!‘ Hahaha! Jedes Wort eine auf Schrauben gestellte Malice! Hahaha!“ Und der Erzähler lachte so lustig, daß die Spitzen seines Bartes wellenförmig auf und ab zitterten.

Und so ging es weiter. Fast jedes Gespräch, das über den Tisch flog, gab ihm den natürlichsten Anlaß, eine spaßige Geschichte zu erzählen, oder er wußte die Unterhaltung geschickt so zu lenken, daß er ganz ungezwungen wieder eine neue Anekdote einflechten konnte, die gewiß Keiner von uns jemals gehört hatte.

Der Rathskeller füllte sich mehr und mehr mit Gästen. An unserem Tische war längst kein Platz mehr frei, und es fiel mir auf, daß manche der umher promenierenden Liedertäfler von Zeit zu Zeit einen neugierigen Blick auf unsern jovialen Gesellschafter warfen, wie Einer dem Andern wohl in einer öffentlichen Versammlung flüsternd eine vielgenannte Tagesgröße zeigt. Einige der Herren, welche sich zu uns hingesetzt, hatten ihm wie einem alten Bekannten zugenickt und ihn „Herr Professor“ angeredet; doch hatte ich seinen Namen noch nicht vernommen. In einzelnen Gruppen wurde gesungen, und die Lieder drangen, bald gedämpft, bald klar und voll, aus den anstoßenden Gewölben herüber. Es waren die frohen patriotischen Weisen, welche damals mit vierstimmigen Melodieen von allen Liedertafeln gesungen wurden, und welche auch heute auf dem Festplatze so manches Herz erhoben und erfreut hatten: „Deutschland, Deutschland über Alles", „Das freie Wort von Ort zu Ort", „Treue Liebe bis zum Grabe schwör' ich dir mit Herz und Hand", „Frei und unerschütterlich wachsen unsre Eichen", „Wie könnt' ich dein vergessen?", „Zwischen Frankreich und dem Böhmerwald", u. s. w. u. s. w. So oft solch eine Melodie zu uns herüber scholl, reckte unser unbekannter Gefährte sein Haupt freudig empor, horchte mit blitzenden Augen, gab mit leise auf dem Tisch tanzenden Fingern oder laut an sein Glas schlagend den Takt an, und stimmte aus voller Brust in den Gesang mit ein.

Eben waren die letzten Töne eines dieser Lieder verklungen, da entstand eine allgemeine Bewegung. Alles schien sich von den Sitzen zu erheben, ein ganzer Schwarm Liedertäfler drängte sich, die gefüllten Gläser in den Händen, an unsern Tisch, und eine kräftige Stimme rief: „Dem deutschen Manne, dem Sänger der Freiheit, Hoffmann von Fallersleben, ein donnerndes Hoch!"

„Hoch! hoch! hoch!" Jeder wollte mit ihm anstoßen, Jeder einen Handdruck von ihm erhaschen. Die Leidensgeschichte des seiner Breslauer Professur entsetzten, von Stadt zu Stadt vertriebenen Verfassers der „Unpolitischen Lieder" hatte die Runde durch alle Zeitungen gemacht. Schon der flüchtigste Verkehr mit dem Verbannten genügte, um den Verdacht demagogischer Gesinnung zu erwecken. Aber hier in der freien Reichsstadt brauchte Niemand seiner Liebe und Bewunderung für einen höchsten Orts misliebigen politischen Dichter Zwang anzuthun. In den Liedertafeln herrschte ein frischer, fröhlicher Geist des Freisinns und der Vaterlandsliebe, der in jener trüben Zeit den Glauben und das Vertrauen auf eine bessere Zukunft wach erhielt, und der in den Liedern Hoffmann's seinen volksthümlichsten Ausdruck fand. Auch wir, Gymnasiasten wollten den günstigen Zufall, der uns in die Gesellschaft des wackeren Mannes geführt hatte, nun, da sein Name uns enthüllt worden war, nicht entschlüpfen lassen, ohne ihm unsere — freilich recht geschmacklose — Huldigung darzubringen. Im Nu rissen wir die schwere Eichenguirlande vom Thürbogen herab und flochten sie zu einem naturwüchsigen Kranze, um das Haupt des Sängers zu krönen, der soeben mit einem improvisierten Reimspruche für das Hoch gedankt hatte. Gutmüthig abwehrend streckte er uns die Hand entgegen, als wir ihm das Kranz-Ungethüm aufsetzen wollten.

„Da ſäh' ich ja wie ein Pfingſtochſe aus", ſagte er. „Laſſt es gut
ſein! Ich weiß, wie ihr's meint, und ich freue mich, daß hier, wie überall, die Jugend es mit der Freiheit hält. Das deutſche Vaterland und
die Freiheit, die beiden bewahrt treulich im Herzen, und werdet keine
feigen Philiſter, keine verſchimmelten Profeſſoren, die über ſchweinsleder-
nen Pergamenten die ganze herrliche Gotteswelt vergeſſen!"

Dann wandte er ſich zu den neu angekommenen Gäſten, die ihn
aufforderten, das eine oder andere ſeiner Lieder zu ſingen. Er ließ ſich
nicht lange bitten. In kräftigem Baßtone ſtimmte er nach der Melodie
„Ein Schifflein ſah ich fahren" das „Erntelied" an:

> Der Sommer iſt gekommen
> Für das deutſche Vaterland.
> Friſch auf drum, deutſcher Michel,
> Jetzt nimm die Senſ' und Sichel!
> Alle Welt fort ins Feld,
> Friſch und froh wie ein Held!
> Nimm die Sichel, nimm die Sichel, nimm die Sichel in die Hand,
> Und ſchneide, ſchneid' und ernte!

Andere Lieder folgten, ernſte und heitere — welche, weiß ich zum
Theil nicht mehr, doch waren viele mir neu, und namentlich eins iſt mir
lange im Gedächtnis geblieben. Ich fand es ſpäter in einer jener kleinen
Sammlungen, die Hoffmann während der vierziger Jahre in der Schweiz
drucken ließ, um den Plackereien der heimiſchen Cenſur ein Schnippchen
zu ſchlagen:

Flora Germanica.

> Es grünt und blüht im Vaterlande
> Zum Heil und Segen jedem Stande:
> Denn jedem Deutſchen bringt fürwahr
> Der Frühling eine Gabe dar.

> Der Frühling kommt, uns zu belohnen
> Mit Königskerzen, Kaiſerkronen,
> Mit Pfaffenhüten, Ritterſporn,
> Mit Bauernſenf und Edelkorn.

> Doch läſſt er uns am meiſten ſchauen
> In allen Wäldern, allen Auen,
> Daſs Gott erbarm'! Jahr aus, Jahr ein
> Das deutſche Hungerblümelein.

Den tiefsten Eindruck aber machte auf uns Alle

Das Lied vom deutschen Ausländer.

Ein Knabe lernte ein Gebet,
Das sprach er täglich früh und spät,
Er sprach es, wo er ging und stand,
Zu Gott empor fürs Vaterland:
    Kein Österreich, kein Preußen mehr!
    Ein einig Deutschland, groß und hehr,
    Ein freies Deutschland Gott bescheer'!
    Wie seine Berge fest zu Trutz und Wehr.

Und als der Knabe ward ein Mann,
Da thät man ihn sofort in Bann,
Man schickt' ihn flugs aus Preußen fort,
Weil er zu laut einst sprach das Wort:
    Kein Österreich, kein Preußen mehr!
    Ein einig Deutschland, groß und hehr,
    Ein freies Deutschland Gott bescheer'!
    Wie seine Berge fest zu Trutz und Wehr.

Wie er aus Preußen war verbannt,
Da nahm ihn auf kein deutsches Land;
Er durfte nicht einmal hinein
In Reuß, Greiz-Schleiz und Lobenstein.
    Kein Österreich, kein Preußen mehr!
    Ein einig Deutschland, groß und hehr,
    Ein freies Deutschland Gott bescheer'!
    Wie seine Berge fest zu Trutz und Wehr.

Leb wohl! rief er der Heimat zu,
Wo man mir gönnt nicht Rast noch Ruh',
Wo ich zuletzt kein Fleckchen fand,
Zu beten für mein Vaterland:
    Kein Österreich, kein Preußen mehr!
    Ein einig Deutschland, groß und hehr,
    Ein freies Deutschland Gott bescheer'!
    Wie seine Berge fest zu Trutz und Wehr.

Und als er auf dem Rigi stand,
Jetzt neununddreißigmal verbannt,
Sang er, in Lieb' und Zorn entbrannt:
Was ist des Deutschen Vaterland?
    Ein Österreich, ein Preußen nur!
    Von deutscher Freiheit keine Spur!
    Und regt sich ein Mäuslein nur,
    Gleich packt's die Polizei und die Censur.

Mehr als zwanzig Jahre verstrichen seit jener Begegnung im Lübecker Rathskeller, bis ich den fahrenden Sänger der Freiheit wiedersah. Der demokratische Gesangverein „Arion" in dem gastlichen Bielefeld feierte im Juli 1869 sein zehnjähriges Stiftungsfest. Auf Antrag des Vorsitzenden, Richard Wehn, hatte man beschlossen, dies Fest zu einer Begrüßungsfeier Ferdinand Freiligrath's in seiner westfälischen Heimat zu gestalten. Alles, was in Literatur, Presse und Kammer der Sache der Freiheit treu gedient, war eingeladen worden, den Tag durch seine Gegenwart zu verherrlichen, und mehr als zweihundert Gäste von nah und fern — Schriftsteller, Journalisten, Volksvertreter — hatten der freundlichen Aufforderung entsprochen. Auch Hoffmann von Fallersleben war von Corvey herüber gekommen, wo er als Bibliothekar des Herzogs von Ratibor nach langen Irrfahrten einen ihm zusagenden Ruhehafen für den Rest seines Lebens gefunden hatte. Ganz wie einst, traf ich ihn am Wirthshaustische inmitten einer Schar fröhlicher Genossen, denen er bei einem Glase goldfunkelnden Markobrunners seine Lieder sang und mit unverwüstlichem Humor Anekdote auf Anekdote zum Besten gab. Die Jahre hatten sein blondes Haar gebleicht, das jetzt silberfarben, aber noch immer in dichter Fülle, über den Nacken fiel; um die schelmisch zwinkernden Augen hatten sich zahlreiche Fältchen gelegt; aber das Roth der Gesundheit blühte noch auf den vollen Wangen des Siebzigers, und das tiefe, schütterude Lachen bewegte noch eben so lustig die Spitzen des schneeweißen Kinnbarts. Ein rothseidenes Tuch war lose um seinen Hals geschlungen, die schwarze Handwerksburschenmütze hing über ihm an der Wand. Das Alter und die Stürme des Lebens hatten über diese athletische Gestalt, die ein ungebeugtes Haupt auf den mächtigen Schultern trug, Nichts vermocht; in dieser breit gewölbten Brust schlug, unvergällt von Bitterkeit und Haß, ein kindlich heiteres, jugendlich warmes Dichterherz. Eben diese naive, herzwarme Fröhlichkeit, diese innige Freude am Großen wie am Kleinen war es, welche dem Wesen und den Worten des Mannes einen so unbeschreiblichen Reiz verlieh. Man muß den gottvergnügten Ausdruck gehört und gesehen haben, mit welchem er das unbedeutendste Stegreifgedicht, den flüchtigsten Reimscherz vortrug, um die stürmische Lust zu begreifen, welche solche Apropos entzündeten. Gewiß möchte Niemand den launigen Toasten, welche Hoffmann bei jenem Bielefelder Feste auf seinen alten Kampfgenossen Freiligrath oder auf den Gesangverein „Arion" ausbrachte, einen poetischen Werth beimessen; dennoch hingen Aller Augen und Herzen wie gebannt an den Lippen des Jüngling-Greises, als er mit seiner markigen Stimme und mit eigenthümlich neckischer Betonung der Reime nachfolgende Verse sprach:

> Heil ihm, der den geraden Pfad
> Des Rechts und der Freiheit gewandelt hat,
> In edlem Zorneseifer zertrat
> Allen Lug und Trug und allen Verrath
> Am Vaterland und an Kirch' und Staat,
> An der Menschheit Proletariat!
> Heil ihm, der für die Freiheit früh und spat
> Kämpfte wie ein tapferer Soldat!
> Sie bleibt seine Braut im Hochzeitsstaat,
> Nie könnt' Er werden ein Renegat,
> Nie üben an seiner Verlobten Verrath.
> Und hielt' ihn gefangen Kosak und Kroat,
> Und säh' er nur Blut- und Thränenbad,
> Und würd' er begnadet zu Galgen und Rad,
> Er bliebe der Freiheit Advokat
> Mit Sang und Wort, mit Rath und That.
> Und wenn einst der Tag der Vergeltung naht,
> Wenn gewogen wird Gesinnung und That,
> Wenn die Ernte kommt für jede Saat,
> Dann wird erkannt, was Er ist, was Er that
> Dann ruft mit mir jeder Demokrat:
> Hoch lebe mein alter Kriegskamerad!
>
> Hoch Ferdinand Freiligrath!

> Wer in allen Sachen nach Maß sucht,
> Wer allem Lachen und Spaß flucht,
> Sich an keinem Witz freut,
> Sich vor jedem Blitz scheut,
> Vor jedem Wölkchen weit flieht,
> Überall Herzeleid sieht,
> Und Alles schüchtern treibt,
> Und immer nüchtern bleibt,
> Gleichgültig in die Welt sieht,
> Wenn was Großes ins Feld zieht,
> Und sich fühlt unaussprechlich gebrechlich,

Alltäglich, unsäglich, kläglich,
Und lieber beginnt zu verzagen,
Eh' er beginnt uns zu wagen,
Und keinen frischen Genuß liebt,
Der Fröhlichkeit keinen Kuß giebt,
Und wo man Wein ihm einschenkt,
Nur stets allein an Pein denkt —
Will Der sich des Dichtens unterwinden,
So soll man ihn auf den Pegasus binden
Und hinter ihm blasen Hüon's Horn,
Daß er lustig werde hinten und vorn,
Bis er merkt auf seinem Pegasus,
Wie einem Dichter zu Muth sein muß.
Drum sei freudig des Arion gedacht,
Der uns zusammen hat gebracht,
Uns zu Poeten hat angefacht,
Und selbst die Poeten zu Poeten hat gemacht.

Noch eines Erlebnisses muß ich gedenken, das sich an jene Festtage in Bielefeld knüpft. Der dortige Arbeiter-Bildungsverein hatte Freiligrath, Hoffmann und die übrigen Dichtergäste des „Arion" zu einem Besuche seines Lokals eingeladen. Auch den Lassalleanern, welche einem socialdemokratischen Arbeitervereine von abweichender Richtung angehörten, war auf ihren Wunsch an diesem Abend der Zutritt gestattet worden. Kaum hatten die fremden Gäste, mit herzlichen Worten begrüßt, unter den Arbeitern Platz genommen, als sich ein Socialdemokrat erhob und etwa folgende Anrede an sie richtete: „Meine Herren! Wir sind hieher gekommen, weil man uns gesagt hat, daß Sie ein Herz für das arme Volk haben, daß Sie mit Muth und Ausdauer immer der Sache des Fortschritts und der Reform der heutigen schlechten Weltordnung das Wort geredet haben. Es sind schöne Worte genug gesprochen, die uns nicht halfen. Da heißt es immer: Bildung macht frei! leset, lernt, bildet euch, dann wird es auch für euch besser in der Welt. Aber wie können wir über den Büchern sitzen und studieren, wenn der Magen bellt? Was nützt uns die Bildung, wenn wir darüber verhungern? Sie, meine Herren, haben gewiß ernstlich über diese Frage nachgedacht; antworten Sie uns doch, sagen Sie uns rund heraus: wie verschafft man dem armen Volke Brot?" — Todtenstille folgte der treuherzigen, schlichten Rede des bleichen Mannes. Nie war das unheimliche Gespenst der socialen Frage uns in schreckvollerer

Nacktheit entgegentreten. „Es ist fürchterlich,“ raunte mir Freiligrath zu, „der arme Bursch hat von seinem beschränkten Standpunkte vollkommen Recht; man kann ihn vielleicht trösten, aber schwerlich ganz widerlegen.“ Endlich ergriff Albert Träger das Wort. Mit männlichem Ernst, ohne ausweichende Phrasen, beleuchtete er den Kernpunkt der Frage. Er enthüllte offen die schwärenden Wunden der Gesellschaft, die Noth der Armen, das Unrecht der Reichen; dann aber wies er an der Hand der Geschichte den allmählichen Fortschritt der Menschheit nach und betonte dabei, daß es für das Weltelend kein Universalheilmittel gebe, sondern daß nur ein gemeinsames Streben Aller und das Bemühen jedes Einzelnen, in redlicher Arbeit der Hand oder des Kopfes seinen Platz auszufüllen, eine bessere Zukunft auch für den Arbeiterstand heraufführen werde. Andere Redner folgten; doch blieb ein leiser Mißklang zurück, der schwarze Schatten hatte die frohe Feststimmung verscheucht. Da schlug der alte Hoffmann von Fallersleben, der gestützten Hauptes mit sichtlicher Antheilnahme der aufregenden Debatte gefolgt war, an sein biergefülltes Deckelglas und brachte der schöneren Zukunft Deutschlands ein kräftiges Hoch. Aller Augen richteten sich auf die trotzige Hünengestalt im silberweißen Haar. „Vorwärts!“ war der Text seines Reimspruches, —

> „Vorwärts! sei der Ruf der Freudigkeit,
> Wenn Unsinn, Dummheit und Schlechtigkeit
> Zurückhalten möchten unsere Zeit:
> Wenn Jesuiten mit langen Sermonen,
> Mit Kreuzen, Fahnen und Processionen,
> Wenn arme Ritter mit Diplomen und Wappen
> Und ihre Helfershelfer und Knappen,
> Bürgerliche Kanaillen auf Schuster's Rappen,
> Wenn alte Gecken und junge Laffen,
> Schriftgelehrte, Pharisäer und Pfaffen
> Die Welt von Anno Toback möchten wieder erschaffen!“

In solchem Tone ging es noch lange unter rauschendem Beifall der Versammelten fort, und Alle drängten sich herbei, um dem alten Volkssänger dankend die Hand zu drücken, als er schloß:

> „Vorwärts!
> Daß bald erscheint eine schönere Zeit,
> Ein Frühling für Deutschland weit und breit.

13

Ein Frühling,
Der unsere Hoffnung nicht höhnt,
Der unser Leben verschönt,
Und uns mit dem Schicksal versöhnt!
Drum laßt uns Alle das Glas erheben,
Deutschlands schönere Zukunft! sie soll leben!" —

Eine flüchtige Begegnung in Hamburg abgerechnet, habe ich Hoffmann nur noch einmal kurz vor seinem Tode wieder gesehen. Aber wie oft wurde ich während des Feldzugs in Frankreich an ihn erinnert, wenn beim Marsch oder am Biwonakfeuer seine herrlichen Lieder erklangen! „Morgen marschieren wir!" sangen die Braunschweiger Füsiliere im Eisenbahnwaggon, als ich mit ihnen durchs lachende Lennethal nach der Pfalz hinunterfuhr. „Des Morgens wann die Hähne krähen, widerumpumpum, schönster Schatz, nun lebe wohl!" „Trarah, trarah, mit Hörnerschall, so ziehn wir Jäger aus", „Husaren müssen reiten frohen Muthes in den Tod, trallerah vivallallerah trarah!" klang es auf dem Zuge nach Weißenburg und Wörth, klang es auf den grünen Waldwiesen um Sedan, und auf den blutgetränkten Schneefeldern vor Le Mans. Und wie jauchzend stimmten die heimkehrenden Krieger das Lied „Deutsche Worte hör' ich wieder!" an, als sie auf der Rheinbrücke bei Kehl den ersten Gruß und Händedruck der Heimat empfingen! Wie viel Trost und frischen Muth haben diese unvergleichlichen Weisen während der schweren, schrecklichen Kriegeszeit in tausend und aber tausend tapfere Soldatenherzen gehaucht! —

Im Sommer 1873 war ich nach Göttingen gereist, um die Orte zu besuchen, wo der unglückliche Dichter Bürger gelebt und gelitten, und um nach den Spuren seiner Thätigkeit zu forschen. Eines Tages überraschte mich mein Freund Richard Wehn, der den alten Hoffmann von Fallersleben auf der Herfahrt besucht hatte und mir nun eine Einladung überbrachte, den Rückweg mit ihm über Corvey zu nehmen. Anderen Tages folgte ein Telegramm, das die Einladung noch bringlicher wiederholte, und mir allerlei Nachweise und Notizen zur Unterstützung meiner Arbeit über Bürger versprach.

Einige Tage später rollte unser Wagen durch die prächtige Allee auf den inneren Hofplatz des alterthümlichen Schlosses und hielt vor dem Bibliotheksflügel, in welchem Hoffmann's Wohnung lag. Er begrüßte uns mit großer Herzlichkeit, hatte uns aber durch ein Mißverständnis schon am vorhergehenden Tage erwartet, und zeigte uns sofort die für uns bereit gehaltenen Zimmer. Daß wir noch am nämlichen Abend wieder fort mußten, wollte ihm durchaus nicht gefallen. „Sei es denn," sagte er endlich, „aber reden wir kein Wort mehr davon; erfreuen wir uns ungetrübt der kurzen Zeit, die wir beisammen sind! Wären Sie doch gestern gekommen, da hatte meine Schwägerin sich auf Ihren Besuch gerüstet — nun werden Sie, fürcht' ich, mit schlichter Hausmannskost vorlieb nehmen müssen." Er machte uns mit seiner liebenswürdigen Schwägerin, Fräulein Alwine zum Berge, bekannt, die seit dem Tode seiner unvergeßlichen Ida seinem Hauswesen vorstand, und die sich beeilte, uns den Willkommtrunk zu kredenzen. — „Wollen Sie die Bibliothek sehen?" fragte er mich. „Gut, dann machen wir am besten gleich einen Gang durch die Säle." Damit nahm der Alte ein Schlüsselbund von der Wand und schritt mir voran über den Korridor. Er schloß die Bibliotheksthüre auf und hieß mich eintreten.

„Nach Ihnen, Herr Professor!"

„Dachte ich's doch", sagte er lachend und behielt den Thürgriff in der Hand. „Sie machen's wie Alle, die herkommen, und sollten doch wissen, daß in meinen vier Pfählen nicht mir, sondern meinem Gaste der Vortritt gebührt. ‚Nach Ihnen, Herr Professor!' Hahaha! Nun hören Sie zur Strafe hier zwischen Thür und Angel erst die Geschichte vom neugebackenen Edelmann. Herr Itzigleben hatte das lange ergierte Adelsdiplom endlich erhalten und wollte nun mit seinem Sohn eine Ausfahrt machen, um sich in allem Glanz seiner neuen Würde seinen Freunden zu präsentieren. Der Lakai öffnet den Kutscherschlag, und der Sohn will dem Vater den Vortritt lassen. Aber dieser sagt mit einer tiefen Verbeugung: ‚Nach Ihnen, Herr Baron! Sie zählen einen Ahnen mehr, als ich.' So, nun treten Sie ein!"

Er fragte, welche Bücher ich zu sehen wünsche. Ich nannte ihm einige, die ich in Göttingen und Berlin vergebens gesucht hatte; ohne nachzuschlagen, sagte er mir sofort, daß sie auch hier nicht vorhanden seien. Die Bibliothek von Corvey ist reich an kostbaren illustrierten Werken, sonst aber ziemlich planlos und willkürlich zusammen gestellt. Der Besitzer gewährte seinem Bibliothekar weder die Mittel, noch die Befugnis, die einzelnen Fächer nach wissenschaftlichen Grundsätzen zu ergänzen, viel oberflächliche Unterhaltungslektüre mußte alljährlich für das Lesebedürfnis der herzoglichen Familie angeschafft werden; dagegen rühmte Hoffmann die Liberalität, mit welcher ihm der Ankauf aller Werke für die Bibliothek gestattet ward, die seinen Studien förderlich sein konnten. So hatte er namentlich die Volkslieder-Litteratur aller Sprachen nach und nach in seltener Vollständigkeit zusammengebracht. „Gelehrte Herren, die mich hier besuchen," fügte er hinzu, „murren oft darüber, daß der Herzog seine Bücherschätze nicht nach auswärts verleiht, und daß er bei den neuen Anschaffungen nicht eine bessere Auswahl trifft. Solch unvernünftiges Geschwätz hat mich mehr als einmal in hellen Zorn versetzt. Als ob ein Herzog nicht so gut wie Unsereins sich eine Bibliothek für seinen Privatgebrauch und nach seiner freien Wahl anschaffen dürfte, oder als ob man's nicht loben müßte, wenn ein vornehmer Herr lieber sein Geld für Bücher, meinethalb auch für schlechte Bücher, ausgiebt, statt es auf Maitressen, Rennpferde und Jagdhunde zu verschwenden!"

Wir gingen in das kleine Arbeitszimmer Hoffmann's neben der Wohnstube zurück. „Nun möchten Sie mich wohl fragen," begann er und blätterte in seinen Papieren, „weshalb ich Sie eigentlich herrief. Ich glaubte in der That, Ihnen einiges nicht unwichtige Material für Ihre Studien über Bürger bieten zu können, aber bei genauerer Durchsicht finde ich Wenig unter meinen Kollektaneen, was Sie nicht schon kennen werden. Da ist's — eines Dankes lohnt es nicht — aber ein Schelm giebt mehr, als er hat. Und dann — als Freund Wehn vorige Woche zu mir kam, dachte ich mir's so hübsch, wenn er noch einmal mit Ihnen zurückkehrte und wir ein paar gute Tage mit einander verlebten. Haha," schmunzelte er, als die Andern jetzt zu uns traten, „Den habe ich schön angeführt, Der meinte gewiß Wunder was für Schätze zu holen, und muß sich nun mit ein paar armseligen Zetteln begnügen! Aber setzen wir uns zu Tische und sehen wir, was uns die Küche der Hausfrau bescheert!"

Die Befürchtungen unseres Wirthes, wenn sie überhaupt ernstlich gemeint waren, erwiesen sich als durchaus unbegründet. Wir erfreuten uns der trefflichsten Speisen, und der Weinkeller Hoffmann's lieferte, wie bei einem so feinen Kenner des Rebensaftes zu erwarten stand, das edelste Gewächs. Ernste und heitere Reden würzten das Mahl. Bald wies der Alte uns die an der Wand hängenden Bleistiftskizzen seines Sohnes

Franz, welcher in Düsseldorf die Maleratademie besuchte, und von welchem er mit innigster Liebe sprach; bald flocht er eine drollige Anekdote ein, oder neckte sich mit uns und seiner Schwägerin in herzlichster Weise. „Kinder!" rief er aus, als er den perlenden Sekt in die Gläser goß, „ich bin heute so vergnügt, daß ich auf dem Tisch tanzen möchte!"

Plötzlich wurde er ernst und winkte mir, ihm in sein Arbeitszimmer zu folgen. Nachdem er die Thür hinter uns geschlossen, wandte er sich zu mir um, und legte mir beide Hände auf die Schultern. „Sehen Sie mir ins Gesicht," hob er an, „und antworten Sie mir offen, ohne alle Komplimente, auf Das, was ich Sie fragen will. Ich habe da in der letzten Zeit Allerlei geschrieben — Verse meine ich. Würde es Ihnen Vergnügen machen, das Eine oder Andere davon zu hören? Aber ganz ehrlich! denn ich möchte uns Allen die kurzen Augenblicke Ihres Hierseins nicht mit langweilender Lektüre verderben." Ich versicherte lebhaft und wahrheitsgemäß, daß er uns keine größere Freude, als durch solche Mittheilung seiner jüngsten Lieder bereiten könne. „Gut," sagte er, „gehen wir hinüber!"

Er las nun aus seiner Gedichtmappe eine große Anzahl kleiner, volksliedartiger Weisen, die uns aufs tiefste ergriffen, und deren Vortrag auch ihn allmählich in eine feierliche, freudig-wehmüthige Stimmung versetzte. Ein paar scherzhafte Kinderreime waren darunter, nicht so naiv und anmuthig, wie er deren viele gedichtet. Die meisten aber waren Herbst-, Abend- und Scheidelieder von sanft elegischer Färbung, offenbar dem Gedanken an seinen eigenen, nahe bevorstehenden Abschied vom Leben entsprungen. Dies fröhliche Gemüth, das jede Freude und jeden Schmerz des Daseins so dankbar genossen, schien jetzt gleichsam bemüht, auch dem Tod seinen Stachel zu rauben, auch das Ende harmonisch auszukosten, wie die früheren Tage. Eins dieser Lieder, das schon am 12. November 1868 verfaßt und meines Wissens bisher nicht gedruckt worden ist, habe ich später zur Erinnerung an unsern Besuch von der Schwägerin Hoffmann's aus dessen Nachlasse geschenkt erhalten. Es mag hier folgen:

Das Laub fällt von den Bäumen,
Der Winter ist nicht weit.
Jetzt kann die Welt nur träumen
Von einer schönren Zeit.

Ach, Alles ist vergangen,
Was schön gegrünt, geblüht;
In Sehnen und in Bangen
Lebt nur noch das Gemüth.

Sein Frühling ist geblieben,
Sein Bestes hält es fest,
Von den geschriebnen Lieben
Es nun und nimmer läßt.

So will auch ich denn träumen
Von einer schönren Zeit —
Das Laub fällt von den Bäumen,
Der Winter ist nicht weit.

Ein zweites der uns vorgelesenen Gedichte — vom 9. März 1873 — lautete:

Meines Herzens Liederquell,
Rinne, rinne still und hell!
Von des Himmels Thau genährt,
Von der Sonne Glanz verklärt,
Von des Frühlings Blumenpracht
Rings umblüht und angelacht.
Rinne, rinne still und hell,
Meines Herzens Liederquell!

Doch wie lang', o Liederquell,
Rinnst du noch so still und hell?
Himmelsthau nicht immer währt,
Sonnenglanz von hinnen fährt,
Und des Frühlings Blumenpracht
Wird ein Raub der Winternacht —
O versiege nicht zu schnell,
Meines Herzens Liederquell!

Eben so von allem Zauber des echten Volksliedes umflossen, und bei plastisch klarster Form zugleich ein Meisterwerk unverfälschter Stimmungs-Lyrik ist folgendes Lied vom 18. Februar desselben Jahres:

Auf dem See.

Ich saß in einem Fischerboot,
Und hörte nur den Ruderschlag;
Der See erglänzt' im Abendroth,
Zu Rüste ging der müde Tag.

Am Ufer zogen Schwän' entlang,
Es lag das Thal gehüllt in Duft,
Und eine Weidenflöt' erklang
Hell durch die frische Frühlingsluft.

Und Fried' und Ruh' um Berg und Thal
Und überall im Abendschein —
Wann kehrt Fried' und Ruh' einmal,
O Herz, mein Herz, bei dir auch ein?

Als ein Schwanengesang ureigenster Art, mit welchem der greise Sänger froh und zufrieden, wie er gelebt, von der Welt Abschied nimmt, erschien uns ein anderes Lied, das er wenige Tage vor unserer Ankunft gedichtet:

Abendruhe.

So laßt mich ruhen ungestört!
Ich habe nun genug gehört,
Hab' auch genug gesehn;
Ich habe viel gewollt, gestrebt,
Und viel durchdacht und viel durchlebt,
Was um mich ist geschehn.

Und Abend wird's, die Glocke schallt,
Und Fried' und Ruh' in Feld und Wald,
Als ob es Nacht schon wär'.
Ein Wandrer froh vorüber zieht,
Er singt aus voller Brust sein Lied —
Einst sang ich auch wie er.

Kein Halm, kein Blatt, kein Zweig
    sich regt,
Mein Herz auch immer leiser schlägt,
Mein Sehnen ist gestillt.
Und was ich war und was ich bin,
Es ist, als zieht es vor mir hin —
Ein Traum, ein Schattenbild.

Und doch ist die Vergangenheit
Mit aller Freud' und allem Leid
    Wie milder Mondenschein,
Der mich begrüßt am Abend spat,
Ein treuer Freund voll Rath und That:
    „Du sollst nicht traurig sein!"

Unsere Zeit war um. Wir hatten unsern Wagen nach dem nahe gelegenen Höxter zurückgesandt und mußten endlich aufbrechen, wenn wir noch vor völliger Dunkelheit die Externsteine und unser heutiges Reiseziel, Detmold, erreichen wollten. Ein kurzer, herzlicher Abschied, und wir schritten über den hallenden Schloßhof dem Ausgange zu. Als wir den gewölbten Thorweg betraten, schauten wir noch einmal zurück. Der Alte stand droben am Fenster, dessen Flügel er weit geöffnet hatte; er schwenkte das rothseidene Tuch, das er vorhin um den Hals getragen, wie eine Fahne in der Hand, und winkte uns seine letzten Grüße zu. Die Augen wurden uns feucht. „Wir sehen ihn nicht wieder," sagte mein Freund. „Aber welch ein herrlicher Greis! welch eine freundliche Erinnerung!" —

————————

Die letzten Herbstblumen welken jetzt auf dem stillen Grabhügel im Schloßgarten von Corvey, unter welchen sie den Sänger des Frühlings und der Freiheit zum ewigen Schlummer gebettet; aber seine Lieder werden unvergeßlich fortleben, so weit die deutsche Zunge klingt. Die achte Auflage der „Gedichte von Hoffmann von Fallersleben", welche vor Kurzem in geschmackvollster Ausstattung und mit einem trefflichen Bilde des Dichters geziert (Berlin, bei Franz Lipperheide) die Presse verließ, hat mir aufs lebhafteste das Gedächtnis der glücklichen Stunden zurückgerufen, die ich seinen Liedern und der wiederholten persönlichen Begegnung mit der jugendfrischen, echtdeutschen Kernnatur ihres Verfassers verdanke. Eine solche Sammlung seiner besten und volksthümlichsten Lieder dünkt mich das würdigste Denkmal des Dichters. Sei es mir darum gestattet, diesen Erinnerungen einige Worte über den Charakter seiner Poesie beizufügen, wie derselbe in der vorliegenden Auswahl sich spiegelt.

Hoffmann von Fallersleben trat schon in ziemlich jungen Jahren als Schriftsteller auf, und all seine Arbeiten auf gelehrtem wie auf poetischem Felde dienten ein langes Menschenleben hindurch fast ausnahmlos einem und demselben klar ausgesprochenen Ziele: der geschichtlichen Erforschung und der praktischen Wiederbelebung des deutschen Volksliedes. Seine germanistischen Studien, seine zahlreichen Sammlungen der Denkmäler niederdeutscher und mittelhochdeutscher Dichtung sollen uns hier nicht beschäftigen; es genügt, zu betonen, daß er sich in diese Quellen versenkte, um dem unverfälschten Strome echter Volkspoesie zu lauschen, und die Weise des eigenen Gesanges an diesen unübertrefflichen nationalen Mustern zu bilden. Sangbare, volkstümliche Lieder zu schaffen und durch dieselben unmittelbar auf das Gemüth seiner Nation zu wirken, Das erschien ihm als die besondere Mission, als der hohe und heilige Beruf seines Lebens. Er stellte sich dabei mit Nothwendigkeit in einen entschiedenen Gegensatz zu der gelehrten, von hellenischen Mustern geleiteten Kunstpoesie unserer neuklassischen Literatur. Nicht an die Aristokratie der Bildung, nicht an die Elite bevorzugter Geister wollte er sich wenden, sondern an die große Masse des Volkes, mit schlichten, herzergreifenden, allverständlichen Liedern.

Ganz gewiß war Hoffmann von Fallersleben weder der erste noch der einzige unter unsern neueren Dichtern, welcher in solcher Absicht an die halb verschüttete, aber unversiegliche Quelle des Volksliedes zurück ging. Goethe, Bürger, Voß, Miller, Claudius und Andere hatten, durch Herder's Fingerzeig auf diesen vergessenen, immer noch sprudelnden Quell hingewiesen, manches herrliche Lied aus demselben geschöpft; ja, die Romantiker hatten in „Des Knaben Wunderhorn" eine Mustersammlung aus den Schätzen der lebendigen Volkspoesie zur Nachahmung für das heutige Sängergeschlecht aufgestellt. Allein diese Versuche waren eben so vereinzelt geblieben, wie die begeisterten patriotischen Weisen von Arndt, Körner und Schenkendorf in den Freiheitskriegen, und erst Hoffmann von Fallersleben löste die Aufgabe, nach fast jeder Richtung in Wahrheit ein deutscher Volksdichter seines Jahrhunderts zu sein.

Sehen wir, welchen Weg er einschlug, dies Ziel zu erreichen! Welcherlei Grundsätze befolgte er bei der Wahl seiner Stoffe und bei der Behandlung der Form? Sie entsprachen genau dem Zwecke, den er sich vorgesetzt. Um jedem Hörer und Leser verständlich zu sein, mußte er zunächst von dem Inhalte seiner Lieder alle solche Gegenstände fern halten, deren Kenntnis außerhalb des Bildungskreises der großen Menge lag.

Faustische Grübeleien, tiefsinnige philosophische Betrachtungen über den letzten Grund der Dinge, Klagen weltschmerzlicher Zerrissenheit, kosmopolitische Träume, mit Einem Wort: die ganze Hamlet-Abstraktion des tausendfach komplicierten und tausendfach gebrochenen modernen Geisteslebens fand keinen Platz in seiner Dichtung. Die Philosophie Hoffmann's, sofern man der Weltanschauung, die sich in seinen Liedern ausspricht, diesen vornehm klingenden Namen geben darf, ist die Lebensweisheit des gewöhnlichen Mannes, die Philosophie des gesunden Menschenverstandes. Sie läßt sich zur Noth in die zwei Worte fassen: „Thu deine Pflicht, genieße froh und zufrieden, was das Schicksal dir Gutes bringt, und laß den Kopf nicht hangen, wenn dich ein Leid oder Unglück trifft!" Die Lehre ist sicherlich weder neu, noch tief, aber sie ist wahr und gesund, und sie wird in Hoffmann's Liedern aus dem Volksleben aller Stände auf hundert- und aber hunderterlei Weise, bald ernsthaft, bald mit lachendem Humor, poetisch illustriert.

Und wie köstlich naiv und charaktertreu spiegeln all diese Jäger-, Bauern-, Hirten-, Burschen-, Landsknechts-, Kirmes-, Trink- und Wanderlieder die Sitten und die ganze Denk- und Empfindungsart der betreffenden Kreise! Wer gäbe nicht ganze Bände voll gelehrter Stubenpoesie gerne hin für diese schlicht einfältigen Weisen? Wer fühlte nicht tief, wie viel uns Allen Gemeinsames dem Herzen noch übrig bleibt, wenn auch ein verschiedener Grad der Verstandesbildung Kluft auf Kluft zwischen Hoch und Niedrig, Vornehm und Gering legt? Theilen wir nicht Alle mit einander, oder können doch theilen, wenn wir unverdorbenen Gemüthes sind, die Freude an der Natur, an der frischen Schönheit des Morgens, an der sanft erquickenden Stille des Abends, an der wieder erwachenden Frühlingspracht oder der Segensfülle des Herbstes? Entzückt nicht uns Alle, ob wir arm oder reich sind, gleich sehr die Wonne der Liebe, und leiden wir nicht in gleichem Maße die Bitternis ihrer Schmerzen? Hangen wir nicht Alle mit derselben Zärtlichkeit an Weib und Kind? Wird nicht uns Allen das Auge von Thränen feucht, wenn Eins unsrer Lieben, jäh dahin gerissen, ins Grab sinkt? Schlägt nicht uns Allen höher und stolzer das Herz bei dem Gedanken an unser großes, herrliches deutsches Vaterland? Wahrlich, wir brauchen nicht zu fürchten, daß es dem Volksdichter jemals an würdigem Stoff gebrechen werde, so lange die Sonne

noch auf- und untergeht, so lange der Wechsel der Jahreszeiten nicht endet,
so lang ein blaues oder braunes Auge noch ein Herz entflammt, so lange
fröhliche Gesellen in Flur und Wald oder beim funkelnden Rebensaft von
Scheiden und Meiden, von Lieb' und Freundschaft, von Freiheit und
Vaterland singen! — Alles Dies bildet den Inhalt der Hoffmann'schen
Lieder, die nicht müde werden, in immer neuen Wendungen diese alten,
ewig jungen Themata zu variiren. Sie zählen nach Tausenden — da
ist es freilich kein Wunder, wenn unter einer so großen Zahl sich auch
manche von untergeordnetem Range finden. Bei dem Bestreben, für
Alle zu dichten, lag die Gefahr nahe, hin und wieder platt und gewöhnlich zu werden, das Allverständliche und Alltägliche nun auch ohne Weiteres für geeignet zu halten, der Gegenstand eines Liedes zu sein. Diese
gefährliche Klippe des Volksdichters hat Hoffmann von Fallersleben nicht
immer glücklich umschifft. Um so nöthiger war eine sorglich gesichtete
Auswahl seiner Lieder, und wir müssen mit Dank anerkennen, daß die
uns dargebotene in dieser Hinsicht den strengsten, höchstgesteigerten Anforderungen entspricht.

Was die Form und Sprache der Hoffmann'schen Lieder anbelangt,
so versteht es sich, daß dieselbe nicht minder schlicht und volksthümlich, als
ihr Inhalt ist. Gerade nach dieser Seite kann das Verdienst des Dichters
nicht hoch genug geschätzt werden. Derjenige täuscht sich sehr, welcher es
für so leicht erklärt, in der Poesie auf den gewohnten Pomp hochtrabender
Phrasen, weithergeholter Bilder und volltönender Prachtwörter zu verzichten. Diese Phrasen, Bilder und Prachtwörter verschleiern nur zu oft
die Hohlheit und Armuth des Gedankens, das Schiefe, Krankhafte und
Falsche der Empfindung. Die Einfachheit der Form ist die sicherste Probe
auf den Werth des poetischen Gefühls oder Gedankens, welchem das Lied
entsprang. Hier, beim echten Volksliede, müssen Form und Inhalt sich
völlig decken; hier ist erstere nicht (was sie freilich niemals sein sollte)
das willkürliche Gewand, mit welchem letzterer sich umhüllt, sie ist vielmehr der Leib selber, durch welchen der Geist in die entsprechende sicht-
bare Erscheinung tritt. Weil Hoffmann Dies erkannte, verschmähte er
auch geflissentlich alle fremdländischen Muster; er hat, so viel mir erinner-
lich, mit Ausnahme einiger kurzen Sprüche in Distichen, sich niemals in
antiken Versmaßen versucht; er ließ sich weder von den Romantikern auf

den Sonettenpfad, noch von Rückert und Platen in den Orient verlocken, oder wenn er doch gelegentlich ein Paar Gaselen schrieb, klingen dieselben so ungezwungen und so deutsch, daß man sie, wie die folgenden, ungern in der Auswahl seiner Gedichte vermißt:

Mir ist, als müßt' ich immer sagen:
　Ich liebe dich,
Und mag nicht auszusprechen wagen:
　Ich liebe dich.
Die Maienlüfte säuseln wieder,
　Ich lausche hin,
Und alle Blüthenzweige klagen:
　Ich liebe dich.
Der Sang der Vögel ist erwachet,
　Ich lausche hin,

Und alle Nachtigallen schlagen:
　Ich liebe dich.
So frag die Lüfte, frag die Blumen,
　Die Vögel all,
Vielleicht, daß sie für mich dir sagen:
　Ich liebe dich.
Ich wandle fern von dir und habe
　Nur Einen Trost
In diesen schönen Frühlingstagen:
　Ich liebe dich.

Es war ein Traum nur, war ein schöner Traum,
　Und Alles hin!
Schön wie der Abendwolke goldner Saum,
　Und Alles hin!
Von einem höhern, sel'gern Dasein war
　Mein Herz beseelt,
Ich fühlte heimisch mich hienieden kaum —
　Und Alles hin!
Erfüllt schien jede Hoffnung, jeder Wunsch
　Auf ewig mir,
Nur süße Früchte bot mein Lebensbaum —
　Und Alles hin!
Leb wohl! leb wohl! nie rufe dir wie mir
　Ein Morgen zu:
„Du hast geträumt der Liebe schönen Traum —
　Und Alles hin!"

Ja, wahrlich, Hoffmann von Fallersleben ist der deutscheste Dichter, welchen dies Jahrhundert hervorgebracht. Die uns vorliegende Gedichtesammlung enthält mehr als 700 Lieder, von denen auch nicht ein einziges seinen Inhalt oder seine Form der Fremde entlehnt hat. Und doch ist uns keine zweite Sammlung der Gedichte eines zeitgenössischen Poeten bekannt, welche einen so unerschöpflichen Reichthum der originellsten, stets wechselnden Rhythmen und glücklichsten Strophenbildungen nachwiese.

Was aber ganz besonders die allgemeine Verbreitung der Hoffmann'-
schen Lieder erleichterte und sie so rasch in alle Schichten des Volkes einbringen ließ, war ihre Sangbarkeit. Der Verfasser ging von dem richtigen Grundsatze aus: „Ein Volkslied soll nicht gelesen, es muß gesungen
werden." Daher dichtete er all seine Lieder entweder nach bekannten
Melodieen, oder er erfand zu denselben mit sicherem musikalischen Taktgefühl einfache, gefällige Singweisen, die er dem Texte beidrucken ließ,
und die meistens sehr bald populär geworden sind. Aber auch unsere
volksthümlichen Komponisten — wir nennen vor Allem Erk und Silcher
— zeigten sich eifrig bemüht, ansprechende Melodien für seine Lieder zu
erfinden, und ihnen dadurch immer weiteren Eingang in die verschiedenartigsten Gesellschaftskreise zu verschaffen.

Noch einer letzten und überaus wichtigen Seite von Hoffmann's poetischer Thätigkeit müssen wir gedenken: seiner politischen Lieder. Auf diesem
Gebiete haben ihn andere, zum Theil jüngere Dichter durch kühnen
Schwung der Gedanken, durch revolutionäre Kraft der Sprache weit über-
flügelt; dennoch ist es zweifelhaft, ob irgend einer derselben einen so mächtigen Einfluß auf die Erweckung des politischen Bewußtseins im deutschen
Volke geübt hat, wie Hoffmann von Fallersleben. Auch hier stellte er
sich die Aufgabe, nicht einseitig auf die gebildeten Kreise, sondern auf die
große, erst der Bildung zu gewinnende und für die Theilnahme am Staats-
leben zu erziehende Volksmasse zu wirken. Was verstand diese zu jener
Zeit, in den vierziger Jahren, von den politischen Freiheitskämpfen?
Nun, sie fühlte doch wenigstens mit Unwillen den harten Steuerdruck,
den Übermuth des bevorrechteten Adels, den steifen Schlendrian des Be-
amtenthums, die endlosen Chikanen eines kleinlichen Polizeiregiments, die
herzzerreißende Hungersnoth der schlesischen Leineweber, die Zoll-, Paß-
und Wanderbuchsscheereien an der Grenze von neunundbreißig deutschen
Vaterländchen, den höhnischen Hinweis der Gewalthaber auf den „beschränkten Unterthanenverstand" als Antwort auf jedes schüchterne Verlangen
nach Freiheit und Einheit — und alles Dies gab Hoffmann den Stoff
für seine politischen Lieder. Handwerksburschen, Studenten und Turner
trugen sie mit ihren frischen, neckischen Melodieen von Ort zu Ort; sie
waren in den seltensten Fällen poetisch, aber sie waren witzig und lehrreich, sie brachten, an bekannte Thatsachen anknüpfend, dem Volke ein

besseres Verständnis der politischen Fragen bei. So erklärt es sich, daß unter diesen Gedichten, welche für das unmittelbare Tagesbedürfnis verfaßt waren, nur eine sehr geringe Zahl Anspruch auf dauernden Werth erheben kann. Sie haben ihren Zweck erfüllt und sind heute meist schon veraltet. Es ist daher nur zu billigen, daß der Herausgeber von Hoffmann's Gedichten dieselben aus der Auswahl, von welcher wir reden, mit wenigen Ausnahmen entfernt hat. Dennoch wünschten wir, daß mindestens ein Dutzend der besseren politischen Lieder zur Erinnerung an diese hochverdienstliche Seite von Hoffmann's schriftstellerischer Thätigkeit Aufnahme gefunden hätte. Das vorhin mitgetheilte „Lied vom deutschen Ausländer", die „Michelsode" mit dem drastischen Refrain:

„Doch den Michel, den schläfert ihr nie wieder ein!",

der Traum von der Freiheit, welche endlich vom Sternenzelt auf die Erde herunter stieg; das „Trostlied eines abgesetzten Professors", das Scherzgedicht auf den deutschen Zollverein, die „Berliner Novelle" vom Eckensteher Nante, der selbst bei seinem vermeintlichen Erwachen im Himmelssaal von Gendarmen empfangen wird und nun vor Schrecken erst wirklich stirbt, mögen, um Einzelnes zu nennen, zur Berücksichtigung bei einer künftigen Auflage der Hoffmann'schen Gedichte empfohlen sein.

Ferdinand Freiligrath.

Vor mir liegt ein aus dem Jahre 1831 stammendes Gedicht, „Lust am Sterben" betitelt:

Ich kann mich auf die Stunde freuen,
    Wo mir der Tod sein Wort erfüllt.
Der Blumen wird man auf mich streuen,
    Wenn mich ein Todtenhemd umhüllt.
Wie einen kampfesmüden Ringer,
    Wird man mit Kranz und Band mich schmücken,
Und bebend werden leise Finger
    Die starre Wimper niederdrücken.

Vielleicht wird Mancher um mich weinen,
    Und der geweinten Thränen Zahl
Wird sich zu einer Wolke einen,
    Leicht wie ein Morgensonnenstrahl.
Auf dieser Wolke duft'gen Wagen
    Setzt fessellos mein Geist sich dann,
Und Seufzer und Gebete tragen
    Ihn himmelan, ein rasch Gespann.

Dann trink' ich aus des Lebens Bronnen,
    Dann hör' ich Harfen, voll und süß —
O nein! es ist nicht bloß ersonnen,
    Es giebt gewiß ein Paradies!
Dort werd' ich von den Frommen, Treuen,
    Die längst schon droben sind, gegrüßt; —
Ich kann mich auf die Stunde freuen,
    Die mir des Himmels Thor erschließt!

Selbst ein genauer Kenner der modernen Literatur würde bei Durchlesung dieser gefühlsinnigen Strophen schwerlich auf die Vermuthung gerathen, daß Ferdinand Freiligrath ihr Verfasser sei. Ist es doch eine bekannte Eigenthümlichkeit dieses Dichters, daß, im Gegensatze zu der vorwiegend lyrischen Stimmungspoesie der ersten Hälfte unsres Jahrhunderts, die weiche subjektive Empfindung bei ihm selten unmittelbar zu Worte gelangt. Als 1838 seine erste Gedichtesammlung erschien, frug man sich fast verwundert, ob dieser energische Geist, der mit so scharf ausgeprägter Originalität seinen farbenprächtigen Bilderteppich entrollte, denn niemals, gleich anderen Sängern, durch die gewöhnlichen Gefühlsschwärmereien der Jugend zum Liede entflammt worden sei. Lenz und Wein, Freundschaft und Liebe, Religion, Freiheit und Vaterland, all diese alten, niemals ausgesungenen Themata, an denen jeder junge Poet die Kraft seiner Schwingen zu erproben pflegt, schienen für Freiligrath's feuerdurstige Seele keinen Reiz besessen zu haben. Seine Stoffe waren überraschend neu; eben so neu war die Zaubergewalt der Sprache, welche ihm zu Gebote stand. So kam es, daß man in dem ganzen umfangreichen Bande nirgends auf ein alltägliches Gefühl, auf ein mattes und farbloses Gedicht, auf ein erstes schüchternes Stammeln der Muse stieß, die mit so sicherer Hand lauter volle, manchmal barocke, stets aber kräftige und ursprüngliche Akkorde griff.

Dennoch wäre es ein Irrthum, zu glauben, daß die Poesie Freiligrath's von Anfang an so bestimmt den Charakterstempel getragen hätte, den jene erste Gedichtesammlung aufweist. Eine ungewöhnlich strenge Selbstkritik bewog ihn, Allem die Aufnahme zu versagen, was nicht eine durchaus selbständige Physiognomie erblicken ließ, oder was seinem gereifteren Urtheil nicht mehr genügte. Einzelne dieser Jugendgedichte, die in verschollenen Zeitschriften oder Taschenbüchern veröffentlicht worden waren, hat der Verfasser 1858 in die zu New-York erschienene amerikanische Gesammtausgabe seiner Werke eingefügt, und es ist höchst erfreulich, daß diese und alle übrigen, welche zu erlangen waren, der kürzlich erschienenen vervollständigten deutschen Gesammtausgabe eingefügt worden sind. Denn gerade diese Erstlinge der Freiligrath'schen Muse sind außerordentlich lehrreich für die künstlerische Entwicklung des Dichters, und bekunden den ernsten Fleiß, mit welchem er die naheliegenden Gefahren der von ihm eingeschlagenen Richtung bald überwand.

Zunächst begegnen uns allerlei Gefühlsergüsse, weder im Gedanken noch in der Form besonders originell, manchmal sogar etwas sentimental,

wie das Lied von der Blüthe, die in ihrem Bettchen von den lauen Lenz-
winden geschaukelt wird, — oder die Schilderung des sterbenden Kindes, das
zum letzten Mal in die junge Frühlingsherrlichkeit hinausblickt, — oder der
Vergleich des Auges der Geliebten mit einem Zauberspiegel, dessen reiner
Glanz sich von Thränen trübt, wenn der Erwählte ihres Herzens auf un-
rechter Bahn wandelt, — oder das Palmsonntagsgedicht in einer englischen
Kirche, deren friedliche Sabbathstille den Dichter an das Idyll von Wake-
field gemahnt. Allein in derselben Zeit erhebt sich die Phantasie des zwan-
zigjährigen Jünglings hin und wieder zu Bildern von so berauschender
Farbengluth, dass man das Gewöhnliche der Empfindung gänzlich vergisst
über der hinreißenden Energie der Form. So in dem vorhin mitgetheilten
frommen Liebe, und überraschender noch in dem 1830 verfassten Gedichte

Der Tod.

Der Tod ist gar ein guter Mann;
Er geht bergab, er geht bergan;
Seine Hand ist kalt, sein Antlitz bleich,
Sein schwarzer Mantel weit und weich.

Er tritt zu jeder Pforte ein,
Mag's Fürstenschloss, mag's Hütte sein;
Und hilft, er hat ein weich Gemüth,
Wenn er betrübte Leute sieht.

Dem Säugling, der im Fieber liegt,
Sich jammernd an die Mutter schmiegt,
Sie stummen Blicks um Hilfe fleht,
Und ihre Thränen nicht versteht:

Ihm bietet er die kalte Hand,
Und tritt an seines Bettchens Rand,
Und küsst ihn auf den brennenden Mund,
Und spricht: „Du Lieber, sei gesund!"

Und faltet seine Händchen dann —
Sie brennen nicht mehr! — der gute Mann,
Und drückt ihm sanft die Äuglein zu,
Spricht leise: „Schlummre, schlummre du!"

Dem Manne, der die ganze Welt
Mit brünst'ger Lieb' umfangen hält,
Deß Liebe Keiner, ach, versteht,
Und dem Das tief zu Herzen geht;

Er klagt und will verzweifeln schier:
„„Was soll dies warme Herze mir,
Das Jeden gern als Bruder grüßt,
Und Jedem willig sich erschließt?

„„Deß Gluth, wie sie auch liebend brennt,
Doch Keiner erwiedert, Jeder verkennt?
O Gott! schenk ihm die ew'ge Ruh'!
Nimm es zu dir! Du kennst es, du!""

Ihm bietet er die kalte Hand,
Als einer schönern Zukunft Pfand,
Er küßt seinen Mund mit eis'gem Kuß:
„Wohl Dem, der so verkannt sein muß!"

Dem Greise, der, gebeugt und schwach,
Vom Leben Nichts mehr wissen mag,
Der, süßen Hoffens voll, gefaßt,
Entgegen sieht der letzten Rast:

Auch ihm beut er die Rechte dar,
Und glättet ihm das weiße Haar,
Und zieht das Todtenhemd ihm an,
Und sagt: „Ruh aus, du alter Mann!"

So macht er es mit allen Drein,
Hüllt sie in seinen Mantel ein,
Und trägt mit stillem, zufriednem Sinn
Zum Kirchhof sie, der Gute, hin;

Und schenkelt ihnen auch ein Grab,
Und senkt sie sorgsamlich hinab,
Und deckt das Grab mit Rasen zu:
„So liegt ihr weich und warm dazu!

„Nun träumt vom schönen Himmelssaal
Und seinen Freuden allzumal,
Bis ihr aus eurer langen Nacht
Zum Tage, der nicht sinkt, erwacht!"

Der Tod ist gar ein guter Mann,
Er hilft, wo Keiner helfen kann,
Seine Hand ist kalt, sein Antlitz bleich,
Sein schwarzer Mantel weit und weich.

Ungleich bedeutungsvoller für die Entwicklung Freiligrath's aber ist
eine Reihe von Gedichten, die er sämmtlich im Jahre 1832 schrieb. Kurz

zuvor hatte er, nach Beendigung seiner kaufmännischen Lehrzeit zu Soest, eine Kommißstelle in einem Amsterdamer Bankhause übernommen. Hier, in der großen Hafenstadt, machte er, der Binnenländer, zuerst die Bekanntschaft des Meeres, dessen überwältigender Eindruck seiner Poesie einen ganz neuen Inhalt gab. Wenige Jahre zuvor hatte ein anderer junger Dichter in seinen „Nordseebildern“, so zu sagen, zum ersten Mal für die deutsche Poesie das Meer entdeckt. Aber mit wie verschiedenen Augen sahen Heine und Freiligrath dasselbe an! Der Zögling der Romantik, welcher durch die Schule der Hegel'schen Philosophie gegangen war, symbolisierte in seinen schwungvollen Rhythmen das Naturleben des Meeres zu einer pantheistischen Theodicee, er spiegelte gleichsam dessen innerstes und geheimnisvollstes Wesen, er brütete über dessen uralten Räthseln, die ihm eins waren mit den ungelösten, vielleicht ewig unlösbaren Räthseln der Menschenbrust. Wie anders Freiligrath, der lecke Realist! Ihm ist der Meeresgrund ein weites Grab, mit dem Gebein der Ertrunkenen übersäet, das von den Ungeheuern der Tiefe benagt wird; er denkt beim Rauschen der Fluth an die Schätze, welche da drunten verborgen sind, an die Schnecke, deren rother Saft Königen den Purpur färbt, an die Perle, die in der Muschel ruht; und vor Allem ist das Meer ihm die Brücke, welche Länder und Völker verbindet. Ungemein klar spricht sich dies Bewußtsein schon in einem seiner ältesten Gedichte aus. Am Strande der Nordsee gedenkt er des ommijabischen Khalifen, der mit eroberndem Schwert die Lehre des Propheten den Völkern des Ostens verkündete, bis das Meer seinem Siegeszuge Halt gebot. Für ihn, den Dichter, würde die See kein Hemmnis sein, er würde auf seinem Renner dreist in den Brandungsschaum sprengen und das Meer für die Poesie erobern:

Dich eben wollt' ich bänd'gen!
Dich und dein wild Gesprüh
Kräng' ich zur beständ'gen
Provinz der Poesie!

Denn aller Länder Schwelle
Ist dieser Saum der Fluth;
Es brächte jede Welle
Mir eines Volks Tribut.

Auf Sand- und Kiesgestaden
Übt' ich des Strandes Recht;
Mit Beute reich beladen,
Verließ' ich das Gefecht!

Den Hals dem Rosse klopfend,
Von Tropfen übersprüht:
So ritt' ich, Lieder tropfend, —
Denn jeder würd' ein Lied!

Schon auf das empfängliche Gemüth des Knaben hatten die Wunder der Ferne einen magischen Reiz geübt. Die alte Bilderbibel im elter-

lichen Haufe, die Märchen von „Tausend und eine Nacht", die Reise-
beschreibungen Le Vaillant's und Anderer hatten seine jugendliche Phantasie mit einer Fülle von Traumbildern genährt, die jetzt plötzlich Leben
und Gestalt empfingen, als er im Hafen von Amsterdam Tag für Tag
die großen Kauffahrteischiffe ankommen sah, welche, mit dem Gut aller
Zonen befrachtet, den direkten Verkehr mit allen Welttheilen unterhielten.
Oftmals noch in später Nachtstunde lockte es ihn aus dem stillen Gemach hinaus, um das Schiffer- und Matrosenleben am Strande zu be-
lauschen („Hafengang"), und einen hohen Reiz gewährt es, in den ersten
Gedichten aus der Zeit seines Amsterdamer Aufenthalts die Art und Weise
zu verfolgen, wie sich aus realistisch dürren und nüchternen Anfängen
binnen Kurzem jene für Deutschland ganz neue Gattung deskriptiver Poesie
entfaltete, die den unvergänglichen Ruhm ihres Verfassers begründen sollte.

Es ist vielleicht nicht überflüssig, daran zu erinnern, daß Freiligrath
die tropischen Gegenden, deren Menschen-, Thier- und Pflanzenwelt er
mit so lebensvoller Treue geschildert hat, niemals mit eigenen Augen erblickte. Er hatte sich seine ausgebreitete Kenntnis von Ländern und Völkern durch fortgesetzte fleißige Lektüre erworben, und vervollständigte sie
jetzt durch einen regen Verkehr mit den Kapitänen und Mannschaften der
fremden Schiffe, mit denen ihn schon sein kaufmännischer Beruf in stete
Berührung brachte. Bei dem Mangel eigener Anschauung mußte er sich
das Lokalkolorit für seine Schilderungen aus hundert und aber hundert
Zügen musivisch zusammensetzen, und so trefflich seine gestaltungskräftige
Phantasie die endlosen Details später zu einheitlichen Bildern verschmolz,
vermochten seine Schöpfungen doch Anfangs diesen künstlichen Ursprung
nicht zu verleugnen. Einzelnes klingt beinahe wie die versificierten Notizen
eines geographischen Handbuches oder wie die Rekapitulation eines kürzlich
durchblätterten Reiseberichts. Man lese beispielsweise das Gedicht: „Der
weiße Elefant," über dessen trockene Aufzählungen und barbarische Reime
der Verfasser in das heiterste Lachen ausbrach, als ich ihn vor einigen
Jahren an dasselbe erinnerte.

„Boa, Goa — Dalta, Malakka — Sultan, Multan — Bisam,
Nisam, mühsam — Lava, Java, Ava" — gewiß behält man von solcher
Lektüre keinen anderen Eindruck, als den einer grellen Mosaik buntscheckiger
Steinchen, die aufs willkürlichste aneinander gereiht sind, und bei allem

gleißenden Farbenschmelz phantastischer Reime kein anschauliches Gesammt-
bild geben, sondern höchstens, wie die Figuren eines Kaleidoskops, zu
abenteuerlich wechselnden Arabesken zusammen schließen. Aber fast jedes
neue Gedicht bezeichnet einen glänzenden Fortschritt auf der einmal betretenen und fest inne gehaltenen Bahn. Von wie handgreiflicher Plastik
ist zum Beispiel die

Stimme vom Senegal.

Die Nacht brach an, das Zelt war aufgeschlagen.
  Ich stampfte Mais, da plötzlich sah durchs Rohr
Ich einen Reiter nach der Wüste jagen;
  Auf einem Strauße ritt der junge Mohr.

Ich sah ihn lächelnd auf mich niederblicken;
  Sein lauter Gruß tönt mir noch jetzt im Ohr.
Wie groß war er! — auf eines Straußes Rücken! —
  Auf einem Strauße ritt der junge Mohr!

An seiner Seite hing die Kürbisflasche;
  Den Schirm von Blättern hielt er hoch empor;
Voll runden Korns war seine Reisetasche, —
  Auf einem Strauße ritt der junge Mohr.

Er trieb den Vogel nach des Aufgangs Hügeln,
  Mit einem Stab schrieb er den Weg ihm vor.
Auf seinem Nacken, zwischen seinen Flügeln, —
  Hoch auf dem Strauße saß der junge Mohr.

Der Vogel trabte, rudernd mit den Schwingen,
  Daß ich ihn bald aus dem Gesicht verlor.
Von ferne noch hört' ich den Reiter singen, —
  Auf einem Strauße ritt der junge Mohr.

Wir lassen morgen uns am Strome nieder,
  Und er vielleicht hält vor Tombuktu's Thor.
Wann seh' den Strauß und seinen Herrn ich wieder? —
  Auf einem Strauße ritt der junge Mohr.

    Weshalb mag Freiligrath dies stimmungsvolle Wüstenbild aus seiner
Gedichtesammlung ausgeschlossen haben? Vielleicht darum weil es nur ein
Bild war, das, wie sein künstlerisches Gefühl ihm sagte, sich ungleich
besser für den Maler, als für den Dichter, zum Vorwurf eigne. Denn

hier galt es keine bewegte Handlung, sondern einen einzigen Moment zu schildern, den das Auge des Beschauers auf der ausgespannten Leinwand- fläche des Malers in allen Details zugleich überblicken konnte, während der Dichter genöthigt war, den Gesammteindruck des erschauten Bildes für das Ohr des Hörers in eine Nacheinanderfolge von Einzelzügen zu zerlegen. — Das gleiche Bedenken läßt sich allenfalls gegen die Eingangsstrophen des farbenprächtigen Gedichtes „An Afrika" erheben— aber welchen hin- reißenden Aufschwung nimmt kann sofort der Poet! Mit wie genialer Kraft verkörpert er die gefahrvollen Reize der Tropenwelt unter dem Bilde einer orientalischen Fürstin, welche den kühnen Reisenden mit dem Tode dafür straft, daß er ihren Schleier lüften, ihre räthselhafte Schönheit den Augen aller Welt enthüllen wollte!

Es ist um so bewundernswerther, daß Freiligrath so rasch die ent- sprechende künstlerische Form für seine fremdartigen Stoffe fand, als ihm hier in der ganzen deutschen Literatur kein Vorbild zu Gebote stand. Das einzige Muster, von dem er lernen konnte, und dessen Einfluß auf seine poetische Entwicklung sich unschwer nachweisen läßt, war das Haupt der neufranzösischen Romantiker, Victor Hugo. Dieser hatte vor Kurzem in verwandter Art Bilder aus dem Oriente mit brennenden Lokalfarben ge- malt, und sich nicht auf die Einführung neuer Stoffe in die Poesie beschränkt, sondern auch den seit Jahrhunderten feststehenden Kanon der künstlerischen Form durch die Aufstellung neuer metrischer und ästhetischer Gesetze vielfach mit Glück durchbrochen und erweitert. Der deutsche Dichter trat in die Spur des Franzosen; zu direkter Nachahmung ließ er sich durch sein Vor- bild indeß nur selten verlocken, — am auffälligsten wohl in dem Gedichte „Die Magier", dessen erste Strophen, ohne den mindesten Anklang an ein bestimmtes Hugo'sches Gedicht, doch der Manier des Letzteren zum Verwechseln ähnlich sehen:

Wie wenn Phiolen, die der Meister,
Bannworte murmelnd, wohl verpicht,
Mit lecker Hand ein junger, dreister
Lehrling der Zauberkunst zerbricht;

Urplötzlich fällt das wunderliche
Gemach ein leichter, blauer Rauch,
Narkotisch steigen Wohlgerüche
Aus der geborstnen Flasche Bauch;

Und wie die Menge der zerstreuten
Duftflocken sich zusammenballt,
So werden sie zu des befreiten
Elementargeists Lichtgestalt;

Zum Dank, daß er zerbrach das Siegel,
Das seinen Kerker lange Zeit
Schloß, will er jenem seine Flügel
Leihn, und der Erde Herrlichkeit

Ihm zeigen: — so aus süßen Düften
Des Weihrauchs, die der Kirche Chor
Durchziehn, tritt riesig, um die Hüften
Den Gurt, ein Genius hervor.

Sandalen trägt er an den Sohlen;
Es ist ein Geist der Wüstenei.
Im Weihrauch schlief er; dieser Kohlen
Gluth machte den Gebundnen frei. 2c.2c.

Hier sind in der That weniger die Vorzüge, als die bizarren Selt-samkeiten der Victor Hugo'schen Poesie — die langathmig in einander geschachtelten Satzperioden, das bis zur Auflösung alles rhythmischen Wohl-klangs getriebene Zerknicken der Versabschlüsse — in nicht zu rechtferti-gender Weise nachgebildet. Und so weit war doch selbst der französische Dichter in seiner Rebellion gegen das überlieferte Formprincip niemals gegangen, daß er, der Freiheit des Enjambements zulieb, völlig tonlose Partikeln, Geschlechts- und Fürwörter in die Reimstellung gebracht hätte, wie Freiligrath es Anfangs zuweilen geflissentlich that.*) Eher mag Victor Hugo's Vorgang die Verantwortung für manches drastische, aber darum nicht immer poetische Bild tragen, das uns in den älteren Gedichten seines jungen Verehrers und Nachfolgers aufstößt; so, wenn er die blut-roth im Nebel versinkende Sonne mit dem in der Schale ruhenden Haupte des Täufers vergleicht, oder wenn er die flatternd zerrissenen Wolkenstreifen die „regenschwangeren Nadelkissen" der Tanne nennt, oder wenn er ein andermal ausruft:

Ich bin Seneca,
Als in die Wanne rauschten seine Adern!
Die Dichtkunst sagt zu meinem Leben: flieh!
Mein Nero, weh mir! ist die Poesie.

---

*) Hier ein paar Beispiele:
Er lässet Schiffe scheitern, und
Er lässet sie zu Grunde gehen. —

Wie ein Märchenpalast der
Sultanin Scheherezade. —

Ein Reitertrupp! Der Aga der
Eunuchen, Jussuf! — „Bringt ihn her!" —

Es war ein Klang brin, gleich den Tönen eines
Schilds, der im Wind den Ast schlägt, dran er hanget. —

Bis das Gespann urplötzlich wieder seinen
Huf klirrend auf das Pflaster setzt.

Die Hauptsache indessen bleibt, daß das Beispiel des französischen Roman-
tikers ihm den Muth verlieh, mit gewissen Zopfregeln des künstlerischen
Herkommens zu brechen, und die poetische Sprache dadurch erfolgreich von
den unnatürlichen Fesseln eines farblos nüchternen und glatten akademischen Stils zu befreien, der ihr jede Frische und Originalität zu rauben
drohte. Wie im letzten Viertel des achtzehnten Jahrhunderts das Studium
des klassischen Alterthums unsere Dichter schließlich dazu verleitet hatte,
der deutschen Verskunst, statt ihres uralten rhythmischen Gesetzes der betonten
Hebungen, die quantitierende Messung der Griechen und Lateiner aufzwingen
zu wollen, und den ganzen mythologischen Apparat des Olymps, die ganze
äußerliche Technik des hellenischen Dramas mit seiner Schicksalsidee und
seinen Chören, den epischen Vers des Hexameters und das pomphaft
schwerfällige Odenmaß auf den Boden unserer Literatur zu verpflanzen,
so hatte im ersten Viertel des neunzehnten Jahrhunderts das Studium
der orientalischen Dichtung unsere Poeten zu einer eben so sklavischen Nachahmung aller Verskünsteleien der morgenländischen Völker verlockt, und
durch all diese Makamen und Gaselen zwar die Gewandtheit unsrer
Sprache zu den zierlichsten Eiertänzen abermals glänzend dokumentiert,
dafür aber die Kunst des Gesanges mehr und mehr zu einem müßigen
Gaukelspiele herabgedrückt. Anders Freiligrath, der in geradezu entgegen-
gesetzter Art seine Dichterphantasie nicht an den todten Formen und dem
gelehrten Inhalte der orientalischen Literatur, sondern an der bunten
Lebenswirklichkeit des Ostens befruchtete. Allerdings rief die kecke Neuheit seiner Töne manches Achselzucken bei den gestrengen Kunstrichtern
hervor. Freiligrath, sagten sie, flieht mit seiner Dichtung auf das Meer,
in die Wüste hinaus, er sucht nach pikanten, abenteuerlichen Stoffen,
fremdartigen Bildern und seltsam klingenden Reimen, um den Geschmack
des Publikums durch unnatürliche Reizmittel zu bestechen. Zugegeben,
daß in seinen älteren Gedichten manches geschmacklose Bild, mancher barbarische Reim uns stutzen macht, müssen wir doch vor Allem bekennen,
daß Freiligrath nicht, wie Rückert, Platen und Andere, auf Nachahmung
fremdländischer Formen und Stoffe ausging, sondern durchaus selbständig
und frei uns in deutschen Formen mit dem Leben und der Anschauungsweise entlegener Nationen vertraut machte, und hiedurch mehr zur Verwirklichung des Gedankens einer Weltliteratur beigetragen hat, als die

gelehrten Orientsänger der Neuzeit. Besonders in seinen späteren Gedichten sind ausländische Worte oft so künstlerisch mit deutschen Versmaßen verwebt, daß uns die Einheit der Völker aus dieser Verschmelzung gleichsam symbolisch zum Bewußtsein gelangt. So wenn er die Klänge der Marseillaise und der Parisienne in die Schlußstrophe seines Gedichtes zur Begrüßung der Februarrevolution verflicht:

> Ja, fest am Zorne halten wir,
> Fest bis zu jener Frühe!
> Die Thräne springt ins Auge mir,
> In meinem Herzen singt's: „mourir,
> Mourir pour la patrie!"
> Glückauf, Das ist ein glorreich Jahr,
> Das ist ein stolzer Februar —
> „Allons, enfants!" — „mourir, mourir,
> Mourir pour la patrie!"

Von weit größerem Gewicht erscheint uns die Frage: warum Freiligrath den ausgetretenen Gleisen vaterländischer Stoffe entfloh. Zur Hälfte war es gewiß die jugendlich ungestüme Sehnsucht nach den unbekannten Wundern der Ferne, welche ihn aufs Meer und in die Wüste trieb. Aber es trat noch ein anderes Moment hinzu, über das uns der Dichter nicht in Zweifel läßt. Ekel und Widerwille an den Zuständen unseres Kulturlebens nennt er an vielen Stellen seiner ersten Gedichtsammlung unverhohlen als den Grund seiner Wanderlust. Über die Ursachen der Verderbtheit der europäischen Gesellschaft ist er damals noch nicht zu reifem Nachdenken gelangt; er empfindet nur diese Verderbtheit selbst, und läßt sich oftmals zu blindem Hasse gegen eine Weltordnung entflammen, in welcher alle Tiefe und Frische verloren geht. Er hält es daher mit Allen, welche die Gesellschaft ächtet und verstößt. Der schlittschuhlaufende Neger im Norden; der gefangene Mohrenfürst, welcher im Kunstreitercirkus die Trommel schlägt; der von den Sbirren erschlagene Bandit und sein Begräbnis im einsamen Walde; Piraten und Geusen — Das sind die Stoffe, denen er sich mit geheimer Sympathie zuwendet, ja, mit denen er sich nicht selten so vollständig identificiert, daß er einmal sogar dem Netze strickenden Negertrüppel zuruft:

> Die Hand gieb, alter Krieger.
> Was gilt's, wir bulden gleich.
> Stoß an! Cap Verd! Der Niger!
> Und — mein Gedankenreich!

Am bitterſten grollt ſein Unmuth in dem Liede, wo er die Indianer zur Abſchüttelung des Joches der Weißen ermahnt:

Bietet Trotz, ihr Tätowierten,
Eurer Feindin, der Kultur!
Knüpft die Stirnhaut von ſkalpierten
Weißen an des Gürtels Schnur!

Zürnend ihren Miſſionären
Aus den Händen ſchlagt das Buch!
Denn ſie wollen euch belehren,
Zahm, geſittet machen, klug!

Weh, zu ſpät! Was hilft euch Säbel,
Tomahawl und Lanzenſchaft?
Alles glatt und faſhionable!
Doch — wo Tiefe, Friſche, Kraft?

Der Haß des Poeten wider die ſchale Proſa der ihn umgebenden Welt ſpricht aus jeder Zeile; ſelbſt dem ſterbenden Walfiſch legt er die Worte in den Mund:

— — — — — — O miſerable Menſchenbrut!

O kahler Strand, o nüchterner! o kahl und nüchtern Treiben drauf!
O nüchtern Volk! wie bebten ſie, da ſie vernahmen mein Geſchnauf!
Wie troſtlos auf der Dün' ihr Dorf mit ſeinen dumpfen Hütten ſteht!
Und — biſt du beſſer denn, als ſie, der du mich ſterben ſiehſt, Poet?

Ich wollt', ich wäre, wo das Meer und wo die Welt ein Ende nimmt,
Wo krachend in der Finſternis der Eispalaſt der Winters ſchwimmt.
Vielleicht, ein Schwertfiſch wetzte dort am Eis ſein Schwert, und ſtieße mir
Das jäh gezückte durch die Bruſt, ſo ſtürb' ich wenigſtens nicht hier!

Vergleichen wir mit dieſer Klage das bekannte Gedicht: „Wär' ich im Bann von Mekka's Thoren", ſo ſehen wir in demſelben den gleichen Grimm über die kalte, ſuperkluge Erbärmlichkeit einengender Verhältniſſe mit glühender Leidenſchaft nach Ausdruck ringen.

In all dieſen Liedern begegnet uns eine phantaſtiſche Überſchätzung kulturloſer Wildheit, eine ungerechte Verkennung des geſellſchaftlichen Fortſchritts, weil der Verfaſſer es noch verſäumt hatte, ſich über die letzten Gründe der heutigen Lebensgeſtaltung klar zu machen, und ſich einſeitig von ſeinem Widerwillen gegen die Poeſieloſigkeit dieſes Lebens beherrſchen ließ. Man wird aber zugeben müſſen, daß ein ſolcher Widerwille ſeit je bei einem Dichter vorhanden war, der ſo ſtürmiſch ſeinen Verhältniſſen entfloh, und mehr als einmal ſelbſt den Untergang dieſer verruchten Erde prophetiſch beſang. Die Gedichte „Drei Strophen" und „Anno Domini . . .?" ſind Zeugen einer derartigen Stimmung. Wie einſt der Frankenkönig

Chlotar, heißt es in der letztgenannten Vision, die Sünderin Brunhilde an einen wilden Hengst fesseln und durchs Lager schleifen ließ,

> So wird bereinst — hört mich, ihr Kalten und Verständ'gen —
> Der Herr ein feurig Roß, das flammend in unbänd'gen
> Kourbetten schießt durch den Abgrund des Raumes hin,
> Den feurigsten von den Kometen wird er senden,
> Und wird an dessen Schweif mit seines Zornes Händen
> Die Erde fesseln, die bejahrte Sünderin.

Am schönsten und gerechtesten aber verherrlicht Freiligrath seine Flucht aus der Gesellschaft in dem Cyklus: „Der ausgewanderte Dichter." Über das eigentliche Wesen seiner bisherigen Poesie mag uns eine Strophe aus dem 1839 verfaßten „Roland" belehren:

> All meine Lieder — Nichts, traun, als Fanfaren,
> Mich zu ermuth'gen und mich frisch zu wahren,
> Blutrünst'ge Klänge, rauhe Melodien,
> Die beim Verschnaufen meiner Brust entfliehn!

Je mehr Freiligrath so von seinen Liedern sich in die Wildnis be-gleiten ließ, desto trüber erkannte er die Unmöglichkeit einer Befriedigung seiner Ideale innerhalb der bestehenden gesellschaftlichen Kultur, und bald auch (wie in dem „ausgewanderten Dichter") innerhalb der kulturlosen Wildheit. Auf der Übergangsstufe seiner Entwicklung erschien ihm daher (wie in den Gedichten „Bei Grabbe's Tod", „Der Reiter" u. a.) die Dichtung als ein Fluch, der uns doppelt elend macht, weil er uns doppelt schmerzlich den Widerspruch zwischen Ideal und Leben empfinden läßt. Allein bald trug ihn die Macht seiner tief innersten sittlichen Überzeugung über den persönlichen Unmuth hinweg. Diese Überzeugung gab ihm die feste Gewähr des Sieges, weil er sich als eins mit der Menschheit empfand, und so schließt er schon jene älteste Gedichtesammlung mit dem herrlichen Bannerspruch an Eduard Duller:

Ich fühl's an meines Herzens Pochen: | Wir aber reiten ihm entgegen;
Auch uns wird reifen unsre Saat! | Wohl ist er werth noch manchen Strauß.
Es ist kein Traum, was ich gesprochen, | Wirf aus die Körner, zieh den Degen;
Und jener Völkermorgen naht! | Ich breite froh das Banner aus;
Ich seh' ihn leuchten durch die Jahre, | Mit festen Händen will ich's halten,
Ich glaube fest an seine Pracht; | Es muß und wird im Kampf bestehn;
Entbrennen wird der wunderbare, | Die Hoffnung rauscht in seinen Falten!
Und nimmer kehren wird die Nacht! | Und Hoffnung läßt nicht untergehn!

In der ersten Periode der Freiligrath'schen Poesie stört uns bei aller Bilderpracht bisweilen der Umstand, daß sich der Dichter ziemlich einseitig mit der Abspiegelung äußerer Gegenstände begnügt, und daß seinen brillanten Schilderungen minder eine tiefere Absicht, als ein kindliches Behagen, eine sinnliche Freude an den Dingen um ihrer selbst willen zu Grunde liegt. Das Bild wird ihm nicht immer Symbol eines Gedankens, einer Empfindung, sondern bleibt häufig sich selber Zweck. Andere Reisende, sagt er in dem Gedichte „Heinrich der Seefahrer", bringen werthvollere Schätze von ihren Entdeckungsfahrten heim: der Schiffer Gold und edle Gewürze, der Weise die tiefsinnigen Sprüche fremder Lehre —

> Ich, aus Ländern, wo des Lichts
> Aufgang, aus den buntgestickten
> Türkenzelten, bringe Nichts,
> Als die Bilder des Erblickten —

und ein andermal vergleicht er sein Leben den wunderlichen Traumgesichten jenes Perserkhans, der, mit dem Kopf in eine Wasserkufe tauchend, nie geschehene Märchen zu erleben glaubte. Die gleiche Selbstanklage durchhallt die ernste Rückschau auf das vergangene Jahr, in welcher der Dichter sich beim Blätterfall des Herbstes bekennt, daß er in phantastischen Träumen die Ferne durchschweift habe, statt zu leben, und die Mahnung an sich ergehen fühlt:

> Wach auf! lehr ein im eignen Hause!
> Du Sinnender, besinne dich!

Immer gewaltiger lockte ihn die Stimme der deutschen Heimat. Schon während seines Aufenthaltes in Amsterdam hatte er ein Gedicht geschrieben, das mit tiefer Sehnsucht seine Vaterlandsliebe aussprach, und das wir in der sonst so vollständigen neuesten Gesammtausgabe seiner Dichtungen ungern vermissen, — das Sonett

Nachtfahrt.

> Es braust die Fluth, der Schiffe Masten krachen;
> Es ist die finstre, schwarze Mitternacht;
> In fremder Zunge kündet sie die Wacht;
> Fluch dem Gewälsch! es wird mich toll noch machen!

> O meine Heimat! Streckt euch, meine Drachen!
> Reißt aus! dahinten lasset Moor und Gracht!
> Mein Vaterland, die Thore aufgemacht!
> Nach deinen Bergen zieht mich's aus dem Flachen!

Lang miss' ich dich! oft unter stillen Thränen!
Doch jetzt — ja, Das ist deiner Sprache Tönen!
Das ist dein Voll! vorwärts, mein nächt'ger Ritt!

Ich seh' dich wieder! auf des Geistes Schwingen
Durchschweif' ich dich, dem meine Lieder klingen: —
O, hörtest du, statt ihrer, meinen Tritt!

So war es denn kein Abfall von seiner früheren Richtung, sondern
eine gesunde, naturgemäße Entwicklung, als Freiligrath sich einige Jahre
nachher den „verjährten Wüstenstaub aus dem Hirne wusch," die „Kamele
und Leuen zum Teufel" jagte, die ihm den Spottnamen des „van Afen
der deutschen Poesie" zugezogen hatten, sich „den Orientalen" ernstlich
verbat, und sein Einleitungsgedicht in „Das malerische und romantische
Westfalen" mit den Worten schloß:

Ans Herz der Heimat wirft sich der Poet,
Ein Anderer, und doch Derselbe!

Das „Glaubensbekenntnis" ist die Übergangsstufe des Dichters zu
einer bewußt freisinnigen Weltanschauung, und enthält schon alle Keime
seiner späteren socialen Poesie. Wir hoffen, es wird aus unserer Betrachtung seiner älteren Gedichte klar geworden sein, daß Freiligrath mit
innerer Nothwendigkeit der Revolution zutrieb, und daß er Recht hatte,
mit Chamisso zu sagen: „Ich bin nicht von den Tories zu den Whigs
übergegangen; aber ich war, wie ich die Augen über mich öffnete, ein
Whig." Noch zu Anfang des Jahres 1843 spottete er in einem wenig
bekannten Sonette (dasselbe ist aus der amerikanischen erst jetzt in die
neueste Gesammtausgabe seiner Werke aufgenommen worden) über die
deutschen Nachahmer Béranger's, mit denen nur Herwegh und Gaudy
gemeint sein können. Wenige Monde darauf stimmte er in den vorherrschend politischen Gedichten selber manchmal die Weise Herwegh's an,
über den hinaus eben in dieser Richtung kaum ein Fortschritt möglich
war; das Gedicht „Ein Patriot" ist sogar den Spottliedern Gaudy's
nachgebildet — dennoch unterscheiden sich auch die politischen Gedichte von
allem Ähnlichen durch eine plastische Fülle und Kraft, manchmal Derbheit
des Ausdrucks, die von keinem anderen Freiheitssänger der vierziger Jahre
erreicht ward. Freiligrath hat das Verdienst, jede schönrednerische Phrase
aus seinen Dichtungen verbannt, Alles unbedenklich mit seinem rechten

Namen getauft, und dadurch von Neuem den Beweis geliefert zu haben, daß die wahre Poesie nicht in einem blendenden Wortschwall oder einer künstlichen Versbildnng besteht. Ohne diese frische Natürlichkeit der Sprache und Form hätten auch seine früheren fremdartigen Stoffe niemals eine so allseitige Theilnahme gefunden. Seine vollste Originalität legt aber der Dichter dort an den Tag, wo er mit leckem Muth die Gesellschafts- übel in ihrem innersten Kern entblößt, und eine durchaus neue Weltord- nung begehrt. Die ersten Klänge dieser socialen Poesie sind im „Glau- bensbekenntnis" vor Allem die zwei Gedichte „Vom Harze" und „Aus dem schlesischen Gebirge". — Aber noch ist der Tag der Entscheidung nicht da, noch würde der Kriegsruf des Dichters machtlos verhallen. Wie das Weib Hofer's zu rechter Stunde die Späne der Verkündigung in die Wellen der Passer warf, um das Volk zum Kampfe zu rufen, so möchte auch der Poet seine Lieder dereinst als blutige Späne in den Streit der Tageswogen entsenden:

Noch harr' ich in mich selbst versunken!
Nur dann und wann blitzt auf ein Funken
Der Gluth, die meine Brände brennt!
Nur dann und wann mit frischem Munde
Geb' einen Blutspan ich der Stunde
Von denen, so die Passer kennt!

Was hülfen mehr? Schleicht doch in Dämmen
Ihr Wasser heut! — Doch überschwemmen
Wird einst das Land sie, kühn zu schaun!
Dann tret' ich vor mit Blut und Mehle —
Frei weht die Eiche meiner Seele,
Ich glaub', ich werde Späne haun!

Näher und näher empfand der Poet das Wehen der neuen Zeit, das schwüle Vorgewitter einer zum Losbruch reifen Revolution. In seiner Klage um „Leipzig's Todte" und mehr noch in den sechs Gedichten «Ça ira!» verkündet er als sicherer Prophet die Anzeichen des heraufziehenden Sturmes. Seine Marseillaise „Vor der Fahrt" predigt den völligen Bruch mit der bestehenden Gesellschaft. Die überlebten Formen des Staates, der Kirche und des Privateigenthums sind ihm die Feinde, zu deren Bekämpfung er die Menschheit in das Schiff der Revolution springen heißt:

Es ist die einz'ge richt'ge Fähre —
Drum in See, du lecker Pirat!
Drum in See, und kapre den Staat,
Die verfaulte schnöde Galeere!

Doch erst bei schmetternden Trommeten
Noch eine zweite wilde Schlacht!
Schwarzer Brander, schleudre Raketen
In der Kirche scheinheil'ge Jacht!
Auf des Besitzes Silberflotten
Richte kühn der Kanonen Schlund!
Auf des Meeres rottigem Grund
Laß der Habsucht Schätze verrotten!

Frisch auf denn, springt hinein! Frisch auf, das Deck bemannt!
Stoßt ab! Stoßt ab! Kühn durch den Sturm! Sucht Land, und findet Land!

Mit staunenswerther Klarheit beschreibt Freiligrath schon 1846 in dem Gedichte „Wie man's macht" den Berliner Zeughaussturm und die übrigen Ereignisse der achtundvierziger Märztage. Und als nun endlich das Wetter der Revolution sich entlud — mit wie hellem (fast einzig hellem!) Blick verfolgte er den Verlauf der Bewegung, und warnte mit glühenden Worten vor der unseligen Halbheit, die sich mit eitlen Versprechungen der Fürsten begnügte, und nach wenigen Monden sich das Heft der Freiheit wieder aus der Hand winden ließ! Die Gedichte auf den Oktoberaufstand in Wien, auf die standrechtliche Erschießung Robert Blum's, auf den Heldenkampf der Ungarn, auf die Unterdrückung der „Neuen Rheinischen Zeitung" waren eben so flammende Weckrufe des Poeten, wie sein berühmtes Gedicht „Die Todten an die Lebenden", das ihm eine mehrwöchentliche Untersuchungshaft und eine strafrechtliche Anklage zuzog, die am 3. Oktober 1848 zur öffentlichen Verhandlung vor dem Schwurgerichte zu Düsseldorf kam und mit seiner glänzenden Freisprechung endete.

Um jene Zeit machte ich zuerst die persönliche Bekanntschaft Freiligrath's. Ein lecker Bursch von neunzehn Jahren, hatte ich mit Begeisterung die Erhebung des deutschen Volkes und meines engeren Vaterlandes Schleswig-Holstein begrüßt. Von den Bänken des Gymnasiums war ich auf den Kriegsschauplatz im Norden geeilt und in dem unglücklichen Treffen bei Bau, am 9. April, in dänische Kriegsgefangenschaft gerathen, aus welcher mich und meine Kameraden erst im September der schmachvolle

Waffenstillstand von Malmöe erlöste. Als der Schnee des Winters vor
dem ersten Lächeln der Frühlingssonne zerschmolz, war ich einer Welt ent-
rückt worden, die in stürmischem Jubel alle Ketten politischer Knechtschaft
abgestreift hatte und ein großes Freiheits- und Verbrüderungsfest der
Völker beging. Nun kehrte ich in den ersten Tagen des Herbstes aus der
Fremde, wo ich fünf Monate auf dem Rumpf eines abgetakelten Kriegs-
schiffes im Sunde gesessen, in die Heimat zurück, und der erste Blick belehrte mich, daß diese Spanne Zeit genügt hatte, der Kontrerevolution
überall in Europa den Sieg zu verschaffen. Kein Wunder, daß mich der
wildeste Schmerz ergriff, und daß die zürnenden Gedichte Freiligrath's
mir den sehnsüchtigen Wunsch erregten, dem Manne die Hand zu drücken,
der meinen eigenen Gefühlen einen so beredten Ausdruck lieh, wie meine
schwache Jünglingsstimme es nimmer vermocht hätte. Anastasius Grün
und Lenau, Herwegh und Freiligrath waren die leuchtenden Vorbilder gewesen, deren freiheitstrunkene Lieder in meinem Herzen den ersten Funken
der Poesie geweckt hatten. Eine kleine Sammlung politischer Gedichte, die
ich bei meiner Heimkehr aus der Kriegsgefangenschaft drucken ließ, trug
als Motto einige Verse aus den Februarstrophen Freiligrath's — sie gab
mir den Muth, auf der Reise zur Universität das Büchlein dem so hoch
von mir verehrten Dichter zu überreichen.

Derselbe wohnte damals am Windschlag, in der ländlichen Umgebung
Düsseldorf's, im Hause des Malers Ritter, der ihm die zwischen Gärten
und Feldern gelegene Wohnung für den Sommer möbliert vermiethet hatte.
Freiligrath war erst vor wenigen Tagen aus der Haft entlassen worden.
Er empfing mich mit herzgewinnender Freundlichkeit, und machte mich
mit mehreren seiner Freunde, Malern und Schriftstellern, bekannt. Von
den literarischen und politischen Gesprächen, die er bei jener ersten Begegnung mit mir pflog, ist mir nicht Viel in der Erinnerung geblieben;
um so lebhafter entsinne ich mich einer humoristischen Scene, deren Zeuge
ich zufällig war. Ich hatte mich noch nicht lange mit dem Dichter in
seiner Wohnung unterhalten, als das Dienstmädchen eintrat und einen
Besuch meldete. „Wer ist's?" erkundigte sich Freiligrath. „Ich weiß
nicht," antwortete das Mädchen, — „so ein Mann und eine Madam;
sie sagen, daß sie Sie nothwendig gleich sprechen müßten." — „Gut, führe
Sie herein!" Gleich darauf schoben sich zwei wunderliche Gestalten ins

Zimmer. Der Mann, schlecht gekleidet, schlottrig und dürr, drehte verlegen seine Mütze in der Hand; die Frau, rund und wohlgenährt, mochte über die Fünfzig sein, und schien ihren Begleiter durch ein lebhaftes Gebärdenspiel zum Reden zu ermuthigen. „Wir wollten — wir dachten — nehmen Sie's nicht für ungut," stotterte der Mann. „Ach was!" sagte die Frau, ihn mit einem sanften Stoß in die Rippen beiseit schiebend, „Du hast niemals Kourage. Wie sollte der Herr Freiligrath böse sein, daß wir zu ihm kommen? Laß mich nur reden! Sehen Sie, Herr Freiligrath, wir sind Orgelleute, und wir waren gerade in Koblenz, als die Nachricht von Ihrer Freisprechung kam. Weißt du was, sagte ich zu meinem Manne, da müssen wir gleich mal nach Düsseldorf, um dem Freiligrath zu gratulieren. Und dann mußt du ihn bitten, daß er uns ein Lied für die Drehorgel schreibt, recht so was gruselig Packendes, wie Das von den Todten an die Lebendigen. Sehen Sie, wir bezahlen sonst immer einen Thaler für die neuen Lieder, und doch sind sie lange nicht so schön, wie Ihr Gedicht. Und dann wollten wir ein großes Bild dazu malen lassen, so ein Mordgeschichtenbild, wie Sie von den Gendarmen ins Gefängnis geschleppt werden, und wie Sie bei Wasser und Brot auf dem Stroh liegen, und wie Sie vor Gericht stehen und sich vertheidigen, und in der Mitte soll Ihr Kopf gemalt werden, mit den langen Haaren, sechsmal so groß wie das schwarze Steindruckbild, das seit einigen Wochen in allen Schaufenstern hängt." Freiligrath hatte gut remonstrieren — alles Reden half ihm zu Nichts, die Frau bat nur um so eindringlicher. „Ach, zieren Sie sich doch nicht so," sprach sie auf ihn ein; „wir haben sechs Melodien auf unserem Kasten, da können Sie sich ja eine aussuchen, die Ihnen am besten gefällt. Und wenn Sie sagen, daß es mit dem Gedichtemachen so schnell nicht geht, wir haben immer bis morgen oder übermorgen Zeit; und wenn Ihnen ein Thaler zu wenig ist, können wir Ihnen auch zwei geben, weil Sie es sind." Um die braven Leute, die er vergeblich zu belehren suchte, daß er kein Drehorgelliederfabrikant sei, nicht zu kränken, griff Freiligrath endlich zu einer humoristischen Ausflucht. „Es giebt in Düsseldorf ja noch andere Dichter," sagte er, „die gewiß bessere Lieder machen, als ich. Gehen Sie zu meinem Freunde Dr. Wolfgang Müller — Der schreibt Ihnen vielleicht eins; — besonders wenn Sie ihm zwei Thaler dafür bieten," fügte der Schalk hinzu.

Kurz darauf zog Freiligrath nach Köln, wo er in die Redaktion der von Karl Marx gegründeten „Neuen Rheinischen Zeitung" eintrat. Ich sandte ihm einen Aufsatz, der unter dem Titel „Die Kroaten in Bonn" die Schilderung einiger rohen Ercesse enthielt, die der Kapellmeister eines rheinischen Infanterieregiments gegen eine demokratisch gesinnte Dame ver- übt hatte, in deren Hause er einquartiert war. Freiligrath antwortete mir: „Sie werden Ihre ‚Kroaten' im heutigen Feuilleton finden. Diese Geschichten sind ja haarsträubend. Aber die Rache wird süß sein! Wäre der offene Kampf, Mann gegen Mann, nur erst da!" Als die Zeitung ein Halbjahr später durch eine polizeiliche Willkürmaßregel unter- drückt und Freiligrath durch beständige Haussuchungen und Vorladungen chikaniert wurde, schrieb er mir bei Rücksendung eines Manuskriptes: „Ent- schuldigen Sie meine Saumseligkeit mit den Wirren, die der letzte Monat über mich gebracht hat, und mit der geistigen Gedrücktheit, die mit mir jetzt wohl Jeder fühlt, der es mit der Freiheit redlich meint."

Und fürwahr, redlicher hat es Keiner mit der Freiheit gemeint, als dieser schlichte, bescheidene Mann, der, ohne das geringste Aufheben davon zu machen, seiner· politischen Überzeugung jegliches Opfer brachte. Seine nächsten Freunde, die Redakteure der „Neuen Rheinischen Zeitung", waren schon bei der gewaltsamen Erdrückung derselben im Mai 1849 aus Preußen verwiesen und ins Exil gehetzt worden; wer mit ihm in engeren Verkehr trat, wurde, wie ich selbst es nicht lange nachher bei einem vierwöchent- lichen Aufenthalte in Köln erfuhr, sofort unter polizeiliche Aufsicht gestellt und bei erster, vom Zaun gebrochener Gelegenheit aus dem Weichbilde der Stadt entfernt. Dabei wurden Freiligrath, seine Frau und seine Kinder im Sommer und Herbst jenes Jahres abwechselnd von bösartigen Krank- heiten heimgesucht, und so führte der erst vor einem Jahre aus der Ver- bannung zurückgekehrte Dichter in der Heimat ein trauriges, einsames Leben. Wie ein Geächteter ward der charakterfeste Mann seit dem offen- kundigen Siege der Reaktion von der sogenannten guten Gesellschaft ge- mieden, die ihm mit ängstlicher Scheu aus dem Wege ging. Ein eben so lächerliches wie empörendes Beispiel davon erfuhr ·er zur Zeit meines Aufenthaltes in Köln, wo ich ihn häufig besuchte. Ein junger Buchhändler in Aachen beabsichtigte ein demokratisches Seitenstück zu dem genial ent- worfenen Rethel'schen Todtentanze herauszugeben, auf dessen, in reaktio-

närem Sinne erdachten Bildern der Tod als hohngrinfender Verführer zu
Barrikadenbau, Volkserhebung und Bürgerkrieg dargestellt war, und er
bat Freiligrath, einen poetischen Text zu den Zeichnungen zu schreiben.
Dieser war damals durch ein schmerzhaftes Fußübel Wochen lang an das
Zimmer gefesselt, ging aber mit lebhaftem Interesse auf den Vorschlag
ein. Er bewirthete den Buchhändler wiederholt aufs gastlichste in seinem
Hause, und versprach, gleich nach seiner Herstellung sich die Bilder an
Ort und Stelle anzusehen und das Werk zu beginnen. So bald ihm der
Arzt das Ausgehen gestattete, setzte er sich auf die Bahn, und fuhr nach
Aachen. Er war sehr überrascht, den Buchhändler bei seinem Anblick er-
bleichen und sich nach wenigen Worten unter einem nichtigen Vorwande
entfernen zu sehen. Da sich Niemand um ihn bekümmerte, ging er bald
wieder in den Gasthof zurück. Mit verlegener Miene erschien der junge
Buchhändler in seinem Zimmer und stammelte die konfusesten Entschuldi-
gungen: „Bester Herr Freiligrath, was werden Sie von mir denken?
Aber mein Vater, von dem ich gänzlich abhänge, und der zweimal jährlich
all meine Geschäftsbücher revidiert, war gerade im Laden, und Der wäre
kapabel, mich zu enterben, wenn er erführe, daß ich mit Ihnen verkehre.
Ich kann Sie leider nicht einladen, mit uns zu speisen, denn mein Vater
wird Mittags bei uns sein; aber meine Frau und meinen Jungen müssen
Sie sehen. Ja, mein Junge! Das ist ein Republikaner! — erst zwei
Jahre alt, aber Das ist ein Republikaner! Bitte, kommen Sie einen
Augenblick mit hinüber in meine Wohnung — mein Vater wird noch im
Laden sein!" Es versteht sich, daß Freiligrath keine Lust verspürte, die
Bekanntschaft weiterer Exemplare dieser republikanischen Familie zu machen;
der Ärger über den schnöben Empfang ließ ihn schnell wieder abreisen.

Nichts war dem geraden Sinne des Dichters verhaßter, als affek-
tiertes Wesen oder plumpe Schmeichelei. So liebenswürdig er sich mit dem
einfachsten Mann aus dem Volke wie mit seines Gleichen unterhielt, so
schroff und satirisch konnte er werden, wenn ihm gespreizte Unnatur entgegen trat. Auch davon sollte ich ein ergötzliches Beispiel erleben, als ich
bei meiner gezwungenen Abreise von Köln Freiligrath meinen letzten Besuch machte. Kaum hatten wir uns begrüßt, als ein gewisser H. sich
melden ließ. Der von Eitelkeit aufgeblasene Mensch behauptete in einer
konfusen Broschüre, den Kommunismus erfunden zu haben, und hatte in

seiner lärmenden Großmannssucht nicht geruht, bis er endlich seiner Schul-
lehrerstelle entsetzt worden war. Nun spielte er mit selbstgefälligem Pathos
aller Orten die Rolle des Freiheitsmärtyrers. Mit verzückt rollenden
Augen blieb er eine Weile halb auf der Thürschwelle stehen, streckte die
Arme gen Himmel, und rief in salbungsvollstem Kanzeltone: „Da wäre
ich denn in dem Zimmer des großen Freiligrath, des herrlichen Dichters
der Revolution..." — „Bitte, ersparen Sie sich und mir alle Komplimente," unterbrach ihn Dieser. — „Aber ich weiß wirklich nicht, wie ich
das Glück fassen soll, den Mann mit eigenen Augen zu erblicken, der
unter allen Poeten in unserem lieben Rheinland allein noch den göttlichen
Namen eines Dichters verdient, der in dieser jammervoll reaktionären
Zeit..." — „Nun ja," fiel ihm Freiligrath ironisch ins Wort, „der
alte Arndt zählt natürlich nicht mehr mit, seit er in Frankfurt unter die
Kaisermacher ging; Simrock ist unter dem Herumstöbern in den Sagen
der Vergangenheit selbst zur verschollenen Sage geworden; Kinkel — hm,
Den sollten Sie doch neben mir gelten lassen; Wolfgang Müller's Kou-
leur ist freilich mehr himmelblau, als roth; und Pfarrius zwitschert gar
nur zahme Waldlieder statt revolutionärer Weisen. Ja, ja, mein Ver-
ehrtester, es ist eine klägliche Zeit! Den Geheimen Rath und Premier-
minister von Goethe und den Hofrath von Schiller haben wir längst ab-
gedankt. Hatten übrigens ein recht hübsches Talent, die Beiden, nicht wahr?
— aber pah! ich bin doch ein ganz anderer Kerl! Was meinen Sie zu
Dem da?" fuhr er mit bitterem Lächeln fort, indem er auf eine Marmor-
büste Shakespear's wies, die auf seinem Arbeitstische stand; „Der hat auch
gut daran gethan, daß er sich rechtzeitig begraben ließ! Er hat schändliche
Tyrannen und sentimentale Liebhaber statt Barrikadenhelden auf die Bühne
gebracht, und müßte mir heute ebenfalls seinen Kranz abtreten. Was sind
all die alten Schlummerköpfe gegen den einzigen großen Freiligrath!"
     Der kommunistische Schulmeister hatte den Dichter mit steigender
Angst und Verwirrung angestarrt; plötzlich ergriff er mit einer hastigen
Bewegung seinen Hut und schoß aus dem Zimmer. Wenige Minuten
nachher erschien ein intimer Freund Freiligrath's, der Maler Kleinenbroich.
„Wie geht's?" frug er in gedrückter Stimmung. — „Mir? danke, recht
gut. Aber was machst du für ein melancholisches Gesicht?" — Der Maler
begann in unruhig hin und her springender Weise ein Gespräch über

Literatur, Kunst, Politik, über Schiller und Goethe, Shakespear und die
neuesten Tagesereignisse, während er stets einen ängstlich forschenden Blick
auf die Züge Freiligrath's gerichtet hielt. „Was in aller Welt ist dir?"
frug Dieser zuletzt. „Sonst kann man doch ein vernünftiges Gespräch mit
dir führen; aber heute bleibst du keine zwei Minuten bei der Stange und
frägst mich aus, als wäre ich ein Delinquent, den du hochnothpeinlich
verhören willst!" Der Maler warf sich in einen Sessel und brach in
ein schallendes Gelächter aus. „Was erscheint dir so lächerlich? frug der
Dichter, als der Freund noch lange Zeit nicht zu reden vermochte. „Bist
du verrückt geworden, Mensch?" — „Ich nicht," gab Derselbe, immer
noch fortlachend, zurück, — „aber du, du sollst ja verrückt geworden sein!"
Dann erzählte er: „Als ich eben über den Domplatz ging, kam der Kom-
munist H. auf mich zugestürzt, drückte mir krampfhaft die Hände, und
schluchzte mit thränenden Augen: ‚Er ist verrückt geworden! Er ist wahrhaftig verrückt geworden!' — Wer? — ‚Nun, der Freiligrath! Ich war
so eben bei ihm, und er sprach lauter dummes Zeug, kein vernünftiges
Wort! Ach Gott, er ist wahrhaftig verrückt geworden!' Da mußte ich
mich doch rasch überzeugen und dir etwas auf den Zahn fühlen." Zum
Abschied rief Freiligrath mir noch auf der Treppe die Scherzworte nach:
„Wenn Sie in Ihren Norden kommen, erzählen Sie dort nicht gleich allen
Leuten, daß ich verrückt geworden bin! Vielleicht können wir die betrübende
Thatsache noch eine Zeitlang verhehlen. Schonen Sie meine Reputation!"

Im April 1851 sprach ich den Dichter einige Stunden in Düsseldorf, wohin er seit einem Jahre zurückgekehrt war. Er wohnte damals
auf dem Dorfe Bilk, dicht neben der Kirche, und rüstete sich eben, mit
Frau und Kindern abermals ins Exil zu wandern; denn das zweite Heft
seiner „Neueren politischen und socialen Gedichte" lag zur Versendung
bereit, und er wußte, daß die verfolgungswüthige Reaction ihm diese trotzigen Freiheitslieder nimmer verzeihen würde. Er führte mich in das Atelier
seines Freundes Hasenclever, dessen humoristische Genrebilder aus der Job-
siade und dem deutschen Spießbürgerleben der süßlich sentimentalen Richtung der Düsseldorfer Schule ein gesundes Gegengewicht gaben, und der
kürzlich ein treffliches, in Rembrandt'schem Tone gehaltenes Ölporträt
Freiligrath's vollendet hatte, das noch auf der Staffelei stand. Der jo-
viale Mann improvisirte rasch einen Zechtisch, indem er das Bild herab

nahm und es, die Rückseite nach oben gekehrt, auf die Lehnen zweier
Polsterstühle legte. Dann holte er Gläser und Flaschen aus der Ofenecke
hervor, und bald vertieften wir uns in ein heiteres Gespräch über Kunst
und Poesie. Mochte nun der feurige Walporzheimer oder die anregende
Unterhaltung mir die Anfangs schüchterne Zunge gelöst haben, ich plau-
derte lebhaft und unbefangen mit. „Das ist doch kein so steinerner Gast,"
sagte der Maler in seinem breiten rheinländischen Dialekte scherzend zu
Freiligrath, „wie der Schweizer Poet, den du mir unlängst her-
brachtest. Der leerte schweigend sein Glas und schlang verdrossen sein
Roastbeef hinab, und sprach zwei geschlagene Stunden lang kaum ein
Wort. Daß er Fleisch essen und Wein trinken kann, glaub' ich schon,
denn Das hab' gesehen; aber daß Der all seine Lebtage ein gescheites Lied
zu Stande bringt, glaub' ich nimmer. Wird wohl solch ein Stubenhocker
sein, der hinterm Ofen den Frühling besingt!" Mit Eifer erwiderte
Freiligrath: „Fehlgeschossen, alter Knabe! Der ist ein rechter Poet von
Gottes Gnaden, dem nur der innere Zwiespalt, das unsichere Schwanken
in der Wahl seines Berufes, manchmal den Mund verschließt. Du weißt,
daß er Maler war, und sich jetzt ganz der Literatur zu widmen gedenkt.
Alles gährt in ihm, er ringt noch umhertastend nach der Form für die
Gedanken, die ihn bewegen, er studiert, trotz seiner mehr als dreißig Jahre,
jetzt in Berlin Philosophie und Naturwissenschaft mit einer Leidenschaft,
die ihm Kopf und Herz ganz in Anspruch nimmt, da mag er immerhin
Fremden gegenüber befangen sein — aber gieb Acht, vor Dem wirst du
einst noch den Hut ziehen und ihm in tiefster Seele das Unrecht abbitten,
ihn so falsch beurtheilt zu haben!" — „Erinnern Sie sich meines Dis-
putes mit Hasenclever?" fragte mich Freiligrath, als er mir einige Monate nachher in London mit freudestrahlendem Antlitz die eben erschienenen
„Neuen Gedichte von Gottfried Keller" in die Hand gab. „Es macht
mir doch Vergnügen, daß ich in der unscheinbaren Raupe, die so blöde
und linkisch einher kroch, damals schon den schönen Schmetterling erkannt
habe, der sich jetzt so heiter und lebensfroh in den Lüften wiegt. Freilich
bedurfte es dazu keines Prophetenblicks! Wer, wie ich, selber in seiner
Jugendzeit den Druck einer schiefen Lebensstellung schmerzlich empfunden
hat, fühlt Dergleichen leicht auch bei Andern heraus. Lesen Sie das Buch
— es wird Ihnen einen hohen Genuß gewähren. Dieser neue Poet war

von Jugend auf ein freies Gemüth, schon im Sonderbundskriege schlug er sich wacker mit Pfaffen und Finsterlingen herum — aber nun hat er sich bei der Wissenschaft die Bestätigung seiner freien Lebensanschauung geholt, und schmettert aus genußfreudiger Seele so frisch und keck seine Weisen, wie die Lerche droben im reinen Blau, als könnte es gar nicht anders sein, als gäbe es keinen Kampf und Streit da drunten auf der Erde, keine Duckmäuserei und Zerrissenheit, lauter frühlingstrunkenen Jubel und Lust und Seligkeit!" Dann erzählte er mir den Ausgang des wegen seiner politischen und socialen Gedichte gegen ihn und seinen Verleger angestrengten Processes. Die öffentliche Verhandlung in Düsseldorf dauerte von Morgens 9 bis Abends 10 Uhr und wurde bei verschlossenen Thüren geführt, was sonst nur bei Verhandlungen, die das Keuschheits-gefühl verletzen könnten, zu geschehen pflegt. Mehrere Referendarien und drei fremde Staatsprokuratoren, die der Sitzung beizuwohnen gedachten, wurden von den am Eingange des Gerichtssaals postierten Gendarmen zu-rückgewiesen. Beide Angeklagte, von denen sich der Verleger kurz vor dem Termine freiwillig gestellt hatte, wurden von den Geschworenen einstimmig freigesprochen. Trotzdem faßte der Gerichtshof in einer nachfolgenden zweiten Sitzung den Beschluß, die saisierten Exemplare des als staats-gefährlich zu betrachtenden Buches (zum Glück waren es nur 17 Stück) auf öffentlichem Marktplatze verbrennen zu lassen. Auch wurde dem Ver-leger Knall und Fall die buchhändlerische Koncession entzogen, — ein Schlag, für den auch der fabelhaft rasche Verkauf der ganzen Auflage des Buches, das in 3000 Exemplaren gedruckt worden war, geringe Ent-schädigung bot. Auf Freiligrath's Wunsch machte ich den Versuch, den mir befreundeten Hamburger Buchhändler Campe zu einem Neudruck der beiden Liederhefte zu bestimmen. Allein Campe schrieb zurück: „Von Freili-grath kann jetzt in Deutschland gar Nichts, und von keinem Schriftsteller etwas der Regierung Mißliebiges gedruckt werden. Die Reaktion will einen Waffenstillstand um jeden Preis, und Jeden, welcher diesen Waffen-stillstand zu stören wagt, verfolgt sie bis aufs Blut. Die ganze Literatur ist für den Augenblick mundtobt gemacht, und nicht einmal mit der Ver-breitung eines illoyalen Buches kann sich ein Buchhändler befassen; denn für den Verkauf eines einzigen Exemplars wird ihm fast überall die Kon-cession genommen. Die Verleger müssen sich mit Grammatiken und

4*

Rechenbüchern durchschlagen, so gut oder schlecht es geht. Der ganze deutsche Buchhandel ist vernichtet, so lange dieser Zustand dauert." Unter solchen Umständen sah sich der Dichter genöthigt, vor der Hand auf jede literarische Thätigkeit zu verzichten. Ohne Murren beschloß er, zu seinem kaufmännischen Berufe zurück zu kehren, um für Weib und Kinder das tägliche Brot zu schaffen. Schon früher, bis zu seiner Heimkehr nach Deutschland im März 1848, hatte er die Stelle eines deutschen Korrespondenten in einem angesehenen Geschäftshause der City bekleidet. Er hoffte, jetzt mit leichter Mühe einen ähnlichen Posten zu erlangen; doch sollte ihm Dies durch die Indiskretion einer schriftstellernden Dame mißlingen, welche im Hause einer Landsmännin seine Bekanntschaft machte und das Gespräch auf seinen früheren Principal und dessen politische Ansichten lenkte. Ohne Arg schilderte Freiligrath den ehrenhaften Charakter des Mannes, mit dem Bemerken, daß ein englischer Handelsherr begreiflicherweise die politischen und socialen Verhältnisse nicht aus dem Standpunkte eines deutschen Revolutionärs betrachte, sondern, nach der Parteischablone gemessen, eher der Bourgeois-Kategorie beizuzählen sei. Die Dame beging die Taktlosigkeit, dies im engsten Freundeskreise geführte Privatgespräch mit einigen pikanten Zuthaten eigener Erfindung in der feuilletonistischen Korrespondenz eines vielgelesenen Journals zu veröffentlichen, und die Folge davon war, daß Freiligrath nirgends ein kaufmännisches Engagement zu finden vermochte. „Die arme Klatschliese!" rief er aus, als ich meiner Entrüstung über solchen Vertrauensmißbrauch bittere Worte lieh; „ganz verstört kam sie eines Tages zu mir gerannt, um sich zu entschuldigen. Sie jammerte und flennte so kläglich über das Malheur, das sie in ihrer Dummheit angerichtet, daß ich all meinen Humor aufbieten mußte, um sie halbwegs zu beruhigen. Als sie so reuig in Thränen zerfloß, dachte ich zuletzt, daß sie mehr noch, als ich, zu beklagen sei — wenigstens gab ich ihr die Versicherung, daß sich wohl mit der Zeit eine neue Erwerbsthätigkeit für mich finden werde." Es dauerte jedoch geraume Zeit, bis er als Geschäftsführer der Londoner Kommandite einer Genfer Bank wieder eine seinen merkantilen Fähigkeiten angemessene Stellung erhielt. Eine Frucht dieser unfreiwilligen Muße war die geistvolle Anthologie „Dichtung und Dichter", welche in ihrer ersten Abtheilung ein vielseitiges Dichterbrevier, in der zweiten eine Geschichte unserer poetischen Literatur aus dem eigenen Munde der Dichter enthält.

Mit seinen deutschen Landsleuten, besonders mit den politischen Flücht-
lingen, pflog Freiligrath während seines Aufenthaltes in London geringen
Verkehr. Der einzige von letzteren, den er häufiger sah, war Karl Marx,
dessen Ideen unverkennbar einen großen und, wie mich noch heute bedünkt,
fruchtbaren Einfluß auf seine politische und sociale Dichtung geübt haben.
Der Staatsmann, der Abgeordnete in einer gesetzgebenden Versammlung,
welcher praktisch Politik treibt, mag sich vor dem Festhalten an allzu extremen Parteirichtungen hüten, er mag, den Verhältnissen Rechnung tra-
gend, zum Markten und Feilschen um die Volksrechte genöthigt sein, und
sich mit Abschlagszahlungen begnügen, wenn er die volle Befriedigung
seiner Forderungen zur Zeit nicht erlangen kann. Anders der Poet, der
ein Ideal verkündet, das in leuchtender Schöne vor seinem geistigen Auge
steht. Er kann sich unmöglich für einen so oder so formulierten Verfassungsparagraphen, für eine mehr oder minder ersprießliche Gesetzes-
maßregel begeistern; wenn sein Lied im Kampfe des Tages erklingen soll,
so muß es ein Aufruf zu den Waffen für die ewigen, unveräußerlichen
Güter der Menschheit, oder ein Zornesblitz wider Zwingherrn und Despoten, oder eine ergreifende Klage über die Leiden des armen Volkes sein.
Je einfacher und schärfer sich dem Dichter die politischen Gegensätze zwischen Unterdrückern und Unterdrückten darstellen, desto besser eignen sie
sich ihm zu plastischer Gestaltung. Ost und West, Sklaven und Freie,
Kapitalisten und Proletarier — man lese nur die Gedichte „Am Birken-
baum", „Kalifornien", „Ein Umkehren", um die poetische Kraft zu empfinden, welche in diesen Antithesen ruht, die in ihrem leichtverständlichen
Appell an die Phantasie schon als Stichwörter des Parteikampfes von der
Rednerbühne herab die Leidenschaft der Hörer mächtig entflammen.

So entschlossen jedoch Freiligrath sein Lied in den Dienst der Revolution gestellt hatte, für so thöricht hielt er die krampfhaften Bestrebungen
der meisten Flüchtlinge, vom Exil aus eine neue Volkserhebung durch
Konspirationen, Putsche, Brandschriften, Emissäre, mit einem Wort durch
die kleinlichen Mittel einer vom Auslande her geleiteten Organisation,
herbeiführen zu wollen. Ihm war die Revolution, wie er in einem seiner
schwungvollsten Lieder singt, „der Odem der Menschheit, die rastlos nach
Befreiung lechzt," das „eherne Muß der Geschichte". Nichts erschien ihm
daher sinnloser und verwerflicher, als die deklamatorischen Rundbriefe

Koſſuth's, Kinkel's und anderer Verbannten, die übers Weltmeer zogen, um Geldbeiträge zur Unterſtützung der europäiſchen Revolutionspropaganda einzuſammeln und Interimsſcheine auf ein Anlehen auszugeben, deſſen Einlöſung durch eine künftige ſiegreiche Volkserhebung ſie in Ausſicht ſtellten. Zur Geißelung dieſes eitlen Beginnens ſchrieb Freiligrath ein Gedicht, das in Deutſchland wohl erſt jetzt durch die Aufnahme in die neueſte Geſammtausgabe ſeiner Dichtungen bekannt werden wird, obſchon es zu den bedeutſamſten Kundgebungen ſeiner politiſchen Überzeugung gehört. Daſſelbe ward in einer Zeitſchrift gedruckt, die Joſeph Weydemeyer unter dem Titel „Die Revolution" 1852 zu New-York herausgab; eine engliſche Überſetzung davon erſchien bald nachher in der „National Era" zu Waſhington. Die ſcherzhaften Anſpielungen der erſten Strophe beziehen ſich auf die damaligen Korreſpondenzartikel Arnold Ruge's für den Heinzen'ſchen „Pionier", welche ſtets mit der wunderlichen Anrede „Lieber Freund und Redakteur!" begannen; mit dem neunbändigen Romane ſind natürlich Gutzkow's „Ritter vom Geiſte" gemeint.

An Joſeph Weydemeyer.

London, den 16. Januar 1852.

Die Muſe, willſt du, ſoll zu raſchem Fluge
Den Renner ſchirren, und nicht länger träumen;
An deiner Pforte, wünſcheſt du mit Fuge,
Soll mein verſprengtes Flügelroß ſich bäumen;
Ach, „lieber Freund und Redakteur" (wie Ruge
An Heinzen ſchreibt), zum Satteln und zum Zäumen
Des allzeit muth'gen, wenn auch arg gehetzten,
Sind wahrlich ſchlechte Zeiten dieſe letzten.

Deutlich zu ſein: Du hörteſt von den Thaten,
Die zu Paris verrichtet Bonaparte!
Der Biedre zählt nun zu den Potentaten,
Und der Meſſias, den die Welt erharrte,
Der rothe Mai, ward von den Herrn Soldaten
Im Mutterleibe ſchon gewürgt. — Erwarte
Bei ſo bewandten kitzlichen Geſchichten
Ein Lied von mir, o Theuerſter, mit nichten!

Meins wenigſtens, das tollkühn prophezeite,
Wie ich vordem zu prophezeien pflegte,
Als (Ein Exempel nur!) von allem Streite,
Der Acht und vierzig froh die Welt bewegte,

Ich Sechs und vierzig schon in ep'scher Breite
Ein treues Bildnis ihr zu Füßen legte,
Und später dann, als Sieg durch Deutschland gellte,
Warnend den Umschlag auch vor Augen stellte.

Wie damals zwar, so hab' ich jetzo auch
Von Dem, was sein wird, allerlei Gesichte;
Bin ich zu Haus doch, wo bei jedem Strauch
Ein Spoitenkieker steht und Vorgeschichte
Sieht und bockelt im fahlen Haiderauch —
Doch wolle nicht, daß diesmal ich berichte,
Was sich mir dargestellt: Die Sachen liegen
Dennoch verzwickt — der Beste kann sich trügen.

Und darin, ich gesteh' es, bin ich eitel,
Ungern, höchst ungern möcht' ich mich blamieren,
Ungern, höchst ungern von der Dichterscheitel
Des Prophezeiers Lorberkranz verlieren!
Ich bin nicht wie die Herren, die mit Beutel
Und Schwert bis übern Ocean hausieren;
Die bei den Negern selbst nach „Heu" und „Moos" gehn,
Leichtsinnig sprechend: „Morgen wird es losgehn!

„Wird — heißt Das: kann! — Ja doch, schon Februar
(Warum denn Mai erst?) kann es sich begeben!
Wir celebrieren auf den Tag dies Jahr
Das alte durch ein neues Schilderheben!
Doch Bürger, Freunde, Brüder! — Eins ist klar:
Der Nerv der Dinge noch fehlt unserm Streben;
Einzig der Dollar hilft ihm auf die Beine: —
Ihr wünschet, Brüder, wie viel Int'rimsscheine?

„Wohl garantierte! — Zwar, die Nation
Gab kein Mandat uns, Anlehn auszuschreiben:
Indeß, die Gute muß bestät'gen schon
(Im Februar!) und darf Nichts hintertreiben!
Denn unser wird die Revolution,
Die zweite, sein und — unser wird sie bleiben —
Schon, weil die erste wir (wie unbestritten!)
So wunderschön verfahren und verritten!

„Schon theilten wir die Stellen brüderlich;
Bereit ist Alles — bis auf euren Segen!
Drum in die Tasche greife Jeder sich:
Wer seinen Beutel zieht, Der zieht den Degen!
Es ist so gut, als trotzt' er Hieb und Stich,
Als hielt' er Stand im ärgsten Kugelregen!
Er ist, wie wir, Held und Apostel eben —
Und alle Sünden gar sei'n ihm vergeben!"

O Tezel, Tezel! Nicht durch Ablaßzettel
Wirfst du der Freiheit Feinde übern Haufen!
Kein Thron annoch fiel nieder durch den Bettel!
Die Revolution läßt sich nicht kaufen!
Du machst das wilde, stolze Weib zur Bettel;
Von Thür zu Thüre läffest du sie laufen,
Den allzeit offnen Ranzen um die Lenden,
Und den beliebten Teller in den Händen!

Das ist die Hohe nicht, die wir verehren!
Die liegt zur Zeit gebunden und im Staube,
Die ballt die Faust auf modrigen Galeeren,
Zerweht das Haar, zerfetzt die Phrygerhaube;
Die trägt am Leibe Wunden, Striemen, Schwären,
Die kann dir sagen, (kalt und kühl, Das glaube!)
Wie heiß die Sonne Nukahiwa's brenne,
Und „wo der Pfeffer wächst", — der von Cayenne!

Die schweift allein mit sich und ihrem Zorn;
Achtlos, ob man sie lobt, ob man sie schmäht!
Die setzt von ihrem Haupt nicht Dorn um Dorn
In Thaler um und Popularität!
Der ist ihr Elend nicht der Wiesenborn,
An dem sie lächelnd, ein Narcissus, steht
Und Toilette macht. — Wie? — C'est selon:
Bald für die Kneipe, bald für den Salon!

Die wimmert nicht, zum Nutzen und zum Frommen
Der Republik, mit Kandidaten-Stimme;
Die wartet still, bis ihre Zeit gekommen —
Und dann erhebt sie sich mit Löwengrimme,
Und nimmt sich wieder, was man ihr genommen,
Und, ob das Essrich auch im Blute schwimme,
Sie wandelt fest auf den zerrißnen Sohlen —
Denn ihre Schnellkraft liegt nicht in Obolen!

Denn — aber halt! wohin, o wilde Leier,
Verirrst du dich? Ich wollte ja nur sagen,
Daß ich als Wecker und als Prophezeier
Nicht dienen kann in diesen letzten Tagen;
Doch daß ich gern, o Freund und Weydemeyer,
(Wenn anders meine Verse dort behagen)
Durch minder kühne Lieder und Berichte
Dein jugendliches Feuilleton verpflichte.

Als zum Exempel: — Literatur und Kunst
Stehn jetzt in Deutschland wieder sehr im Flore;
Um Rhein und Elbe mit erneuter Brunst
Lobsingt Apollo sammt der Musen Chore;

Manch edler Sänger freut sich hoher Gunst;
Lyrik und Drama ziehn durch goldne Thore
Heim zu den Unsern; breit und pachterlenbig
Pocht der Roman auch an, dreimal dreibändig.

Wie wär' es, Freund (und Redakteur), wenn diese
Und andre Dinge manchmal wir besprächen;
Wenn wir daheim auf der beblümten Wiese
Hier einen Speer, dort eine Dolde brächen;
Wenn wir gelassen (niemals mit Malice!)
Nach jedes Strohmanns hohlem Wanste stächen,
Der übern Weg tappt mit den plumpen Ferfen —
Natürlich, Alles in den schlankften Berfen?

Die Sache scheint dir sonderbar; indessen,
Seit junge Blätter der Olive sprießen,
Läßt sich am besten noch von den zwei Messen
Auf Politik und Leben bei uns schließen;
(Bierhäuser freilich sollt' ich nicht vergessen —
Doch darf für uns in Deutschland Bier jetzt fließen?)
Drum, schrieb' ich auch nur literarisch-kritisch,
Würd' es am Ende bennoch wohl politisch.

Eine zweite poetische Epistel, welche sich dieser ersten anschloß, wurde
schon in den Anfangs 1877 erschienenen „Neuen Gedichten" Freiligrath's
vollständig abgedruckt. Sie zeigt uns, wie selbst der dänische Märchendichter
Anderfen — obendrein auf dem neutralen Boden Englands — mit ängftlicher
Scheu dem verbannten Revolutionssänger ausweich, damit die Bekanntschaft
mit demselben ihn nicht in den vornehmen Hofkreisen kompromittiere.

Freiligrath wohnte damals in einem freundlichen Häuschen — Nr. 3
Sutton Place — in Hackney, unweit der Ringbahnstation und dicht neben
dem Friedhofe, über welchen der Weg zu seiner Wohnung führte. Er
lud mich häufig durch kleine humoristische Billetts ein, ihn nach voll-
brachtem Tagewerk in seinem halb ländlichen Heim auf einen Krug Porter
und ein schlichtes Abendessen im engsten Familienkreise zu besuchen, oder
an einem freien Nachmittag einen gemeinschaftlichen Ausflug in die Umgegend London's zu unternehmen. „Als Rendezvousplatz," schrieb er mir
wenige Tage nach meiner Ankunft in der Weltstadt, „schlage ich die Welling-
tonstatue vor der Börse, als Zeit 1 Uhr Nachmittags vor. Eine frühe
Stunde für London, aber ich wähle sie absichtlich, damit uns noch Zeit bleibt,
einen trip nach Greenwich zu machen, wo wir uns auf den ersten englischen
Meridian ins Gras setzen und von deutschen Dingen plaudern können."

Freiligrath's meisterhafte Verdeutschung des „Liedes vom Hemde", der „Seufzerbrücke" und anderer Hood'scher und Barry Cornwall'scher Gedichte hatte in mir den lebhaften Wunsch erregt, daß er unsere Literatur mit einer weiteren Folge von Übersetzungen socialistisch gefärbter Produktionen der englischen Poesie beschenken möchte. Andernfalls hatte ich nicht übel Lust, mich selbst an dieser Aufgabe zu versuchen. Freiligrath ermuthigte mich dazu durch nachstehende Zeilen: „Für den Augenblick denke ich an kein Übersetzen und werde mich herzlich freuen, wenn Sie aus Barry Cornwall und Anderen noch eine Nachlese veranstalten wollen. In Thomas Hood werde ich schwerlich Etwas übrig gelassen haben, dagegen finden Sie in B. Cornwall's „English Songs" noch mehr als Ein schönes sociales Gedicht. „The Convict Boat" und „The Rising of the North" sind famose Lieder, das Letztere freilich nur, soweit es die prophezeite Erhebung schildert — der Schluß ist matt und reaktionär. Das thut aber Nichts, Barry Cornwall fürchtet sich vor der sieghaften Erhebung des Proletariats, aber er sagt sie nichtsdestoweniger voraus. — — Auch in Ebenezer Elliot, dem ohnlängst verstorbenen Cornlaw-Rhymer, werden Sie manches Einschlagende finden. Ebenso in den Gedichten von Ernest Jones. Cooper's „Purgatory of Suicides" und Ähnliches müßten Sie wohl auch berücksichtigen. Leider habe ich meine Bibliothek nicht hier, sonst stände Ihnen Alles, was ich habe, gern zu Gebote."

Auf eine Anfrage nach den Gedichten von Eliza Cook, in denen ich ebenfalls Material für die angedeutete Arbeit zu finden hoffte, antwortete mir Freiligrath am ersten Weihnachtsfesttage in einem launigen Briefe: „Lieber Strobtmann! Eliza Cook war einst die Meine. Als aber einmal böse Zeiten kamen, wurde sie mir untreu und ging über zum Antiquar Siegfried in Zürich. So weit werden Sie mich freundlich entschuldigen. Die Gedichte sind seiner Zeit bei Charles Tilt, Fleetstreet, erschienen. Die jetzige Firma des Hauses ist: David Bohne, gegenüber dem Punch Office . . . Wolfgang, nach dem Sie sich freundlich erkundigten, ist wieder hergestellt, und hat Bogen und Pfeil, Flinte und Pistole unter dem Christbaum gefunden. Sämmtliche Waffen haben inzwischen bis jetzt noch keinen Schaden angerichtet, außer daß ich mit dem Bogen eine Fensterscheibe zerschossen habe. Gewiß auch ein Scheibenschießen! — Ich hoffe, Sie lassen sich, auch ohne Eliza, recht bald wieder bei mir sehen, und grüße Sie unterdessen aufrichtig und herzlich."

Im Winter 1851—52 waren die Erscheinungen des sogenannten Mesmerismus oder thierischen Magnetismus ein Lieblingsthema der Unterhaltung in den Londoner Gesellschaften. Magnetische Experimente an Somnambülen gehörten in allen Kreisen zur Tagesordnung, wie bald nachher Tischrücken und Klopfgeisterei. Freiligrath war der verständigen Ansicht, daß es der exakten wissenschaftlichen Forschung überlassen bleiben müsse, diese dunklen Gebiete aufzuhellen. Es sei nutzlos und voreilig für den Laien, aus einzelnen räthselhaften Thatsachen, wie sie ein Jeder erlebt haben möge, allgemeine Schlüsse ziehen zu wollen. Er selbst entsinne sich übrigens eines Vorfalls, der vielleicht mit den Erscheinungen des thierischen Magnetismus verwandt sei. „Vor der Februarrevolution," sagte er, „beschäftigte ich mich ernstlich mit dem Gedanken einer Übersiedelung nach Nordamerika. Um diese Zeit las meine Frau eines Tages in, ich weiß nicht welchem Buche von der weißen Frau im königlichen Schlosse zu Berlin, die man öfters als Gespenst mit einem Besen die Stuben kehren sehe. Es fiel ihr ein, daß ich ihr früher einmal von der analogen Erscheinung einer weißen Frau im Schlosse zu Detmold erzählt habe, und sie beschloß, mich bei meiner Rückkehr vom Komptoir zu fragen, ob diese Frau auch zuweilen als solche Stubenfegerin erschienen sei. Abends brachte ich wichtige Briefe aus Amerika mit nach Hause, der Auswanderungsplan wurde lebhaft besprochen und die Frage nach dem Gespenst vergessen. In der Nacht warf ich mich unruhig im Bette hin und her, und weckte dadurch meine Frau. Sie frug, ob mir nicht wohl sei. Ach nein, antwortete ich lachend, aber mich verfolgt ein wunderlicher Traum. So oft ich einschlafe, sehe ich die weiße Frau mit einem großen Kehrbesen die Gemächer des Detmolder Schlosses durchwandeln, und ich habe doch nie gehört, daß sie als Stubenfegerin umgeht! Meine Frau erzählte mir, daß auch ihr im Schlaf die vergessene Frage wieder eingefallen sei. Dies Erlebnis, so unbedeutend es ist, und so wenig ich mir damals den Kopf darüber zerbrach, ließe sich, wenn der thierische Magnetismus eine Wahrheit ist, am Ende durch die Annahme erklären, daß die Vorstellung meiner Frau durch magnetischen Kontakt auf mich übergegangen sei." —

Als ich im Sommer 1852 London verließ, um mir in Nordamerika eine Existenz zu gründen, theilte ich Freiligrath meine Absicht mit, dort Vorträge über Kunst und Literatur zu halten, und bat ihn um Empfeh-

lungen an seine amerikanischen Freunde. Er entsprach auf das liebens-
würdigste diesem Begehren. „An Longfellow will ich Ihnen gern einige
Zeilen mitgeben," schrieb er mir, und fügte schalkhaft hinzu: „Auch an
meinen Freund und Gevatter Rahgegagabowh, den Ojibway-Häuptling,
wenn Ihnen Der für Ihre Vorträge über das Verhältnis der Kunst zur
Gegenwart als rothe Autorität wünschenswerth scheinen möchte. Mit Bryant
bin ich nie in direktem Konner gewesen. Ich bin gewiß, daß Longfellow
Sie herzlich empfangen und Ihnen mit weiteren Einführungen an
Bryant ꝛc. ꝛc. auf Ihren Wunsch gern gefällig sein wird . . . Verschallen
Sie mir überhaupt nicht ganz! Ich wiederhole meine Bitte um Ihr Andenken und um dann und wann ein Wort Nachricht." —

Erst nach siebzehn harten Jahren des Exils war dem Dichter die
Rückkehr in das Vaterland vergönnt. Jenes herrliche Fest, das ihm der
Gesangverein „Arion" im Juli 1869 auf dem Johannisberge bei Bielefeld zur Begrüßung der alten Heimat bereitete, gab ihm die frohe Empfindung, daß sein Volk ihm, trotz der langen Verbannung, ein treues
Gedächtnis bewahrt habe. Überwältigt von freudiger Rührung sprach er
seinen Dank in dem schönen Liede aus, das in den Versen gipfelt:

Geliebt zu sein von seinem Volke,
O herrlichstes Poetenziel!
Loos, das aus dunkler Wetterwolke
Herab auf meine Stirne fiel!
Ob ich's verdient, ich darf nicht rechten!
Ihr wollt nun einmal Kränze flechten!
Ich halte stolz ihn in der Rechten,
Den mir zu flechten euch gefiel.

Unter zahlreichen alten und neuen Freunden drückte auch ich dem gefeierten Sänger damals nach langer Trennung beim Wiedersehen tiefbe-
wegt die Hand, nachdem wir in der Zwischenzeit manchen Gruß aus der
Ferne mit einander getauscht hatten. „Ich bin Ihnen auf manches Zeichen
Ihres freundschaftlichen Andenkens die Antwort und den Dank schuldig
geblieben; hoffentlich hat Sie mein Schweigen nicht irre an mir gemacht!"
hatte mir Freiligrath einmal geschrieben. Jetzt erhob er den rheinwein-
gefüllten Römer, und trug mir das kameradschaftliche „Du" an. Unvergeßlich bleiben mir diese sonnigen Tage, in denen wir mit ihm die Stätten
seiner Jugend, sein Geburtshaus in Detmold, das Grab des unglücklichen

Grabbe und die neuentdeckte Dechenhöhle bei Iserlohn besuchten, deren zarte Tropfsteingebilde ihm zu Ehren mit strahlendem Magnesiumlichte taghell beleuchtet wurden. Aber so dankbaren Herzens er die Huldigungen aufnahm, die ihm darzubringen man sich von allen Seiten beeiferte, Nichts erfüllte sein schlichtes Gemüth mit tieferer Freude, als der einfach herzliche Empfang in dem Detmolder Städtchen Lage, dessen sämmtliche Bewohner sich im Sonntagsstaat vor dem guirlandengeschmückten Wirthshause versammelt hatten, wo die Schuljugend des Ortes ihn mit einem choralartigen Liede willkommen hieß, und ein Besuch bei dem Dorfschullehrer in der Grüne bei Iserlohn, dessen zwölfjähriges Töchterchen ihn mit dem Vortrag seines Liedes „O lieb', so lang Du lieben kannst!" begrüßte und ihm den zum morgenden Tage über das Leben des Dichters verfaßten Aufsatz zu lesen gab, unter welchen er zu stetem Angedenken sein „Vidi. F. Freiligrath." schrieb.

Als ich ihn am Ende dieser festlichen Tage auf der Heimreise bis Soest begleitete, und ihn eine Woche später in seinem neuen Wohnorte Stuttgart wiederholt besuchte, erschloß sich mir im vertraulichen Austausch der Ansichten und Erlebnisse noch voller und reicher sein edles Herz. In seinen politischen Überzeugungen fand ich ihn unverändert. Die republikanische Staatsform war noch immer sein Ideal, auch für Deutschland; doch freute er sich ehrlich der errungenen Fortschritte unter preußischer Führung, und mißbilligte jedes Bestreben, die schwer erkämpfte Einigung der deutschen Stämme durch partikularistische Tendenzen zu gefährden. Auch beweisen die herrlichen Gedichte, die er während des Krieges gegen Frankreich schrieb, und die Eingangsstrophen zur Gesammtausgabe seiner Werke wohl zur Genüge, wie unverbitterten und gerechten Sinnes er den Umschwung der politischen Verhältnisse zu würdigen verstand, der sich während seiner langjährigen Abwesenheit daheim vollzogen hatte.

Manches Wort der Ermuthigung und der liebevollen Theilnahme an meinen schriftstellerischen Arbeiten ließ Freiligrath mir in der Folgezeit noch direkt oder durch gemeinschaftliche Freunde zukommen. Besonders interessierten ihn meine Übersetzungen nordamerikanischer Gedichte. „Die jüngste Nummer der Allgemeinen Zeitung," schrieb er mir im Frühjahr 1870, „hat nun auch den Schluß deines Aufsatzes über die amerikanischen Poeten gebracht. Ich habe den Artikel mit Vergnügen gelesen und mich der treuen und eleganten Versionen, mit denen du ihn durchflochten, herzlich gefreut. Bei Bayard Taylor hättest du wohl mit einem Worte meinen Einfluß auf seine Dichtung andeuten können. Derselbe tritt freilich in dem Poems of the Orient weniger zu Tage; — in den Rhymes of Travel dagegen sind Gedichte wie El Canelo und The Bison Track doch der reine Freiligrath." — Auch zur Fortsetzung meiner Übertragung des dänischen Gedichtes „Adam Homo," deren Eingangsstrophen ich ihm gesandt hatte, ermunterte er mich in freundlichster Weise: „Deine Übersetzungsprobe von Paludan-Müller's ‚Adam Homo' schicke ich dir einliegend zurück. Dieselbe hat mich ungemein interessiert, und ich möchte dich (vorausgesetzt, daß du einen Verleger finden kannst, der dir deine Mühe rechtschaffen bezahlt) bringend auffordern, Deutschland mit einer Übersetzung des Ganzen zu erfreuen. Du würdest uns damit nicht nur etwas Schönes, Gutes, Geistreiches geben, sondern auch etwas Neues! Englische Dichtwerke werden uns fort und fort in so vielen guten und schlechten Übersetzungen nahe gebracht, daß es kaum noch der Mühe lohnt, damit zu Markte zu ziehen, während das Dänische schon mehr seitab liegt und der Konkurrenz weniger Spielraum bietet. Hier hast du freies Feld, und brauchst (meinem Gefühle das Unangenehmste und Verdrießlichste!) nicht zu befürchten, einen bereits zehnmal gepflügten Acker noch einmal durchzuackern."

Eine so rege geistige Antheilnahme erwies Freiligrath bis an sein Ende allen neuen bedeutungsvollen Erscheinungen der Weltliteratur. Wie er in jüngeren Jahren Longfellow's und Tennyson's Dichtungen durch meisterhafte Versionen zuerst in Deutschland bekannt gemacht hatte, so lenkte er noch in seiner letzten Lebenszeit die Aufmerksamkeit des heimischen Publikums auf die naturfrischen Schöpfungen Walt Whitman's und des so rasch zum Liebling der cis- und transatlantischen Leserwelt gewordenen Poeten der kalifornischen Wildnisse, Bret Harte's. An diese Übersetzungen reihte sich eine nicht geringe Zahl eigener Gedichte, die alle von der tief humanen Gesinnung des Verfassers zeugen und häufig von einem köstlichen Humor durchweht sind. So schied er in ungebrochener Geisteskraft, geliebt und verehrt von Allen, selbst von Denen, die seine unerschüttert gebliebene freie politische Gesinnung nicht theilten, und an seiner Bahre trauerte ein ganzes Volk wie um den Verlust eines der besten und treuesten seiner Söhne.

Emanuel Geibel.

Emanuel Geibel, nach Goethe, Uhland und Heine der ausgezeichnetste Liederdichter, dessen Stern in diesem Jahrhundert am Himmel der deutschen Literatur geleuchtet, hat seit seinem ersten Auftreten bis in die neueste Zeit bei dem großen Publikum eine fast beispiellos günstige Aufnahme seiner Dichtungen gefunden, die in seltsamem Gegensatze zu der kühlen Vernachlässigung steht, welche die Kritik Jahrzehnte hindurch einer so achtungsvollen Begabung erwies. „Ein Dichter für Backfische!" lautete die landläufige Phrase, welche ein Tagesrecensent dem anderen nachsprach, und kraft welcher selbst ein gelehrter Literaturhistoriker sich noch in der dritten Auflage seiner „Geschichte der deutschen Literatur im neunzehnten Jahrhundert" der Pflicht überhoben dünkte, mehr als drei wegwerfende Zeilen an die Beurtheilung des gefeiertsten Lyrikers der Gegenwart zu verschwenden. Der Versuch einer ausführlicheren Charakteristik der Geibel'schen Poesie wurde, so viel uns bekannt ist, bis jetzt nur von Gottschall (im dritten Bande seiner „Deutschen Nationalliteratur"), von Mindwitz (in seinem „Neuhochdeutschen Parnaß") und Heinrich Kurz (in seiner „Geschichte der deutschen Literatur") gemacht; doch beschränkte sich in all diesen Fällen die Aufgabe mehr darauf, ein Bild von der Gesammterscheinung des Dichters zu entwerfen, als der stufenweis fortgeschrittenen Entwicklung desselben Schritt für Schritt liebevoll nachzugehen. Einzig Karl Goedeke, welcher mit Geibel kurz nach dem Erscheinen der ersten Auflagen seiner „Gedichte" — im Herbst 1844 — bekannt wurde, hat das Bedürfnis gefühlt, jene Unterlassungssünde der Kritik durch eine sorgsam ausgearbeitete Monographie gut zu machen, von welcher der erste, 366 Oktav-

seiten umfassende Band 1869 veröffentlicht ward. Wir nahmen das Buch
bei seinem Erscheinen nicht ohne Mißtrauen zur Hand. Das äußere Leben
Geibel's, sagten wir uns, war ungewöhnlich arm an bunten Ereignissen,
deren detaillierte Schilderung ein wesentlich neues Licht auf seine Produktionen zu werfen vermöchte; was er erlebt, gefühlt, gedacht, hat er als echter
Poet mit dem Glorienschein künstlerischer Verklärung umwoben, und es
ist schwerlich eine dankenswerthe That, den farbig schillernden Schmetterling
des Liedes, an welchem die Welt sich erfreut, aufs Brett zu spießen, oder
dem Publikum das grüne Räupchen und die graue Larve zu zeigen, aus
denen nach so und so viel Wandlungen der schöne Falter hervorging. Je
mehr Geibel vorwiegend lyrischer Dichter ist, je reiner Inhalt und Form
in seiner Poesie sich decken, je weniger bei einem so vollendeten Meister
der Technik in seinen Produktionen ein unkünstlerischer Rest zurückbleibt,
welcher der nachhelfenden Erklärung bedürfte, desto überflüssiger erscheint
jede sich an das Einzelne heftende kritische Analyse. Zudem hat Geibel's
maßvolle, milde und versöhnliche Richtung keinen so hervorstechend origi-
nellen Charakter, daß seine Lieder jemals die Geister der Zeitgenossen
stürmisch bewegt und seinen Namen zu einem Banner gemacht hätten,
um welches der Kampf der Parteien in fanatischen Gegensätzen von Haß
und Liebe entbrannt wäre. Selbst zum Verständnis seiner politischen
Dichtungen genügt, bei dem Bestreben des Künstlers, den zufälligen Anlaß
jedesmal in das objektive Gebiet allgemein menschlichen oder nationalen
Gefühls zu erheben, die oberflächlichste Kenntnis der geschichtlichen Ereignisse im letzten Vierteljahrhundert, wie sie bei jedem halbwegs gebildeten
Leser vorausgesetzt werden darf. Was kann also ein kunstsinniger Schriftsteller, der sich mit pietätvoller Liebe in die Wohllautswogen der Geibel'schen
Lyrik versenkt, uns in einer Monographie des Dichters anders bieten
wollen, als eine ästhetische Darlegung seines Entwicklungsganges, in welche
von seinen äußeren Lebensumständen so Viel mit einfließen mag, als
nöthig erscheint, um die Wechselbezüge zwischen Dichtung und Wirklichkeit
dort anzudeuten, wo eine solche Andeutung dem Leser einen erhöhten Genuß oder ein tieferes Verständnis seines Lieblingsdichters zu erschließen
verspricht? — Die Lektüre des Goedeke'schen Buches wird leider Jeden
enttäuschen, der mit der Erwartung an dieselbe herangeht, dort einem an-
ziehenden, mit festen Strichen gezeichneten und von lebenswarmem Kolorit

durchhauchten Bilde einer Dichterlaufbahn zu begegnen. Wir würden auch
ohne die ausdrückliche Versicherung des Verfassers überzeugt sein, dass
der Dichter an dem Buche, das seinen Namen trägt, nicht den
geringsten Antheil gehabt und kein Blatt desselben vor dem Erscheinen
gesehen hat; denn selten wohl mag' ein gefeierter Schriftsteller bescheidenderen Sinnes sein ganzes Lebenlang davor zurückgescheut sein, das
Publikum, dessen Interesse er einzig für und durch seine künstlerischen
Leistungen zu gewinnen strebte, mit den irrelevanten Details seiner Privatschicksale zu behelligen, als Emanuel Geibel. Karl Goedeke findet sich
durch die Pflicht der „historischen Auffassung" veranlasst, all diesen Details
bis ins Kleinlichste nachzuspüren; in dürrem Chronistenstile folgt er dem
wanderlustigen Dichter auf seinen vielfachen Reisen von Station zu Station,
er referiert uns, in welchem Gasthofe oder bei welchem Privatmann derselbe zu Nacht logiert, welche bekannten oder obskuren Personen er im
Vorüberfluge gesehen und gesprochen hat; selbst die Beschreibung der Städte
und Gegenden wird uns so wenig erspart, wie die Speisekarte und die
kleinen Spaziergänge oder Ferienausflüge des Bonner Studenten. Dabei
gebricht es dem um die Literaturforschung so hoch verdienten Verfasser
an dem eigentlichen Erzählertalente, an der Gabe, durch künstlerisch berechnete Vertheilung von Licht und Schatten das Wichtigere aus dem Wust
unbedeutenden Beiwerks hervorzuheben, dem Geringfügigen durch humoristische Behandlung einen untergeordneten Platz anzuweisen, Personen und
Zustände malerisch zu gruppieren, die Ergebnisse eines unermüdlichen
Sammlerfleißes zu einem anschaulichen, durch Lokaltöne belebten Gesammtbilde zu verbinden. Überhaupt müssen die einfachen äußeren Lebensumstände Geibel's durch ein minutiöses Eingehen auf dieselben an Reiz eher
verlieren, als gewinnen. Was aber das innere Leben des Dichters betrifft, so gewähren seine eigenen poetischen Schöpfungen, wie wir schon
angedeutet, ein bei Weitem erfreulicheres, weil durch den Zauberspiegel
der Kunst verschöntes Abbild desselben, als die nüchtern prosaische Darstellung es zu bieten vermag. Wir haben es bei Geibel mehr mit einer,
jeder kritischen Zersetzung spottenden Innigkeit des Gefühlslebens, als mit
einer überraschenden Entwicklung der Verstandesseite zu thun. Er ist dem
Zweifel, dem geistigen Kampfe auf politischem, religiösem, wissenschaftlichem
Felde nicht feig aus dem Wege gegangen, aber der Zweifel hat ihm das

hoffnungsstarke, gläubige, fromm vertrauende Herz nie mit so dämonischer
Gewalt erschüttert, daß er wie Prometheus den Göttern geflucht oder an
dem endlichen Siege des Guten, Großen und Schönen wild verzweifelt
hätte. Jedes Trübe und Schwere hallt dieser rein gestimmten Seele in
einen Ton des Friedens aus, der wie die Glocken von Vineta und Julin
aus tiefem Meeresgrunde herauf oder wie leise Engelchöre vom Himmel
herab klingt, der aus den Wipfeln der Ulme sanften Trost in das beängstigte
Gemüth hernieder rauscht, und mit den süßen Weisen der Nachtigall jedes
Leid melodisch beschwichtet. Was gäbe es da zu erzählen, das nicht tausend-
mal schöner in den Liedern stünde? Schöner, und selbst wahrer; denn
das Lied umfaßt nicht das Gefühl und die Reflexion allein, aus welchen
es hervorging, sondern zugleich ihr Endresultat. Nichtsdestoweniger enthält das Goedekesche Buch manche Notiz, für deren Mittheilung die Verehrer Geibel's dem fleißigen Sammler Dank schuldig sind. Das biographische
Material, welches einstweilen nur bis zur Berufung Geibel's nach München
führt, würde voraussichtlich höchstens der Dichter selbst vollständiger liefern
können, und auf dies oder jenes Lied fällt durch die Aufdeckung des speciellen
Anlasses wirklich ein Lichtstrahl, der uns eine nicht sofort ins Auge springende
Schönheit des Gedankens oder der Form enthüllt. Die interessanteste
Partie des Buches sind die Mittheilungen über die unausgeführten dramatischen und epischen Entwürfe, und wir haben manche dieser Aufschlüsse
in der nachfolgenden Charakteristik des Dichters treulich benutzt.

Emanuel Geibel ist am 18. Oktober 1815,.als das siebente Kind
unter acht Geschwistern, in Lübeck geboren, wo sein aus Hanau stammender
Vater, Johannes Geibel, von 1797—1849, in welchem Jahre er sein
Amt niederlegte, Prediger der reformierten Gemeinde war. Die Mutter
des Dichters, Louise Ganslandt, war die Tochter eines Lübecker Kaufmanns.
Von den Geschwistern Geibel's leben noch der zweitälteste Bruder, Karl,
welcher reformierter Prediger in Braunschweig war und seit 1860 wieder
in Lübeck seinen Aufenthalt genommen hat, — die zweite, gegenwärtig ver-
wittwete Schwester Elise, auf deren Kinder sich das schöne Gedicht „Nach
zehn Jahren" in den „Juniusliedern" bezieht, — und Konrad, das jüngste
Kind, Musiklehrer in seiner Vaterstadt. Die Einwirkung der fröhlich
unschuldigen Jugendzeit, welche der Dichter in der idyllisch abgelegenen,
an stolzen geschichtlichen Erinnerungen reichen, holländisch stillen, aber durch

einen lebhaften Seeverkehr den Blick in die Ferne eröffnenden, altehrwür-
digen Reichsstadt verlebte, tritt in seinen Liedern wie in seinem Leben
aufs prägnanteste hervor. Mit rührender Liebe hängt sein Herz an den
Erinnerungen der Kindheit, an dem theuren Elternhause, an den Jugend-
gespielen, er erkrankt vor Heimweh, wie er zum ersten Mal als Student
die geliebte Vaterstadt verlassen hat, selbst unter dem ewig blauen Himmel
Griechenlands sehnt er sich nach ihren Thürmen und Thoren, nach dem
schattigen Ullmengang am Traveflüßchen, nach den blauäugigen deutschen
Blondinen zurück:

> Mir ist es dann, als sei ich doch im Grunde
> Ein Schiffer nur, geführt von böser Stunde
> Zu eines Zaubereilands Pracht,
> Als müßt' ich dieses Mondlichts süßes Weben
> Und diese Blüthendüfte freudig geben
> Für Eine deutsche Nebelnacht.

Und so oft die Wanderlust ihn aus der engen Beschränkung kleinstädtischer
Verhältnisse ins Weite trieb: immer lockte ihn der einförmige Wellenschlag
der blauen Ostsee und das Rauschen der grünen Buchenwälder wieder zu
der heimatlichen Scholle, die ihm einst nur „ein Liederbuch und ein ver-
wundet Herz" gab, jetzt aber, wo es Herbst für ihn geworden, ihm den
Frühlingstraum der Jugend zauberisch wieder vor die Seele führt.

Den ersten Unterricht empfing Geibel im elterlichen Hause, den späteren im städtischen Gymnasium, das seit Herbst 1831 unter Leitung des
tüchtigen Schulmannes Fr. Jacob stand, welcher besonders anregend auf
seine Zöglinge wirkte, ihnen möglichst freie Bewegung gestattete, dramatische Spiele mit ihnen aufführte, und neben den griechischen und römischen
Autoren auch die deutschen Klassiker gern in den Unterricht zog. So verließ Geibel zu Ostern 1835, als Primus der Prima, trefflich vorbereitet
die Schule, um zunächst in Bonn sich dem Studium der Theologie und
der klassischen Philologie zu widmen. Die in der Schulzeit entstandenen
Lieder „Der Zigeunerbube im Norden" und „Zigeunerleben" zeigen uns,
daß der neunzehnjährige Jüngling sich bereits eine seltene Herrschaft über
die poetische Form zu eigen gemacht hatte. Auch ist zu beachten, daß der
Dichter damals schon (1834) in seinem „Friedrich Rothbart" jenem
Traume von einer Wiederherstellung des heiligen deutschen Reiches Ausdruck lieh, welcher der Grundton seiner politischen Richtung geblieben ist.

In Bonn führte Geibel ein stilles, arbeitsames Leben, fast nur mit Lübecker Kommilitonen und in Professorenfamilien verkehrend, an welche der Vater und die Lehrer ihm Empfehlungen mitgegeben hatten. Schon im zweiten Semester wandte er sich vorherrschend humanistischen Studien zu, und ließ die Theologie gänzlich fallen, als er zu Ostern 1836 die Berliner Universität bezog, wo er zwei Jahre verblieb. Er wurde hier durch Hitzig in die „Literarische Gesellschaft" eingeführt, und machte die Bekanntschaft Chamisso's, Houwald's, Häring's, Gaudy's, Franz Kugler's, O. F. Gruppe's und Bettina's, in deren Hause er auch die geniale Johanna Mathieux (die nachherige Frau Kinkel) traf, und durch deren Vermittlung er im Frühjahr 1838 eine Hauslehrerstelle bei dem russischen Gesandten, Fürst Katatazi, in Athen erhielt. Bei seinem regen Verkehr in den schriftstellerischen Kreisen Berlin's entstanden um diese Zeit manche Lieder, von welchen einige im Chamisso'schen „Musenalmanach", andere im ersten Jahrgange von A. Reumont's „Italia" gedruckt wurden.

Hatte Geibel sich schon in dem Strudel des Berliner geselligen Lebens zuletzt etwas bedrückt gefühlt, so wurde ihm die Hauslehrerschaft im russischen Gesandtschaftshôtel bald nicht minder zur Last. Die jungen Seelen der Knaben, deren Erziehung er übernommen, waren bereits vergiftet von den hochmüthigen Anschauungen ihrer vornehmen Umgebung, die Mutter beschützte ihre Unarten, wenn sie die leibeigene Dienerschaft mißhandelten, und bereits nach einem Jahre verließ der Dichter das Haus des Gesandten, um in eine Privatwohnung überzusiedeln, während er den Vormittagsunterricht auch noch ferner ertheilte. Ein Hauptgewinn seines Aufenthaltes in Griechenland war das erneute Studium der Alten auf klassischem Boden, das er gemeinschaftlich mit seinem Lübecker Freunde Ernst Curtius betrieb, mit welchem er auch im Sommer 1839 zur Herstellung seiner angegriffenen Gesundheit eine Reise nach den cykladischen Inseln unternahm, und ein Heft Übersetzungen aus griechischen Dichtern („Klassische Studien", Bonn, Ed. Weber, 1840) herausgab. Die Arbeit, welche, mit einem die Wiedergeburt der hellenischen Größe durch das bairische Herrschergeschlecht feiernden Gedichte, der Königin von Griechenland gewidmet ward, steht noch nicht ganz auf der Höhe jener Meisterschaft der Übersetzungskunst, zu welcher Geibel sich später in seinem „Klassischen Liederbuche" (Berlin 1875) emporschwang, überragt aber doch an Adel des Ausdrucks, bei aller philo-

logischen Treue, die meisten bis dahin gelieferten Verdeutschungen griechischer
Lyriker. Geibel erlernte hier zuerst jene sichere Beherrschung der antiken
Versmaße in deutscher Sprache, durch welche er sich in zahlreichen späteren
Dichtungen als würdiger Nachfolger Platen's in der Verschmelzung helle-
nischer und deutscher Kunstformen erwies.

Im Frühjahr 1840 kehrte er nach Deutschland, zunächst nach Lübeck,
zurück. Schon vor der Abreise nach Athen hatte er eine erste Sammlung
seiner Gedichte dem Berliner Buchhändler Alexander Duncker in Verlag
gegeben; aber die ganze Auflage war nebst dem Manuskripte bei einer in
der Druckerei ausgebrochenen Feuersbrunst verbrannt, und Geibel freute
sich im Grunde des Mißgeschicks, da der Aufenthalt in Hellas manche
werthvollere Frucht gezeitigt hatte, und er nun eine inhaltsreichere Gabe
darzubringen vermochte. Die erste Auflage der „Gedichte" erschien um
Michaelis 1840, fand aber bei der Kritik geringe Beachtung. Erst die
zweite Auflage (1843) wurde in einzelnen Journalen kurz besprochen,
ohne jedoch eine eingehende Beurtheilung zu finden. Das Publikum war
freundlicher gesinnt; es hat seitdem nahe an hundert Auflagen der „Gedichte" gekauft und mit der heiligen Andacht des Herzens gelesen, ein Erfolg, der freilich nicht allein dem inneren Werth dieser Lieder, sondern zum
Theil auch den äußeren Zeitumständen beizumessen ist. Die vierziger
Jahre waren die Blütheperiode der politischen Tendenzpoesie. In diese Zeit
fielen Niklas Becker's „Rheinlied", Hoffmann's „Unpolitische Lieder",
Dingelstedt's „Lieder eines kosmopolitischen Nachtwächters", Herwegh's
„Gedichte eines Lebendigen", Heine's „Wintermärchen", Freiligrath's
„Glaubensbekenntnis", Prutz' aristophanische „Wochenstube", Beck's, Meiß-
ner's und Hartmann's socialistisch gefärbte Elegieen, ein ganzer Landsturm
revolutionärer Schlachtgesänge, die zum Umsturz der alten Gesellschaft aufforderten. All diese muthvollen Weisen fanden einen freudigen Wiederhall
in den Herzen der männlichen Jugend, sie bewegten die Geister, sie waren
das Tagesgespräch begeisterter Studenten, in allen Journalen wurde mit
der größten Lebhaftigkeit über sie debattiert. Aber so stürmisch eine solche
politische Propaganda an dem Schlendrian des Herkommens rüttelte: in
das stille bürgerliche Familienleben, zumal der kleineren Städte, drang sie
doch wenig ein, oder wenn sie dort eindrang, wurde sie von konservativ gesinnten Vätern und Müttern und von dem, jeglicher Politik

abholden Schwesterlein als ein böser Störenfried angesehen, den man am
liebsten dorthin wünschte, wo der Pfeffer wächst. Dieser großen konservativen
Masse des Volkes mußte ein Dichter willkommen sein, in dessen Liedern
Nichts von all jenem fatalen, die Gemüthsruhe trübenden und, wie ja
so vielfach behauptet wurde, zu Atheismus und Hochverrath führenden
Tendenzen zu finden war. Oder wenn in dem zierlichen Buche doch einmal auf die böse Politik die Rede kam, so stieg man mit dem Dichter
in den romantischen Kyffhäuser hinab, und führte, — nicht respektswidrig
wie Heine, der gegen alle Etikette dem schlummernden Kaiser von guil-
lotinierten Königen und Königinnen vorgeschwatzt und ihn gar ein altes
Fabelwesen genannt hatte, — nein, mit vollem Vertrauen in die untrüg-
liche Weisheit Seiner hochseligen Majestät, ein ehrfurchtsvolles Zwiegespräch
mit dem Alten im Bart, und ließ sich ermahnen, hübsch geduldig zu sein,
selbst das „zertretene Recht" nicht mit dem Schwerte zu rächen, da man
doch nicht recht wissen könne, wie die Sache ablaufen werde, sondern alle
Sorgen auf „Ihn" zu werfen, „der droben auf ewigem Stuhl ist gesessen"
und zu der rechten Stunde schon „plötzlich über Nacht" den Frühling
senden werde. Aber solche Abschweifungen auf das politische Gebiet waren
selten. In den Jugendliedern Geibel's war es fast nur das unmittelbare,
subjektive Gefühl, das jeder Reflexion fern bleibende, traumhaft unbewußte
Sehnen des Herzens, das in Melodieen voll zartester Innigkeit und seltensten
Wohllauts zum Ausdruck kam. Refrains, wie:

> Ich habe dich lieb, du Süße,
> Du meine Lust und Qual!
> Ich habe dich lieb und grüße
> Dich tausend, tausend Mal! —

Gedichte, wie die „Klage der jungen Nonne", „Wenn sich zwei Herzen
scheiden", „Und bist du fern und bist du weit", „Es fliegt manch Vöglein
in das Nest", „Viel tausend, tausend Küsse gieb", „Wo still ein Herz in
Liebe glüht", „Wie es geht", oder gar das „Minnelied", ließen sich, ein-
mal gehört, nicht wieder vergessen. Da war die ganze Sentimentalität
Heine's ohne die „frechen Pointen", welche die Empfindsamkeit der schönen
Seelchen so spöttisch persiflierten, da waren Romanzen in Uhland's Ton
(„Zwei Könige", „Der letzte Skalde" 2c.) oder in Lenau's Weise („Die
Tochter des Wojewoden"), da wurden malerische Bilder aus fremder Zone

mit aller Pracht Freiligrath'schen Kolorits aufgerollt („Der junge Tscher-
keffenfürst", „Der Sklave"), und dann wieder glaubte man den Nachklang
einer schlichten Volksweise, einer Eichendorff'schen Wandermelodie oder eines
von olympischer Ruhe durchhauchten Goethe'schen Liedes zu vernehmen.
Es war das Klingen einer Aeolsharfe, in welcher alle bekannten Töne
schlummern, und aus welcher jeder Windhauch einen ihm selbst verwandten
Ton zu entlocken vermag. Diese wunderbare Vielseitigkeit der Geibel'schen
Technik, diese fast weibliche Hingabe an die Schönheit der fremden Form
raubt seiner Dichtung die energisch ausgeprägte individuelle Physiognomie,
und läßt manchmal sogar als Nachahmung erscheinen, was ihm in Wahrheit als eigen angehört. In der ersten Gedichtesammlung ist es vor Allem
der sorglose „leichte Sinn" des Poeten, der mit frischestem Klange gefeiert
wird, und dem sich freilich hie und da ein Quantum glücklichen Leicht-
sinns zugesellen mußte, um dem Träumer ungetrübt seine heitere Ruhe zu
bewahren.

In Lübeck beschäftigte sich Geibel zunächst mit dem Studium der romanischen Literaturen. Durch Annahme eines Lehramts oder einer son-
stigen festen Stellung fürchtete er die Freiheit seiner poetischen Entwicklung
zu gefährden; gern folgte er daher einer Einladung des Barons Karl
von der Malsburg (eines Bruders des bekannten Übersetzers von Calbe-
ron und Lope de Vega), einige Zeit auf seinem Schlosse Escheberg unweit
Kassel's zu verbringen, wo ihm eine bedeutende spanische Bibliothek zur
Verfügung stand. Von der fleißigen Benutzung dieser Bücherschätze zeugt
die treffliche Übersetzung der „Volkslieder und Romanzen der Spanier"
(Berlin 1843). Aber auch der Trieb zu selbständigem poetischen Schaffen
wurde in Escheberg lebhaft angeregt. Zuerst entstanden die „Zeitstimmen",
durch welche Geibel der politischen Tendenzdichtung seinen Zoll abtrug,
und deren erste Auflage im November 1841 (Lübeck, Aschenfeldt) erschien.
Auch hier predigt Geibel in Bezug auf die deutschen Verhältnisse Ver-
söhnlichkeit und Geduld, und Einigkeit den Verlockungen des Auslandes
gegenüber:

Wenn Quader fest an Quader schließt, so steht die Burg durch Gottes Kraft,
So brauchen wir nicht Frankenthum und nicht Baschkirenbrüderschaft —

und es ist bezeichnend, daß er selbst für die schwarze Negersklavin, für
das im Joche der Fremdherrschaft schmachtende Italien, das er einer Pe-

nelope vergleicht, Worte des Trostes und der Hoffnung hat, aber auch sie nicht zur Selbstbefreiung, sondern nur zum geduldigen Ausharren er= mahnt:

 Wein' und hoff'! Es kommt die Stunde, wo auch dein Obysseus naht!

Da macht es auf den ersten Blick einen absonderlichen Eindruck, wenn der Poet plötzlich (in der dritten Auflage der „Zeitstimmen") Deutschland zum Kampfe gegen Dänemark aufruft, um letzterem den Sundzoll zu neh= men, weil die dänische Regierung seiner Vaterstadt Lübeck nicht erlauben will, eine Eisenbahn über Lauenburgisches Gebiet zu führen. Aber hier galt es ja, die Anmaßung des ausländischen Feindes zurückzuweisen, und Nationalpatriotismus, das starke Gefühl für die Einheit, Ehre und Größe des Vaterlandes ist das A und O von Geibel's politischem Glaubens= bekenntnis, dem er immer treu geblieben ist. An die romantische Schrulle, ganz Europa zu einem Kreuzzug wider die Türken aufzurufen, um das heilige Grab aus den Händen der Ungläubigen zu befreien, sei hier nur im Vorbeigehen erinnert, da der Verfasser dies Gedicht in spätere Samm= lungen nicht mit aufgenommen hat und an dem demonstrativen Wieder= abdruck desselben in der „Kreuzzeitung" zur Zeit des Krimkrieges völlig unschuldig war. Dagegen müssen wir des Gedichtes „An Georg Her= wegh", das zuerst im Mai 1842 als Anhang eines von dem Schwager Geibel's aus dem Schwedischen übersetzten Dialogs veröffentlicht ward, also an den gefeierten, nicht an den ausgewiesenen Dichter gerichtet war, mit einigen Worten gedenken. Dies Gedicht, welches dem Talente Herwegh's die glänzendste Anerkennung zollte, und mit männlicher Offen= heit den Kampf gegen seine radikale Richtung aufnahm, hat man Geibel vielfach zum Vorwurfe gemacht, und Herwegh hat nicht aufgehört, die un= interessierte Reinheit der politischen Überzeugungen seines Gegners bis in die jüngste Zeit hinein durch schnöde Spottlieder zu verdächtigen. Goedeke bestätigt, was auch H. Kurz im vierten Bande seiner „Geschichte der deut= schen Literatur" erzählt, dass Geibel völlig ohne sein Zuthun durch die freundliche Bemühung des Freiherrn v. Rumohr die vielbesprochene preu= ßische Pension erhielt, welche ihm zur ungestörten Fortsetzung seiner poeti= schen Studien Ende December 1842 bedingungslos angeboten ward, und welche abzulehnen er bei seinen politischen Ansichten nicht den mindesten Grund besaß. Auch das Dankgedicht Geibel's an den König von Preußen

hielt sich fern von aller niedrigen Schmeichelei und sprach nichts Anderes aus, als was der Poet in früheren Gedichten wiederholt ausgesprochen, daß es ihn für den Dichter ein besseres Amt dünke, „zu bauu,
zu bilden, zu versöhnen", als destruktiven Tendenzen zu huldigen. Dennoch war Geibel niemals konservativ im reaktionären Sinne. Er verlangte damals schon Preßfreiheit und ehrlich offenen Kampf der Gedanken
in Kirche und Staat, und er hat sich auch später nie gescheut, seine politische Gesinnung frei vor aller Welt zu bekennen, selbst wo Solches ihm
persönlich Nachtheil bereiten mußte.

Lieferten die „Zeitstimmen" den Beweis, daß Geibel den politischen
und religiösen Kämpfen der Gegenwart nicht seine ernstliche Theilnahme
verschloß, wie sehr die sensitive Seele des Poeten auch vor den unschönen
Erscheinungen eines mitten im Gährungsprocesse befindlichen Zeitalters
zurückschauern mochte, so zeigt uns seine Beschäftigung mit einem dramatischen Stoffe, dessen Ausführung gleichfalls in das Jahr seines Esche-
berger Aufenthalts fällt, daß ein künstlerisches Festhalten ausschließlich
lyrischer Stimmungen ihm auf die Dauer kein Genügen mehr bot. Den
Stoff zu der Tragödie „König Roderich" fand er in den spanischen Romanzen. Wie ernst er seine Aufgabe erfaßte, sagen die schönen Wid-
mungsworte an Friedrich Wilhelm IV. Leider hatte Geibel bei der Anlage und Ausführung seines Stückes noch zu geringe Kenntnis von dem
Maß des auf der wirklichen Bühne Erträglichen, als daß die (1846 in
Weimar gewagte) Aufführung des Trauerspiels Erfolg hätte finden können. Ein gefallenes Mädchen, das uns im ersten Akte leibhaftig vor
Augen tritt, um ihre Schande zu erzählen und den Räuber ihrer Ehre
vergebens an die Einlösung seiner Liebesschwüre zu mahnen, kann nicht
der Angelpunkt eines Dramas sein, das unsere Theilnahme zu fesseln
vermöchte, so lebendig auch die Handlung fortschreitet und so klar auch im
Ganzen die psychologische Motivirung derselben durchgeführt ist.

Im Juni 1842 schied Geibel von dem ihm so lieb gewordenen Escheberg, um in den nächsten zehn Jahren ein buntes Wanderleben zu verbringen, das ihn 1843 zu Freiligrath nach St. Goar, zu Justinus Ker-
ner nach Weinsberg und später nach Stuttgart, im folgenden Sommer
zu dem Grafen Strachwitz auf Schloß Peterwitz in Schlesien, 1845 nach
Hannover und dem Harze, im Herbst desselben Jahres nach Berlin, da-

zwischen aber alljährlich wieder nach Lübeck heim führte. Zu Berlin wurde er mit Mendelssohn bekannt, auf dessen Wunsch er den Operntext „Die Loreley" schrieb, welche Arbeit er im Frühjahr 1846 in Altenburg vollendete, zu deren Veröffentlichung er sich aber nach dem frühen Tode des Komponisten erst spät (1861, Hannover, bei C. Rümpler) entschloß. Während eines Frühjahraufenthaltes in Berlin 1847 verfaßte er in wenig Wochen ein kleines Lustspiel, „Die Seelenwanderung", das am 7. April jenes Jahres im Palais des Prinzen von Preußen (des jetzigen Kaisers von Deutschland) von Dilettanten aufgeführt, am 8. März 1848 von denselben Darstellern wiederholt, und 1855, nach mehrfacher Überarbeitung, als „Meister Andrea" mit Erfolg auf dem Münchener Hoftheater gegeben ward. Ein liebenswürdiger Humor, dem der Verfasser sonst selten in seinen Produktionen so lustig die Zügel schießen läßt, durchweht die heitere Erfindung und führt dieselbe zu einem allseits befriedigenden Ende. Die verschiedenartigen Gestalten sind, wie es der Charakter des Lustspiels bedingte, mit dreisten Freskostrichen gezeichnet, und wir bedauern, daß der launige Schwank verhältnismäßig wenig bekannt geworden ist.

Im Herbst 1847 ließ Geibel eine zweite Sammlung von Gedichten, die „Juniuslieder", erscheinen, in welcher, außer zahlreichen neuen Produktionen, auch die besseren Gedichte der „Zeitstimmen", die durch den „Offenen Brief" Christian's VIII. veranlaßten „Zwölf Sonette für Schleswig-Holstein" und die in der Nibelungenstrophe gedichtete nordische Sage „König Sigurd's Brautfahrt" wieder abgedruckt wurden. Der Fortschritt, welcher sich in den „Juniusliedern" kundgab, lag vor Allem in der Wahl ernsterer und bedeutungsvollerer Stoffe. Der Dichter war ersichtlich bemüht gewesen, dem erkaltenden, gegenstandslos werdenden subjektiven Gefühl einen neuen und tieferen Inhalt zu geben, indem er dasselbe an die Freiheitsbestrebungen der Zeit, an den Kampf für die idealen Güter der Menschheit sich anlehnen ließ, — freilich ohne in diesem Kampfe mit Entschlossenheit ein bestimmtes Panier zu ergreifen. Es wäre ungerecht, letzteren Umstand als Vorwurf wider Geibel aufzufassen. Er hatte den Übergang zur politischen Dichtung völlig im Einklange mit seinen von Anfang an gehegten Überzeugungen gemacht, und seine maßvolle, stets auf Ausgleichung der schroffen Gegensätze bedachte Natur konnte sich weder auf politischem, noch auf religiösem Gebiete einer extremen Parteirichtung anschließen, wenn sie sich selbst nicht ungetreu werden wollte. In dem Gedichte „Die junge Zeit", und klarer noch in den herrlichen Terzinen „Mein Friedensschluß", hat Geibel seine Sympathie mit dem gewaltigen Ringen der Gegenwart in edelster Form ausgesprochen, ohne dabei zu verhehlen, daß er in demselben nur die Geburtswehen erblicke, aus denen nach mancherlei Wandlungen eine reinere und schönere Gestaltung des Menschheitslebens hervorgehen werde. Ein individuelleres Gepräge, als die erste, trägt auch diese zweite Sammlung nicht; aber die Einwirkung des Studiums fremder Formen tritt doch höchstens noch in einer Anzahl volksliedartiger Weisen, die mit ihren künstlichen Reimverschlingungen und mit ihrer geziert alterthümlichen Sprache einen etwas koketten Anstrich tragen, als bewußte Nachahmung hervor, während viele der schönsten Lieder nur wie in träumerischem Nachhall durch Rhythmus oder Gedanken an Goethe, Uhland, Heine oder Shelley anklingen. So ist das Lied „O, was bleibt dem armen Herzen" fast nur eine melodische Umschreibung des Goethe'schen „Ach, wer bringt die schönen Tage"; aber „Neue Liebe", „Den Freunden", „Unruhe" und die reimlosen Dithyramben am Schlusse des Bandes werden den Leser nur darum an Goethe erinnern, weil sie einer Goethe verwandten Denkart und Dichternatur entflossen sind. Ähnliches läßt sich von den Gedichten „Am Meere" und „Nachts am Meere" sagen, die vielleicht so nicht geschrieben sein würden, wenn die Stanzen Shelley's Geibel unbekannt geblieben wären; aber wer möchte sich den Genuß dieser zaubervollen Weisen durch den Umstand verkümmern lassen, daß die Seele des brittischen Sängers beim Gemurmel der Meereswogen auch solche Träume spann oder sich in gleiche Erinnerungen versenkte?

Das Revolutionsjahr 1848 konnte auf Geibel, welcher jeder gewaltsamen Entwicklung der politischen Zustände abhold war und in den inneren Kämpfen des Vaterlandes nur das Schwert des Geistes gebraucht wissen wollte, nicht anders als beklemmend und entmuthigend wirken. Er sah den Traum nationaler Einheit, welcher einen kurzen Augenblick Wahrheit geworden schien, im Hader der Stämme und Parteien wieder zu Grabe getragen, er sah das große Deutschland, ohnmächtig und zerrissen im Innern, selbst vor dem auswärtigen Feinde, vor dem winzigen Dänemark, sich in Demuth beugen — was blieb ihm da, als die trostlose Klage, daß die deutsche Ehre gestorben sei?

Fragt nach bei Schleswig zwischen Meer und Meere,
Da liegt sie eingescharrt, die Winde gehn
Mit Pfeifen drüberhin. Wann wird sie auferstehn?

Nachdem Geibel in den verflossenen Jahren eine zweite Tragödie,
„Die Albigenser", großentheils ausgeführt, das Geschriebene aber, weil
das epische Element sich zu stark vordrängte, mit Ausnahme einer einzigen
(in Siegfried Kapper's „Jahrbuch der deutschen Belletristik auf 1858"
abgedruckten) Scene, vernichtet hatte, reizte ihn 1848 ein Stoff aus der
deutschen Geschichte, „Heinrich der Vogelsteller", zur dramatischen Behandlung. Ungleich dem Mosen'schen Schauspiel, führte Geibel im ersten Akt
seines Stückes den sterbenden Konrad auf die Bühne, welcher in patrio-
tischer Selbstüberwindung die Wahl seines Gegners, des Sachsenherzogs
Heinrich, zum Nachfolger im deutschen Reich empfiehlt. Da lehnte Friedrich Wilhelm IV., ungleich Heinrich I., die ihm von den Vertretern des
deutschen Volkes dargebotene Kaiserkrone ab, und Geibel ließ unmuthig
eine Arbeit liegen, deren Fortsetzung ihm durch den irrationalen Gang der
politischen Ereignisse der Gegenwart auf immer verleidet war. Eine düster
pessimistische Stimmung trat, wie bei der Mehrheit des deutschen Volkes,
so auch bei unserm Dichter für eine Zeitlang an die Stelle des einst so
hoffnungsmuthigen Vertrauens, ein trüber Ton der Verzweiflung hallte
aus seinen Liedern:

Ist's doch ein Traum gewesen,
Der sonder Spur verschwand,
Dass du, mein deutsches Land,
Noch einmal seist zu Ehren auserlesen.
Und wo in vor'gen Tagen
Der Stuhl des Kaisers stand,
Wächst fort das Gras; Das muss ich ewig klagen.

Selbst die „Historischen Studien" wollten keinen Trost bieten, und eine
mephistophelisch kalte Auffassung ließ in den Büchern der Geschichte nur
einen steten Kreislauf der Gewalt und Lüge erblicken, wo die Namen,
aber nicht die Dinge, sich ändern; ja wo in weiter Ferne das Gespenst
einer neuen Völkerwanderung dräuend herangrinst.

Die Jahre 1848—51 regten bei dem Druck politischer Verstimmung,
welcher auf der Seele des Dichters lag, wenig zu poetischen Schöpfungen
an; auch das mit Paul Heyse um diese Zeit zusammengestellte „Spanische

Liederbuch" (Berlin, 1852) brachte, neben den früher schon veröffentlichten
„Volksliedern und Romanzen", nur einzelne neue Übersetzungen aus Geibel's
Feder. Nachdem er den Sommer 1849 und einen großen Theil des fol=
genden Jahres auf dem Schlosse des Fürsten Carolath in Schlesien verbracht und sich nach der Rückkehr in die Vaterstadt am 20. November 1851
mit Fräulein Amanda Trummer, der Tochter eines nach Lübeck über-
gesiedelten und dort verstorbenen Hamburger Rechtsgelehrten, verlobt hatte,
erhielt er im Februar 1852 von dem kunstsinnigen Könige Maximilian
von Baiern einen Ruf nach München als Honorarprofessor der Aesthetik
und als Vorleser der Königin. Obschon Geibel durch die Gunst des
Königs vielfach ausgezeichnet und durch Ernennung zum Kapitular des
Maximilianordens in den Adelsstand erhoben ward, mußte er sich auch
bei Hofe den persönlichen Freimuth und den unabhängigen Sinn zu wahren.
Es ist bekannt, mit wie neidloser Freundlichkeit er eine bedeutende Zahl
jüngerer Talente zu rüstigem Vorwärtsstreben aufzumuntern und in ihrer
künstlerischen Entwicklung zu fördern bemüht war. Wir erinnern nur an
seine erfolgreiche Einführung Hermann Lingg's in die Literatur, an seine
Herausgabe des „Münchener Dichterbuches" (1861), wodurch er einer
Reihe bis dahin unbekannter Poeten den Weg in die Öffentlichkeit bahnte,
an die meisterhaften Übersetzungen französischer Gedichte, welche er unter
dem Titel „Fünf Bücher französischer Lyrik" in Gemeinschaft mit dem
jungen Schriftsteller Heinrich Leuthold (Stuttgart, 1862) erscheinen ließ,
und an den „Romancero der Spanier und Portugiesen", den er (ebendaselbst, 1860) mit A. F. von Schack herausgab. Der Einfluß Geibel's
auf den großen Kreis poetischer Talente, welchen König Max um sich zu ver-
sammeln liebte, zeigte sich vor Allem in dem Streben nach einer einfach
edlen, künstlerisch reinen Form, dessen sich die sogenannte „Münchener
Dichterschule" befliß, — freilich nicht ohne häufig einem virtuosen Ellekti-
cismus zu verfallen, der ein alexandrinisch unfruchtbares Spiel mit den
Formen und Stoffen aller Literaturen trieb.

Die Berufung Geibel's nach München, welche ihn aller Sorgen des
Kampfes um das tägliche Brot enthob, gestattete ihm auch, sich noch im
Sommer 1852 den häuslichen Herd zu gründen und die geliebte Braut
heimzuführen, an deren Seite ihm ein reiches, leider nur allzu kurzes
Glück beschieden war; denn schon nach zweijähriger Ehe ward ihm die

Gattin durch den Tod entrissen, ein zartes Töchterchen hinterlassend, das unter der treuen Obhut einer verheiratheten Schwester des Dichters erzogen wurde, und jetzt mit einem jungen Lübecker Rechtsgelehrten vermählt, den einsamen Lebensabend des Vaters mit der Anmuth ihrer kindlichen Seele verschönt und erheitert.

In München nahm die Muse Geibel's bald einen erhöhten Aufschwung. Wenn unser Poet auch in den „Neuen Gedichten" (Stuttgart, 1856) den Kreis seiner in früheren Produktionen verkündeten Ansichten der Hauptsache nach nicht verlassen hat, so müssen wir doch bei Lektüre dieser dritten Gedichtesammlung sofort erkennen, daß seine Weltanschauung durch philosophisches Denken und geschichtliche Betrachtung abermals bedeutend vertieft worden ist. Schon den „Juniusliedern" gegenüber hatte das Gerede von „Backfisch"-Poesie wenig Sinn mehr gehabt; die „Neuen Gedichte" aber stehen vollends auf einer Stufe künstlerischer Vollendung, welche bei dem weihevollen Ernste des Inhalts jedes vornehme Ignorieren eines so rüstig vorwärts strebenden Genius als frivol erscheinen läßt. Die innere Entwicklung Geibel's ist darum nicht minder kräftig und entschieden, weil sie eine ruhig fortschreitende war, bei welcher uns nirgends ein leidenschaftlicher Sprung ins Auge fällt. Wie er auch selber in „Faust's Jugendgesang" angedeutet hat, kannte er in jüngeren Jahren nur die Natur als Allgemeines, in dessen Fülle der Einzelschlag seines Herzens sich aufzugehen sehnte, oder er klammerte sich im Sturme der Zeit mit frommem Gottvertrauen an den Fels eines religiösen Glaubens, der ihm einzig noch einen sicheren Halt zu gewähren schien. Die Wärme des religiösen Gefühls ist auch in späterer Zeit nicht erloschen, sondern hat eher noch an Intensität zugenommen; aber ein oftmaliges Durchblättern des großen Buches der Weltgeschichte hat den Dichter von der stabilen Entwicklungslosigkeit des Dogmas zu dem flüssigen und beweglichen Quell des humanistischen Grundgedankens aller Religion hingetrieben, und es dämmert seinem Gemüthe die prophetische Ahnung auf, daß aus all dem Grübeln und Forschen unserer Tage zuletzt doch wohl ein neuer Glaube mit weltverjüngender Kraft hervorkeimen werde. Es ist sicher kein launisches Spiel des Zufalls, daß Geibel sich in den „Neuen Gedichten" mit Vorliebe gerade solche Stoffe zum Vorwurfe nimmt, welche in der scharfen Erfassung des Konfliktes zwischen dem absterbenden Heidenthum und der

langsam sich ausbreitenden christlichen Lehre den Sieg eines jungen Evan-
geliums über eine sinkende, im Bewusstsein des Volkes halb überwundene
Weltanschauung verherrlichen. Die Analogie jener Zeit mit der unsrigen
tritt in den Gedichten „Die Sehnsucht des Weltweisen", „Herakles auf
dem Oeta", „Der Tod des Tiberius", „Judas Ischariot" und „Der
Bildhauer des Hadrian" mit frappanter Klarheit hervor, während andererseits Gedichte wie „Babel" und der „Mythus vom Dampf" die finstere
Rückseite des Bildes mit energischer Gestaltungskraft veranschaulichen. Was
Hebbel mit kritischer Einsicht des Verstandes begriffen hat, mag Geibel
durch einen unwiderstehlichen Zug des Herzens gefühlt haben: dass von
allen geschichtlichen Momenten hauptsächlich diejenigen dem Künstler einen
würdigen Vorwurf bieten, in welchen der Konflikt zweier grossartigen
Weltanschauungen zur Erscheinung gelangt. Weil der Dichter hier in der
glücklichen Lage war, sein eigenstes Empfinden, sein tiefstes Denken, seine
Zweifel und Hoffnungen mit Rücksicht auf die Gegenwart, an dem Spiegelbilde einer verwandten Zeitepoche mit künstlerischer Objektivetät auszuge-
stalten, erhebt er sich in diesen Dichtungen zu einer Originalität, wie sie
in keiner von seinen früheren Gedichtsammlungen erreicht worden war.
In den „Sprüchen" und „Distichen" dieses Bandes ist ein Schatz sinn-
vollster Reflexionen über Kunst und Leben niedergelegt. Auch unter den
eigentlichen Liedern, welche rein lyrischen Stimmungen Ausdruck verleihen,
sind viele von zauberischem Wohllaut und dabei von dem tiefsinnigsten
Reiz des Gedankens; so unter Anderm die Lieder „O lasst mir meine
stille Weise", „Ach, Das ist der Schmerz der Schmerzen", „Seiner Tage
dunkles Ringen," „Sieh, Das ist es, was auf Erden", und die Krone
der Sammlung, jene orphische Urmelodie von der leise durch Erd' und
Himmel hinfluthenden Weise, die jedem Dinge das Gesetz seines Daseins
und Vergehens zuraunt.

Schon zwei Jahre vor der Übersiedelung nach München, im Sommer
1850, hatte Geibel die Ausführung eines erzählenden Gedichtes begonnen,
dessen Stoff ihm zuerst in Griechenland vor die Seele getreten war, seitdem aber vielfache Umwandlungen erfahren hatte, so dass kaum der Grundgedanke des anfänglichen Planes in die spätere Arbeit überging. Zwei
Gesänge desselben, „Valer und Anna" und „Das Gewitter", sind in den
„Neuen Gedichten" und in Franz Kugler's „Argo für 1860" mitgetheilt.

Die Fortsetzung des Werkes scheint aufgegeben worden sein, weil der Verfasser einsehen mochte, daß es der Fabel seiner Erzählung am Reiz origineller
Erfindung gebrach, und daß sich das lyrische Element, wie bei manchen
der um dieselbe Zeit entstandenen Balladen, breiter vordrängte, als
mit den Gesetzen der epischen Form verträglich war.

Um so eifriger beschäftigte Geibel sich in München mehrere Jahre
lang mit der dramatischen Gestaltung eines Stoffes aus der Nibelungen-
sage. Die Tragödie „Brunhild" (Stuttgart, 1861) weist, im Vergleich
mit dem „König Roderich", einen erheblichen Fortschritt in der Geschlossenheit der Komposition und in der lebensvollen Führung des Dialoges auf.
Im Ganzen jedoch widerstrebt der Angelpunkt der Handlung, welchen der
Dichter selbstverständlich aus der epischen Tradition in sein Stück hinüber-
nehmen mußte, allzu sehr den modernen Begriffen von Sittlichkeit, als
daß unser heutiges Theaterpublikum sich für dies häßliche Süjet besonders
lebhaft zu erwärmen vermöchte. Dabei ist Geibel in dem Bestreben, uns
die Gefühls- und Denkweise seiner Helden möglichst klar begreiflich zu
machen, offenbar zu weit gegangen. Was wir in der naiven Heldensage
gläubig, ohne zu grübeln, hinnehmen, wird anstößig durch die raffiniert
realistische Voraussetzung eines Kleidertausches; die Tarnkappe läßt sich bei
der Bezwingung Brunhild's auf dem Kampfplatze und im Hochzeitsgemache
kaum entbehren, wenn Siegfried nicht von einem Halbgotte zu einem Ath-
leten oder Bosko herabsinken soll. So paradox es klingen mag, das
Wunder ist in diesem Falle natürlicher, als die natürlichste Aufklärung.
Nibelungen im Frack sind keine Nibelungen mehr, und je sorgfältiger der
Dichter das sich vor unsern Augen vollziehende grause Verhängnis durch
moderne Empfindungen zu motivieren sucht, desto nothwendiger verflüchtigt
sich ihm der Kern des furchtbaren Heldendramas zur Sentimentalität
einer modernen Familientragödie. Nicht glücklich war auch der Einfall,
den üblichen fünffüßigen Jambus der deutschen Tragödie an besonders
getragenen Stellen durch den Trimeter der Alten oder durch gereimte
Trochäenpaare zu ersetzen, da hiedurch die Neigung Geibel's zu antikisieren-
den Wortbildungen und Satzfügungen noch mehr befördert ward.

In seiner neuesten Tragödie „Sophonisbe" (Stuttgart, 1868) hat
der Dichter dies störende Reizmittel abwechselnder Versmaße völlig vermieden. Die Sprache ist, bei melodiösestem Wohllaute, zugleich von

markigfter Kraft und Gedrungenheit, und äußerft felten begegnen wir
nachschleppenden Verfetzungen des Eigenschaftswortes wie folgenden, welche
der Deklamationskunft des Schaufpielers eine unerlaubt schwierige Aufgabe ftellen:

> Diefe Spange Dem,
> Die perlenfchimmernde, der mir zuerft
> Des Herolds Ankunft meldet! — —
>   O, wär' ich dort, den Sieg
> Beherzten Griffs am Stirngelod zu faffen,
> Am weithinflatternden!

Ohne dem Geift der Geschichte Gewalt anzuthun, hat Geibel von dem
Rechte des Dichters, die hiftorischen Thatsachen nach den Bedürfnissen des
Dramas zu kondensieren und ihre pfychologischen Motive zu ergänzen, hier
den freieften und glücklichften Gebrauch gemacht. Wir vermögen den Konflikt zwischen Vaterlandsgefühl und Liebe in der Bruft der leidenschaft-
glühenden Karthagerfürftin durch all feine Stadien fympathisch mitzuem-
pfinden, weil es dem Dichter aufs trefflichfte gelungen ift, die Ereignisse
aus der zufälligen Besonderheit nationaler Beschränkung und kulturgeschichtlichen Beiwerks zum typischen Spiegelbild allgemein menschlicher Geschehnisse
zu erheben. Die Wirkung ift eine um fo mächtigere, da der Aufbau des
Dramas wie aus ehernem Guffe, die Charakterzeichnung der Perfonen
mit feften, breiten, jede Kleinmalerei verschmähenden Strichen ausgeführt,
und der Knoten der Handlung aufs ftrafffte geschürzt ift.

Drei Jahre früher bereits hatte Geibel unter dem Titel „Gedichte
und Gedenkblätter" (Stuttgart, 1865) eine vierte Liederfammlung dem
Publikum übergeben, die fich aufs würdigfte den früheren anreiht, und
gewiffermaßen den Ton und Inhalt derfelben in neuen Variationen reka-
pituliert. Ein großer Theil diefer Lieder ift der Rückschau des alternden
Dichters auf fein vergangenes Leben gewidmet; wir begegnen Reminis-
cenzen einer früheren Jugendliebe und heiteren Schulgeschichten, Erinnerungen an den Aufenthalt in Griechenland und wehmüthig füßen Nachklängen
des unvergeffenen kurzen Eheglücks, dazwischen schwungvollen Oden in
vollendetfter Nachbildung altklaffischer Metren und kleinen Reimfprüchen,
in denen die humanfte Weisheit gereifter Lebenserfahrung fich ausfpricht.
Vor Allem aber erfreut uns wieder diefelbe warme Antheilnahme an den
Geschicken des Vaterlands, welche auf Chäronea's Haide trauernd der

Zerriffenheit und des politifchen Habers der deutfchen Heimat gedenkt, immer den Mahnruf zur Einheit wiederholt, und laut aufjubelt, als end- lich das Schwert der Schlachten das Schmachgewebe diplomatifchen Ge- zänkes durchhaut. Nach den Ereigniffen des Jahres 1866 hat Geibel vollends nicht aufgehört, feine Stimme mahnend und warnend bei den öffentlichen Angelegenheiten des Vaterlandes zu erheben. Zuerft rief er in den kräftigen Strophen „Am Jahresfchluffe 1866" den Siegern wie den Befiegten die Aufforderung zu, den eitlen Haber abzuthun und das Werk der Einheit, deffen Grund das Schwert gelegt, in freier, opfer- muthiger Liebe zu vollenden, damit der alte Sehnfuchtstraum eines deutfchen Kaiferreiches zur Wirklichkeit werde. Dann erinnerte er beim Zufammen- tritt des Zollparlaments in dem „Ruf über den Main" die Baiern, Schwaben und Allemannen an jenen Eberhard, welcher, dem Reich zum Frommen, fein ftolzes Herz befchied,

> Und großen Sinns die Krone,
> Danach er felbft begehrt,
> Des Nordens ftarkem Sohne
> Darbot am Vogelherd.

Und als am 12. September 1868 der König von Preußen das alte Lübeck befuchte, entbot ihm Geibel den Willkommgruß der Vaterftadt, welcher mit dem Wunfche fchloß:

> Daß noch dereinft dein Aug' es fieht,
> Wie übers Reich ununterbrochen
> Vom Fels zum Meer dein Adler zieht.

Es ift bekannt, daß der König von Baiern wegen diefer Zeilen, die nur denfelben politifch-nationalen Einheitsgedanken ausfprachen, welchem Geibel von jeher das Wort geredet, dem Dichter in kurzfichtiger Verblendung den Ehrenfold entzog, der ihm bei feiner Berufung nach München zugefichert worden war. Geibel löfte fofort feine Beziehungen zum bairifchen Hofe, indem er auch fein Amt als Kapitular des Maximiliansordens in die Hände des Königs zurückgab. Von allen Seiten wurden ihm Beweife der herzlichften Sympathie und Zuftimmung zu Theil. Der König von Preußen beeilte fich, die Jahrespenfion des Dichters auf die Summe von 1000 Thalern zu erhöhen, der Großherzog von Weimar lud ihn zur Überfiedlung in feine Refidenz ein, die Stadt Lübeck befchenkte ihn mit dem Ehrenbürgerrechte, und zahlreiche Ovationen wurden ihm aus Nähe und Ferne dargebracht.

Gewiß, kein schöneres Loos kann einem Dichter beschieden sein, als
wenn er am Abend eines gesangvollen Lebens die Gesammtsumme seiner
poetischen Leistungen überblickt und sich frohen Muthes bekennen darf, daß
er als echter Seher dem tiefsten Sehnen seines Volkes Ausdruck gab, und
daß die höchstfliegenden Wünsche, die er für sein Vaterland hegte, auf
das glänzendste erfüllt worden sind. Solch ein seltenes Glück ist Emanuel
Geibel zu Theil geworden. Seit seinem ersten Auftreten am Ende der
dreißiger Jahre bis in die jüngste Zeit hinein hat er, unbeirrt durch den
Hader der Parteien und durch die zeitweilige Ungunst der politischen Verhältnisse, den Gedanken der Einigung aller deutschen Stämme unter einem
wieder auferstehenden, nach außen kräftigen, nach innen der freiesten Entwicklung Raum lassenden Kaiserthume verkündigt. Mit einem Gefühl
hoher Befriedigung wird daher jeder Deutsche, der sein Vaterland wahrhaft liebt, die Sammlung älterer und neuerer Zeitgedichte durchblättern,
welche Geibel 1871 unter dem angemessenen Titel „Heroldsrufe" erscheinen
ließ. Die verschiedenen Stadien auf dem Wege zur deutschen Einheit und
zur Wiederaufrichtung des deutschen Kaiserthums während der letzten vierzig
Jahre treten uns in dieser Reihenfolge gedankentiefer und formvollendeter
Zeitgedichte mit anschaulichster Klarheit entgegen. Schon in der ersten Abtheilung („Vor 1848") begegnen uns manche ergreifend schöne Lieder,
welche in keiner der früheren Sammlungen enthalten waren und hier unseres Wissens zum ersten Male veröffentlicht wurden; so die hoffnungs-
frohen Gedichte „Die Eiche" und „An das Vaterland". In der zweiten
Abtheilung („Schleswig-Holstein") weissagt das bittere Lied „Konferenz
von London" aus dem Jahre 1852 mit prophetischem Scharfblick das
Gewitter, welches einst dem Hexenkessel der Diplomaten, die dort einen so
sündhaften Trank brauten, entfahren werde:

> Dann wird's wie Sturmesfausen
> Durch Deutschland Stämme gehn,
> Dann werdet ihr mit Grausen
> Die Welt in Flammen sehn,
>
> Bis jenes Blatt der Schande, .
> Das feig ihr unterschriebt,
> Verzehrt vom Riesenbrande
> In alle Winde stiebt.

Die dritte Abtheilung der „Heroldsrufe" („Von 1849—1866") zeigt uns, daß Geibel auch während der trostlosen Zeit der Reaktion und Erniedrigung, trotz mancher augenblicklichen Verzagtheit, im innersten Herzen die Hoffnung nicht fahren ließ. Zuerst trübe Klagen über die leichtsinnig verscherzten Früchte einer so günstigen Konstellation, über die Ablehnung der deutschen Kaiserkrone durch den König von Preußen:

> O, wann bringt ein Tag
> Dem Vaterlande die Gesinnung wieder!

Hier überrascht uns vor Allem ein Gedicht aus dem Jahre 1850, das in der wehmüthig rührenden Weise eines echten Volksliedes der Trauer um das Vaterland Ausdruck verleiht:

Löse Träume.

Ich ließ mein Rößlein grasen
Im Wald an Baches Rand,
Und lag auf kühlem Rasen,
Und dacht' ans Vaterland,
Und bei des Baches Rinnen
Entschlief ich unterm Baum;
Da wob vor meinen Sinnen
Ein dreifach Bild der Traum.

Ich sah ein Volk von Immen,
Das ohne Weisel fuhr
Und mit verworrnen Stimmen
Hinschwärmte durch die Flur.
Nach allen Winden zogen
Sie ziellos kreuz und quer,
Und hatten sich bald verflogen
Und fanden sich nimmermehr.

Ich sah ein Bündel Pfeile
In blöder Knaben Hand,
Die trieben kurze Weile
Und lösten Ring und Band.

Sie spielten mit den Rohren
Uneins und ungeschickt;
Die Hälfte ging verloren,
Die Hälfte ward zerknickt.

Ich sah, wie ein Karfunkel
Verschmäht am Kreuzweg lag;
Vom Staube war er dunkel,
Zerschellt von Stoß und Schlag.
Die Krone der Welt zu schmücken
Geschaffen däucht' er mir;
Nun haschte nach den Stücken
Der fremden Raben Gier.

Da wacht' ich auf beklommen
Und stieg zu Roß in Hast;
Die Sonne war verglommen,
Das Spätroth war verblaßt.
Im kühlen Abendschauer
Von dannen ritt ich stumm;
Mein Herz verging in Trauer
Und wußte wohl, warum.

Aber die trübe Stimmung verweht, eine tiefere Geschichtsbetrachtung lehrt den Dichter im Hinblick auf das Ganze erkennen, daß die Zeit nicht still steht, „daß alle Trümmer Stufen werden, darauf die Menschheit weiter klimmt," —

Und ob sich rings Gewitter thürmen
In West und Ost um unsern Pfad,
Uns schwant, dass auch in diesen Stürmen
Ein gottgesandter Frühling naht;
Und aus der Kräfte dunklem Gähren
Umwittert uns verheißungsvoll
Der Hauch, der, was erstarb, verzehren
Und, was da lebt, verjüngen soll.

Den Konflikt des Jahres 1866 sieht der Dichter schon im December 1865 heranbräuen, aber muthig und gefasst schaut er demselben entgegen:

Horch, schon lässt sich dumpf bei Nacht
Unterm Grund ein Brausen spüren,
Hoch zu Rosse wie zur Schlacht
Ziehn in Wolken die Walküren,
Angst und Schwüle weit und breit!
Eisern, eisern ist die Zeit.

Brich herein denn, Schicksalstag!
Ende diese Noth im Wetter!
Unter Sturm und Donnerschlag
Send uns einen Hort und Retter!
Deutschlands Purpur liegt bereit,
Eisern, eisern ist die Zeit.

In der letzten Abtheilung („Von 1866—1871") begleitet der Dichter Schritt für Schritt die Weiterentwicklung des norddeutschen Bundes zum deutschen Kaiserreiche mit den Mahnrufen seiner Lieder, deren flammende Worte nicht wenig dazu beigetragen haben, eben diese Entwicklung kräftig zu fördern. Nicht einen Augenblick vergaß er des Zieles, das, trotz aller Erfolge von 1866, noch nicht völlig erreicht war: die Einigung des gesammten deutschen Volkes unter dem alten Reichspanier. Aber auch nicht einen Augenblick verließ ihn das Vertrauen, dass Deutschland auch dies Ziel bald und sicher erkämpfen werde. „Eines," rief er seinem Volke zu, —

Eines hast du schon errungen,
Dass die Welt, die dich erkennt,
Ehrfurchtsvoll in allen Zungen
Deinen Namen wieder nennt.

Und im stillen Walde flüstert ihm eine Stimme der Hoffnung ins Ohr:

Getrost denn, einsam Herz! Es zieht
Hell vor dir her wie Frührothsschein:
Du darfst vielleicht dein letztes Lied
Dem Tag noch aller Deutschen weihn.

Den Krieg mit Frankreich sah der Dichter ebenfalls schon im September 1869 in dem prophetischen Liede „Drei Vögel" voraus, und es ist männiglich bekannt, mit wie schwungvollen Liedern er die deutschen Siege und den glorreichen Ausgang dieses letzten Entscheidungskampfes verherrlichte. Der Eindruck dieser Sammlung von Zeitgedichten ist ein um so größerer und reinerer, als die Konsequenz des Dichters in dem Verfolgen eines unverrückbar festen Zieles keine berechnete ist, welche sich die historischen Ereignisse nachträglich in tendenziösem Sinne ausbeutet oder zurecht legt. Seine Heroldsrufe haben unsere politische Entwicklung im Gegentheil von Stufe zu Stufe begleitet und sind ihr oftmals mit kühnem Seherworte voraus geeilt, indem er, wie ein echter Herold, der Siegeslaufbahn seiner Gebieterin und Königin, der Zeit, mit Drommetenschalle voran zieht. So fügt dies poetische Liederbuch Geibel's seinem unverwelklichen Lorberkranze ein frisches Blatt hinzu, das ihm vor der Mit- und Nachwelt ein unbestreitbares Recht auf den Namen des deutschen Reichspoeten sichern wird.

Auch in seiner jüngsten Gedichtesammlung, welche so eben unter dem Titel „Spätherbstblätter" (Stuttgart, 1877) erschienen ist, zeigt sich nicht die geringste Erschöpfung des poetischen Quells, sondern eine stets zunehmende Klärung und Vertiefung der Welt- und Lebensanschauung, bei einer immer durchsichtigeren Schönheit und plastischen Vollendung der Form. Wenn eine herbstliche Stimmung diese Blätter durchweht, so ist es, um in dem vom Dichter gewählten Bilde zu bleiben, nicht die trübe Klage um den Verlust der Jugend, nicht ein schmerzliches Lied von Welken und Vergehn, sondern ein inniges Dankgefühl für die reiche Erfüllung aller Hoffnungen des Frühlings, für den goldenen Erntesegen der Erfahrung und Erinnerung, welcher dem Sänger an seinem Lebensabend beschieden ist. Und wenn sich je zuweilen ein leiser Klageton einmischt, daß die Tage der Rosen und die Genossen der Jugend dahin sind, so ist die Trauer zu einer milden, entsagungsvollen Wehmuth gedämpft, die mit wunderbarem Zauber unser Herz gefangen nimmt. So in den beiden Spielmannsweisen der ersten Abtheilung, die zu dem Herrlichsten gehören, was Geibel's Muse, ja was die lyrische Poesie der Deutschen jemals erschaffen hat. Unendlich reich ist die Fülle verschiedenartiger Töne und Weisen in diesem neuesten Liederbuche. Unter den Dichtungen erzählenden Charakters fesseln uns, neben der Ballade von dem jungen Lübecker Admiral Johannes Wittenborg, welcher Bornholm vertanzte, vor Allem der inhaltsschwere

Monolog des sterbenden Perikles und das reizende Idyll „Charmion", ein würdiges Seitenstück zu Goethe's „Alexis und Dora". Der Cyklus „Ostseelieder" athmet den ganzen frischen Zauber des Meeres, wie ihn seit Heine's Nordseebildern kein deutscher Poet so naturwahr empfunden hat, und mit unsäglicher Zartheit feiern zahlreiche andere Lieder die wechselnden Stimmungen der Tag- und Jahreszeiten, wie der sorgenden, liebenden, kämpfenden Menschenbrust. Das alte, niemals ausgesungene Lied von der erwachenden Frühlingspracht, vom Blätterfall und Nebelgewoge des Herbstes, von der still beschaulichen Ruhe des Winters, in dessen Schoße ein künftiges Leben der Auferstehung entgegen träumt, von der Wonne und dem Herzeleid der Liebe, erklingt hier in überraschend neuen Weisen von wundersüßer Melodie. Zu dieser reizvollen Anmuth des Liedes, dessen harmonischer Wohllaut unwillkürlich zur musikalischen Komposition auffordert, gesellt sich in einer Reihe poetischer Episteln, Sprüche und Distichen der Ernst sinnvoller Lebensbetrachtung, goldene Früchte in goldener Schale; denn

> Nicht die Empfindung allein, auch was in ernster Erfahrung
> Ihn das Leben gelehrt, spreche der Lyriker aus;
> Aber am Herzen gereift zum Herzen rede die Weisheit,
> Aber im Strom des Gefühls sei der Gedanke gelöst.

Viele dieser kernigen Aphorismen beschäftigen sich mit Literatur und Kunst, deren gefahrvolle Moderichtungen der Poet in eindringlichen Worten geißelt:

> Weil dir die Nerven der Duft aufstachelt des spanischen Pfeffers,
> Trägt er deswegen den Sieg über die Rose davon?

Auch zu dem heutigen „Kulturkampfe" nimmt Geibel eine entschiedene Stellung; er warnt auf das nachdrücklichste vor dem starren Formelwesen und der kurzsichtigen Intoleranz der Kirche, welche sich von den Resultaten der Wissenschaft und den Bestrebungen der Gegenwart feindselig abwende, und, statt auf den lebendigen Glauben, einzig auf das todte Bekenntnis Werth lege. Möchten die hadernden Parteien seinen tiefsinnigen Spruch beherzigen:

> Es ist der Glaub' ein schöner Regenbogen,
> Der zwischen Erd' und Himmel aufgezogen,
> Ein Trost für Alle, doch für jeden Wandrer,
> Je nach der Stelle, da er steht, ein andrer.

Den Epilog der Sammlung bildet, wie eine Art symbolischer Verklärung des im Spätherbstlaube stehenden Dichterlebens, ein Cyklus frühlingsfrischer Jugendlieder, welche die Muse der Erinnerung aus der Gruft dahingeschwundener Jahre geweckt hat. Wir stoßen hier auf ein kleines Gedicht, dessen einfacher Grundgedanke gleichsam als Lebensmotto für Geibel's gesammte poetische Thätigkeit gelten darf und zugleich die treffendste Antwort an jene pedantischen Krittler enthält, welche so oftmals den heiligen Ernst seines künstlerischen Strebens verkannten:

> Nichtig wären meine Ziele,
> Weil ich dein, o Muse, bin?
> Ach, es ahnt im süßen Spiele
> Nie die Welt den ernsten Sinn.

> Sei getrost nur, Herz, und singe
> Deinen Reichthum, sing ihn kühn!
> Daß die Blume Samen bringe,
> Sprich, was kann sie thun, als blühn?

Sollen wir zum Schlusse noch einmal kurz die Stellung bezeichnen, welche Geibel, abgesehen von seinen politischen Dichtungen, unter den Poeten der Neuzeit behauptet, so ist der Kreis, welchen sein Talent umfaßt, allerdings kein sehr weiter und gewaltiger; innerhalb desselben aber beherrscht er die von ihm zur Behandlung ausgewählten Stoffe mit einer künstlerischen Vollendung, welche für alle Zeiten des höchsten Ruhmes gewiß bleiben wird. Seine reine, durch keine herbe Reflexion verfälschte Lyrik ist, trotz aller herabsetzenden Bemerkungen einer hochmüthigen Kritik, eine Station auf dem Wege in die Zukunft, eine grüne Oase in der Wüste, wo sich der prächtige Paradiesvogel des Liedes in den Palmzweigen wiegt, und freundlich den vorbeiziehenden Wanderer grüßt. Der Beifall der Menge, welcher ihm lohnt, mag uns beweisen, daß unsere Dichtung erst dann wieder nachhaltig auf das Herz der Menschheit einwirken kann, wenn die Gedankenarbeit, als Reflexion überwunden, die Macht unseres Bewusstseins derartig erhöhte, daß nun das bewusste Gefühl mit der Wärme und Unmittelbarkeit des früheren unbewussten Gefühles als Lied und Klang durch das Weltall rauscht.

Georg Herwegh.

Das Exil ist immer ein Fluch, zumeist aber für den Dichter, den das kühne Aussprechen seiner politischen Ansichten in die Verbannung trieb. Jedenfalls ist es eine Ausnahme von der Regel, wenn ein Poet, der Jahrzehnte lang flüchtigen Fußes in der Fremde umher irrte, die Seelengröße besitzt, uns in einer «Divina commedia» einen Spiegel der tiefsten inneren Kämpfe seiner Zeit zu hinterlassen, dessen ernste Wahrheit auf seine Zeitgenossen mit der versteinernden Kraft eines Medusenhauptes wirkt und noch die späte Nachwelt zur Bewunderung zwingt. Auch blieb ja Dante, von einem kurzen Aufenthalt in Paris abgesehen, nach der Verbannung aus Florenz auf italischer Erde, nicht allzu weit von seiner Vaterstadt entfernt, an deren Fehden er als eines der angesehensten Häupter einer mächtigen Partei bald in offenem Kriege, bald in geheimer Verschwörung noch unmittelbar theilnahm. Anders die Mehrzahl jener deutschen Schriftsteller, welche in den dreißiger und vierziger Jahren ins Exil zogen, um der ihnen beständig drohenden Gefahr kleinlicher Preßprocesse und langjähriger Kerkerhaft zu entrinnen. Sie theilten nothgezwungen das allgemeine Loos des politischen Flüchtlings, welcher, losgerissen von den festen Wurzeln des Vaterlandes, bald jeden unbefangenen Blick, jedes sichere Verständnis für die öffentlichen Zustände und die Entwicklung des staatlichen Lebens in der Heimat verliert. In Unkenntnis über die allmählich sich ändernde Stimmung ihrer Nation, über die tiefen Umwandlungen, welche sich in Geist, Gemüth und Charakter derselben vollzogen, beurtheilten sie den Gang der Ereignisse einzig nach dem Pulsschlag ihres eigenen Herzens, das in der Einsamkeit der kalten Fremde voll unruhiger Erwartung immer schneller und stürmischer zu pochen begann. Sie sahen

ja nicht das langsame, aber kräftige Aufgehen und Heranwachsen der
Keime, welche sie vielleicht selber dereinst ausgestreut hatten; denn alle
Frucht politischer Entwicklung reift langsam, und die Ernte, wie reich und
golden sie sei, entspricht nicht immer den Vorstellungen, welche sich der
ungeduldige Säemann von ihrer Quantität oder Qualität gemacht hat.
Auch die politischen Ideale sind dem allgemeinen Naturgesetz des Wechsels
und der Umbildung, den günstigen oder ungünstigen Einflüssen der geschichtlichen Temperatur unterworfen; Das vergißt Derjenige nur zu leicht,
welcher in der Abgeschiedenheit des Exils starr und trotzig an seinen Ju-
gendträumen festhält und in grollende Bitterkeit versinkt, wenn ein neues
Geschlecht sich um ein neues Panier mit veränderter Inschrift schart.
Die alten Freunde in der Heimat, welche dereinst seine Kampfgenossen
waren und mittlerweile in ernster, täglicher Arbeit mit ihrem Volke zu
neuen Zielen fortgeschritten sind, erscheinen seinem verdüsterten Gemüthe
dann wohl gar als Abtrünnige und Renegaten, und er schmäht sie, weil
sie nicht, gleich ihm, in entwicklungsloser Principienstarrheit bei der ver-
blaßten Fahne geblieben sind, die sie vor Jahren so hoch hielten, unter
deren Zeichen aber heute keine Schlacht mehr geschlagen wird.

Heine und Börne haben diesen bitteren Trank der Verbannung bis
auf die Hefen geleert, deren trüber Bodensatz den „Pariser Briefen" des
Einen und den nihilistischen Hohnversen des Andern zuletzt einen so ätzenden
Beigeschmack verlieh. Keinem aber hat die Harpye des Exils so viel Wer-
muth in den Kelch der Begeisterung gespritzt und ihm den lauteren Wein
der Dichtung in eitel Gift und Galle verwandelt, wie dem vor drei
Jahren verstorbenen Georg Herwegh, dessen hinterlassene Dichtungen
im Frühling 1877 unter dem Titel „Neue Gedichte" im Verlags-
Magazin zu Zürich erschienen und sofort von allen Preßbehörden des
deutschen Reiches mit Acht und Bann belegt wurden. Einem Buche voll
Majestätsbeleidigungen gegenüber sind die Polizeibehörden eines konstitutionellen Staates freilich nicht im Stande, dem Beispiel Friedrich's II.
zu folgen, der in hochherziger Autokratenlaune das auf ihn gemünzte
Pasquill niedriger hängen ließ, damit ein neugieriges Publikum dasselbe
bequemer lese. Die Kritik aber, dünkt uns, hat keine Ursache, das Ver-
mächtnis des todten Dichters mit Schweigen zu übergehen; er hat seinen
Namen mit Flammenschrift in die Literaturgeschichte des Jahrhunderts

eingezeichnet, die von seinen Jugendgesängen hinlänglich Notiz nahm, um verpflichtet zu sein, auch den späteren Tönen seiner Leier Beachtung zu schenken, wie schrill und verstimmt immer dieselben klingen. —

Als Georg Herwegh gegen Ende 1841 mit dem ersten Bande seiner „Gedichte eines Lebendigen" auftrat, entzündeten diese formschönen geharnischten Weisen das Feuer der reinsten Freiheitsbegeisterung in den Herzen der deutschen Jugend. Es war die Zeit, wo das politische Bewußtsein unserer Nation zuerst mächtig erwachte, wo Alles, was Geist und Talent besaß, in den Reihen der Opposition gegen den herrschenden Absolutismus stand, wo der Doppelgedanke nationaler Einheit und staatsbürgerlicher Freiheit das Schiboleth ward, an welchem sich alle Streiter für die heilige Sache des Fortschritts erkannten. Freilich war eine gewisse studentische Unklarheit in dem Ton und Inhalt dieser Lieder, die in schönklingender, wiewohl etwas phrasenhafter Rhetorik die Freiheit priesen und zum Kampf gegen die politische Knechtschaft aufriefen, bald alles Heil von der republikanischen Staatsform erwartend, bald den König von Preußen auffordernd, sich an die Spitze der Bewegung zu stellen, um „die junge, große Zeit heraufzuführen". Allein dieselbe jugendliche Unklarheit herrschte damals in allen Gemüthern, ein festes politisches Programm hatten selbst Börne und die süddeutschen Liberalen nicht aufgestellt — wie hätte man also verlangen dürfen, ein solches bei dem Dichter zu finden, der sich wohl für die letzten, großen Ziele des Entwicklungskampfes der Menschheit, nimmermehr aber für diesen oder jenen Verfassungsparagraphen begeistern kann! Es war schon ein großer Fortschritt, daß Herwegh nicht, wie Hoffmann von Fallersleben in seinen „Unpolitischen Liedern", zu den Gassenhauern der Bierbank hinunter stieg, sondern das Volk zu dem Schwunge seiner idealen Begeisterung herauf zog. Was aber vor Allem Herwegh's Liedern ihren eigenthümlichen Stempel gab, war die frische, freudige Siegesgewißheit, welche dieselben durchwehte. So hoffnungsmuthig hatte seit Anastasius Grün's „Spaziergängen" kein Poet von dem Völkertage der Freiheit gesungen, der auch für Deutschland anbrechen werde, und dessen Morgenroth schon rings am Horizont empor dämmere.

Im zweiten Bande der „Gedichte eines Lebendigen", welcher zwei Jahre später erschien, war der Hauch der Begeisterung schon merklich kühler geworden, statt des schwungvollen Liedes herrschte die epigrammatisch zugefpitzte Pointe vor; dann verſtummte der Dichter faſt ganz und ließ nur ſelten noch ein paar kalte, ſtachlichte Hohnverſe auf Perſonen oder politiſche Zuſtände in einer radikalen Zeitung drucken. Nach der geſcheiterten Revolution von 1848, an der er ſich ſelbſt durch Führung eines Kommands bei dem Hecker-Struve'ſchen Putſche be-theiligt hatte, verſank er mehr und mehr in einen düſteren Peſſimismus und Nihilismus, welcher in den uns jetzt vorliegenden Gedichten ſeiner letzten Lebensperiode einen charakteriſtiſchen, im Ganzen höchſt unerfreulichen Ausdruck findet.

Während Herwegh ſich früher mit Vorliebe an Béranger's Weiſe hielt, aus welcher er ſich jedoch in ſelbſtändiger Art einen eigenen, natio-nalen Ton der politiſchen Lyrik bildete, ahmt er in ſeinen ſpäteren Dich-tungen meiſt ſklaviſch die Form der politiſchen Spottlieder Heine's mit ihren gehäuften Antitheſen nach und verfällt dabei in eine gekünſtelte Witz-haſcherei, der man in jeder Zeile die eiskalte Berechnung anmerkt. Man könnte ſich die ewigen Sticheleien auf die deutſche Ohnmacht und That-loſigkeit bei Herwegh ſo gut, wie bei Heine oder Börne, gefallen laſſen, wenn ſie den ernſten Zweck hätte, das ſchlafende Volk zur mannhaften politiſchen That zu reizen, und wenn das endliche Erwachen der Nation nicht mit derſelben Lauge giftigen Spotts übergoſſen würde. Da heißt es in einem Gedicht an den deutſchen Geiſt, das «Veni, creator spiritus!» überſchrieben iſt:

Wirf ab die Wolkenhülle,	Steig ins gemeine Leben
Wirf ab dein himmliſch Kleid,	Von deinem kalten Thron,
Und ſtürz dich in die Fülle	Ins Leben und ins Streben
Der ganzen Sterblichkeit,	Von einer Nation!

Da heißt es nach dem italiäniſchen Kriege von 1859:

Den italiäniſchen Stiefel nimmt
Und wird geſtiefelter Kater
Herr Victor — ſo was thäte beſtimmt
Kein deutſcher Landesvater.

Und höhniſch wird gefragt: „Doch Deutſchland — ſag, was kann es?"

Kann leſen und ſchreiben, Das iſt wahr,	Es blitzt des Krieges Wetterſtrahl,
Auch ſehr viel Tinte vergießt es.	Doch Deutſchland — ſag, wo blitzt es?
Das Pulver hat es erfunden ſogar;	Die Völker ſitzen beim Friedensmahl,
Doch Deutſchland — ſag, wo ſchießt es?	Doch Deutſchland — ſag, wo ſitzt es?

Ein andermal werden alle politischen Wünsche und Ziele der erwachenden nationalen Bewegung aufgezählt:

> Deutschland will Elsaß und Burgund
> Nebst Lothringen — — — —
> Deutschland will von Venedig bis Kiel
> Regieren — — — — —
> Deutschland will bis zum Seinefluß
> Vorwärts — — — — —
> Deutschland will haben ein Parlament. — —
> Deutschland will unter einen Hut. — —
> Deutschland will unter einen Schach,
> Rothbärtiger Kaiser, bist du wach?
> Deutschland will unter einen Degen. — —
> Deutschland will einig sein und frei. — —
> Deutschland will endlich aus dem Dreck. — —

und das Gedicht schließt mit der berechtigten Frage:

> Du wollendes Deutschland, sag uns, wann
> Wird kommen die Zeit, da Deutschland kann?

Nun, man sollte meinen, der Dichter, welcher diese Verse schrieb, welcher schon 1842 so stürmisch nach einer deutschen Flotte und einem deutschen Kaiser rief:

> Wie dich die Lande anerkennen,
> Soll auch das Meer dein Lehen sein,
> Das alle Zungen benedein
> Und einen Purpur nennen.
> Er soll nicht mehr um Krämerschultern brennen —
> Wer will den Purpur von dem Kaiser trennen?
> Ergreif ihn, er ist dein. — —
>
> Es wird geschehn! so bald die Stunde
> Ersehnter Einheit für uns schlägt,
> Ein Fürst den deutschen Purpur trägt,
> Und einem Herrschermunde
> Ein Volk vom Po gehorchet bis zum Sunde. —

man sollte meinen, daß der Dichter, welcher „die Kreuze aus der Erde reißen" wollte, um sie in Schwerter umzuschmieden, welcher die Zukunft „in Erz klirren" sah und „das Eisen" als Heiland begrüßte, — der Dichter, welcher um dieselbe Zeit sprach, daß uns nur ein Held fehle,

> — — — — ein Held von echtem Korne,
> Der tief getrunken aus der Mannheit Borne
> Und helfen kann, wo Tausende nur rathen;

Ein Held, deß Worte leuchten in die Runde,
Der unsres Vaterlands zersprengte Theile
Zusammen zaubern kann zu neuem Bunde;

Ein Held, der, wo die Noth erheischet Eile,
Die Waffen in der Hand trägt, statt im Munde,
Zum Schwert greift, statt nach Pinsel oder Feile. —

man sollte meinen, daß ein solcher Dichter in der That nach den Ereignissen von 1870 seinem Volke einen edleren und besseren Gruß zu bieten
gehabt hätte, als die kindische Schmähung:

Dies Volk, das gegen Blut und Eisen
Jungfräulich schüchtern sich geziert,
Um schließlich den Erfolg zu preisen,
Womit man Straßburg bombardiert.

oder den in seinem Munde noch abgeschmackteren Klageschrei:

Schwarz, weiß und roth! um ein Panier
Vereinigt stehen Süd und Norden;
Du bist im ruhmgekrönten Morden
Das erste Land der Welt geworden:
Germania, mir graut vor dir!

Herwegh hat — was seiner allzeit negierenden Natur zum Ärger
und verhängnisvollen Malheur ward — das Schicksal gehabt, die Erfüllung
der meisten politischen Wünsche zu erleben, die er in seinen Jugendliedern
aussprach. Seine Opposition war zuletzt gegenstandslos und darum sinnlos geworden, aber sein im Exil verbittertes Gemüth hatte sich zu sehr
an das Oppositionmachen quand même gewöhnt, als daß er noch einen
andern Ton, als den des kalten Spottes, hätte anschlagen können.

Ihr wisset ja: Gewitter machen kalt;
So werd' ich denn vor meinem Winter alt —

hatte er schon 1839 oder 40 in vorahnender Selbsterkenntnis gesungen,
und noch schärfer sprach er drei Jahre später in einem seiner formschönen
Sonette das Leid der Vereinsamung und des Alleinstehens aus, das sein
grollendes Herz verzehre:

Dem Glanz der Throne bin ich wohl entronnen,
Und Niemand sucht mich bei den Schmeichler-Chören,
Der bunte Pomp, wie könnt' er mich bethören!
Um keine kreis' ich eurer Tagessonnen.

Doch hab' ich Wenig oder Nichts gewonnen:
Nur Allen kann die Freiheit angehören,
Die ganze Welt muss sich mit dir empören,
Sonst hast du nur ein eitel Werk gesponnen.

Drum fühl' ich tief: Ich bin kein freier Mann,
Und ob ich keines Fürsten Joch mehr schleppe,
So bleibt doch jeder Sklave mein Tyrann.

Ich flieh' umsonst Palast und Marmortreppe,
Und Alles, was ich mir erobern kann,
Ist Einsamkeit in dieser Menschensteppe.

Das eben ist der bedeutungsvolle Unterschied zwischen Herwegh's früheren und seinen späteren Gedichten: als er zuerst auftrat, sprach er aus, was die Herzen Aller bewegte, welche ihr Vaterland liebten und die auf Schritt und Tritt gehemmte politische Entwicklung desselben zu fördern suchten, damals empörte sich die ganze thatkräftige Jugend mit dem Dichter „gen Tyrannen und Philister" — aber nach den Ereignissen von 1866 und 1870 waren seine, in Galle getauchten, pessimistischen Lieder nur noch Pasquille auf Alles, was die neue Generation seines Volkes in schweren, blutigen Kämpfen zu Deutschlands Ruhm und Heil errungen hatte. Derselbe Poet, welcher seit frühester Jugend den Kreuzzug gegen Rom gepredigt hat, und noch 1862 das preußische Ministerium mit schärfsten Worten auffordert, „den römischen Reptilien" allerorten den Krieg zu erklären:

Thut diese Schwarzen in den Bann,
Die Syllabusverbreiter,
Den rechten Glauben lehren dann
Kanonen, Fußvolk, Reiter! —

derselbe Poet scheut sich nicht, bei den Schmutzblättern der bairischen Hetzkaplāne eine Anleihe an Schimpfwörtern zu machen und von „Bettelpreußen", von der neuen deutschen Einheit, die „vom Teufel stammt," und ähnlichen schönen Dingen zu reden.

Es ist tief zu beklagen, daß ein Dichter von Herwegh's glänzenden Gaben unter den depravierenden Einflüssen des Exils damit endete, in einen weltverachtenden Nihilismus zu versinken, aus dem er sich nur noch selten in eine reinere Atmosphäre emporschwang. Zuweilen aber gelang es ihm doch, den alten herzergreifenden Ton wieder zu finden, sei es als

7*

zürnender Prophet, wie in den geharnischten Strophen des „Έσσεται ἦμαρ“, die wie ein Donner des jüngsten Gerichts dem französischen Kaiser den Tag der Vergeltung verkünden, sei es als weicher Lyriker in einem stimmungsvollen Liede, wie das nachstehende, das fortleben wird, wenn alle höhnischen Ausbrüche des Unmuths, in denen sich der verbannte Dichter während des letzten Vierteljahrhunderts erging, längst verhallt und vergessen sind:

Die Liebe ist ein Edelstein,
Sie brennt jahraus, sie brennt jahrein,
Und kann sich nicht verzehren;
Sie brennt, so lang noch Himmelslicht
In eines Menschen Aug' sich bricht,
Um drin sich zu verklären.

Und Liebe hat der Sterne Macht,
Kreist siegend über Tod und Nacht,
Kein Sturm, der sie vertriebe!
Und blitzt der Haß die Welt entlang,
Sie wandelt sicher ihren Gang,
Hoch über den Wolken, die Liebe!

Franz Dingelstedt.

Volle vierzig Jahre sind es her, seit Franz Dingelstedt mit einem Bändchen lyrischer Gedichte zuerst an die Öffentlichkeit trat. Zu den nächstfolgenden zehn bis zwölf Jahren entfaltete er eine unermüdliche Regsamkeit auf den verschiedensten Literaturgebieten: als politischer Dichter, als Novellist und Reiseschriftsteller; dann schien, nach einem vielversprechenden Anlauf auf dem Felde des geschichtlichen Dramas, plötzlich seine Muse zu verstummen, und nur noch einmal zeigte er in späterer Zeit durch den geistvollen Künstlerroman „Die Amazone", dass seine schöpferische Gestaltungskraft nicht erloschen sei. Das kürzliche Erscheinen einer ersten Gesammtausgabe seiner Werke (12 Bände. Berlin, Gebr. Paetel) lässt uns hoffen, dass Dingelstedt sich in Zukunft wieder mit erneutem Eifer der selbständigen Produktion zuwenden werde; einstweilen bietet uns dasselbe eine willkommene Gelegenheit, die vielseitigen künstlerischen Bestrebungen dieses Schriftstellers in geschlossenem Rahmen zu überblicken.

Denn — und darin liegt für uns der Hauptreiz seiner wie jeder literarischen Thätigkeit — Franz Dingelstedt ist ein Schriftsteller von scharf ausgeprägter, ganz eigenartiger Physiognomie. Nicht, als fänden sich in seinen poetischen Werken keine Anklänge an andere zeitgenössische Dichter; es wäre im Gegentheil leicht, in seinen frühesten und selbst in manchen seiner späteren Produktionen unverkennbare Einflüsse von Heine's, Freiligrath's, Anastasius Grün's, Nikolaus Lenau's Ton und Richtung nachzuweisen — aber diese Einwirkungen sind doch in der Regel nur von mittelbarer Art, es sind aufgegriffene Akkorde, welche der Dichter in neuer Weise zu einer selbständigen Melodie weiterspinnt. Welchen Stoff immer Dingelstedt behandeln mag, er drückt ihm das Siegel und den Gehalt

seiner eigenen Weltanschauung auf, und diese hat sich, trotz aller Wandlungen seiner politischen Ansichten, seit seinem ersten Auftreten in ihrem
innersten Kerne wenig verändert.

Franz Dingelstedt ist vor Allem, um ein vielverletzertes, aber bezeichnendes Wort zu gebrauchen, ein durchaus moderner Dichter. Er ist
Das in zwiefachem Sinne. Denn nicht allein entnimmt er, mit Ausnahme
zweier kurzer Novellen („Das böse Auge" und „Meister Gutenberg's Tod")
und des Trauerspieles „Das Haus des Barnevelbt", all seine Stoffe dem
Leben und Ringen der unmittelbaren Gegenwart, sondern auch die Form
und Behandlungsart trägt überall jenes realistische Gepräge, durch welches
sich die heutige Dichtung von der des nächstvorhergegangenen romantischen
Zeitalters unterscheidet.

Seinen schriftstellerischen Ruf verdankt Dingelstedt hauptsächlich den
1841 erschienenen „Liedern eines kosmopolitischen Nachtwächters" und der
vier Jahre später veröffentlichen Sammlung seiner „Gedichte", welche in
der zweiten Auflage (1858) durch eine Reihe beachtenswerther erzählender
Dichtungen vermehrt ward. Den Inhalt dieser Bände und eines Theils
der Zeitgedichte „Nacht und Morgen" (1850) hat der Verfasser im siebenten und achten Bande seiner „Sämmtlichen Werke" in vielfach veränderter
Ordnung, mit mancherlei Verbesserungen, Hinzufügungen und Weglassungen,
unter dem Titel „Lyrische Dichtungen" zu einem geschlossenen Ganzen
vereinigt. Es liegt uns fern, einem Schriftsteller im Princip das Recht
zu bestreiten, die nachbessernde Feile an seine einmal veröffentlichten Produktionen zu legen, Schwaches und Verfehltes zu unterdrücken, und seine
Werke in einer möglichst vollendeten Ausgabe letzter Hand der Nachwelt
zu überliefern. Allein wo es sich um Schöpfungen handelt, deren Form
und Inhalt den Stimmungen einer hinter uns liegenden, von der gegenwärtigen scharf unterschiedenen Zeitepoche entsprach und eben darin ihren
besonderen Werth hatte, sollte man dies Recht mit großer Vorsicht gebrauchen, und wir finden nicht, daß Dingelstedt in den zahlreichen Aus-
scheidungen älterer politischer Gedichte überall von einem glücklichen Takte
geleitet worden ist. Wir billigen es vollkommen, daß die galligen Hohn-
verse auf das deutsche Parlament und auf die revolutionären Bestrebungen
des Jahres 1848, für deren ideale Ziele der Verfasser ein so geringes
Verständnis bewies, in der Gesammtausgabe seiner Werke getilgt worden

sind, und wir hätten ihm auch den Wiederabdruck der Verherrlichungen Radezki's und Latour's, dessen barbarische Ermordung ihn so wenig wie Lichnowski zu einem makellosen Helden stempeln kann, mit Freuden erlassen; aber sehr ungern vermissen wir eine Anzahl elegischer und streitbarer Gedichte, in welchen Dingelstedt der Weltschmerzstimmung seiner Jugendzeit und seiner Stellung als verkannter und verfolgter politischer Dichter einen überaus charakteristischen Ausdruck verlieh. Stücke wie „Reveille", „Ex Ponto", „Sagt an: wie heißt die gräßlichste Harpye?", „Den Tag verwünsch' ich und die schwarze Stunde", „Neue Münstersage", „Mailied, Mailieb", „Der Löwe von Waterloo", „Dombausteln", „Fortschritt", „Forstpolizei", „Zugvögel", „Trost", „Verständlich für Viele", „Apriltag" und „Vor Schwanthaler's Goethe" sind zu innig mit der Entwicklungsgeschichte des Verfassers verknüpft, als daß ihr Fehlen nicht eine empfindliche Lücke in seinem poetischen Gesammtbilde verursachen müßte.

Den Kampfreigen der politischen Poesie in Deutschland hatten in den dreißiger Jahren Platen's und Lenau's düstere Polenlieder und Anastasius Grün's hoffnungsfreudige „Spaziergänge eines Wiener Poeten" eröffnet. Es folgten denselben im Jahre 1840 Hoffmann von Fallersleben's „Unpolitische Lieder" und Herwegh's „Gedichte eines Lebendigen", beide sehr ungleich an poetischem Werth, aber sich ähnlich in einem gewissen burschikosen, studentisch übermüthigen Tone, mit welchem der Eine in neckischen Spottversen, der Andere in jugendlich trunkener Begeisterung zum Kampfe „gen Thyrannen und Philister" aufrief. Dingelstedt besaß wenig von dem feurigen Pathos eines Herwegh und fast noch weniger von der harmlosen Spaßvogelnatur des fahrenden Bänkelsängers der Freiheit. Der Druck der politischen Zustände in seinem engeren, kurhessischen Vaterländchen lastete wie ein Alp auf seiner Seele, aber die Zustände in den anderen deutschen Staaten erschienen ihm kaum in viel erfreulicherem Lichte, und ihn quälte der finstere Zweifel, ob aus dieser allgemeinen Stagnation des nationalen Lebens überhaupt ein befreiender Ausgang möglich sei. So bemächtigte sich seines skeptischen Gemüthes ein bitterer Pessimismus, der die Fäulnis des Bestehenden scharf erkannte, aber des festen Glaubens an eine bessere Zukunft entbehrte. Daraus erklärt sich der trostlose Mißmuth in den meisten seiner politischen Gedichte. Was Dingelstedt bekämpfte, war zudem weniger die Wurzel der socialen Mißverhältnisse, als das

äußerliche Symptom der „großen Krankheit": die gesellschaftliche Lüge, die
leere Konvenienz des modernen Lebens, welche jeden Aufschwung des Individuums hoffnungslos erstickte. Nur zu oft stoßen wir auf Klagen und
Selbstanklagen, wie folgende:

> Und wieder hast du einen Tag verloren,
> Den einmal nur die karge Zeit dir lieh,
> Ein Thor bist du gegangen mit den Thoren,
> So faul, so hohl, so abgeschmackt wie sie.
> Geschwatzt, gelacht, gegessen und getrunken:
> Verdammtes Einerlei, von Reu' vergällt!
> Was bin ich Bessres, als der matte Funken,
> Der ziellos just von jenem Sterne fällt?

ober:

> Umsonst! Es nimmt das reine Element
> Den Leib nicht auf, der sich mit Schuld beladen,
> Das Mal, das mir auf Stirn und Achseln brennt,
> Wäscht keine ab der losenden Najaden.

> Zu ihrem Sklaven prägte mich die Welt,
> Ich naschte von der Frucht der Hesperiden;
> Nun scheucht mich's fort, wo's eben noch mich hält,
> Selbst Meer und Eiland geben keinen Frieden.

Der Gedanke, welcher den „Liedern eines kosmopolitischen Nachtwächters" zu Grunde lag, war an sich ein glücklicher und poetischer, aber
die Ausführung desselben bleibt in der ersten Abtheilung allzu weit hinter
der Intention des Verfassers zurück: die kleinstädtische Misère des Alltagslebens zu schildern, welche den Nachtwächter aus der deutschen Heimat
in die Fremde treibt. Ungleich fesselnder wirken die, freilich meist düsteren
Bilder, welche auf seinem „Weltgange" an uns vorüberziehen. Der Spott,
welcher die Unfreiheit der politischen Verhältnisse in Deutschland trifft,
und welcher so wenig das Prahlen mit dem „freien deutschen Rhein" wie
das künstliche Neuhellenenthum in München oder die Romantik auf dem
Throne in Alt-Berlin verschont, findet seine Berechtigung und Ergänzung
durch die Nachtstücke aus Paris und London, wo dem unstäten Wanderer
eben so wenig, wie daheim, das ersehnte Glück menschenwürdiger Zustände
entgegen winkt. Es ist tief bedeutungsvoll, daß der Kosmopolitismus des
Dichters sich in der Fremde allmählich in das glühendste Vaterlandsgefühl
umwandelt, das oftmals, wie in dem herrlichen Gedicht „Die Flüchtlinge",

mit ergreifender Wärme hervorbricht. Das Resultat seiner Wanderschaft ist der entsagungsvolle Trost:

> Jedweder Zeit wird ihre eigne Sendung,
> Sie kann nicht drüber, kann nicht drunter schreiten.
> Die unsre heißt nun einmal nicht Vollendung,
> Sie heißt: Zerstören, Kämpfen, Vorbereiten.
>
> Ob auch die beste Kraft sich dran vergeude,
> Ob hohe, tiefe Häupter sich erschöpfen:
> Es hält nicht mehr, das alternde Gebäude,
> Zusammen fällt es über unsren Köpfen.
>
> Dann wird auch wohl die Kerkerwand zerschmettert,
> Drein wir verzweifelnd unsre Nägel gruben;
> Auf ihren Schutt, auf unsre Leichen klettert
> Das siegreiche Geschlecht von unsren Buben.
>
> Ein hartes Loos, ein herbes ist es freilich,
> So nur zu leben, um gelebt zu haben,
> Und Schmerz und Grimm und Unmuth schon verzeihlich,
> Die vor der Zeit ihr eigen Grab sich graben.
>
> Doch liegt ein Glück, ein Stolz auch darin wieder,
> Das kleine, kurze Selbst zu überhüpfen,
> Und, scheinbar abgerißne Kettenglieder,
> Uns ahnend an den Weltgeist anzuknüpfen.
>
> Doch liegt darin auch wieder ein Gelüste,
> Die Lust des Märtyrers und des Propheten:
> Kommt, Freunde, kommt: Wir ziehn in eine Wüste,
> Der Freiheit letzte — gebe Gott! — Askten.

Warum wohl Dingelstedt dies tief empfundene Heimkehrgedicht in der Gesammtausgabe seiner Werke gestrichen hat? Dasselbe gehört unseres Bedünkens eben so sehr zu den charakteristischen Zeugnissen seiner Entwicklung, wie die ernste Beichte vor Goethe's Standbilde, welche die Ausgabe seiner Gedichte vom Jahre 1845 beschloß, und welche die schönen Verse enthielt:

> Mit inbrunstvoller Selbstkasteiung
> Nach Frieden rang ich, nach Befreiung,
> Nach Wahrheit, rang nach Recht und Licht;
> Ich war ein Streiter für das Neue,
> Ein Mann der Zeit in Ehr' und Treue,
> Allein ihr Gladiator nicht!

ober wie die finstere Apriltagsklage:

> Eitler Wahn, durch Trommelwirbel und profane Pickelpfeifen
> Mit der Zeit betäubter Stimme und mit Reimen durchzugreifen!
> Eitler Wahn, aus dürrer Scholle, welche brach schon lange lag,
> Zu beschwören eines Dichters Ernte, eines Dichters Tag!

Es kann jedenfalls nicht allzu sehr überraschen, daß ein Dichter welcher zu derselben Zeit, wo Heine's „Wintermärchen", Freiligrath's „Glaubensbekenntniß", Herwegh's „Gedichte eines Lebendigen" und Prutz's „Neue Gedichte" ihre fröhlichen Kampfweisen schmetterten, mit so hoffnungsarmem Blick in die nächste Zukunft seines Vaterlandes sah, auch der Revolution des Jahres 1848 mit skeptischem Unglauben entgegen trat, und nur von der Macht und Gewalt das Heil erwartete:

> Ein Mann, ein Mann! Ein Königreich,
> Ein Kaiserthum für 'ein Erscheinen!
> Wie würden um sein Banner gleich
> Sich die zerrißnen Fähnlein einen,
> So bald er fest und klarbewußt
> Auf sich und seine Sendung traute
> Und die Gebilde unsrer Brust
> In fester Wirklichkeit erbaute.

> Das ist es ja, was uns verzehrt,
> Woran die besten Kräfte kranken,
> Was wie ein Alp die Welt beschwert:
> Das Schattenleben der Gedanken,
> Der Zweifel an der eignen Kraft,
> Die blasse Furcht vor der Erscheinung,
> Der Wahn, der nichts Gesundes schafft,
> Die Leben tödtende Verneinung!

Dingelstedt war daher auch einer der Ersten, welche die neue Wendung der politischen Verhältnisse in Deutschland mit unverhohlenem Beifall begrüßten. Schon gleich nach dem Kriege von 1866 richtete er in der Augsburger „Allgemeinen Zeitung" an den König von Preußen jenes Aufsehen erregende Gedicht, dessen Verfasser man damals nicht errieth, und das mit der bedeutungsvollen Mahnung schloß:

> Wag's, um den letzten Preis zu werben
> Und mit der Zeit, dem Volk zu gehn:
> König von Preußen, du mußt sterben,
> Als deutscher Kaiser aufzustehn!

Und zu den schönsten patriotischen Ergüssen gehört das Lied, in welchem der Dichter seine in Triest lebenden Enkel beschwört, an deutscher Art und Sprache festzuhalten, der eine herrliche Zukunft beschieden sei:

> Wir Alten sahen, unbeglückt,
> Das heil'ge Reich zerstückt, zerbrückt,
> Uneins zu Haus und draußen klein...
> Prophetenloos! Man schickt sich drein!

> Doch Ihr erlebt, wenn's Gott gefällt
> Daß deutscher Geist beherrscht die Welt,
> Daß klingt der deutschen Zunge Laut,
> So weit das Meer, der Himmel blaut.

Daß deutsche Schiffe, stolz und groß,
Durchfurchen eurer Adria Schoß,

Daß Deutschland, wie es ihm gebührt,
Europas Schwert und Wage führt.

Dann ruft ihr hoch= und wohlgemuth:
In uns auch fließt das deutsche Blut!

Der Großpapa, nun manches Jahr
Schon todt, ein deutscher Dichter war.

Der hat in einer Frühlingsnacht
Eigens für uns dies Lied gemacht.

Alljährlich sprecht ihr's, als Terzett,
Zum Wiegenfest an Mammi's Bett.

Sie kehrt sich still abseits zur Wand
Und flüstert: Vater..... Vaterland!

Als einen bemerkenswerthen Zug in Dingelstedt's Poesie heben wir
den Umstand hervor, daß der Dichter sich von jeher mit besonderer Vorliebe
seine Stoffe in den Kreisen der höheren, vornehmen Gesellschaft sucht,
ohne deßhalb mit derselben zu sympathisieren. Im Gegentheil, er malt
mit ätzendem Stift und mit einer oft fast verletzenden Bitterkeit ihre
sittliche Verderbnis und innere Leere. Dem Haideweib, das den Meineid
und Treubruch straft und das Gewissen der Schuldbeladenen wachschreit,
ruft er zu:

Gespenst, was suchst du heim die Bauernhütte,
Den Hirten auf der Stroh= und Blätter=Schütte?
Hier ächzt nur kleine Schuld, gemeiner Trug.
Statt niedrige Verbrecher hier zu schlagen,
Folg jenen Wolken, die nach Mittag jagen,
Zur Hauptstadt lenke deinen Vampyrflug!

Im Königsschloß ward auch ein Wort gebrochen,
Ward frech verletzt, was feierlich versprochen,
Zerfetzt ein öffentlich beschworner Pakt.
Fort, Haideweib! Dort, unter goldnen Dächern,
Schüttle die Schnarcher wach in Prunkgemächern,
Bis sie mit ehrner Faust Verzweiflung packt!

Die Erzählung „Kloster Fischbach", welche den Frevel eines westfälischen
Junkers an seiner edlen Gemahlin schildert, schließt mit der sarkastischen
Wendung:

Der Himmel wird 'nen Grafen
Auf Erden doch nicht strafen?!

Eben so bitter sind die Schlußstrophen der „Kindesmörderin", eines durch
realistische Kraft der Schilderung tief ergreifenden Gedichtes:

Um elf Uhr, da die schöne Welt im Sonnenscheine aufgewacht,
Da ging im Dorf und im Hôtel herum die dunkle Mär der Nacht,
Allein mit Anstand und diskret, damit der Schrecken ja nicht schad'
Den Nerven einer gnäd'gen Frau und so der Renommée vom Bad.

Aus Prag der schönen Gräfin hat's der Badedoktor referiert,
Als sie nach ihrem Déjeuner am Strande auf und ab spaziert;
Sie weiß nicht, wie Das möglich ist, und, ihres Mutterwerths bewußt,
Schließt sie das jüngste Gräflein fest und zärtlich an die edle Brust.

Auch das „Ammenmärchen" in den „Drei Stücklein aus dem Todtentanz"
reiht sich diesen herben Alltagsbildern aus dem Leben und Treiben der
vornehmen Welt an. In dem Epilog zu letztgenanntem Cyklus aus
der Münchener Cholerazeit 1854 spricht Dingelstedt unumwunden seine
Vorliebe für die Behandlung von Stoffen aus der Gegenwart aus,
obschon diese in ihrem Drang, jede alte Form zu zerbrechen, die neue
noch nicht gefunden habe:

Von allen Altern lieb' ich sie allein,
Mein Mütterchen, mein Kind, mein Fleisch und Bein.

Mir ist, dem Menschen, Menschliches nicht fremd,
Und näher als das Ritterwams mein Hemd.

Deßwegen such' ich in der Ferne nie,
Nur in der Näh' das Gold der Poesie.

Ich wasch' es lieber aus dem tiefsten Schlamm,
Als daß ich's nehme, wo's vorüber schwamm.

In der That muß man Dingelstedt das Zeugniß geben, daß es ihm,
vor Allem in dem farbenglänzenden Liedercyklus „Ein Roman", gelungen
ist, Stoffe und Stimmungen des modernen Lebens, welche der deutschen
Poesie bisher fern lagen, auf eine originelle Art zu verwerthen. Keiner
hat mit solcher Meisterschaft, wie er, die schwüle Sinnlichkeit und stumpfe
Blasiertheit, die befriedigungslose Genußsucht und den Lebensüberdruß der
vornehmen Welt in das Gold echter Poesie umgemünzt; aber was, vom
Tlmanthesschleier der Dichtung umhüllt und gedämpft, unsre Phantasie
gefangen nimmt, Das verletzt nur zu oft unser Gefühl, wenn es in nackter
Prosaform und im grellen Lichte der Alltagswirklichkeit vor unser Auge
tritt. Darin liegt wohl zum Theil der Grund, weßhalb uns manche
der Novellen des Verfassers, die in denselben exklusiven Gesellschafts-

treifen spielen, ungleich weniger, als jene poetische Erzählung, gefallen. Wen fesselten nicht aufs tieffste die Eingangsstrophen des „Romans", welche uns, gleich einer künstlerisch vollendeten Ouvertüre, sofort in die rechte Stimmung versetzen, um das Werk des Dichters zu genießen?

> Wenn du die Leidenschaft willst kennen lernen,
> Mußt du dich nur nicht aus der Welt entfernen.
>
> Such sie nicht auf in frieblicher Jbylle,
> In strohgedeckter und begnügter Stille ...
>
> Nein, suche sie im festlich vollen Saale,
> Bei Spiel und Tanz, am feierlichen Mahle.
>
> Dort, eingeschnürt in Form und Zwang und Sitte,
> Thront sie wie Banquo's Geist in ihrer Mitte;
>
> Wo bei dem Sonnenglanz von hundert Lüstern
> Nächtliche Wünsche durch einander flüstern,
>
> Wo unter Sammt und Seide, Flor und Spitzen
> Des Grames offne Eiterbeulen sitzen,
>
> Wo zwischen echte Perlen und Juwelen
> Zuweilen sich noch echte Thränen stehlen,
>
> Wo Haß und Morbluft mit Harpyenkrallen
> Auf die entblößten Weiberbrüste fallen,
>
> Wo an des Männerherzens Ordenssterne
> Die Eifersucht anpocht in scheuer Ferne,
>
> Wo Lug und Trug auf glatten Schlangenbäuchen
> Sacht über einen Türkenteppich schleichen,
>
> Wo Fächer reden, wenn die Lippen schweigen,
> Wo statt der Uhr die Augen Stunden zeigen,
>
> Wo sich die Füße drücken statt der Hände,
> Wo — doch wer fände hier ein Ziel, ein Ende?

Wie bombastisch und nahezu frivol klingt dagegen die prosaische Umschreibung dieser beredten Schilderung in dem Munde des armen Flüchtlings, der in den „Deutschen Nächten in Paris" von seinem zweideutigen Verhältnis zu der Frau eines Gesandten erzählt: „Freunde! Ich hatte gewähnt, in der Einsamkeit lodere die Leidenschaft am heißesten, fresse der Schmerz am tiefsten, nage am schärfsten Reue oder Begier. Ich hatte gewähnt, ein einfaches, treues und frommes Herz liebe am lebendigsten, und in der Stille reife das schönste Glück verbundener Menschen. Es ist nicht wahr. Wo Diamanten blitzen, wo Seidenschleppen rauschen, wo die

Sitte am höchsten und am hellsten glänzt: da lauert die Leidenschaft aus den Draperien vergoldeter Prunkgemächer, da zischt die Eifersucht aus den Blumen und Edelsteinen der höchsten Stirnen, der stolzesten Busen, da winkt die verbotene Lust mit dem perlmutternen Fächer, da glüht die heimliche Sünde aus hundert Augen, aus tausend Kerzen. Der Salon ist ein fürchterliches Schlachtfeld der Passionen, eine Schädelstätte, eine Wüste, wenn ihn ein kaltes Urtheil und strenge Sittlichkeit betrachtet. Mir wurde es ein Paradies. Ach, ein ewig verlorenes!"

Dieselbe pessimistische, oft an Blasiertheit streifende Weltanschauung, welche uns in den Gedichten Franz Dingelstedt's begegnet, charakterisiert auch den größten Theil seiner Reiseskizzen und Novellen. Wir können letzteren schon aus dem Grunde keinen hohen Werth beimessen, weil sie, mit seltener Ausnahme, sehr flüchtig hingeworfen sind und jeder feineren künstlerischen Ausführung entbehren. Die meisten derselben sind Nacht- und Schauerstücke aus der vornehmen Gesellschaft, von krassester Erfindung, und mit derben al fresco-Strichen breit hingemalt. Allein eben diese sorglose Behandlungsart will zu dem sensationellen Charakter des Inhalts nicht passen; die Gestalten des Dichters verzerren sich ihm unter der Hand oft zu eckigen Drahtfiguren ohne Fleisch und Blut, weil der grausamen Handlung das Gegengewicht einer detaillierten psychologischen Motivierung fehlt, und man kann sich im Ganzen des Gefühls nicht erwehren, daß der Poet, welcher sich im metrischen Gewande so taktfest und sicher bewegt, geringes Verständnis für das Kunstgesetz der Novelle zu besitzen scheint. Selbst in den besseren dieser Erzählungen, wie in „Blinde Liebe", stört uns manchmal ein süffisantes, jede Illusion vernichtendes Dreinreden des Verfassers. Was sollen Bemerkungen wie folgende: „Aber, geliebte Leserin, dein scharfes Auge hat das Geheimnis längst durchblitzt, und ich gebe mir vergebliche Mühe, noch einige räthselhafte und romantische Ungewißheit in meiner einfachen Geschichte aufrecht zu erhalten", — oder: „Ob ich es nun den Leserinnen mache, wie Herr v. Dreieisen Sabinen?"

Einen höheren Aufschwung nimmt Dingelstedt in der umfangreichen Novelle „Unter der Erde" und in dem humoristischen Künstlerroman „Die Amazone". Die erstgenannte Erzählung verrinnt freilich, nach einem gewaltigen Anlauf, die Schäden und Gebrechen der heutigen Civilisation im schwärzesten Lichte zu schildern, schließlich im Sande; denn der vornehme

Herr, welcher sich aus dem Ruin seines inhaltslosen Konvenienzlebens in die Idylle der Bergwerksarbeit flüchtet, würde auch ohne den verhängnisvollen Zwischenfall der Entdeckung seines Aufenthalts bald zu der Erkenntnis gelangt sein, daß eine Flucht aus der überbildeten Gesellschaft in einen Rousseau'schen Naturzustand Nichts als eine auf Selbsttäuschung berechnete Lüge ist. Allein hier wurde doch immerhin muthvoll der Finger auf die schwärenden Wunden der Zeit gelegt und ein wichtiges Problem der Gegenwart ernstlich zur Diskussion gebracht. Ungleich vorzüglicher ist der Roman „Die Amazone", ein wahres Brillantfeuer überlegenen, zwar ironischen, aber nicht mehr pessimistischen Humors, der sich mit der Bonhommie eines Demokrit über die Thorheiten der Zeit und der Zeitgenossen lustig macht.

Die letzten Bände seiner Werke enthalten, neben Dingelstedt's verdienstvollen Bearbeitungen französischer und englischer Dramen, sein groß angelegtes und mit glänzendem Geschick durchgeführtes Trauerspiel „Das Haus des Barneveldt", — leider das einzige Bühnenstück, welches er (außer einem kleinen Festspiele) geschrieben hat. Trotz der historischen Grundlage und des niederländischen Kolorits, ist auch hier der Stoff durchaus modern. In einer Zeit aufregender politischer Parteikämpfe, wie wir sie seit 1848 durchlebt haben, erscheint die principienfeste Opposition Oldenbarnevelbt's gegen jede Verkürzung der Volksrechte und die bei veränderten Verhältnissen veränderte Fortsetzung dieses Kampfes unter der nächstfolgenden Generation fast wie ein unmittelbarer Spiegel der Gegenwart.

So zeigt sich uns Dingelstedt überall als ein echter Repräsentant seines Zeitalters mit dessen Vorzügen und Schwächen. Er stürzt sich hinein in „die kalten, kämpfenden Nebel der Skepsis", er belauscht unruhigen, halb zagenden Herzens jeden Odemzug des Zeitgeistes, er lebt und webt nur in den Schmerzen und Hoffnungen der Gegenwart. Seine vorzüglichsten Leistungen liegen indeß unbedingt auf dem Felde der politischen Lyrik, über deren Bedeutung er in dem Aufsatze über Freiligrath und Grabbe goldene Worte spricht. „Hat sie ihre Sendung erfüllt?" fragt er. „Darf sie abrüsten? Abziehen von der Wacht am Rhein, an der Unter-Donau, auf den Alpen? .... Ich dächte: Nein. Nach meinem Dafürhalten hat gerade die politische Poesie, von welcher die Lyrik ja nur einen Zweig, den zuerst grünenden Zweig, darstellt, eine Zukunft, eine nicht zu ferne, in Deutschland. Das soll nicht heißen: wir müssen alsbald gegen

den Vatikan oder in die Herzegowina einen Band Gelegenheits- und
Tendenzgedichte mobil machen, noch weniger im Chor mit Bismarck'schen
Reptilien Frankreich, das überwundene, nicht verwundene Frankreich
niederzischen. Vielmehr soll es heißen: die Dichtkunst darf ihre schwer
errungene Stelle an der Spitze nationaler Bewegungen und Kämpfe nicht
aufgeben. Je fester eine junge oder verjüngte Nation sich einigt, je mehr
sie erstarkt in dem Bewußtsein ihrer Mündigkeit und Selbständigkeit, je
mächtiger sie ihre Wehrkraft entwickelt und den Ausbau des modernen
Rechtsstaates fördert, um so wachsamer und regsamer sei die Poesie dieser
Nation beflissen, sich ihr gutes Recht, ihren Pflichttheil an dem öffentlichen
Leben ihres Volkes, an dem gesammten Inhalte ihrer Zeit zu sichern.
Wir, die wir vor dreißig, vierzig Jahren die junge Literatur hießen, wir
haben uns die ersten Schatten dieses Rechtes halb erschleichen, halb erobern müssen. Mit gefesselten Füßen tanzten wir Mignon's berühmten
Eiertanz zwischen den faulen Eiern hindurch, welche Aristokratie, Bureau-
kratie und Hierarchie, Censur und Polizei uns verfänglich in den Weg
gelegt hat. Daß die junge Literatur von heutzutage besser gestellt ist, verdankt sie gewiß zum geringften Theil, vielleicht zu gar keinem, unserer
Arbeit. Da sie es aber einmal ist, da Grundsätze, Artikel, Reden, Gedichte, Schriften, Bücher, für welche wir um Geld gebüßt oder ins Loch
gesteckt oder per Schub abgeschafft wurden, gegenwärtig auf ein Katheder,
einen Platz im Ständesaal, den Fauteuil eines Verwaltungsrathes oder
Chef-Redakteurs, wenn nicht gar die Ministerbank führen — ei, so nehme
die Literatur, es nehme insonderheit die Poesie ihre Vortheile wahr. Sie
bleibe nicht stehen auf dem Erreichten, wie sie zu thun Miene macht.
Sie bewege sich nicht wieder in dem specifischen Literaturkreise von ehedem,
der nur mehr abgeweidete Gemeinplätze umschließt. Sie suche neue, erweiterte Kunstformen, greife nach großen Stoffen, strebe nach den höchsten
Zielen, wie sie nur einer wahren Nationalpoesie erreichbar sind. In dieser
Gegend wachsen auch die Lorberen der politischen Dichter der Zukunft,
seien sie von Fach Lyriker, Dramatiker, Epiker. Ich brauche nur ein paar
Namen zu nennen, um verstanden zu werden. Zu solchen politischen Dichtern
zähle ich Aristophanes, Persius, Juvenalis, Dante, Cervantes, Voltaire,
Beaumarchais . . . ,Und so weiter', um mit Lenau zu schließen."

Friedrich Hebbel.

1.

Friedrich Hebbel behauptet unter den Dichtern der Gegenwart eine eigenthümliche Stellung, die sich nur aus dem allgemeinen Charakter unsres Zeitalters erklären läfst. Der großen Geisterbewegung auf dem Felde der Philosophie zu Ende des vorigen und zu Anfang des jetzigen Jahrhunderts ist eine Literaturepoche gefolgt, die, mit den „Reisebildern" von Heinrich Heine anhebend, bis zur heutigen Stunde noch nicht ihren Abschlufs gefunden hat. Die Schriftsteller der breißiger und vierziger Jahre suchten zunächst die von der Philosophie gewonnenen Resultate in allgemein verständlicher Form auszusprechen und dem Volke zum Bewufstsein zu bringen. In Folge dieses Bestrebens entspann sich ein leidenschaftlicher Kampf, der bald nicht mehr ausschließlich auf dem Felde der Kunst und Wissenschaft, sondern auch auf politischem Felde geführt ward, und dessen letztes Ziel die praktische Verwirklichung jener Ideen ist, die unsre großen Denker in der zaghaften Umhüllung schwerfälliger Formeln verkündeten. Ohne Frage hat nicht bloß unser politisches Leben, sondern auch unsre Literatur durch diese Befruchtung mit tiefen philosophischen Gedanken und durch die volksthümliche Sprache, deren sich unsre modernen Schriftsteller befleißigen, einen glücklichen Aufschwung genommen; aber auch die Schattenseite dieser Erscheinung wollen wir nicht verschweigen. Die Absichtlichkeit, die schroff hervorgekehrte Tendenz ward seitdem das Losungswort auch in der Kunst, und das Trachten nach Volksthümlichkeit artete nur allzu häufig in ein Buhlen um den augenblicklichen Beifall der Menge aus. Schlimmer noch gestaltete sich dies unwürdige Aufgeben künstlerischer Zwecke, dem so manches Talent zum Opfer fiel, in der trüben Zeit der Entmuthigung, welche der hoffnungsfreudigen Erhebung des Jahres 1848 folgte. Das

Streben nach der praktischen Verwirklichung philosophischer Ideale schlug in eine blasierte, widrig materielle Genußsucht um, deren erschlaffende Wirkung sich nur zu deutlich auch in der Literatur der letzten Decennien ausprägt. Die populäre Schreibart ist geblieben, aber die großen Ideen, um deren Verbreitung es sich handelte, sind unsern Zeitgenossen fast aus den Augen gerückt. Die schriftstellerische Produktion dient vorherrschend der Tageslaune, dem flüchtigen Interesse des Augenblicks; sie sinkt mehr und mehr in das Bereich oberflächlicher Feuilletonskizzen und anekdotischer Romane herab; seit 1848 ist (etwa mit Ausnahme von Wilhelm Hertz, J. V. Scheffel, Hermann Lingg, Robert Hamerling und Julius Wolff) nicht einmal auf dem Felde der Lyrik ein neuer Name von einiger Bedeutung aufgetaucht, und gar die Bühnen-Novitäten beschränkten sich fast ganz auf Übersetzungen oder kunstlose Bearbeitungen französischer Demimondstücke. Mit dem Verfall der dramatischen Produktion hielt der Verfall der Schauspielkunst gleichen Schritt; selbst unsere ersten Bühnen, die es sich früher zur Ehre rechneten, die Tradition der klassischen Kunst zu bewahren, huldigen jetzt fast ausnahmlos dem verderblichen Zeitgeschmack, und ein ernstes künstlerisches Wollen findet weder bei dem Publikum, noch bei der Kritik Unterstützung. Letztere, die Kritik, hat es im Großen und Ganzen gleichfalls verlernt, die Kunstwerke der Vergangenheit wie der Gegenwart nach ewigen Gesetzen der Schönheit und Wahrheit zu beurtheilen; ihr Maßstab ist das einseitige subjektive Belieben, der im Flug erraffte Genuß, im besten Falle die engherzig sittliche oder die noch beschränktere politisch-nationale Tendenz.

Unter solchen Umständen kann es nicht überraschen, wenn der wahre Künstler sich mit Stolz oder mit Unmuth von dem frivolen Treiben seiner Kunstgenossen abwendet und auf einsamem Altare die göttliche Flamme der Poesie zu nähren sucht. Ein selbstbewußter Geist, ein unerschütterlich fester Charakter freilich muß es sein, der, unbeirrt von dem Hohn oder dem Stumpfsinn der Menge, in stiller Andacht dem verhüllten Gotte der Zeit sein künstlerisches Opfer bringt. Aber wohl ihm! sein Tag wird kommen, ob er auch selber vielleicht schon im Grabe ruht, und sein Gedicht wird leben, wenn längst die Namen Derer verhallt sind, denen heut ein verblendeter Schwarm für eine kurze Stunde entgegenjauchzt.

Ist Friedrich Hebbel eine Sphinx, weil manchem seiner Werke ein philosophisches oder psychologisches Räthsel zu Grunde liegt? Wie Dem auch sei, die Auflösung lautet hier, wie bei dem Räthsel jener uralten Sphinx von Theben: „der Mensch". Aber wir verwahren uns gegen den ganzen Vergleich; die Schöpfungen Hebbel's sind, mit geringen Aus= nahmen, Nichts weniger als unklar und räthselhaft — es kommt, wie bei jedem großen Kunstwerke, nur auf die richtige Zeitbeleuchtung an, um alle Lichter und Schatten in ihrem bewunderungswürdig richtigen Ver= hältnisse zu erkennen. Auf den ersten Blick erscheint ein Werk Hebbel's, inmitten der Fluth schönrednerischer Phrasen der Gegenwart, vielleicht wie ein schroffes, unwirthliches Felsengestade, das von allen Stürmen um= braust wird. Aber betreten wir es freudigen Muthes, so finden wir ein sicheres Eiland der Schönheit, schattige Haine umflüstern uns, Nachtigallen singen in den Zweigen ihr süß melancholisches Lied, und das Bächlein in der Tiefe murmelt von den ewigen Geheimnissen des Weltalls.

Hebbel hat, mehr als irgend ein anderer der jetzt lebenden Dichter, seine ganze Entwicklung sich selbst zu verdanken. Bis zu seinem zwei= undzwanzigsten Jahre lebte er in der Abgeschiedenheit seines heimatlichen Dorfes; als er in die Welt hinaustrat, hatten sein ernster Charakter und seine strenge Kunstanschauung sich bereits so energisch gefestigt, daß Er= fahrung und Studium die Originalität seiner Gefühls= und Denkweise nur zu reifen, nicht abzuschwächen vermochten. Wie in seinen Dramen, stellt er auch in seinen lyrischen und epischen Dichtungen den Menschen ganz auf sich selber und erschafft sich ein Sittengesetz, das einzig die Kraft eines freien, edlen Selbstbewußtseins zum Mittelpunkte hat. Es ist be= zeichnend für seinen vorwiegend dramatischen Beruf, daß es ihm meister= haft gelingt, in Romanzen und Balladen, durch Handlung und plastische Gestaltung, philosophische Ideen in lebendigster, fast dramatisch bewegter Form auszusprechen. Eine so markig gedrungene, freilich nicht immer melodische Form, wie sie Hebbel in all seinen Schöpfungen aufweist, hat seit Goethe kein zweiter Dichter erreicht. Ein Gedicht Hebbel's werden wir unter tausenden sofort erkennen, denn seine Weise läßt sich nicht nach= ahmen; sie streift oftmals hart an die Grenze der erlaubten Kürze, ja, sie überschreitet dieselbe hin und wieder sogar. Nie gestattet er sich ein überflüssiges Wort oder Bild, doch läßt er selten ein nothwendiges ver= missen. Der tiefe Gehalt seiner Werke erklärt es leicht, daß er nur langsam jene Anerkennung findet, welche die oberflächliche Menge so rasch dem amüſanten Witzling und dem phraſenhaften Gaukler zollt, der die bunten Seifenblaſen ſeiner kleinen Freuden und Leiden kokett in die Lüfte wirft. Hebbel hat in jeder Strophe etwas Gewichtiges zu ſagen; auch das kürzeſte ſeiner Epigramme enthält einen Gedankenkern, der ſich freilich ohne Nachdenken nicht wohl genießen läßt. Wer aber den Dichter willig begleiten mag, findet in dem gewonnenen Schatz einer wahrhaft künſtleriſchen und philoſophiſchen Weltanſchauung den reichſten Lohn. Auch widerlegt Hebbel durch ſeine Leiſtungen aufs gründlichſte die banale Befürchtung, als ſei der gedankenvolle Inhalt einer ſolchen Welt- und Naturanſchauung der poetiſchen Geſtaltung nicht fähig, als bedürfe der Dichter heute und allezeit überſinnlicher Mythen, um das Menſchenherz gewaltig zu ergreifen. Gerade die Übereinſtimmung ſeiner Lieder mit den Lehren der Philoſophie und der Naturwiſſenſchaft erhöht ihren eigenthümlichen Werth. Dabei vereinigt dieſer originelle Geiſt mit der ſeltenſten Kraft und Energie des Gedankens die ſeelenvollſte Weichheit des Gemüthes, welche in zahlreichen Liedern Ausdruck findet, die wie vollendete Muſik erklingen und, einmal gehört, nie wieder verhallen.

Die Hauptleiſtungen Hebbel's liegen jedoch auf dramatiſchem Felde, und gerade hier iſt ſein Streben am meiſten verkannt worden. Der Vergleich ſeiner Stellung in der Literatur mit derjenigen Richard Wagner's in der Muſik liegt zu nahe, als daß wir denſelben ganz zurückweiſen möchten. Beide haben verſucht, das Publikum, und vielleicht mehr noch ſich ſelbſt, in tiefſinnigen und geiſtvollen Abhandlungen über die letzten Gründe ihres künſtleriſchen Schaffens zu unterrichten. Statt ihnen für dieſe intereſſanten Aufſchlüſſe über ihr Streben, für dieſen Einblick in die geheime Werkſtatt künſtleriſcher Produktion dankbar zu ſein, hat man ihnen aus ihrer kritiſchen Thätigkeit, aus ihrer ſelbſtbewußten Klarheit einen Vorwurf gemacht, und wohl gar dem Einen die Poeſie, dem Andern die Muſik abgeſprochen. Wir könnten Denen, die es dem Künſtler verwehren wollen, ſich der Ziele ſeines Schaffens bewußt zu ſein, einfach das Beiſpiel unſrer größten Dichter, eines Goethe, Schiller, Leſſing, entgegenhalten; aber wir möchten lieber dazu beitragen, das obwaltende Mißverſtändnis überhaupt zu entfernen. Hebbel und Wagner traten auf in einer Zeit, wo von den Lehrſtühlen der Philoſophie und der Literaturgeſchichte das „Ende der Kunſt" faſt als ein Dogma geprebigt ward; darf man ſich

wundern, wenn der Künstler, dem es Ernst mit seinem Berufe war, sich
zu der Untersuchung gedrungen fühlte, ob jene Phrase eines Gervinus
und der Hegel'schen Schule in der That eine Wahrheit sei? Es ist zunächst
ein Irrthum, zu glauben, daß die Beschäftigung mit dem Kunstproblem
die naive Produktionskraft des Dichters zerstöre; wer sich nicht durch
ernstes Nachdenken die Gesetze seiner Kunst zu klarem Bewusstsein gebracht
hat, dem mag vielleicht günstigsten Falles ein lyrisches Liedchen gelingen,
aber nimmer der fest gegliederte Bau einer dramatischen Dichtung.
Irrthümlicher noch ist die Verwechselung der philosophischen Spekulation
mit der Idee, welche dem dramatischen wie überhaupt jedem echten
Kunstwerke zu Grunde liegt. Hebbel, der es in einem seiner Distichen
nachdrücklich betont, daß jedes Gedicht „an sich schon ein Bild" sei
denkt gewiß am wenigsten daran, in seine Dramen fremdartiges Beiwerk
der Philosophie und Symbolik hineinzutragen; aber das rechte Bild wird
doch immer von irgend einer Seite die Welt reflektieren und einen Brennpunkt dafür abgeben. Auf diesen allein wies Hebbel in seiner vielge-
schmähten Vorrede zur „Maria Magdalena" hin. Er will im Drama
Leben, und wieder Leben, und nochmals Leben; aber freilich die Wurzel
gehört mit zum Baum, der aus ihr entsprießt und großwächst und Blüthen
und Früchte trägt. Es hieße die Grenzen dieses Aufsatzes überschreiten,
wollten wir Hebbel's kunstphilosophische Ansichten hier einer ausführlichen
Besprechung unterziehen. Nur einige kurze Andeutungen seien uns über
die Art und Weise vergönnt, wie Derselbe sich über die Aufgabe des dramatischen Dichters der Gegenwart äußert. „Jedes Drama," sagt er in dem
kleinen Vorwort zur „Genoveva", „ist nur so weit lebendig, als es der
Zeit, in der es entspringt, d. h. ihren höchsten und wahrsten Interessen,
zum Ausdruck dient." Eingehender beleuchtet er diesen Ausspruch in der
Broschüre „Mein Wort über das Drama" und in der erwähnten Vorrede
zur „Maria Magdalena". „Das Drama," heißt es an letztgenannter
Stelle, „das Drama als die Spitze aller Kunst soll den jedesmaligen
Welt- und Menschenzustand in seinem Verhältnis zur Idee veranschaulichen.
Das Drama, d. h. das höchste, das epochemachende, ist aber nur dann
möglich, wenn in diesem Zustand eine entscheidende Veränderung vor sich
geht; es ist daher durchaus ein Produkt der Zeit." Hebbel weist ferner
nach, wie bisher die Geschichte nur zwei Krisen aufzuweisen hatte, aus

welchen dies höchste Drama hervorblühen konnte: „einmal bei den Alten als die Weltanschauung aus ihrer ursprünglichen Naivetät in das sie zunächst auflockernde und dann zerstörende Moment der Reflexion überging, und einmal bei den Neuern, als in der christlichen eine ähnliche Selbstentzweiung eintrat." Was nun den heut zu Tage gährenden Proceß anlangt, so bezeichnet Hebbel denselben, wie folgt: „Der Mensch dieses Jahrhunderts will nicht, wie man ihm Schuld giebt, neue und unerhörte Institutionen, er will nur ein besseres Fundament für die schon vorhandenen; er will, daß sie sich auf Nichts als auf Sittlichkeit und Nothwendigkeit, die identisch sind, stützen und also den äußeren Haken, an dem sie bis jetzt zum Theil befestigt waren, gegen den inneren Schwerpunkt, aus dem sie sich vollständig ableiten lassen, vertauschen sollen. Die Philosophie hat diesen Proceß vorbereitet, und die dramatische Kunst soll ihn beendigen helfen, sie soll in großen, gewaltigen Bildern zeigen, wie die bisher nicht durchaus in einem lebendigen Organismus gesättigt aufgegangenen, sondern zum Theil nur in einem Scheinkörper erstarrt gewesenen und durch die letzte große Geschichtsbewegung entfesselten Elemente, durcheinander fluthend und sich gegenseitig bekämpfend, die neue Form der Menschheit erzeugen, in welcher Alles wieder an seine Stelle treten, in welcher das Weib dem Mann wieder gegenüberstehen wird, wie dieser der Gesellschaft, und wie die Gesellschaft, der Idee. Damit ist nun freilich der Übelstand verknüpft, daß die dramatische Kunst sich auf Bedenkliches und Bedenklichstes einlassen muß, da das Brechen der Weltzustände ja nur in der Gebrochenheit der individuellen erscheinen kann, und da ein Erdbeben sich nicht anders darstellen läßt, als durch das Zusammenstürzen der Kirchen und Häuser und die ungebändigt hereindringenden Fluthen des Meers. Ich nenne es natürlich nur mit Rücksicht auf die harmlosen Seelen, die ein Trauerspiel und ein Kartenspiel unbewußt auf einen und denselben Zweck reducieren, einen Übelstand; denn diesen wird unheimlich zu Muth, wenn Spadille nicht mehr Spadille sein soll, sie wollen wohl neue Kombinationen im Spiel, aber keine neue Regel." In diesem Sinne sind Hebbel's sämmtliche Dramen „künstlerische Opfer der Zeit"; denn die individuellen Lebensprocesse, welche er in ihnen zur Anschauung bringt, „stehen alle mit den jetzt obschwebenden allgemeinen Principienfragen in engster Verbindung", seine Kunst ist realisierte, in Fleisch und Blut übergegangene, lebendig gewordene und mit aller Naivetät des Lebens sich ausgestaltende Philosophie über die Grundfragen der modernen Gesellschaft. Mag er seine Stoffe dem entlegensten Alterthum oder der heutigsten Gegenwart entlehnen: gleichviel, in all seinen Schöpfungen weht der Hauch unsres Jahrhunderts, und überall befolgt der Künstler mit Ernst das von ihm aufgestellte Gesetz, indem er in der That jedes Gefühl und jede Handlung der von ihm erschaffenen Gestalten aus ihrer eigensten Natur entflammen läßt und, trotz seiner scharfen psychologischen Zeichnung, mindestens in der Tragödie jedes Spiel äußerlicher Zufälle verschmäht.

Aus den angezogenen Äußerungen des Dichters über Ziel und Gehalt seines Strebens resultiert, meinen wir, auf das evidenteste, daß es sich bei seinen dramatischen Produktionen nicht entfernt um abstrakte und abstruse Spekulation über begriffliche Vorstellungen, etwa um dialogisierte Philosopheme, handelt, sondern ganz im Gegentheil um eine Darstellung des Lebens, — freilich eines Lebens, das in seiner Totalität überall in den ewigen Gesetzen der Sittlichkeit oder Nothwendigkeit, „die identisch sind", wurzelt. Ehe wir zur Besprechung von Hebbel's größter Schöpfung übergehen, wollen wir flüchtig einen weiteren Tadel berühren, der von den Gegnern des Dichters seit Jahren gegen dessen Werke erhoben wird. Wir meinen den Vorwurf der Immoralität. In seinen Dramen finde sich, so hören wir scheinheilig rügen, viel Unvernünftiges und Unsittliches, ja, seine Helden und Heldinnen seien fast ausnahmslos unmoralische Charaktere. Was einem Lessing und Schiller bei der Wahl ihrer Stoffe („Emilia Galotti", „Don Carlos", „Die Braut von Messina" ꝛc.) unbedenklich gestattet wird, soll einem Hebbel verboten sein. In der That, dieser Vorwurf ist so neu wie abgeschmackt; er entspringt aus einer totalen Verkennung der Aufgabe des dramatischen Dichters. Welches Interesse kann auf den weltbedeutenden Brettern ein Held gewähren, der als Individuum in jedem Momente „sittlich" und „tugendhaft" ist, dessen Handlungen somit die „tragische Schuld" gänzlich fehlt, und für dessen Irrthümer keine Sühne erfordert wird? Mit Recht stellt Hebbel (im Vorwort zu seiner „Julia") diesen, nicht bloß ihm, sondern aller Kunst feindlichen Angriffen die Behauptung entgegen, daß „gar kein Drama denkbar ist, welches nicht in allen seinen Stadien unvernünftig oder unfittlich wäre. Ganz natürlich, denn in jedem einzelnen Stadium überwiegt die Leidenschaft und mit ihr die Einseitigkeit oder die Maßlosigkeit. Vernunft und Sittlichkeit können nur in der Totalität zum Ausdruck kommen und sind das Resultat der Korrektur, die den handelnden Charakteren durch die Verkettung ihrer Schicksale zu Theil wird. Genau besehen, nimmt der Dichter die unvernünftigen und unsittlichen Elemente aus der Welt und löst sie seinerseits in Vernunft und Sittlichkeit auf, indem er Ursache und Wirkung enger zusammen rückt, als es in der Wirklichkeit zu geschehen pflegt. Man soll daher nie fragen, von welchem Punkt er ausgeht, sondern stets, bei welchem Punkt er anlangt." Legen wir diesen Maßstab an die Dramen unsres Dichters, so werden wir leicht erkennen, daß in jedem seiner Stücke eine poetische und sittliche Gerechtigkeit waltet, die vielleicht, wie in der „Julia", nicht immer mit der gedankenlosen Alltagsmoral im Einklange steht, immer jedoch den Anforderungen einer höheren, vorurtheilslosen Sittlichkeit entspricht.

Hebbel hatte als dramatischer Dichter sieben Jahre geschwiegen, bevor er mit seiner umfangreichsten und in jeder Beziehung vollendetsten Tragödie wieder die Arena der Literatur betrat. Diese sieben Jahre, die reifsten seiner Produktionszeit, hatte er auf das Trauerspiel verwendet, welches wir, als die Krone seiner Schöpfungen, hier etwas näher ins Auge fassen wollen. Sein Zweck war, den dramatisch-theatralischen Schatz des Nibelungenliedes zu heben, nicht aber den poetisch-mythischen Gehalt des altnordischen Sagenkreises, dem es angehört, zu ergründen, oder gar, wie es bereits in Literaturgeschichten auf die arg mißdeutete Vorrede zur „Maria Magdalena" hin prophezeit wurde, irgend ein allermodernstes Lebensproblem zu illustrieren. Von seinen Vorgängern unterscheidet sich der Verfasser zunächst dadurch, daß er, was die Anlage seiner Nibelungen-Trilogie betrifft, nicht auf gut Glück bestechende Einzelheiten aus dem großen Nationalgedichte herausriß, die als unmotiviert und resultatlos auch ohne Wirkung bleiben müssen, sondern in streng geschlossener Kette die ganze ungeheure Handlung, ohne ein wesentliches Glied zu überspringen, zur Anschauung bringt, und daß er, was die Ausführung anlangt, zwischen der einst beliebten trockenen „Reckenhaftigkeit", die alles menschliche Interesse ausschloß, und der darauf gefolgten übertriebenen lyrischen Innerlichkeit,

die den Gegenstand vernichtet, die glückliche Mitte hält. Er giebt das
Ganze, da Anfang und Ende zusammen gehören und sich gegenseitig
erklären, und er läßt seine Helden so wenig stammeln und stottern, als
deklamieren; damit war ihm der Erfolg auf dem Theater gewiß, und
damit mußte er auch den Leser gewinnen. Denn freilich ist jedes echte
Drama so gut für die Lektüre wie für die Bühne bestimmt, und Birch-
Pfeiffer'sche Fadaisen, die man nur sehen kann, bedeuten noch ungleich
weniger, als Tieck'sche Unförmlichkeiten, die man nur lesen kann.

Erstaunenswerth ist zunächst der sichere Scharfblick, mit welchem
Hebbel die zu dramatischer Gestaltung sich eignenden Momente des alten
Volksepos erkannte und zu einer tragisch fortschreitenden Handlung verflocht,
welche nicht einen Augenblick in episodische Abschweifungen verfällt, aber
auch nirgends, zu straff angespannt, die nöthige Vorführung der Motive
außer Acht läßt. Im Gegentheil müssen wir bekennen, daß der Dichter
alle Partieen des Nibelungenliedes, welche von erheblicher Bedeutung für
die Entwicklung und den Ausgang des gewaltigen Dramas sind, aufs
sorgfältigste benutzt, und häufig überaus glücklich die Motive ergänzt
oder kunstgerecht verändert hat, wo das Epos dieselben nur unklar oder
in allzu verletzender Weise hervortreten ließ. Natürlich ward Manches,
wie es die dramatische Behandlung erforderte, der Zeit nach näher zusammen gerückt; so wirbt z. B. Siegfried gleich bei seinem Eintritt in Gunther's
Dienst um Chriemhild, statt erst ein Jahr lang dem Könige zu dienen.
Auch vermied Hebbel, taktvoller als Raupach und Geibel, jede unkeusche
Schilderung von Scenen, die wohl das naive Epos berühren durfte, die
aber, auf der Bühne zur Sprache gebracht, Anstoß und Widerwillen erregen.
So ist beispielsweise der Kampf Gunther's mit Brunhild im Brautgemach
ausgefallen, und in der That würde das heutige Publikum aller Wahrscheinlichkeit nach in ein rohes Gelächter ausbrechen, wenn es vernähme,
daß der König von seinem trotzigen Weibe eine Nacht hindurch mit gebun-
denen Händen und Füßen an einen Wandnagel gehängt ward. In dem
vorliegenden Trauerspiel ist die Bändigung Brunhild's durch Siegfried
in die Hochzeitsnacht selbst verlegt, und nicht Gunther, sondern Hagen
überredet Jenen, noch einmal dem Könige seinen starken Arm zu leihen.
Das erwähnte Motiv ist aber nicht etwa gänzlich aufgegeben, sondern nur
durch ein keuscheres, ebenso kräftig wirkendes ersetzt. Hagen erzählt, Gunther

habe Brunhild bei der Ankunft in Worms auf dem Schiffe einen Kuß rauben wollen:

> „Sie sträubte
> Sich Anfangs, wie es einer Magd geziemt,
> Und wie sich unsre Mütter sträuben mochten;
> Doch, als sie merkte, daß ein Daumendruck
> Genügte, um den Freier fort zu schnellen,
> Da ward sie toll, und als er doch nicht wich,
> Ergriff sie ihn und hielt ihn, uns und ihm
> Zur ew'gen Schmach, mit vorgestrecktem Arm
> Weit in den Rhein hinaus."

Dies Motiv: daß, „wer ihr den Kuß nicht rauben kann", die Königin auch nicht bewältigen wird, könnte an sich allein schon genügen, um dem Zuhörer wie dem Leser die Widerspenstigkeit der nordischen Jungfrau zu veranschaulichen; doch wird dasselbe noch durch die Erklärung Brunhild's verstärkt, welche, gereizt durch die Vermählung Chriemhild's mit dem vermeintlichen Dienstmann ihres Gemahls, gegen Ute in die Worte ausbricht:

> „Ich folge ihm
> Zur Kirche, wie ich schwur, und werde dir
> Mit Freuden Tochter, aber ihm nicht Weib!"

Während im Volksliede Siegfried nach der Trauung mit seiner jungen Gemahlin Worms verläßt, und Chriemhild erst zehn Jahre später bei einem Besuch am burgundischen Hofe den ihr von Siegfried geschenkten verrätherischen Gürtel Brunhilden zeigt, findet im Trauerspiel der Streit zwischen den beiden Fürstinnen am Morgen nach der Doppelhochzeit statt, und, worauf wir ein besonderes Gewicht legen: der Gürtel ist durch Zufall, wider Siegfried's Willen, in die Hände seiner Gemahlin gelangt. Indem hiedurch die Schuld Siegfried's gemildert wird, steigt die Schuld seiner Mörder, und mit ihr unser Interesse für Chriemhild und für ihre Rache. In Hagen's Augen bleibt indeß Siegfried's Tod nicht minder eine gebieterische Nothwendigkeit — will sich doch Brunhild nicht bloß ihrem Gemahl versagen, sondern sich auch aller Speise enthalten, so lange Siegfried lebt! Die Ehre seines Königs und Herrn gilt dem treuen Dienstmann höher, als die Unschuld des Drachenbezwingers, und sein Groll gegen den überlegenen Helden wird nun nicht länger durch das Gesetz der Dankbarkeit im Zaume gehalten.

Hebbel hat es selbstverständlich verschmäht, in Raupach'scher Weise einzelne romantische Züge des Gedichts ungebührlich hervorzudrängen und kindermärchenhaft auszustaffieren. Die Gewinnung des Nibelungenhorts und die Erschlagung des Drachen, welche Raupach als Stoff zu einer abenteuerlichen Eingangsscene benutzte, werden in dem Hebbel'schen Vorspiel auf Wunsch der Burgunden mit naiver Einfachheit von Siegfried selbst erzählt. Auch eine andere Klippe, die nur dem tiefer schauenden Blick sich zeigt, hat unser Dichter glücklich umschifft. Wir meinen die Liebe Brun-hild's zu Siegfried, welche Geibel zum Hauptgegenstand seiner Tragödie macht, und welche die Einheit der Handlung wie die Klarheit der Motive völlig zerstört und verwirrt. Hebbel hat sich wohl gehütet, dies Motiv der Liebeseifersucht aus der nordischen Sage in sein Trauerspiel hinüber zu nehmen und dadurch Brunhild, statt Chriemhild, zur Hauptperson zu machen, ganz abgesehen von der kläglichen Rolle, die der nicht schwächliche, aber doch unschlüssig schwankende Gunther in solchem Falle gespielt hätte.

Wie sich erwarten ließ, hat der Dichter auch im vorliegenden Drama den historischen und nationalen Hintergrund der Kämpfe seiner Helden mit scharf markierten Strichen gezeichnet. Die germanischen Stämme haben zwar äußerlich das Christenthum angenommen; allein ihre Hand-lungen werden durchweg noch von heidnischer Denk- und Gefühlsart bestimmt. Es ist ein bedeutsamer Zug, daß nur die Vertreter des Chri-stenthums, des neuen Sittengesetzes der in sich zusammenbrechenden alten Welt — der Kaplan, Dietrich von Bern und Hildebrant — den Unter-gang des heidnischen Reckenthums überleben. Während Chriemhild an Siegfried's Bahre nur die Stimme der Vergeltung hört, beugt sich Etzel an ihrer Leiche dem Evangelium der Versöhnung und tritt an Dietrich seine Kronen ab, der sie annimmt „im Namen Dessen, der am Kreuz erblich." Durch Eröffnung dieser großartigen historischen Perspektive gelingt es dem Dichter, den niederschlagenden Eindruck der blutigen Hand-lung zu mildern, während das „Nibelungenlied" dieses charakteristischen Vorzuges entbehrt.

Wir wollen bei dieser Gelegenheit gleichfalls erwähnen, daß Hebbel uns, trotz der ungeheuerlichen Kraft und Kampflust seiner Helden, den Anblick gewaltsamer Scenen auf der Bühne möglichst erspart, ohne dadurch die energische Wirkung des Stückes zu schwächen. Die Kampfspiele Siegfrieb's unb der Burgunden auf dem Schloßhofe zu Worms werden uns durch das Gespräch der zum Fenster hinausblickenden Frauen mit so plastischer Anschaulichkeit vor Augen geführt, als sähen wir selbst die Felsblöcke fliegen; — Hagen wirft zwar auf der Bühne den töblichen Speer, aber das Opfer steht hinter der Scene; — selbst von dem wilden Gemetzel am Ausgang des Dramas erblicken wir, so zu sagen, nur den blutigen Wiederschein, und nur die Haupthelden, die zwei sich bekämpfenden Todfeinde, deren Haß den Untergang ihres ganzen Stammes herbeiführt, empfangen auf der Bühne den Todesstreich. Auch dem Kinde Otnit sehen wir freilich, wie im Liede, von Hagen das Haupt abschlagen; allein diese Handlung durfte unsern Blicken um so minder entzogen werden, als sie gerade der Anlaß zum Losbruche des Vernichtungskampfes ist.

Es war keine geringe Aufgabe für den Dichter, die zahlreichen, größtentheils sehr bedeutenden Charaktere dramatisch zu individualisieren, ohne sich dabei, wie Geibel in seiner „Brunhild", auf das Gebiet moderner Anschauungsweise zu verirren. Auch diese Aufgabe hat jedoch Hebbel vollständig bewältigt. Die auftretenden Personen entsprechen in ihrer Denk- und Gefühlsweise auf das getreueste ihrer Zeit, und auch das romantische Element der Sage wird nirgends mißbraucht, um dem Dichter die Nothwendigkeit einer reinmenschlichen Motivierung der vorgehenden Handlung zu ersparen. Selbst Siegfried verschmäht es gern, sich ohne die zwingendste Noth der ihm zu Gebot stehenden Zauberkräfte zu bedienen; er, der gefeite Halbgott, tritt in die Sphäre der gewöhnlichen Sterblichen hinab, und es erhöht unser Mitgefühl, daß er, unbeschützt von der übernatürlichen Macht seiner Heldennatur, menschlich frei und arglos seinem Schicksal entgegengeht. Ähnliches gilt von Brunhild, die als Norne und Walküre die Anwartschaft auf ein unsterbliches Götterleben besitzt, aber, dieser Ansprüche und ihres überirdischen Ursprungs nur halb bewußt, menschlich betrogen, nicht mit übernatürlichen Mitteln, sondern durch Entfesselung aller dämonischen Mächte der Menschenbrust den Verlust ihrer Göttlichkeit rächt. Am gewaltigsten ragt unter den Vertretern des germanischen Heidenthums Hagen Tronje hervor. In ihm herrscht am trotzigsten und kräftigsten jene Weltanschauung der vorchristlichen Zeit, welche nur das Recht des Stärkeren anerkennt und von allen Sittengesetzen nur das der altgermanischen „Mannentreue" in Ehren hält. Nirgends indeß hat der Dichter diesen Unheilsdämon, der vor unsern Augen so unheimlich emporwächst, daß er zuletzt mit den Füßen im Mittelpunkt der Erde zu wurzeln und mit dem Haupt die Decke des Himmels zu zerbrechen scheint, in einen gemeinen Teufel verkehrt. Auch Hagen hat in seiner Weise Recht, gerade so viel Recht wie Chriemhild, nach den Gesetzen des Heidenthums, und eben darin liegt die bewunderungswürdige Größe der Dichtung, daß in diesem wie in Hebbel's übrigen Dramen Alles mit unabwendbarer Nothwendigkeit geschieht. Ein Frevel erzeugt den andern, die alte gebiert fortzeugend neue Schuld, Mord häuft sich auf Mord, und nur ein junges Sittengesetz, das Wort vom Kreuz, das die egoistischen Leidenschaften sich selbst besiegen lehrt, kann diesen wilden Rachekampf äußerlich abschließen und innerlich beenden.

Glauben wir jedoch nicht, daß Hebbel's Trauerspiel der lichten und freundlichen Partieen entbehre, die das dunkle Gemälde erhellen. Die Gestalten Siegfried's und Chriemhild's in der ersten und zweiten Abtheilung, die Liebe Giselher's zu Gudrun in der letzten Hälfte des Gedichts sind solche Lichtpunkte, auf denen unser Auge mit Entzücken verweilt. Ja, selbst das ergreifende Flehen des alten Markgrafen Rüdiger, ihm den Kampf gegen die Freunde zu ersparen, klingt gegen Ende des Stückes wie ein rührend liebenswürdiger Ton der Menschlichkeit in die Greuel der Todesschlacht.

Ein tragisches Verhängnis hat es gefügt, daß Hebbel kurze Zeit nach dem Abschlusse dieser großartigen Dichtung auf dem Gipfelpunkte seiner Schöpferkraft einer tödlichen Krankheit erlag. Nach einem Leben voll Kampf und Mühe, das dem ernsthaftesten Ringen um die höchste Palme der Kunst gewidmet war, sah sein brechendes Auge eben noch jenes Morgenroth einer begeisterten Anerkennung seines Schaffens empor leuchten, das so lange auf sich hatte warten lassen, nun aber um so strahlender für ihn aufging. Seine „Nibelungen," denen der vom König von Preußen ausgesetzte Ehrenpreis für das beste deutsche Drama zuerkannt ward, machten die Runde über alle bedeutenderen Bühnen des Vaterlands und ernteten einen Beifall, wie er seit lange keinem Dichterwerk höheren Ranges zu Theil geworden war. Und immer glanzvoller wird der Stern seines Ruhmes das Dunstgewölk der Verkennung und stumpfsinnigen Kälte durchbrechen, deren graue Schatten oft so verdüsternd auf seinen einsamen Dichterpfad fielen; denn was sein Genius erschuf, gehört nicht dem flüchtigen Tage, sondern der Ewigkeit.

2.

Heinrich Heine sagte im Herbst 1843, als er Hebbel's „Judith"
und „Genoveva" gelesen hatte, zu dem Dichter: „Nun bin ich an allen
meinen Feinden gerächt: sie schreiben Dramen, und Sie sind da, wie der
Walfisch neben den Häringen". Er nannte auch die Leute, die er meinte,
aber er schloß sein langes und geistreiches Gespräch über den Gegenstand
(aus mehr als Einem Grunde merkwürdig) mit den Worten: „Ich sollte
mich eigentlich über Sie ärgern, ich habe das Ende der Kunstperiode voraus-
gesagt, und Sie beginnen eine neue. Aber Sie sind genug gestraft;
Lessing war einsam, Sie werden noch viel einsamer sein".
So erzählt Hebbel in einem Briefe an mich vom 3. März 1862,
und er fügt hinzu: „Dieser Worte, denen ich damals kein besonderes Gewicht beimaß, habe ich später oft, sehr oft gedenken müssen, und jetzt, mit
den ,Nibelungen', stehe ich an dem Wendepunkt, wo sich's entscheiden
wird, ob sie für immer gelten sollen oder nicht."

In der That, man könnte die von dem Briefschreiber selbst durch
Unterstreichung hervorgehobenen Worte Heine's als bezeichnendes Motto
auf die merkwürdige „Biographie Friedrich Hebbel's von Emil
Kuh" setzen, welche vor Kurzem in zwei voluminösen Bänden bei Wilhelm Braumüller in Wien erschienen ist. Merkwürdig nenne ich diese
Biographie aus doppeltem Grunde: einmal, weil ihr Gegenstand das unzweifelhaft größte und zugleich räthselvollste Originalgenie unter allen
Schriftstellern der Neuzeit neben Heinrich Heine ist, sodann weil der
Biograph in seiner feinsinnigen Analyse des Lebens- und Entwicklungsganges der von ihm geschilderten Persönlichkeit den Eigenthümlichkeiten derselben mit wahrhaft seltener Unparteilichkeit gerecht wird und das wunderbare psychologische Räthsel nach allen Richtungen hin erschöpfend löst.
Kein Anderer — Das dürfen wir bestimmt aussprechen — würde dieser
schwierigen Aufgabe gewachsen gewesen sein, als ein Mann, der, wie Emil
Kuh, zehn Jahre lang täglich viele Stunden lang den intimsten Umgang
mit Hebbel pflog, der Vertraute all seiner wechselnden Stimmungen und
inneren Erlebnisse war, jede seiner Äußerungen mit dem herzlichen Antheil eines hingebenden Freundes und eines enthusiastischen Jüngers entgegen nahm, und doch, bei aller Bewunderung des Genius und aller Liebe

für den Menschen, sich die Freiheit des Urtheils nicht rauben, die persönliche Würde im Verkehr mit dem schwer umgänglichen, an sich selbst und
Andere die höchsten Ansprüche stellenden Charakter nicht knechtisch zernichten
ließ. Zwölf Jahre lang hat Emil Kuh mit unermüdlichem Fleiße an
jener Biographie Hebbel's gearbeitet, die er als seine Lebensaufgabe betrachtete, für die ihm in den Erinnerungen seines persönlichen Verkehrs
mit dem Dichter wie in der Korrespondenz und den Tagebüchern desselben
ein ungewöhnlich reiches Material zu Gebote stand, das durch zahlreiche
Mittheilungen anderer Freunde Hebbel's noch beständig erweitert ward,
bis der unerbittliche Tod ihm die Feder aus der Hand nahm, als er
sein Werk bis auf wenige, jetzt von fremder Hand hinzugefügte Schluß-
blätter vollendet hatte.

Auch an mich war von dem Verstorbenen die Bitte gerichtet worden,
ihm einige Aufzeichnungen über meinen Verkehr mit Hebbel und eine Abschrift der Briefe zu senden, welche Derselbe mir in seinen letzten Lebens-
jahren geschrieben hatte. Ehe ich den Wunsch noch erfüllen konnte, überraschte mich die Kunde von Emil Kuh's frühem Tode. Ich betrachte es als
eine angenehme Pflicht, jene Erinnerungen an meinen Verkehr mit dem
Dichter hier nachträglich als Ergänzungen zu der Kuh'schen Biographie
Hebbel's zu geben, welche dem Bilde des Letzteren einige, hoffentlich nicht
ganz werthlose Striche hinzufügen werden.

Ich machte die Bekanntschaft Hebbel's in den letzten Septembertagen
1861. Es klopfte eines Morgens früh gegen 9 Uhr an der ungewöhnlich niedrigen Thür meiner abgelegenen Wohnung in Altona, und eine
hagere, hohe Gestalt trat in gebückter Stellung in mein kleines Gemach,
wo ich am Schreibtische saß, während ein Eichkätzchen zutraulich bald mit
meiner Feder spielte, bald auf dem Ärmel und dem Kragen meines
Schlafrockes herum lief. Als ich mich erhob, um den mir fremden Gast
zu begrüßen, streckte derselbe den Arm aus und lockte das Kätzchen freundlich lächelnd zu sich hinüber, dann sagte er: „Ich bin Hebbel; Freund
Campe hat mir von Ihnen erzählt und mich aufgefordert, Sie zu besuchen;
aber jetzt" — und er wandte sich grüßend an meine Frau — „gestatten
Sie mir, daß ich erst einen Augenblick mit dem Eichkätzchen spiele. Ich
habe gerade solch ein liebes Thierchen, das mich noch letzten Herbst in der
Brusttasche meines Rockes nach Paris begleitete, und meine Frau

9

schreibt mir, daß unser armes ‚Lampi‘ erkrankt ist. Es gleicht so ganz
Ihrem Kätzchen, daß mir ist, als wäre es das meine“. Und schweigend
nahm der Dichter auf dem Sopha Platz und spielte lange in sinnender Betrachtung zärtlich mit dem Thierchen, das sich, zur Verwunderung meiner Frau,
deren ganzes Herz er dadurch gewann, ohne jede Angst von ihm haschen
und streicheln ließ. Als ich ihm ein paar Monate nachher den Tod des
zarten Geschöpfchens meldete und hinzufügte, daß meine Frau sich an
das neue Eichhörnchen, welches ich ihr statt des verstorbenen gekauft hatte,
durchaus nicht gewöhnen könne, antwortete er: „Sie haben das Eichkätzchen
verloren, das mich an das meinige erinnerte? Meines ist auch dahin
und noch ein zweites, ganz junges, das nur ein paar Monate neben ihm
hin spielte. Das ist für mich und meine Familie wie ein Sterbefall gewesen, und noch jetzt kann ich diese Zeilen nicht ohne Rührung schreiben,
denn in Bezug auf Thiere bin ich ganz Indier. Ich habe die lieblichen
Geschöpfe ausstopfen lassen und die Reste, sorgfältig gesammelt, im Prater
in der hohlen Wurzel eines vielhundertjährigen, vom Blitz gespaltenen
Baumes begraben; die Larven stehen auf meinem Bücherschrank zu den
Füßen Shakespear’s, und noch jetzt werden sie geliebkost, auch werden Sie
in meinen ‚Nibelungen‘ in fünf neu hinzugefügten Versen ihre Grabschrift finden. *) Übrigens theile ich ganz das Gefühl Ihrer Frau Ge-

*) Es sind die Verse in der Scene des ersten Aktes von „Kriemhild’s Rache“,
wo Kriemhild ihre Vögel und ihr Eichkätzchen füttert:

Kriemhild. Ich hab’ so oft mich über alte Leute
Gewundert, daß sie ’o an Thieren hängen,
Jetzt thu’ ich’s selbst.
        Ute (tritt ein). Schon wieder deine Hand
Im Weizenkorb?
        Kriemhild. Du weißt, ich bin dazu
Noch eben reich genug und hab’ sie gern.
Sie sind mit mir zufrieden, Jedes kann
Entfliehn, so bald es will, denn offen steht
Der Käfig, wie das Fenster, doch sie bleiben,
Sogar das Kätzchen, dieses Sonntagsstück
Des arbeitsmüden Schöpfers, das er lieblich,
Wie Nichts, gebildet hat, weil ihm der schönste
Gedanke erst nach Feierabend kam,
Und das bei mir zum Kind geworden ist, —
Wie sollt’ ich sie nicht lieben!

mahlin, wenn sie den kleinen Ersatzmann nicht lieben kann; auch mir ist
das Thier Individuum, wie der Mensch, und so wenig wie ein Mensch
durch den anderen ersetzt wird, eben so wenig ein Thier. Ich bezweifle
sogar, ob ich je wieder ein Eichkätzchen ins Haus nehme, so sehr ich diese
Hand voll Angst, die sich in kurzer Zeit in lauter Vertrauen umwandelt,
auch täglich und stündlich vermisse, aber nach den Erfahrungen an dem
meinigen, welches uns drei Mal nach Gmunden begleitet hat, glaube ich
jetzt an den Löwen des Andronikus, an die Hirschkuh der Genoveva, ja
an die Wölfin des Romulus und Remus. Doch der Rest ist Schweigen;
ich danke nur Gott, dass ich meinen Liebling doch wieder sah, er starb
zwei Tage nach meiner Ankunft." — „Uns fehlen die lieblichen Geschöpfe
noch jeden Tag", schrieb Hebbel in seinem nächsten Briefe; „meine Frau
hat mir einen Hund geschenkt, aber es ist nicht Das." Ein halbes Jahr
später schloss er indess einen Brief über literarische Angelegenheiten mit
den Zeilen: „Ihrer Frau Gemahlin ganz verstohlen die Nachricht, dass
mir, während ich schrieb, doch wieder ein allerliebstes Eichkätzchen auf der
Schulter saß."

Obgleich Hebbel bei jenem ersten Besuch in meinem Hause den ganzen
Tag über in meiner Gesellschaft verweilte und mir während seines mehr-
tägigen Aufenthaltes in Hamburg noch manche Stunde anregungsvollen
Gesprächs schenkte, ist mir von seiner Unterhaltung nur Weniges so klar
in der Erinnerung geblieben, dass ich es nach siebzehn Jahren treu wieder-
zugeben vermöchte. So Viel weiß ich, dass jede, selbst die flüchtigste seiner
Äußerungen, auf mich den Eindruck tiefster Originalität machte. Welchen
Gegenstand auch das Gespräch berühren mochte, immer wusste er ihn
durch eine frappante Bemerkung zu beleuchten, die um so mehr das auf-
merksamste Nachdenken des Hörers erforderte, als sie in der Regel in die
scharfe und knappe Form des Epigramms gekleidet war. Von irgend-
welcher künstlichen Berechnung konnte dabei nicht die Rede sein: es war
eben die eigenste Natur Hebbel's, sich in solchen Geistesabbreviaturen auszusprechen, in der zwanglosen Unterhaltung so gut, wie im lyrischen Gedichte oder in der dramatischen Replik. „Ich bin der Mann des Epigramms
und der Aperçüs", schrieb er mir später einmal mit richtiger Selbsterkenntnis seines Wesens; „meine ganze Natur ist lakonisch und spricht durch
Blitze". Daher ward es ihm unsäglich schwer, die Goldbarren seiner

tiefsinnigen Gedanken in die Scheidemünze der populären Schriftstellersprache umzusetzen, er bedurfte zur Produktion, im Großen wie im Kleinen, durchaus der günstigen Stimmung, die er nicht herbei rufen konnte, sondern die ungerufen mit plötzlicher Gewalt über ihn kam. Höchst ungern ertheilte er daher das Versprechen seiner regelmäßigen Mitarbeiterschaft an periodischen Zeitschriften. „Mit Wiener, überhaupt deutschen Journalen," schrieb er mir noch kurz vor seinem Tode, „stehe ich in keinerlei Verbindung; ich kann die Fäden, so oft sie auch mit mir angeknüpft wurden, nicht fortspinnen, denn ich bin der letzte Schriftsteller der Welt. Mein Geist wirkt entweder gar nicht oder in voller Totalität; wirkt er gar nicht, so bin ich auch des elendesten Zeitungsartikels nicht fähig; wirkt er in voller Totalität, so kann ich auch gleich producieren. Kritiker bin ich nur dann, wenn irgend ein Buch mir Gelegenheit bietet, die Gesetze der Kunst nach irgend einer neuen Seite hin zu entwickeln, denn Das ist auch Produktion". Trotzdem war Hebbel, wenn er ein seltenes Mal gegen seine Gewohnheit eine derartige journalistische Verpflichtung übernahm, der gewissenhafteste Mitarbeiter, der seine Beiträge mit pünktlichster Zuverlässigkeit einsandte. Das erfuhr ich selbst, als ich im Jahre 1863 die Herausgabe einer kritischen Zeitschrift begann und von Hebbel allmonatlich den zugesicherten Beitrag auf Tag und Stunde erhielt. Zwar unterließ er es nicht, mich von vornherein auf die exceptionellen Bedingungen seiner Natur aufmerksam zu machen, deren strenge Berücksichtigung er erwarte; doch fügte er sich vorkommenden Falls willig in die Nothwendigkeit der redaktionellen Disciplin. So mußte ich in einem seiner Wiener Berichte einen Passus streichen, in welchem Hebbel eine Polemik zwischen dritten Personen wieder aufnahm, nachdem dieselbe durch eine bestimmte Kundgebung der Redaktion für abgeschlossen erklärt war. Hebbel gab nach, aber nicht ohne die Bemerkung, daß die artistische Gliederung seines Aufsatzes durch den Wegfall der betreffenden Stelle geschädigt worden sei. „Es ist der Fluch meiner Natur", schrieb er, „daß ich immer Artist bin, auch da, wo es eher stört, als fördert, und selbst wenn es sich nur um einen Waschzettel handelt. Es giebt Zimmer mit schiefhängenden Vogelbauern und verworrenen Schreibtischen, die mich krank machen; wie soll da ein Schnitt in meine Manuskripte hinein auf mich wirken? Aber ich räume ein, daß es eine Schwäche ist und bleibt".

Ein Hauptthema unserer ersten Unterhaltung waren Hebbel's politische Gedichte und seine vielfach angefeindete Stellung als Vertreter des deutschen Gedankens in Österreich. Er beklagte sich bitter, dass die deutsche Presse für sein muthvolles Gedicht an den König von Preußen bei Gelegenheit des Oskar Becker'schen Attentates nicht nur geringes Verständnis gezeigt, sondern zu derselben Zeit, wo böhmische und polnische Blätter wegen eben dieses Gedichtes über ihn herfielen, schnöde darüber gewitzelt habe, dass er unlängst bei einer Reise nach Paris den Zusatz „chevalier de plusieurs ordres" auf seine Visitenkarte haben drucken lassen. Ich erzählte ihm, dass ich ihn vor Jahren in Amerika gegen ähnliche Angriffe Karl Heinzen's hätte vertheidigen müssen, der ihn im „Pionier" wegen des in gleicher Veranlassung gedichteten Liedes an den Kaiser Franz Joseph als Reaktionär und Verräther an der Freiheit gebrandmarkt habe. Hebbel erzählte mir nun die, für die österreichischen Verhältnisse überaus charakteristische Entstehungsgeschichte dieses Gedichtes. Nach dem Attentat auf den Kaiser im Jahre Jahre 1851 beabsichtigte die klerikale Hofpartei die Herausgabe eines prunkvoll ausgestatteten Almanachs, in welchem die Rettung des Monarchen ostensibel von allen namhaften Dichtern des Kaiserstaates gefeiert werden sollte. Der Statthalter von Niederösterreich erließ in eigener Person ein amtliches Reskript an Hebbel und an alle übrigen in Wien lebenden Poeten, worin er dieselben zur Einsendung eines Beitrags für besagten Rettungs-Almanach aufforderte, da doch gewiß nicht anzunehmen sei (so lautete die Motivierung), dass jenes ruchlose Attentat ein anderes Gefühl in der Brust jedes Biedermanns habe erwecken können, als Entrüstung über das Verbrechen und innigste Freude über die gnädige Errettung Seiner k. k. Majestät. Hebbel war empört über den schnöden Missbrauch der Gewalt, welche durch einen Regierungs-Ukas selbst die Feder der Poeten zur Abfassung serviler Glückwunschgedichte kommandieren wollte. Er hoffte, der anständige Theil seiner Kollegen in Apollo werde denken, wie er, und den mit der Pistole abgedrungenen Beitrag versagen. „Was werden Sie thun?" fragte er Grillparzer und manchen Andern. „Gehorchen, natürlich gehorchen", lautete die Antwort. „Was blieb mir übrig?" sagte Hebbel. „Meine Frau war auf Lebenszeit mit unkündbarem Kontrakte am Hofburgtheater engagiert, ich selbst aber lebte nur auf Grund meines dänischen Passes als Fremder in Wien und musste meiner Ausweisung gewärtig sein, wenn ich mich weigerte, dem von so hoher Seite erlassenen Befehl nachzukommen. Ich beschloß also gleichfalls zu gehorchen, aber in einer Art, durch welche ich das ganze Almanachsprojekt in die Luft sprengte. In der abgezirkeltsten Form konventioneller Höflichkeit sprach ich aus, was von mir begehrt worden war, aber ich wob als Grundidee meinem Gedichte den deutschen Einheitsgedanken ein, und hatte die Genugthuung, daß, wie ich es voraussah, um dieses verhaßten Gedankens willen der ganze Almanach unterdrückt ward." In seinem Gedicht an den König von Preußen rief Hebbel zehn Jahre später dem Hohenzoller dieselbe ernste Mahnung zu, welche der Habsburger nicht hatte hören wollen. Er erinnerte, nach den trüben Erfahrungen der Manteuffel'schen Periode, den Herrscher von Preußen zugleich sehr zeitgemäß an Karl August, den treuen Schützer der Verfassung und der heiligen Volksrechte, und schloß sein Gedicht mit den Worten:

Und wer Das thut im größten Kreise,
Was Karl August im kleinern that,
Der öffnet uns auf rechte Weise
Zum neuen Sieg den sichren Pfad.
Horcht, wie's in vollern, immer vollern
Akkorden durch das Reich erklingt:
Ob Habsburg oder Hohenzollern,
Der Kaiser ist, wer Das vollbringt.

Hebbel kam während der nächsten Zeit in seinen Briefen an mich wiederholt auf diesen Gegenstand zurück. „Ich habe," schrieb er mir am 28. November 1861, „wieder einmal gründlich erfahren, was der Deutsche zu erwarten hat, wenn er sich für seine Nation erhebt, und wie wenig der Pöbel, nenne er sich nun demokratisch oder konservativ, eine That zu würdigen weiß. Durch mein Gedicht an den König von Preußen habe ich die beiden großen Häuser, die Deutschlands Geschicke in Händen tragen, verletzt und gegen mich aufgebracht. Die Habsburger halten es wahrlich für kein Kompliment, wenn man es ihnen ins Gedächtnis ruft, daß sie dem deutschen Volk die Todeswunde versetzt haben, und die Hohenzollern sind wenig erbaut davon, wenn man ihnen den einzigen deutschen Fürsten als Muster vor die Augen stellt, der die Verfassung hielt. In Wien wird mir die Professur, die mir zugedacht war, jetzt gewiß nicht

zu Theil, und in Berlin wird man mich noch gewisser nicht dafür entschädigen, und dennoch hat sich, wenigstens meines Wissens nicht, in ganz
Deutschland Keiner für mich gerührt, als die Polacken und Czechen über
mich herfielen, weil ich sie beiläufig für ihre maßlosen Schmähungen des
deutschen Namens gezüchtigt hatte, ja deutsche Köter bissen wacker mit, und
wagten von Servilität zu reden, wo ich fast meine Existenz aufs Spiel
setzte, und jedenfalls unendlich mehr wagte, als der Graf Platen in seinem
vielgepriesenen Päan an Friedrich Wilhelm IV. Glauben Sie ja nicht,
dass es mich persönlich irgend berührt hat; diese Blindheit für Kern und
Wesen und dieser Enthusiasmus für den hohlen Schein flößen mir nur
ernste Besorgnis für die Zukunft des deutschen Volkes ein, und ich halte
sie für gefährlicher, als Napoleon den Dritten und Nebukadnezar zusammen
genommen. Ich könnte Ihnen in dieser Angelegenheit merkwürdige
Aktenstücke mittheilen, und ich werde es thun, wenn Sie irgend
einen Gebrauch davon zu machen wissen, natürlich nur im allgemeinen
Interesse".

Ich hielt es in Hebbel's eigenem Interesse für unzweckmäßig, dies
Thema in einem Augenblick, wo er mit einer neuen gewaltigen Schöpfung,
den „Nibelungen", vor sein Volk trat, zu erneuter öffentlicher Besprechung
zu bringen, und schrieb ihm in diesem Sinne. Er antwortete mir: „Lassen
Sie mich noch mit Wenigem auf die Frage zurück kommen, die ich früher an
Sie richtete. Ich stellte sie schon damals nur aus allgemeinen und nicht
aus persönlichen Gründen, und komme natürlich nur des Princips wegen
auf sie zurück. Mein Gedicht an den König von Preußen hat die öster-
reichische Monarchie einen ganzen Monat lang fieberhaft aufgeregt, und
Das wusste ich wohl vorher, denn man darf hier eher in der Stephans-
kirche von der Kanzel herab die rothe Republik predigen, als im verbor-
gensten Winkel an die deutsche Einheit mahnen. Der Grund ist einfach:
die rothe Republik hält man für ein leeres Hirngespinst und nebenbei für
eine gute Leimruthe, um blinde Vögel zu fangen; die deutsche Einheit aber
fürchtet man, obgleich man bei jeder Gelegenheit über sie spottet, und
denkt mit Grauen des Tags, wo sie sich, wenn auch einstweilen nur zur
Hälfte, realisieren könnte. Ich bin der Einzige, der hier den Einheits-
Gedanken vertritt; ich habe es 1851 gethan, als ich ministeriell aufgefordert wurde, bei Gelegenheit des auf den Kaiser versuchten Attentats, mich

an dem Rettungs-Almanach zu betheiligen, und diesen durch meinen Beitrag in der Geburt erstickt; ich habe die Stimme jetzt abermals erhoben,
als ein blöder Knabe, ungeschreckt durch die Kerker, die sein Vorgänger
Sand füllte, den größten politischen Thorenstreich wiederholte, und Dinge
gesagt, die mir die Böhmen und Polen noch eher verzeihen werden, als
die Altösterreicher. Ist der Einheits-Gedanke nicht die Seele des
deutschen Liberalismus? Dann habe ich Nichts zu sagen; wer beschäftigt
ist, die Welt mit einem Dach zu versehen, der muß den stumpfsinnigen
Zimmermann ja bemitleiden, der bloß ans Haus denkt. Ist der Liberalismus aber auf dem Wege zwölfjähriger Erfahrung endlich auch zu der
Überzeugung gelangt, daß erst eine Nation vorhanden sein muß, bevor
man ihr eine Form aufdrücken kann, so sollte er den einzigen Vorposten,
den er an dem wichtigsten Punkt stehen hat, nicht so ganz im Stich lassen.
Glaubt man denn, wenn ich ‚receptiv‘ wäre, wie Herr Julius Fröbel,
gefügig, wie Herr Gustav Höfken, und neutral, wie Herr Heinrich Laube,
daß ich hier nicht auch eine Rolle spielen könnte? Es hat an Werbern
nicht gefehlt, und ich habe mehr als einen guten Freund zum Minister
aufsteigen sehen, der für Gegendienste zu allen möglichen Diensten bereit
gewesen wäre. Ich ließ mich eben so wenig durch die Reaktion, als durch
die Revolution und das Zwitterding von beiden, das jetzt herrscht, zum
Wackeln bringen, ich habe nicht bloß mich selbst, sondern auch, was unendlich viel mehr sagen will, meine Frau kujonieren lassen, während eine
einzige Visite am rechten Ort den Regen in Sonnenschein verwandelt hätte,
und zum Dank für das Alles dürfen Lotterbuben sogar meine Karten zum
Gegenstand ihrer Kritik machen, ohne daß die literarische Polizei sich einmischt. Ich habe mich nie um Orden bemüht, so wenig persönlich, als
durch die Richtung meiner Schriften, sie sind mir von selbst zugefallen
und ich habe sie entgegengenommen und brauche sie, wie von Goethe und
Humboldt an jeder vernünftige Mensch, nicht als Grabmesser des Verdienstes oder gar des moralischen Werthes, aber als Schlüssel zu Thüren,
die sich sonst entweder gar nicht oder doch äußerst langsam öffnen würden.
Wer darin Etwas findet, Der muß konsequenter Weise auf Reisen auch
seinen Paß verleugnen und sich lieber mit Gendarmen und Kondukteuren
abzanken, als ihn vorzeigen, weil das Stück Papier an sich Nichts bedeutet
und mancher ehrliche Mann keinen bei sich führt. Übrigens habe ich

meine Orben erft, als ich nach Paris ging, auf meine Karten feßen
laffen, unb Das, weil ich von bem Gewicht eines beutfchen Renommés
jenfeits bes Rheins befcheibener benke, wie meine Kollegen, obgleich bie
franzöfifche Preffe fich viel grünblicher mit mir befchäftigt hat, wie mit
ben meiften von ihnen. Sie können mich nicht mifsverftehen, biefe Dinge
finb abgethan, unb es kann nicht enfernt in meinem Intereffe liegen, bafs
ihrer wieber gebacht werbe. Wohl aber mufs ich wünfchen, bafs man in
Norbbeutfchlanb meine Pofition kenne, unb nur befshalb habe ich fie aus-
einanber gefeßt."

Meine politifch rabikalen Anfichten theilte Hebbel felbftverftänblich in
keiner Weife; boch hatte er bie aufrichtigfte Hochachtung für jebe ehrliche
Überzeugung, wie fehr biefelbe auch von ber feinigen abweichen mochte.
So fchrieb er mir, als ich ihm ein Gebicht zu Gunften ber polnifchen
Erhebung im Jahre 1863 gefanbt hatte: „Sie haben mir einen fehr
fchönen Hymnus auf bie Polen zugefchickt; bas Gebicht gehört zu Ihrem
Allerbeften. Auf biefes Lob bürfen Sie Werth legen, es rührt von einem
Sänger her, ber bie Verfe machte:

> Auch bie Bebienten-Völker rütteln
> Am Bau, bie Jeber tobt geglaubt,
> Die Czechen unb Polacken fchütteln
> Ihr ftruppiges Karyatiben-Haupt.

unb ber an feiner Meinung noch heute fefthält, weil er fie leiber auf bem
Wege grünblichen hiftorifchen Stubiums gewann."

Als Hebbel im Sommer 1862 nach Lonbon reifen wollte, fchrieb er
mir: „Kann ich in Lonbon Etwas für Sie ausrichten, fo laffen Sie mich
es wiffen; es gilt mir völlig gleich, ob bie Leute, an bie Sie mich abref-
fieren, auf bem Kontinent in contumaciam an ben Galgen gefchlagen unb
in Gebanken geköpft finb, ober nicht. Ich kümmere mich nicht um ben
Argus ber beutfchen ‚Großmächte‘, ber bie Hälfte feiner Augen in Frankreich unb Englanb haben foll, aber freilich auch nicht um bas krumme
Horn ber hohen Demokratie, bas fie nur zu voreilig über jeben unabhängigen Charakter zu blafen pflegt, ber fich bas Recht ber Selbftbeftim-
mung vorbehält." Ich gab ihm nur ein paar herzliche Zeilen an Freiligrath mit, unb bei feiner Rückkehr berichtete mir Hebbel: „Seit vierzehn
Tagen bin ich von Lonbon zurück, zwar Nichts weniger als entzückt unb

begeistert, aber doch sehr zufrieden, dort gewesen zu sein und dem gran-
biosesten Widerspruch der Welt einmal unmittelbar in Herz und Nieren
geblickt zu haben .... Freiligrath habe ich mit Vergnügen kennen gelernt
und einen Abend in seinem Hause zugebracht. Kinkel dagegen bin ich
nicht begegnet und habe ihn freilich auch nicht gesucht, denn ich liebe die
Leute nicht, die ihr Schicksal mit zu ihren Verdiensten rechnen, und ich
habe die Specialität dieses Mannes nie ausfindig machen können, wenn
es nicht die Phrase ist. Freiligrath steht auch nicht mehr gut mit ihm,
er nimmt es ihm übel, dass er als Präsident des National-Vereins für
den König von Preußen wirbt, und dem ehemaligen Wollspinner will Das
allerdings auch nicht ganz geziemen, da die großmüthige Vergessenheit hier
gar zu nah an die affichierte Ostentation grenzt, um der Misdeutung entgehen zu können .... Der zehnte Band von Heine's Werten mit seiner
‚retrospektiven Aufklärung‘ rumort stark in Wien; wie sind die Seelen
im Preise gestiegen! Für Jesus Christus ein lumpiges Pauschale von 30
Silberlingen; für unseren jetzigen k. k. Regierungsrath Weil jährliche
18000 Francs! Das ist doch Fortschritt".

„Für Ihre Politik rechnen Sie wohl nicht auf Billigung bei mir,"
schrieb Hebbel in seinem letzten Briefe, vom 29. August 1863, als ich
ihm ein Exemplar meiner politischen Gedichte gesandt hatte. „In meinen
Augen ist der jetzige Frankfurter Fürstentag das wichtigste Ereignis der
deutschen Geschichte seit dem westfälischen Friedensschluss. Sie möchten den
Elefanten wieder aufwecken, der 1848 Junkern und Pfaffen, von ihnen
selbst durch die sogenannten Vorkämpfer gehetzt, so wacker in die Hände
arbeitete, indem er die wahren Freunde des Volks zermalmte und die
falschen mit seinem plumpen dummen Rüssel in die Höhe hob. Wo wäre
da eine Vermittelung denkbar?"

Höchst charakteristisch scheint mir eine Bemerkung Hebbel's in einem
früheren Briefe, vom 3. März 1862: „Alle politischen Differenzen unter
ehrlichen Leuten, um zum Schluss noch auf diesen Punkt zurückzukommen
und eine Bemerkung zu machen, die mir wichtig scheint, sind auf den
Grundbegriff zurück zu führen, den Jeder vom Menschen hat. Wer mit
Herder das Geschlecht selbst für unendlich perfektibel hält, Der wird von
der freiesten Bewegung desselben Alles erwarten und also mit Leib und
Seele dafür arbeiten. Wer aber umgekehrt glaubt, dass die Natur nur

durch das Individuum wieder auf ihre Kosten kommt, wird so wenig die
republikanische, als die monarchische Staatsform für absolut berechtigt und
nothwendig erklären, sondern Alles von den Umständen abhängig machen.
Dies ist mein Fall, wie ich es schon vor zwanzig Jahren in einem
Sonett aussprach, und Amerika, von seinem Bolivar noch ganz abgesehen,
dürfte nächstens für meine Anschauung der Geschichtsbewegung ein bedeutendes Gewicht in die Wagschale werfen".

Nach Durchlesung einer, 1857 bei Ernst Keil in Leipzig erschienenen
Sammlung meiner „Gedichte" schrieb mir Hebbel im Herbst 1861: „Ihr
Talent ist ein echtes, nachhaltiges und wird sich bei Licht und Luft nicht
bloß zu Ihrer eigenen Lust, sondern auch der Welt zum Nutzen entwickeln.
Zwar haben Sie bis jetzt, nach den mir vorliegenden Proben, den Weg
zum Nixenbrunnen noch nicht gefunden, zu dem Nixenbrunnen nämlich,
an dem man Geschichten erlauscht, wie die vom Erlkönig und vom Fischer,
vom Glück von Edenhall und von der Lorelei. Aber Sie haben es dafür auch verschmäht, solche Geschichten nachzusingen, wie so Viele, bei
denen sie in mattem Echo zerflattern, oder sie gar, wie noch Mehrere, anderen Dichtern, die sie vor Jahrhunderten in alten Chroniken und Geschichtsbüchern niederlegten, ohne ihr Monogramm darauf zu drücken, mir
Nichts dir Nichts abzuborgen, und das Reimwerk für eine Schöpferthat
auszugeben. Sie singen Ihren Menschen aus, und Das mit so viel Kraft
und Energie, dass man gern auf Sie hören müsste, wenn man auch in
Ziel und Richtung nicht mit Ihnen übereinstimmte; da Das nun aber
durchaus nicht der Fall ist, sondern da man bloß über die Mittel, durch
die Sie Ihr Ideal verwirklichen zu können glauben, anders denkt, so
horcht man Ihren Hymnen mit ungestörter Freude. Ich brauche diesen
Ausdruck nicht zufällig, denn hymnenartig wirkt Alles, was ich von Ihnen
kenne, nicht bloß die Mehrzahl Ihrer ‚Gedichte‘, die Kanzone u. s. w.,
sondern auch Ihre ‚Rohana‘ und Ihr ‚Lothar‘, in Diesem z. B. das Si-
tuationsstück ‚Im Römer‘, das (bis auf den Schluss) den Leser hinreißt."

Ich hatte dem Dichter mitgetheilt, dass ich nach dem Erscheinen seiner
„Nibelungen" eine kurze Gesammt-Charakteristik seiner bisherigen poetischen
Leistungen zu schreiben gedächte. Hebbel antwortete mir u. A.: „Wenn
Sie auf meine Theorie des Dramas kommen, so setzen Sie es ums
Himmels willen den Leuten auseinander, dass dramatische Ideen Nichts

mit philosophischen Spekulationen zu schaffen haben, denn damit vexiert man mich seit der Vorrede zur „Maria Magdalena‘ Tag für Tag. Niemand denkt weniger daran, ins Bild hinein zu tragen, was nicht ins Bild gehört, als ich, aber das rechte Bild wird doch immer von irgend einer Seite die Welt reflektieren und einen Brennpunkt dafür abgeben, und auf diesen allein wies ich in meiner Vorrede hin. Sie entstand nicht, um neue Gesetze zu verkünden oder das Publikum zu belehren, sondern um mich selbst zu beruhigen, denn von allen Hegel'schen Lehrstühlen wurde in hohem Ton geprebigt, daß es mit der Kunst vorbei sei, und ein junger Dichter, der nicht Gefahr laufen wollte, sein ganzes Leben an eine Thorheit zu vergeuden, mußte sich wohl zu der Untersuchung gedrungen fühlen, ob Das sich wirklich so verhalte. Wer da glaubt, daß die Naivetät des Produktionsakts durch die Ergründung des Kunstproblems beeinträchtigt werde, Der hat keine Ahnung davon, daß in beiden Fällen ganz verschiedene Vermögen des menschlichen Geistes wirken, und muß jedenfalls auch Schiller und Goethe verwerfen, denn Diese gingen darin viel weiter, wie ich. Ich will im Drama nur Leben, aber freilich, die Wurzel gehört mit zum Baum, denn die Adonis-Gärten vertrocknen eben so schnell, als man sie zu Staube bringt."

In meinem Aufsatze über den Dichter, der bald darauf in einer norddeutschen Zeitschrift erschien, und den ich in etwas verkürzter und veränderter Form oben mitgetheilt habe, hatte ich, wie man sieht, von diesen Bemerkungen Hebbel's einen fast wörtlichen Gebrauch gemacht. Er schrieb mir nach Empfang des Aufsatzes: „Wenn Sie sich auch den Dank verbitten, so werden Sie doch nicht von mir erwarten, daß ich Ihr freundschaftlich-wohlwollendes Opfer verzehre, wie der Bel zu Babel oder der große Baal, die bekanntlich keine Miene verzogen, und ob man ihnen Hekatomben schlachtete. Ich banke Ihnen vielmehr auf das herzlichste für Ihre Kritik, namentlich für die Einleitung und für den vortrefflichen Vergleich mit der Sphinx, der erschöpfender ist, als Sie selber ahnen. Denn wie Kant das menschliche Denken in seine Grenzen einzuschließen suchte, so war es in einem ganz andern Gebiete mein Bestreben, einen festen Kreis um die ganze menschliche Natur zu ziehen, ihr Nichts zu erlassen, was sie bei Anspannung aller ihrer Kräfte zu leisten vermag, aber auch Nichts von ihr zu fordern, was über diese hinaus geht. Das Ein-

zige, was mir in Ihrer Abhandlung nicht zuzutreffen scheint, ist die Zu-
sammenstellung mit Richard Wagner. Ich war, als ich auftrat, weit
davon entfernt, ein neues Evangelium zu predigen; ich wollte das alte,
aus Sophokles und Shakespear geschöpfte wieder in seine Rechte einsetzen.
Er hatte aber eine Kunsttheorie ausgeheckt, die im schneidendsten Widerspruch mit der großen Vergangenheit stand, die das Wesen der Kunst
selbst vernichtete und ohne Frage nur das eigene Deficit, den Mangel an
Melodieen, decken sollte. Auch fielen mir sogleich alle entscheideuben Stimmen zu, denn Wer hat noch drein zu reden, wenn Fr. Vischer, Gervinus,
Uhland, Mörike, Rötscher, in Frankreich Taillandier u. s. w. gesprochen
haben, und nur die Konkurrenten opponirten, auch Diese jedoch (vide Gutzkow im „Telegraphen") erst dann, als ich das angetragene Schutz- und
Trutzbündnis abwies. Wagner dagegen hatte nicht eine einzige Autorität
auf seiner Seite. Doch, Das ist ein Nebenpunkt, den ich nur der Zukunft wegen berühre, aber so Viel steht fest, daß ich Wagner selbst dem
Publikum gegenüber weit voraus war, denn „Judith" und „Maria Magdalena" wurden längst auf der Bühne bejubelt, ehe man an „Tannhäuser"
und „Lohengrin" dachte. Nur das junge Deutschland legte meinem Wagen
den Hemmschuh an, nachdem es sich durch ein bodenlos niederträchtiges
Buch über das deutsche Parlament den Weg nach Wien gebahnt hatte,
denn Wien entscheidet in dramatischen Dingen, und wen man dort vom
Theater verdrängt, Den hat man ganz verdrängt."

Ich schließe diese Auszüge aus Hebbel's Briefen mit einigen selbst-
bewußten Äußerungen des Dichters über seine literarische Stellung, die
ich in einem Gratulationsschreiben zu seinem fünfzigsten Geburtstage vielleicht
etwas zu düster aufgefaßt hatte. „Ich habe allerdings", antwortete er,
„mit Wehmuth auf das abgelaufene halbe Jahrhundert meines Lebens
zurückgeblickt; jedoch nur mit der Wehmuth, die Schiller ergriff, als er
einmal in einem Brief sein Staunen darüber ausdrückte, daß Alles
so hoch über seine Erwartung hinaus gekommen sei. Glauben Sie mir,
ich kenne Denjenigen in Deutschland nicht, gegen dessen Position ich die
meinige vertauschen möchte; man muß nur den künstlichen Lärm der
Bauchrednerei vom National-Echo unterscheiden. Mit Sachen ist nie
Jemand rascher durchgedrungen, wie ich, nicht Goethe und nicht Schiller;
der hohle Wortschaum, der dem großen Haufen der sogenannten Gebildeten

das eigene Denken und Empfinden im Sonntagsstaat vorführt, hat meine
Vorgänger, wie mich, bespritzt und unsichtbar gemacht. Das ist jetzt vergessen, aber man braucht nur die Alten nachzulesen. Was nun noch
speciell meine Stellung in Wien betrifft, so hatte ich sie von dem Augenblick an, wo ich auf dem Theater erschien; „Maria und Magdalena" und
„Judith" wurden 1848 und 1849 ganz so aufgenommen, wie 1863 „Die
Nibelungen", und wenn sie nach 30 Vorstellungen vom Repertoire ver-
schwanden,. so geschah es nicht, weil sie die Zugkraft verloren, sondern
weil mein Gegner sie herunter warf und sie, um die Lücke zu verdecken,
durch die Nachahmungen Otto Ludwig's, den „Erbförster" und „Die
Makkabäer", ersetzte. Das Publikum hatte ich immer für mich, und ich
halte auch nicht das Geringste von Dramen, die den Letzten auf der
Galerie nicht eben so gut fesseln, wie den Ersten im Parterre, wenn auch
durch ganz verschiedene Elemente. So wollten mir die Studenten für
die „Nibelungen" einen Kommers geben, und gestern überhäufte mich bei
einem Diner die höchste Aristokratie des Kaiserstaates wegen desselben
Werks mit Lob und Anerkennung, die Spitzen des böhmischen und polnischen Adels nicht ausgenommen, obgleich meine „Bedienten-Völker" und
„Karyatiden-Häupter" hier sprichwörtlich geworden sind. Das beweist
gewiß, daß mein Drama wirkt, wie das Drama wirken soll, auf alle
Kreise der Gesellschaft zugleich, und daß nicht das Fremdartige und Un-
ergründliche meiner Poesie, sondern die Perfidie der Theaterdirektoren,
die leider an den entscheidenden Orten Literaten und Konkurrenten sind,
zwischen mir und dem Volk steht."

Hermann Lingg.

Hermann Lingg nimmt unter den Dichtern der Gegenwart eine so eigenthümliche Stellung ein, daß eine nähere Betrachtung seiner Werke, welche neben den glänzenden Vorzügen dieses Schriftstellers nicht minder die oft übersehenen Mängel seines Talentes hervorhebt, durchaus gerechtfertigt erscheinen muß. Seine Vorzüge und Mängel aber hängen so eng mit einander zusammen, daß letztere eben so sehr wie erstere dazu beitragen, seiner geistigen Physiognomie jenes originelle Gepräge zu verleihen, welches sie von anderen Dichterindividualitäten der Neuzeit unterscheidet.

Hermann Lingg war schon 33 Jahre alt, als er mit seiner ersten, durch Emanuel Geibel bevorworteten Gedichtsammlung vor das Publikum trat. Am 22. Januar 1820 zu Lindau am Bodensee geboren, hatte er, nach Besuch des Kemptener Gymnasiums, in München, Freiburg, Berlin und Prag Medicin studiert, war nach fünfjährigem Dienste als bairischer Militärarzt 1851 krankheitshalber pensioniert worden, und hatte seitdem in München geschichtlichen Studien und poetischen Beschäftigungen gelebt, deren ungestörte Fortsetzung ihm später durch die Munificenz des Königs Maximilian II. ermöglicht ward. Fügen wir noch hinzu, daß eine Urlaubsreise nach Italien ihn frühe schon bis Rom und Neapel hinunter geführt hatte, so sind mit diesen flüchtigen Angaben die bekannt gewordenen Data seines äußeren Lebens erschöpft. Ebenso arm sind die verschiedenen Sammlungen seiner Gedichte an lyrischen Konfessionen, über die bewegenden Ereignisse seines Gemüthslebens, wenn wir von einzelnen schwermüthigen und bitteren Klageliedern absehen, die meistens der für den Leser deutlichen Begründung entbehren, und nur ein allgemeines Unbehagen des Verfassers mit dem ihm zu Theil gewordenen Loose verrathen. Durchblättern wir die e r s t e

10*

Sammlung (Stuttgart 1853), welche den Ruf des Dichters begründete und bis jetzt sieben Auflagen erlebte, so finden wir darin nicht den kürzesten Cyklus von Liebesliedern, obwohl drei schmerzlich trübe Weisen, die zu den innigsten und melodiösesten Produktionen dieser Dichtungsart gehören, klar genug andeuten, dass das Herz des Poeten keineswegs unberührt von der „süßen Macht" geblieben ist, wenn sie ihm auch nur selten das Saitenspiel erregte. Nehmen wir ein einziges „Weinlied" aus, das in tiefsinniger Freude den Rebensaft als den Geist des Lebens preist, so begegnet uns ebenfalls kaum hie und da ein Gedicht, das einem unmittelbar fröhlichen Behagen an den Werken der Natur seine Entstehung verdankte. Wie Lenau, an welchen viele seiner Gedichte auch der Form nach erinnern („Das wilde Heer", „Im Gebirg", „Die Krähen", „Herbstabend" 2c. 2c.), fühlt sich Lingg mehr von dem Düsteren und Erhabenen der Naturerscheinungen angezogen, als von der lachenden Frühlingspracht. Selten flüstert die Stimme der Natur, wie in dem schönen Liede „Frühlingsanfang", ihm linden Trost in das gramumfinsterte Herz, und sympathisch berührt ihn fast nur die öde Gebirgseinsamkeit, der wilde Hinabsturz der eisigen Luitschina, das Alpenglühen auf den Gletschern, das Fallen der Blätter im Herbste, dem er mit Vorliebe sein eigenes Leben vergleicht:

Zu Boden sinkt von meinen Tagen
Die Lust an Allem, Blatt um Blatt,
Ich fühl's mit Schmerz und mag nicht
     klagen,
Längst bin ich auch der Klage satt.

Verhüllt nur rollt ein innres Drängen,
Ein unerfülltes Zukunftwort,
Ein Strom von heißen Gluthgesängen
In meiner Brust unglücklich fort:

Unglücklich, denn es blieb kein Streben,
Selbst meine Seele nicht mehr mein,
Dem späten Herbsttag gleicht mein
     Leben,
Dem Herbsttag ohne Sonnenschein.

Vielleicht nur kurz, bevor es dunkelt,
Dass auch noch mir ein Abend glüht,
Ein müder letzter Strahl, und funkelt
Auf Tage, denen Nichts mehr blüht.

So wenig, wie hier, hat Lingg in den meisten übrigen seiner düsteren Gedichte den Versuch gemacht, seinen subjektiven Unmuth zu einem allgemeinen Weltschmerz zu steigern. Seine Verstimmung ist eine durchaus persönliche, fast niemals trägt sie den Charakter einer Unzufriedenheit mit den politischen, religiösen oder gesellschaftlichen Institutionen seiner Zeit; wie er über die großen Fragen der Gegenwart denkt, wird man aus diesen seinen älteren Dichtungen nicht erfahren, ja, es erhellt aus demselben laum, ob er für Das, was seine Zeitgenossen am tiefsten bewegt, irgend ein warmes Gefühl besitzt. Sein Auge ist starren Blickes der Vergangenheit zugewandt; mit dämonischer Gewalt fesseln ihn die großen Ereignisse der Geschichte, aber wieder mehr die blutigen, finsteren, trüben, als die tröstlich erhebenden; und wie aus den Stimmen der Natur, rauscht ihm aus den vergilbten Blättern der Geschichte meist nur ein unheimliches Klagelied von Welken und Vergehn. Hunger und Pest, die kulturvernichtenden Stürme der Völkerwanderung, die Eroberungszüge Alexander's und der römischen Cäsaren, der vergebliche Sklavenaufstand des Spartacus, die Menschenopfer der Druiden am Hertha-Altar, die Raubzüge der Normannen, das jammervolle Schauspiel der Kinderkreuzfahrt, die Schreckensthaten eines Nero, Attila und Timur, die Blutschuld des Pausanias, Bannstrahl, Vehme und Veitstanz — Das ist der Kreis, in welchem sich die Lingg'sche Muse heimisch fühlt, und den sie selten überschreitet. Was aber am bedenklichsten erscheint: das Interesse des Dichters an diesen unheimlichen Stoffen, die er mit so auffallender Vorliebe behandelt, ist im Ganzen ein kalt-gelehrtes, trocken-historisches. Ihn lockt das dürre Ereignis, die nackte Thatsache zu poetischer Darstellung, und namentlich in den späteren Sammlungen giebt er in den wenigsten Fällen Mehr, als ein grell koloriertes Bild, das zuweilen wohl einen Gedanken verkörpert, meist aber nur die Phantasie beschäftigt. Sehen wir uns z. B. das Gedicht „Timur" an:

Der Elefant geht unter Jochen;
Der Tiger brüllt in Hindostan;
Siegessäulen aus Menschenknochen
Baut Timur, der Mongolenkhan.

Er schlägt den Nacken freier Inder;
Er setzt den Fuß, im Bügel fest,
Aufs Haupt der nackten Gangeskinder;
Er hält des Negers Faust gepresst.

Er schlägt die Geister aus dem Kreise,
Die Seelen aus dem Paradies;
Er thürmte Karawanenweise
Der Perser Häupter auf den Spieß.

Und Winters, in der Steppe mitten,
Von Siegen und von Beute satt,
Erbaut er aus Gezelt und Schlitten
Beweglich eine goldne Stadt.

Ohne Zweifel ist Dies eine kräftige Historienmalerei, und mit wenigen, festen Strichen ist das Schreckbild Timur's vor uns herauf beschworen — aber zu welchem Behuf? Welcher Gedanke wird durch diese finstere Phantasmagorie in uns erweckt? Eben gar keiner; nur unserer Phantasie wird eine blutige Augenweide geboten. Ähnlich ist es um das Gedicht „Trasimen" in der zweiten Sammlung bestellt; das wilde Gemetzel der

Schlacht und die Niederlage der Römer werden mit trefflicher Plastik geschildert, aber die Bedeutung des Sieges der Karthager für das Schicksal Rom's ist mit keiner Silbe angedeutet, und das Gedicht sinkt dadurch zum bloßen Genrebilde herab. Was diesen Schilderungen mangelt, wird um so klarer, wenn wir mit denselben etwa das Gedicht „Lepanto" vergleichen, wo das Ziel des Kampfes mit dramatischer Lebendigkeit hervorgehoben und in der Schlußstrophe nochmals mit kräftigstem Nachdruck ausgesprochen ist. Wo es dem Dichter gelingt, den Grundgedanken der historischen Ereignisse zu deutlichem Verständnis zu bringen — und Das gelingt ihm namentlich in seinen älteren Gedichten häufig in glücklichster Art, — da erreicht er eine überraschende Wirkung, mag er nun den innersten Kern des Hellenenthums in den orphischen Urworten der Priester Dodona's verkünden, den Siegespäan der Befreiung vom Perserjoche anheben, den Triumphgesang der Legionen über die unterjochten Völker des Erdballs jauchzen, den Aufruf des Spartacus zur Zerreißung der Sklavenbande in eherne Worte fassen, mit der Feuerzunge des Propheten die Lehre Mahomed's enthüllen, oder, Schiller's Klage der Kassandra variierend, den Schmerz der Isispriesterin schildern, die zu Rom ihre heilige Prophetengabe im Dienst eines fremden Pöbels entweihen muß. Zu der Zahl dieser herrlichen Gedichte, in welchen die Größe des poetischen Gedankens und die Erhabenheit der Form mit der Größe und Erhabenheit des Stoffes völlig in Einklang stehen, gehört vor Allem auch „Der schwarze Tod". Hier söhnt die geniale Personifikation der Pest den Leser vollständig aus mit dem grausenhaften Stoffe, und die Grenze des ästhetisch Erlaubten wird, trotz der ungemein kraftvollen Sprache, nirgends überschritten.

In der zweiten Sammlung von Lingg's Gedichten (Stuttgart 1868) glückt es dem Verfasser nur noch selten, in seinen Geschichtsbildern die tiefere Bedeutung des dargestellten Ereignisses klar hervortreten zu lassen. Vorzüglich gelingt ihm Dies fast nur in dem bitteren Spottliede auf den westfälischen Frieden; im Übrigen sind die hier behandelten Stoffe aus Mythus und Geschichte, mit wenigen Ausnahmen, eine Bildergalerie wüster, unerquicklicher Gestalten, deren Signatur der Poet kaum zu enträthseln sucht, oder doch meist nur in wirren, halb unverständlichen Worten andeutet. So in dem Gedicht „Der Befreier", das den Sturz eines ägyptischen Despoten durch braune Wüstenkrieger schildert; die von Jenem einst überwundenen und eingekerkerten Fürsten werden befreit, aber die Stämme, über die sie geherrscht hatten, sind alle hingeschlachtet und vertilgt, und der Verfasser schließt mit der abstrusen Klage:

> O Menschenleben, Hauch und Traum,
> O Menschenwerk, Gebild von Schatten! —
> Erst hat noch Schutt und Rauch der Raum,
> Wo seinen Stolz nicht Küstensaum,
> Nicht Land und Meer gesättigt hatten,
> Dann Zelt und Hütten, endlich nur
> Im Sande noch des Raubthiers Spur.

Eine besondere Abtheilung dieser zweiten Sammlung führt den Titel „Alterthümer". Halb ernsthaft scherzt der Dichter im Eingangsliede über die Manie der Antiquitätensammler, unter welchen er selten einen gefunden,

> Der aus seinem Kram was liest,
> Aus dem alten Holz, den Steinen
> Die Vergangenheit genießt.

Er, der Poet, welcher nichts Dergleichen habe, richte sich mit den eigenen Gaben der Musen sein Museum ein, und all die Herrlichkeit koste ihm keinen Deut, denn Alles hab' er selbst gemacht. In der That gleicht der größte Theil dieses Bandes einem Antiquitätenkabinette, einem historisch-ethnologischen Museum, in welchem die Erinnerungen aller Zeiten und Zonen bunt neben einander aufgespeichert sind. Selbst die Fossilien der vorsündfluthlichen Periode fehlen nicht; wie in der ersten Sammlung schon die Flucht der Mammuths und Elefanten der Urzeit vor dem plötzlich hereinbrechenden Schneesturm des erkaltenden Nordens geschildert, und der Duft der Rose als ein Hauch der Sehnsucht nach jenen untergegangenen Paradiesen, wo der Pol noch im Tropenlicht blühte, besungen wird, so recken hier die Titanen und Enakssöhne ihre trotzigen Häupter aus den Felshöhlen empor, der Anblick der Kyklopenmauern ruft die Erinnerung an die alten Pelasger und Phönicier wach, und vom Brudermord Kain's bis zum deutschen Bauernkriege oder zur Schleifung der französischen Bastille zieht in langen Reihen ein Geschichtsbild nach dem andern spukhaft-chaotisch unserm Auge vorüber. So wenig wie Lingg im Allgemeinen den historischen Ereignissen gegenüber ein anderes Verhältnis, als das der kühlen, objektiven Betrachtung, hat, so wenig ist in den Gedichten dieses

Bandes die Natur seinem Herzen näher gerückt; wo seine trübe Stimmung in einem verwandten Naturbilde ihr Symbol findet, da ersinnt er wohl noch manchmal eine ergreifende, süß-schmerzliche Melodie, wie das schöne Lied „Alelei"; daneben aber stoßen wir auf Verirrungen des Geschmacks, wie die „Blumenuhr", wo die trockene Aufzählung von Blumen, die zu bestimmten Tageszeiten blühen, auch nicht im entferntesten einem Gedanken oder einer Gefühlsstimmung zum Ausdrucke dient. Also wieder nur das abstrakte Interesse des Dichters an der bloßen Thatsache, wie unbedeutend und des Gedankeninhalts bar sie auch sei! Denn welcherlei Blumen um 3 oder 4, zwischen 5 und 6 Uhr Morgens, und so weiter den Tag hindurch bis Abends „zwischen sieben Uhr und acht", ihre Kelche öffnen, könnte doch sicherlich höchstens dann der würdige Gegenstand eines Gedichtes sein, wenn mit dem Erwachen der verschiedenen Blüthen irgend ein Vorgang im Dichtergemüthe — vielleicht die Erinnerung an das eigene Tagewerk oder an die jeweilige Beschäftigung der Geliebten — parallelisiert würde.

Noch unerfreulicher, als der zweite Band, welcher neben vielem Unbedeutenden doch immer noch manche Perle echter Poesie enthält, ist die nächstfolgende Sammlung von Lingg's Gedichten, welche unter dem Titel „Vaterländische Balladen und Gesänge" (München 1869) erschien. Hier erheben sich nur ein paar einzelne Lieder, wie „Der Wallfahrtspilger", „Plinganser", „Die Windsbraut", über das Niveau des dürftigsten Chronikstiles; selbst die Sprache ist meistens hart und ungefüg, voll wunderlicher Verrenkungen der gebräuchlichen Satzkonstruktion und voll prosaischer Wendungen. Das Gleiche gilt von den „Wanderungen durch die internationale Kunstausstellung in München" (Ebendaselbst 1869), einem Stoffe, der an sich freilich für die poetische Behandlung so ungünstig wie möglich war. Hier stoßen wir auf unerhörte Wortbildungen, wie „Das lüstre Weib" (für „lüsterne"), und auf völlig unentwirrbare Satzbildungen, wie „Dort wo das Mauerwerk die Säule ragt". Überhaupt ist die Form der Lingg'schen Gedichte schon in den älteren Sammlungen häufig sehr mangelhaft. Neben glücklich erfundenen Strophen und schwungvoll wogenden Rhythmen, zumal in den dithyrambischen Gedichten, begegnen wir seltsamen Verstößen gegen alle Eurhythmik und völlig verfehlten Strophenbildungen, wie z. B. in

dem Gedichte „Nimrod" die letzte weibliche Verszeile unsäglich lahm nach-
schleppt. Wer wird glauben, daß die unskandierbaren Verse:

> Wie lang schon trat Niemand mehr ein

oder:

> Schlaf wohl, o Mutter, mein Trost ist

— wer wird glauben, daß diese barbarischen Anhäufungen von Molossen
sich in aller Unschuld für jambische Zeilen ausgeben? Auch die Reime
fließen bei Lingg keineswegs immer frei und zwanglos, wie schon das
mitgetheilte Gedicht „Timur" erkennen läßt. Was will dort die erste
Zeile besagen, daß der Elefant „unter Jochen" geht? Wie kann der Des-
pot seinen Fuß aufs Haupt der Gangeskinder setzen, wenn derselbe „im
Bügel fest" ruht? Eben so wenig ist es geschmackvoll, auf eine gleichgültige
Präposition zu reimen, wie in dem Gedichte „Pästum":

> Brütend liegt der Mittag über
> Pästums öder Fiebergegend,
> Schwüle Nebel niederlegend,
> Selbst die Sonne schimmert trüber.

Sehr oft läßt sich Lingg von dem Reim auf den Gedanken führen, wodurch letzterer, statt von ersterem beleuchtet und erhellt zu werden, leicht
eine schiefe Richtung erhält. So muß in dem Gedichte „Hochsommer"
der Lenz ein „fahrender Schüler" sein, weil der Reim auf „schwüler"
dies Bild mit sich bringt, und in der „Völkerwanderung" (Buch III, S.
146) wird Afrika ganz unmotiviert „die braune Ziege" genannt, nachdem Asien in der vorhergehenden Reimzeile als „der Menschheit Schoß
und Wiege" bezeichnet worden ist. Verworrene Konstruktionen, wie die
folgende (in dem erwähnten Gedicht „Der Befreier"):

> Mit Löwen und der Sphinx auf ihr
> Erbebte bis zum goldnen Knaufe
> Die schlanke Säule von Porphyr —

sind bei Lingg keine Seltenheit. Schlimmer noch sind Satzfügungen wie
nachstehende (in dem Gedicht „Der Gekerkerte"), deren Sinn zu enträthseln
dem Leser mindestens ein gut Theil ärgerlicher Mühe verursachen wird:

> Schüttelnd an den Eisengittern
> Fühlt er, Well' an Welle Schall
> Die Gefängnisse durchzittern
> In gewalt'gem Wiederhall.

Auch in der dritten Sammlung seiner Gedichte (Stuttgart 1870) stoßen wir noch auf einzelne Härten und Wunderlichkeiten. So ist es uns mit bestem Willen nicht möglich, die erste Zeile der zweiten Strophe des folgenden kleinen Liebesgedichts zu verstehen:

> Leuchtender als Diamant,
> Weißer als der Sylphe Schleier,
> Brennt in mir, von dir entbrannt,
> Das geheimnißvolle Feuer.
>
> Half' und küße! — träum' indeß der Leuchter!
> Wenn die Morgenlüfte nahn,
> Blickt aus deinen Augen feuchter,
> Goldener der Tag mich an.

Im übrigen aber bezeichnet diese dritte Gedichtesammlung einen höchst bedeutenden Fortschritt Lingg's, sowohl in Betreff der Wahl seiner Stoffe wie in der künstlerisch reinen Behandlung der Versform. Der Dichter wendet sich aus den Katakomben der Vergangenheit diesmal häufig mit ernster Theilnahme den Kämpfen und Problemen der Gegenwart zu, deren Herzschlag in Gedichten wie dem schönen „Lied an die Armen", „Stolie", „Die Harpyen", „O laßt uns noch den Glauben an die Herzen", „Pfingsten", „Ein Steuermann wohl möcht' ich sein" und manchem der formvollendeten Sonette kräftig und warm pulsiert. Auch von den historischen Romanzen dieses Bandes gehören einige, wie „Heinrich der Finkler" und „Friedrich und Ezzelin", zu den vorzüglichsten ihrer Gattung und stellen sich den glänzendsten Stücken der ersten Sammlung würdig an die Seite.

Die dramatischen Versuche Lingg's haben niemals große Beachtung erregt, und zeugen in der That von geringer Kenntnis der Hauptanforderungen dramatischer Dichtkunst. „Die Walkyren" (2. Aufl., München 1865) hätten allenfalls einen vortrefflichen Operntext abgeben können, und der opernhaft bunte Wechsel des Versmaßes scheint darauf hinzudeuten, daß dem Verfasser selbst ein ähnlicher Gedanke vorschwebte; aber die bizarre, rein äußerliche Verkettung der romantischen Fabel des Stückes mit den auf dieselbe gänzlich einflußlosen Kämpfen der Gothen und Gepiden wider die Hunnen zerstört jedes einheitliche Interesse und zerklüftet die Handlung in zwei völlig heterogene Hälften, von welchen die eine mit Nothwendigkeit die andere vernichtet. — Das Trauerspiel

„Catilina" (München 1864) krankt an dem Grundfehler, daß ein ruchloser
Bube mit einer Rotte eben so ruchloser Spießgesellen unmöglich unsere
Theilnahme gewinnen kann. Soll einmal Catilina der Held eines Dramas
sein, so dürfen nicht lediglich die Anklagereden Cicero's die Farben zu
seiner Zeichnung liefern, sondern der Dichter muß, wie sehr er dabei auch
mit der historischen Überlieferung in Konflikt gerathe, seine Phantasie
aufs freieste in Kontribution setzen, um uns nicht von vornherein einen
schwarzen Teufel, sondern erst einen Lucifer vor seinem Falle zu schildern,
und dann seinen Fall in solcher Art zu motivieren, daß wir dem Helden
ein menschliches Mitleid zu bewahren im Stande sind. Auch die Gestalten
Cicero's, Cato's und Cäsar's müßten dann freilich mit energischeren
Kontouren, als in dem Lingg'schen Stücke, hervortreten, wo sie wenig
mehr als hohle Schatten sind. — Es ist dem Dichter nachzurühmen, daß
er sich ebenfalls in den nachfolgenden Dramen „Violante" (1871), „Der
Doge Candiano" (1873), „Berthold Schwarz" (1874) und „Macalba"
(1876) an interessante und große historische Stoffe wagt. Leider herrscht
jedoch in all diesen Stücken ein peinliches Mißverhältnis zwischen dem
meist recht glücklich aufgebauten äußeren Gerüste der Handlung, dem
allgemeinen Plane, und der Ausführung im Einzelnen, deren Schwächen
selbst der begabteste Schauspieler kaum für den Moment verdecken wird.
So hat in „Violante" die Heldin erfahren, daß ihr Gemahl durch den
schwärzesten Verrath ihren Bruder Manfred verderben will, daß schon
das Zeichen zum Einlaß der Feinde in die Burg gegeben worden ist,
bei deren Andringen Manfred gefangen genommen werden soll. Jeder
denkt mit Recht, daß Violante nun keinen Augenblick verlieren wird,
ihrem geliebten Bruder den tückischen Anschlag zu enthüllen und ihn zu
sofortiger Flucht zu drängen. Statt Dessen führt sie erst mit ihm ein
langes zärtliches Zwiegespräch und läßt sich in größter Ausführlichkeit
seine Pläne berichten, ehe sie ihm den Weg zur Rettung zeigt. Von dem
tiefsten Mißtrauen gegen ihren Gemahl erfüllt, läßt sie sich dennoch
arglos von ihm bethören, und auch Manfred schenkt den Versicherungen
des verrätherischen Richard, nachdem ihm längst Dessen verruchte Bosheit
bekannt geworden ist, den leichtfertigsten Glauben. Ein Spießgesell
Richard's, der Schurke Boso, der geflissentliche Schürer seiner Eifersucht
und das bereitwilligste Werkzeug seiner Intrigen, überrascht uns plötzlich

durch die Erklärung, dass er nur aus Rache „die Rolle des Bösen gespielt", und fällt im Zweikampf als Ritter für Violanten, deren Gemahl er selbst gegen sie aufhetzte. Am gedankenreichsten ist das dramatische Gedicht „Berthold Schwarz", in welchem der kulturgeschichtliche Hintergrund mit genialen Strichen und prächtigen Farben gezeichnet ist; aber auch hier tritt, bei aller Fülle großartiger Ideen, der eigentliche Grundgedanke des Werkes in den unklar verworrenen Reden des Helden nirgends mit sicherer Schärfe hervor, und der faustische Anlauf endet wie ein phantastisches Schattenspiel.

Wir haben jetzt noch von der umfangreichsten Schöpfung Lingg's, von seinem epischen Gedichte „Die Völkerwanderung" (Stuttgart 1866—1868), zu reden. Nach allem bisher Gesagten wird einleuchten, dass der Dichter durch seine Neigungen und durch die eigenthümliche Art seiner Begabung fast mit innerer Nothwendigkeit auf diesen Stoff geführt werden musste, wie wenig sich derselbe auch in der von Lingg gewählten Form und Ausdehnung zur epischen Behandlung eignet. Ein Helden-gedicht, das einen Zeitraum von 200 Jahren umfasst, verzichtet damit an sich schon auf das erste und unerläßlichste Erfordernis jedes größeren Kunstwerks: auf die Einheit des Interesses an den auftretenden Personen. Ja, noch mehr, indem Lingg sich die Völkerwanderung fast in ihrem ganzen Umfange zum Thema nahm, wechseln nicht bloß die einzelnen Helden meist von Gesang zu Gesange, sondern selbst die Völkerstämme drängen einer den andern von der Bühne; Gothen, Hunnen und Vandalen treten nach einander in den Vordergrund, die Scene verwandelt sich unaufhörlich, wir fliegen von Rom nach Byzanz, vom Rhein und von der Mosel nach den Palmenküsten Afrikas und wieder zurück an den Tiberstrand und Bosporus, nach Franken und der Lombardei; Das ist ein Reisen und Wandern, ein Schlachten und Morden, wo sich das Einzelne mit geringer Abwechselung stets wiederholt, und die Geduld des Lesers wie die Kraft des Dichters schließlich erlahmen muss. Es ist ein glänzendes Zeugnis für Lingg's Talent, dass es ihm dennoch glückt, mit geringen Unterbrechungen das Interesse an der wechselvollen Handlung fast bis zum Ende des zweiten Buches in Athem zu erhalten. Namentlich im Anfang hat der Verfasser sein Mögliches gethan, um durch Einflechtung geschickt erfundener Episoden mehr als eine bloße Geschichtschronik zu geben. Mit Ausnahme der unglücklichen Aufzählung aller römischen Kaiser von

Augustus bis Julian, ist der Prolog eine gedankenreiche und schwung-
volle Ouvertüre des großen Völkerconcertes mit seinen wilden Dissonanzen,
deren künftige Lösung freilich vom Dichter nur in einer rhapsodischen
Vision des letzten Gesanges flüchtig angedeutet werden konnte. Ein genialer
Kunstgriff ist die Einführung der allegorischen Person des Hungers im
ersten Gesange, wodurch die Anfangsursache der Völkerwanderung im
Innern Asiens außerordentlich plastisch dem Leser sich einprägt. Auch
sind in den verschiedenen Gesängen des ersten Buches die episodischen
Gestalten sehr glücklich benutzt, um die wechselnden Ereignisse und die
durch Zeit und Raum von einander geschiedenen Personen so viel wie
möglich in geistigen Konnex mit einander zu bringen und die Übergänge
zu vermitteln. Im zweiten Buche fesselt besonders der fünfte Gesang,
„Maximus und Eudoxia", durch die ungemein lebendige Charakteristik der
auftretenden Gestalten. Im britten Buche bagegen fällt Alles fragmentarisch
aus einander, und nur noch die fest gezeichneten Gegenbilder des kühnen
Seekönigs Gelimer und des Weichlings Hilderich vermögen in den mittleren
Gesängen wieder für eine Zeitlang das Interesse zu wecken. Daß der
Verfasser am Schlusse durch die angehängte Greulepisode der Rache Rosa-
mundens den Eindruck der Sterbeworte Cassiodor's verlöscht, statt mit
einem versöhnlichen Ausblick in die Zukunft zu enden, ist ein entschiedener
Mißgriff. Während die Sprache Lingg's sich in der „Völkerwanderung"
nicht selten, wie in der Eingangsoktave, zu außergewöhnlicher Kraft und
Schönheit erhebt, sinkt sie an anderen Stellen oftmals zu platter Prosa
herab, und wir stoßen auf die seltsamsten Verrenkungen der Satzglieder,
auf die unnatürlichsten Wortstellungen, wie Bd. II, S. 105:

Der dir verhaßte
Dir sagen läßt des Mundzuk tapfrer Sohn —
statt: „Der dir verhaßte tapfre Sohn des Mundzuk läßt bir sagen").
Ober man höre gar eine Strophe wie folgende (Bd. II, S. 97):

„Ich will nicht dulden, daß noch Blut versprützen
Die eignen Knechte wider sich und mich,
Und auch euch Griechen kann es wenig nützen,
Bei euch zu haben, wer von mir entwich,
Denn welche Städte, welche Burg beschützen,
Und welche Mauer werden Die, die ich,
Der ich hier Herr bin, anwies, zu zerstören
Und eher nicht, als ich will, aufzuhören."

Selbst auffällige Verstöße wider die Grammatik kommen vor; so Bd. I,
S. 287: „Er ritt in ein Ort", oder Bd. II, S. 173: „Unwiderruflich
an mein Loos betheiligt". Daß die Reimnoth Lingg auch hier oftmals
zu manchen Absonderlichkeiten verführt, wird nicht überraschen. Er reimt
unbedenklich: „beredter, Zeter, Retter," oder: „Mauern, Eberhauern, Trauer";
er bildet das Wort „Heldenmüthigkeit", um auf „Streit" und „gereiht",
oder „Todtenblässen", um auf „Alpenpässen" und „besessen" zu reimen;
ja, er schreibt einmal sogar (Bd. II, S. 162): „er schlaft", weil es ihm
an einem Reim auf „traft" und „bestraft" gebricht. Des Reimes halber
redet er von Staaten, deren Tag „sich mündet" (statt „endet"), oder läßt
den Geist „Entwürfe sprühn", um dem Gegner „tausend Netze zu erzweigen",
oder schiebt (wie Bd. II, S. 69, Strophe 2, die Apposition: „nur allzu
kenntlich") überflüssige und unpassende Füllwörter ein, die den Gedanken
entstellen. — Es verlohnte sich schwerlich, diese Flecken zu rügen, wenn
Hermann Lingg nicht ein zu bedeutendes Talent wäre und in anderen
Fällen das Material der Sprache mit zu sicherer Meisterschaft beherrschte,
als daß er sich gestatten dürfte, so willkürlich über die feststehenden Regeln
der Kunsttechnik hinweg zu sehen. Die zahlreichen Schönheiten seiner groß-
artig angelegten und in vielen Theilen glänzend ausgeführten Dichtung
würden sicher dem Leser noch weit mehr in die Augen springen, wenn
sich der Verfasser entschlösse, bei einer neuen Überarbeitung seines Werkes
die sprachlichen Härten und Unebenheiten zu tilgen, viel unnützen Ballast
chronikenhafter Berichterstattung über Bord zu werfen, und dadurch die
Bedeutung der Hauptgestalten und Ereignisse in ein schärferes Licht zu
rücken.

Robert Hamerling.

Der überraschend große Erfolg, dessen sich die epischen Dichtungen von Robert Hamerling erfreuten — „Ahasver in Rom" erlebte in drei Jahren sechs, „Der König von Sion" in einem einzigen Jahre sogar vier Auflagen — reizt uns, die bisherige poetische Entwicklung eines zu so ehrenvollem und wohlverdientem Rufe gelangten Schriftstellers in ihrem geistigen Zusammenhange zu betrachten. Die Aufgabe des Kritikers ist im vorliegenden Fall um so dankbarer, als der Entwicklungsgang Hamerling's, wie ungewöhnlich und befremdend derselbe auf den ersten Blick erscheinen mag, ein innerlich durchaus folgerichtiger, von Stufe zu Stufe kühn emporschreitender war.

Das erste Auftreten des Dichters fällt in die trübe Reaktionszeit der fünfziger Jahre. Am 24. März 1832 zu Kirchberg am Walde in Niederösterreich von armen Eltern geboren, fand der aufgeweckte Knabe vermögende und einflußreiche Gönner, durch deren Unterstützung es ihm möglich ward, nach Absolvierung der Gymnasialstudien die Wiener Universität zu beziehen, um sich der medicinischen Laufbahn zu widmen. Die politische Bewegung von 1848 erfüllte den achtzehnjährigen Jüngling mit begeisterten Hoffnungen, er trat in die akademische Legion, und mußte sich, da er an den Kämpfen der Oktobertage thätigen Antheil genommen, nach dem Einzuge von Windisch-Grätz eine Zeitlang versteckt halten. Seinen Studien zurückgegeben, widmete er sich dann, die Medicin hintansetzend, mit Eifer philosophischen und philologischen Studien, sah sich aber bald durch häusliche Verhältnisse genöthigt, eine Hilfslehrerstelle am akademischen Gymnasium zu Wien anzunehmen, von wo er erst nach Graz

und 1855 als Profeſſor an das Gymnaſium zu Trieſt verſetzt wurde.
Im Herbſt 1866 bewog ihn zunehmende Kränklichkeit, ſein Amt nieder-
zulegen, und er weilt ſeitdem wieder in Graz, ausſchließlich mit poetiſchen
Arbeiten beſchäftigt.

Die einſame und freudloſe Jugend, welche Hamerling verlebt hatte,
und die ſchweren politiſchen Enttäuſchungen, welche dem Freiheitsrauſche
des Revolutionsjahres folgten, warfen einen finſteren Schatten in das
erregbare Dichtergemüth. Zeit und Schickſal begünſtigten gleich ſehr eine
tiefe Einkehr in das eigene Herz, das mit inbrünſtiger Treue den Glauben
an die hohen und heiligen Ideale feſthielt, von denen die realiſtiſche
Richtung des Zeitalters ſich weiter und weiter entfernte. In den erſten
Dichtungen Hamerling's überwiegt daher eine philoſophiſch reflektierende
Stimmung, die nicht ſelten den Charakter des Liedes durch das Hervor-
kehren didaktiſcher Tendenzen trübt, und von einer ſchwermüthigen Trauer
gefärbt iſt. Der „Sangesgruß vom Strande der Adria‟ (Trieſt
1857), welchem ein Jahr ſpäter die „Venus im Exil‟ folgte, erregte
zwar hie und da die Aufmerkſamkeit der Kritik durch den ſchmelzenden
Wohllaut der Verſe, ſchlug aber im Ganzen noch zu unklare, traumhafte,
der Romantik verwandte Töne an. Verſtändlicher prägte die Weltanſchauung des Verfaſſers ſich in dem allegoriſchen Gedichte „Venus im
Exil‟ aus; doch widerſtrebte der vorwiegend philoſophiſche Stoff durch
ſeine abſtrakte Natur jeder Möglichkeit einer rein künſtleriſchen Bewältigung.
Hamerling erklärt freilich in einer den Gedankengang ſeines Gedichtes
reſümierenden Bemerkung: daß ſich in letzterm „weniger eine beſtimmte
philoſophiſche Tendenz, als das Bild menſchlichen Strebens in ſeinem
Verlaufe‟ darſtellen wolle; aber ſchon die Nothwendigkeit ſolcher Erläuterungen verräth den Grundfehler der Kompoſition. Durch das Hinein-
ziehen ſagenhafter Elemente ward nicht viel gebeſſert; denn die Geſtalt
der Venus gewinnt nirgends ein plaſtiſches Leben, ſie huſcht wie ein
Schatten vorüber und ſpricht lehrhaft myſtiſche Worte, deren Enträthſelung
nur den grübelnden Verſtand beſchäftigt, aber der Phantaſie keine Nahrung
giebt. Der Held des Gedichtes iſt, wie geſagt, der ſtrebende Menſch,
welcher aus dem Schmerz kreatürlicher Beſchränkung allmählich durch das
im Sehnſuchtstraum erſchaute Ideal vollkommener Schönheit und Liebe
die Stufenleiter der Vollendung hinangeführt wird, bis er in einer Viſion

seiner Todesstunde endlich in der Theilnahme am Allleben, in dem bewußten Aufgehen seines Einzelwillens in die Harmonie des Weltganzen, seine Versöhnung findet. Es ergeht Hamerling, wie es noch fast Jedem ergangen ist, der abstrakte philosophische Stoffe poetisch zu behandeln unternahm — man denke, um nicht von ältern Beispielen zu reden, nur an Shelley's „Königin Mab" und „Die Empörung des Islam", an Tiedge's „Urania", Sallet's „Schön Irla", oder „Das Hohelied" von Titus Ullrich: — die Klage, „der Schmerz des Alls, nur Kreatur zu sein," läßt sich, weil von jedem höherstrebenden Gemüth mitempfunden, in herzbewegliche dichterische Form bringen; aber das aus himmlischer Wolke herabwinkende Erlösungsbild, das Ideal höchster, zu göttlicher Potenz gesteigerter Vollendung, spottet jeder künstlerischen Darstellung. Die Kraft des Dichters erlahmt, gleich der Kraft des Riesen Antäus, so bald sie den Grund der mütterlichen Erde verläßt und in die Regionen eines Luftreichs emporschweift, das sie nur noch mit farblosen Begriffen bevölkern kann. Selbst die Sprache Hamerling's, welche sich im ersten, zweiten und vierten Gesange auf Rhythmen von berauschender Schönheit wiegt, sinkt im dritten und fünften Gesange häufig zu prosaischer Nüchternheit herab, weil eben kein irdisches Wort genügt, die Sphärenmelodie der Welten nachzuhallen.

In dieser halbvergessenen, aber für Hamerling's Auftreten höchst bedeutungsvollen Jugendschöpfung hatte der Poet, so zu sagen, ein dichterisches Lebensprogramm aufgestellt, das er bei seinen späteren Produktionen unverrückbar im Auge behielt, so sehr er sich auch nachmals in der sicheren Wahl seiner Stoffe und in der Beherrschung der künstlerischen Mittel vervollkommnete. Das zuerst 1860 und seitdem in fünf stark vermehrten Auflagen erschienene Liederbuch „Sinnen und Minnen" ist gleichsam eine Sammlung lyrischer Variationen über denselben Text. Hier aber tritt die philosophische Reflexion weit glücklicher meist als Stimmung und Gefühl an uns heran, die schwerfällige Allegorie weicht dem klaren, bedeutungsvollen Symbol, und in immer neuen Weisen versteht der Dichter seiner Sehnsucht nach einer harmonischen Lösung der großen Welträthsel den tiefsinnigsten und melodiösesten Ausdruck zu geben. Dies rastlose Streben, „im ewig Schönen das enge Sein zu erweitern," dies anfänglich traumdunkle, bald aber klarbewußte Wandeln auf den Spuren des Ideals verleiht den Liedern Hamerling's einen elfenhaft zarten, ätherischen

Duft, wie er uns höchstens noch aus einzelnen Gedichten von Shelley und Keats entgegenhaucht.

Wir haben schon erwähnt, daß in den älteren dieser Lieder, welche hier zum Theil wieder abgedruckt wurden, eine schwermuthvolle Trauer den Grundakkord bildet. Edel spricht Hamerling Dies am Schlusse des „Waldgangs im Herbste" aus:

Müdigkeit und herbstliche Trauer
Weht ins Herz mir der Genius der sinkenden Zeit;
Doch er übergießt die Blüthen des Liebs mir
Mit der Wehmuth süßestem Schmelz.

Weil die Wirklichkeit nüchtern und kalt ist, weil das realistische Streben der Gegenwart überall des Anreizes der Schönheit entbehrt, überkommt den Dichter inmitten des lärmenden Getriebes eine bange Sehnsucht nach Ruhe, nach weltabgeschiedener Einsamkeit und Tod. Am liebsten flüchtet er sich ans Herz der Natur, die er pantheistisch belebt. Der unendliche blaue Äther lockt ihn mit süßer Gewalt, aus der Krone des Baumes rauscht es ihm wie Engelsschwingen über dem Haupte, die Sterne locken ihn, aufwärts zu wallen in himmlisches Gefild. Wolken und Sterne, Vögel, Blumen und Wellen sind ihm Bilder seiner Sehnsucht, Symbole seines eigenen idealistischen Schönheitsdranges. Die Rose wirft er ins Meer, hoffend, daß die Wellen sie ins Wunderland seiner Träume hintragen; im perlenden Schaum des Champagners sieht er die Geister des Lichts sich aus tellurischer Schwere entbinden; jeder Vorgang des Naturlebens erschließt ihm ein analoges Geheimnis der Menschenbrust. Ein Beispiel solcher poetisch zarten Symbolisierung der Natur ist nachfolgendes Gedicht, das, wie Heine's Lied vom Fichtenbaum und der Palme, natürlich auf Zustände der Menschenseele bezogen sein will, aber diese Beziehung eben so wenig betont, als es ihrer nothwendig bedarf, um verständlich und schön zu sein.

Die beiden Wolken.

Eine Wolke seh' ich wandern,
  Eine Wolke seh' ich ziehn:
Hoch und ferne von den andern,
  Hoch und heiter schwebt sie hin.
Abendsonnenglanz umzittert
  Ihre Ränder rein und hold,
Bis, von Himmelshauch umwittert,
  Sie zerrinnt in Äthergold.

Eine andre seh' ich schweben
  Tief und schwer am Bergeshang:
Ach, es lockt des Thales Leben
  Sie mit allzu holdem Zwang!
Ärmste, nicht an Sonnenküssen,
  Ahn' ich, wirst du zart verwehn:
Wohl in bittern Thränengüssen
  Wirst du strömend niedergehn!

Überall offenbart sich in Hamerling's Liedern ein wunderbar tiefes Naturgefühl, mag er uns nun das heitere Erwachen der Frühlingswelt, das stürmische Brausen des Gewitters, die stürzenden Wasser der Bergschlucht und das Absterben der Natur bei einem Herbstgang durch die heimatlichen Wälder, oder die geheimnisvollen Zauber des Meers schildern, wie sie den Blick der ersten Menschen mit lockendem Grausen anzogen, und heute noch, wie mit Sirenengesang, alles Sehnen in der Menschenbrust erwecken, ohne doch die Gluth des Herzens zu stillen:

> Einst träumt' ich in Waldgrün, nun träum' ich am Meer:
> Rauscht heran denn, ihr Wogen, mein Herz ist so schwer!
> Ach, das Sehnen der Waldnacht, ihr verschollenes Weh,
> Es erwacht mir noch einmal an der flüsternden See.

> Einst folgt' ich dem Bergstrom, nun wandr' ich am Strand:
> Goldschimmer umlodert Meer, Himmel und Land;
> Doch es spiegelt der Strahl sich, der im Westen versinkt,
> In der Thräne der Wehmuth, die im Auge mir blinkt.

> Einst schmieg' ich ins Moos mich, nun wiegt mich die Fluth:
> Doch nimmer im Herzen entschlummert die Gluth;
> Wie über dem Moose, schwebt über dem Schaum
> Verlockend des Glückes urewiger Traum.

Derselbe idealistische Zug, welcher durch Hamerling's Naturbetrachtung geht, charakterisiert seine Liebeslieder. Auch hier ist es das Ideal höchster Vollkommenheit, welches er sucht, Venus Aphrodite und Venus Urania in einer Person, die holde Braut, von welcher die Rosen und Sterne ihm Grüße bringen, und deren süßes Bild ihm allenthalben vor der Seele steht, ohne doch jemals in leibhaftiger Wirklichkeit Gestalt zu gewinnen:

> In Wüsten hallt mein Ruf zurück
> Vom Fels in Sehnsuchtsweh:
> Gieb, weite Erde, mir mein Glück,
> Gebier sie, tiefe See!
> Sie suchend irr' ich hin und her
> Bis an des Meeres Saum;
> Umsonst! die Welt ist öd und leer —
> Es war ein schöner Traum!

Was der Dichter einst in seiner „Venus im Exil" ausgesprochen, daß jedes Idol, an das Ideal gehalten, erblassen muß, bewahrheitet

fich ihm traurig im eigenen Leben; bei jedem Liebesverhältnis ängstigt ihn
von vornherein der Gedanke an das Ende, ihn quält die geheime Furcht,
daß das Bild, welches er jetzt auf lichtem Schilde erhebt, morgen wie
Nebel erbleichen wird, „kalt weht ihn an als eine schöne Lüge, was erst
wie Himmelszauber ihn getroffen", und schmerzlich ruft er aus:

> Ich will ja Nichts, als schaun ein wahrhaft Schönes,
> Und wär' es auch nur, um dafür zu sterben!

Charakteristisch für diesen edlen und reinen Idealismus, der bei aller
Zartheit doch nichts Weichliches hat, sondern den Geist zu immer höherem
Streben beflügelt, ist die wehmüthige Grabschrift, welche sich Hamerling
in der hoffentlich irrigen Ahnung eines frühzeitigen Todes gedichtet hat:

> Der ich der Liebe Panier entrollt und gedeutet der Rose
> Purpurschrift, und das Reich seliger Schöne geahnt,
> Ferne der Lieb' und Freude, des Glücks jungfräulicher Herold,
> Einsam lebt' ich, und früh ging ich den düsteren Weg.

Es kann nicht überraschen, daß ein so zart besaitetes Herz sich in
der politisch windstillen Zeit der Reaktion und des selbstsüchtigen Materialismus wenig aufgelegt fühlte, dem Zeitgeist zu huldigen und sein Lied
in den Dienst dieser oder jener der kämpfenden Parteien zu stellen. Mit
Spott, Zorn und Trauer wendet der Poet sich von einem Geschlechte ab,
das nur Freude am Metallgeklimper des Geldes und am Heroldsruf der
Tagesfehde hat, nicht aber den Sabbathsglockenklang reiner Schönheit zu
hören begehrt. Im rauhen Tagwerk des Nordens sieht er den Sinn für
Formenzauber im Liede und ideale Schönheit im Bilde fast erloschen; die
Göttin, die in hellenischen Tempeln rosenbekränzt, voll strahlender Liebes-
pracht glänzte, ward in der frostigen Wildnis des Nordens zum spukhaften
Traumgebilde, zur gestaltlosen Tochter des Schaumes, die nächtlich den
lebensfrohen Jüngling bethört und in unselige Tiefe verlockt — im Süden
aber, so träumt der Dichter, steht sie noch, prangend im Sonnenglanz,
auf hohem Altar; hier klingen noch die Lüfte von Rhythmen, hier tönt
noch, weltunbekümmert, anmuthiger Herzempfindung klangfrohe Musik,
und berauscht ihm die Seele. Ein Sklave der Schönheit, deren Evangelium ihn eins dünkt mit dem der Zukunft, weiht er sich ihr zum Apostel
und Propheten, und mit Recht protestiert er dagegen, daß dieser Schönheits-
kultus ein müßiges Spiel, ein thatloses Schwärmen sei. Wie ein anderer

österreichischer Dichter, Moritz Hartmann, als er, von heimischer Erde
verbannt, Angesichts der blauen Fluthen des Genfersees sein liebliches Idyll
„Adam und Eva" schrieb, von demselben Gedanken bewegt wurde:

Jegliches Lied, das friedlichste selbst, ist ein Hymnus der Freiheit;
Denn was wäre sie sonst, die Freiheit, wenn nicht das Schöne?

so rechtfertigt auch Hamerling die „goldnen Spiele seiner Rhythmen"
mit ähnlich lautenden Worten:

Jeder Klang, der nach dem Schönen
Lockend hin die Herzen zieht,
Klingt der Zukunft echten Söhnen
Rauschend als Tyrtäuslied:
Als ein Schrei der Kampfestriebe,
Den, indeß der Feind noch kämpft,
Wunderfam die ew'ge Liebe
Schon zur Melodie gedämpft.

Die meisten der Hamerling'schen Gedichte sind insofern echte Lieder,
als fast in jedem derselben ein einfaches, durch keinen ironischen Pointen-
witz gestörtes Gefühl oder ein bestimmter, scharf abgeschlossener Gedanke
sich ausklingt. Selbst die Oden und Hymnen, deren dithyrambischer
Schwung ein gelegentliches Abschweifen vom logischen Pfad eher zuließe,
sind von eben so durchsichtiger Klarheit der Form, wie die Sonette oder
die kleinen sangbaren Lieder. Überall zeigt Hamerling eine Meisterschaft
in der Behandlung der künstlerischen Technik, durch welche er sich Platen
und Geibel unmittelbar an die Seite stellen würde, wenn nicht die
Unreinheit der Reime hie und da unangenehm auffiele; doch zeigt sich auch
hier ein bedeutender Fortschritt in den späteren Gedichten. Dem ungewöhnlich reichen Wechsel der Rhythmen und Metren sehen wir es leicht
an, daß der Verfasser sich an den besten Mustern der alten und neuen,
vor Allem auch der romanischen Literaturen, gebildet hat, ohne daß seine
Originalität dadurch verwischt worden wäre. Schon die Selbständigkeit
der Gedanken bewahrt ihn meist vor der Gefahr directer Nachahmung;
nur von den Einflüssen Heine's, die in manchen Gedichten der ersten
Auflage von „Sinnen und Minnen" ungebührlich stark hervortraten,
scheint er sich noch nicht gänzlich befreit zu haben.

Am wenigsten gelingen dem Dichter die Balladen. Wenn wir „Sankt
Basilius in der Hölle" und „König Moor" ausnehmen, so findet sich in

der ganzen Sammlung kaum ein Gedicht, aus welchem sich hätte erkennen
lassen, daß Hamerling gerade für das Epische ein hervorragendes Talent
besitzt. Ihm selber scheint Dies aufgefallen zu sein, denn er schickte der
ersten Auflage einen Prolog voran, in welchem er zugestand, daß sein
Gesang bis jetzt „arm an Stoffen und Gestalten", nur „ein holdbewegtes
Tongewog, kein Bildersaal" sei. In der That lag die Befürchtung nahe,
daß dieser Elfengeist, ähnlich wie Shelley, mit dem er eine unleugbare
Verwandtschaft besaß, niemals zu einer plastischen Gestaltung seiner ätherischen Gedanken in einem größeren Kunstwerk gelangen werde, sondern
lediglich auf die schwungvoll getragenen Formen der Lyrik angewiesen sei.
Zu diesen drängte es ihn offenbar mit innerer Gewalt; in der Ode,
im Hymnus, in der Elegie rang er schon jetzt um die Palme mit den
besten seiner Vorgänger — aber welche künftige Frucht verhieß diese sensitive
Blüthe zu tragen, die fast gleich der blauen Blume der Romantik einsam
auf dem Wasser schwamm und vor jeder Berührung der realen Welt
keusch und bang in sich selbst zurückschauerte? Ja, zuweilen, in sternlosen
Nächten, erschien dem Dichter bereits die ganze Welt wie ein Todtenreich
und das Leben wie eine gleißende Lüge, die aus den Grüften des Nichts
in die Dämmerung des irdischen Tages emporgestiegen; Zweifel schlichen
heran, bang und quälend, wie sie in folgendem Gedichte laut wurden:

Die Ideale.

Bilder schöneren Seins, die ihr in Wolken schwebt,
Seid ihr's werth, daß man euch hascht, und den flüchtigen
Blüthenkranz des Genusses
An die Hörner des Mondes hängt?

Oder seid ihr vielleicht Schatten, die matt und kühl
Ins unendliche Nichts werfen die farbigen
Prachtidole des Lebens,
Deren Schimmer auf Erden blüht?

Solche Zweifel waren zuerst freilich nur vorübergehend, aber sie
kehrten doch oftmals wieder, und Hamerling hat mit Unrecht, wie uns
dünkt, fast jede Spur derselben aus den neuesten Auflagen seines Liederbuchs ausgemerzt, sogar einschließlich der tröstlichen, an den „letzten Dichter"
Anastasius Grün's erinnernden Antwort, welche er den ängstlichen Seelen

ertheilt, die, inmitten des realistischen Treibens der heutigen Welt, Alles, was schön und ideal ist, schier auf immer gestorben wähnen:

Und dennoch mahn' ich: Fürchtet Nichts! Denn wisset, daß nicht eher
Der Ideale Todestag in diesem irb'schen Thal ist,
Bis nicht verströmt auf immerbar der Duft der letzten Rose,
Bis nicht des Lenzes leicht Gewand, statt grün und blumig, fahl ist;
Nicht eher, bis verhaucht das Lied der letzten Philomele,
Und bis der letzte, blühendste der Rebenhügel kahl ist;
Nicht eher, bis verblüht das Roth der letzten Purpurlippen,
Und in des letzten Mädchens Aug' verglüht der letzte Strahl ist.
Der Ideale Duft entsteigt der Blume des Realen,
Drum fürchtet Nichts, so lang' besetzt des Lebens goldnes Mahl ist!

Je weniger Hamerling Anfangs mit seinem schönheitstrunkenen Idealismus bei der Menge seiner Zeitgenossen Gehör fand, desto elegischer
wurden seine Weisen. Schon die erste Auflage seines Liederbuchs enthielt
die finstere Vision einer „Todtenstadt," wo alles Leben dem Götzen des
Erwerbs zum Opfer gefallen ist. In einer ähnlichen Vision gipfelt auch
das „Schwanenlied der Romantik," welches gegen Ende des Jahres
1862 erschien. In den schönsten Nibelungenstrophen, welche hier in origineller Anwendung als elegisches Versmaß benutzt sind, variiert Hamerling die Klage über den einseitigen Materialismus seines Zeitalters. Der
Dichter besteigt bei anbrechender Nacht die Gondel und fährt auf den
Lagunen Venedig's zum Meere hinaus; die im Mondglanz schimmernden
Palläste der alten Dogenstadt erinnern ihn an die Zeiten, in denen Her-
zensfrische und ein göttlicher Drang nach Lebensschöne diese Prachtkolosse
erschuf. In romantischen Erinnerungen der Vergangenheit schwelgend, vernimmt der sinnende Träumer die Stimme der Gegenwart, welche, den
Zauber der Kunst und Schönheit verachtend, mit stolzem Selbstgefühl die
Macht des Wissens, die Fortschritte der Industrie und Bildung rühmt,
indeß ihr das Ideal des Herzens als hohler Wahn erscheint. Ein entsetzliches Bild der Zukunft steigt vor dem geistigen Auge des Dichters
empor — ein Bild, das an dämonisch ergreifender Kraft kaum von den
kühnsten Erfindungen Dante's überboten wird:

Kommen wird der Tag einst, kommen wird die Stund',
Wo, wie des Mondes Scheibe, der Erde wüstes Rund
Als ausgebrannte Schlacke dahin im Äther rollt,
Wenn des Gerichtes Donner verzehrend drüber ausgerollt.

Doch nicht mit Einem Male breitet der Todesflor,
Der gelbe, sich über den Erdkreis. Wegschwindet zuvor
Der Schmelz von den Blumen, vom Meere Sonnenduft
Und Ätherblau, der heitre Goldschimmer aus der Sommerluft,

Und aus dem Menschenauge der mildfeuchte Glanz,
Der vom Herzen quillet, der Silberperlenkranz
Heil'ger Herzempfindung, welcher lind und lau
Den dürren Staub der Erde befeuchtet sonst mit Himmelsthau.

Kein Engelsfittig rauscht dann mehr im Hain, empor
Ragen stumm die Wipfel, ihrer Lispel Chor
Weiß Nichts mehr zu sagen, der Waldbach sucht
Klanglos und grollend den öden Weg zur finstern Schlucht.

Es sehnt nach Mond und Sternen sich nimmermehr die See;
Träg in ihren Tiefen liegt sie, von der Höh'
Küßt den versumpften Spiegel die goldne Sternengluth
Nie wieder; Pesthauch brütet und Schwüle stumm auf ihrer Fluth.

Öde liegt die Erde, öde liegt das Meer,
Öde liegt der eherne Himmel drüber her;
Des Mondes Auge sieht man strafend niederschaun,
Daß durch das Herz der Erde geht ahnungsschwer ein banges Graun.

Und von den kreisenden Sternen tönt ein Chor herab,
Wie ein Todtenhymnus um ein offnes Grab;
Der erbebenden Erde ist ein grauser Fluch
Die Harmonie der Sphären, ein mahnend ernster Richterspruch.

Stumm sonst brütet Alles, und klänge wo ein Ton
Noch von verlorner Schöne, begleitete der Hohn
Der Hölle sein Verzittern, und wie ein schneidend Erz
Durchführ' er qualerregend des Lauschers gottverlasnes Herz.

Denn nur des Lichtes Söhnen klingt Schönes ewig hold,
Des Dunkels Brut vernimmt es zitternd und grollt,
Geheim im Busen schaubernd, weil schamroth vor dem Strahl
Des Schönen sich Unschönes verzehren muß in herber Qual.

So, immerdar unselig, aller Schöne fern,
Hinrollt die bange Erde, ein ausgelöschter Stern,
Bald im ew'gen Geiste vergessen, ungewußt,
Und hinweggestoßen, Natur, von deiner Mutterbrust!

Wie Geier oder Rabe in Öden, unbelebt,
Hoch über einem schwarzen verschlammten Waldsee schwebt,
So, nachdem versieget ist der Liebe Born,
Kreiset ob den Sümpfen auf dunklen Fittigen der Zorn:

Und wie auf Bergesgipfeln grollende Wetter stehn —
Stumm ist der Wald und reglos, und nur die Wolken gehn
Am finsteren Nachthimmel dahin: — so, des Gerichts
Gewärtig, hängt die Erde, vor Schauder stumm, am Rand des Nichts.

Bei aufgehendem Morgenroth jedoch wird dies graunvolle Nachtgesicht
durch einen freundlicheren Blick in die Zukunft wieder aus der Seele
des Dichters verscheucht; ein schöneres Traumbild der Sehnsucht dämmert
in ihm auf als einstiges Ziel der Menschheit — freilich nicht erreichbar
für ein Geschlecht, das in schlaffer Genußsucht und schalem Dünkel die
Tempel des Ideales stürzt und mit nüchternen Worten des Verstandes den
berechtigten Drang des Herzens zurückweist. Mit dem heiligen Ernste des
Sehers ermahnt der Poet schließlich sein deutsches Vaterland, nicht um
materielle Güter und um den Schein äußerer Macht das Banner der
Idealität zu verlassen, das ihm länger als ein Jahrtausend voranleuchtete.

Wenn wir noch der aus dem Jahre 1863 stammenden Kanzone
„Germanenzug" gedenken, in welcher die Mission des deutschen Geistes
in ähnlicher Tendenz, aber in etwas doktrinärem Tone, erläutert wird,
so sind wir damit an das Ende der ersten Periode von Hamerling's dich-
terischer Thätigkeit gelangt. Ein Fortschritt auf diesem Wege war, wie
bereits angedeutet, nicht leicht mehr möglich. In allen bis jetzt genannten
Dichtungen war der Versuch gemacht, die Schönheit und Herrlichkeit des
Ideals positiv zu feiern. Das konnte, wie Hamerling selbst zuweilen empfand, nur dadurch annähernd gelingen, daß der Dichter sich, nach Art
der Romantiker, geschlossenen Auges in eine ideale Traumwelt versenkte,
und die ihn umgebende Wirklichkeit als eine feindliche Macht ansah, mit
welcher es für ihn keine Gemeinschaft gab. Seine Lieder hatten daher
etwas hymnenartig Verzücktes, nebelhaft Verschwimmendes, sie erschienen
arm an plastischer Gestaltung, und die Klage, mit welcher er sein „Schwanenlied" geschlossen hatte, daß ihm nicht die Vollgewalt des Gesanges verliehen sei, welche unwiderstehlich das Herz der Mitwelt durchhalle, schien
eine trübe Wahrheit zu enthalten. Aber auch die Wendung welche die
Muse Hamerling's einschlagen mußte, um sich den Weg zu einer neuen

fortschreitenden Entfaltung ihrer eigenthümlichen Kräfte zu bahnen, scheint der Dichter schon frühe instinktiv geahnt zu haben; denn wir finden in dem lyrischen Anhang zur „Venus im Exil" folgenden charakteristischen Zuruf, der den Unterschied Hamerling's von den Romantikern älteren Schlages deutlich erkennen lässt:

Mit dem Strome.

Ewig, ach, in weite Fernen,
Über Länder, über Meere,
In die Höhe, zu den Sternen
Strebt das Auge, strebt der Sinn:
In der Brust der Sehnsucht Speere,
Die wir nicht verwinden lernen,
Starren wir ins ewig Leere
Nimmermüden Dranges hin.

Und wir suchen, und wir schauen
Ewig nach den goldnen Zinnen
Der Unendlichkeit im Blauen,
Fragen nach dem reinen Glück;

Flügel möchten wir gewinnen,
Doch zu den verlassnen Auen
Kehrt das Sinnen, kehrt das Minnen
Ewig leer und arm zurück!

In den vollen Strom des Lebens
Stürze dich, nicht einsam grollend;
Schwimmend wandelst du des Strebens
Mühn dir in ein holdes Spiel;
Seiner Fluth Vertrauen zollend
Schwimme hin — nicht ist's vergebens!
Ihre sichren Bahnen rollend
Trägt sie dich aus goldne Ziel.

Lange sträubte sich die keusche Muse Hamerling's, den entscheidenden Schritt zu thun, aus der Wunderwelt ihrer stillen Träume, aus den Ätherhöhen dithyrambischer Schönheitsverzückung in das aufgeregte Meer irdischer Kämpfe hinabzusteigen. Um so bewundernswerther ist die Sicher-heit und Kühnheit, mit welcher sie ihn doch endlich that. In der epi-schen Dichtung „Ahasver in Rom," dessen erste Auflage gegen Ende des Jahres 1866 erschien, steht Hamerling plötzlich auf vollständig festem, geschichtlichem Boden. Hatte seine Poesie bisher wie ein lichter Seraph sich auf den Wolken der Abendröthe gewiegt und in trunkenen Psalmodieen die unentweihte Herrlichkeit der Schöpfung gepriesen, so war sie jetzt auf die schuldbefleckte Erde hinabgeschwebt, um die geistigen Kämpfe der Mensch-heit mit der Fackel des Ideals zu beleuchten. Für die melodisch weichen Klänge reiner Schönheit schien das heutige Geschlecht unempfindlich und taub geworden zu sein; ein stärkeres Reizmittel, als die elegische Klage, war nöthig, es aus seinem apathischen Stumpfsinn emporzuschrecken. In der Schilderung des neronischen Übermuthes — Das ist die Bedeutung des „Ahasver in Rom" — hielt der Dichter seinem Zeitalter einen finsteren

Spiegel vor, deſſen Anblick auf den frivolen Realismus der Gegenwart die verſteinernde Wirkung eines Meduſenſchilds üben ſollte. Der Poet wollte warnen und ſchrecken, indem er in dieſem Spiegelbilde den Abgrund des Verderbens enthüllte, dem eine Geſellſchaft entgegen taumelt, welche in maßloſer Selbſtſucht jedes Göttliche über Bord geworfen hat, und mit dem Verzicht auf alles höhere Streben zugleich die Fähigkeit wahres Genuſſes verlieren muſs. Es iſt ſchwer begreiflich, wie die Kritik dieſen ethiſchen Grundgedanken der Dichtung, welcher mit unzweideutiger Klarheit aus dem ganzen Verlaufe der Handlung hervorblickt, zum Theil überſehen und den Verfaſſer eines lasciven Behagens an der Schilderung ſinnlich aufregender Scenen beſchuldigen konnte. Allerdings ſind die Orgien des Bacchanals in den kaiſerlichen Gärten, die Reize der Agrippina und Poppäa, das Feſtgelag im Marmorpalaſte Nero's mit glühenden Farben gemalt — aber wie läſſt ſich die unheilvoll verlockende Macht der Sünde wirkſam ſchildern, wenn ſie ihres Hauptreizmittels, der ſchwülen Bethörung der Sinne, entbehren ſoll? Man hat dieſe Schilderungen Hamerling's, ziemlich unpaſſend, mit dem bekannten Makart'ſchen Bilde „Die ſieben Todſünden" in Vergleich geſtellt; ſo gering die Vergleichspunkte ſind, weiſt immerhin in beiden Werken ſchon die Beleuchtung den Vorwurf der „Unſittlichkeit" zurück. Das fahle, grünliche Licht der Verweſung, welches auf den üppigen Frauengeſtalten des Makart'ſchen Gemäldes ruht, bewahrt den Beſchauer deſſelben ſo ſicher vor jedem Anreiz wollüſtiger Empfindung, wie die unheimlich ſchwüle Atmoſphäre der neroniſchen Orgien bei dem Leſer des „Ahasver" kein anderes Gefühl, als das angſtvoller Beklommenheit, aufkommen läſſt. Auch ſollte man nicht vergeſſen, daſs Hamerling, ſo fruchtbar und ſelbſtändig er im übrigen ſeine Erfindungskraft walten ließ, doch in den Ausſchweifungen der römiſchen Kaiſerzeit Nichts erfunden, ſondern vielmehr die von Sueton und Juvenal berichteten Greuel der Sittenloſigkeit, ſo weit möglich, äſthetiſch gedämpft und gemildert hat. Das Grauſenhafte und Häſsliche iſt, gleich den Spinnen oder Fliegen, die man in Stücken Bernſteins eingekruſtet findet, hier überall von der durchſichtigen Bernſteinhülle der Poeſie umſchloſſen; es iſt nicht um ſeiner ſelbſt willen da, ſondern dient, durch die Stelle, welche es einnimmt, einem höheren künſtleriſchen Zwecke.

In gewiſſem Sinne iſt „Ahasver in Rom" der ergänzende Gegen

fat zur „Venus im Exil." Während hier der Einzelmensch den Stufen-
gang höchster Vervollkommnung vollendet, indem er dem idealen Sehn-
suchtsdrange nach unendlicher Schönheit und Liebe vertrauensvoll bis zur
Auflösung der letzten Fesselschranke des irdischen Daseins folgt, bäumt sich
dort in Nero das Individuum mit titanischem Trotz gegen das Göttliche
auf, und erkennt erst im Tode, daß der Irrthum seines Lebens mit dem
Tage begann, wo er den ewigen Mächten des Gemüths in seiner Brust,
den Leitsternen des Ideals, untreu ward. Wie aber das Licht nur durch
die Abstufungen des Schattens, die Sonne nur durch den farbigen Re-
flex, welchen sie auf die irdischen Dinge wirft, gemalt werden kann, so
vermag auch der Dichter die Herrlichkeit des Ideals nur dadurch erfolgreich zu schildern, daß er uns die Unseligkeit des Abfalls von demselben
vor Augen führt. Aus diesem Grunde steht „Ahasver in Rom," vom
künstlerischem Gesichtspunkte betrachtet, hoch über der „Venus im Exil;"
es sind keine bleichen Schatten mehr, die uns umschweben, sondern lebensfrische Gestalten von Fleisch und Blut, mit festen historischen Umrissen,
treten vor uns hin und wecken in unserer Seele ein Echo von Zorn und
Grausen, von Haß und Verachtung des Schlechten, ganz wie es der
Dichter beabsichtigt hat. Aber auch die philosophische Weltanschauung Hamerling's spricht sich hier weit klarer und reifer aus, als in jener allegorisch-
mystischen Jugenddichtung aus. Tief bedeutungsvoll ist in der Gestalt des
Ahasver (der hier nicht als der ewige Jude, sondern als der ewige
Mensch gedacht wird) die Ruhesehnsucht der unsterblichen, ewig ringenden
und strebenden Menschheit dem rastlosen, stolzverirrten Lebensdrange des
Sterblichen in Nero gegenüber gestellt. Ahasver repräsentiert das Bleibende, Unsterbliche im ewigen Wandel des Seins:

> „Ja, was der wüste Nero sein gewollt,
> Der Sterbliche, der Mann des bleichen Tods,
> Das bin nur ich. — Mit schnödem Eigendünkel
> Wollt' er sein zeitgebundnes Erdendasein
> Aufblähen zur Unendlichkeit, und sinnlos
> Hat er gefrevelt an dem Bleibenden!
> Er wollte sein, was nur die Menschheit selbst ist,
> Und ich, ihr Spiegelbild — unsterblich, göttlich!
> Wie lang' noch glüht sie, die geheimnisvolle,
> Die unanstilgbar stille Todessehnsucht,
> Die eins ist mit dem höchsten Lebensdrang.

Und die durch all die Umgestaltungen
Des Menschendaseins sich hindurchringt, nie
Befriedigt, ewig trachtend nach dem letzten,
Dem unbekannten Ziel? Ja, dem Geschöpf
Ist eingeboren eine ew'ge Sehnsucht
Nach Ruhe — mag sein Seufzer diese Ruh'
Vollkommenheit, Glück, Himmel, Gott benennen!
Nach diesem letzten Ruheziele strebt
Es hin voll Unruh' — und der Einzelne,
Er findet's doch im Tod — die Menschheit aber
Muß leben, streben, ringen immerdar,.
Und ich, ich bin's, der diese Qual der Menschheit,
Des unbefriedigt ruhelosen Daseins,
Begleiten muß durch die Jahrtausende!"

Ein überaus feines Gefühl Hamerling's für die künstlerische Form
hatte ihn veranlaßt, den reimlosen fünffüßigen Jambus als metrisches
Gewand seiner Ahasver-Dichtung zu wählen. So gebräuchlich in der
englischen Literatur der blank verse als episches Maß ist, so überraschend
und neu war uns Deutschen seine Verwendung zu epischen Zwecken. Das
Experiment erscheint zwar im vorliegenden Fall durch den Erfolg gerechtfertigt; indeß sollte es nicht zu unbedingter Nachahmung reizen, denn
eingestandenermaßen waren es hauptsächlich die dramatischen Stellen seiner Dichtung — die zahlreichen Zwiegespräche und Monologe, — welche
dem Verfasser die Wahl dieser metrischen Form nahe legten. Im „König
von Sion," seinem nächstfolgenden Werke,- das den epischen Charakter
viel strenger zu wahren sucht, wendet er den Hexameter an, und beherrscht
das antike Metrum mit einer Gewandtheit welche demselben jeden Charakter des Fremdartigen, dem Geist der deutschen Sprache Widerstrebenden
benimmt. In der ersten Auflage freilich hatten die allzu weit gehenden
Licenzen, welche der Dichter namentlich durch häufige Anwendung jam-
bischer Versanfänge („Die Schwarzköpfe," „Den Bartscherern" rc.) sich
gestattete, begründeten Anstoß erregt; schon in der zweiten Auflage jedoch
sind diese kleinen Flecken des Versgewandes säuberlich getilgt, und man
wird in der ganzen, fast 10,000 Zeilen umfassenden Dichtung kaum
einem Hexameter mehr begegnen, der den Vergleich mit den besten Mustern
zu scheuen brauchte. Von besonderer Schönheit ist die hin und wieder zu
glücklichster Tonmalerei verwertete Einflechtung der Alliteration in das
heroische Maß, z. B.:

Schwere Geschütze durchrasseln die Stadt auf rollenden Rädern ...
Wieder nun rückt sie heran mit zierlichen Händen des Weines
Funkelnde Labung, und lächelt und lispelt: „Erquicke dich, Liebster!" ...
— — — — — — Im Schein unzähliger Lampen
Funkelt's und flittert und flirrt, und das Flimmern, so zauberisch unstät ...

Auch das vereinzelte Fehlen der sonst mit großer Strenge inne-
gehaltenen Cäsur weiß der Dichter trefflich für malerische Zwecke zu
benutzen, so in dem Verse, wo es von der Schlange heißt:

Erst mit hurtigen Windungen denkt sie gemach zu entgleiten.

Hinsichtlich des Stoffes unterscheidet sich „Der König von Sion" wesentlich dadurch vom „Ahasver in Rom", daß uns in der Geschichte der
Wiedertäufer zu Münster ein Kampf vor Augen tritt, welcher ursprünglich
von der idealen Tendenz einer vollständigen sittlichen Wiedergeburt der
menschlichen Gesellschaft getragen war, aber kläglich scheitern mußte, weil
die Herzen der Führer wie der von ihnen geleiteten Menge innerlich an-
gefressen waren von demselben Gifte der Verderbnis, das sie von Grund
aus zerstören wollten. Von dem Rechte des Dichters, den vorgefundenen
historischen Stoff zu concentrieren, und die geschichtlichen Thatsachen nach
den Zwecken seiner Erzählung zu gruppieren, hat Hamerling auch diesmal
den freiesten Gebrauch gemacht. Es wäre Thorheit, ihn zu tadeln, daß
er, wie in der Schlußkatastrophe, hin und wieder von dem Wortlaute der
Geschichtschronik abweicht, um eine tiefere poetische Wirkung zu erzielen.
Dem Geiste der Ereignisse wird keine unerlaubte Gewalt dadurch angethan, daß Jan von Leyden die Sühne für seinen Abfall von der reinen
demokratischen Idee an sich selber vollzieht, statt den Schimpf einer thie-
risch grausamen Hinrichtung durch einen Sieger zu erleiden, dessen Sache,
von einem höheren sittlichen Standpunkt angesehen, um Nichts besser als
die seinige war. Mit besonderer Geschicklichkeit ist, wie im „Ahasver,"
so auch hier wieder das kulturgeschichtliche Material nicht bloß zur far-
benreichen Ausschmückung der Handlung benutzt, sondern organisch mit
derselben verwebt worden. Selbst die eingeflochtenen Episoden, wie die
Processverhandlung gegen den „Morio," sind überall von typischer Bedeutung für die lebensvolle Charakteristik der geschilderten Zustände. Die
farbenglühende Pracht der Bilder, welche Hamerling vor unsern Blicken

entrollt, die lebensvolle Plastik seiner Gestalten und die fast dämonische Tiefe und Klarheit der psychologischen Motivierung erhöhen zugleich wunderbar den herzergreifenden Eindruck jener idealistischen Gedanken, denen er hier, wie in all seinen früheren Produktionen, ein Triumphlied singt.

Wieder von einer anderen Seite faßt der Dichter das Problem einer revolutionären Umgestaltung der auf Selbstsucht und Unrecht gegründeten alten Weltordnung in seiner Tragödie „Danton und Robespierre" (1871). Er schildert es als die tragische Schuld Robespierre's, daß Derselbe, von der Unfehlbarkeit seiner Einsicht und der uneigennützigen Reinheit seines Strebens überzeugt, seine großen Zwecke mit allen, auch den gewaltthätigsten Mitteln durchzusetzen sucht, und in starrer Energie zum Unmenschen versteint. Trotz der scharfen Zeichnung der Charaktere und der echt dramatischen Lebendigkeit vieler Scenen, hinterläßt die Lektüre des Stückes — die Bühnenaufführung desselben hat der Verfasser ausdrücklich untersagt — einen frostigen Eindruck, weil die Idee, welcher Robespierre so blutige Hekatomben bringt, mit zu geringer Deutlichkeit hervortritt.

In dem Scherzspiele „Teut" (1872) versucht Hamerling sich auf dem Felde der aristophanischen Komödie; allein seiner ernsten Natur gebricht es allzu sehr an der heitern Sicherheit eines über dem Wirrwarr der politischen Kämpfe schwebenden Humors, als daß er es vermocht hätte, hier den rechten Ton der Behandlung zu treffen. Die beabsichtigte Komik schlägt jeden Augenblick in possenhafte Übertreibung, die Satire in schwarzgallige Bitterkeit um.

Einen desto glänzenderen Aufschwung nahm der Genius des Dichters in der Kantate „Die sieben Todsünden" (1873). Es ist Hamerling gelungen, in diesem tiefsinnigen Mysterium den großartigen philosophischen Gehalt seiner Weltanschauung in der vollendetsten Form auszuprägen. Schon die äußerliche Handlung des Gedichtes ist von glücklichster Erfindung. Der Fürst der Finsternis beruft die Dämonen des Unheils vor seinen Thron, um von ihnen Rechenschaft über Alles zu fordern, was sie zur Bekämpfung des Lichtes und zur Verderbnis der Menschheit vollbracht haben. Es entspinnt sich ein Wettstreit unter ihnen, den ihr Herr und

Meister zu entscheiden verspricht, nachdem er, sie auf die Erde begleitend, Augenzeuge der Thaten jedes einzelnen der höllischen Geister geworden sein wird. Ein Chor von Pilgern erscheint, die mit muthiger Begeisterung auf steinigem, dornigem Pfade nach der Zinne der Vollkommenheit empor wallen. Der Dämon der Trägheit heftet sich an ihre Sohlen und flüstert ihnen zu, daß all ihr Mühen vergebliche Thorheit und Täuschung sei, bis sie sich zur schläfrigen Ruhe müßig ins weiche Moos lagern und entschlummern. Ein holdes Liebespaar wandelt auf blumiger Au — der Dämon der Hoffahrt hält dem von selbstloser Liebe beseligten Jüngling den Spiegel der Ichsucht vor, und in ehrgeizigem Taumel entflieht er sofort der Geliebten. Die Mutter verläßt ihr sterbendes Kind, um geschmückt zum Feste zu eilen, der Held und Retter seines Volkes greift nach der Krone und wird zum wahnwitzigen Tyrannen, so bald sie in das gleißende Zauberglas blicken. Der Dämon der Habsucht schleudert seine goldene Kugel Fortuna's unter die Menge, die toll und geblendet hinterbrein rennt und ihr Hab und Gut in „die Börse des Teufels" wirft, wo sich Alles in Asche und Staub verwandelt; er bethört das Mädchen, seine Schönheit und Unschuld, den Jüngling, sein Gewissen, den Mann, seine Ehre und Freiheit um Gold zu verkaufen. Dann entflammt der Dämon des Neides die Menschen zu noch ruchloserer Gier, der Dämon der Völlerei verthiert sie, daß sie nur noch dem Bauche fröhnen, der Dämon der bösen Lust entzündet in ihnen die Brunst wüster Sinnlichkeit, der Dämon des Zornes reizt sie zur Meuterei und zum wilden Gemetzel des Krieges, bis die Erde ihnen eine Stätte des Wehs und des Elends wird, auch der Genuß ihnen als leer und nichtig erscheint, und sie verzweifelnd ihr Dasein verfluchen. Die Verzweiflung aber führt zu dumpfer Erschlaffung, und die von den Nachtgeistern verderbte Menschheit verfällt scheinbar für immer dem Dämon der Trägheit, welchem der Fürst der Finsternis den Preis in dem höllischen Wettkampfe reicht. Da erweckt das Lied des Sängers in den unseligen Menschengemüthern aufs Neue die Sehnsucht nach dem göttlichen Strahle, der als Wahrheit und Freiheit, als Schönheit, Güte und Liebe glänzt, und ein brünstiges Flehen lockt die Genien des Lichtes herab, um die Unholde des Abgrunds an den Saum der Erde zu verscheuchen und der ringenden Menschheit wieder den Weg zum Glück zu eröffnen. Der vorwiegend lyrische Charakter dieser erhabenen Dichtung gestattet es Hamerling, in den hymnischen Rhythmen derselben alle Gluth und Pracht der Farben, allen Zauber der Melodie zu entfalten, über welche er in so reichem Maße verfügt.

Um so mehr wird es Manchen überrascht haben, den Dichter in seinem jüngsten Werke, dem Roman „Aspasia" (3 Bände 1876), zu der ungebundenen, einfachen Prosaform greifen zu sehn. Die Gefahr lag nahe, daß Hamerling durch die Gründlichkeit der gelehrten Studien, welche dieser Arbeit voraufgehen mußten, sich verleiten lassen werde, den kulturgeschichtlichen Hintergrund seines Romans mit allzu großer Breiter auszumalen und sich weit mehr, als in seinem „Ahasver," wo die strengere poetische Form ihm bestimmte Schranken auferlegte, in ermüdende antiquarische Details zu verlieren. In der That droht die Handlung Anfangs zuweilen in lose neben einander herlaufende Einzelschilderungen althellenischen Staats- und Familienlebens zu zerfallen; allein bald erkennt der Leser die feste, sichere Künstlerhand, welche all die scheinbar so regellos umherflatternden Fäden zu einem zauberisch fesselnden Ganzen verknüpft. Für einen Dichter von so trunkener Begeisterung für das Schönheitsideal, wie Robert Hamerling, mußte es einen besonderen Reiz haben, ein lebensvolles Bild jenes goldenen Zeitalters zu erschaffen, welches den Blüthepunkt des hellenischen Geistes und der hellenischen Kunst bezeichnet, und welches das Gesetz der Schönheit zugleich als das höchste und einzige Sittengesetz erkannte. Perikles und Aspasia, Phidias und Alkamenes, Sophokles und Euripides, Anaxagoras und Sokrates — welch eine stolze Reihe unsterblicher Gestalten, die als Helden dieses Romans an uns vorüberschreiten und uns den leuchtenden Kern ihres Wesens enthüllen! Aber mit unerbittlich strenger Gerechtigkeit zeigt uns der Dichter auch den Wurm, welcher insgeheim verderbenbringend an dieser Blüthe nagt und sie jäh dahin welken macht: der Schönheit fehlt in ihrer exklusiven Selbstsucht die sichere Grundlage der Freiheit und Gleichheit, es fehlt ihr die Achtung für das Recht der in Sklaverei erhaltenen niederen Stände und der als Barbaren betrachteten fremden Nationen. Darum sind es bedeutungsvoll nur zwei untergeordnete Figuren des Romans, welche der Alles dahinraffenden Pest entrinnen, und den Keim einer Zukunft in sich tragen, die es als ihren Beruf erfassen sollte, das Reich des Guten aufzurichten über den Trümmern der Schönheit.

So bewegt sich die poetische Entwicklung Hamerling's, wie romantisch auch seine Erstlingsflüge durch das Verlassen des Bodens der Wirklichkeit über den Kreis des künstlerisch Darstellbaren hinausschweiften, bis jetzt in stetig aufsteigender Linie, und es ist nicht zu befürchten, daß ein Dichter von so origineller Begabung und von so würdig ernsthaftem Streben den Weg zu einer immer höheren Entfaltung seiner schöpferischen Kraft verfehlen werde.

Berthold Auerbach.

Es giebt wenige Schriftsteller der Gegenwart, deren Werke bei allen Klassen des Volkes, von den obersten bis zu den untersten Schichten, eine enthusiastischere Aufnahme gefunden haben, als die „Schwarzwälder Dorfgeschichten" von Berthold Auerbach. Fast in alle lebenden Sprachen sind dieselben übersetzt worden, und Nachahmungen sind in kaum übersehbarer Zahl emporgeschossen, ohne daß eine einzige von ihnen den Zauber des Orizinales erreicht oder gar verdunkelt hätte. Es muß also in den Auerbach'schen Produktionen, neben den zumeist in die Augen fallenden äußerlichen Vorzügen, die sich zur Noth kopieren lassen, ein innerer Reiz verborgen sein, der ihr eigenthümlichstes Wesen ausmacht und sie von allen Nachahmungen unterscheidet. Daß Solches wirklich der Fall ist, wird eine nähere Prüfung der Werke dieses Schriftstellers uns lehren.

Die ersten Arbeiten Auerbach's stehen scheinbar nur in losem Zusammenhange mit seinem späteren Schaffen. Sie waren vorherrschend den Interessen des Judenthumes gewidmet, dem Berthold Auerbach durch Geburt und Erziehung angehört. Am 28. Februar 1812 in dem Dorfe Nordstetten im würtembergischen Schwarzwalde geboren, hatte er, von seinen Eltern zum Rabbinen bestimmt, auf der Talmudschule zu Hechingen und in einem Lehrinstitute zu Karlsruhe den Grund einer jüdisch-gelehrten Bildung gelegt, dann aber in Tübingen Rechtswissenschaft und später in München und Heidelberg Philosophie und Geschichte studiert. Wegen Theilnahme an einer burschenschaftlichen Verbindung mußte er 1835 eine mehrmonatliche Festungsstrafe auf dem Hohenasperg verbüßen. Um diese Zeit schleuderte Wolfgang Menzel seine bekannten Denunciationen wider das

„Junge Deutschland", und Auerbach, welcher mit den Personen und Tendenzen der verfehmten Literaturrichtung wenig sympathisierte, fühlte sich
doch berufen, sein Wort in diesem Kampfe zu erheben, um das Judenthum
gegen die thörichten Beschuldigungen in Schutz zu nehmen, welche dasselbe
in letzter Instanz für alle sensualistischen Emeuten der jungdeutschen Schriftsteller verantwortlich machen wollten. In seiner Broschüre „Das Judenthum und die neueste Literatur" (1836) suchte Auerbach in würdiger,
streng sachlicher Weise jene Angriffe zu entkräften, welche dem Judenthum
eine Solidarität mit religionsfeindlichen oder antinationalen Gesinnungen
andichteten; zugleich aber drang er darauf, daß dasselbe seinen positiven
Inhalt als befruchtenden Strom mehr und mehr in die hochgehende Kultur-
fluth des Jahrhunderts ergieße, statt sich, wie ehemals, in schroffer Ab-
sonderung dem Fortschritte der Zeit zu verstocken. Nicht umsonst hatte
Auerbach seinen Geist am Studium Spinoza's, des großen jüdischen Denkers,
geschult, dessen Werke er einige Jahre nachher in gewandter Übersetzung
und mit einer geistvollen kritisch-biographischen Einleitung (1841) herausgab.
Spinoza war ihm ein leuchtendes Vorbild der Befreiung des Judenthums
aus talmudischer Spitzfindigkeit und nationaler Beschränktheit zu philo-
sophischem Denken und kosmopolitischer Theilnahme an den allgemeinen
Geschicken der Menschheit. In seinem Romane „Spinoza" (1837)
bemühte er sich daher nicht allein, die philosophische Richtung des Letzteren
aus seinen Beziehungen zum Judenthume einerseits, zu Cartesianern und
Humanisten andererseits zu erklären, sondern der Entwicklungsgang Spinoza's erschien ihm gewissermaßen als typisch für die moderne Stellung
des Judenthums, das seine Fortbildung und Erlösung nur durch innige
Amalgamirung mit den Kulturelementen des germanischen Geistes gewinnen
kann. Der Mann des abstrakten Gedankens war aber wenig geeignet,
der Held eines Romans zu sein, und mit Grund ist getadelt worden,
daß der Spinoza, welcher uns aus der Auerbach'schen Dichtung entgegentritt,
sich immer nur passiv und reflektierend zu den Verhältnissen stellt, daß
er, ohne die gewaltige Kraft seines Willens in den Konflikten des Lebens
energisch zu bethätigen, sofort mit jener leidenschaftslosen Resignation
beginnt, mit welcher in Wirklichkeit seine philosophische Erkenntnis geendet
hat. Ein lehrreiches Gegenstück zum „Spinoza" bidet der zweite Roman
Auerbach's: „Dichter und Kaufmann" (1839). Während dort die

harmonische Entwicklung eines hervorragenden Geistes, die sieghafte Überwindung der Einflüsse einer jüdisch-beschränkten Erziehung durch die Macht
des reinen Gedankens geschildert ward, sehen wir hier in dem schlesischen
Epigrammendichter Ephraim Moses Kuh einen kleinen und unklaren Geist
an dem Zwiespalt zwischen dem allgemeinen Leben der Zeit und dem
Privatleben des Stammes zu Grunde gehen. Allein der schwächliche
Charakter eines Menschen, der die Nabelschnur seiner jüdischen Abstammung
wie einen Fluch durchs Leben schleppt, unfähig, sie zu zerreißen, aber
beständig mit ohnmächtigem Grimm an ihr zerrend und ruckend, macht
einen unerfreulichen Eindruck. Der ganze Roman gewährt ein überwiegend
pathologisches Interesse, wie denn auch der Held durch seine oberflächlich
anempfindende, haltlos schwankende Natur mit innerer Nothwendigkeit dem
Wahnsinn entgegentaumelt. In beiden Romanen hatte Auerbach, durch
seine lebensfrische Darstellung jüdischer Sitten und Verhältnisse, der deutschen
Literatur neue, höchst schätzbare Stoffe zugeführt. Zugleich hatte er einem
edlen Herzensdrange genügt, indem er, voll lebhafter Sympathie für die
politische, bürgerliche und geistige Befreiung seiner israelitischen Stamm-
genossen, den vielfach verkannten und geschmähten positiven Inhalt des
Judenthums mit Wärme dargelegt und die Forderung der Aufnahme
desselben in die geschichtliche Strömung der Gegenwart nachdrücklich angeregt
hatte. Einen populären Erfolg freilich konnten diese Stoffe nicht haben,
sie interessierten nur einen geringen Bruchtheil des Publikums, und Auerbach
schlug bald andere Bahnen ein.

Zunächst versuchte er in der Form philosophischer Novellen einzelne
Fragen der spekulativen Ethik zu behandeln. Diese Arbeiten, welche im
Jahre 1841, kurz nach der Übersetzung von Spinoza's Werken, entstanden
und erst in Zeitschriften, dann ziemlich unverändert im ersten Band der
„Deutschen Abende" (1850) wieder abgedruckt wurden, sind eigentlich
nur aphoristische Gespräche, welche das angeregte Thema bald von dieser,
bald von jener Seite beleuchten, aber zu keinem rechten Abschlusse gelangen.
Die lose novellistische Einkleidung ist, nach jungdeutscher Manier, hauptsächlich als Reizmittel gewählt, um den Leser mit geistvollem Geplauder
zur Anhörung eines philosophischen Diskurses zu verlocken. Nebenher
ist das Bestreben ersichtlich, die Resultate der spinozistischen Lehre, denen
Auerbach zeitlebens treu geblieben ist, auf die politischen und religiösen

Kämpfe der Gegenwart anzuwenden. Alle bisherigen (und wir können gleich hinzufügen, auch alle späteren) Schriften des Verfassers hatten in erster Linie einen didaktischen Zweck, dessen er sich immer klarer bewusst ward. Auf die Hebung der Volksbildung veredelnd einzuwirken, ist das Ziel, welches Auerbach nicht einen Augenblick aus dem Auge verlor, und zu dessen Erreichung er immer wirksamere Wege einschlug. Seine ernsten philosophischen Studien ließen ihn mit Misstrauen und Abneigung den blasierten Skepticismus der herrschenden schöngeistigen Literatur betrachten, die, trotz aller hochtrabenden demokratischen Phrasen, mehr ein geistreiches Spiel mit den Emancipationsideen der Neuzeit trieb, als sich ernstlich mit den Leiden und Bedürfnissen des Volkes beschäftigte. Die Sphäre exklusiver Bildung, in welcher sich die meisten Produktionen der jungdeutschen Schriftsteller bewegten, athmete einen Hautgout der Hypercivilisation, eine Stickluft überreizter Empfindung, in welcher es dem schlichten Verstande nicht wohl sein konnte. Statt der alten Romantik, die aus den Gräbern der Vergangenheit einen tollen Spuk heraufbeschworen hatte, lud sich diese jungdeutsche Literatur bei der Zukunft zu Gaste und orakelte in träumerischen Verheißungen von einer Wiedergeburt der menschlichen Gesellschaft und einem tausendjährigen Reiche des Genusses und der Freude. Es war, trotz aller Schmähungen gegen die Romantik, doch, der Hauptsache nach, wieder nur ein romantischer Kultus des Genius, der die Verhältnisse der realen Welt phantastisch auf den Kopf stellte und in vornehmer Isolierung sich eine schattenhafte Traumwelt erschuf, in welcher die Gesetze des Alltagslebens und der Alltagsmoral als „überwundene Standpunkte", als „philisterhafte Beschränktheiten" verlacht wurden. Auerbach, den seine Studien auf die Höhe philosophischer Bildung geführt hatten, fühlte sich einsam auf dieser Höhe, er sehnte sich aus der Abstraktion der Wissenschaft zum lebendigen Volksgeiste zurück, es drängte ihn, sein Geistesbrot mit der großen, im Thal lebenden Menge zu theilen, und in dieser Sehnsucht schrieb er das Buch für den denkenden Mittelstand: „Der gebildete Bürger" (1843), in welchem er den arbeitenden Ständen die ernste Pflicht der Selbstbildung ans Herz legte und die Mittel derselben in allgemeinen Umrissen bezeichnete. Aber wie eifrig er sich auch bemüht hatte, die wissenschaftliche Terminologie mit der schlichten Redeweise des Volkes zu vertauschen: er hatte den richtigen Ton nicht getroffen, seine

Arbeit roch nach dem Öl der Lampe, und die schematische Gliederung, die farblose Trockenheit der Ausführung hinderten die rechte Wirkung seiner Belehrungen auf das Volksgemüth.

Um so durchgreifender war der Erfolg der „Schwarzwälder Dorfgeschichten", deren erster Band noch im selben Jahre erschien und sofort die ungetheilte Aufmerksamkeit des Publikums wie der Kritik erregte. Es wäre zu Viel gesagt, wenn man behaupten wollte, daß Auerbach das Genre der Dorfgeschichten erfunden oder auch nur zuerst in die deutsche Literatur eingeführt habe. Julian Schmidt bemerkt mit Recht, daß man schon in den Romanen Walter Scott's eine Reihe regelrechter Dorfgeschichten finde, und Immermann hatte in seiner Oberhof-Idylle eine Musterschilderung westfälischen, der dänische Landpfarrer Blicher in seinen Novellen eine eben so charakteristische Darstellung jütländischen Bauernlebens geliefert. Aber das Verdienst Auerbach's wird nicht dadurch geschmälert, wenn man einräumt, daß er vereinzelte Vorgänger auf der von ihm so glücklich betretenen Bahn gehabt; in jedem Falle blieb es ihm vorbehalten, ein bisher wenig bebautes Feld nach allen Richtungen hin zu beackern, und Stoffe, die früher als werthlos gegolten, dauernd für die Poesie nutzbar zu machen. Indem er das Volksleben der Schwarzwälder Bauern zum Gegenstande seiner Erzählungen nahm, war es ihm nicht darum zu thun, den geistigen Fortschrittskämpfen der Gegenwart zu entrinnen und sich in ein geträumtes Arkadien unschuldsvoller Naivetät zurückzuziehen; es verlangte ihn vielmehr danach, einen realen Boden für die demokratischen Bestrebungen der Zeit zu gewinnen, die Errungenschaften der Bildung wieder mit dem ureigenen Leben des Volkes zu verknüpfen, aus der ungebrochenen Kraft des Volksgemüthes frische Säfte in das stagnierende Blut der Literatur hinüber zu leiten. Seine Bauern und Bäuerinnen sind keine Phantasiegeschöpfe von unmöglicher Einfalt und erkünstelter Natürlichkeit, sondern frisch aus der Gebirgshütte, aus Feld und Wald hergeholte Gestalten, vor deren Eigenthümlichkeit der Dichter viel zu großen Respekt hat, als daß er sich versucht fühlen sollte, ihnen einen Mantel falscher Idealität umzuhängen. Es freut und überrascht ihn, inmitten einer Civilisation, deren raffinierter Skepticismus jedes Gefühl zersetzt und vor lauter Kritik nicht zum Handeln gelangt, die Reste einer positiven Welt zu entdecken, wo der Born der Empfindung noch schlicht

und lebendig quillt, und die That mit der unmittelbaren Gewalt einer
Naturkraft aus der Gemüthsanlage der Charaktere und aus einer durch
feste Verhältnisse bestimmten, oft zwar beschränkten und harten Logik entspringt. Anfangs begnügt sich daher der Verfasser, die naturwüchsigen
Gestalten der Dörfler mit kräftigen Strichen zu skizzieren; die ersten Erzählungen („Der Tolpatsch", „Die Kriegspfeife", „Tonele mit der gebif-
senen Wange", „Des Schloßbauers Vefele", „Die feindlichen Brüder")
sind derbe Genrebilder, bei welchen die Freude am Stoff, die realistische
Zeichnung der Charaktere für die Magerkeit der Handlung und des ide-
ellen Gehaltes entschädigen muß. Zu bewundern ist der gesunde Sinn
Auerbach's, welcher ihn, trotz aller Hochachtung der Originalität und Kern-
haftigkeit des bäurischen Lebens, doch von vornherein vor einer ungerechten Überschätzung desselben bewahrte. Nicht die Civilisation als solche wird
in diesen Dorfgeschichten befehdet, sondern nur die anmaßenden Übergriffe
der Beamten, das hochmüthige Bevormundungssystem, die schonungslose
Zerstörung eigenthümlicher Sitten und Gebräuche. In dieser Hinsicht ist
die kleine Doppelgeschichte „Befehlerles" besonders hervorzuheben, welche in
in dem willkürlichen Verbote des Maibaumsetzens und des Tragens der
Handärzte ein typisches Beispiel solcher bureaukratischen Maßregelungen
liefert, die mit Nothwendigkeit eine Empörung der in ihren altherkömm-
lichen Rechten aufs tiefste gekränkten Gemeinden zur Folge haben. Es ist
von großer Bedeutung, daß man aus der Lektüre der Auerbach'schen Dorfgeschichten nicht bloß ein anschauliches Bild der Stammes- und Standes-
eigenthümlichkeiten, der Sitten und Gebräuche des Schwarzwälder Land-
volkes gewinnt, sondern zugleich einen klaren Einblick in das Verhältnis
dieser stabilen, in sich abgeschlossenen Dorfwelt zu den in beständigem unruhigen Flusse befindlichen Entwicklungsprocessen der Civilisationswelt empfängt. Die Wechselbeziehung zwischen dieser großen und jener kleinen
Welt bildet nach zwei Richtungen hin ein Hauptthema dieser Erzählungen.
Einerseits nämlich werden die ursprüngliche Kraft und Frische der Empfindung, der gesunde Menschenverstand des Dorfkindes in ihrem Verthei-
digungskampfe gegen die Blasiertheit und das erbarmungslose Nivellierungs-
streben der Civilisation nicht allein bis zu einem gewissen Grade als berechtigt dargestellt, sondern die Civilisationswelt erscheint doppelt frevelhaft,
weil sie durch Vernichtung Dessen, was ihr selbst neue Lebenssäfte ein-

flößen könnte, auch gegen sich selber sündigt. So vor Allem in der unvergleichlich schönen, tief ergreifenden Novelle „Die Frau Professerin". Auch die Erzählungen „Ivo der Hajrle" und „Lucifer" gehören in diesen Kreis. Die theologisierte Religion stört in ihrer gehässigen Verfolgungssucht gegen die natürliche Religion nicht bloß den Frieden der Gemüther, sondern indem sie die echte Frömmigkeit untergräbt, entzieht sie zugleich der Kirche die sicherste Stütze ihrer Kraft. Als unberechtigt und verderblich aber erscheint andererseits der Widerstand bäurischer Hartnäckigkeit gegen die Segnungen der fortschreitenden Kultur in einer zweiten Reihe von Dorfgeschichten, welche mit der Tendenznovelle „Sträflinge" eröffnet werden. Wenn in der Erzählung „Florian und Crescenz" die Mißachtung leichtfertiger, von der regelmäßigen Bahn des Erwerbs abweichender Gesellen in ihrem vollen Recht erschien, so wird in den „Sträflingen" das Vorurtheil der Landbevölkerung gegen die humanistischen Bestrebungen der Neuzeit zur Aufhülfe gefallener Brüder mit grellen Streiflichtern beleuchtet. Eine ebenso heilsame Korrektur ertheilt Auerbach anderen Vorurtheilen des Bauernstandes in seinen späteren Novellen. „Der Lehnhold" schildert mit düsterer Tragik die Folgen der noch vielfach herrschenden ungerechten Sitte, zur Verhinderung der Zerstückung des ländlichen Grundbesitzes das ganze Eigenthum auf ein einziges Kind zu vererben; in „Hopfen und Gerste" spielt die thörichte Abneigung der Bauern gegen einen rationelleren Betrieb der Landwirthschaft eine hervorragende Rolle; im „Lauterbacher" wird die Frage des Volksschulwesens und der Volksbildung aufs anregendste und verständlichste erörtert. Zugleich zeigt sich in den späteren Erzählungen ein immer erfolgreicheres Streben des Verfassers, die Dorfgeschichte aus der Sphäre des bloßen Genrebildes in das höhere Kunstgebiet der sorgfältig ausgeführten Novelle zu erheben. Wir sind keineswegs der Ansicht, daß die Schärfe der Charakteristik und die Wahrheit der Schilderungen unter der psychologischen Vertiefung und der breiteren Detailmalerei gelitten hat, welcher wir in „Diethelm von Buchenberg", „Barfüßele", „Joseph im Schnee" und „Edelweiß" begegnen. Die letztgenannte Erzählung, welche die steigende Entfremdung und endliche Versöhnung zweier Eheleute schildert, deren Charaktere sich ursprünglich schroff gegenüberstehen, dürfte in Bezug auf ihren ethischen Werth als die Krone der Schwarzwälder Dorfgeschichten zu betrachten sein, die in der Gesammtausgabe der Auerbach'schen Werke im Ganzen elf Bände umfassen. Ihnen schließt sich, als eine Art Seitenstück zum „Diethelm von Buchenberg", noch die kürzlich erschienene Dorfgeschichte „Landolin von Reutershöfen" an, in welcher der Verfasser mit strenger Selbstbeherrschung alle subjektive Reflexion vermeidet und den höchsten Gipfel naiver Erzählungskunst erreicht.

Demselben Wunsche, eine Vermittelung zwischen den Resultaten wissenschaftlicher Bildung und dem Volksleben anzubahnen, entsprang der Gedanke Auerbach's, von 1845—1848 einen jährlichen Volkskalender unter dem Titel „Der Gevattersmann" herauszugeben, dessen Inhalt dem „Rheinländischen Hausfreunde" Hebel's, freilich in moderner Weise, nachgebildet war und bei späterem Wiederabdruck unter dem Titel „Schatzkästlein des Gevattersmanns" (1856) eine ansehnliche Erweiterung erfuhr. Der treffliche „Deutsche Volkskalender", welchen Auerbach, unter Mitwirkung namhafter Schriftsteller, seit 1858 alljährlich erscheinen läßt, stellt sich insofern eine erhöhte Aufgabe, als derselbe nicht, wie „Der Gevattersmann", ausschließlich für die untersten Schichten des Volkes, sondern für alle Stände berechnet ist. Seine eigenen zahlreichen Beiträge zu diesem Kalender hat der Verfasser 1872 unter dem Titel „Zur guten Stunde" gesammelt. Es sind größtentheils kurze, stimmungsvolle Erzählungen und Betrachtungen, in welchen bald diese, bald jene Frage des Alltagslebens in geistvoll belehrender, gleich sehr das Herz wie den Verstand anregender Weise beleuchtet wird.

Den Gesetzen des Volksschriftstellerthums, dem er sich mit so begeisterter Hingabe gewidmet, hatte Auerbach schon 1846 in dem Buche „Schrift und Volk, Grundzüge der volksthümlichen Literatur, angeschlossen an eine Charakteristik J. P. Hebel's", theoretischen Ausdruck zu geben versucht. Er ist den hier aufgestellten Principien in einer langjährigen Schriftstellerlaufbahn unverbrüchlich treu geblieben, und es war eine ganz folgerichtige Entwicklung, daß er nun, nachdem er sich mit liebevoller Vertiefung in das Dorfleben einen engbegrenzten Kreis des menschlichen Daseins völlig zu eigen gemacht und denselben nach allen Richtungen hin vollständig beherrschen gelernt, die Grenzen dieses Kreises wiederum zu erweitern strebte. Der erste Versuch, vom Standpunkte des Dorflebens aus einen freieren Blick in das allgemeine Weltleben zu gewinnen, schei-

terte eben so sehr an der unglücklichen Wahl des Stoffes, wie an der geringen Begabung des Verfassers für die dramatische Form. Das Trauerspiel „Andreas Hofer" (1850) zerbröckelt in lauter einzelne, nur lose
mit einander verbundene Scenen, und die hyperrealistische Gewissenhaftig-
keit, mit welcher die Hormayr'schen Aufschlüsse über jenen dunklen Abschnitt der österreichischen Geschichte benutzt worden sind, macht eine fast
barocke Wirkung. — Ganz in dorfgeschichtlichem Kreise bewegt sich wieder
das spätere Schauspiel Auerbach's, „Der Wahrspruch" (1859); aber
der grelle Stoff, welcher sich für eine Erzählung nach Art des „Diethelm
von Buchenberg" vortrefflich geeignet hätte, versetzt den Zuschauer von
Anfang an in eine allzu peinliche und gedrückte Stimmung, um einen
erfreulichen Eindruck zu hinterlassen. — Die jüngste dramatische Blüette
des Verfassers, „Das erlösende Wort", ist ein harmloser, jeder
Handlung entbehrender Schwank, dem der schwerfällig prätensiöse, epigrammatisch zugespitzte Dialog allen frischen Lebensodem und damit jede Möglichkeit einer durchgreifenden Bühnenwirkung benimmt.

Minder erklärlich ist die kühle Aufnahme, welche der Roman „Neues
Leben" (3 Bde., 1851) gefunden hat. Unseres Bedünkens hätte schon
die muthvolle Wärme, mit welcher Auerbach hier die Sache der gescheiterten
Revolution vertrat und die Früchte der achtundvierziger Volkserhebung vor
dem blinden Wüthen der Reaktion zu retten suchte, den lebhaftesten Dank
verdient. Die Lehre, welche der Roman einprägt, dafs in der thatkräftigen
Hingabe an das Werk der Volkserziehung die einzig sichere Bürgschaft für
den künftigen Sieg der demokratischen Idee zu finden sei, war so zeitgemäß
wie möglich, und über die, freilich nicht wegzuleugnenden, artistischen
Mängel der Komposition konnte man bei einem so überquellenden Reichthum erhebender Gedanken wohl um so eher hinwegsehen, je bedeutender
das zur Lösung gestellte Problem die tiefsten Interessen der Zeit berührte.
Wie Auerbach hier der Demokratie die Aufgabe zuwies, aus dem Dunst-
kreise theoretischer Abstraktionen in das reale Leben des Volkes herabzu-
steigen und in ernster, praktischer Arbeit die Seelen der jungen Generation
mit der Fackel einer freien, echt humanen Lebensanschauung zu erhellen,
so konfrontierte er in seinem nächsten großen Roman: „Auf der Höhe"
(3 Bde., 1865) die von dem Gift der Civilisation zerfressene leichtfertige
Moral der höchsten Gesellschaftskreise mit der unverdorbenen Sittlichkeit

des Volkes und mit der im innersten Kern ihr fast gleichkommenden ethischen Lehre der reinsten philosophischen Erkenntnis, wie sie sich in der pantheistischen Weltweisheit des alten Grafen Eberhard und des Leibarztes Günther ausspricht. Auch hier erscheint der naive Volksgeist als das Korrektiv für die Abirrungen der blasierten Überbildung, und der Läuterungsproceß der letzteren vollzieht sich in ergreifender Weise an Irma und dem Königspaare.

Die schön gerundete künstlerische Form dieses Werkes überragt bei Weitem den nächstfolgenden Roman Auerbach's: „Das Landhaus am Rhein" (5 Bde., 1869), wo die an sich wenig fesselnde Handlung durch das Arabeskengewinde geistreicher Reflexionen vollständig überwuchert wird. Die meisten der auftretenden Figuren haben zudem (mit Ausnahme der liebenswürdigen Erscheinung des Majors) etwas Schattenhaftes, Blutloses, Extraordinäres, das sie nicht als glaubwürdige, frisch aus dem Leben gegriffene Gestalten, sondern mehr nur als abstrakte Träger hoher und tiefer Gedanken erscheinen läßt. Diese Gedanken und Betrachtungen freilich, welche sich mit den wichtigsten Lebensfragen der heutigen Gesellschaft befassen, sind so bedeutend, daß der zumeist beabsichtigte Erfolg, die sittlich veredelnde Wirkung auf das Gemüth des Lesers, auch diesem Werke nicht fehlen kann.

Durch die ganze schriftstellerische Laufbahn Auerbach's zieht sich wie ein rother Faden die leidenschaftlich warme Begeisterung für die Einheit, Macht und Größe des deutschen Vaterlandes. Als geborener Schwabe, welcher den größten Theil seines späteren Lebens in Norddeutschland verbracht hat, empfindet er vor Allem den Beruf, in dem Hader der Stämme und Parteien das Amt eines ausgleichenden Mittlers und Versöhners zu übernehmen. Von diesem Gesichtspunkte betrachtet, hatten seine Dorfgeschichten die besondere Tendenz, seinen norddeutschen Brüdern ein tieferes Verständnis des süddeutschen Volkscharakters zu erschließen. Ganz naturgemäß mußten ihm daher die großen geschichtlichen Ereignisse von 1866 und 1870 den Wunsch erregen, nun auch andererseits seinen süddeutschen Landsleuten den tüchtigen Kern zu weisen, welcher sich unter der harten und spröden Schale des norddeutschen, insbesondere des preußischen Wesens verbirgt. Diesem patriotischen Streben entsprang, außer der kleinen Gelegenheitsschrift „Wieder unser!" (1871) und der Novelle „Mannchen von Mainz" in den „Drei einzigen Töchtern" (1875), vor Allem der letzte große Roman Auerbach's „Waldfried" (1874), welcher uns in den Schickfalen einer einzigen Familie die ganze politische Entwicklung Deutschlands seit 1848 rückschauend noch einmal durchleben läßt. Die von dem Verfasser gewählte Tagebuchform verlockt ihn freilich in der zweiten Hälfte seines Werkes zu einer gewissen redseligen Breite; doch ist die Handlung meist glücklich erfunden und steht nirgends, wie so häufig im „Landhaus am Rhein", in störendem Widerstreite mit den Betrachtungen, zu denen sie Anlaß giebt.

Während Auerbach in den „Tausend Gedanken des Kollaborators" (1875) den unerschöpflichen Ideenreichthum seines schaffenden Hirnes nur äußerlich an die bekannte Gestalt einer seiner beliebtesten Erzählungen knüpft, wendet er sich in den neuen Dorfgeschichten „Nach dreißig Jahren" (1876) direkt zu den Schickfalen der Helden und Heldinnen seiner frühesten Novellen zurück, um einzelne der dort abgebrochenen Fäden wieder aufzunehmen und weiter zu spinnen. Was würde aus diesem und jenem Charakter geworden sein, wenn er den gewaltigen nationalen und industriellen Aufschwung des letzten Vierteljahrhunderts erlebt hätte? Welche Wirkung würden all die großartigen Wandlungen im öffentlichen Leben und in der Denkweise unserer Nation auf Lorle's Reinhard, auf den nach Amerika ausgewanderten Tolpatsch, auf die in der Heimat verbliebenen entlassenen Sträflinge üben? Diese Fragen beschäftigen den Dichter aufs ernstlichste, und er sucht in seinen neuen Erzählungen die Antwort darauf zu geben, — eine Antwort, die unserer vielverleumdeten Zeit das ehrenvolle Zeugniß ausstellt, daß sie nicht allein materiell, sondern auch sittlich in einem zwar langsamen, aber stetigen Fortschreiten begriffen sei.

Seit Berthold Auerbach's Vorgange ist das Feld der Dorfgeschichte von talentvollen und talentlosen Schriftstellern immer von Neuem durchpflügt worden, ohne daß das Publikum aufgehört hätte, dieser Art von Erzählungen aus dem Volksleben eine liebevolle Empfänglichkeit entgegen zu bringen. Die Erscheinung hat ihren wohlberechtigten Grund. Der Acker, um in dem Bilde zu bleiben, ist eben ein unerschöpflich reicher, der selbst bei mäßiger Pflege ergiebige Frucht tragen muß. Das Volk, die bei Weitem zahlreichste Masse seiner Individuen, der Bauernstand, sein Leben, Fühlen und Denken, seine zähe, konservative Natur, und die bedeutungsvollen Konflikte, in welche dieselbe bei ihrer Berührung mit den Fortschritten der Kultur geräth, alles Dies bietet dem Schriftsteller, der sich eingehend mit seinem Thema beschäftigt, eine Fülle von Material, wie sie dankbarer kaum gedacht werden kann. Der realistische Zug unserer Zeit fördert noch insbesondere die Vorliebe für diese Gattung der novellistischen Literatur. Ganz naturgemäß bringt die Dorfgeschichte oft dieselben Interessen zur Sprache, welche auch in Reichstag und Kammer oder auf den volkswirthschaftlichen Kongressen zur Debatte stehen; der Dichter arbeitet hier, so zu sagen, Hand in Hand mit den Staatsmännern und Nationalökonomen an der Lösung der großen Aufgaben des Jahrhunderts. Und auch in politischer Hinsicht ist die Wirkung der Dorfgeschichte, wie bemerkt, nicht zu unterschätzen. Was vermöchte mehr die herzliche Liebe der Deutschen unter einander zu fördern, als die genauere Kenntnis der Sitten und Eigenthümlichkeiten, der Gemüthsanlagen und Charakterunterschiede ihrer verschiedenartigen Stämme in Nord und Süd? Die Dorfgeschichte erschließt dem Leser dies Verständnis in anschaulicher, handgreiflicher, herzwarmer Weise, und aus dem Verständnisse entspringt Duldsamkeit, Achtung der fremden Eigenart, Mitgefühl und Liebe für das Verwandte und Tüchtige, das uns in anderer Form, als bei unseren nächsten Landesgenossen, vor Augen tritt. In diesem Sinne haben Auerbach und seine Nachfolger, bis zu seinem großen plattdeutschen Mitstrebenden Fritz Reuter hinauf, der Einigung der deutschen Stämme wacker vorgearbeitet.

In harmonischem Einklange mit dem stets auf das Positive gerichteten Streben Auerbach's steht nicht minder seine kritische Thätigkeit, deren vorzüglichste Ergebnisse im zweiten Theil der „Deutschen Abende" (1867) gesammelt vorliegen. Die Lektüre dieser Abhandlungen und Vorträge über hervorragende Geister der deutschen und ausländischen Literatur gewährt eine so innige Befriedigung, weil der Verfasser auch hier, ohne die Mängel der besprochenen Werke schönfärberisch zu vertuschen, vor Allem bemüht ist, an der Darlegung ihrer charakteristischen Eigenthümlichkeiten die Gesetze der künstlerischen Produktion zu entwickeln und ihren verständnisvollen Genuß durch Aufdeckung ihrer besonderen Vorzüge zu erhöhen. So hat Auerbach sich den schönen Ruhm erworben, daß er, wie als producierender Schriftsteller, auch als Kritiker immer die Fahne des Schönen, Edlen und Wahren hochhielt, und durch seine Werke Tausende und aber Tausende erfreute, besserte und belehrte, ohne das Gemüth eines Einzigen zu verwunden.

Friedrich Spielhagen.

Friedrich Spielhagen, der genialste Romandichter der Gegenwart, ist im Verhältnis zu anderen Autoren ziemlich spät als Schriftsteller aufgetreten, hat aber dafür um so rascher die fast ungetheilte Gunst des Publikums und der Kritik errungen. Am 24. Februar 1829 zu Magdeburg geboren, verlebte er den größten Theil seiner Kindheit in Stralsund, wohin sein Vater, ein höherer Regierungsbeamter, Anfangs der dreißiger Jahre versetzt worden war. Ein frühreifer Knabe, der schon im vierten Jahre fertig lesen und schreiben konnte, lebhaften und aufgeweckten Geistes, und mit einem ungewöhnlich scharfen Auge für die Beobachtung des Natur- und Menschenlebens begabt, lernte er hier von klein auf jene großartige Meer- und Strandscenerie kennen, die er später so oft und so glücklich als Hintergrund seiner Romane benutzte. Diese Jugendeindrücke hat er vor Kurzem in den autobiographischen Erinnerungen seines „Skizzenbuches" (Leipzig 1874) mit anmuthiger Frische geschildert. Nach Absolvierung des Gymnasialkursus besuchte Spielhagen von 1847—51 die Universitäten Berlin, Bonn und Greifswald, wo er sich erst medicinischen, dann juristischen, zuletzt aber meist philologischen und philosophischen Studien widmete. Obschon er in Bonn der Burschenschaft „Frankonia" angehörte, welche damals viele tüchtige Kräfte zählte — (wir nennen nur Karl Schurz, den Kunstschriftsteller J. A. Overbeck, den Astronomen Julius Schmidt und den um die Irrenheilkunde hochverdienten Ludwig Meyer), — hielt er sich doch dem eigentlichen Studentenleben ziemlich fern, und ferner noch dem politisch aufgeregten Treiben der Revolutionsjahre, das er so meisterhaft in seinen Romanen geschildert. Wer damals mit

dem blaffen, langhaarigen, ftillen und fdroffen Jüngling verfehrte, der
mit dem menfchenfchenen Wefen und den wunderlich fcharfen, unjugendlichen
Zügen feinen luftigen Kommifitonen für einen altklugen Sonderling galt,
der immer Sentenzen von Goethe und Shakefpear, Homer oder Sophokles auf der Lippe trug, deren Werke er mit vollendet fchönem Ausdruck
und mit einem herrlichen Organ recitierte, unzufrieden mit feinem Loofe,
unentfchieden über die Wahl feines Berufes, nüchtern und fchüchtern den
ftudentifchen Luftbarkeiten ausweichend, felten fich unaufgefordert an den
Scherzen und Gefprächen feiner Kameraden betheiligend, nur dafs er hin
und wieder eine farkaftifche Bemerkung dazwifchen warf — wer ihn damals, wie der Verfaffer diefer Skizze, inmitten der fröhlichen Univerfitäts-
jugend fah, hätte fchwerlich geglaubt, dafs fich aus der grauen Puppe
diefer mit fich und der Welt zerfallenen „problematifchen Natur" zehn
Jahre fpäter der bunte Falter der Dichtung fo herrlich emporfchwingen
würde. Es fcheint uns aber in hohem Grade bedeutungsvoll, dafs Spielhagen jene geiftige Entwicklung, welche die ftrebfamen Männer unferes
Volkes in den letzten Decennien durchgemacht haben, zunächft in vollem
Umfange an fich felbft erlebte. Wir glauben nicht zu irren, wenn wir
die Behauptung aufftellen, dafs er die Schwankungen und Qualen folcher
Don Juan-Hamlet-Fauft-Naturen, die mit all ihrem hochfliegenden Streben
„keiner Lage gewachfen find, in der fie fich befinden, und denen keine genug thut, woraus dann jener ungeheure Widerftreit entfteht, der das
Leben ohne Genufs verzehrt", fchwerlich mit fo ergreifender Wahrheit hätte
zeichnen können, wenn er den Fluch folchen Widerftreites nicht in diefen
und den nachfolgenden Jahren zum großen Theil in der eigenen Bruft
erfahren hätte. Wie Fauft, fchon auf der Univerfität „Philofophie, Jurifterei
und Medicin" mit heißem Bemühn durchftudierend, ohne zu einem den
Wiffensdurft befriedigenden Refultate zu gelangen, fehen wir ihn fpäter
mit gleicher Befriedigungslofigkeit einen Berufszweig nach dem andern
erfaffen, — heute Hauslehrer in Pommern, morgen Schaufpieler, dann
Soldat und Landwehroffivier in Thüringen, dann Privatdocent und Lehrer
an der Handelsfchule in Leipzig, bis er fich endlich ausfchließlich literarifchen
Befchäftigungen zuwandte.

Die erfte novelliftifche Arbeit, welche Spielhagen veröffentlichte, „Clara
Vere" (Hannover, Meyer 1857), ift ein feltfames, unerquickliches Pro-

buft, das, abgesehen von seiner schön gemeißelten Sprache, noch deutlich
den Anfänger verräth. Der Verfasser hatte den barocken Einfall, eine
reizende, in sich völlig abgeschlossene Ballade Tennyson's, welche durchaus
keiner Erklärung bedarf und in ihren psychologischen Motiven jedem Leser
aufs klarste verständlich ist, als Romanstoff zu behandeln; eine höchst un-
dankbare Aufgabe, da die Vergleichung mit Nothwendigkeit zu Gunsten
des Gedichtes ausfallen muß, das alle wesentlichen Züge, wie gesagt, mit
genügender Deutlichkeit enthält und ein vollendet harmonisches Kunstwerk
ist. Was Spielhagen aus eigener Erfindung hinzudichtet — die gesteigerte
Verwicklung, daß es der stolzen Laby Clara Vere de Vere nämlich doch
gelingt, für kurze Zeit das Herz des schlichten Dörflers zu umstricken
und einer anderen Liebe abspenstig zu machen — ist wenig Mehr, als eine
Wiederholung der früheren Episode mit dem armen Lorenz, nur daß diese
einen tragischeren Ausgang nahm, oder es ist — wie die Geschichte von
Georg's Vater und seinem Anspruch auf das Erbe der Vere de Vere — eine
romantische Zuthat gewöhnlichen Schlages und von zweifelhaftem Werthe.
    Ungleich bedeutender war schon die nächste Novelle, „Auf der Düne"
(Ebendaselbst 1858), wiewohl auch diese mehr den Charakter einer geistvollen Studie, als eines in allen Theilen gleichmäßig ausgeführten Kunst-
werkes trägt. Der Mann, für welchen sich Hebba nach den langen
Schwankungen ihrer Doppelliebe entscheidet, ist von dem Dichter mit einer
gewissen Flüchtigkeit behandelt; wenn Hebba ihn auch von einer früheren
Begegnung her kennt, so ist er doch dem Leser fast unbekannt, und müßte
uns in bedeutsamerer Bethätigung seiner Geistes- und Gemüthsanlagen
vorgeführt werden, damit auch wir zu der Einsicht gelangten, daß er
Hebba's Wesen besser, als Paul, zu ergänzen im Stande sei. Während
die Idee des Ganzen leise an die „Wahlverwandtschaften" anklingt, verräth
sich ein tiefes und fruchtbares Studium der Goethe'schen Meisterwerke auch
in der, jedes Reizmittel verschmähenden, fast übergroßen Einfachheit der
Handlung, in der symbolischen Verwebung des hinreißend plastisch geschilderten Naturlebens mit den Regungen des Menschengemüthes, und in der
krystallhellen Klarheit der Diktion, die, beweglich wie die Welle, bald, von
den Sonnenstrahlen des Humors mit flimmerndem Glanze beleuchtet,
spiegelglatt und eben sich vor uns ausbreitet, bald in rhythmischen
Wogen emporschwillt, wenn die Stürme der Leidenschaft ihr Spiel treiben

und das schwarze Gewölk des Unheils aus der Tiefe heraufsteigt. Ein erfrischender Meerhauch, der salzige Duft der Ostsee, liegt über diesem idyllischen Gemälde, in das zuletzt der Knall der Mordpistole fast erschreckend hereinbricht, wenn auch hinter der blutigen Leiche in der Ferne wieder der Tag eines neuen Glückes aufdämmert.

Spielhagen hatte durch seine Erstlingswerke sich freilich die Achtung und Anerkennung der einsichtsvollen Kritik erzwungen, aber der Erfolg beim Publikum entsprach keineswegs den kühnen Erwartungen, die er an diese Romane geknüpft hatte. Unmuthig und verzagt, dabei von der harten Noth des Lebens gedrängt, entsagte er für den Augenblick jeder selbständigen Produktion, und begnügte sich, in den nächsten Jahren eine Reihe mustergültiger Übersetzungen zu liefern. Außer einer Sammlung „Amerikanischer Gedichte" (Leipzig, Löwe 1859), die kaum nach Verdienst bekannt geworden ist, verdeutschte er Curtis' „Nilskizzen eines Howadji" (Hannover, Meyer 1857), Emerson's „Englische Charakterzüge" (Ebendaselbst 1858), Roscoe's „Lorenzo von Medici" (Leipzig, Lorck 1861), und Michelet's „Die Liebe", „Die Frau" und „Das Meer" (Leipzig, Weber 1858, 1860 und 1861). Daneben verfaßte er für die „Europa" und Kolatschek's „Stimmen der Zeit" eine Anzahl geistvoller kritischer, philosophischer und ästhetischer Aufsätze, von denen einige, neu überarbeitet, im ersten Theil seiner „Vermischten Schriften" enthalten sind.

Von einer wie düsteren Stimmung Spielhagen damals beherrscht wurde, geht unter Anderm aus einer Äußerung hervor, die er im Frühling des Jahres 1859 gegen den Verleger der ersten Auflage von „Clara Vere" und „Auf der Düne" that. Nur noch einen einzigen Roman — so versicherte er aufs bestimmteste — wolle er schreiben; wenn auch dies Buch auf die Menge der Leser keine tiefgehende Wirkung übe, so wolle er für immer die Feder hinlegen und dem Schriftstellerberufe gänzlich entsagen. Das in Rede stehende Werk waren die „Problematischen Naturen", welche zuerst im Feuilleton der „Zeitung für Norddeutschland", dessen Redaktion Spielhagen vor Kurzem übernommen hatte, abgedruckt wurden, und bald darauf (Berlin, Janke 1860) in Buchform erschienen. Die Frage an das Schicksal, welche der Verfasser mit Veröffentlichung dieses Romans gestellt hatte, fand zum Glück diesmal die günstigste Antwort, — Spielhagen's Ruf war fortan fest begründet, und er hat denselben durch seine späteren Arbeiten nicht allein zu behaupten, sondern immer glanzvoller zu steigern gewußt. Mit bewundernswerther Kühnheit behandelt er in diesem und den nachfolgenden Romanen die tiefsten politischen und socialen Probleme der Gegenwart. Die bedeutsamen Ereignisse und Strömungen der letzten 25 Jahre, die Persönlichkeiten, welche in den Kämpfen dieser Zeitperiode eine hervorragende Rolle gespielt, sind hier unter leicht zu durchblickender Hülle der Dichtung mit einer Treue und Wahrheit geschildert, wie es in ähnlichem Grade bei keinem anderen zeitgenössischen Schriftsteller der Fall ist. Jene höchste Aufgabe des Dichters, und vor Allem des Romandichters, seiner Zeit ein Spiegelbild ihres innersten Wesens vorzuhalten, damit sie sich in demselben erkenne und sich ihres Strebens mit sicherer Klarheit bewußt werde, schwebt Spielhagen beständig vor Augen; seine Romane entrollen uns Stufe für Stufe ein mit den lebhaftesten Farben gemaltes Bild des Weges, den die fortschreitende Menschheit der Gegenwart im letzten Vierteljahrhundert zurücklegte. Denn (und auch Das ist von Wichtigkeit) zwischen den größeren Romanen Spielhagen's findet — wenn auch (mit Ausnahme des Romanes „Durch Nacht zum Licht", welcher eine direkte Fortsetzung der „Problematischen Naturen" ist) die Gestalten und Schicksale der Helden früherer Romane in den nachfolgenden Werken nicht direkt wieder aufgenommen werden — doch ein unverkennbarer ideeller Zusammenhang statt. Der Entwicklungsproceß der früher angeregten Probleme und Gedanken wird in den späteren Romanen gleichsam im Einklange mit dem jeweiligen zeitgeschichtlichen Entwicklungsprocesse ergänzt und weitergeführt. Die „Problematischen Naturen" bewegen sich noch ganz auf vormärzlichem Boden. Wir sehen hier die von innerer Fäulnis angekränkelte Gesellschaft einer, Gott sei Dank! absterbenden Generation, wo weder der Adels-, noch der Bürger- oder Gelehrtenstand den Aufgaben der Zeit gewachsen, und der Gedanke einer Solidarität der Interessen aller Stände kaum theoretisch in den Köpfen und Herzen einzelner erleuchteter Männer aufgegangen war. Oswald Stein, der negative Held, um welchen sich die bunt wechselnden Ereignisse dieses Romans gruppieren, ist ein Nachzügler der jungdeutschen Anläufe, ein verkümmerter Wilhelm Meister der vierziger Jahre, dessen Erziehung zum tüchtigen Manne niemals vollendet wird, ein moderner Titane, welcher an der epigonenhaften Schwäche seines widerspruchsvollen, von Genuß zu Genuß taumelnden, innerlich hohlen, haltlosen Charakters mit Nothwendigkeit zu Grunde geht. In „Durch Nacht zum Licht" (Berlin 1861) verfolgen wir mit erheblich verringertem Interesse den moralischen Verwesungsproceß dieses molluskenartigen Dilettanten der Lebenskunst, der, zum vollendeten Roué herabgesunken, seiner nichtigen Existenz schließlich durch eine Art feineren Selbstmords ein Ende macht, indem er sich in die aufgeregten Fluthen der achtundvierziger März-revolution stürzt und im Barrikadenkampfe fällt.

Der nächste Roman — „Die von Hohenstein" (Berlin 1863) — knüpft, der Idee nach, an das Ende des vorhergehenden Werkes an. Er zeigt uns in breiterer Ausführung, wie die Volkserhebung des Jahres 1848 hauptsächlich auch an der Unklarheit und Charakterlosigkeit ihrer Führer scheitern mußte, eben jener problematischen Naturen, die bei ihrer eigenen Unreife so wenig geeignet waren, die Erzieher der großen Masse zu politischer und socialer Intelligenz abzugeben. Dem phantastischen Agitator Bernhard Münzer, welcher dem schimmernden Trugbilde socialistischer Irrlehren nachjagt, wird eine Reihe von Kernmenschen gegenübergestellt, welche die gesunde Kraft und unverdorbene Sittlichkeit des Volkes repräsentieren, denen zuletzt der siegreiche Erfolg nicht fehlen kann, wenn dem alten Bevormundungssystem ein Ende gemacht wird, und Alle rüstig und selbstthätig Hand an das Werk der gesellschaftlichen Reform legen, statt von der chimärischen Doktrin dieses oder jenes Weltverbesserers von außen her oder von oben herab ihr Heil zu erwarten.

Daß der einzelne, noch so begabte Mann, und hätte er auch die besten Absichten, und würde ihm auch von der Staatsregierung jegliche Unterstützung an Macht und Kapital gewährt, die menschenwürdigere Umgestaltung der gesellschaftlichen Verhältnisse nicht einmal im kleinsten Maßstabe vollziehen kann, dafür liefert der Roman „In Reih' und Glied" (Berlin 1866) an dem Beispiel der poetisch objektivierten Lebensgeschichte eines bekannten socialdemokratischen Agitators den schlagenden Beweis. All diese Romane tragen zwar im Ganzen ein ziemlich düsteres Kolorit, und ihre Helden nehmen immer ein tragisches Ende; aber, wie bei einem echten, unserer Theilnahme würdigen Drama, geht die höhere Idee, welcher all dies verworrene, von menschlicher Schwäche befleckte Ringen und Kämpfen galt, nicht mit zu Grunde, sondern schwebt, in geläuterter

203

Form gerettet und künftigen Sieges gewiß, über dem Abgrund des Ver-
berbens.

Im Gegensatze zu diesen früheren Produktionen ist der nächstfolgende
größere Roman Spielhagen's, „Hammer und Ambofs" (Schwerin 1869)
von einer frischen, fast optimistischen Stimmung, durchweht. Nicht als
ob der Held, Georg Hartwig, ein Tugendmufter an Vortrefflichkeit wäre,
dem die schweren Prüfungen und tragischen Schicksale erspart blieben;
aber er ist aus so tüchtigem Holze geschnitzt, daß wir von vornherein
das erquickliche Gefühl haben, er werde alle Hemmnisse seiner Laufbahn sieg-
reich überwinden, und daß wir ihm den schier überreichen Lohn seiner
redlichen Lebensarbeit von Herzen gönnen. Während Spielhagen in
dem vorletzten Roman hauptsächlich die politische Seite der socialen Frage,
die Lassalleanische Theorie einer Reform der Arbeiterverhältnisse durch
Staatshilfe, illustrierte, hat er diesmal besonders die ethische Seite der
gesellschaftlichen Reform ins Auge gefaßt. Jenes Postulat einer Selbster-
ziehung des Einzelnen, das von dem wackeren Peter Schmitz in den
„Hohensteins" als die Grundbedingung jeder Besserung der politischen
und socialen Verhältnisse gepredigt ward, sehen wir hier von dem Helden
unseres Romans praktisch zur Ausführung gebracht. Auch bei diesem
Romane spricht sich, wie bei den vorhergehenden, der Grundgedanke desselben
schon in dem Titel aus, welcher freilich, um in seiner tieferen Bedeutung
verständlich zu sein, einer näheren Erläuterung bedarf. Diese Erläuterung
bleibt uns der Verfasser nicht schuldig. Sie wird uns von dem humanen
Gefängnisdirektor gegeben, welcher diesmal, wie Peter Schmitz in dem
früheren Romane, der philosophische Träger jener Idee ist, zu welcher die
Schicksale Georg Hartwig's und fast aller übrigen auftretenden Personen
nach den verschiedensten Richtungen hin, in gutem oder in bösem Sinne,
die praktische Illustration liefern. Unsere socialen Zustände — Dies ist
in Kurzem der Sinn des Titels und das Thema des vorliegenden Romans
— kranken noch allerorten an dem von der Vergangenheit überkommenen,
zwar modern übertünchten, in tiefster Wurzel aber grundbarbarischen
Verhältnisse zwischen Herrn und Sklaven, zwischen der dominierenden und
der unterdrückten Kaste. „Überall die bange Wahl, ob wir Hammer sein
wollen, oder Amboß. Was man uns lehrt, was wir erfahren, was wir
um uns her sehen, Alles scheint zu beweisen, daß es kein Drittes giebt.

Und doch ist eine tiefere Verkennung des wahren Verhältnisses nicht denkbar, und doch giebt es nicht nur ein Drittes, sondern es giebt dieses
Dritte einzig und allein, oder vielmehr dieses scheinbar Dritte ist das
wirklich Einzige, das Urverhältnis sowohl in der Natur wie im Menschen-
dasein, das ja auch nur ein Stück Natur ist. Nicht Hammer oder Amboß — Hammer und Amboß muß es heißen, denn jedwedes Ding und
jeder Mensch in jedem Augenblicke ist Beides zu gleicher Zeit. Mit derselben Kraft, mit welcher der Hammer den Amboß schlägt, schlägt der
Amboß wieder den Hammer; unter demselben Winkel, unter welchem der
Ball die Wand trifft, schleudert die Wand den Ball zurück; genau so viel
Stoff, als die Pflanze aus den Elementen zieht, muß sie den Elementen
wiedergeben — und so in ewigem Gleichmaß durch alle Natur in allen
Zeiten und Räumen. Welcher natürliche Mensch möchte nicht lieber Hammer
als Amboß sein, so lange er glaubt, die freie Wahl zwischen beiden zu
haben? Aber welcher vernünftige Mensch wird nicht gern darauf verzichten, nur Hammer sein zu wollen, nachdem er erkannt hat, daß ihm das
Amboß-Sein nicht erspart wird und erspart werden kann, daß
jeder Streich, den er giebt, auch seine Backe trifft, daß, wie der Herr
den Sklaven, so der Sklave den Herrn korrumpiert, und daß in politischen Dingen zugleich der Vormund mit dem Bevormundeten verdummt."
Es ist nicht so verwunderlich, wie es auf den ersten Blick scheinen möchte,
daß der Direktor eines Zucht- oder Arbeitshauses sich zu so liberalen
und menschenfreundlichen Ansichten bekennt. Hat doch gerade er die traurige Gelegenheit gehabt, zu erfahren, daß wohl neun Zehntel von Allen,
die als Verbrecher an der heutigen Gesellschaft unter seine Obhut
kamen, niemals dorthin gekommen sein würden, „wenn man sie nicht mit
Gewalt zum Amboß gemacht hätte, damit die Herren vom Hammer doch
haben, woran sie ihr Müthchen kühlen können." Indem man sie systematisch
verhinderte, gesunde, kräftige, taugliche Mitglieder des Gemeinwesens zu
sein, hat man sie schließlich bis ins Arbeitshaus gebracht, das nach der
Ansicht des Direktors im Grunde weiter Nichts, als die letzte unselige
Konsequenz der Unnatur unserer Zustände, ist. Auch Georg ist als Opfer
dieser Zustände, ohne allzu schwere eigene Schuld, schon in früher Jugend
aus der wilden Romantik des Schmugglerlebens ins Zuchthaus gerathen;
aber er lernt hier unter der Leitung des humanen Direktors, welcher ihm

Freund und Führer wird, die Tendenz und das Maß seiner Kräfte erkennen, und als ein sittlich geläuterter und gefestigter Mann tritt er aus der
Prüfungsschule des Zuchthauses in die Welt zurück, um dort die Theorie
seines edlen Meisters zu bewähren, um in tüchtiger, von der Menschen-
liebe geweihter Arbeit gleichzeitig Hammer und Amboß zu sein.

Wenn es schon dem Geschichtsschreiber und Staatsmanne schwer fällt,
über Ziel und Richtung der noch nicht abgeschlossenen politischen und socialen
Bestrebungen der Gegenwart zu einem festen Urtheile zu gelangen, so erhellt auf den ersten Blick, daß es für den Dichter noch schwieriger sein
muß, der mitten im Gährungsprocesse befindlichen zeitgeschichtlichen Bewegung einen dankbaren Stoff für harmonische Kunstwerke abzugewinnen.
Je mehr der Romanschriftsteller die ganze Breite des heutigen Lebens auf
allen wichtigen Punkten in den Bereich seiner Schilderung zieht, je tiefer
er die Probleme der Zeit erfaßt, desto näher liegt die Gefahr, daß der
übergewaltige Stoff den Rahmen des Kunstwerks zersprenge und daß
die in Scene gesetzte Handlung entweder resultatlos im Sande verlaufe,
oder daß der Autor aus ästhetischen Rücksichten einen Abschluß fingiere,
welcher mit der jedem Leser bekannten historischen Wirklichkeit in schreien-
dem Widerspruche steht, daß er Fragen für gelöst erkläre, um deren Lösung
sich das lebende Geschlecht bis jetzt noch vergeblich müht. Es scheint uns,
daß Spielhagen in den meisten Fällen all diese Gefahren aufs glücklichste
vermieden hat, indem er sich von dem richtigen künstlerischen Gedanken
leiten ließ, in seinen Romanen vorherrschend die Irrwege zu schildern,
auf denen die Lösung jener großen Probleme seither von den Zeitgenossen
versucht ward. Aus diesem Grunde ist auch der vorhin erwähnte tragische
Untergang seiner meisten Helden durchaus berechtigt. Eben so verständig
beschränkt Spielhagen, was die positive Tendenz seiner Romane betrifft,
sich darauf, in allgemeinen Zügen die Richtung anzudeuten, in welcher
die künftige Lösung jener Zeitprobleme zu suchen ist. Es fällt ihm z. B.
nicht ein, in seinem letztgenannten Romane des Breiteren die Mittel und
Wege zu detaillieren, durch welche die von seinem Helden vertretene „Hammer
und Amboß"-Theorie der Gegenseitigkeit in die That übersetzt werden und
den Mißbrauch von Macht und Reichthum zur Ausbeutung des Nächsten
verdrängen soll. Statt die künftige Neugestaltung der Gesellschaft im
Einzelnen zu schildern, schließt der Verfasser mit künstlerischem Taktgefühl

seine Erzählung gerade dort ab, wo sie auf dem Punkte angelangt ist, über welchen hinaus heut zu Tage höchstens die abstrakte Spekulation theoretischer Staatskunst und Nationalökonomie zu blicken vermag. Bewunderung in der That muß die vollendete Meisterschaft erregen, mit welcher Spielhagen das so unendlich spröde Metall der zeitgeschichtlichen Ereignisse und Bestrebungen für seine künstlerischen Zwecke in Fluß zu bringen und poetisch umzuschmelzen und auszumünzen versteht. Nur selten widerfährt es ihm, wie am Schlusse des Romanes „In Reih' und Glied," daß er sich von der äußeren historischen Wirklichkeit, von der zufälligen brutalen Thatsache zu stark imponieren läßt, um sie jenem Umschmelzungsprocesse zu unterwerfen, der sie erst in das Reich innerer poetischer Wahrheit und zwingender Nothwendigkeit erheben kann. Wenn auch die Persönlichkeit und die Bestrebungen Lassalle's mit vollem Rechte dem Dichter das Modell zu seinem Leo Gutmann lieferten, Dieser durfte nicht, wie Lassalle, in junkerhaftem Duelle durch den Pistolenschuß eines Nebenbuhlers in einem Liebeshandel enden, welcher Nichts mit seiner politischen Laufbahn zu schaffen hat — Leo mußte als Opfer seines großen Lebensirrthums fallen, wozu der Aufruhr der Arbeiter in dem durch ihn geleiteten Fabriketablissement einen nahe liegenden Anlaß bot.

Eine fast einmüthige Ablehnung hat der Roman „Allzeit voran" (Berlin 1872) erfahren. Die Tadler waren hier vollkommen im Rechte; denn ein Weib, das sich, wie Hedwig, um Rang und Reichthum an einen ungeliebten Mann verkauft und dann gegen ihn die unnahbar spröde Eisjungfrau spielt, ist eine zu abstoßende Erscheinung, um als Haupthelbin eines Romans interessieren zu können. Das einzige Verdienst des letzteren liegt in der lebenstreuen Schilderung der Stimmung, welche kurz vor dem Ausbruche des Krieges gegen Frankreich in den deutschen Kleinstaaten herrschte; der Dichter lieferte ein Zeitbild, das durch die Wärme seines Kolorits für unsere Nachkommen einen nicht unerheblichen kulturgeschichtlichen Werth haben wird, wenn auch der Ästhetiker mit Fug in der charakteristischen Zeichnung des Hintergrundes nur einen schwachen Ersatz für die grotesk ersonnene Fabel finden mag.

Um so glänzender treten alle Vorzüge Spielhagen's wieder in seinem letzten größeren Romane „Sturmfluth" (Leipzig 1876) hervor. Im Rahmen einer eben so spannenden wie naturgemäßen Handlung führt der

Dichter all jene erfreulichen und unerquicklichen Erscheinungen an uns vorüber, welche, in Folge der Siege über Frankreich und der Wiedergeburt unseres politischen Lebens, der jüngsten Zeitperiode ihren Stempel aufprägten. Die tolle Jagd nach materiellen Glücksgütern, welcher der Zusammenbruch des faulen Gründerschwindels ein warnendes „Nicht weiter!" zuruft; die im Finstern schleichenden Intrigen einer pfäffischen Reaktion, welche sich mit allen schlechten und schädlichen Elementen des Volkskörpers verbündet, um die gesunden Lebensquellen desselben zu vergiften; die redliche Aussöhnung der edleren und besseren Elemente aller Parteien mit der Neugestaltung der politischen Verhältnisse — alles Dies bildet den Inhalt des neuesten Spielhagen'schen Romans, welcher in genialer Weise diese Sturmfluth menschlicher Geschicke mit einem verhängnisvollen Naturereignisse, mit jener Sturmfluth der Ostsee vom November 1872 verknüpft, die fast gleichzeitig mit der Gründerkrisis über die Nordmarken Deutschlands hereinbrach. Mit reicher, fast allzu reicher Erfindungsgabe weiß der Verfasser die bunt verschlungenen Schicksale seiner zahlreichen Romanfiguren zu lenken und zu entwirren; mit fast allzu großem Aufwand an Phantasie — denn der unheimlich mächtigen Gestalt Giraldi's hätte es kaum bedurft, um den Knoten der Handlung, neben der Verstrickung in eigene Schuld, durch Beihilfe eines räthselvollen Deus ex machina noch straffer zu schürzen.

Nachdem er solchermaßen den ganzen Entwicklungskreis der jetztlebenden Generation seines Volkes bis in die jüngsten Tage hinein durchmessen hat, wendet sich Spielhagen in dem Romane „Platt Land", dessen Veröffentlichung als Tageblattsfeuilleton so eben begonnen ward, dem Ringen und Streben, Kämpfen und Dulden unserer Väter in den dreißiger Jahren zu, das in so vielfacher Hinsicht die Grundlage des heute Erreichten bildet. Zugleich erweitert der Verfasser auch nach einer anderen Seite hin das Gebiet seiner Schilderungen, indem er das Landleben und die in bäurischer Abgeschiedenheit verstockte und versumpfte Denkart der niederdeutschen Bevölkerung seiner pommerschen Heimat in einer Reihe typischer Gestalten zu anziehender, oft von glücklichstem Humor gefärbter Darstellung bringt.

Ein Meister der Erzählungskunst, versteht es Spielhagen vor Allem, mit feinstem Takte die dichterische Objektivität seiner Werke zu wahren. Nur in

seinen frühesten Romanen begegnet uns zuweilen noch ein unkünstlerisches Sich-
Eindrängen der Reflexion; in den späteren ergreift die Person des Dichters
niemals das Wort, und indem Spielhagen es seinen Helden überläßt,
ihre Ansichten und Meinungen selbst zu verfechten, zaubert er dadurch
jenen Anschein der Wirklichkeit hervor, dessen das wahre Kunstwerk niemals entbehren darf. Es ist höchst erfreulich, daß ein Schriftsteller, der
seine Stoffe so vorwiegend den Kämpfen der Gegenwart entnimmt, und
der aus seiner Sympathie mit den humanistischen Freiheitsbestrebnngen
auf allen Gebieten des Lebens kein Hehl macht, fast niemals in tenden-
ziösen Parabasen oder subjektiven Betrachtungen die geschlossene Form des
Kunstwerks durchbricht, sondern sich streng an einen ästhetischen Kanon
bindet, der aus den besten Vorbildern auf dem Felde der Romandichtung
abstrahiert ist. Von dem ernsten Bemühen Spielhagen's, Geist und Wesen
seiner Aufgabe richtig zu erfassen, zeugen, neben seinen Romanen und
Novellen, die tiefsinnigen kritischen und ästhetischen Abhandlungen, welche in
seinen „Vermischten Schriften" (Berlin 1864 und 1868, 2 Bde.)
gesammelt und augenscheinlich dem Bedürfnis des Verfassers entsprungen
sind, sich über dies und jenes wichtige Kunstproblem völlig ins Klare zu
setzen. So zeigt beispielsweise der Essay über den Humor, welcher zu dem
Treffendsten gehört, was über dies schwierige Thema gesagt worden ist,
mit wie sicherem Bewusstsein Spielhagen für so manche Partie seiner
Romane jene humoristische Form gewählt hat, deren er sich mit so glänzendem Geschick bedient.

Dieselben Vorzüge, welche wir seinen größeren Romanen nachrühmen
durften, und welchen vor Allem noch eine ungemein plastische Zeichnung
und psychologisch richtige Entwicklung der Charaktere hinzuzufügen ist,
adeln auch die meisten seiner kürzeren novellistischen Dichtungen. „In
der zwölften Stunde" (Berlin 1863), oder — wie die Novelle, nach
einer Erklärung des Verfassers im Vorwort zur zweiten Auflage derselben
(1867), richtiger heißen sollte — „Die Sphinx", ist ein düsteres Nacht-
stück, dessen Heldin von dem dämonischen Misstrauen gequält wird, daß
die Neigung des von ihr angebeteten Gatten keine Liebe, sondern nur
Mitleid sei, bis eine schaurige Katastrophe sie zu spät ihren Irrthum
erkennen lässt. — Vielleicht die anmuthigste von Spielhagen's kleineren
Erzählungen ist „Röschen vom Hofe" (Berlin 1864). Die Handlung

freilich ift, was die Reizmittel äußerer Spannung betrifft, von nahezu dürftiger Einfachheit, es werden dem Leser keine befremblichen Überraschungen geboten, Alles nimmt einen regelrechten, von Anfang an abzusehenden Verlauf. Es sind eben, wie bei jedem echten Kunstwerke, mit Aufbietung der geringsten Mittel die höchsten Wirkungen erreicht. Allerdings ist es, wie in den meisten Spielhagen'schen Romanen, wieder eine vorherrschend aristokratische Gesellschaft, in welche der Verfasser uns einführt, aber eine Gesellschaft kerngesunder Gestalten, an welche der politische Konflikt unserer Tage nur herantritt, um sie im Feuer der Prüfung zu läutern und mit ihrem Geschick zu versöhnen. Der oft gehörte ungerechte Vorwurf, daß Spielhagen den Adel mit allzu galliger Tinte zeichne, muß Angesichts dieser liebenswürdigen Charaktere verstummen; denn selbst der reaktionär verstockte, sich den Fortschrittsideen der Zeit mit verbissenem Groll entgegenstemmende alte Baron ist mit so herzgewinnender Freundlichkeit geschildert, daß ihm die Sympathie der Leser nicht entgehen kann. Ein Hauptvorzug, welcher mehr oder minder auch allen übrigen Romanen dieses Autors einen großen Theil ihres poetischen Zaubers verleiht, tritt in „Röschen vom Hofe" besonders kräftig hervor. Wir meinen die künstlerische Weise, in welcher die wunderbar plastischen Naturschilderungen mit dem Inhalte der Erzählung, mit den sich vor uns entfaltenden psychischen Vorgängen, harmonieren, und doch immer, den letzteren gegenüber, nur die Stelle des Hintergrundes einnehmen, statt (wie z. B. die Gartenkunst-Episoden in der zweiten Hälfte der „Wahlverwandtschaften") durch unverhältnismäßige Breite den Anspruch auf ein selbständiges, den Zwecken des Romans sich nicht mehr unterordnendes Leben zu usurpieren. Schon die Eingangsscenerie, die traumhafte Ruhe des einsamen Parks, in welchem die holde Gestalt Röschens wie ein Märchenwunder zu uns heranschwebt, gleicht einer stimmungsvollen Ouvertüre, die uns die Grundmelodie der Dichtung mit leisem Zauber ins Herz singt. Eine ähnliche magische Wirkung übt im ersten Kapitel der Erzählung „Was die Schwalbe sang" das Auf- und Abstreichen der Schwalben in der stillen Dorfstraße, und zu Anfang des Romanes „Platt Land" der wiederholte räthselvolle Ruf: „Maggie! Maggie!", welcher die Neugier des Lesers auf das Erscheinen der Heldin immer spannender weckt, bis sie gegen Ende des ersten Buches mit aller Herrlichkeit eines Feenkindes vor unsre geblendeten Augen tritt. — In den beiden Novellen,

die in Bad Tannenburg spielen und durch den Gesammttitel „Unter
Tannen" (Berlin 1868) lose mit einander verknüpft sind, bebaut Spielhagen nicht ohne Glück das in Deutschland so arg vernachlässigte Feld der
rein humoristischen Erzählung. Er überrascht uns mit ein paar heiteren
Späßen, die gar keinen anderen Anspruch erheben, als hübsch erzählte Geschichten, launige Einfälle einer glücklichen Stunde zu sein. Der zweiten
Novelle — „Die schönen Amerikanerinnen" — liegt für Den, welcher aus
dem Geist und Tone der Handlung die Idee eines Kunstwerks zu enträthseln
weiß, nebenher der patriotische Gedanke zu Grunde, daß die Deutschen,
nachdem sie im politischen Leben Kraft und Stärke dem Ausland gegenüber
errangen und im Rathe der Nationen als die Ersten dastehen, nunmehr
mit stolzer Selbstachtung dem gekräftigten Nationalbewusstsein auch im
socialen Leben Geltung verschaffen und der bemüthigen Bewunderung fremdländischer Prätensionen entsagen sollten, die sich um so unverschämter breit
machen, je devoter man sie hinnimmt. Daß nun gar im vorliegenden
Falle der vermeintliche amerikanische Nabob, von welchem sich die ganze
Badegesellschaft brüstieren läßt, schließlich als ein verkommener deutscher
Schneider, und der nicht minder hochmüthige ungarische Graf als ein Wiener
Billardkellner entlarvt werden, erhöht die ergötzliche Wirkung des Schwankes.
— Zu derselben Kategorie gehört die Erzählung „Das Skelett im
Hause" (Leipzig 1878), wo der Umstand, daß ein reicher pommerscher
Kaufmann durch eine Testamentsklausel genöthigt ist, im Parterrelokal
seines Hauses einen offenen Kram- und Heringsladen zu halten, und diese
Nothwendigkeit seiner jungen, aus einer halbaristokratischen Familie stam-
menden Frau ängstlich verheimlicht hat, zu den abenteuerlichsten Verwick-
lungen führt. Die in tollem Übermuth mit allen Schauern eines modernen
Sensationsromans ausgestattete Handlung löst die grellen Dissonanzen
schließlich in den heitersten Akkord auf. — Gelegentlich hat Spielhagen
sich auch auf dem Gebiet der Dorfgeschichte versucht. Das Streben nach
realistischer Wahrheit und der augenscheinliche Wunsch, jeden sentimentalen
Aufputz der Gefühle in den Reden seiner schlichten thüringischen Bauern
zu vermeiden, hat den Verfasser in der ersten dieser Erzählungen —
„Hans und Grete" (Berlin 1868) — zu der Wahl allzu harter und
greller Farben verlockt; auch findet der scharf zugespitzte Konflikt durch
das feenhafte Einschreiten der Fürstin eine zu willkürliche Lösung. Desto

glücklicher ist in der zweiten Erzählung dieses Genres — „Die Dorf-
kokette" (Schwerin 1869) — ein dem ersten Anschein nach seltsamer
und barocker Stoff durch die feinste psychologische Motivierung jeder Un-
wahrscheinlichkeit enthoben und zu einem Kabinettstücke realistischer Seelen-
malerei ausgeprägt.

Nur ein einziges Mal hat Spielhagen — in der Erzählung „Deutsche
Pioniere, eine Geschichte aus dem vorigen Jahrhundert" (Berlin 1871) —
den Boden der Heimat und der Gegenwart verlassen, um eine Episode
aus dem Grenzerleben deutscher Ansiedler im Staate New-York zu schildern.
Es kann nicht überraschen, daß diese novellistische Arbeit, bei aller frischen
Lebendigkeit der Darstellung, doch jenen Zauber des Lokalkolorits vermissen
läßt, welcher den übrigen Produktionen des Verfassers einen so eigenthümlichen Reiz verleiht. — Auch in der Novelle „Ultimo" (Leipzig 1874),
wohl der schwächsten und unbedeutendsten seiner Erzählungen, ist die beabsichtigte sächsische Lokalfarbe von ungewöhnlich mattem und blassem Auftrag.

Wenn wir die Gesammtreihe dieser kleineren Arbeiten überblicken,
können wir uns der Erwägung nicht verschließen, daß Spielhagen's
eminente Begabung ihn vorherrschend auf das Feld des mehrbändigen,
größeren Romanes hinweist. Seine Art, die wichtigsten Probleme der
Gegenwart nach allen Richtungen hin aufs tiefste zu erfassen, bedarf
naturgemäß der epischen Breite; daher kommt es, daß seine kürzeren
Erzählungen, mit seltener Ausnahme, den fragmentarischen Eindruck von
Episoden hinterlassen, die als solche vielleicht in einem größeren Ganzen
eine angemessene Stelle gefunden hätten, aber als selbständige Schöpfungen
des genügenden Interesses entbehren. Denn Spielhagen's Eigenthümlichkeit besteht zu seinem Ruhme eben darin, daß er mit warmem Herzen
und weitschauendem Geiste den einzelnen Fall, das einzelne sittliche oder
psychologische Problem, stets im Hinblick auf ein höheres Allgemeines
auffaßt und dasselbe in vielseitigster Strahlenbrechung zu beleuchten strebt.
In mustergültigster Weise thut er Das u. A. in dem zweibändigen
Romane „Was die Schwalbe sang" (Leipzig 1873), der uns, was
die harmonische Durcharbeitung aller einzelnen Theile betrifft, als eine der
edelsten Perlen im Kranz seiner Dichtungen erscheint.

Über Spielhagen's dramatische Versuche möchten wir ein ab-
schließendes Urtheil zur Zeit nicht fällen. Wenn ein Schriftsteller von

so seinem Kunstverstande und so hervorragenden Talenten sich mit Lust und Liebe der Bühnendichtung zuwendet, so scheint uns Das, bei dem verwahrlosten Zustande unsrer dramatischen Literatur, ein dankenswerthes Bemühen zu sein, das guten Erfolg verspricht, dafern der Verfasser die Klippen vermeiden lernt, welche ihm die Gewohnheit des Epikers, die Handlung zu erzählen, statt sie als vor unsern Augen geschehend zu entfalten, in den Weg stellt.

Spielhagen, der seit Ende des Jahres 1862 seinen dauernden Wohnsitz in Berlin aufschlug, dort Anfangs die mit Geschick geleitete „Deutsche Wochenschrift" herausgab und später eine Zeitlang die Redaktion des „Sonntagsblattes" der „Volkszeitung" führte, hat sich ebenfalls durch seine geistvoll anregenden Vorträge über literaturgeschichtliche und ästhetische Themata einen wohlverdienten Ruf gemacht; von seiner rüstigen Produktionskraft dürfen wir auf jeden Fall noch manche herrliche Schöpfung erwarten.

Die Mutter H. Heine's,

nach ihren Jugendbriefen geschildert.

Einer der wohlthuendsten Züge in dem, durch manchen nicht aus-
zutilgenden Flecken getrübten Charakterbilde H. Heine's ist die innige Liebe
zu seiner Mutter. Ihr widmete er schon in seiner ersten Gedichtesammlung jene, dem tiefsten Herzen entquollenen Sonette, in welchen er gesteht,
wie sein stolzer Sinn in ihrer „selig-süßen, trauten Nähe" sich demuths-
voll beuge, und wie er, die ganze Welt in tollem Wahn nach Liebe durch-
irrend, krank und enttäuscht heimgekehrt sei, um in dem trostvollen Blick
des Mutterauges die langgesuchte Liebe zu finden. Und später, in den
schlummerlosen Nächten der Fremde, wie schmerzlich quält ihn die Sehnsucht
nach der alten Frau am Dammthore, die ihn so lieb hat, in deren Briefen
er sieht, „wie ihre Hand gezittert, wie tief das Mutterherz erschüttert",
bis es ihn zuletzt unaufhaltsam nach Deutschland zurück treibt, damit er
die Mutter noch einmal vor dem Tode umarme! Und wie rührend sucht
er ihr die furchtbare Krankheit, die ihn bald nach jenem letzten Besuch
in Hamburg auf ein langjähriges, martervolles Sterbelager warf, durch
jegliche Kunst frommer Täuschung zu verhehlen, um ihr mitfühlendes Herz
nicht ahnen zu lassen, wie schwer er leide! Diese treue Liebe des Sohnes
läßt schon mit Sicherheit auf den edlen Charakter der von ihm so hoch
verehrten Mutter und auf den bedeutenden Einfluß schließen, den sie auf
seine Herzens- und Geistesbildung geübt haben muß.

Die Hauptzeugnisse dieses Einflusses hat der Dichter ohne Zweifel
in den zahlreichen Jugendbriefen an die Mutter und Schwester, sowie in
seinen „Memoiren" niedergelegt, deren Veröffentlichung, trotz vielfacher
Anmahnungen, leider noch immer nicht erfolgt ist. Inzwischen wird man

jeben Beitrag willkommen heißen, der auf die Lebensverhältnisse und den Charakter der seltenen Frau einiges Licht wirft.

Ein günstiger Zufall hat mir vor Kurzem eine Anzahl von Jugend-briefen der Mutter H. Heine's in die Hände geführt. Dieselben stammen meist aus dem Jahre 1796 und sind, nach einem Besuch in Wesel im November 1795, an eine dortige Freundin Hendelche (Helena) gerichtet, deren Bekanntschaft sie schon früher in Düsseldorf gemacht zu haben scheint. Die Adressatin lebte damals bei ihrem Vater Jakob Israel und verhei-rathete sich später mit einem Herrn Lazarus. Ihre Töchter, zwei hochge-bildete alte Damen, die heute noch unvermählt zu Wesel leben, haben die interessante Korrespondenz mit sorgsamer Pietät in ihrem Familien-archive aufbewahrt. Die gleichfalls in den Briefen erwähnte jüngere Schwester Helenens, Esther, verheirathete sich nach Ahaus und starb kinder-los. Eine ältere Schwester, Reischen (Röschen oder Rosalie), war die Gattin eines Herrn Zaudy, dessen Enkel, der Fabrikant Carl Zaudy in Wesel, die Güte hatte, mir die in Rede stehenden Briefe zu übersenden. Ein zweiter Sohn Rosaliens, Israel Gotthart Zaudy, der als mecklen-burgischer Hofrath und Agent des preußischen Finanzministeriums 1834 zu Berlin verstarb, führte im September 1809, neben dem officiellen Defensor Noel Perwez, die Vertheidigung jener elf Schill'schen Officiere, die Napoleon von Stralsund nach Wesel schleppen und dort als „Räuber" erschießen ließ.

Mit Hilfe der nachstehenden Briefe, welche sämmtlich in deutscher Sprache, aber mit hebräischen Lettern geschrieben sind, wird es möglich sein, von dem eigenthümlichen Wesen der Mutter H. Heine's ein anschau-licheres Bild zu gewinnen, als ich es, nach den bisherigen kargen Quellen, in meiner Biographie des Dichters zu zeichnen vermochte. Zunächst sei hier, unter weiterer Ausführung und theilweiser Berichtigung früherer Angaben, zusammengestellt, was über ihre Familie und deren Vorfahren zu ermitteln war.

Der Stammvater der Familie von oder van Geldern, Isaak, war um das Jahr 1700 von Holland nach dem Herzogthume Jülich-Berg ausgewandert. Er war ein begüterter Mann, der sein Vermögen durch ausgedehnte Geldgeschäfte im Laufe der Jahre noch ansehnlich vermehrte, zugleich aber in humanster Weise für die Verbesserung der traurigen Lage seiner in Deutschland vielfach verfolgten und unterdrückten Stammesgenossen thätig war. Geschäftsreisen führten ihn mehrmals nach Wien, wo er mit dem berühmten Bankier Samuel Oppenheimer in Verbindung stand, welcher sich der speciellen Gunst des Kaisers erfreute und von Diesem seit 1677 zum Faktor und Hofjuden ernannt worden war, eine Stelle, die er bis an seinen Tod 1723 bekleidete.

Isaak's Sohn, Lazarus von Geldern, begleitete den Vater auf einer dieser Reisen, und führte die Tochter des am kaiserlichen Hofe nicht minder geschätzten Simon Preßburger als Gattin heim. Er ließ sich in Düsseldorf nieder und setzte mit Energie und Glück das Geschäft des Vaters fort. Seine feine Weltbildung und der Ruf seiner Rechtschaffenheit und Gewandtheit brachten ihn mit vielen angesehenen Männern in Verkehr und kamen auch dem Kurfürsten Carl Philipp zu Ohren, der ihn 1727 zu seinem Hoffaktor ernannte. Dieser Umstand hat später zu der Fabel Anlaß gegeben, als sei Lazarus von dem genannten Fürsten mit einem Adelsdiplome beschenkt worden. Das in Rede stehende Dokument, dessen Wortlaut mir in getreuer Abschrift vorliegt, kann aber nur mißverständlich in solchem Sinne gedeutet worden sein. Es lautet, wie folgt:

„Von Gottes Gnaden, Wir Carl Phillip Pfalzgraff bey Rhein, des Heyl. Röm. Reichs ErzSchatzmeister und Churfürst in Bayeren, zu Gülich, Cleve und Berg Hertzog, Fürst zu Mörs, Graf zu Veldentz, Sponheim, der Mark, und Ravensberg, Herr zu Ravenstein rc. rc.: Thun kund und fügen, Unseren ObristHofMinisteren, ObristCämmereren, ObristHofMarschällen, ObristStallmeister, Cantzleren, Präsidenten, Geheimen-, Hof-, Cammer- und übrigen Räthen, fort sämmtlichen Hof- und Landbedienten, auch sonsten jedermänniglich hiermit zu wissen, daß wir dem Juden Lazaro von Gelderen die hohe Gnade angethan und denselben zu Unseren Gülisch und Bergischen Hoffactoren gnädigst auf- und angenohmen haben. Thun auch solches hiermit und kraft dieses also und dergestalt, daß Uns und Unserem Churhauß er treu und hold sehe, Unseren nutzen, frommen und intresse befördere, arges und schaden, so viel an ihm ist, in Zeiten warne, und wende, auch sonsten was einem getreuen Hoffactoren zu thun obieget, und gezieme; Euch allen, und jeden obgemelt, hiermit gnädigst befehlend, daß ihr gedachten Lazarum von Geldern für Unseren Gülisch und Bergischen Hoffactoren annehmen, halten und erkennen sollet. Urkund Unserer eigenhändigen unterschrift und hervorgerückten geheimen CantleyInsiegels. Geben zu Schwetzingen den Ein und dreißigsten Julii im Eintausend Siebenhundert und Sieben und zwanzigsten Jahre.

[Gez:] Carl Phillip Churfürst.   J v Mayer.

(LS.)   Ad Mandatum Serenissimi
Domini Electoris proprium

Gülich und Bergisch Hof-factoren Patent   [Gez.] Halbert.

für Lazarum von Gelderen.   Für gleichlautende Abschrift

(LS.)   (Siegel der Stadt Duß)   Der Bürgermeister
Neuhöffer."

Man sieht, der vermeintliche Adelsbrief ist Nichts weiter, als ein im üblichen Kurialstile abgefasstes Anstellungspatent für den Juden Lazarus von, d. i. aus Geldern, wie andere jüdische Familien nach ihrem Geburtsorte sich von Leyden, von Emden, von Utrecht, von Holland nannten. Die Verleihung des Adels an einen Juden würde in damaliger Zeit völlig unerhört gewesen, und zudem selbstredend in ganz anderer Form ausgesprochen worden sein. Waren doch die Juden in den meisten Ländern Europas kaum als „Schutzverwandte" gegen Erlegung hoher Abgaben geduldet (man erinnere sich, welche Behandlung ihnen noch der aufgeklärte Friedrich II. in seinen Staaten zu Theil werden ließ); nirgends aber waren sie im anerkannten Besitz bürgerlicher und politischer Rechte. Selbst die Ausübung der medicinischen Praxis, in welcher sie von jeher Vorzügliches geleistet, wurde ihnen bis tief in das achtzehnte Jahrhundert hinein durch die Unduldsamkeit der christlichen Religionslehrer vielfach erschwert. Die theologischen Fakultäten zu Wittenberg und Rostock warnten noch die christlichen Kranken, sich von jüdischen Ärzten behandeln zu lassen, weil diese als Nachkommen Abraham's vom Himmel verflucht seien, weil sie Zaubermittel anwendeten, und weil sie nach ihrem Glauben die Verpflichtung hätten, von je zehn Getauften einen zu tödten! Zu Worms predigte ein Priester, Johann Heinrich Mehl, öffentlich wider die jüdischen Ärzte, und der gelehrte Johann Helfrich Sagittarius suchte in einem 1745 zu Frankfurt a. M. gedruckten Buche zu beweisen, daß es Todsünde sei, einem Israeliten das Doktorat der Medicin zu ertheilen. Trotz all dieser Hindernisse strebten die Juden mit Ernst und Eifer, sich die Früchte gelehrter

Bildung anzueignen, und auch das Geschlecht von Geldern hat den Zierden der Wissenschaft mehr als Einen ruhmvollen Namen hinzugefügt.

Von den zwei Söhnen des Lazarus von Geldern widmete der ältere,
Simon, geb. zu Wien den 11. November 1720, gest. zu Forbach 1774, sich
mit Erfolg dem Studium der Sprachwissenschaft und machte sich sowohl
durch seine großen Reisen in ganz Europa und einem Theile des Orients,
wie durch seine philologischen Arbeiten und ein in englischer Sprache ver-
faßtes Gedicht „Die Israeliten auf dem Berge Horeb" bekannt. Sein
jüngerer Bruder, Gottschalk, geb. zu Düsseldorf den 30. November 1726,
war ein ausgezeichneter Arzt und bekleidete das Ehrenamt eines Vorstehers
der damals in den Herzogthümern Jülich und Berg sich bildenden israelitischen Gemeinden. Wie ein Vater für seine Kinder, sorgte er für das
Wohl seiner Glaubensgenossen, als Arzt wie als Menschenfreund gleich
geehrt bei Juden und bei Christen. Es ist nur ein vereinzeltes Beispiel
seines allzeit hülfebereiten Sinnes, daß er, als sein Freund, der Mathe-
matiker Kalman Cohen, und Dessen ältester Sohn Aaron 1779 in einer
und derselben Woche starben, die verwaisten Söhne des Letzteren, Mordachai und Abraham, zu sich ins Haus nahm und sie auf das sorgfältigste mit seinen eigenen Kindern erziehen ließ.

Die erste Ehe Gottschalk's von Geldern war mit zwei Söhnen und
zwei Töchtern gesegnet. Der älteste Sohn, Joseph, geb. den 24. November 1765, studierte, nachdem er seine Vorbildung in Düsseldorf empfangen
hatte, zu Bonn und Heidelberg, und promovierte als Doktor der Medicin
und Philosophie zu Duisburg. Dann begab er sich nach München, um
sich dort der für die ärztliche Praxis in Baiern vorgeschriebenen Staats-
prüfung zu unterwerfen. Die glänzende Art, in welcher er dies Examen
bestand, erwarb ihm die für einen Juden doppelt ehrende Auszeichnung,
vom Kurfürsten Carl Theodor zu seinem Hofmedikus ernannt zu werden.
Trotzdem kehrte er zum Beistande seines alternden und kränklichen Vaters
nach Düsseldorf zurück. Aber nur wenige Monde wirkten Vater und Sohn
zusammen; am 12. Oktober 1795 starb Gottschalk, und schon am 25.
April des nächsten Jahres folgte ihm sein Sohn.

Sein um drei Jahre jüngerer Bruder, Simon von Geldern, hatte,
wie Joseph, zu Bonn und Heidelberg Medicin studiert. Er erbte die Praxis des Vaters und Bruders und stand, gleich diesen, bis an seinen Tod

(1833) als Arzt wie als Mensch in hoher Achtung. Sein Neffe H. Heine blieb mit dem aufgeklärten, feingebildeten Manne, der sich auch für die Reformbestrebungen des Judenthums warm interessirte und ein Mitglied des in den zwanziger Jahren von Gans, Zunz und Moser begründeten Vereins für Kultur und Wissenschaft der Juden war, während seiner Universitätszeit und später noch in herzlichstem Verkehre. Dr. Simon von Geldern wohnte unverheirathet in dem elterlichen Hause, auf der linken Seite des kurzen Gässchens, das von der Andreas- nach der Mühlenstraße führt. Seine Schwestern Hanna und Peira führten ihm Anfangs die Wirthschaft, nachdem die kinderlose Stiefmutter bald nach dem Tode Joseph's sich in freundschaftlicher Weise von ihnen getrennt und ein eigenes Logis bezogen hatte.

Über Hanna's und der Stiefmutter spätere Schicksale vermochte ich Nichts zu ermitteln. Eben so unbekannt ist es mir, welche Laufbahn Mordachai und Abraham Cohen einschlugen, die in der ersten Zeit nach dem Tode ihres Pflegevaters noch bei dessen Familie verweilten.

Peira von Geldern, die ihren Vornamen später in Betty umwandelte (auch ihr Grabstein trägt letzteren Namen), war den 27. November 1771 zu Düsseldorf geboren, hatte mithin zu der Zeit, in welcher die nachfolgende Korrespondenz beginnt, eben ihr vierundzwanzigstes Lebensjahr vollendet. Von kleiner Statur, aber von anmuthig zierlicher Gestalt und von aufgewecktem Geiste, war sie der Liebling ihrer ganzen Familie und von vielen Freiern umworben. Es mag weder ein bloßer Scherz, noch launische Koketterie gewesen sein, wenn sie wiederholt die Absicht äußerte, unvermählt bleiben zu wollen. Gleich den Brüdern, hatte auch sie eine treffliche Erziehung genossen. Neben den Muttersprachen Deutsch und Hebräisch, die sie von Kind auf erlernt hatte, waren ihr Englisch und Französisch so geläufig, daß sie die Dichterwerke beider Zungen im Originale las. Rousseau und Goethe gehörten zu ihren Lieblingsschriftstellern; ja, ihr Sohn Maximilian erzählt, daß sie sich an den Elegieen des Letzteren besonders erfreut habe. Wenn sie das Deutsche nicht ganz richtig schrieb und häufig wider die Regeln der Grammatik verstieß, so theilte sie diesen Mangel nicht allein mit den meisten ihres Geschlechtes in damaliger Zeit, sondern Manches ist auch auf Rechnung des Umstandes zu setzen, daß sie sich hebräischer Schriftzeichen bediente, welche nur unvollkommen dem

Werthe der deutschen Buchstaben entsprachen. Jedenfalls beweisen Inhalt und Stil ihrer Briefe, daß sie auf der Höhe der Geistes- und Herzensbildung ihrer Zeitgenossinnen stand. Und diese Briefe gewähren uns einen um so tieferen Einblick in ihr eigenstes Wesen, als sie in einer ungewöhnlich trüben und ereignisvollen Zeit geschrieben sind. Es klingt aus ihren melancholischen Worten nicht nur der Schmerz um den Tod eines geliebten Vaters und Bruders, sondern auch die patriotische Trauer über die Leiden des deutschen Vaterlandes.

Das Rheinland war gegen das Ende des vorigen Jahrhunderts der Schauplatz tumultuarischer Kriegsereignisse. Schon am Abend des 6. Oktober 1794 wurde die damals befestigte Stadt Düsseldorf von den französischen Revolutionstruppen unter Bernadotte beschossen, und noch vor Mitternacht standen das Schloß, der Marstall, Kirche und Kloster der Cölestinerinnen und mehrere Privathäuser in Flammen. Das Personal der Regierung, die pfälzische Besatzung und viele Einwohner flüchteten hinweg, der Rhein war Monate lang gänzlich gesperrt, Handel und Gewerbe stockten, eine große Theuerung entstand, und am 6. September des folgenden Jahres ging General Kleber mit 25,000 Mann über den Fluß und besetzte die Stadt, welche bis zum Friedensschlusse von Lüneville im Frühjahre 1801 okkupiert blieb. Ein Theil der herrlichen alten Alleen des Hofgartens wurde von den Franzosen bald nach ihrem Einzuge rasiert, das sogenannte „Hofgartenhaus" in die Luft gesprengt und das unfern der Düsselbrücke gelegene chinesische Lusthaus gleichfalls zerstört. Die Bewohner der Stadt mußten während der französischen Okkupation nicht allein eine unerhört starke Einquartierung (in sechstehalb Jahren 3,257,694 Mann und 420,121 Pferde) verpflegen, sondern auch wiederholt ansehnliche Geldkontributionen bezahlen. Petra von Gelbern verleiht ihren Klagen über diese Verwüstungen des Krieges in ihren Briefen einen beredten Ausdruck, sie gedenkt mit Wehmuth der Zeiten, „wo Deutschland noch Deutschland war", und sie ergießt ihren bittern Spott über die pfälzischen Truppen, „oder besser gesagt pfälzischen Emigranten", die vor den ersten feindlichen Kugeln Reißaus nahmen.

Unter den ältesten poetischen Versuchen H. Heine's, die uns erhalten sind, befindet sich ein burschenschaftlich-patriotisches Lobgedicht auf die gute alte Zeit, welches „Deutschland, ein Traum" überschrieben ist. Klingt dies

erfte Stammeln der Heine'ſchen Muſe nicht faſt unmittelbar wie ein
verſificierter Nachhall ſolcher mütterlichen Stoßſeufzer? Auch manche über-
raſchende Äußerung in den Jugendbriefen des Dichters aus derſelben oder
noch früherer Zeit — wie die Erwähnung des „homeriſch göttlichen,
herrlichen Blücher's", den er ſpäter ſo beſpektierlich eine „alte Spielratte",
einen „ordinären Knaſter" nennt — dürfte auf die Nachwirkung des
gleichen Einfluſſes zurückzuführen ſein, der freilich ſpäter durch den kläglichen Verlauf der politiſchen Entwicklung paralyſiert wurde. So Viel iſt
gewiß, daß jene Erlebniſſe der neunziger Jahre einen tiefen Eindruck in
der Seele ſeiner Mutter hinterließen. Mit Eifer las ſie die Schriften
deutſcher Patrioten und verſäumte nachmals keine Gelegenheit, ihre heran-
wachſenden Söhne auf die haltlos zerrütteten politiſchen Zuſtände des
damaligen Deutſchlands und auf die Miſère der Kleinſtaaterei aufmerkſam
zu machen. „Verſprecht mir," ſchärfte ſie ihnen oftmals ein, „verſprecht
mir, nie in einem kleinen Staat eure Heimat zu ſuchen, wählt große
Städte in großen Staaten, aber behaltet ein deutſches Herz für euer
deutſches Volk!" Der älteſte ihrer Söhne zog ſpäter nach Paris, der
zweite nach Wien, der dritte nach St. Petersburg, den größten Städten
dreier Kaiſerreiche.

Abhold jeder ſchwächlichen Empfindelei, aber von warmer Menſchen-
liebe beſeelt, huldigte Peira von Geldern einer idealen Lebensrichtung,
welche in guter Lektüre eine kräftige Nahrung für Geiſt und Gemüth
ſuchte und für manche Diſſonanz des Lebens Troſt bei ihrer geliebten
Flöte fand, die ſie mit Fertigkeit blies. Selbſt bei den herbſten Prüfungen,
welche das Geſchick ihr auferlegte, bewahrten ein feſter Sinn und ein
ſcharfer, ernſt philoſophierender Verſtand ſie vor der Gefahr, in feige
Muthloſigkeit zu verſinken. Sie durfte ſich um ſo ruhiger den Eingebungen
ihres Gefühls überlaſſen, als daſſelbe ſtets durch ein klares, ungewöhnlich
ſelbſtändiges Denken beherrſcht und geregelt ward. „Nur der Schwache,"
ſchreibt ſie einmal bezeichnend an ihre Freundin, „muß ſich auf das große,
dennoch aber ſchwankende Rohr Etikette ſtützen. Obgleich ich," fügt ſie
eben ſo ſelbſtbewußt wie beſcheiden hinzu, „mit einem alltäglichen Geſicht
und Figur auch einen alltäglichen Geiſt verbinde, ſo fühle ich dennoch
die Kraft, mich über die Chimären: Vorurtheil, Konvenienz und Etikette,
hinaus zu ſchwingen, und nur den Wohl[an]ſtand als die einzige Grenz-

linie zu betrachten, um mich alsbann freiwillig unter den Schutz der
Religion und Tugend zu begeben. Ich hoffe, Sie werden diese Art, zu
denken, billigen; sollte es nicht sein, so bitte ich um eine freundschaftliche
Zurechtweisung."

Eine so tüchtige Natur mochte wohl in sich selbst und in dem
anregenden Familienkreise des elterlichen Hauses genug Halt und Befrie-
bigung finden, um sich nicht vorschnell oder aus nichtigen Konvenienz-
gründen zur Eingehung einer Ehe zu entschließen. Eben so natürlich
mag ihr andererseits nach dem Tode des trefflichen Vaters, welchem der
geliebte Bruder jählings ins Grab folgte, der Gedanke an die Gründung
eines eigenen Hausstandes nahe getreten sein. Um diese Zeit, im Sommer
1796, führten Empfehlungsbriefe (vielleicht von der Freundin zu Wesel,
mit welcher er gleichfalls bekannt war) den am 19. August 1764 zu
Hannover geborenen Samson Heine auf einer Geschäftsreise in das
von Gelbern'sche Haus. Ein hübscher, stattlicher Mann, von lebhaftem
Temperament und redlichem Herzen, wenn auch nicht mit hervorragenden
Geistesgaben ausgestattet, scheint er das Herz Peira's rasch gewonnen zu
haben; denn schon zur Zeit des jüdischen Neujahrsfestes, Anfangs September desselben Jahres, spricht sie von ihm als ihrem Verlobten, und
ein kurz vorher geschriebenes scherzhaftes Billett (sie hatte ihren Bruder
Simon der Freundin als Gemahl zugedacht und ihn gewissermaßen auf
Brautschau nach Wesel gesandt) trägt eine Nachschrift von Samson
Heine's Hand. Auch bei der Knüpfung ihres Ehebündnisses bewies Peira
ihren energischen Sinn. Da ihr Verlobter völlig mittellos war, stieß
ihre Wahl bei den Vorstehern der jüdischen Gemeinde auf lebhaften Widerspruch, und sie weigerten sich, trotz der guten Vermögensverhältnisse der
Braut, ihm das Niederlassungsrecht zu gewähren. Peira aber wandte
sich, kurz entschlossen, an die damalige französische Regierung des Herzog-
thums und erwirkte einen kategorischen Befehl an die Rabbinen, den
Niederlassungsschein für ihren Bräutigam ohne irgend einen Vorbehalt
auszustellen. Schon am 8. November 1796 hatte sie alle Hindernisse,
die ihrer Eheschließung in den Weg gelegt wurden, besiegt; es ist, bei
dem Eifer, mit welchem die Sache von Peira betrieben ward, also kaum
zu bezweifeln, daß die Hochzeit schon zu Anfang des folgenden Jahres
gefeiert ward.

Unter diesen Umständen drängt sich uns freilich von Neuem die alte Frage auf, ob Heinrich Heine am 13. December 1797 oder an demselben Tage des Jahres 1799 geboren ist, und das erste Datum dürfte nun doch wohl das richtige sein. In Übereinstimmung mit den Zeugnissen seiner Jugendfreunde Neunzig, Prag und Steinmann, erklärt H. Heine bekanntlich in einem Briefe an Friedrich Maßmann vom 20. Oktober 1821, vierundzwanzig Jahre alt, folglich 1797 geboren zu sein. Auch bei dem Abdruck des Liedes: „Nacht liegt auf den öden Wegen" in Nr. 12 der „Rheinischen Flora" vom 20. Januar 1825 nennt der Herausgeber dieser Zeitschrift, Johann Baptist Rousseau, 1797 als das Geburtsjahr des Dichters. Wenn Heine ferner in einem Schreiben an St. René Taillandier vom 3. November 1851 berichtet, daß „während der preußischen Invasion" ein absichtlicher Irrthum in der Angabe seines Geburtsjahres begangen worden sei, um ihn „dem Dienste Sr. Majestät des Königs von Preußen zu entziehen" (die betreffenden jüdischen Geburtsregister waren bei einer Feuersbrunst zu Grunde gegangen), so kann die falsche Angabe meines Bedünkens doch nur den Zweck gehabt haben, ihn jünger erscheinen zu lassen, als er wirklich war. Um nicht in Widerspruch zu verfallen, wird dasselbe irrthümliche Geburtsdatum auch bei der Immatrikulation auf der Bonner Universität und bei der nachmaligen Taufe H. Heine's um so wahrscheinlicher angeführt worden sein, als beide Akte in preußischen Städten geschahen. Vielleicht böte die ungedruckte Korrespondenz des Dichters mit seiner Familie weitere Anhaltspunkte für die Entscheidung dieser Frage — die nachstehenden Briefe brechen leider kurz vor der Hochzeit seiner Eltern ab.

1.

Düsseldorff, Donnerstag, den 10ten Xbr. 95.

Liebes Hendelche und Eslerche!

Ich weiß, daß keine Feder vermögend ist die Dolmetscherin meiner Empfindungen abzugeben, und daß nur Sympathie, die geheime Sprache des Herzens, Dies vermag; allein ich wage es dennoch, mich schriftlich mit Ihnen zu unterhalten und Ihnen in der Entfernung diejenige Freundschaft zu versichern, wovon mein Herz gleich beim ersten Anblick gegen Ihnen entglühete.

Von meine Reise kann ich Ihnen nicht viel Erhebliches melden. Meine Gesellschaft bestand von Wesel, aus einem sichern Kaufmann Ennchens, Kaufmann Müller, Madame Bübe, einen Holländer mit seine liebenswiderliche Gemahlin, und dann aus einem sicheren Wolf Sichel, den Ihr Herr Bruder schon in Wesel kennen lernte, ein junger Mann, der viele Wissenschaften besitzt, und mir meine Reise sehr angenehm machte.

Zu Duisburg ging der Holländer mit seine liebenswürdige Gemahlin ab; Sie können leicht denken, daß ich ihr eine glückliche Reise wünschte. An deren Stelle bekamen wir einen französischen Capoten in unsere Gesellschaft, und so fuhren wir nach dem alten Schlendrian, das heißt wo die Wegen gut waren, da ließ der Postillon die Pferde laufen, und wo es schlimme Wegen gab, da wurden wir geschleppt. Allein auch dieses Übel hat sowie alles andere seine gute und schlimme Seite, denn wann die Wegen nicht gar zu schlecht sind, so hat man wirklich die schönste Gelegenheit und Muße die liebe Natur zu betrachten, und ich kann Ihnen wirklich nicht beschreiben, welche süße Gefühle jede langsam meinen Augen sich entfernende Strohbaurenhütte in mir rege machte. Meine Einbildungskraft schweifte dann weit um mich her und ließ mir so diese Wonne doppelt fühlen.

Um 4 Uhr Nachmittags langten wir glücklich in Düsseldorf an. Die Spuren des Krieges, verödete Häuser, aufgeworfene Batterien, gefällte Bäumen der schönsten Alleen, kurz die Verwüstungen um die Stadt herum, hatten meinen Launen, welche noch während meiner Reise so ziemlich heiter wahren, eine melancholische Wendung gegeben. Allein da ich in meinem Hause kam und hier vollends den zärtlichen Vater vermißte, der mich immer nach eine Reise mit offenen Armen und eine herzliche Umarmung zu empfangen pflegte, o! da versank ich ganz in meine Traurigkeit, und jeder Gegenstand ließ mich durch seine Errinnerung aufs Neue doppelt meinen schmerzlichen Verlust empfinden. Doch ich will hier abbrechen, um das allzutheilnehmende Herz meiner lieben Freundinnen nicht zu mißbrauchen.

Übrigens traf ich Alles ruhig, und meine Familie im besten Wohlsein an. Liebes Hendelche und Esterche, ich hätte Ihnen noch so Vieles zu sagen, allein eine einzige Umarmung würde Ihnen mehr als tausend Worten sagen können, wie sehr ich bin Ihre   aufrichtige Freundin
                                        Peierche de Geldern.

Meine vielmahlige Empfehlung an Ihre werthe Eltern, Schwester und Bruder, ein Gleiches geschieht von meine Schwester, Brüder und Stiefmutter an Ihnen und Ihre werthe Hausfamilie.

N. S. Einliegender Brief wurde mich heute indem ich ein andern Brief unter meine Papiere suchte, durch Zufall in die Hände geführt, ich schicke ihn Ihnen darum weilen — — weilen — ich selbst nicht weiß warum — — Schicken Sie ihn mir gefälligst wieder um.

Mordechai und Abraham lassen vielmahls grüßen.

2.

Düsseldorff, den 1. Jenner 1796.
Liebe werthe Freundin

Dank, tausend Dank, für Ihren lieben trostvollen Brief, worin jedes Wort mir von Ihre innige Theilnahme überzeugt; Dies allein ist schon hinreichend einen Theil des Schmerzes zu lindern, und ein leidendes Herz zu beruhigen. Allein verzeihen Sie, wenn ich Ihnen dennoch öfters, unwillkührlich vom Schmerz hingerissen mit trübe Gedanken beschwerlich falle und Ihnen traurig die geträumte Wonnebilder der Zukunft erzähle, die ich leider — — als phantastische Traumbilder verschwinden sahe. Billig sollte nun eine Reihe von Entschuldigungen wegen der lange Verzögerung meiner Antwort folgen. Häusliche Geschäften, die kritische Lage unserer Stadt, die dadurch veränderliche kriegerischen Auftritte und die immer damit verbundene Unruhen könnten leicht zu meiner Entschuldigung dienen. Warum? soll ich's aber leugnen, daß meine traurige Gemüthsverfassung auch eine Mitursache ist, und daß sie es ist, die mich öfters Tage lang unfähig macht auch nur eine Zeile zu schreiben, wenn ich nicht Gefahr laufen will eine empfindsame Schwärmerin geheißen zu werden. Am wenigsten möchte ich mich aber nun von Ihnen bei diesen Namen rufen hören, denn sicher glaube ich, daß Sie über diesen Punkt gleich mit mir denken werden, denn so leicht ich auch eine kleine Schwärmerei verzeihe, so sehr hasse ich dennoch die sogenannte modische Empfindsamkeit, deren Existenz ich mehr für Empfindelei als Wirkung eines guten Herzens ansehe.

Wenn ich Ihnen mit leine Neuigkeiten aufwarte, so denken Sie nur nicht, daß es eine Folge des ausgestreuten Verbotes ist, keine Kriegsnachrichten zu schreiben. Nein messen Sie es nur geradeswegs meiner Unwissenheit der politischen Schleichwegen zu. Man spricht aber allgemein von einen Waffenstillstand; neu wird Ihnen zwar die Nachricht nicht sein, allein selbst die erfreuliche Nachricht des Friedens wird uns nicht mehr überraschen und uns nur weil sie wahr sein wird, als neu vorkommen.

Leben Sie wohl und überzeugen Sie mir durch eine baldige Antwort, daß ich mich ferner nennen darf Ihre

wahre Freundin
Peierche de Geldern.

Meinen herzlichen Gruß an Ihre werthe Eltern und Geschwister, ein Gleiches geschieht von meine Stiefmutter, Schwester und Brüder. Mordechai und Abraham lassen vielmahls grüßen.

Wann ich bitten darf, so vermelden Sie ein Gruß an Jolibs Haunihe und seine Schwester Blümehe (das heißt ich ein wahrer Gruß à la Düsseldorf, ich habe sogar Mademoiselle vergessen zu schreiben).

3.

Düsseldorff, den 10ten Jen[ner] 96.

Theure Freund[i]n

Freilich könnte Mordechai sowohl mein[en], als meiner Familie ihren herzlichen Gruß, an Ihnen und Ihre liebe Familie mit schönere Worte als ich es sagen kann, mündlich bestellen, allein ich will mir das Vergnügen nicht berauben Ihnen schriftlich auch sagen zu können daß ich nie werde aufhören zu sein Ihre

ergebenste Freundin
Peierche de Geldern.

N. S. Wann ich bitten darf, so vermelden Sie meine Danksagung an Ihren Herrn Bruder für den überschickten Komödienzettel. Welch ein Kontrast! Bei Ihnen lassen sich Kriegssöhnen in Thaliens Tempel als Priester einweihen, und hier — steht Janus Tempel offen — — Verzeihen Sie einem Mädchen diese Bemerkung, der Kontrast ist gar zu groß, wann man sich in die vergangene Zeiten hinein denkt, wo Deutschland noch Deutschland war, und wo Alles was Deutsch sprach, Brüder waren. Wenn ich Befehlshaber der pfälzischen Truppe oder besser gesagt der pfälzische Emigrante wäre, so ließ ich denen Herrn Offezieren auch einmahl zum Zeitvertreib eine Komödie spielen, und zwar den Bramarbas — — — —

Ci-joint une demi-douzaine d'embrassemens.

[Adresse:] Mademoiselle
Mademoiselle Helena Jacob Israel
chez Mr. son père

à

p. ami.   Wesel
                                          sur le Rhin.

4.

Düsseldorff, den 24ten Feber 96.

Liebe Freundin!

Mein Herz hat keinen Antheil an meinem langen Schweigen, desfalls entschuldige ich mich auch nicht, auch ist das Herz ja leichter zu benachrichtigen als der Geist; um die wahre Bahn wieder zu finden, darf jenes nur einen gewissen Instinkt zu Rathe ziehen, während der andere nach gewissen Regeln, die beinahe alle nur das Resultat und Werk seiner Schwäche sind, urtheilet.

Heute war es nach der traurigen Katastrophe, wo das grausame Schicksal mich zur vater- und mutterlosen Waise machte, das erste Mal, daß ich vor dem Thor spazieren ging. Wir hatten einen schönen heiteren Tag, der um so angenehmer war, da wir eine Zeit lang regnerisches und unbestimmtes Wetter hatten. Ungeachtet geringfügige Dinge, die gewöhnlich nur einen Theil des Ganzen ausmachen, mir öfters die schmerzlichsten Erinnerungen verursachten, so war dennoch unser Spaziergang ziemlich munter. Unser Rückweg führte uns durch den Hofgarten. Liebe Freundin, wenn Sie jetzt diesen ehmaligen Sammelplatz des Vergnügens sähen, Sie würden Mühe haben sich sein vormaliges Sein zu erinnern. Mein Lieblingsplätzchen, welches am Ende des Gartens lag ist fast ganz ruginirt; alle die schönen Bäume, die selbst mitten in der heißen Sommertagshitze einen schattigen Aufenthaltsort gewährten, waren abgehauen, künftig wird es in unserer Gegend kein kühles schattiges Plätzchen geben als — — das Grab. Machen Sie mir nicht den Vorwurf, daß ich nur traurige Gegenstände aufsuche. Welchen Stoff ich auch wählen wollte, so wird Herz und Geist unerschöpfliche Qualen des Schmerzes finden.

Die Hoffnungen zum Frieden sind hier ganz verschwunden. Man spricht von Nichts als einer nahen Feldschlacht, und ich fürchte, das Gespräch wird sich bestätigen. O! ich fürchte, die Fackel des Krieges wird nur in Thränen und Blut erlöschen. So mannigfaltig aber auch die Beschwerlichkeiten und die damit verbundenen Gefahren des Krieges sind, so würde ich ihnen doch mit einem ruhigem Herzen Trotz bieten, wenn die Vorsehung mich nicht auf einer anderen Seite in endenloser Trauer gestürzt hätte. Ich weiß alle Ihre Trostgründe, die Sie mir hiergegen einwenden können, allein es ist nun einmahl nicht anders. Gewisse Leute ihr Glück und Unglück hängt weit mehr an ihren Empfindungen als an denen Bewegungsgründen.

Leben Sie wohl und überzeugen Sie mich bald durch ein Schreiben, daß Sie noch nicht vergessen haben Ihre

wahre Freundin

Peierche de Geldern.

N. S. Meine Schwester sagte, sie wüßte nicht, womit sie es verdient hätte, daß sie in Mordechais Brief kein Gruß hätte.*)

In Hoffnung [von] Ihre sämmtliche liebe Hausfamilie gutes Wohlsein bitte ich Ihre werthe Eltern meine fortdauernde Hochachtung zu versichern desgleichen an Ihre liebe Schwester, von welche noch bis hierhin mit keine Zeile beehrt worden. Ich hoffe nicht, daß die Schuld der Ursache an mir wird sein. An Ihren Herrn Bruder Folgendes.

Sie konnten noch durch Mordechai fragen lassen, ob Sie so frei dürften sein an mir zu schreiben? Nur der Schwache muß sich auf das große, dennoch aber schwankende Rohr Etikette stützen. Obgleich ich mit einem alltägliche Gesicht und Figur auch einen alltäglichen Geist verbinde, so fühle ich dennoch die Kraft mich über die Chimären, Vorurtheil, Konvenienz und Etikette, hinaus zu schwingen, und nur den Wohlstand als die einzige Grenzlinie zu betrachten, um mich alsdann freiwillig unter dem Schutz der Religion und Tugend zu begeben. Ich hoffe Sie werden diese Art zu denken billigen; sollte es nicht sein, so bitte ich um eine freundschaftliche Zurechtweisung.

Meine Stiefmutter, Schwester und Brüder lassen Ihnen und Ihre lieben Angehörigen sämmtlich grüßen.

5.

Düsseldorff, den 27. May 96.

Theure Freundin

Heftige Gemüthsbeunruhigungen verursachen mir auch immer körperliche Leiden, und dies ist die Schuld, daß Ihnen noch nicht nach dem Tod meines zweiten Vaters, meines Bruders geschrieben habe, denn die ängstliche Unruhe, und das immerwährende Nachtwachen hatte meine sonst unerschütterliche Gesundheit so zerrüttet, daß wenn mich nicht das strenge und scharfe Verbot der Ärzte, die liebevolle Sorgfalt meiner Geschwister, und die bringende Bitte meiner Freunde, vom Krankenbett entfernt hätte, so wäre ich sicher auch eine

*) Es war früher, und ist bei den Juden alten Schlages auch heute noch eine so unverbrüchliche Observanz, am Schlusse der Briefe jedes einzelne Familienmitglied besonders grüßen zu lassen, daß bei zufälligem Fehlen eines Namens die betreffende Person sich oftmals bitter gekränkt fühlte.

Beute des Todes worden. Denn durch dem daß [ich] nur mit dem geliebten Kranken beschäftigt war, deffen Krankheit ich sich immer verschlimmern sahe, ohne dem reißenden Übel Schranten setzen, und den theuren Bruder retten zu können, wurde der Tod das Lieblingsbild meiner Phantasie und der einzige Ruhepunkt für meinen müden Geist.

Vergebens suchten meine Freunde mich mit dem Unglück meiner Mitmenschen zu tröften; meines Nachbars Wunde heilet die meine nicht. Vergebens suchte die Vernunft das vom tobenden Schmerze zerriffene Herz zu beruhigen, das nur da, wo es nicht mehr schlägt, Ruhe zu finden glaubte. Umfonst war der laute Zuruf der Welt, daß unfere Vermögensumständen uns den Beiftand unferes Bruders nicht nothwendig machte[n]. O, du talte Welt, die du deine Gefühle blos nach der Goldwage abwägft, und deinen Verluft gleich Summen zu berechnen weißt! Ach es giebt wenig Troft für den Verluft eines zärtlichen Bruders, der kaum ein Jahr Hofmedicus und hiefiger Arzt war, und schon ein Verdienft besaß, das sich täglich wenigftens auf 6 Kronthaler belief; dabei hinterließ er ein eben so großen und ungetheilten Lob, wie mein Vater, und ein gleichen Ruhm und Ehre folgte ihm ins Grab. Dies tröft[et] zwar ein wenig, aber es lindert nur und heilt nicht.

Kaum hatte ich angefangen mich von einem Schlag zu erholen, folgt einen zweiten, der mich vollends zu Boden ftürzt. Beschuldigen Sie mich nicht, daß ich mir keine Mühe gebe mich aufzuheitern. Ich fuche alles auf, allein Nähen, Striden und sonft häusliche Geschäften können mich nicht aufheitern, sie sind kaum hinreichend mich 10 Minuten zu zerftreuen. Ich fuchte auch als durch deutsche, französische und englische Lektüre zu erlangen, was ich durch jene Beschäftigungen nicht erreichen konnte; allein meine Lieblingsdichter finde ich jetzt, obschon in ihrer Originalfprache, wann sie komisch sind, fab, und wenn sie traurig, vollends unausftehlich; Auch habe ich als meine Zuflucht zur Musik genommen, allein meine Flöte, die sonft meine wahre harmonische Freundin meiner Freuden und Schmerzen war, verfagt mir jetzt ihre Theilnahme. Mitten in einer Adagio ftockte ich und fand zum erfte Mal, daß wann die Welt fagt, man spiell mit wahrer Empfindung, es eben so Viel fagen will, als man kopirt gleich dem Schaufpieler auf'm Theater die Natur und ihre Empfindungen. Wil ich dann es mit einen Allegro verfuchen, so präludire und phantafire ich dann vollends folch Zeug unter einander, daß man ehnder glauben foll, ich wollte ein Donnerwetter nachahmen als ein Allegro blafen.

O es ift zum Erftaunen, wie Viel Diejenigen welche das Schicksal zum Ziel feiner Pfeile gemacht zu haben scheint, zu dulden vermögen, bis sie endlich feft und abgehärtet baftehen als lebendige Denkmäler menschlicher Leiden und Kräfte. Leben Sie wohl, recht wohl, und überzeugen Sie bald von Ihrem werthe Wohlbefinden Ihre wahre Freundin

Peierche de Geldern.

Meine liebe Geschwiftern, laffen Ihnen und Ihre werthe Hausfamilie ihre fortwährende Hochachtung versichern, ein Gleiches geschieht von mir.

Von meine Stiefmutter kann Ihnen nicht grüßen, vermuthlich wiffen Sie auch schon daß sie nicht mehr bei uns im Hause ist. Wir haben ihr die in ihrem Heirathskontrakt verschrieben gewesene Summe baar ausgezahlt, und ihr dabei aus anderm freien Willen noch verschiedene Nebengeschenke gemacht; wir sind auch gute Freunde, und sie kömmt uns auch zum öftern besuchen.

6.

Düsseldorff, ben 28ten Ju[nius] 96.

Theuerste!

Wenn es eine Folge der Nachlässigkeit ist, daß Sie mir auf mein Schreiben nicht antworteten, so will ich gern mit Geduld die besorgliche Unruhe ertragen, welches mir Ihr Stillschweigen verursacht, oder sind Sie böse, daß Ihnen keine Neuigkeiten schreibe? Gerne wollte Ihnen damit aufwarten, allein die sind hier so mannigfaltig, daß ehe man die eine schreibt, eine andere sie schon wieder verdrängt und folglich die erstere wiederum alt ist. Daß seit einige Woche hier Alles wieder aufs Neue in Bestürzung ist, wird Ihnen ohne Fehl bekannt sein. In der That lassen uns auch die schreckensvolle kriegerische Zurüstungen eine traurige Zukunft vermuthen. Alle Gärten und Häuser um die Stadt herum werden der Erde gleich gemacht. Der liebe Hofgarten wird ein Weg gemacht, ein Theil davon wird schon rasirt. Das schöne Haus, welches vor dem Hofgarten lag, ist SabbathAbend um 9 Uhr in der Luft gesprengt worden, und der prächtige Jägerhof, welcher am Ende der Allee steht, ist schon wirklich unterminirt und mit Pulver angefüllt, um gleichfalls eine Luftsprengung zu machen. Ich weiß was Ihr theilnehmendes Herz beim Anblick von Menschenelend leidet. Ich will also nicht durch eine umständliche Beschreibung des Jammern und Klagen der Unglückliche, denen ihr einziges Gut, ihre Hütte, über den Kopf zusammen geschlagen wird, noch mehr Leiden machen, und Ihnen mit dem Anblick einen Bildes verschonen, was ich doch nur mit schwärzesten Farben auftragen kann. Was die Stadt aber noch bestürzter machte, war, daß das Gerücht von allem Diesem, die Möglichkeit, die Wahrscheinlichkeit, die Gewißheit, daß es ohngeachtet allen Zweifel den man dagegen einzuwenden hatte, doch wahr sei, so schnell auf einander folgte wie die Nacht der Dämmerung. Dennoch aber kann Ihnen versichern, daß wenig oder gar nicht bang bin, seie es nun daß ich die Gefahr des Unglücks nicht kenne, oder daß schon zu vertraut mit ihm bin. Wir wollen aber immerhin das Beste hoffen, die Wege der Vorsehung sind verborgen. Als mein unvergeßlicher Vater starb, war ich untröstlich und als mein unvergeßlicher Bruder starb, dankte ich Gott, daß mein Vater mein[es] Bruders Tod nicht erlebt hatte. Freilich muß man tief gesunken sein, wenn Einem sein vergangenes Unglück sein gegenwärtiger Trost wird. Doch ich muß hiervon aufhören und fürchte Ihre freundschaftliche Theilnahme zu mißbrauchen. Ich erwarte künftige Post Ihr und Ihre liebe Familie gutes Wohlsein zu vernehmen. Sein Sie versichert, daß Dies eins mit der größte Vergnügungen ausmacht von Ihrer

Freundin
Peierche de Geldern.

Meine Schwester und Bruder lassen Ihnen vielmahl grüßen. Ihre ver-
ehrungswürdigen Eltern und Geschwister (Gott erhalte sie gesund) bitte recht
sehr meine fortdauernde Hochachtung zu versichern, ein Gleiches geschieht von
meine lieben Geschwister (Gott erhalte sie).

In Eil, denn die Post wil so[fort] abgehen.

Leben Sie wohl.

P. S. Es sieht hier so mager aus daß für Geld kein Fed zu haben
ist. Ich hoffe also Sie werden nicht ungütig nehmen, wenn Ihnen mit der
Bitte beschwerlich falle, uns mit dem Postwagen oder mit sonst eine Gelegenheit einige Pfund Fed zu besorgen, und das Geld dafür werde Ihnen mit
erster Gelegenheit und vielen Dank zukommen lassen.

7.

Sonntagabend um 9 Uhr.

Liebe Freundin!

Sende Ihnen per Post mein[en] Bruder signé Simon de Geldern,
wünsche guten Empfang, den Betrag davon bitte mir wieder alhier zu senden.
Mein ganzes Haus läßt vielmahl grüßen sowohl Ihnen als Ihre liebe Familie. Ich bin und bleibe Ihre Freundin   Peierche de Geldern.

Auch ich mache meine gehorsamste Empfehlung, und bitte ergebenst den
Betrag bald wieder zurück zu senden, beweil wir ihm hier mehr nothwendig
haben. Dero ergebenster Diener und Freund   Heine.

[Abr.:] An meine Freundin Hendelche.

8.

Sonntagnacht. [Anfang September 1796.]

Liebe Freundin

Diesmahl werden Sie mir danken, daß Ihnen nicht viel schreibe, denn
mein Heine reist morgen weg. Viel Lustiges läßt sich wohl also heute Abend
von mir nicht erwarten, doch ich bin von Ihre freundschaftliche Güte schon zu
viel überzeugt, als daß ich noch zweifeln könnte, daß Sie mir diesmahl nicht
auch verzeihen sollten. Ich wollte Ihnen viel schreiben, allein ich kann für
heute unmöglich mehr sagen als, leben Sie wohl und vergnügt.

Neuigkeiten, welche hier geben, werde Ihnen heute keine erzählen, auch
bitte machen Sie meine Komplimente an Ihre Eltern und Bruder mit Wün-
schung zum neuen Jahr. Ein כתבה וחתמה טובה*). Sie kennen mich ja,
daß ich nicht viele Komplimente machen kann und daß ich es darum doch nicht
minder gut meine. Leben Sie wohl.

Alles läßt vielmahl grüßen.   Peierche de Geldern.

---

*) Diese, ausnahmsweise in hebräischer Sprache eingeflochtenen Worte heißen:
„Ein gutes Schreiben und Siegeln." Nach israelitischer Vorstellung trägt Gott
der Herr immer am jüdischen Neujahrsfeste die guten und bösen Handlungen,
welche jeder Mensch während des verflossenen Jahres vollbracht hat, in ein großes
Buch und schließt jedes Konto ab, das acht Tage später, am Versöhnungsfeste,
nach nochmaliger Revision untersiegelt wird. Mit Anspielung auf diese Vorstellung
wünschen die Israeliten einander zum Neujahrsfeste gegenseitig „ein gutes Ein-
schreiben und Siegeln."

Ich kann nicht unterlaſſen mein Kompliment an all und jeden, beſonders an Sie meine wertheſte Freundin zu machen mit Wünſchung zum neuen Jahr. כתבה וחתמה טובה. In der Hoffnung daß Sie entſchuldigen mit ſo wenig ſchreiben, Ihre ergebenſte Dienerin und Freundin.

Hanna de Geldern.

9.

D Dorff, Dinſtag den 8/11 96.

Liebe theure Freundin!

Mein lezter Brief werden Sie wohl erhalten haben. Hierin verſprach ich künftig wieder zu ſchreiben, allein die Feiertäg, wo man doch nur mit Andacht beſchäftigt war, und dann hatte mich auch mein Heine auf 14 Täg beſucht, iſt aber geſtern Morgen nach Hamburg wieder abgereiſt, dies Alles war die Urſache meines Stillſchweigens. Da ich aber weiß, wie ſehr Sie Antheil an mein Schickſal nehmen, ſo wil Ihnen noch kurz den Verfolg der Geſchichte von meiner Kijumim [Erlauftes Niederlaſſungsrecht] ſchreiben. Da Rabbi Salomon ſahe, daß ein Beſehl (welchen hierbei unter No. 1 ſchicke) aus der Regierung erhalten, und er ſeine ſchadenfrohe Pfeile alſo umſonſt verſchoſſen hatte, ſo ſetzte er Himmel und Hölle in Bewegung. R[abbi] Abraham als Helfersheifer von ſein Bruder, nahm ſich nun der Sache an und glaubte ſicher durch ſein Talifes [gewichtiges Anſehen] ein Widerrufungsbefehl auszuwirken. Allein gegen ſein Vermuthen erging ein zweiter Befehl, mir ſogleich mein Kijumim auszufertigen. Ich ging nun zu R[abbi] Salomon und foderte nochmahl den Verſicherungsſchein; denn daß er mir die Kijumim ſelbſt wegen Erlöſchung der Konzeſſion nicht geben kann, Dies wußte ich wohl. Allein ein Schein iſt eben ſo gut. Wie ſehr erſtaunte ich aber, da man mir mein Schein voller boshafte Kniffe ertheilen wollte. Ich beſchwerte mich beßfals in der Regierung und erhielte weder ein Befehl, welches unter No. 2 hier bei ſende, und welches völlig nach meinen Wunſch lautet. Ja R[abbi] Salomon wollte auch haben, daß die Gültigkeit dieſes Verſicherungsſchein erſt nach der Hochzeit anfangen ſollte, aus der Urſache, weil ich als Kalle [Braut] ſterben könnte und mein Bräutigam alsdann als ein ganz Fremder, wenn der Schein vor der Hochzeit ſchon gültig wäre, das Kijumim hätte. Allein Dieſes iſt ihm auch abgeſchlagen worden, denn in dem Befehl ſteht ausdrücklich, daß man mir den Verſicherungsſchein ohne Vorbehalt vor der Verehlichung ausfertigen muß.

Ich habe alſo völlig über meine Feinde geſiegt, und ich bin ſchon ſo viel von Ihre Freundſchaft überzeugt, daß ich ſicher weiß, daß Sie ſich mit mir darüber freuen. Liebe Freundin, hätten Sie aber wohl gedacht, daß ich mich durch meine Verlobung ſo viel Feinde machen würde? Doch mein Heine entſchädigt mich reichlich durch ſeine Liebe und Treue für Allem. In Hoffnung, daß Sie mich durch Ihr liebes Schreiben balde von Ihr ſämmtliches Wohlbefinden benachrichtigen werden und mit vieler Empfehlung zu Ihre Eltern und Geſchwiſter bin ewig Ihre Freundin und Dienerin

Peierche de Geldern.

Meine liebe Geſchwiſter laſſen Ihnen und Ihre liebe Hausfamilie vielmahl grüßen.

Aus Heine's Studentenzeit.

Nach den Tagebuch-Aufzeichnungen eines Göttinger Universitätsfreundes.

Am 30. Januar 1824 ließ sich Heine zum zweiten Mal auf der Göttinger Universität immatrikulieren. Er hatte seit seinem ersten Besuch der Georgia Augusta schon einen Band „Gedichte" und die Tragödien „Ratcliff" und „Almansor" nebst dem „Lyrischen Intermezzo" veröffentlicht, und der Stern seines jungen Poetenruhmes begann bis nach Göttingen zu leuchten. „Heute Mittag habe ich den Dichter Harry Heine gesehen," schrieb der Studiosus juris Eduard Wedekind am 23. Mai in sein Tagebuch; „er wohnt in einem Hause mit M.*), wo ich vielleicht Gelegenheit haben werde, seine Bekanntschaft zu machen" — und dies mir vorliegende Tagebuch enthält während der Sommermonate 1824 die sorgfältigsten Aufzeichnungen über jedes Zusammentreffen mit Heine und zahlreiche mit ihm gepflogene Gespräche. Dieser Umstand beweist zur Genüge, daß der jugendliche Poet schon damals die Aufmerksamkeit seiner akademischen Genossen in ungewöhnlichem Grade erregt haben muß, und jede Zeile des Tagebuches bestätigt diese Thatsache.

Der im August 1805 zu Osnabrück geborene Schreiber desselben, Herr Eduard Wedekind, besuchte mit seinem um anderthalb Jahre älteren Bruder Karl, welcher bis vor Kurzem als Oberamtsrichter in Melle stand und seit seiner Pensionierung in Hannover lebt, zuerst von Ostern 1822 bis Michaelis 1823, und dann, nach halbjährigem Aufenthalte in Berlin, wieder von Ostern 1824 bis Ostern 1825 die Göttinger

---

*) Ein früherer Mitschüler Wedekind's, Johann Georg Ludwig Mertens, Sohn des Superintendenten und Konsistorialraths M. zu Osnabrück, welcher von Ostern 1823 bis Michaelis 1824 zu Göttingen Theologie studierte.

Univerſität. Trotz ſeiner kaum neunzehn Jahre befand er ſich alſo im
fünften Semeſter, und ſeine Aufzeichnungen bekunden, bei aller jugendlichen
Unreife des Urtheils, eine frühzeitig tüchtige Entwicklung des Geiſtes und
Charakters, welche uns den lebhaften Antheil erklärt, den der ſo viel ältere
Heine an dem aufgeweckten, friſchen Gefährten nahm. Herr Wedekind
hat zwar ſchon im Sommer 1839 in der hannöbriſchen „Poſaune" einen
längeren Aufſatz über den Dichter veröffentlicht, den ich bei der Abfaſſung
meiner Biographie Heine's benutzen konnte; ſein Tagebuch enthält jedoch
einen Reichthum unveröffentlicher Notizen, deren Mittheilung mir um ſo
werthvoller erſcheint, als ſie unter dem unmittelbaren Eindruck eines faſt
täglichen anregenden Verkehrs niedergeſchrieben worden ſind und den
Stempel größter Aufrichtigkeit tragen.

Die erſte Begegnung mit Heine fand im Ulrich'ſchen (jetzt Mar-
wedel'ſchen) Garten ſtatt, in welchem damals noch das, ſpäter nach den
Anlagen am Schwanenteich verſetzte Sandſteindenkmal für den Dichter
Gottfried Auguſt Bürger, eine trauernde Germania im zopfigſten Rokoko-
ſtile, ſtand. Heine beſuchte faſt jeden Abend dieſen, von den Studenten
kurzweg „der Ulrich" genannten Wirthsgarten, auf deſſen kiesbedeckten
Gängen er bald mit dieſem, bald mit jenem Freunde, im Eifer des Ge-
ſpräches häufig kleine Steinchen mit dem Fuße vor ſich hinſtoßend, auf
und ab wandelte. Der erſte Eindruck ſeiner Erſcheinung war kein gün-
ſtiger. „Sein Äußeres verſpricht ſehr Wenig," ſchrieb Wedekind, als er
ihn zum erſten Mal erblickt hatte; „es iſt eine kleine zwergartige Figur
mit blaſſem, langweiligem Geſichte." Aber ſchon nach der erſten kurzen
Unterhaltung mit ihm fügte er hinzu: „Wenn er ſpricht, iſt ſein Geſicht
recht intereſſant." Auch Wedekind erzählt, in Übereinſtimmung mit allen
ſonſtigen Berichten, daß Heine's Ausſehen, je nach ſeinem körperlichen
Befinden, beſtändig wechſelte, und daß er damals viel an nervöſen Kopf-
ſchmerzen litt. Einmal bat er ihn, eine Uhr, die auf dem Tiſche lag,
wegzulegen, weil er das Ticken derſelben nicht vertrüge; und auf die Frage,
ob er immer oder nur zu Zeiten poetiſch geſtimmt ſei, antwortete er:
„Wenn ich mich wohl befinde, dann immer." — „Aus ſeiner Kränklichkeit," heißt es ein andermal, „erklärt ſich wohl ſeine ſo ſehr abwechſelnde
Stimmung. Manchmal iſt er ganz hypochondriſch, und dann ſpringt er
mit einem Male in den feinſten Witz um. Wenn er bei guter Laune

ift, ift er äußerft witzig, und kommt man dann auf feine Liebe zu fprechen, fo fängt er immer an zu parobieren." Und in einer nachträglichen Er- gänzung zu feinen Tagesbuchsnotizen bemerkt Wedekind: „Heine, bekanntlich klein und fchmal, fah bamals — je nach feinem Befinden — fehr ver- fchiebenartig aus. In guten Momenten hatte er eine ungemein gewinnende Freundlichkeit, und am intereffanteften war fein Geficht, wenn er irgenb eine gutmüthige Schelmerei vorhatte. Dann blitzten die kleinen mandel- förmigen Augen, deren Ränder oftmals geröthet waren, recht treuherzig liftig." Auf die Frage, weshalb er, trotz feiner außerorbentlichen Kurz- fichtigkeit, keine Brille trage, erwiderte er: „Bah, Das fieht fo affektiert aus!" „Wie mögen Sie Das nur fagen," frug Wedekind neckifch, „ba ich doch gerade eine Brille aufhabe?" „Ach Gott, Das habe ich gar nicht be- merkt!" entfchulbigte fich Jener rafch mit dem harmlofeften Lachen.

Heine hielt fich berzeit zu den Weftfalen, und unter Diefen befonders zu den Osnabrückern, die fehr zahlreich vertreten waren und eng zufammen hielten. Eigentliche Korps gab es bamals noch nicht, nur Farben und freie Vereinigungen berfelben, fogar ohne beftimmte Knelpe. Man traf fich balb hier, balb da, in der Regel auf bem Ulrich ober ber „Landwehr", wo bie Töchter und Nichten bes Wirthes (barunter bas liebliche Lottchen mit wundervollen, fpäter erblindeten Augen) die freundlichfte Aufwartung beforgten, und bei allen Tanzgelegenheiten flott herumgefchwenkt wurden. Heine liebte inbefs fo wenig den Tanz, wie den Tabak ober bas Bier. Auch bem Weine fprach er nur mäßig zu, obgleich er erzählte, bafs er in Bonn viele Suiten geriffen habe und in der Regel fpät Abends ftark angefäufelt nach Haufe gekommen fei, fo bafs feine Wirthin, wenn er aus- nahmsweife einmal fchon um zehn Uhr heimkehrte, ihn ängftlich gefragt habe, ob ihm Etwas fehle.

Befonderen Aufwanb machte Heine in keiner Weife — höchftens bafs er gern Kuchen aß. Eben fo wenig aber entzog er fich ben gewöhnlichen Vergnügungen der Studenten, ben fogenannten „Spritzfahrten" nach ben umliegenden Ortfchaften 2c., bie mit dem üblichen Wechfel von 400 Thalern recht gut zu beftreiten waren. Er wohnte bamals im erften Stock bes jetzt mit Nr. 5 bezeichneten Eberwein'fchen Haufes auf der Gronerftraße, wo er ein Zimmer mit anftoßendem Kabinett inne hatte. Sein Logis bot ben Anblick jenes nachläffigen Wirrwarrs, ben man euphemiftifch als

„Künstlerwirthschaft" zu bezeichnen pflegt. „Bei Heine," schreibt Wedekind, „sieht es höchst unordentlich aus; das Bett steht mit in der Stube, obgleich er eine sehr gute Kammer hat, und Bücher, Journale, Alles liegt auf den Tischen umher, bunt durch einander. Ich sagte ihm, daß ich einen Teniers herbringen würde, es abzukonterfeien."

Zu den gemeinschaftlichen Bekannten Heine's und Wedekind's, deren das Tagebuch gedenkt, gehörten vor Allem der geistvolle Siemens, welcher vor einigen Jahren als Oberamtsrichter zu Hannover starb; der noch daselbst lebende jetzige Oberkonsistorialrath und Generalsuperintendent Niemann, damals ein flotter Bruder Studio; der Osnabrücker Schwietring, später Pastor an der St. Marienkirche seiner Vaterstadt; der junge Raydt, nachmals Gymnasialdirektor zu Lingen; der spätere hannövrische Justizminister von Bar, alle Drei seit mehreren Jahren verstorben; Droop, welcher als Oberamtsrichter zu Osnabrück unlängst sein fünfzigjähriges Amtsjubiläum feierte; der durch sein vorzügliches Klavierspiel ausgezeichnete Ferdinand Heinrich Ludwig Oesterley, welcher am 6. Juni 1858 als Bürgermeister zu Göttingen starb; Adam August Caspar Louis von Diepenbroick-Grüter, der älteste Sohn des damals schon verstorbenen Gutsbesitzers Joh. Adolf Gustav Adam von Grüter und der Freiin Wilhelmine von Diepenbroick zu Haus Marl bei Tecklenburg, ein junger Mann von hervorragenden Geistesgaben, aber allzu schwärmerischer Sentimentalität, welcher seinen leichtblütigeren Kameraden oft wie ein trümmerhaftes Überbleibsel aus der Wertherperiode erschien*); und der liebenswürdige Spaßvogel G. Knille, der sich beständig mit Heine neckte. Wenn Dieser, nervös abgespannt, sich häufig beim Eintritt ins Zimmer mit der stereotypen Phrase: „Laß mich, lieber Junge, ich bin krank!" auf den nächsten Stuhl sinken ließ und in mürrisches Schweigen versank, war es immer Knille, der ihn, nach einigen Redewendungen, mit den gleichfalls stereotypen Worten ermunterte: „Sag mal, Heine, wie war Das doch neulich? wie lautete das hübsche Gedicht?" Dann war unfehlbar die Wirkung, daß Heine, sich langsam erhebend und ihm die Hand auf die Schulter legend, alles Leids vergaß und freundlichst nachfragte: „Was meinst du, lieber Junge?"

---

*) Nachdem er bereits 1831 den Staatsdienst verlassen hatte, ward er am 15. Oktober 1840 in den Freiherrnstand erhoben.

Ob Heine Jude oder Christ, ob er im letzteren Falle bereits als
Kind getauft oder Konvertit sei, darüber gingen die verschiedenartigsten Ge-
rüchte. Er selbst sprach nie darüber, und als er im Sommer des folgenden
Jahres in Heiligenstadt zum Christenthum übertrat, theilte er keinem seiner
Freunde vorher seine Absicht mit. Auch über seinen mehrjährigen Aufenthalt in Berlin redete er selten mit seinen Göttinger Bekannten; nur
der gegenwärtige Moment schien ihn zu interessieren.

Mit Wärme erzählte er häufig von seinem jüngeren Bruder Max,
welcher noch in Lüneburg das Gymnasium besuche, und gleichfalls poetische
Anlagen besitze. In den Hundstagsferien kam Derselbe zum Besuch nach
Göttingen, doch machte er keinen erquicklichen Eindruck auf die Bekannten
seines Bruders, der eine Art geistiger Vormundschaft über ihn zu führen
schien.

Seine juristischen Studien hatte H. Heine stark vernachlässigt. „Er
steht jetzt im zehnten Semester,“ bemerkt Wedekind im Juni 1824, „und
muß noch bei den Pandekten schwitzen. Er hört sie bei Meister, weiter Nichts.
Gestern sagte er mir: wenn das Corpus juris in Kalenderformat gedruckt
wäre, würde er es gewiß loskriegen; jetzt scheue er sich vor dem großen
Format.“ — „Ich sprach heute absichtlich mit ihm über das jus,“ heißt
es wenige Tage später. „Von Meister sagte er: ‚Das ist ein göttlicher
Kerl — erstens, zweitens, kurz Alles, und man sieht gleich, wie man es
anwenden kann.‘ Das römische Recht interessiert ihn schon, mehr noch
das kanonische. ‚Es würde interessant sein,‘ bemerkte er, ‚den Kampf
des kanonischen und römischen Rechts mit einander darzustellen, wie denn
die Dekretisten und Romanisten in Bologna sich ihrer Zeit fast tobt darum schlugen. Übrigens,‘ sagte er, ‚habe ich vom jus Nichts los, als
was so hie und da hängen geblieben ist; manchmal ist aber doch Mehr
hängen geblieben, als ich selbst glaubte. Ich habe überhaupt Nichts los,
als die Metrik.‘ Michaelis will er ausstudiert haben, und dann auf
Reisen gehen, wahrscheinlich nach Italien. In der Folge gedenkt er in
die Juristen-Karrière zu treten; ob aber in Preußen, weiß er noch nicht.
Umgang hat er wenig; wir haben uns gegenseitig gebeten, Einer den Andern zu besuchen.“

In der That entspann sich zwischen den beiden Jünglingen bald ein
lebhafter und offenherziger Verkehr, der für Beide gleich erfreulich war. Dem

jüngeren Gefährten imponiert: von vornherein der Reichthum überraschend
neuer Ansichten und Ideen, die Heine in jedem Gespräch entwickelte. „Ich
glaube, seine Bekanntschaft wird für mich von großem Nutzen sein," schrieb
Wedekind nach den ersten Unterhaltungen mit dem Dichter. „Er ist ein
ungeheures Genie, dabei durchaus nicht von sich eingenommen, so daß sein
Umgang mir außerordentlich interessant ist. Ich glaube auch, daß er
wohl an mir Gefallen findet, und so viel ich ihn jetzt kenne, werden wir
uns sehr gut zusammen vertragen, obgleich wir in vielen Punkten sehr
von einander verschieden sind. Ich habe Alles, was er bis jetzt herausgegeben hat, gelesen, und weiß es zum Theil auswendig. Daß ihm Dies
einigermaßen schmeichelt, ist natürlich; auch konnte ich ihm mit gutem
Gewissen manches Kompliment machen. Seine Gedichte, sagte ich ihm,
hätte ich alle durchstudiert. ‚Studieren,' antwortete er, ‚sollte man
sie eigentlich auch, denn sie sind nicht so ganz leicht zu verstehen.' Er
sagte Dies übrigens ohne allen Stolz." Dies Urtheil wird freilich später
wesentlich eingeschränkt und berichtigt: „Jetzt noch Einiges über Heine,
und zwar in Beziehung auf seinen Charakter. Dieser ist ein wenig leichtfertig. An eine Unsterblichkeit der Seele glaubt er nicht, und thut groß
damit, indem er sagt, alle großen Männer hätten an keine Unsterblichkeit
geglaubt, Cäsar nicht, Shakespear nicht, Goethe nicht. Eitel ist er sehr,
obgleich er es durchaus nicht scheinen will; er hört von Nichts lieber
sprechen, als von seinen Gedichten. Ich habe einmal gesagt, daß ich
seinen Ratcliff zu recensieren wohl Lust, aber keine Zeit hätte; seitdem hat
er mich sehr aufgefordert, ich möchte doch Prosa schreiben. Er hat eine
unglaubliche Lust, Jeden zu mystificieren, und spielt daher Jedem das
Widerpart. Bei mir fährt er aber sehr schlecht damit, weil er sich des-
halb Inkonsequenzen in seinen Ansichten zu Schulden kommen läßt, die
ich ihm dann gewöhnlich nachweise. Ein wahrer Freund kann er mir
nie werden; ich gehe aber doch recht gern mit ihm um. Unsre Ansichten
sind mehrentheils sehr verschieden, und Das giebt viel zu sprechen; nur
weiß ich manchmal nicht recht, ob ich Das, was er sagt, für seine eigentliche Meinung zu nehmen habe, oder ob er mich mystificieren will. Merke
ich Das, so sage ich es ihm gerade heraus, und breche das Gespräch gleich
ab. Er thut es indeß selten bei mir. Neulich hat er zu Grüter gesagt, es wäre unter den Westfalen kein Einziger, der wüßte, was ein

großer Dichter wäre. Gott segne ihn, wenn er es weiß! So Etwas kann mich nicht irre machen. Ich kann Viel von Heine lernen, und Das ist der Hauptzweck, den ich beim Umgange mit ihm vor Augen habe. Eins aber mißfällt mir sehr an ihm, und Anderen noch mehr, nämlich daß er seine Witze selbst immer zuerst und am meisten belacht."

Heine's Lust an Mystifikationen und Foppereien liefert den Stoff zu mancher unwilligen Bemerkung des Tagebuchs. Die von Maximilian Heine erzählte Geschichte, wie sein Bruder einen sentimentalen Poeten gehänselt habe, den er in lustiger Gesellschaft aufforderte, Etwas von seinen Gedichten zum Besten zu geben, und der gleich darauf mit großen Heften unter dem Arme wieder kam und von Heine aufs ergötzlichste persiffliert ward, bestätigt auch Wedekind; er nennt als Gegenstand des Spottes ebenfalls den kürzlich verstorbenen Adolf Peters, der vom Herbst 1822 bis Michaelis 1825 zu Göttingen Medicin studierte und im Sommer 1824, Heine gegenüber, bei Herrn Becker auf der Gronerstraße wohnte. — Besonders ungehalten war Heine über einen, seines arroganten Wesens halber übel berufenen Privatdocenten, Dr. L., welcher in einem Saale der Universitätsbibliothek mit dem Ausleihen der Bücher betraut war. „Der Mann chikaniert mich durch seine Launen, so oft ich mir ein Buch holen will," sagte Heine; „aber Das soll er mir büßen!" setzte er lebhaft hinzu. „Nächstens gehe ich einmal mit einem ganzen Trupp Studenten auf die Bibliothek, und lasse ihn klettern, immer nach den höchsten Börtern; und wenn er dann die Bücher nicht finden kann, oder will, so werfe ich ihm seine ganze Ignoranz vor." — „Das soll auch wohl Gutmüthigkeit sein?" entgegnete Wedekind, mit Anspielung darauf, daß Heine ihn Tags zuvor gefragt hatte, ob er ihn in den Liedern des „Lyrischen Intermezzo" nicht recht gutmüthig gefunden habe, was der Gefragte entschieden verneinen mußte. Heine brach in ein muthwilliges Lachen aus.

Ein andermal erzählt Wedekind: „Heine besuchte mich heute Nachmittag mit Siemens und frug mich, ob er mich mystificieren solle. Ich sagte ihm, daß er es nur thun möge, wenn er dazu im Stande sei. Abends gedachten wir nach der Landwehr zu gehen; Heine begegnete mir auf dem Heimwege, er wollte schon wieder zurück. Er sah sehr verstimmt aus, und als ich ihn bat, wieder mit mir umzukehren, frug er mich, ob ich an Siemens Nichts bemerkt habe, seine Stimmung scheine ihm so wunderlich. Ich hatte ihm vor einigen Tagen den ‚Werther‘ geliehen, und Heine wußte Das. ‚Ich weiß nicht,‘ fuhr er fort, ‚aber es kommt mir ganz so vor, als wollte er sich todtschießen. Als ich vorhin bei ihm war, hatte er sich eine Pistole gekauft und sie geladen, er brachte seine Rechnungen in Ordnung, war sehr aufgeregt, und als ich ihn zum Mitgehen bewog, suchte er mich auf alle Art loszuwerden. Hast du ihn vielleicht später gesehen?‘ Ich verneinte es, und frug Heine, ob Siemens wirklich eine geladene Pistole gehabt habe. ‚Auf mein Wort,‘ versicherte Jener; ‚ich wollte jetzt eben zu ihm und sehen, was er macht; nur fürchte ich, er wird sich mir nicht entdecken wollen.‘ — Komm, ich gehe mit, sagte ich; wenn er sich Einem entdeckt, so wird er wohl gegen mich offen sein, und die Sache kommt mir jetzt wirklich bedenklich vor. Wir gingen eine Weile schweigend neben einander her, als Heine plötzlich mit einem hellen Gelächter stehen blieb und mir sagte: ‚Lieber Junge, ich habe dich bloß mystificieren wollen! Eine geladene Pistole hat er gehabt, wahrscheinlich aber an Nichts weniger gedacht, als sich damit todtzuschießen. Übrigens hast du dich brav benommen.‘ Obgleich er mir seine Absicht vorhergesagt, ärgerte es mich doch nicht wenig, daß er mir auf Kosten meines guten Herzens diesen Streich gespielt hatte. Wir kamen jetzt auf den Selbstmord im Allgemeinen zu sprechen, und als ich erzählte, daß mir Siemens neulich einmal gesagt habe, er könne nicht begreifen, wie sich Jemand das Leben nehmen könne, sagte Heine: ‚Und ich kann nicht begreifen, wie sich Jemand zuweilen nicht das Leben nehmen kann.‘"

In ein Exemplar von Immermann's „Trauerspielen" (Hamm 1822), das Heine an demselben Tage seinem Freunde Wedekind schenkte, schrieb er die Worte:

„Was ist der Mensch? Frage die Göttinger philosophische Fakultät!
Göttingen, den 25. July 1324.   Heine."

„Neulich war ich mit Grüter bei Heine," berichtet das Wedekind'sche Tagebuch an einer anderen Stelle. „Er zeigte uns ein sehr schönes Exemplar von Walter Scott's „Lady of the lake", das er zum Geschenk bekommen hatte, und da Grüter ihn bat, ihm dasselbe zu leihen, und zugleich mich frug, ob wir das Gedicht mit einander lesen wollten, schlug Heine ein unbändiges Gelächter auf und sagte zu G., daß er ihm das Buch schenken wolle. Wir begriffen den Grund seiner Lustigkeit nicht.

Heine aber fuhr fort zu lachen und ihm das Buch anzubieten, und setzte endlich, immer lachend, hinzu: Das sei gar keine Großmuth von ihm, wir würden das Buch doch nur schmutzig machen, deßhalb wolle er's lieber verschenken. Grüter bedankte sich und nahm das Buch mit. Ich hätte Das nicht gethan."

Die meisten Gespräche, welche Heine mit seinen Freunden pflog, bezogen sich auf literarische Dinge, vor Allem auf seine eigenen Produktionen. Einige Wochen nach seiner Ankunft in Göttingen hatte er dem Professor Bouterwek ein Exemplar seiner „Tragödien" gesandt. Schon bei der ersten Unterhaltung mit Wedekind kam die Rede auf Bouterwek, der sich gegen Letzteren sehr anerkennend über das Talent Heine's ausgesprochen hatte. Nachdem er sich früher der Kant'schen, dann der Jakobi'schen Lehre angeschlossen, verfolgte er jetzt eine vorwiegend empirische Richtung in der Philosophie, und Heine, der schon im „Lyrischen Intermezzo" mit den Traditionen der romantischen Schule und den Schlegel'schen Einflüssen gebrochen hatte, nahm jetzt ein größeres Interesse an den realistischen Entwicklungen des Göttinger Ästhetikers, als bei seinem ersten Aufenthalte auf der Georgia Augusta. „Der überspannten Romantik," schreibt Wedekind am 15. Juni in sein Tagebuch, „ist Heine früher sehr zugethan gewesen, besonders wegen seines engen Verhältnisses zu Schlegel, als er in Bonn studirte. Jetzt ist er ihr abgeneigt, und hält nun auch mehr auf Bouterwek. Nur dem Märchen legt er noch ziemlich viel Werth bei, und sagt, was bei ihm damit zusammenhängt, daß man die eigentliche Fabel noch nicht erfunden habe; das Wesen der Thiere, was uns ein Thier eigentlich zu sagen scheine, habe noch Niemand richtig erkannt. Am folgenden Tage kamen wir im Spazierengehen bei einfachen blutrothen Rosen vorbei. In Beziehung auf seine gestrigen Bemerkungen über die Fabel fragte ich ihn, was ihm diese Klatschrose zu sagen scheine. ‚Aufgeputzte Armuth,' sagte er nach kurzem Besinnen ungemein treffend. Bei einer halb erschlossenen Rosenknospe, deren zarte Kelchblätter allerliebst aus der grünen Hülle hervorguckten, fragte er mich, ob die nicht fast naiv aussehe, was ich bejahen mußte. Nachher kamen wir bei ein Paar Putern vorbei, die auf das Geländer einer kleinen Brücke geflogen waren und nach der Wasserseite blickten. ‚Die möchten nun gern wieder herunter,' sagte Heine, höchlich belustigt, ‚sind aber zu dumm, sich umzudrehen.'"

Mit der ersten Sammlung seiner Gedichte vom Jahre 1822 war er

nicht mehr zufrieden; doch vertheidigte er die „Traumbilder" gegen Wedekind's Angriffe, und sprach die Absicht aus, einen neuen Cyklus derselben
zu dichten. Kleine Lieder gedenke er fürs erste nicht mehr zu schreiben.
Als die Rede auf seine Originalität kam, sagte er: „Anfangs hat sie mir
Schaden gethan; die Leute wußten nicht, wohin sie mich rangieren sollten
— jetzt nützt sie mir schon." — Ein Gespräch über das „Lyrische Intermezzo" führte auf Heine's Liebe und Liebesleid. „Das alles beruht bloß
in der Idee, wie bei mir," meinte Wedekind Anfangs; aber fünf Wochen
nachher schreibt er: „Was seine Liebe betrifft, so ist die keine bloß ideale,
sondern Wahrheit," und eine noch spätere Notiz lautet: „,Du bist ein
verfluchter Kerl!' sagte mir Heine, als ich ihm, ohne mit seinen Liebes-
affairen im geringsten bekannt zu sein, auf Grund seiner Gedichte und
des Ratcliff demonstrierte, er sei ohne Zweifel in eine Kousine verliebt
gewesen, ein Verhältniß, das — namentlich beim Hamburger Familien-
tone — einen hohen Grad von Annäherung zuläßt, ohne irgend einen Anspruch
auf Liebe zu gestatten." — „Wir sprachen heute viel von der Liebe in
der Poesie," heißt es ein andermal. „Heine giebt der sinnlichen vor der pla-
tonischen den Vorzug, ich nicht. Wir vereinigten uns aber bald, weil wir
eigentlich derselben Meinung waren, und nur die Ausdrücke verschiedenartig nahmen. Platonische Liebe hält er für Hypersentimentalität, und die
sinnliche Liebe nahm ich für bloßen thierischen Trieb. Wir kamen leicht
dahin überein, daß die irdische Liebe in veredelter Gestalt, so daß sie
gleich weit von der thierischen wie von der himmlischen entfernt ist, für
die Poesie die vortheilhafteste sei. Einer Dame, die, um ihn in Verlegenheit zu setzen, die Frage an Heine richtete: ‚Sie lieben wohl platonisch?'
gab er die drastische Antwort: ‚Jawohl, gnädige Frau — wie der Ko-
sakenhauptmann Platow. Da war sie aber battiert,' setzte er mit einer
unbeschreiblichen Miene hinzu."
    Wedekind fragte ihn auch nach seinen Übersetzungen aus Lord Byron.
„Das war eigentlich eine große Eitelkeit von mir," sagte Heine. „Schlegel
behauptete gegen mich, Byron sei nicht zu übersetzen; darum gab ich mich
daran, und lag Tag und Nacht darüber mit der größten Anstrengung."
— „Nun, und was sagte Schlegel da?" — „Ja, sagte er, es sei wie
Original; das Übersetzen müsse mir aber auch leichter werden, als
jedem Andern, weil ich einige Ähnlichkeit im Charakter mit Lord Byron

habe." Die Äußerung Heine's bei Gelegenheit von Byron's Tod in seinem Briefe an Moser vom 25. Juni 1824 findet sich Tags zuvor fast wörtlich von Wedekind aufnotiert: „Heute sagte mir Heine: ‚Byron's Tod hat mich sehr erschüttert: ich ging mit ihm um wie mit einem Spießgesellen. Shakespear dagegen kommt mir vor wie ein Staatsminister, der mich, etwa wie einen Hofrath, jede Stunde absetzen könnte.'"

An Heine's „Almansor" tadelte Wedekind, daß Dessen Anfangs so reine und edle Liebe gegen das Ende hin zu thierischer Wildheit ausarte. Sein Held, entgegnete Heine, fange gleich so schwärmerisch an, daß er ihn, der Steigerung halber, fast bis zur Brutalität habe emporwachsen lassen müssen; auch sei es doch nothwendig, daß der Afrikaner durchblicke. Wedekind bestand darauf, daß Brutalität der Charakterzeichnung der früheren Anlage widerspreche, und daß in dem allmählichen Übergehen der heiligen Liebe in die bloß physische keine Steigerung liege. Heine schien Das einzuräumen. Die Idee zum „Almansor" verdanke er, nach seiner Angabe, einer spanischen Romanze; „Ratcliff" sei ganz seine eigene Erfindung. Von dem letztgenannten Drama hatte Heine eine besonders hohe Meinung, und äußerte wiederholt die Ansicht, daß er nicht glaube, diese poetische Schöpfung übertreffen zu können. „Was Ratcliff eigentlich ist," sagte er, „daß er ein Wahnsinniger ist, habe ich noch Keinen aussprechen hören. Niemand hat es gefunden, und doch ist es ganz klar, denn er hat eine fixe Idee. Dieser folgt er, weil er muß. Daher kommt zum Theil die eigene Wirkung des Stückes; denn nicht Ratcliff ist es, welcher handelt und etwa gegen das Schicksal ankämpft, sondern das Schicksal ist das eigentlich handelnde Princip, Ratcliff ist eine unfreie Person, er muß so handeln, wie er es thut." Schon Wedekind bemerkte mit Recht, daß diese Voraussetzung einer fixen Idee bei dem Helden, deren willenloser Spielball er sei, die tragische Kraft des Stückes geradezu vernichte. Heine's Auffassung des Ratcliff erscheint hier offenbar als ein Nachklang jener romantischen Richtung, die ihn gleichfalls an den Fouqué'schen Romanen noch immer ein, dem Freunde befremdliches Gefallen finden ließ.

Ein Lieblingsthema, auf das er bei jeder Gelegenheit zurück kam, war die Metrik und die Theorie der Dichtkunst, mit welcher er sich schon in Bonn unter Schlegel's Anleitung auf das ernsthafteste beschäftigt hatte. „Sonst," sagte er einmal, „war es mein stehender Witz, wenn Jemand etwas Gutes oder Schlechtes geschrieben hatte: Der hat die Metrik los oder nicht los. Fürwahr, die Metrik ist rasend schwer; es giebt vielleicht sechs oder sieben Männer in Deutschland, die ihr Wesen verstehen. Schlegel hat mich hineingeführt — Der ist ein Koloß. Er ist durchaus nicht poetisch, aber durch seine Metrik hat er zuweilen Etwas hervorgebracht, was an das Poetische reicht. Auch Voß ist sehr gut."

„Sie scheinen mir da," bemerkte Wedekind, „einen weiteren Begriff mit der Metrik zu verbinden, als man gewöhnlich thut. Denn wenn man auch natürlich das Abzählen der Füße und Silben für bloße Nebensache oder für die ersten Elemente hält, so läßt sich doch selbst im Übrigen, meiner Meinung nach, der Charakter der meisten poetischen Formen leicht ergründen. Man kann ihn zwar nicht immer in klaren Worten ausdrücken, aber das Gefühl, wenn es einigermaßen gebildet ist, wird Einen bald richtig führen. Ich bin überhaupt der Ansicht, daß der Dichter nie die Form suchen muß; er darf sie nicht von dem Kern und Inhalt trennen, sondern ich glaube vielmehr, daß mit dem Gedanken eines Gedichtes auch die ihm ganz eigenthümliche Form, als eins mit ihm, zugleich entsteht.",

„In der Regel," sagte Heine, „ist Das wohl so, aber nicht immer; manchmal kann man recht gut vorher über die Form nachdenken, weil sie kein bloßes Vehikel, sondern ihrerseits auch produktiv sein soll. Worin bei den Alten der eigentliche metrische Witz liegt, Das habe ich bis jetzt nicht herausbringen können. Die antiken Versmaße sagen mir für die deutsche Sprache gar nicht zu, z. B. die Hexameter. Selbst wenn sie ganz richtig und vortrefflich gebaut sind, so daß Nichts daran auszusetzen ist, gefallen sie mir doch nicht; nur einige Ausnahmen giebt es, und Das sind gerade nicht die besten, z. B. Goethe's römische Elegieen. Schlegel sagte mir, Goethe habe ihm seine Manuskripte vorgelesen, und er (Schlegel) habe ihn auf manchen Verstoß in der Versifikation aufmerksam gemacht; aber Goethe habe dann in der Regel gesagt, er sehe wohl, daß Das nicht ganz richtig sei, aber er möge es doch nicht ändern, weil es ihm so besser gefalle, als das Richtigere. Worin liegt Das nun?"

„Im Geiste der deutschen Sprache," meinte Wedekind. „Das ist freilich sehr allgemein gesagt, aber bis jetzt kann ich es nicht näher entwickeln."

„Auch," fuhr Heine fort, „sind unter den Ausnahmen — ich meine solche Gedichte, bei denen die antike Form mir zusagt — einige Oden von Klopstock, der Zürchersee z. B. und die Oden an Ebert und Giesese. Die Oden gefallen mir überhaupt am besten von Klopstock's Schriften. Den Messias könnte ich nicht lesen; der kommt mir vor wie eine poetische Predigt."

Die entschiedenste Abneigung hatte Heine gegen alle Reflexionen in Gedichten. „Die sind mir ganz unausstehlich," sagte er eines Tages, „besonders solche sentimentale Schneider-Reflexionen. Ich habe noch heute (das Gespräch fand am 16. Juni statt) einen kleinen Witz gemacht, worin ich sie parodiere." Wedekind bat ihn, das Gedicht vorzutragen, wenn er es auswendig könne. „Ich habe es bei mir," sagte Heine, griff in die Seitentasche seines Rockes, und langte einen sauber zusammenge-falteten halben Bogen Postpapier heraus. Das Gedicht, in welchem viel gestrichen und geändert war, lautete nach Wedekind's Aufzeichnung unge-fähr so:

Wohl Dem, dem noch die Unschuld lacht,
Weh Dem, der sie verlieret!
Es haben mich armen Jüngling
Die bösen Gesellen verführet.

Sie haben mich um mein Geld gebracht
Mit Kniffen und mit Listen;
Es trösteten die Mädchen mich
Mit ihren weißen Brüsten.

Drauf haben sie mich besoffen gemacht,
Da hab' ich gekratzt und gebissen,
Sie haben mich armen Jüngling
Zur Thür hinausgeschmissen.

Und als sie mich an die Luft gebracht,
Bedenke ich recht die Sache,
Da saß ich armer Jüngling
Zu Kassel auf der Wache.

Er las das Gedicht sehr lebhaft, und den affektierten, süßlichen Ton parodierend, vor. Wedekind sprach sein Gefallen daran aus. „Es ist für solche Gedichte," sagte er, „ein guter Probierstein, wenn man sich gleich eine konkrete Person lebhaft dabei vorstellen kann, und hier denke ich mir sofort einen süßlichen Zieraffen, der seine schrecklichen Fata mit aller ihm nur möglichen Weinerlichkeit erzählt. Übrigens möchte ich, daß Sie im letzten Verse die Reime ‚Sache' und ‚Wache' änderten, und auch hier den J- und Ü-Laut setzten, der in den übrigen Versen steht und ganz vortrefflich zu dem Charakter der geschilderten Person paßt."

„Ich weiß wohl," entgegnete Heine, „die letzten Reime taugen nicht: ‚gebracht' und ‚Sache', zwei A-Laute hinter einander, Das ist nicht gut;

aber ich kann's nicht ändern, denn ich muß die ,Wache‘ am Ende haben. Sehen Sie, Das ist nun so ein metrischer Witz: ,Zu Kassel auf der Wache‘ ist ganz etwas Anderes, als ,Auf der Wache zu Kassel‘, und ,Es haben mich die bösen Gesellen verführt‘, auch etwas Anderes, als ,Die bösen Gesellen haben mich verführt‘. Die Hauptpointe macht der ,Jüngling‘; da fehlt immer ein Fuß, es wird so gezogen.“

„Übrigens,“ meinte Wedekind, „würde nicht Jeder das Gedicht verstehen, dem Sie es nicht vorläsen.“

„Gott bewahre!“ sagte Heine, „Das versteht kein Mensch.“ Und auf die neckende Bemerkung des Freundes, daß er ja erst gestern die Absicht ausgesprochen habe, keine kleinen Gedichte mehr zu machen, erwiderte er: „Ach, Das ist kein Gedicht.“ — Lange war er im Zweifel, welche Überschrift er demselben geben solle. Endlich rief er, strahlend vor Freude: „Ich hab's! Elegie!“

In der That veröffentlichte er das Gedicht bald darauf unter diesem Titel und mit der irreführenden Notiz: „In diesem Volksliede, das noch nirgends abgedruckt ist, mußte ich einige Veränderungen machen, ohne welche dasselbe nicht mittheilbar war“ in der von seinem Freunde J. B. Rousseau zu Köln herausgegebenen Zeitschrift „Agrippina“ (Nr. 93, vom 1. August 1824). Wie der Abdruck zeigt, hatte er inzwischen mit der zweiten und den folgenden Strophen nachstehende Veränderungen vorgenommen:

Sie haben mich um mein Geld gebracht	Und als sie mich ganz besoffen gemacht
Mit Listen und mit Karten;	Und meine Kleider zerrissen,
Es trösteten mich die Mädchen	Da ward ich armer Jüngling
Mit süßen Redensarten.	Zur Thür hinausgeschmissen.

Und als ich des Morgens früh erwacht,
Da wundr' ich mich über die Sache!
Da saß ich armer Jüngling
Zu Kassel auf der Wache.

Erst zwanzig Jahre später nahm Heine dies tolle Produkt studentischen Humors, mit der Überschrift „Klagelied eines altdeutschen Jünglings“, in seine „Neuen Gedichte“ auf, nachdem er noch in der ersten Zeile „die Unschuld“ in „die Tugend“ verändert, die zweite Strophe, wie folgt, verbessert:

> Sie haben mich um mein Geld gebracht
> Mit Karten und mit Knöcheln;
> Es trösteten mich die Mädchen
> Mit ihrem holden Lächeln.

und statt des Anfangswortes „Da" in der zweiten Zeile der Schlußsstrophe ein viel drastischeres „Wie" gesetzt hatte.

In Anknüpfung an das obige Gespräch fragte Wedekind den Dichter, ob er niemals die eigentliche Satire behandelt habe. „Das ist ein gefährliches Handwerk," meinte Heine. — „Warum? Sie muß nur nicht persönlich sein." — „Pah! alle Satire ist persönlich." — Wedekind verwies ihn auf die Satiren des Horaz, in welchen die persönlichen Anzüglichkeiten doch stark verhüllt und gemildert seien. — „Das ist mehr guter Humor," war Heine's Antwort. „Aristophanes ist der größte Satiriker, und ich möchte wünschen, daß die persönliche Satire bei uns wieder in Schwang käme." — „Das würde nicht gut sein; es würde zu viele und zu bittere Federkriege absetzen." — „Was schadet's? Das Volk soll auch nicht versauern." — „Dann mag es zum Schwert greifen, und nicht zur Feder." — „Haben doch Erasmus und Luther auch mit der Feder gekämpft!" — „Das war etwas Anderes; es war ein hoher und wichtiger Zweck, bei dem das Wohl von Nationen auf dem Spiele stand. Luther mußte natürlich jene höchsten Principien und Das, was er als Wahrheit ausstreute, auf alle mögliche Weise verfechten, damit es nicht wieder unterginge. Behandeln Sie indessen die persönliche Satire für sich — es ist eine gute Übung und kann Ihre Freunde ergötzen, wenn Sie auch nicht Alles gleich drucken lassen." — „Ich habe schon einen Anfang dazu gemacht," sagte Heine, „indem ich Memoiren schreibe, die schon ziemlich stark angewachsen sind. Jetzt bleiben sie indeß liegen, weil ich Anderes zu thun habe; ich werde sie aber fortsetzen, und sie sollen entweder nach meinem Tode erscheinen, oder noch bei meinem Leben, wenn ich so alt werde, wie der alte Herr [Goethe]." — „Dem wollte ich wünschen, daß er früher gestorben wäre," versetzte Wedekind; „die Welt hätte viel verloren, sein Ruhm aber hätte gewonnen." Das bestritt Heine durchaus. Er liebte, nach seinem Ausdrucke, freilich Schiller mehr, aber Goethe gefiel ihm besser. „Goethe," sagte er, „ist der Stolz der deutschen Literatur, Schiller der Stolz des deutschen Volkes." Auch stellte er, im Gegensatze zu seinem Freunde Wedekind, Goethe als Dramatiker über Schiller; den

„Egmont", meinte er, habe Letzterer nie erreicht. „Werther's Leiden" hatte Heine noch nicht gelesen; er wollte eines Tages das Buch mit nach Haus nehmen, legte es aber wieder hin, weil er fürchtete, es werde ihn in seiner damaligen Stimmung zu sehr aufregen. Mit großer Verehrung sprach er von Bürger, dessen volksthümliche Art ihm ungemein zu= sagte.

Daß Wedekind auch poetisierte, hatte er Anfangs sorgfältig vor Heine verhehlt. Einige Tage nach der Vorlesung des oben mitgetheilten Scherz= liedes zeigte ihm Heine die neuesten Nummern der „Agrippina". „Von allen meinen Bekannten," sagte er, „erpresse ich Beiträge für diese Zeit= schrift meines Freundes. Auch Sie möchte ich um solche bitten." — „Aber wie kommen Sie auf die Idee? Ich weiß gar nicht . . ." — „Haben Sie nichts Poetisches?" — „Nein." — „Ach, sagen Sie's doch nur gerade heraus! Ich kann Das gar nicht leiden, wenn Jemand so züchtig thut! Lesen Sie mir Etwas von Ihren Sachen vor!" Trotz dieser Aufforderung, schien er nicht allzu aufmerksam zuzuhören; doch brachte er hie und da manche feine kritische Bemerkung vor. Von den Gedichten, die ein Gleichniß oder eine praktische Nutzanwendung enthielten, sagte er gleich: „Die taugen Nichts." Bei einer Ballade „Donna Clara" bemerkte er: „Sie müssen da nicht sagen, daß sie zu ihrem Vater hingeht, und Dies und Das spricht, sondern Sie müssen sie unmittelbar jene Worte sprechen lassen, und dann hinzufügen: So sprach Donna Clara zu dem Vater." Unangenehm berührten ihn die vielen Reime auf den doppelten E=Laut, wie „leben — streben, gehen — stehen." „Solche Reime," sagte er, „muß man nach Möglichkeit vermeiden, es ist kein Metall darin." Das höchste Lob, zu welchem er sich verstieg, war: „Dies ist recht gut; aber," setzte er in der Regel hinzu, „Sie müssen konciser sein." — „Sie werden nie durchschlagen mit Ihren Gedichten," lautete sein Endurtheil; „aber es giebt eine gewisse Klasse von Lesern, die sehr groß ist — der werden Sie einen klaren, dauernden Genuß zu bereiten im Stande sein. Der Verstand ist bei Ihnen vorherrschend; Sie würden gewiß eine vortreffliche Prosa schreiben. Haben Sie sich nicht in Erzäh= lungen versucht?" — „Nein, aber im Trauerspiel, und ich gebe die Hoff= nung nicht auf, daß mir Charakterschilderungen mit der Zeit immer besser gelingen werden." — „Das glaube ich auch," sagte Heine, „Sie sind ein guter Beobachter. Ihr Trauerſpiel*) werde ich mir ausbitten, wenn ich mich ganz geſund fühle, um es mit Muße leſen zu können."

Als er Heine das nächſte Mal wiedertraf, ſagte ihm Wedekind: „Sie ſind ein rechter Mephiſtopheles; meine Gedichte haben Sie mir ganz ver‑ leibet." — „Wie ſo?" antwortete Heine; „dann haben Sie mich falſch verſtanden." — „O nein," verſicherte der enttäuſchte Poet, „aber ich habe mich jetzt ſelbſt verſtanden."

Über das ſchwülſtige Trauerſpiel „Chriemhildens Rache", das ein Student C. F. Eichhorn**) 1824 bei dem Buchhändler Roſenbuſch zu Göttingen erſcheinen ließ, ſagte Heine: „Es iſt ein Fehler an dem Stück: daſs es geſchrieben iſt. Eichhorn iſt nicht allein kein Poet, ſondern durchaus antipoetiſch." Dann fügte er, in ſeinen gewöhnlichen witzelnden Ton verfallend, hinzu: „Aber Eichhorn iſt einer unſerer größten Satiriker."

Als Wedekind bemerkte, er habe dem Nibelungenliede und allen Helden‑ gedichten niemals rechten Geſchmack abgewinnen können, ſelbſt der Ilias nicht, rief Heine aus: „Gott rechne Ihnen die Sünde nicht an!"

Daſs er, wie vorhin erwähnt, ſchon damals an ſeinen „Memoiren" ſchrieb, ſtimmt durchaus mit den übrigen, an anderer Stelle***) von mir aufgeführten Zeugniſſen überein. Das Vorhandenſein derſelben und einer gleichfalls unveröffentlichten Biographie ſeines Oheims Salomon Heine hat auch ein Verwandter des Dichters, Dr. Rudolf Chriſtiani, in ſpäteren Jahren wiederholt dem ihm befreundeten Wedekind beſtätigt. Chriſtiani war bekanntlich von Heine durch letztwillige Verfügung zum Herausgeber

---

*) Das in Rede ſtehende Trauerſpiel wurde nicht veröffentlicht. Dagegen gab Wedekind 1831 das gleichfalls in Göttingen begonnene Trauerſpiel „Abälard", und 1836 die politiſche Tragödie „Prometheus" (2. Aufl. 1838) zum Beſten des Hermannsdenkmals heraus.

**) Joſeph Rehrein vermuthet in ſeiner „Dramatiſchen Poeſie der Teutſchen," Bd. II, Seite 163, irrthümlich, daſs Derſelbe identiſch mit dem berühmten Rechts‑ lehrer Carl Friedrich Eichhorn ſei, welcher damals in Göttingen docierte. Der Verfaſſer des Trauerſpiels, Chriſtian Friedrich Eichhorn, Sohn eines Kanzliſten in Osnabrück, wurde am 18. April 1823 als Studioſus der Mathematik zu Göttingen immatrikuliert, machte Oſtern 1826 ſein Examen, promovierte dann als Dr. phil., wurde 1827 Privatdocent in der philoſophiſchen Fakultät, 1830 Leh‑ rer der Maſchinenbaukunde an der höheren Gewerbeſchule zu Hannover, und ſtarb daſelbſt den 8. September 1836.

***) H. Heine's Leben und Werke, zweite Auflage, Bd. I, S. 385.

der Gesammtausgabe seiner Werke ernannt worden. Er vermochte jedoch in dieser Beziehung Nichts zu unternehmen, da zur Grundlage seiner Befugnisse die eigentliche juristische Form fehlte, die Wittwe des Dichters ihm den literarischen Nachlaß desselben hartnäckig vorenthielt, und Salomon Heine's Erben die Herausgabe sowohl der Biographie des Oheims wie der „Memoiren" nicht wünschten. Dr. Christiani war der Meinung, daß die Letzteren in Gemeinschaft mit Gustav Heine, dem Bruder des Dichters, beide Manuskripte angekauft hätten; doch hielt er sich fest überzeugt, daß die Wittwe für alle Fälle eine Abschrift zurückbehalten habe. So brauche man sich also nicht ganz der Hoffnung zu entschlagen, daß die kostbaren Schätze auf die eine oder andere Art früher oder später noch einmal ans Licht gelangen würden.

Die Gedichte, welche Heine im Sommer 1824 schrieb und seinem Freunde Wedekind vorlas, waren, nach dessen Tagebuchsnotizen, „fast alle vortrefflich, aber ganz in seiner sarkastischen Manier: am Ende jedesmal Ironie, die das Vorhergehende wieder aufhebt und zerstört. Er liebt diese Manier mehr als billig, und ist wirklich ausgezeichnet darin, aber es wäre mir doch lieber, wenn er eine andere Richtung einschlagen wollte. Neulich sagte er mir: ‚Ich werde nächstens meine Geliebte besingen, so idealisch ich nur vermag, werde sie aber immerfort Sie nennen.'" Einige Tage darauf schrieb er das bekannte Gedicht mit dem höhnisch bitteren Schlusse: „Madame ich liebe Sie!" — „Von seiner Manier, Alles zu parodieren," heißt es einen Monat später in Wedekind's Tagebuche, „möchte ich ihn gern abbringen, und gebe mir alle erdenkliche Mühe deßhalb; weil er aber ganz in die Parodie vernarrt ist, hüte ich mich wohl, ihn geradezu vor den Kopf zu stoßen. Ich lobe die Gedichte, worin er parodiert, lobe diejenigen aber noch mehr, worin er es nicht thut." Einzelne dieser Scherzgedichte sind allerdings von so skabröser Natur, daß die Mittheilung derselben sich verbietet. So das Epigramm: „O zarte Seelenvereinigung", welches aus Heine's Berliner Tagen stammt, und das Jubellied der Töchter Israel auf den im rothen Meer ertrunkenen König Pharao, welches ein Freund des Dichters an die Wand des Göttinger Karcers, des „Hôtel be Brühbach," schrieb.

Zuweilen sprach Heine von allerlei Plänen, die ihn neben den „Memoiren" beschäftigten. Auf den „Rabbi von Bacharach" bezieht sich seine

Äußerung, dafs er „jetzt alte Chroniken aus der Bibliothek excerpire, und an einer Novelle arbeite, die ein historisches Gemälde aus den Zeiten des Mittelalters sein-solle." Am interessantesten aber sind seine Mittheilungen über das Projekt einer „Faust"-Tragödie.

Was bisher über diesen Plan bekannt war, beschränkt sich auf einige Äußerungen in den Briefen an Moses Moser, Friedrich Merckel und Varnhagen. Dem erstgenannten Freunde schrieb Heine am 25. Oktober 1824: „Im Geiste dämmern mir viel schöne Gedichte, unter andern — ein Faust. Ich habe schon an dem Karton gearbeitet." Und am 1. April 1825: „Im Grunde ist mir die ganze jetzige Literatur zuwider, und darum schleppe ich mich auch mehr mit Ideen zu Büchern, die für die Folge berechnet sind, als mit solchen, die für die Gegenwart passen. Z. B. ein angefangener ‚Faust‘, meine Memoiren und Dergleichen." In einem Briefe an Merckel vom 28. Juli 1826 spricht er von „neuen Scenen" zu seinem „Faust", welche seine Phantasie während des Aufenthaltes auf Norderney verarbeite, und an Varnhagen schrieb er bei Übersendung des ersten Bandes der „Reisebilder" am 14. Mai desselben Jahres: „Ihnen ist es nicht hinreichend, dafs ich zeige, wie viel Töne ich auf meiner Leier habe, sondern Sie wollen auch die Verbindung aller dieser Töne zu einem großen Koncert — und Das soll der Faust werden, den ich für Sie schreibe. Denn wer hätte größeres Recht an meinen poetischen Erzeugnissen, als Derjenige, der all mein poetisches Dichten und Trachten geordnet und zum Besten geleitet hat!"

Die erste Andeutung über Heine's „Faust"-Plan findet sich im Wedekind'schen Tagebuche am 20. Juni 1824: „Wir kamen auf Goethe's Faust zu sprechen. ‚Ich denke auch einen zu schreiben,‘ sagte er; ‚nicht um mit Goethe zu rivalisiren, nein, nein, jeder Mensch sollte einen Faust schreiben.‘ — „Da möchte ich Ihnen rathen, es nicht drucken zu lassen; sonst würde das Publikum"... — ‚Ach, hören Sie,‘ unterbrach er mich, ‚an das Publikum mufs man sich gar nicht kehren; Alles, was dasselbe über mich gesagt hat, habe ich immer nur so nebenher von Andern erfahren.‘ — „Freilich haben Sie in so fern Recht, als man sich nicht durch das Publikum irre machen lassen, noch nach seiner Gunst haschen soll; aber man soll es auch nicht im Voraus gegen sich einnehmen, um ihm ein unbefangenes Urtheil zu lassen, und Sie würden es gewifs eini-

germaßen gegen sich einnehmen, wenn Sie nach Goethe einen Faust schrieben. Das Publikum würde Sie für arrogant halten, es würde Ihnen
eine Eigenschaft unterlegen, die Sie gar nicht besitzen." — ,Nun, so
wähle ich einen anderen Titel.' — „Das ist gut, dann vermeiden Sie
jenen Nachtheil. Klingemann und de la Motte-Fouqué*) hätten Das auch
bedenken sollen."

Am 16. Juli heißt es weiter: „Heine gedenkt einen Faust zu schreiben.
Wir sprachen viel darüber, und seine Idee dabei gefällt mir sehr gut.
Heine's Faust wird genau das Gegentheil vom Goethe'schen werden. Bei
Goethe handelt Faust immer; er ist es, welcher dem Mephistopheles be-
fiehlt, Dies und Das zu thun. Bei Heine aber soll Mephistopheles das
handelnde Princip sein, er soll den Faust zu allen Teufeleien verführen.
Bei Goethe ist der Teufel ein negatives Princip; bei Heine soll er positiv
werden. — Heine's Faust soll ein Göttinger Professor sein, der sich in
seiner Gelehrsamkeit ennuyiert. Da kommt der Teufel zu ihm und belegt
ein Kolleg, erzählt ihm, wie es in der Welt aussieht, und macht den
Professor kirre, so daß dieser nun anfängt liederlich zu werden. Die
Studenten auf dem Ulrich fangen an, darüber zu witzeln. ,Unser Professor geht auf den Strich,' sagen sie. ,Unser Professor wird liederlich,'
heißt es immer allgemeiner, bis der Herr Professor die Stadt verlassen
muß, und mit dem Teufel auf Reisen geht. — Auf den Sternen haben
die Engel inzwischen Theegesellschaften, zu denen sich Mephistopheles auch
einfindet, und dort berathschlagen sie über den Faust. Gott soll ganz aus
dem Spiele bleiben. Der Teufel schließt mit den guten Engeln eine Wette
über Faust. Die guten Engel liebt Mephistopheles sehr, und diese Liebe,
besonders zum Engel Gabriel, denkt Heine so zu schildern, daß sie ein
Mittelding zwischen der Liebe guter Freunde und der Liebe der Geschlechter
wird, die bei den Engeln nicht sind. Diese Theegesellschaften sollen sich
durch das ganze Stück ziehen. — Über das Ende ist sich Heine noch
nicht gewiß. Vielleicht will er den Professor durch Mephistopheles, der
sich zum Schinder gemacht hat, hängen lassen; vielleicht will er gar kein
Ende machen, weil er dadurch den Vortheil erhält, Manches in das Stück

---

*) Dieser hatte vor Kurzem ein Trauerspiel „Don Carlos, Infant von
Spanien, mit einer Zueignung an Schiller" (Danzig, 1824) veröffentlicht.

hineinbringen zu können, was eigentlich nicht hineingehört. — Mir däucht, dieser Faust kann sehr viel werden; nur fürchte ich, und Heine ebenfalls, daß durch die Theegesellschaften zu wenig Handlung hineinkommt. Wenn ich nur Zeit hätte, könnte ich von Heine noch eine Menge geistreicher und charakteristischer Züge aufführen, ich komme fast alle Tage mit ihm zusammen, aber mein Tagebuch nimmt mir so schon Zeit genug weg."

Eine Woche später, am 23. Juli, schreibt Wedekind zum letzten Mal über den Heine'schen Faust: „Mit seinen Plänen ist er sehr zurückhaltend. Über seinen Faust spricht er viel mit mir, vielleicht aus eigener Lust, vielleicht weil er auch von mir Etwas lernen zu können glaubt, vielleicht aber auch weil er nicht die ernstliche Absicht hat, ihn auszuführen; denn von seiner Novelle [dem „Rabbi von Bacharach"] und dem Trauerspiele, was er jetzt vorhat *), spricht er gar nicht. — Den Professor in seinem Faust wollte er zu einem Professor der Theologie machen; ich rieth ihm aber, einen Philosophen zu nehmen, schon weil er dann für seine Parodie ein viel weiteres Feld hätte, was er auch angenommen hat."

Als Heine sich lange nachher — im Jahre 1846 — zu einer Bearbeitung der Faustsage als Ballett entschloß, griff er in keiner einzigen Scene seines „Tanzpoëms" auf diesen übermüthigen Entwurf aus der Studentenzeit zurück, dessen Ausführung in der angedeuteten Weise auch sicherlich jeder dramatischen und ethischen Kraft entbehrt und den Helden zu einem burlesken Spielball in der Hand der bösen Mächte herabgedrückt haben würde. —

Des gewöhnlichen Studententreibens war Heine, als er zum zweiten Male nach Göttingen kam, längst überdrüssig. Er wohnte zwar Anfangs, wie er an Moser schrieb, manchen Duellen als Sekundant, Zeuge, Unparteiischer oder Zuschauer bei, weil er keinen besseren Zeitvertreib habe. Als jedoch im Spätsommer 1824 eine große pro-patria-Paukerei zwischen den Osnabrückern und den übrigen Westfalen stattfand, weil Erstere sich als besonderes Abzeichen ein silbernes Rad — das Osnabrück'sche Wappen — vor der Mütze beigelegt hatten, nahm Heine keinen Theil an diesen

*) Vermuthlich ist die venetianische Tragödie gemeint, deren Plan ihn seit dem Sommer 1823 beschäftigte, von der aber, wie er seinem Freunde Moser am 9. Januar 1824 gestand, bis dahin noch keine Zeile geschrieben war. Vgl. A. Strodtmann, H. Heine's Leben und Werke, 2. Aufl., Bd. 1, S. 354.

Streitigkeiten, sondern verhielt sich neutral. „Wir sahen uns darüber seltener,“ schreibt Wedekind, „es gab auch, da die Geschichte vor den ‚Akademischen‘ kam, viel Karrer abzusitzen; dann kamen die langen Herbstferien, die uns in alle Winde entführten, und nach ihnen das letzte Semester. Da wurde das Leben stiller unter uns, und Heine fand, wie es scheint, keine rechte An- und Aufregung darin, obwohl er sich noch manchmal unter uns sehen ließ, und sich speciell zu einer unserer kleineren Roterieen hielt. — Das spätere Leben führte uns nur einmal, bei der Rückkehr von seiner Reise nach England im September 1827, wieder zusammen. Ich stand damals als wohlbestallter königlich hannoverscher Amts-Auditor in Rotenburg, einem kleinen Ort zwischen Bremen und Hamburg, wo die Reisenden zu übernachten pflegten. Heine war ganz der Alte, voll herzlicher Freundlichkeit, und nahm meine Einladung, einige Tage bei mir zu bleiben, sofort an. Lange hielt er's freilich in dem prosaischen Neste nicht aus, und reiste am zweiten Tage, nachdem wir uns ausgesprochen hatten, weiter. — Mit Bedauern sah ich Heine seit seiner Übersiedelung nach Frankreich sich mehr und mehr von Deutschland abwenden; seine jüdische Abstammung trug wohl Viel dazu bei — er hatte doch so recht kein Vaterland. Nachdem der erste Band des ‚Salon‘ mit den ‚Memoiren des Herrn von Schnabelewopski‘ und der herausfordernden Vorrede erschienen war, schrieb ich nachstehendes Gedicht, das ich ihm mit einem Brief übersandte, auf den ich jedoch niemals eine Antwort empfing.“

Sendschreiben an H. Heine (1836).

Warum, o Heine, malst du rothe Löwen,
Die aus der grellen Farbe widrig schrein,
Und malest nicht auf azurblauem Grunde
Wie Sterne goldn' Engelein?

Die goldnen Engel kränzten deine Jugend
Mit bunter Blumen märchenhafter Pracht,
Und wirkten dir aus thau'gen Farbenkelchen
In feenhafter Vollmondsnacht.

Sie zeigten dir des Wunderglaubens Thale
In ihrer Wahrheit mildem Rosenlicht,
Und öffneten dein Auge, klar zu schauen
Den Strahl, der sieben Farben bricht.

Und jedes Ding umschillerten die Farben,
Wie du es ansahst; doch die Mosaik
War reines Licht im Brennpunkt deines Auges,
Vom Grund der Seel' ein heller Blick.

Nun wähltest du vom ganzen Farbenbündel
Die roth' allein zu einer Löwenfratze,
Zu einem Wirthshausschild für durst'ge Brüder,
Zu einer Groschens-Strebekatze.

Denn mehr soll doch dein Löwe wohl nicht sein?
Die Engel aber waren liebe Kinder;
Nun sind sie, groß geworden, wie es scheint,
Gar böse Buben, arge Sünder.

Der Grazien ungezogner Liebling stets,
Warst du der Liebling doch der Grazien immer,
Dein Finger, selber wenn er Fratzen malte,
Getaucht in aller Farben Schimmer.

In diesem Schmuck schien Alles dir erlaubt,
Genießen mocht' es selbst der Puritaner,
Der Schulstaub aber dämpfte diesen Schmuck,
Denn Heine selbst ward Heineaner.

O lehre um, so lang' und wenn's noch Zeit,
Eh' ganz verstimmt der Seele Saiten klingen,
Und aus versiegter Tiefe des Gemüths
Mißtöne nur noch matt zum Herzen bringen.

Laß ab von Bruchstück-Arbeit, laß sie über
Den Schwächlingen der Kunst und ihren Laffen;
Komm, stärke neu die tiefe innre Kraft
Durch reines Wollen und ein großes Schaffen!

Du kannst, so wolle! Könntest du selbst nicht,
So wäre besser dir ein heilig Sehnen,
In Asch' und Trau'r an Babels Wasserbächen
Auf deine Harf' ein Strom von heißen Thränen,

Als deines Ruhmes Lanze zu zersplittern
Am Schild polit'schen After-Märtyrthums.
Denk, was ich sagt' — mehr, was ich sagen wollte, —
Gedenk, o Heine, deines Ruhms!

Dr. Eduard Wedekind, welcher, wie Albert Oppermann und Rudolf
Christiani, der gesinnungstüchtigen Opposition in seinem engeren Vater-

lande angehörte, 1848 am Vorparlamente zu Frankfurt theilnahm und als Mitglied des ersten deutschen National-Parlamentes in den Reihen des linken Centrums saß, machte sich durch sein freisinniges Auftreten der hannövrischen Regierung so mißliebig, daß ihn dieselbe 1859 zur Niederlegung seines Richteramtes zwang. Seitdem lebt der treffliche Mann als Rechtsanwalt und Notar zu Uslar. Während er in den fünfziger Jahren als Amtsrichter zu Lüneburg stand, kam er häufig mit dem Dr. Christiani zusammen, der ihm mancherlei Erinnerungen an H. Heine und Dessen Familie erzählte. So berichtet ihm Christiani: Als der Dichter nach dem Tode seines Vaters einmal wieder nach Lüneburg gekommen sei, habe er denselben sehr schmerzlich vermißt, und dann, mehr für sich als zu dem Hörer sprechend, gesagt: „Ja, ja! da reden sie von einem Wiedersehn in verklärter Leibesgestalt! Was thu' ich damit? Ich kenne ihn in seinem alten braunen Überrocke, und so will ich ihn wiedersehen. So saß er oben am Tische, Salzfaß und Pfefferdose vor ihm, das eine rechts, das andere links, und wenn mal die Pfefferdose rechts stand und das Salzfaß links, so stellte er Das um. Im braunen Überrock kenne ich ihn, und so will ich ihn wiedersehen."

Der alte Salomon Heine war bekanntlich sehr unzufrieden damit, daß sein berühmter Neffe in Hamburg nicht Karrière machte. Auf seine literarischen Bestrebungen gab der Oheim nicht Viel, und äußerte Das mehrfach gegen den Dr. Christiani, welcher damals sein besonderer Liebling war, und welchem er u. A. zehntausend Thaler zum Ankauf eines Hauses in Lüneburg schenkte. Da antwortete ihm Dieser einmal: „Was glauben Sie wohl, Herr Onkel? Meinen Sie, durch Ihre großartigen Stiftungen der Welt ein dauerndes Andenken zu hinterlassen? Die werden nach hundert Jahren benutzt, ohne daß man des Stifters weiter gedenkt; aber eine einzige dankbare Erwähnung Ihres Namens in Harry's Schriften sichert Ihnen die Unsterblichkeit." Das, sagte Christiani, habe einen bedeutenden Eindruck auf den alten Herrn gemacht, und er habe sich seitdem viel generöser gegen den „Bücher schreibenden" Neffen bezeigt.

Anhang:

Joseph Lewinsky.

Nach einer Charakteristik von Eduard Brandes.

Kunst und Natur
Sei auf der Bühne Eines nur!
Wenn Kunst sich in Natur verwandelt,
Dann hat Natur mit Kunst gehandelt.
Lessing.

Am Abend des 3. Juli 1875 hatte sich im Wallner-Theater zu Berlin ein ganz anderes Publikum versammelt, als dasjenige, welches sonst die Räume dieser großen Volksbühne zu füllen pflegt. Heut sollte nicht über eine neue Posse Gericht gehalten, heut sollte nicht aus voller Kehle gelacht werden, und wenn der Vorhang aufging, sollte man nicht Helmerding und seine lustigen Kameraden erblicken. Die Plakate kündigten an, daß Schiller's „Räuber" aufgeführt werden sollten, und daß es die erste Gastvorstellung des kaiserlich-königlichen Hofschauspielers Joseph Lewinsky sei, welcher die Rolle des Franz Moor spielen werde. Das Publikum bestand aus Studenten, Journalisten, Künstlern, Kunstliebhabern und Fremden, Leuten, die ins Theater kamen, um eins der größten tragischen Kunstwerke der Neuzeit zu sehen; Viele kannten schon den Gast und begrüßten ihn wie einen lieben Freund, Einzelne waren vielleicht seinethalb nach Berlin gereist. Und so geschah es, daß sich während des ganzen Julimonats dieselbe getreue Zuschauerschar versammelte, die allabendlich ihrem Liebling mit Begeisterung Beifall klatschte und ihn hervorrief. Freilich war es an Zahl nur ein kleines Publikum. Wie erklärte sich's, daß das Wallner-Theater, wenn es den intelligenten und künstlerisch gebildeten Norddeutschen die erhabensten Kunstgenüsse bot, so leer blieb?

Viele Gründe sprachen zu ihrer Entschuldigung. Zuerst die allbekannte Berliner Sommerhitze, welche die Leute keuchend und stöhnend aus der Stadt in die Gärten trieb und sie den Theaterbesuch als eine unausstehliche Tortur betrachten ließ. Sodann prunkten andere Bühnen der Residenz auch mit dramatischen Lockmitteln. In der Friedrich-Wilhelmstadt sang Marie Geistinger allabendlich Offenbach's neueste Operetten,

und dort traf man ein volles Haus. Im Nationaltheater waren nicht
weniger als vier Wiener Gäste, sämmtlich sogar von „der Burg": das
Ehepaar Hartmann, Dr. Förster und Fräulein Walbeck, welche Shakespear's „Heinrich V." in Dingelstedt's flotter Bearbeitung und mit einem
nicht geringen Aufwande an scenischer Pracht und schönen Dekorationen
spielten; auch dort war es voll. In Kroll's Gartentheater endlich wurden Opern aufgeführt, in denen bekannte Sänger und Sängerinnen von
allen deutschen Bühnen auftraten, und dorthin strömten die Fremden, von
dem hochgepriesenen Ruhme des bunt ausstaffierten Gartens angelockt. Doch,
selbst wenn das Haus allerorten brechend voll gewesen wäre, hätte es nicht
an Menschen gefehlt, das Wallner-Theater zu füllen, falls ein wirkliches
Interesse sie dorthin getrieben und das Schauspiel, welches gegeben ward,
zu jener Art von Kunsterzeugnissen gehört hätte, welche die große Menge
anziehen.

Aber Lewinsky's Kunst ist im Wesentlichen keine Kunst für den großen
Haufen. In Deutschland nähert sich eine Periode in der Schauspielkunst
ihrem Ende, welche man die Zeit des Virtuosenthums genannt hat, und
welche mit Seydelmann begann, mit Dawison endete. Ihre Repräsentan-
ten waren mit allen Gaben des Körpers ausgestattet, sie waren verzärtelte
Kinder der Natur. Es fehlte ihnen auch nicht an Geist; zum mindesten
waren sie oft hyperreflektiert, und glänzten durch geniale Einfälle, welche
wie plötzliche Ausbrüche einer gewaltsamen Leidenschaft in die Seelen der
Zuhörer hinab fuhren. Eins aber begriffen und achteten sie nicht: die
Seele ihrer Kunst, jenes tiefe Verständnis des Dichterwerks, das alles
Andere bei Seite wirft, um den Gedanken des Dichters ganz und voll zu
verdolmetschen und zu verwirklichen. Alle die großen Virtuosen waren nur
große Egoisten. Es war ihnen darum zu thun, ihre eigene Person und
Begabung in die intensive Beleuchtung der Lampenreihe zu stellen, und
gelang ihnen Das, so machten sie sich Nichts daraus, daß das Schauspiel
selbst in den Schatten trat. Deßhalb schien das Wort, das von ihren
Lippen klang, leer und todt, und trotz ihrer großen Begabung wurden sie
bald Deklamatoren, bald Manieristen. Aber obschon es, wie gesagt, mit
dieser Art Kunst zu Ende geht, im großen Publikum bildet sie noch den
Maßstab der Beurtheilung und des Interesses für die Bühne. Indeß
zeigen sich in Deutschland jetzt Keime einer neuen Schauspielkunst, welche

sich auf das Beste in der alten Schröder'schen Kunstschule stützt. Der bedeutendste Träger dieser Richtung ist Joseph Lewinsky.

Seine größte Eigenschaft als Künstler ist seine Wahrheitsliebe. Im Gegensatz zu den Virtuosen ist er vielleicht als ein Stiefkind der Natur zu betrachten, allein er empfing als Pathengeschenk der Muse die gefährliche Eigenschaft, das Höchste zu wollen. Sie ist gefährlich für ihn selbst; denn Der, welcher sich in seinem Streben Nichts abhandeln lassen will, wird oftmals enttäuscht. Seine Tüchtigkeit als Schauspieler hat ihm freilich in Deutschland einen großen Namen errungen, und er darf mit Fug sagen, daß man ihn nennt, wenn die Besten genannt werden. Allein von der tiefen Kluft, die zwischen ihm und den meisten seiner Kunstgenossen liegt, ahnt das große Publikum Nichts. Den Unterschied im Wesen, welcher ihn als Bahnbrecher für die Kunst der einfachen Menschendarstellung erscheinen läßt, begreift man nicht. Er ist ein Schauspieler wie alle anderen, meint man. Und gerade Das ist er nicht. Andere mögen ihm an Schönheit, an Phantasie, an Verwandlungsgabe überlegen sein, aber kein Zweiter vielleicht empfindet so künstlerisch wie er, oder ist so geistbeseelt in seiner Auffassung. Er geht seinen eigenen Weg; derselbe ist nicht so breit und bequem, bietet dem Auge nicht so viel Schönheit dar, und wiederhallt nicht von so lieblichen Tönen und so lustigem Lachen, wie der Anderer, aber er hat e i n e unvergleichliche Eigenschaft: er führt vorwärts.

Die Entwicklung und eigenthümliche Spielmethode dieses Künstlers zu schildern, ist die Aufgabe der nachstehenden Blätter. Ist es immer schwer, eine Vorstellung von dem Werk eines Schauspielers zu geben, so ist es doppelt schwierig, wenn man nicht voraussetzen darf, daß jeder Leser sich vorher selbst schon ein Bild von ihm und seinem Auftreten auf der Bühne gemacht hat. Ich werde daher vor Allem bestrebt sein, zu schildern, wie er Das wurde, was er ist, und in welchem Zusammenhange seine Kunst mit der Schauspielkunst früherer Zeiten steht.

1.

Das Burgtheater feierte im vorletzten Jahre sein hundertjähriges Jubelfest. Am 17. Februar 1776 erließ der große Kaiser Joseph II. von Österreich die denkwürdige Verordnung, in Folge deren das Theater nächst

der Burg zum Hof- und Nationaltheater erhoben wurde; „zur Ausbrei-
tung des guten Geschmackes und zur Veredlung der Sitten" hieß es in
dem Dekrete. Nur gute und regelrechte Originalarbeiten nebst sorgfältigen
Übersetzungen aus fremden Sprachen sollten aufgeführt werden. Mit einem
Schlage verbannte der Kaiser die italiänische Oper und das Ballett, die
beiden Erbfeinde des Schauspiels. Als man ihm vorzustellen suchte, daß
ohne Ballett niemals Leute ins Theater kommen würden, und ängstliche
Berechnungen über die sicher vorauszusehende enorme Unterbilanz anstellte,
antwortete er: „Sie werden schon kommen; man soll nur fortfahren, wie
man begonnen hat."

Man fuhr also fort. Und das Theater, das — echt deutsch — mehr aus
einer theoretischen Erwägung von der Würde und Bedeutung der Schauspielkunst, als auf Grund des praktischen Bedürfnisses nach einem neuen
Schauspielhause, ja obendrein zu einem Zeitpunkte ins Leben gerufen war,
wo es weder Schauspieler noch Stücke gab, hat, trotz aller Stürme der
Zeit, stets Etwas von seinem ersten, idealen Gepräge zu bewahren gewusst
und immer seinen Platz als Deutschlands erste Bühne behauptet.

Man suchte sich sofort gute Stücke und tüchtige Kräfte zu verschaffen:
es wurden Emissäre ausgesandt, um Talente zu entdecken, man pflog Rath
mit den dramaturgischen Autoritäten der damaligen Zeit, Lessing und
Schröder. Es galt namentlich, ein festes Repertoire, als Ersatz für die
improvisierte Komödie, die man bisher in Wien gepflegt hatte, und
einen geschulten Schauspielerstand zu erlangen, der die Hanswurst-Spiel-
weise aus der hohen Gunst verdrängen konnte, deren sie sich beim Publikum erfreute. Anfangs wollte es nicht recht gelingen, ja, man war nahe
daran, den Kampf aufzugeben. Da berief man in der Stunde der Noth
den großen Schauspieler Friedrich Ludwig Schröder. Er hielt sich nur
wenige Jahre in Wien auf, allein ihm verdankt das Burgtheater seine
ganze spätere Entwicklung. Auf seinen Principien beruht die Wiener
Kunstschule, so große Veränderungen sie auch im Laufe der Zeit erfahren
hat. Lewinsky's Leben und Wirken ist hauptsächlich auf eine Wiederaufnahme Dessen, was Schröder gelehrt hat, ausgegangen; es wird daher nöthig sein, etwas bei diesem Manne zu verweilen.

Die deutsche Schauspielkunst beginnt zu Lessing's Zeit mit einer
gewissen ernsten Strebsamkeit. Eckhof, ein gründlicher und begabter Künstler

steht hoch in der niederen Komödie und dem bürgerlichen Schauspiel, allein in Schröder erhält die Periode ihren größten Geist, ein Genie ersten Ranges. Er nimmt in Deutschland dieselbe Stellung wie Garrick in England ein, den er freilich an idealem Sinn und sittlicher Hoheit weit überragt. Er ist zu Hause in jedem Genre der Schauspielkunst, und auf Grund des kosmopolitischen Geistes, der schon damals die deutsche Bühne beherrschte, erspielte er sich eine Art universelles Repertoire, von Scapin bis zum englischen Fähndrich, vom Geizigen bis zu Orosmin, von Marinelli bis zu Diderot's Hausvater. Er bewältigte noch vollständig die improvisirte comedia dell' arte — als Nichts die unglückliche Karoline Mathilde in Celle ihrer Schwermuth zu entreißen vermag, da jedes Stück, worin Worte wie „König", „Hof" oder „Kinder" nur genannt werden, sofort Erinnerungen schmerzlichster Art in ihrer Seele erweckt, schlägt er dem Ceremonienmeister eine improvisirte Farce vor, und nun erfindet er die allertollsten Possen mit einer so hinreißenden Laune, daß es ihm endlich, wie dem Bauern im Märchen, gelang, der schwermüthigen Königin ein Lächeln abzugewinnen, — und gleichzeitig macht sein hochentwickelter Kunstsinn ihn zum Einführer von Shakespear's Dichtungen auf der deutschen Bühne.

Schröder erfaßte seine ganze Thätigkeit mit dem tiefsten Ernste, und Nichts war nothwendiger in einer Kunst, deren Pfleger bisher stets ein Gepräge vom Vagabunden und Hanswurst getragen hatten. Es galt vollkommen von Deutschland, was Diderot damals in Paris schrieb, daß niemals ein junger Mann zum Theater gehe, bevor er für untauglich zu allem Anderen in der Welt gelte. Der berühmte Philosoph fügt hinzu, daß niemals eine wirkliche Schauspielkunst entstehen werde, bevor man das Zur-Bühne-Gehen nicht mehr als den letzten Ausweg des verlorenen Sohnes, sondern als eine Laufbahn betrachte, welche nur Derjenige einschlagen könne, den die Natur besonders dazu begabt habe. Die Schauspieler der damaligen Zeit wurden im Allgemeinen als Glücksritter, Spieler und Trunkenbolde angesehen. Und natürlich hatte dies Vorurtheil rückwirkende Kraft: die Schauspieler verkamen um so leichter, je weniger sie bei einem regelmäßigen Leben zu gewinnen hatten.

Schröder stellte jetzt als Gegengewicht gegen den Verfall des Standes, welchem er angehörte, die strengsten Anforderungen der Ordnung und

Disciplin auf. Er verlangte das eingehendste Studium der Rolle und erklärte außerdem eine umfassende allgemeine Vorbildung für die nothwendige Grundlage einer so bedeutenden geistigen Thätigkeit, wie das Theaterspiel. Der Schauspieler solle ganz in seiner Kunst aufgehen, Nichts außerhalb derselben wollen, und sein ganzes Wissen als Mittel und Vorbereitung dazu verwenden. Ein Schauspiel müsse einen Gesammteindruck gewähren: jede Scene, jede Rolle, jede Replik müsse angelegt, einstudiert und entwickelt werden, um eine ganz bestimmte Stimmung beim Zuschauer hervorzubringen. Die Einheit war ihm Alles. Daher waren fast alle Mitspielenden ihm gleich wichtig; selbst in seinen späteren Jahren, als er ein hochangesehener Künstler war, konnte es ihm in den Sinn kommen, einen Boten zu spielen, der einen Brief überbringt, oder Dergleichen. Nichts war ihm zu gering, wenn es der Idee zu dienen galt.

Er war der Erste, welcher laut als Parole für seine Kunst aussprach: Natur, und Nichts als Natur! Schon Eckhof war ein Verehrer der Natur gewesen, aber sein Naturgefühl fiel doch zum Theil mit einem gewissen trivialen Wirklichkeitssinne zusammen. In der heroischen Tragödie gebrach es ihm an Poesie, wogegen er sich im bürgerlichen Trauerspiele zu solcher Höhe erhob, daß die Bewunderung seiner Zeitgenossen keine Grenzen kannte. Als er, nachdem er den Odoardo in „Emilia Galotti" gespielt hatte, dem bekannten Schriftsteller Engel vorgestellt wurde, maß ihn Dieser mit den Augen von oben bis unten und rief: „Das Männchen da ist nimmermehr Odoardo; Der war acht Zoll größer, stark und stämmig." *) Die einfachen, gefühlvollen Rollen gelangen ihm am besten; im komischen Fache konnte er leicht übertreiben, und vor Shakespear's Dramen hegte er eine unüberwindliche Scheu. „Ich fürchte," äußerte er, „daß diese Stücke das Publikum verwöhnen und die Schauspieler verderben werden. Jeder, der die herrlichen Kraftsprüche sagt, hat dabei auch gerade Nichts zu thun, als daß er sie sagt. Das Entzücken, das Shakespear erregt, erleichtert dem Schauspieler Alles."

Eckhof war zu sehr bloß Schauspieler, um nicht zu befürchten, daß

---

*) Vgl. Diderot, Paradoxes sur le comédien: „La première fois que je vis Mlle. Clairon chez elle, je m'écriai tout naturellement: Ah! mademoiselle, je vous croyais de toute la tête plus grande!"

die Poesie die Schauspielkunst überwachsen könne; er stand der Zeit so
nahe, wo die Schauspieler in ihrer lustigen Improvisation sich als die
wahren Könige der Theaterwelt gefühlt hatten. Jetzt sollten sie plötzlich
zu einer Art verantwortlicher Minister begrabiert werden, und die Veränderung schien ihnen darauf hinaus zu laufen, daß man sie als bloße
Marionetten auftreten lassen werde. Eckhof hegte das Vorurtheil, daß
die große Poesie die künstlerische Produktionskraft vernichten werde. Um
den innigen Zusammenhang zwischen dem Theater und dem Drama recht
zu betonen, bedurfte es eines Schauspielers von literarischer Bildung wie
Schröder, der zugleich die Originalproduktion in seiner Kunst vollkommen
schätzte, und daneben ein leidenschaftlicher Bewunderer der dramatischen
Poesie, ja selbst Schauspieldichter war. Nur er vermochte Shakespear
auf den hohen Platz zu erheben, den er, trotz der wechselnden Literatur-
richtungen, seitdem beständig behauptet hat.

Den Charakter ausfüllen, ganz eins mit demselben sein, Das war
Schröder's A und O in der Kunst. Wenn man seine wenigen künstlerischen
Grundsätze durchliest, wird man davon überzeugt, daß dieselben keine
künstlich aufgestellten, von der eigenen Persönlichkeit abgeleiteten Regeln
waren, wie bei Iffland, und eben so wenig abstrakte, auf literarischen Aus-
gangspunkten beruhende Kunstanschauungen, wie Goethe sie später formulierte,
sondern vollgültige allgemeine Sätze, die, in der klar angeschauten Natur
des Menschen wurzelnd, immer den Kanon der Schauspielkunst bilden
werden, welches Gepräge sie auch von der jeweilig herrschenden Literatur
empfangen mag. Aber noch bei Schröder's Lebzeiten erhob sich eine starke
Reaktion wider seine Schule, die Hamburger Schule, wie sie genannt
wurde, deren Jünger die Lehre Schröder's auf alle deutschen Bühnen
verpflanzt hatten. Die Weimar'sche Schule entstand unter Goethe's
Einflusse.

Goethe hob den Anspruch auf Natur auf, indem er den Satz auf-
stellte, daß die Schauspieler niemals vergessen dürften, sie seien nur um
der Zuschauer willen da, und daß es nicht darauf ankomme, die größte
Illusion hervorzurufen, sondern eine Art plastischen Kunstwerks zu erzeugen.
Dazu waren ein edler Anstand und akademische Gesten erforderlich. Es
wurde streng darauf gehalten, daß die Spielenden sich in dem klassischen
Halbkreise gruppierten, auf natürliche Rede wurde nicht viel Gewicht

gelegt, deſto mehr auf eine ſchöne und wohlklingende Versrecitation. Das ſtrenge Schönheitsgeſetz, das, trotz des Fehlerhaften dieſer Grundſätze, gleichwohl Goethe's Ziel war, verſtanden nur die wenigen Schauſpieler, die ihm am allernächſten ſtanden; die anderen hielten ſich an das rein Äußerliche, ohne den Geiſt in Goethe's Lehre zu verſtehen. Es entſtand eine ſingende und ſchwülſtige Sprechweiſe in der Tragödie, welche ſeit jener Zeit faſt allen großen Talenten Deutſchlands angehaftet hat. Schöne Deklamation auf der einen Seite, natürliche Rede auf der andern — um dieſe zwei Pole bewegt ſich in ganz Deutſchland die theatraliſche Kunſt. Kampf für Schröder's Art und Kunſt gegen die heute noch weit verbreitete Weimar'ſche akademiſche Manier einerſeits, gegen die Verzerrung in Geſtalt des rohen Realismus andererſeits, — Das iſt Lewinsky's Leben.

Die Geſchichte des Burgtheaters läſſt ſich, abſtrakt genommen, jetzt in zwei Worten erzählen. Durch Schröder's Einfluſs wurde das Streben nach Natur in der Komödie und dem Schauſpiel herrſchend bis auf unſere Zeit. Dasſelbe machte dem Wiener Theater den Übergang von Kotzebue's Komödien zum franzöſiſchen Konverſationsluſtſpiele leicht und ſicherte im Ganzen ein ſo kühnes und freies Spiel, daſs das Burgtheater mit Recht den Namen des deutſchen Théâtre-Français tragen konnte. Dagegen ſiegte nach einigem Kampfe die Weimar'ſche Schule ganz und gar in der Tragödie. Ihr abſtraktes Schönheitsideal hat auch in Wien ſeine Macht bis auf die Gegenwart bewahrt. Nur Laube hat ehrlich verſucht, dieſelbe zu bekämpfen. Er iſt während ſeines langjährigen Regimentes an ver- ſchiedenen Bühnen ein Direktor geweſen, deſſen Gleichen man ſeit langer Zeit nicht erblickt hatte, und gilt jetzt unbeſtritten für Deutſchlands erſte Autorität in dramaturgiſcher Hinſicht. Er war zuerſt und vor Allem ein Arbeiter, vielleicht mehr Handwerker als Künſtler, und vollſtändig zu Hauſe in der ganzen praktiſchen Ordnung des Theaters. Er leitete ſelbſt die Einſtudierung jedes Stückes von Anfang bis Ende, wohnte allen Proben bei, ging oft die einzelnen Rollen mit den Schauſpielern durch, und verlangte, was das große Ganze betrifft, daſs ſein Wille unbedingt ausgeführt werde. Er iſt nicht allein ein vorzüglicher Vorleſer, welcher durch ſeine genaue Charakterzeichnung der einzelnen Perſonen an Tieck erinnert, ſondern er verſtand auch bis zu einem gewiſſen Grade, die ver- ſchiedenen Rollen bei der Probe durch treffende Winke, durch charakteriſtischen Vortrag einzelner Stellen auf das klarste dem Darsteller ersichtlich zu machen.

Er war 1849 nur nach Wien gekommen, um sein Stück „Die Karlsschüler" in Scene zu setzen, allein sowohl das Stück wie der Verfasser gefielen so sehr, daß man Laube die Direktion des Burgtheaters übertrug. Er ging mit einer rücksichtslosen Energie ans Werk, warf das ganze abgespielte Repertoire über Bord und führte ein neues ein, dessen Princip er selbst mit den Worten ausgesprochen hat: „Mein Ideal war, nach einigen Jahren jedem Gast aus der Fremde sagen zu können: Bleibe ein Jahr in Wien, und du wirst im Burgtheater Alles sehen, was die deutsche Literatur seit einem Jahrhundert Klassisches oder doch Lebensvolles für die Bühne geschaffen; du wirst sehen, was Shakespear uns Deutschen hinterlassen, wirst sehen, was von den romanischen Völkern unserer Denk- und Sinnesweise angeeignet werden kann."

Mit diesem Ziele vor Augen hat er redlich gearbeitet, und wenn er es nicht ganz erreicht hat, liegt Das mehr an gewissen Mängeln seiner ästhetischen Anschauung, als an einem bewußten Aufgeben desselben. Er hat stets eine künstlerische Begründung für seine Unternehmungen gesucht. Sein erstes Direktionsjahr war, getragen von einer Anzahl der größten Talente, welche das Theater je gesehen hat, eine fortgesetzte Reihe von Triumphen. Das Publikum kam bereitwillig und zollte ihm volle Anerkennung. Aber der begeistertste und andächtigste Zuhörer von allen war vielleicht ein kleiner Knabe, der sich in der Burg einfand, so oft sich irgend Gelegenheit dazu bot, und dessen kindliche Gedanken und Phantasieen alle nur auf die Bühne gerichtet waren, welcher er dereinst als eine ihrer hellsten Zierden angehören sollte.

2.

Joseph Lewinsky ward am 20. September 1835 von unbemittelten katholischen Eltern zu Wien geboren, die ein kleines Kürschnergeschäft betrieben, das seit dem Jahre 1848 mehr und mehr zurückging. Er besuchte zuerst die deutsche Normalschule und von seinem elften bis sechzehnten Jahre das Schottengymnasium, um sich auf die juristische Karriere vorzubereiten. Als Kind armer Eltern mußte er als Chorknabe beim Gottesdienst in der Schottenkirche mitsingen, und Dies war, wenn man will, sein erstes Auftreten auf einer öffentlichen Bühne. Seine Lust zum Schauspielerberuf erwachte schon früh. Die glühende Liebe zur Poesie, welche sich später zu einem so tiefen Verständniß der Werke der Dichter ausbildete, machte sich Luft in einer jugendlichen Passion für die Bühne, und von seinem dreizehnten bis siebzehnten Jahre war er ein ständiger Zuschauer im Burgtheater. Daheim stellte er unermüdlich Versuche an, das Gehörte und Gesehene zu reproducieren, und obschon er es nicht weiter als zu einer bloßen Nachahmung brachte, dienten doch diese kindlichen Bestrebungen ihm als eine Art praktischer Schule im Auswendiglernen und in der Sprechübung. Er ward dabei einzig von seinem Ohre geleitet, das von Kindheit an für Rhythmus und Tonverhältnisse empfänglich war, und er suchte sich keineswegs Rechenschaft darüber zu geben, aus welchem Grunde der Satz gerade auf diese oder jene Art gesprochen werden solle: wenn die vergötterten Meister im Burgtheater die Worte so hergesagt hatten, war es recht, und Nichts anders war möglich, als ihnen sklavisch nachzuahmen. Den größten Einfluß auf ihn hatte Anschütz und demnächst Fichtner, Beides äußerst harmonisch entwickelte Künstler. Beide gehörten der alten Zeit an. Anschütz hatte in seiner Jugend starke Einwirkungen von Goethe's Schule und Iffland's Kunst empfangen und war der gewaltigste Redner der deutschen Bühne. Edle Schönheit war sein Ideal. Fichtner besaß ein lebhaftes Naturell, das innerhalb scharfer Grenzen — das Graziöse war sein Fach — die vollkommensten Kunstwerke leistete. Er war der anmuthigste Mann, welchen je das Theater besessen hat. Zu diesen beiden Idealen schaute der blasse, unschöne und ungraziöse Knabe empor und suchte ihnen bewundernd nachzuahmen; wenn er hörte, wie schön die Sprache von ihren Lippen klang, bemühte er sich ebenfalls, seine Rede so wohlklingend wie möglich zu machen, und es kam ihm niemals in den Sinn, daß sich hinter dem glänzenden Vortrag der Andern eine bedeutende Persönlichkeit verberge, welche blitzartig hervorleuchtete und die Form zerbrach, indem sie derselben Inhalt verlieh. Lewinsky sang monoton die Verse her; auf das Mienenspiel, auf die Gebärde legte er gar kein Gewicht, höchstens suchte er runde und elegante Armbewegungen zu erlangen. Er, welcher dereinst so bedeutend werden sollte als charakterisierender Schauspieler, war als Knabe ein Vollblut-Akademiker.

1852 starb sein Vater, und im Mai des folgenden Jahres entschloß sich der siebzehnjährige Jüngling, statt die Universität zu beziehen, sich dem Schauspielerstande zu widmen. In einer kleinen autobiographischen Skizze, die vor längerer Zeit in der „Deutschen Schaubühne" (Jahrgang 1861, Heft 11) gedruckt wurde, erzählt er: „Ich wendete mich auf An-rathen eines Freundes an den damaligen Komparserie-Inspicienten des Burgtheaters, Wilhelm Just, trug ihm mein unabweisliches inneres Bedürfnis, Schauspieler zu werden, vor und bat ihn, mich unter seine Schüler aufzunehmen. Er sah mich mit einem mitleidigen, beinahe ver-ächtlichen Blicke an, musterte den kleinen schmächtigen Studenten mit dem langen, auf die Schultern herabfallenden Haar, von oben bis unten, und gab mir den Rath, ich möge doch etwas Anderes unternehmen, denn für das Theater bringe ich nicht das Geringste mit. ,Was wollen Sie mit einer solchen Figur spielen?' meinte er. ,Zum Liebhaber sind Sie weder groß noch schön genug, und für Charakterrollen zu unbedeutend. Da Sie ein verständiger und gebildeter Mensch zu sein scheinen, so ist es möglich, daß Sie es zu Etwas bringen, aber ich rathe durchaus ab.' Er sprach natürlich zu tauben Ohren, und ich drang nur um so heftiger in ihn, mich wenigstens während kurzer Zeit auf Probe zu nehmen. Endlich gab er nach, sagte mir seine äußerst mäßigen Bedingungen, und nahm mich auf mit den Worten: ,Versuchen Sie es, vielleicht gehören Sie zu den Auserwählten!'"

Demüthig genug diente er nun von der Pike auf, indem er sich ein Jahr lang als Aushilfs-Statist beim Burgtheater verwenden ließ. Dann begann er auf eigene Hand Rollen zu studieren und sich ein Repertoire einzuüben, in welchem er auftreten könnte. Allmählich aber, als er in seiner geistigen Entwicklung fortschritt, ging ihm auch ein klares Licht über sich selbst, über seine Mängel und Schranken auf. Es leuchtete ihm ein, daß seine äußerlichen Mittel es ihm Alles eher als leicht machten, dem Kunstideale zuzustreben, das er noch beständig vor Augen hatte. War es möglich, mit seinem Gesicht und seiner Figur ein eleganter, ein schöner Schauspieler zu werden? Stand ihm nicht Alles im Wege?

Auf einer Photographie aus jener Zeit macht er ganz den Eindruck eines armen, überangestrengten Studenten. Er ist schmächtig und linkisch, die Kleider hängen schlottrig um die kleine, magere Gestalt; der Kopf neigt sich etwas vornüber; die scharfen Gesichtszüge mit den hervorstechenden Brauen und die festgeschlossenen, dünnen Lippen deuten auf eine energische Intelligenz. Von einem Schauspieler oder Künstler, wie man ihn sich gern nach Byron'schem Muster vorstellt, ist hier Nichts, außer etwa dem reichen, schöngelockten Haar, und noch heutigen Tages, wenn Lewinsky die Bühne in seiner gewöhnlichen Tracht ohne Maske und Kostüm betritt, ähnelt er zumeist einem überwachten Gelehrten, und die schwarzen Kleider stehen ihm nicht besser, als einem Faust der Frack.

Die erste Zeit, nachdem er zum klaren Bewußtsein darüber gelangt war, in welchem schneidenden Gegensatz das Innere und Äußere bei ihm stünden, war die schwerste in Lewinsky's Leben. Oftmals war er nahe daran, in Verzweiflung den hoffnungslosen Kampf aufzugeben. Wollte er Schauspieler sein, so mußte er jedenfalls mit einer Resignation beginnen, die mit Einem Schlag alles Lichte im Menschenleben von seinem Dar-stellungsgebiete ausschloß, — und er war so jung, er traute sich so bestimmt das Vermögen zu, so manchen edlen Helden und schönen Rittersmann zu verkörpern, und empfand die heißeste Sehnsucht, romantisch zu träumen und lyrisch zu klagen. Marquis Posa, Egmont, Tasso, solcherlei Gestalten vor den Augen Tausender darzustellen, lohnte das Opfer eines Lebens. War es eigentlich noch Schauspielkunst, wenn man zu einem Sekretär Wurm und ähnlichen unsauberen Geistern herabsank? Die Schauspielkunst war ja Schönheit, edle Form und wohllautende Rede; die häßlichen Gestalten duldete man wohl auf der Bühne wie im Leben, aber doch nur als ein nothwendiges Übel.

Und da er nicht komische Rollen spielen wollte — dazu fühlte er gar keinen Beruf, — war es sehr natürlich, daß er daran zweifelte, das Publikum mit seiner unbedeutenden Persönlichkeit gewinnen zu können. Sein ganzes Lebenlang, selbst als anerkannter und berühmter Künstler, hat Lewinsky mit dem beständigen Schönheitsanspruche des Publikums kämpfen müssen; derselbe hat ihn von Rollen ausgeschlossen, zu denen er seiner geistigen Anlage nach gerade vorwiegend begabt schien, unter Anderem ihm das erotische Gebiet ganz untersagt. Immer noch hört er als ewigen Refrain der Kritik: wie unglaublich es eigentlich sei, daß er Schauspieler geworden, und obschon er jetzt darüber lächelt und es recht ergötzlich findet, solchermaßen „jeden Hausknecht um seine Schönheit beneiden

zu müssen," war doch in seinen Lehrjahren dies unaufhörliche Brüten
über sich selbst aufreibend für Seele und Talent. Damals war er ja
nicht überzeugt davon, daß das Äußere wirklich nur das Äußerliche in
der Kunst sei, und daß es ihm nicht am Wesentlichen mangle.

Ein Buch, durch welches er eine bestimmte Schauspielerpersönlichkeit
kennen lernte, flößte ihm endlich den Muth ein, dessen er so sehr bedurfte.
Er schreibt selbst in einigen mir vorliegenden kurzen Notizen: „Mir fiel
damals ein Buch von ganz besonderem Werth in die Hände: Laube's
‚Moderne Charakteristiken.' Es enthielt eine meisterhafte Schilderung von
Seydelmann's Persönlichkeit und Bedeutung. Das Buch ermuthigte mich
und ward mir ein Leitstern in meinen Kämpfen, und, was mir vom
größten Nutzen war, ich lernte daraus, wie Viel Kenntnisse und artistischer
Verstand, wie Viel Wort und Gedanke für den Schauspieler bedeuten."

Laube's Abhandlung ist unter dem Eindrucke von Seydelmann's Gast-
vorstellungen zu Berlin in den dreißiger Jahren geschrieben. Zu der Zeit
herrschte auf der Berliner Hofbühne die ganze rhetorische Manier der Weimar'schen Schule, welche in der Literatur ihr entsprechendes Seitenstück in
den historischen Schauspielen des damaligen Hoftragikers und unermüdlichen Dramenfabrikanten Ernst Raupach fand. Die hohlen Phrasen des
Dialogs erforderten gebieterisch die salbungsreiche Deklamation. Die Folge
davon war, daß die Gebildeten mehr und mehr das Interesse am Theater
verloren, obschon dasselbe nicht wenige gute Kräfte besaß, während Adel
und Hof sich nur um die Oper und das Ballett kümmerten. Es war
Seydelmann vergönnt, einen Umschlag in der Stimmung zu bewirken.
Er war, wie Laube sagt, kein Genie, und es würde unverständig sein,
ihn mit einer Heldennatur wie Fleck oder einem romantisch Inspirirten
wie Ludwig Devrient in Vergleich zu stellen. Laube charakterisiert ihn
als „einen verständigen, gescheiten Mann, mit einer feinen, scharfsinnigen
Phantasie, der seine Rolle um und um besieht, das Antlitz derselben nach
allen Seiten und Verhältnissen zukehrt, und sie dann mit allen Nüancen,
die sich ihm darbieten, völlig in sein eigenes Individuum aufnimmt, und
dies sein ursprüngliches Ich so lange von dem fremden drängen läßt, bis
dies überall Platz gefunden hat, bis Seydelmann dem jedesmaligen Charakter völlig gewichen ist. So erscheint er stets ein ganzer, ein anderer
Mensch auf den Brettern, jedes allgemeine Schema des Sprechens, des

Agierens, die ganze gewöhnliche Schauspielermanier wird von ihm vernichtet und rettet das Einzelne, die Person, die Physiognomie, den besonderen, individuellen Menschen aus der trostlosen Allgemeinheit unserer Schauspieler."

Diese Worte hätten über Lewinsky geschrieben werden können, wie er sich jetzt zum selbständigen Künstler entwickelt hat, und noch treffender ist folgender Satz: „Seydelmann's Worte prägen sich wie Hautreliefs dem Gedächtnisse ein. Darin liegt vielleicht das Hauptgeheimnis seiner theatralischen Macht: er deklamiert nicht, er recitiert nicht — er spricht."

Also: sprechen im Gegensatze zu schön recitieren, Das war der Gedanke, der wie ein Blitz in die Seele des jungen Lewinsky fuhr. Seine Gestalt wollte niemals den Zuschauern imponieren, und er hatte zu seiner äußersten Verzweiflung erkannt, daß nicht einmal seine Stimme dem Ideal, das er sich gestellt hatte, gewachsen sei. Sein Organ war hart und hatte einen hohlen, dumpfen Klang. Unmöglich für ihn, in weichen, einnehmenden Lauten hinzuschmelzen, oder tragisch zu wüthen! Es lag weder das sanfte Rieseln der Quelle, noch der erschütternde Donner in seiner Stimme, weder Fichtner's hinreißende Melodie, noch Anschützens brausender Kampfgesang. Aber wenn es nun nicht darauf ankam, zu singen, sondern zu sprechen, sich verständlich zu machen, tauchte nicht dann ein Schimmer von Hoffnung für ihn auf? Er wußte es noch nicht, aber er glaubte auf dem rechten Wege zu sein, und ohne Bedenken gab er sich seiner flammenden Leidenschaft hin, und sprang mitten ins Theaterleben hinein.

Seine Wanderjahre begannen. Er schweifte ein paar Jahre lang bei kleineren Schauspielergesellschaften in den österreichischen Provinzen umher, und erwarb sich Bühnenpraxis, indem er Rollen aus den verschiedenartigsten Fächern spielte. Die neue Anschauung, welche er von seiner Kunst erlangt hatte, vermochte er noch nicht in die Wirklichkeit zu übertragen, so lange er der schönen Deklamation huldigte. Er mußte sich damit begnügen, das Leben und Streben des großen Schröder in der trefflichen Monographie zu studieren, die sein langjähriger Freund und Bewunderer Meyer geschrieben hat, — ein Buch, das man sofort jedem angehenden Schauspieler in die Hand geben sollte. Endlich, gegen Schluß des Jahres 1856, traf er zu seinem Glück einen der wenigen vorzüglichen Descendenten der Hamburger Schule, Heinrich Marr, welcher seine Lehrjahre bei dem strengen und eifrigen Theaterdirektor Friedrich Ludwig Schmidt verbracht hatte, der selbst unter Schröder's Augen herangewachsen war, und unermüdlich für Dessen Ideen wirkte. Als Marr als Jüngling sich von ihm verabschiedete, hatte Schmidt es ihm zur Pflicht gemacht, jene Traditionen in Ehren zu halten und einer jener Apostel zu werden, die nach Schröder's Tode seine Lehre verbreiteten. Schmidt's letzte Worte zu ihm waren: „Muthig vorwärts, und Respekt vor dem Ganzen!"

Er nahm Schmidt's Worte als eine Art von Weihe und zog in die Welt hinaus als ein begeisterter Herold für „die heiligen Kämpfer Eckhof und Schröder, die es sich zur Aufgabe gemacht hatten, das Gedeihen des organischen Ganzen der Schauspielkunst zum Ideal ihrer Berufsgenossen zu erheben."

Horchend saß Lewinsky zu den Füßen dieses Mannes. Zum ersten Mal traten ihm die Gedanken im Leben entgegen, die er bisher nur aus Büchern kannte, und die ihm noch nicht recht in Fleisch und Blut übergegangen waren. Fortan sollten die beiden großen Grundsätze Schröder's: „Volle Wahrheit im Spiel und unbeschränkte Einordnung in das Ganze," ihm als Leitsterne leuchten. Er schreibt selber: „Ich lernte in Wirklichkeit Schröder's Weg gehen und meinen Ideen Form geben. Die Wahrheit ward jetzt nach Schröder's Lehre mein höchstes Ziel, und erst in zweiter Reihe forschte ich nach den Gesetzen der Schönheit. Die Gestalt richtig zu zeichnen, ward mir zur Hauptsache, wogegen die Farbe und Einkleidung derselben sich ganz nach dieser richten mußten." —

Er war glücklich darüber, zu wissen, daß dem Ziel gegenüber, welches er sich jetzt gestellt hatte, seine äußeren Mängel weniger bedeuteten, und ging daher vollständig getröstet ans Werk. Er sollte ja nicht mehr den Zuschauer die innere Unwahrheit der Gestalt dadurch vergessen machen, daß er sein Ohr mit dem einschmeichelnden Klang der Stimme, sein Auge mit strahlender Schönheit bestäche. Jetzt galt es nur, einen Wirkungskreis zu finden. An den kleinen Theatern wollte er nicht länger bleiben. Und obschon seine Kameraden in Brünn ihm eifrigst davon abriethen, dies Jahresengagement, wo er doch einige Gage erhielt, zu verlassen, und ihm aufs bestimmteste weissagten, daß er im nächsten Sommer Hunger leiden würde, trieb sein Streben ihn dennoch fort. Wohin er gehen sollte, wußte er kaum. Er hatte Lust, sich beim Breslauer Theater engagieren zu laſſen; aber wie war es möglich, daß der Direktor deſſelben ihn, den unanſehnlichen Provinzſchauſpieler, von dem nie ein Blatt geſprochen hatte, annehmen würde? Da fiel es ihm ein, ſich an den Mann zu wenden, deſſen Bühnenthätigkeit er die tiefſten Eindrücke ſeiner Jugend verdankte, und deſſen geſchriebenes Wort entſcheidend auf ſein Leben gewirkt hatte. Er beſchloß, ſich nach Wien zu dem mächtigen Burgtheater-Direktor Laube zu begeben, und ihn um Erlaubnis zu bitten, eine Probe vor ihm ablegen zu dürfen. Wollte Laube ihm dann ein Tüchtigkeitsatteſt ausſtellen, ſo konnte er mit dieſem in der Taſche getroſt nach Breslau reiſen. Und Laube mußte ihn ja verſtehen, wie er Seydelmann verſtanden hatte!

Im Frühling 1858 traf er bei Laube ein, in deſſen Schrift über das Burgtheater man einen Bericht über die erſte Begegnung der Beiden findet, welche einander bald ſo vollſtändig ergänzen ſollten.

Laube erzählt:

„Eines Tages ſtellte ſich mir ein junger Menſch vor, mit der Bitte, ihm ein Probeſpiel zu gewähren. Wozu? fragte ich, und betrachtete das dürftig ausſehende Menſchenkind im engen ſchwarzen Frack, mit blaſſem Antlitze. Nichts erſchien voll an ihm, als das dunkelblonde Haupthaar, welches dicht und üppig das Geſicht beſchattete.

„Wozu? — ‚Ich möchte nach Deutſchland hinaus an eine mittlere Bühne, und ein Zeugnis von Ihnen über dies Probeſpiel würde mir nützen.‘ — Das wurde anſpruchslos und verſtändig geſprochen, und ich bot ihm einen Seſſel, nach ſeiner offenbar kurzen Vergangenheit fragend. Er kam vom Theater in Brünn und hatte Charakterrollen bunteſter Miſchung geſpielt. — „Auch humoriſtiſche?" — ‚Mit dem Humor ſteht es wohl zweifelhaft,‘ erwiderte er mit dem Lächeln einer Liebhaberin, die Abſchied nimmt von den verführeriſchen Rollen. Dieſe Reſignation, ſo ſelten bei den Künſtlern, intereſſierte mich und ich ſprach nun länger, ſprach wohl eine Stunde mit ihm. Dieſe Stunde entſchied. Die kleine Geſtalt war mir in den Hintergrund getreten, das ganze Weſen ſprach mich an, flößte mir Zutrauen ein — ich bewilligte ihm ein Probeſpiel und beſtimmte dazu, gemäß dem Eindruck, welchen er mir gemacht, die Rolle des Carlos im ‚Clavigo.‘"

Als die Probe vorüber war, ſagte Laube ihm ſofort: „Ich engagiere Sie; Sie können ſich mit kleinen Rollen beim Publikum einführen."

Lewinsky war entzückt, nicht im Traum hatte er auf ein solches Resultat gehofft; jetzt sollte er also wirklich auf der weltberühmten Bühne des Burgtheaters inmitten der großen Künstler auftreten, die er als Knabe bewundert hatte.

Die Zeit verstrich indeß, und es wurde Nichts aus seinem Debüt. Die Sache war die, daß Laube nicht recht mit sich selbst darüber ins Reine zu gelangen vermochte, welches die rechte Weise sei, den jungen Mann einzuführen. „Bescheiden oder zuversichtlich? Bescheiden, in kleinen Rollen, war das Natürliche. Aber ich war eingenommen für die klare Rede des jungen Mannes und sah, daß er seinen Körper graziös bewegte, und daß er beim Studium der Rolle leicht zu steigern war, ohne irgend= wie unkünstlerisch und unwahr zu werden in der Steigerung."

Endlich sagte Laube eines Abends zu ihm: „Bei einem so eigenthüm= lichen Gepräge, wie dem Ihrigen, nützt es Nichts, mit kleinen Rollen zu probieren; Sie sollen als Franz Moor auftreten!" Lewinsky war wie aus den Wolken gefallen und versuchte Einwendungen zu machen und nach besten Kräften zu remonstrieren, aber Laube bestand, wie immer, auf seinem Stück, und erklärte, daß er mindestens so Viel wage, wie Lewinsky. Der Tag für sein Debüt wurde also bestimmt.

Es entstand großer Lärm in Wien, als Dies bekannt wurde. Man schrie über Entweihung, über thörichtes, unerlaubtes Experimentieren mit einem kleinen Provinzschauspieler, und überfluthete Laube mit Vorwürfen. Er sagt selbst: „Sehr behaglich war mir auch nicht zu Muthe, aber der junge Franz Moor zeigte Kourage ohne Übermuth, ich fühlte mich be= rechtigt zu dem Wagniß, wir blieben Beide fest, und der Tag kam. Der junge Mann war auch ein Wiener Kind; Das werden ja doch, dachte ich, die Wiener zu schätzen wissen, wenn ohne Ahnenbrief und ohne Ansehen der Person dem jungen Talente die Bahn geöffnet wird. Sie wußten es zu schätzen. Das Haus bis zum Giebel füllend, waren sie gekommen und horchten in Todtenstille, und als der junge Franz seine erste große Scene gespielt — war Alles entschieden. Einstimmiger Beifall über= schüttete den jungen Schauspieler, und eine erste Kraft im Charakterfache wurde getauft an diesem Abende mit dem Namen Joseph Lewinsky."

Was unerhört in der Geschichte des Theaters war, der Debütant mußte, trotz der entgegenstehenden Bestimmungen des Reglements, noch einmal spielen. Die Presse überschüttete Lewinsky mit Lobsprüchen, und, was mehr war, die gute Wiener Kritik erkannte, daß Lewinsky's Triumph ein Principiensieg sei. Es existierte derzeit in Wien eine Monatsschrift für Theater und Musik, welche von zwei Brüdern, den Fürsten Czartoryski, herausgegeben ward, die es sich zur Aufgabe gemacht hatten, eine rücksichtslose und strenge Kritik der Theaterleistungen zu liefern. Die Zeitschrift bestand mehrere Jahre und stiftete viel Nutzen. Die Herausgeber waren keineswegs Ästhetiker von Fach, aber sie bewiesen einen niemals fehlgehenden Bonsens im Kunsturtheil und wußten auf das sicherste zwischen Echtem und Falschem zu unterscheiden, und sie waren echt adelig als Journalisten.

Sie schrieben, nachdem sie mit warmen Worten Lewinsky's Talent anerkannt hatten, daß sie sich besonders darüber freuten, in seinem Debüt ein Princip zu Worte kommen, eine bestimmte künstlerische Richtung und eine Schauspielerschule hervortreten zu sehen, die ihre Wurzel in der Natur und der gesundesten Kunstanschauung habe. Sie fanden, daß er ein echter Abkömmling der alten Burgtheaterschule sei, da er alle Kennzeichen der Wiener Schule besitze: den fließenden Vortrag, die innere Wärme und farbenreiche Modulation in der Rede, die fest geschlossene und formell abgerundete Geberde, die lebenskräftige Wiedergabe des Charakters sowohl im Grundtone wie im kleinsten Detail, und dabei die instinktive Scheu vor allem Zuviel.

Diese Äußerungen treffen sicherlich den Nagel auf den Kopf. Die Burgtheatertradition war ja auf Schröder's naturalistische Principien begründet, wie dieselben im Lauf der Jahre von Männern, die aus der Weimar'schen Schule hervorgegangen, beeinflußt worden waren. Lewinsky hatte in seiner geistigen Entwicklung die entgegengesetzte Bewegung durchlaufen, indem er als „Weimaraner" begonnen und als „Hamburger" geendet hatte, und seine ganze fernere Thätigkeit auf dem Burgtheater — denn an diesem hat er seit seinem Debüt ununterbrochen als Schauspieler und Instruktor gewirkt — bestand darin, an allen Punkten die Weimar'sche Manier zurückzudrängen und den Schröder'schen Grundsätzen zum Siege zu verhelfen, — in solcher Art jedoch, daß er die alte Kunstanschauung modern, d. h. exakt machte, wenn man dies Wort für das Thun eines Schauspielers nicht zu kühn findet. Goethe gegenüber erklärt er die Wirk-

lichkeit an und für sich für schön, und betrachtet sodann Schröder gegenüber jede Aufgabe nicht allein vom psychologischen, sondern auch vom
historischen Standpunkte. Schröder spielte Molière's Geizigen mit der
größten psychologischen Tiefe, aber als einen deutschen Geizhals; Lewinsky
spielt die Rolle auf französische Art, nimmt in der Behandlung der Repli-
ken, in Mienenspiel, Kostüm, Bühnenauffassung beständig Rücksicht auf
die Traditionen des Théâtre Français, und bemüht sich im Ganzen, sie
so zu spielen, wie Molière sie ausgeführt zu sehen wünschte. Und andererseits, wenn Anschütz Nathan den Weisen spielte, so trat das rhetorische Moment sehr stark hervor, und er erreichte durch seine wundervolle
Stimme Wirkungen, mit denen Lewinsky niemals wetteifern konnte. Dagegen charakterisiert Dieser die Rolle schärfer, als Anschütz; er stützt sich in
seiner Auffassung des Lessing'schen Gedichtes auf Dasjenige, was Männer
wie Kuno Fischer oder David Strauß darüber geschrieben haben, und ist
dadurch im Stande, das typisch Jüdische an der Figur hervorzuheben,
zugleich aber darauf bedacht, die von Anschütz überkommene Tradition festzuhalten, d. h. die Würde und Hoheit Nathan's zu wahren.

Man sieht, es ist ein Plus in die Auffassung gekommen, ein Etwas,
das sich nur als Verschmelzung von Kunst und Wissenschaft bezeichnen läßt.
Wundert man sich, daß von Wissenschaft die Rede sein kann, wo es
sich um die Schauspielkunst handelt? Jeder weiß ja doch, daß in die
äußeren Formen derselben, in Kostüm, Möblierung und Dekoration, die
Wissenschaft schon eingedrungen ist. Und sollte Dies nicht auch von dem
Kerne der Kunst gelten, heut zu Tage, wo jeder Mann der Wissenschaft
ein Stück Poet, jeder Dichter, ja selbst jeder Maler ein halber Wissen-
schaftsmann ist? Man verlangt vom Dichter, daß er die großen Aufgaben
der Zeit verstehe und sein Gedicht von ihnen durchdringen lasse, und
man fordert nicht einmal gewöhnliche Bildung vom Schauspieler, welcher
der Dolmetsch des Dichters sein soll! Indeß, gemeiniglich ist der Schauspieler eben so borniert wie das Publikum. Er will nur Künstler sein,
er spricht mit Nasenrümpfen vom Reflektierten und vom Mit-Verstand-
Spielen, und glaubt nur an die Inspiration. Er fühlt seine Rolle, er
versteht sie nicht.

Aber diese alten Phrasen täuschen Keinen mehr. Um zu verdolmetschen, was die größten Geister aller Zeiten, was Shakespear, Molière

und Goethe geschrieben haben, ist zuerst und vor Allem erforderlich, dass man ihre Worte verstehe. Und dazu bedarf es umfassender Bildung und Kenntnisse. Der Schauspieler muss auf der Höhe der Bildung seiner Zeit stehen. Thut er Das nicht, so mag er Operetten und Farcen und alle leichte Tageswaare spielen, aber er verdient nicht den Namen des Künstlers. Alle wirklich großen Schauspieler sind hochgebildete Männer gewesen, die nichts Menschliches von sich fern hielten und beständig ihr Wissen und ihre Erfahrung zu erweitern suchten.

Von dem Augenblick an, wo Lewinsky sich einer künstlerischen Mission als Schauspieler gewiss war, hat er keine Anstrengung gescheut, sie so würdig wie möglich zu erfüllen. Er hat sein ganzes Leben hindurch studiert und gearbeitet, um sich zu bilden. Kein wichtiges Literaturerzeugnis ist ihm fremd, wenn er auch natürlich am besten in der dramatischen Poesie bewandert ist. Keine der Fragen unserer Zeit ist spurlos an ihm vorüber gegangen. Er hat alle Strömungen der Zeit auf seinen Geist wirken lassen; aber leider steht er unter den Genossen seines Standes mit dieser seiner hohen Auffassung der Schauspielkunst ziemlich einsam da.

3.

Lewinsky wurde in seinen Bestrebungen kräftig von Laube unterstützt. Sie gehörten Beide derselben Schule an, und Laube war glücklich darüber, endlich einen Schauspieler zu finden, welcher Dasselbe wollte, wie er, und jedesmal froh war, wenn er ihn korrigierte und ihm wieder auf die rechte Spur half, so oft er dieselbe zu verlieren im Begriff stand.

Lewinsky war bei seinem Eintritt ins Burgtheater im Stande, dieselben Schauspieler, welche er vordem nur bewundert hatte, kritisch zu beurtheilen. Anschütz war ja Schuld daran, dass er sich einstmals ganz auf den musikalischen Vortrag verlegt hatte. Jetzt kümmerte er sich nicht mehr um diese Einseitigkeit bei dem Meister, auf die er als Anfänger allein geachtet hatte, um so mehr als Anschütz in seinen besten Rollen die Manier der Weimar'schen Schule überwand und ganz natürlich spielte, ohne die Verse abzusingen. Bei seinem täglichen Zusammenspiel mit diesem großen Künstler studierte Lewinsky ihn aufs genaueste und lernte Alles von ihm, was er von ihm lernen konnte. Er suchte sich sorgfältig Rechenschaft darüber zu geben, nach welchen Gesetzen Anschütz handelte. So sagt er: „Von Anschütz lernte ich den Entwurf der Figur in großen Zügen und das sorgfältige Unterordnen der Einzelheiten, welches darauf gerichtet ist, den Eindruck der Hauptkontouren nicht zu verwischen. Sodann lernte ich, große rhetorische Aufgaben auf dem epischen wie auf dem dramatischen Gebiete zu lösen, und endlich die Bildung des Tones, die Entwicklung und die Modulationen desselben, worin er ein nie zu erreichendes Muster war."

Laube war das nothwendige Korrektiv gegen den Einfluß der Anschütz'schen Rhetorik. So bald Lewinsky nur mit einem Worte in eigentliches Deklamieren verfiel, kam Laube mit den trockensten Einwendungen. „Ich war mit wenigen Ausnahmen," schreibt Lewinsky, „von der Richtigkeit der Ansichten Laube's überzeugt, die ja mit meinem eigenen Ziel zusammenfielen, ich lernte unendlich Viel von ihm, weil er es verstand, durch sein Vorlesen praktisch zu unterrichten. Sein umfassender Verstand und seine geistvolle Behandlung aller Gegenstände, die mit dem Theater in Zusammenhang standen oder nur den leisesten Bezug auf dasselbe hatten, übten einen im hohen Grade erweckenden Einfluß auf mich. Ich ward jetzt vollkommen klar darüber, was das einfache, schlichte, treffende Wort ohne irgend welchen musikalischen Zusatz bedeute, und sah ein, daß man es nur auf diesem Wege erreicht, dem Zuschauer die Blüthe des dichterischen Gedankens zu bieten, den Stoff zu überwinden und den vollen Eindruck der Wahrheit, die schöne Illusion, zu ermöglichen."

Es war besonders deßhalb so nothwendig für Lewinsky, Laube zur Seite zu haben, der ihn jedesmal am Ärmel zupfte, so oft er aus der natürlichen Rede in die Deklamation verfiel, weil er wegen seines großen Vorlesertalentes nach seinem Debüt in Wien gleich in die Mode gekommen war. Er ist unbestritten in diesem Augenblick einer der mustergültigsten Sprecher der deutschen Bühne. Bei Vorlesungen ist ja die Macht der Phantasie uneingeschränkt. Er vermag aufs vollkommenste den malerischen Klang der Worte zu benutzen, um die Stimmung hervorzurufen, und gleichzeitig den Gedanken mit einer Art mathematischer Deutlichkeit darzustellen. Es wurde auch ununterbrochen auf ihn als Deklamator Beschlag gelegt, und er mußte bei der großen Menge von ästhetischen Soiréen assistieren, die in einer Residenz wie Wien gegeben werden. Die Fürsten

Czartoryski hielten es für nöthig, ihn davor zu warnen, seine Künstler-
gaben als Parabenummern bei Koncerten und als Modeartikel in Theegesellschaften zu vergeuden, räumten aber gleichzeitig ein, daß man seit
lange keinen Vorleser so hohen Ranges gehört habe. Lewinsky lief jedoch
keine Gefahr, ein verzärtelter Virtuos zu werden. Vor Allem schützte ihn
davor eine rücksichtslose Selbstkritik und das Bedürfnis der Wahrheit.
Er war gleich Anfangs mit zu großem Jubel begrüßt worden, als daß
nicht ein Umschlag in der Stimmung eintreten mußte. Derselbe blieb
auch nicht aus.

Lewinsky mußte sich von Rolle zu Rolle in der errungenen Stellung
befestigen, oder vielmehr dieselbe stets neu erringen. Die meisten großen Aufgaben, welche er sich stellte, sind zuerst mit prüfender Vorsicht aufgenommen worden; doch so widerspänstig sich auch das Publikum zeigte, es hat
fast immer Lewinsky Recht geben müssen. Aber wenn man ihm auch das
Vermögen, Leidenschaften darzustellen, einräumte, die erotische Leidenschaft
hat man doch von seinem Gebiet ausgeschlossen. Liebhaber kann er
nicht sein, und Held kann er auch nicht sein.

Das waren die beiden Grenzpfähle, welche der Bahn Lewinsky's gesetzt waren. Das hatte er selbst in dem bitteren Kampfe erfahren, den
er, halb verzweifelnd an der Möglichkeit, Schauspieler zu werden, schon
als Anfänger geführt hatte, Das haben Publikum und Kritik ihm zum
Überflusse sein ganzes Leben hindurch wiederholt. Aber der Kampf mit
den Hindernissen der Materie gegen seinen rastlosen Geist ist auch der
Inhalt seines Lebens geworden; er mußte die Leute zur Anerkennung
zwingen durch die verzehrende Leidenschaft, durch die von den Vorbildern
ererbte Breite und Größe in seinem Spiel. Verstand in der Anordnung
aller Details der Rolle, Adel und Geschmack in der Anschauung, Leidenschaft und Lebendigkeit in der Ausführung, Das sind die drei Eigenschaften,
welche die Art seiner Kunst bezeichnen.

Er hat sich, auf diese Eigenschaften gestützt, im Lauf der Jahre ein
reiches Repertoire erworben, welches eine weite Skala von Empfindungen
und geistigen Charakterzügen der Menschenseele umfaßt. Aber das gemein-
same Merkmal, das alle seine Darstellungen an sich tragen, ist die reine
Tradition der alten Schule des Burgtheaters, die keine Unschönheit und
Verzerrung duldet, sondern die Bescheidenheit der Natur in dem Sinne

zum Ausdruck bringt, in welchem Shakespear dies Wort verstanden hat.
— Sein Repertoire umfaßt bis heute an 200 Rollen. Die nachbenannten
bezeichnen etwa den Umfang seines Könnens: Franz Moor in „Die
Räuber", Miller und Wurm in „Kabale und Liebe", Muley Hassan in
„Fiesco", Octavio Piccolomini in „Wallenstein", Shrewsbury in „Maria
Stuart", Attinghausen in „Wilhelm Tell", Philipp II. in „Don Carlos",
Mephistopheles in „Faust", Carlos in „Clavigo", Oranien in „Egmont",
Antonio in „Tasso", Nathan in „Nathan der Weise", Marinelli in
„Emilia Galotti", Zanga in „Der Traum ein Leben", Oberpriester in
„Des Meeres und der Liebe Wellen", Borotin in „Die Ahnfrau", Rham-
nes in „Sappho", Rudolf II. in „Ein Bruderzwist im Hause Habsburg",
Herzog Ernst in „Agnes Bernauer", Tischlermeister Anton in „Maria
Magdalena", Förster Ulrich in „Der Erbförster", Cassius in „Julius
Cäsar", Hamlet in „Hamlet", Jago in „Othello", Menenius Agrippa
in „Coriolan", Johann von Gaunt in „Richard II.", Lorenzo in „Romeo
und Julia", König Johann in „König Johann", Karl VI. in „Heinrich V.", Kardinal Winchester in „Heinrich VI.", Shylock in „Der
Kaufmann von Venedig", König Richard III. in „Richard III.", Perin
in „Donna Diana", Theramen in „Phädra", Harpagon in „Der Gei-
zige," Michonnet in „Adrienne Lecouvreur", Marquis in „Das Fräulein
von Seiglière", Michel Perrin, Gringoire und Didier in den gleichnamigen Stücken, Dufouré in „Die Biedermänner", Giboyer und Marquis von Auberive in „Ein Pelikan".

Verständnis der Menschen und der Dichtungen, Würde in seinem
persönlichen Auftreten, leidenschaftliche Hingabe an seine Kunst bezeichnen
das persönliche Wesen Lewinsky's. Was ist zuletzt alle Schauspielkunst
wie alle Poesie anders, als die Umsetzung eines Gefühls und Verlangens
in ein anderes Gefühl und Verlangen? Wenn Shakespear selbst nicht
ehrgeizig gewesen wäre, hätte er „Richard III." nicht schreiben können.
Sein Ehrgeiz hatte sicher ein anderes Ziel, als Herrlichkeit und Macht,
aber weil er Dichter war, vermochte er sein individuelles Gefühl in ein
anderes und allgemeineres umzusetzen. So setzt auch Lewinsky seinen
Kampf wider alle Hindernisse des Lebens in Richard's alle Schranken
durchbrechenden Ehrgeiz um. Daher die täuschende Wahrheit seines Spiels.
Eine voll ausgetragene dichterische Gestalt ist ein Konglomerat typischer

Charakterzüge, welche individuell gemacht worden sind, und es ist die Aufgabe des Schauspielers, das Individuelle wieder hervorzurufen, so daß wir es als ein Allgemeines empfinden. In keiner Rolle hat Lewinsky diese Aufgabe vollkommener gelöst, als in seiner Darstellung von Schiller's Franz Moor, dieser Darstellung eines leidenschafterhitzten Kampfes gegen die Schranken der Natur.

Als Franz Moor errang er sich zuerst Ansehen und Ruf als Schauspieler, und in dieser Rolle hat er stets in allen deutschen Städten seine größten Triumphe gefeiert. Und doch ist die Rolle fast abgespielt. Es giebt keinen unter Deutschlands großen Charakterschauspielern, seit Iffland zum ersten Mal das Erstlingsdrama des jungen Regimentsarztes gespielt hat, der nicht als Franz Moor auf der Bühne umhergeschlichen wäre, und Darstellungen wie die Ludwig Devrient's und Dawison's sind hoch berühmt. Nichtsdestoweniger ist die Rolle an und für sich unwahr und übertrieben. Sie ging aus einem Studium der Shakespear'schen Figuren Richard III. und Jago hervor; Schiller erklärt selbst in seiner Vorrede, daß er sich den Zweck vorgezeichnet habe, das Laster in seiner nackten Abscheulichkeit zu enthüllen und in seiner kolossalen Größe vor das Auge der Menschheit zu stellen. Er fährt fort: „Das Laster wird hier mit seinem inneren Räderwerk ganz entfaltet. Es löst in Franzen all die verworrenen Schauer des Gewissens in ohnmächtige Abstraktionen auf, skelettisiert die richtende Empfindung und scherzt die ernste Stimme der Religion hinweg. Wer es einmal so weit gebracht hat, seinen Verstand auf Unkosten seines Herzens zu verfeinern, Dem ist das Heiligste nicht heilig mehr — dem ist die Gottheit Nichts — beide Welten sind Nichts in seinen Augen."

So wie „Die Räuber" auf den deutschen Bühnen gespielt werden, wo die Mannheimer Theaterausgabe überall benutzt wird, will jedoch Schiller's Charakteristik von Franz nicht mehr passen. Franz ist kein reflektierter Schurke mehr, denn fast alle Reflexionen, welche ihn zum echten Bruder des ebenfalls stark philosophierenden Karl Moor machen, sind gestrichen. Es bleibt nur eine Figur zurück, welche die Quintessenz alles Dessen ist, worüber Schiller in seiner jugendlich phantastischen Art nachgedacht und gegrübelt hatte, die Quintessenz seiner Theorie von Moral, Pflicht und Gewissen. Denn man darf seine Vorrede nicht ganz wörtlich nehmen. Es war ihm nicht so sehr darum zu thun, das inkarnierte böse Princip darzustellen oder als strafender Moralist aufzutreten. Stark beeinflusst von der ganzen rationalistischen Tendenz der Zeit, eifrig nach einer moralischen Richtschnur suchend, um zwischen Gut und Böse zu unterscheiden, hatten seine Reflexion und seine Phantasie ihn dahin geführt, eine Gestalt zu zeichnen, welche die Frage nach der Berechtigung der natürlichen Triebe klar machen sollte. In Franz ist Etwas von den Schrecknissen der französischen Revolution. Er ist der jüngere Sohn, aber er will trotzdem seinen Vater beerben, er ist hässlich und verhasst, aber er will doch das Weib besitzen, das seinen schönen Bruder liebt, er hat schlauen Verstand, Willen, Leidenschaft, er ist im Stande, zu erreichen, was er begehrt; wäre sein Ziel ein bedeutendes und nützliches gewesen, so wäre er ein großer Mann geworden, aber er ist zu klein und selbstsüchtig, und er wird nur ein großer Verbrecher.

Man versteht jetzt leicht, woran es lag, dass gerade diese Rolle wie geschaffen für Lewinsky war. Kampf wider die natürlichen Hindernisse war sein Leben. Das Triumphieren des Verstandes, des Geistes über alle Mängel des Körpers war es, was er selbst erstrebte, und so hatte er jenen persönlichen Berührungspunkt mit der Rolle, ohne den ein Schauspieler niemals eine tragische Gestalt zu verkörpern vermag. Es war Fleisch von seinem Fleisch, Blut von seinem Blut in dem Franz Moor, den er spielte.

Allein er giebt Mehr als das Persönliche, das ihn nur in den Stand setzt, Franzens Seelenleben charakteristisch zu gestalten. Er stellt das Böse in ihm typisch dar. Jeder von uns erkennt sich in Lewinsky's Franz selbst wieder. Er erschließt uns, wie jeder große Künstler, den tiefsten Einblick in unser eigenes Gefühlsleben, in unsre innerste Natur. Er lässt uns erkennen, dass wir Alle mit allen Trieben, allen Wünschen, allen Instinkten geboren sind. In unseren Gedanken sind wir Alle mehr oder minder Franz Moors, wünschen uns den Besitz der Macht, die uns nicht gebührt, des Weibes, auf das wir am allerwenigsten einen Anspruch erheben dürfen. Das Leben ist ein beständiges Akkordieren. Wer nicht all seine Wünsche und Leidenschaften auf ein gutes Ziel zu koncentrieren sucht, wird ein Verbrecher wie Franz. Das ist der allgemeine Eindruck der Rolle, wie Lewinsky sie gestaltet.

Ich will in der Kürze den Verlauf dieses gewaltig ergreifenden Spiels
darstellen. Franz ist im ersten Auftritt ruhig und zurückhaltend. Er ist
in der ersten Scene gegen den Vater höflich, kalt und rücksichtsvoll. Er
betrügt ihn wie ein Mensch, der ein gutes Gewissen hat, mit einem vollen
und klaren Bewusstsein Dessen, was er thut. Im zweiten Akte, als der
Tod des Vaters sich ihm zu lange verzögert, ist er finsterer und brütender,
aber so bald Hermann erscheint, ist er lustig und voll Bonhommie gegen
ihn und überredet ihn, als wäre es Nichts, weiter Nichts, als ein
lustiger Spaß, die Botschaft von dem Tode des Bruders zu überbringen.
Als Hermann nun die Botschaft überbringt, sind alle Nerven Franzens
gespannt, sein Auge heftet sich unruhig auf den Vater, um zu erlauern,
welchen Eindruck die Botschaft auf ihn machen wird: er beugt sich vor
in seiner Stellung auf der entgegengesetzten Seite der Bühne, die Finger
krampfen sich in den spanischen Mantel in der gewaltsamen Spannung,
in der er sich befindet: wird diese Botschaft den Vater tödten? Allein, so
unruhig er auch ist, vermag er doch nicht ein Lächeln zu unterdrücken,
als der Vater darüber klagt, dass sein Fluch den Sohn in den Tod
gejagt habe. Bei Hermann's Erzählung von Karl's letzten Augenblicken
umklammert er den Vater, wie vom tiefsten Mitleid ergriffen, benutzt aber
die Gelegenheit, um nachzufühlen, ob das Herz desselben noch kräftig
schlägt, und eine wilde Freude blitzt aus seinen Augen, als er die Mattigkeit des Vaters bemerkt. Dieser sinkt kraftlos im Sessel zurück, und Franz
glaubt schon das Spiel gewonnen; allein da beginnt der Alte wieder zu
wehklagen, und Franz fährt in rasendem Zorn hin und her im Gemach,
bis Hermann ihm das Schwert überreicht, damit er die Worte lese, die
Karl mit seinem Blute darauf geschrieben: „Franz, verlaß meine
Amalie nicht!"

Und hier kann man Lewinsky's wunderbare Meisterschaft in der Art
und Weise bewundern, wie er diese Worte liest. Es geschieht ohne Überzeugung. Er ist etwas verlegen dabei, sich so überrascht stellen zu sollen,
er weiß ja so gut, was er selbst geschrieben hat. So würde nie Jemand
erstaunen, dem wirklich etwas Unerwartetes begegnete.

Amalie hat den Vater verlassen, der entkräftet auf den Sessel zurück-
sinkt, und stürzt mit dem Ausrufe „Todt!" von der Bühne. Franz hört
draußen den Schrei; er reißt die Thür auf, steht ängstlich gespannt auf

der Schwelle und huscht dann mit lautlosen, schnellen Schritten quer über die Bühne zum Lehnstuhl des Vaters. Er beugt sich über ihn hinab mit einem Ausdruck wie ein Höllengeist Michelangelo's. Ja, endlich ist er todt! Jetzt drückt er ihm ruhig und geschäftsmäßig die Augen zu und sieht einen Augenblick stolz triumphierend: „Wer wird es wagen, mich einen Schurken zu nennen? Jetzt bin ich Herr!" Dann geht er zur Thür, öffnet sie weit und winkt hinaus, und als die Diener herein stürzen, liegt er knieend und schluchzend zu den Füßen des Vaters.

Im folgenden Akte ist er Gebieter. Er trifft Amalien allein, sie, die er nicht liebt, aber doch besitzen will. Er kommt von der prächtigen Mittagsgesellschaft, die er gegeben hat, und ist vom Weine erhitzt, halb berauscht. Fieberröthe glüht auf seinen bleichen Wangen, und das Auge funkelt unruhig. Er sieht roh und gemein aus, man beginnt Abscheu vor ihm zu empfinden. Man begreift, daß er ein kleiner Mensch ist, der nur ein kleines Ziel hat; man hat seine teuflische Schlauheit, seine verruchte Kaltblütigkeit bewundert, so lange man noch nicht sah, wohin dieselbe führen würde; jetzt erkennt man, daß er nur seine thierischen Triebe befriedigen wollte. Er will Amalien entführen, aber sie entreißt ihm den Degen und bedroht ihn damit. Da sieht man, daß er feig ist; er tastet überall an seinem Körper nach einer Waffe, er will um Hilfe schreien, aber die Worte ersticken vor Angst in seiner Kehle, und zähneklappernd entflieht er.

Im vierten Akte ist er nervös vollständig zerrüttet. Er beargwöhnt jetzt Alle. Er glaubt, sein Diener Daniel wolle ihn vergiften, schleudert ihn in wahnsinniger Wuth zur Erde und steht über ihm, wie ein St. Georg in Teufelsgestalt. Er ist ganz außer sich vor Angst, daß Karl erscheinen und ihm sein Eigenthum entreißen werde. Dann folgt das Gespräch mit Hermann, in welchem Dieser ihn fast bis zum Wahnsinn erschreckt. Zuerst lächelt er verächtlich über Hermann's Vorwürfe, aber als Dieser ihm droht, winselt er kläglich wie ein Kind: „Hermann, laß mich gewisse Dinge nicht träumen von dir!" Allein Dieser sagt ihm, daß der Vater, Dank seiner Hilfe, noch am Leben sei, und Franz taumelt, bebend vor Frost, fast blödsinnig vor Wuth, auf den Sessel. Hermann lacht ihn aus, und er versucht mitzulachen — ein entsetzliches Lachen!

Hermann läßt ihn allein zurück, während der Unselige jammert:

„Franz, was war Das? Es gilt einen raschen Entschluß!"
Seine Finger umkrampfen die Tischdecke, aber man sieht ihm an, daß
er müde ist, die Schlange hat ihre Giftzähne eingebüßt; er ergreift einen
Dolch und entfernt sich mit schlaffen Schritten, er will Karl ermorden;
da befällt ihn die erste Hallucination, es schleicht Jemand hinter ihm her,
und er stürzt zurück und verbirgt sich mit klappernden Zähnen hinter dem
Lehnstuhl. Er faßt sich wieder und will überlegen, sich selbst belächeln,
aber das blödsinnige Lächeln erstirbt auf seiner Lippe, und er wirft ängstliche
Blicke um sich. Er nähert sich wieder der Ausgangsthür: „Wenn mein
Schatten mich verriethe?" und er läßt den Dolch fallen und fährt
vor Schreck über den Ton zusammen; dann ruft er aus: „Feig bin
ich nicht — aber zu weichherzig bin ich; ein Ungeheuer müsst'
ich sein, wollt' ich die Hand legen an meinen leiblichen Bru-
ber!" Und er wehrt den Gedanken gleichsam mit den Händen von sich
ab und taumelt verstörten Schwankens hinaus.
     Im fünften Akte ist sein Hirn völlig von Hallucinationen umspannt.
Aschenfahl und zähneklappernd stürzt er herein, bebend vor Kälte. Er
quält Daniel mit den fürchterlichen Träumen, die er gehabt hat. Doch
„Träume bedeuten Nichts!" Aber er weint nichtsbestoweniger wie ein
Kind, und fügt hinzu: „Ich hatte so eben einen lustigen Traum!"
Im selben Augenblick sieht er die schrecklichen Gestalten, die ihn verfolgt
haben, wieder vor sich, sein Mund öffnet sich, sein Gesicht erstarrt vor
Entsetzen, und mit dem Schrei: „Jesus!" stürzt er wie leblos zu Boden.
Daniel rüttelt ihn und will ihn aufrichten, obschon Franz ihn von sich
stößt und ihn anfährt wie ein zorniges Kind. Als aber der Alte sich
entfernen will, klammert er sich ängstlich an ihn an und streichelt ihn,
und jetzt beginnt er seinen Traum zu erzählen. Er erzählt, als wäre es
ein Märchen, wie er den Tag des jüngsten Gerichts vor sich sah, und er
schlägt sich an die Brust, um zu zeigen, wie angstvoll sein Herz gepocht
habe, und als Daniel ausruft: „Gott vergeb' Euch!" heult er wie ein
angeschossener Tiger: „Das that er nicht!" und stößt in kurzen, athem-
losen Sätzen hervor, wie eine Stimme ihm zugerufen habe: „Du allein
bist verworfen!" Er stöhnt und röchelt, aber dies Röcheln geht in ein
kurzes Lachen, in ein wahnsinniges Grinsen, in ein langes, heulendes
Gelächter über, in welchem er vor Wuth darüber, daß Daniel nicht

mitlachen will, mit den Füßen stampft. Der Alte sagt nur: „Träume kommen von Gott!" Da klatscht er in die Hände, wie ein Kind, und schluchzt flehend, er solle doch bei ihm bleiben. Während er, den Kopf vor Todesangst im Lehnstuhle verbergend, daliegt, meldet Daniel, daß die Räuber kommen. Jetzt fährt er auf, schreit: „Alles soll in die Kirche!" huscht in den Vordergrund, wirft sich auf die Kniee und stammelt, halb starr vor Grausen, einige Worte hervor, die ein Gebet bedeuten sollen. Allein plötzlich erwacht sein alter Trotz, die Todesangst macht ihn wild und fast muthig, er schlägt mit beiden Händen auf den Estrich: „Ich will nicht beten!" und fährt mit Einem Satze zur Klingelschnur, mit der er sich erdrosselt.

Die Illusion, welche Lewinsky's Spiel in dieser Rolle erweckt, vermag kein Wort zu beschreiben. Wer ihn nicht in derselben gesehen hat, weiß nicht, bis zu welchen Tiefen der Menschenseele der große Schauspieler hinabsteigt. Andere Künstler Deutschlands haben, wie gesagt, diese Rolle gespielt. Devrient war berühmt wegen der Leidenschaftlichkeit, mit welcher er Amalien zurief, daß sie ihm angehören solle. Seydelmann hatte den Charakter wie den einer verzogenen und boshaften Range angelegt; Dawison gab ihn als einen frivolen und überlegenen Bonvivant, einen malitiösen Junker, — allein Lewinsky ist es gelungen, das Höchste zu leisten: durch ihn ist die Rolle moralisch geworden, indem sie zugleich allgemein menschlich und individuell ist.

Die Empörung des Verstandes, des Talentes, des Willens wider die Schranken der angeborenen Naturbestimmung bildet in mancherlei Abstufungen den Grundzug in Lewinsky's verschiedenen Darstellungen. Man gestattete mir ein paar Beispiele: Gringoire, Carlos und Didier. Er spielt sehr gerne den Gringoire in Banville's bekanntem Stück dieses Namens. Ein junger Poet, der trotz seiner Häßlichkeit ein junges Mäd-. chen einzig durch die Macht seines Genies in sich verliebt macht — die Rolle ist wie für Lewinsky geschrieben. Sein Spiel ist die Antwort auf jene Grenzbestimmung, die man ihm vorschrieb: „Nicht Liebhaber!" Er nimmt daher die Rolle viel ernster, als Coquelin auf dem Théätre-Français; er ist durch und durch schwermüthig und unglücklich, während Coquelin gleich den lustigen Ton anschlägt, indem er sich über die dummen Bogenschützen moquiert, die ihn einführen und die „kein Französisch verstehen." Coquelin's Gringoire ist ein gutmüthiger Schelm, dem es schlecht ergangen ist und nun gut ergeht, Lewinsky's Straßensänger ist Einer, dem Unrecht widerfuhr, und der nach manchen Zurücksetzungen und Verhöhnungen sich endlich den Sieg erkämpft.

Als Carlos im „Clavigo" spielt er die Reaktion des Verstandes wider das Gefühl. Er giebt die Rolle vollkommen in Goethe's Geiste, ohne die mindeste Übertreibung. Goethe hat sich in diesem Stücke in zwei Personen getheilt, in eine sentimentale: Clavigo, und eine raisonnierende: Carlos. In der Regel machen die Schauspieler den Carlos zu einem herzlosen Schurken. Lewinsky betont stark, daß er eine warme Freundschaft für Clavigo hegt, und eben deßhalb ihn vor Handlungen bewahren will, die für ihn verhängnisvoll werden müssen. Er liebt Clavigo, es ist ein Genie, das er retten will. Er ist scharf, ruhig und kaltblütig, ohne die mindeste Teufelei oder Heftigkeit. Die Rolle besteht bekanntlich aus zwei Dialogen, und er hat hier die schwierige Kunst, ein Gespräch zu führen, nicht zu monologisieren, auf die höchste Spitze getrieben; jeder Satz wird ihm, von den vorhergehenden Worten des Freundes befruchtet, auf der Lippe geboren.

Ich will nur noch seinen Didier im gleichnamigen Stücke erwähnen. Dasselbe ist von Pierre Breton verfaßt, und hat folgenden Inhalt: Ein großer Gelehrter, ein Naturforscher, der 48 Jahre alt geworden ist und nur für die Wissenschaft gelebt hat, wird von plötzlicher Angst vor der Einsamkeit und Kinderlosigkeit befallen. Er ist unverheirathet, hat noch nie geliebt, und wird jetzt plötzlich von der heftigsten Liebe zu der Tochter seines Freundes Dr. Raimond, der siebzehnjährigen Lucie, erfaßt. Sie liebt jedoch einen Andern, einen jungen Arzt Henri, ein Findelkind, dem Raimond ihre Hand nicht geben will. Didier begreift, daß er nicht mehr in dem Alter steht, wo man geliebt wird. Nachdem er den furchtbarsten inneren Kampf durchgekämpft hat, beschließt er, um das Glück der beiden Liebenden zu fördern, Henri zu adoptieren, aber in dem Augenblick, wo der Ehekontrakt der Beiden unterzeichnet werden soll, wird er wahnsinnig. Hiemit endet der zweite Akt und eigentlich das Stück; der dritte Akt zeigt uns, wie er nach einer schweren Krankheit allmählich an Leib und Seele wieder gesundet.

Also, Didier lehnt sich auf gegen die Natur, er glaubt sie überwinden zu können. Beständig ruft er, Lucie müsse ihn lieben, er wolle es, er wolle jung sein, wolle die verlorenen Jahre wiederhaben. Lewinsky hat die Rolle dadurch möglich gemacht, daß er gleich die nervöse Erhitzung bei Didier zeigt. Er spricht ganz fieberhaft, mit einer Heftigkeit und Hast ohne Ende. Es glüht Liebe in seinem Blick, und jedes Wort in seinem Munde verräth das Überspannte und Überangestrengte. Wenn er spricht, hat man das Gefühl von dem schwirrenden Laut, den man bei Fieberphantasieen vernimmt. Man sieht stufenweise an seinen Mienen und Bewegungen, wie der Wahnsinn ihn mehr und mehr erfasst; derselbe zeigt sich zuerst in seinem Gesichte, als er wähnt, daß Lucie ihn liebe, und bei dem Gespräche mit ihr plötzlich entdeckt, daß ihre Worte einem Andern gegolten haben. Zu seinem Antlitze malt sich zuerst ein Nichtverstehen Dessen, was sie sagt, dann Verwunderung, dann Schreck; in ein paar Sekunden durchläuft dasselbe alle Ausdrücke, jedoch so, daß sie beständig nur ein lächelndes Antlitz erblickt.

Weder der Raum, noch der Plan dieser Abhandlung gestatten eine Analyse der einzelnen Rollen, die auch keinen großen Werth hätte, wenn sie sich nicht selbst auf die kleinsten technischen Details einließe. Die Absicht dieser Blätter ist nur anzudeuten, welche Entwicklungsstadien einer der wahrsten Schauspieler, die Deutschland jemals besessen, durchlaufen hat. Er beginnt völlig befangen in der alten Tradition, geblendet von der Schönheit der deklamatorischen Phrase, und nur durch angestrengtes Studium gelingt es ihm, zur Wahrheit und Natur in der Kunst vorzudringen. Er wird Schauspieler mit Verzweiflung im Herzen, und nur durch eine ungeheure Willensanstrengung im Verein mit einer edlen Resignation vermag er sich seinen Platz zu erkämpfen. Diese zwei Bestrebungen, eine künstlerische und eine persönliche, fallen in seinem Leben zusammen, sie bilden mit einander seinen Kampf ums Dasein, den Hintergrund seiner Thätigkeit.

Rede contra Deklamation, Natur gegenüber einem abstrakten Schönheitsideal, Das ist der künstlerische Principienstreit, den er kämpft. Es ist dieselbe Bewegung, die auf anderen geistigen Gebieten Wissenschaft contra Aberglauben, oder Gedankenfreiheit contra Autoritätsfesseln heißt. Lewinsky's Kunst trägt das Gepräge davon, daß er sich Dessen bewusst ist. Die Zeit ist vorüber, wo man wähnte, daß ein Gaukler ohne Bil=

292

bung Shakespear's und Goethe's Gestalten würdig darstellen könne. Heutigen Tags ist der gute Schauspieler halb Psycholog, halb Historiker.
Aber wohl noch Keiner hat so hohe Ansprüche an den Schauspieler gestellt,
wie Lewinsky an sich selber. Indem er beständig ein Mehr verlangt, hat
er das Ideal der Schauspielkunst erweitert. So bezeichnet er in seiner
Weise den Gipfelpunkt, welchen die deutsche Schauspielkunst in diesem Jahrhundert erreicht hat.

Zweite Abtheilung.

Charakterköpfe der ausländischen Literatur.

Inhalt.

Charakterköpfe der ausländischen Literatur.

Frau von Staël und Benjamin Constant,

nach bisher ungedruckten Briefen Derselben geschildert.

Seit Frau Necker, geb. von Saussure, vor mehr als einem halben Jahrhundert ihre geistvolle, von A. W. Schlegel verdeutschte Abhandlung über den Charakter und die Schriften der Frau von Staël herausgab, hat das Quellenmaterial für eine ausführliche Darstellung der Lebensverhältnisse dieser merkwürdigen Frau und ihrer Beziehungen zu hervorragenden Zeitgenossen keine redenswerthe Bereicherung erfahren. Weder ihre nächsten Angehörigen, noch ihre zahlreichen Freunde, unter denen mehr als einer sich einen glänzenden Ruf in der Literatur und im öffentlichen Leben erwarb, haben den leisesten Versuch gemacht, nach dem Tode der genialen Frau den Schleier zu lüften, welcher so manches Geheimnis ihres persönlichen Verkehrs und ihrer politischen Thätigkeit den Blicken der Nachwelt verhüllt. Pietätsrücksichten auf der einen und die dumpfe Gedrücktheit der Gemüther während der Restaurationsperiode auf der anderen Seite mögen schuld daran gewesen sein, daß ihr ältester, sie um zehn Jahre überlebender Sohn es bei der Veröffentlichung ihrer hinterlassenen „Betrachtungen über die Hauptereignisse der französischen Revolution" und bei einer revidierten Gesammtausgabe ihrer früher gedruckten Werke bewenden ließ. Desto befremdlicher bleibt es, daß ein späteres Geschlecht, welches so emsig die Geschichte jener weltbewegenden Umwälzung am Ende des vorigen und Anfang des jetzigen Jahrhunderts durchforscht und den geheimsten Fäden persönlicher Einwirkungen auf den Lauf der Völkergeschicke nachgespürt hat, den Verdiensten derjenigen Schriftstellerin, welche während dieser ganzen Epoche den nachhaltigsten Einfluß auf ihre Zeitgenossen übte, bis auf den heutigen Tag nicht einmal durch eine Sammlung ihres Briefwechsels gerecht geworden ist. Frau Necker-

1 *

Sauffure bemerkt freilich, die Briefe der Frau von Staël trügen meist den Charakter großer Flüchtigkeit und einer leidenschaftlichen Hast, welche in seltsamem Widerspruch zu der voll austönenden Harmonie und stilistischen Kunstvollendung ihrer literarischen Arbeiten stehe; sie habe zu ihrer Korrespondenz häufig die Zeit der Gesellschaft benutzt, ohne beim Schreiben das Gespräch zu unterbrechen; Briefe seien von ihr nur als unentbehrliche Mittel, sich den Freunden mitzutheilen, und gar nicht unter dem literarischen Gesichtspunkte betrachtet worden. Seit Frau von Staël durch ihre Schriften danach gestrebt habe, berühmt zu werden, habe sie, ihrer eigenen Aussage nach, keine Sorgfalt mehr auf ihre Korrespondenz verwandt und nur so viel Geist in dieselbe hineingelegt, als sie nicht umhin konnte zu besitzen. Ausgezeichnet sei sie zwar in den Briefen gewesen, die sie in Augenblicken der Unruhe, des Unwillens oder des Schmerzes schrieb; dann habe sie, hingerissen durch ein mächtiges Gefühl, ohne daran zu denken, eine Zahl von Blättern mit den Ergüssen einer bewundernswerthen Beredsamkeit angefüllt. Manche Briefe seien jedoch nur in einer Anwandlung von flüchtigem Enthusiasmus, ohne wahrhafte Gemüthsbewegung, geschrieben, und nicht frei von Übertreibung; man erkenne darin zuweilen das Talent des Romandichters, der den Eindruck des Augenblicks oder eine chimärische Voraussetzung für die Wirkung benutzt und dem Reize blendender Farben nicht zu widerstehen weiß. Sie selbst habe öfters gesagt, daß ihr Kopf sich erhitze, so bald sie die Feder in der Hand halte; man dürfe daher ihre heftigen Worte nicht immer als den wahren und ernstgemeinten Ausdruck ihres Herzens betrachten, manche verletzende Wendung sei vielleicht Nichts als eine Aufwallung der erregten Phantasie, die sich in der nächsten Stunde beruhigt und einer milderen Auffassung Platz gemacht habe. Alles Dies ist der Hauptsache nach unzweifelhaft richtig — aber Frau von Staël war eine geistige Macht, welche nicht allein durch ihre für die Öffentlichkeit bestimmten Schriften, sondern weit mehr noch durch die stürmische Gluth ihrer Rede, durch die unwiderstehliche Siegsgewalt ihres persönlichen Wesens auf ihre Umgebung wirkte, ja, dieselbe fast tyrannisch nach ihrem Willen lenkte, und dies ihr persönliches Wesen spricht sich, wie einst für ihre Freunde, so jetzt für die Nachwelt, deutlich erkennbar und unverfälscht eben in ihren Briefen aus. Mögen dieselben an Stil und Ton noch so verschieden von ihren schriftstellerischen Werken sein, so dürfen wir sie doch unbedingt als einen

treuen Spiegel der Art und Weise ihres geselligen Verkehrs, ihrer mono-
logischen Gesprächsführung, ihrer siegreichen Überredungskunst und ihrer
rücksichtslosen Behauptung der einmal ergriffenen Gefühls- oder Gedanken-
position betrachten. Wir freuen uns daher, daß ein ansehnlicher Theil
ihrer Briefe aus der geschichtlich bedeutungsvollsten Zeit ihres Lebens im
Nachlasse Benjamin Constant's erhalten worden ist, und wir geben die
Hoffnung nicht auf, daß die nachstehende Veröffentlichung dieser wichtigen
Dokumente weitere, in Familienarchiven und Autographensammlungen
eingesargte Briefe der großen Vorkämpferin geistiger Freiheit ans Licht
fördern wird.

Anne Marie Germaine Necker, die Tochter des berühmten Finanz-
ministers, war am 22. April 1766 zu Paris geboren. Von ungewöhn-
licher Frühreise des Geistes, und schon als Kind wegen ihres Witzes und
ihrer Kenntnisse angestaunt, schrieb sie seit ihrem fünfzehnten Jahre
Abhandlungen, Dramen und Novellen. Ihre erste, leidenschaftliche Liebe
wandte sie dem jungen Vicomte Mathieu von Laval-Montmorency zu,
der im nordamerikanischen Freiheitskriege mit Auszeichnung gekämpft hatte.
Die fast abgöttische Verehrung, die sie ihrem streng protestantischen
Vater zollte, verhinderte sie zwar, dem Geliebten, welcher Katholik war,
ihre Hand zu reichen; doch bewahrte sie ihm bis an ihren Tod die
innigste Freundschaft. Ohne Herzensneigung, nur den Vorstellungen ihrer
Mutter nachgebend, vermählte sie sich im Jahre 1786 mit dem schwedischen
Gesandten zu Paris, dem Baron Erik Magnus von Staël-Holstein.
Beim Ausbruch der französischen Revolution bekannte sie sich mit Eifer
zu den Freiheits- und Gleichheits-Ideen der neuen Zeit und blieb auch
nach der Flucht ihres Vaters in Paris. Mit Trauer und Mißbilligung
gewahrte sie die Ausschreitungen der Terroristen, denen sie, geschützt durch
die Stellung ihres Gemahls, manches todgeweihte Opfer entriß. Auch
theilte sie dem Minister Montmorin einen Plan zur Flucht der königlichen
Familie mit, welcher indeß nicht benutzt wurde. Während der Greuel-
thaten am 2. September 1792 entging sie mit genauer Noth der Wuth
des aufgehetzten Volkes. Sie entfloh in Gemeinschaft mit ihrem Freunde
Montmorency, der als Abgeordneter seines Standes in den États
généraux den Eid im Ballhaussaale geleistet, für Abschaffung des Adels
und Verkauf der Klostergüter gestimmt hatte, jetzt aber als „Aristokrat"

von den Mörderbanden Danton's verfolgt ward und, als Lakai verkleidet, unter steter Lebensgefahr Frau von Staël nach Coppet, dem bei Genf gelegenen Landgute ihres Vaters, begleitete. Kurz darauf folgte sie ihrem Vater nach England und verfaßte dort ihre beredte Vertheidigungsschrift für Marie Antoinette. Als Schweden nach dem Sturze Robespierre's die französische Republik anerkannt hatte, kehrte Frau von Staël im Spätherbst 1794 mit ihrem Gemahl nach Paris zurück. Durch Barras gegen die Anfeindungen der übrigen Mitglieder des Direktoriums geschützt, entwickelte sie fortan eine unermüdliche politische Thätigkeit, welche auf die Befestigung des inneren Friedens unter der Herrschaft einer gemäßigt freien Verfassung gerichtet war. Durch ihre Broschüren und mehr noch durch den Zauber ihrer persönlichen Überredungskunst gewann sie rasch einen so bedeutsamen Einfluß auf die leitenden Staatsmänner, daß Talleyrand nach seiner Heimkehr aus der Verbannung auf ihre Empfehlung zum Minister der auswärtigen Angelegenheiten ernannt wurde. Überall warb sie Anhänger für ihre Ideen, unter Männern wie unter Frauen; ihr Salon ward ein Arsenal des politischen Freiheitskampfes, wo geistige Waffen ausgetheilt wurden und wo die verfassungstreuen Streiter das Losungswort und die Parole empfingen. Der hervorragendste unter ihnen war Benjamin Constant de Rebecque, den sie kurz vor ihrer Abreise aus der Schweiz zum ersten Mal flüchtig gesprochen hatte, und dessen Lebensgeschick sich in der Folge so verhängnisvoll mit dem ihren verkettete.

Wie Frau von Staël, war auch Benjamin Constant eine seltsam früh in den Stürmen des Lebens herangereifte Natur. Allein diese Stürme hatten, schon als er noch Kind war, den Schmelz reiner und zarter Empfindung von den Schmetterlingsflügeln seiner Seele abgestreift und ihm eine tiefe Weltverachtung eingeflößt, während Frau von Staël ihr Leben lang den idealistischen Glauben an alles Hohe und Edle in der Menschenbrust bewahrte. Sie hatte geliebt, rein und wahr geliebt, und diese Jugendliebe, welche mit Entsagung aus Pflichtgefühl endete, hatte eine schmerzlich fortblutende Wunde, aber keinen vergifteten Stachel des Selbstvorwurfs in ihrem Herzen zurückgelassen. Wie sie einst eine kindliche Freude darin fand, den Namen ihres Geliebten zu verherrlichen, indem sie einen der ritterlichen Vorfahren des Geschlechts Montmorency zum Helden einer Tragödie wählte, so bringt sie nachmals in ihrem

Roman „Delphine“ dem Schatten dieser Liebe ein heiliges Opfer dar, und es ist ein echt weiblicher Zug, daß sie, die Tochter einer streng calvinistischen Mutter, augenscheinlich um eben dieser Liebe willen die katholische Religion, welche sie von dem Manne ihrer Wahl auf ewig geschieden hat, dennoch in „Corinna“ mit allem Schimmer elegischer Poesie umkleidet.

Anders Benjamin Constant. Er hat niemals geliebt — nur geliebelt, treu seinem cynischen Wahlspruche: »Sola inconstantia constans.« Am 25. Oktober 1767 zu Lausanne von protestantischen Eltern geboren, deren Vorfahren die Widerrufung des Edikts von Nantes aus Frankreich nach der Schweiz vertrieben hatte, wuchs der Knabe unter besonders ungünstigen Verhältnissen heran. Seine Geburt hatte der Mutter das Leben gekostet; das Bild seines Vaters, mit welchem er in beständiger Disharmonie lebte, schildert er in seinem autobiographischen Roman „Adolphe“ mit den Worten: „Ich fand in meinem Vater keinen Sittenrichter, sondern einen kalten und spöttischen Beobachter . . . Ich entsinne mich nicht, während meiner ersten achtzehn Jahre jemals ein Gespräch von einer Stunde mit ihm gepflogen zu haben. Seine Briefe waren herzlich, voll verständiger und gefühlvoller Rathschläge; aber so bald wir nur einen Augenblick beisammen waren, übte sein Wesen einen gewissen Zwang auf mich aus, den ich mir nicht zu erklären vermochte und der höchst peinlich auf mich wirkte.“ Dies Mißverhältnis zwischen Vater und Sohn steigerte sich endlich zu so offener Feindschaft, daß Benjamin Constant, als er vor einem ernstlichen Duell seinen letzten Willen aufsetzte, die bitteren Worte hinzufügen konnte: „Ich hoffe, daß mein Vater sich um meinen Tod nicht grämen wird, und dieser Gedanke tröstet mich über die Umstände, welche uns in der letzten Zeit von einander entfernt haben.“ Man kann sich nichts Altklugeres denken, als den bekannten Brief, in welchem der zwölfjährige Knabe seiner Großmutter Rechenschaft über seine Fortschritte giebt; schon damals besuchte er, seiner Erzählung nach, als modisch geputztes Herrchen, den Galanteriedegen an der Seite, die Gesellschaften der Haute-Volée und empfand nur etwa beim Rollen der Goldstücke auf den Spieltischen einige Gemüthserregung.

Sechs Jahre später machte er die Bekanntschaft der freigeistigen Holländerin Frau von Charrière, welche sich mit dem Lehrer ihres Bruders, einem Waadtländer, verheirathet hatte und mit demselben zu Colombier bei Neufchâtel wohnte. Sie war siebenundzwanzig Jahre älter als Constant, den sie durch ihren feinen, anmuthigen Geist bezauberte, und hatte vor Kurzem zwei mit vielem Beifall aufgenommene Liebesromane („Lettres Neufchâteloises" und „Caliste") erscheinen lassen. Constant wohnte in ihrem schlofsartigen Hause, und Beide schrieben einander Morgens, im Bette liegend, lange, witzige Briefe, welche dann Jedes dem Andern hinüber sandte. An ein eigentliches Liebesverhältnis mit der nahezu fünfzigjährigen Frau ist dabei nicht zu denken; es war eine Art geistiger Wahlverwandtschaft, welche den jungen Skeptiker zu ihr hinzog. Er fand bei ihr ein vorurtheilsloses Verständnis und eine lebhafte Theilnahme für all seine kühnen Zweifel und ehrgeizigen Träume, und in der Jahre lang fortgesetzten Korrespondenz betrachtete er seine Freundin gleichsam als eine bequeme Beichtigerin, vor welcher er all seinen Spott, all seine Weltverachtung und allen Wankelmuth seiner galanten Affairen in zwanglosem Geplauder bekennen durfte. Seine Briefe an Frau von Charrière bilden die wichtigste Quelle für seine Studienzeit in Edinburg und für seinen wiederholten Aufenthalt in Braunschweig. Mit zwanzig Jahren spricht er wie ein müder Greis von „seiner Jugend, da er sechzehn Jahr alt war", und es dünkt ihn lächerlich, von ehelichem Glück und von Gattenwürde als von ernsthaften Dingen zu reden: „Pauvres insects! qu'est ce que le bonheur ou la dignité!"

In den ersten Jahren der französischen Revolution befand Constant sich zu Braunschweig als Kammerjunker der regierenden Herzogin. Seine Briefe an Frau von Charrière schildern aufs ergötzlichste das steife, ceremoniöse Hofleben in diesem „Böotien", wohin ihn sein böser Stern verschlagen; er giebt Proben des faden Ballgesprächs, er verliert hohe Geldsummen im Hazardspiel, er verpflichtet sich durch einen feierlichen Eidschwur, seine Karte mehr anzurühren, und er bricht diesen Schwur so leicht, wie er seinen Rock oder seine Gesinnungen wechselt. Endlich treibt ihn die Verzweiflung der Langenweile, ein junges Hoffräulein, Wilhelmine von **, zu heirathen, und kaum hat er die Honigmonde durchgaukelt, so läfst er sich wieder scheiden. Dann macht er zur Abwechselung einer andern Dame den Hof, einer Tochter des von Joseph II. in den Reichsgrafenstand erhobenen Legations- und Schatzraths von Hardenberg, welche

9

mit dem Kammerherrn von M. zu Braunschweig vermählt war. Die lebenslustige fünfundzwanzigjährige Frau war eine intime Freundin des „Schwabenmädchens" Elise Hahn, der dritten Frau des Dichters Bürger, und die Vertraute des Liebeshandels derselben mit ihrem jüngeren Bruder Fritz von Hardenberg*). Sie selbst fühlte sich unbefriedigt in ihrer Ehe mit dem gutmüthigen, aber phlegmatischen, fast um zwanzig Jahr älteren Gemahl, und betrieb um eben diese Zeit ihre Scheidung. Constant schwärmte mit ihr für deutsche Literatur, ließ sich sentimentale Gedichte von ihr vor-lesen, schwor ihr ewige Liebe und Treue, und stand nach seiner Abreise von Braunschweig, das er ihrethalb im Frühjahr 1794 noch einmal be-suchte, fortdauernd in zärtlichster Korrespondenz mit ihr. Nichts desto weniger machte er sich über diese neue Flamme in den Briefen an Frau von Charrière aufs heillofeste lustig und klagte sich im selben Athemzuge wegen seiner Zweizüngigkeit an. „Ihr letzter Brief", schrieb er**) am 26. Fructidor des Jahres II (12. Sept. 1795), „hat mir in Betreff Charlottens ernste Bedenken gemacht. Ich finde, daß ich mit dieser Frau auf einem Fuße stehe, der auf mein Benehmen, in meinen eigenen Augen, einen Schein von Falschheit, Perfidie und Undankbarkeit wirft, welcher mich bedrückt. Während ich mich bei Ihnen über sie moquiere, schreibe ich ihr von Zeit zu Zeit aus Artigkeit zärtliches und bombastisches Gefasel, und wenn Jemand meine Briefe an sie mit meinen Briefen über sie ver-gliche, so würde man mich mit Recht für einen boshaften und falschen Tropf halten. Entweder darf ich den Verkehr mit ihr nicht mehr fort-setzen, oder ich darf mich nicht mehr über sie moquieren, weder bei Ihnen, noch bei irgend einem Andern. Da ich nun keine Lust habe, zu brechen, bleibt mir nur übrig, mich für Letzteres zu entscheiden. Ich bitte Sie daher, und ich glaube, daß ich fast ein Recht habe, es zu verlangen, Alles, was ich Ihnen über sie schrieb, zu verbrennen. Ich bin, Dank meinem losen Geschwätz über mich selbst, so verschrieen, daß ich es nicht noch mehr zu werden brauche; und wenn meine Briefe, die in Ihren Gemächern herumflattern, in unberufene Hände fielen, würde Das meiner sterbenden Reputation vollends den Rest geben." —

---

*) Briefe von und an G. A. Bürger, Bd. IV., S. 132, 180, 187 und 192.
**) Revue des deux mondes vom 15. April 1845, pag. 486.

Man begreift, welcher leidenschaftlichen Emotionen es bedurfte, um
dieser blasierten Kälte ein warmes Leben, dieser skeptischen Ironie einen
tröstlichen Glauben, dieser gleißenden Form einen tiefen Gehalt, diesem
raffinierten Verstande ein Herz und eine Seele einzuhauchen. Bis jetzt
hatte Constant an einem kleinen deutschen Hofe die Rolle eines mephi-
stophelischen Don Juan gespielt, dem seine Eroberungen kaum den Genuß
einer flüchtigen Zerstreuung gewährten; er hatte seinen Geist in dem brillanten Witzfeuerwerk eines selbstzerfasernden Briefwechsels verpufft; hei-
matlos die Länder durchstreifend, hatte er kein Interesse für die großen
Weltereignisse gefühlt, die seinem Ehrgeiz keine Bahn zu eröffnen schienen;
und öfter und öfter schlich der Gedanke an ihn heran, ein Leben, das
keinen Werth für ihn besaß, unmuthvoll fortzuschleudern, dem reizlosen
Spiel seiner Tage durch Selbstmord ein Ende zu machen.

An diesem gefahrvollen Wendepunkt, wo seine glänzende Begabung
dem Ruin entgegen zu eilen drohte, weil es ihr an jedem würdigen Gegenstande der Bethätigung gebrach, begegnete ihm die Frau, deren mächtiger Genius ihn dem Untergange entriß. Mit dem Instinkte des Herzens erkannte sie das göttliche Feuer, welches unter den ausgebrannten
Schlacken, unter der Asche begrabener Illusionen verzehrend fortglomm,
und welches der Sturmwind einer gewaltigen Leidenschaft noch zur hellen
Flamme entfachen konnte. Sie wies seiner Kraft den Schauplatz einer
großen Thätigkeit, seinem unstäten Kosmopolitismus ein Vaterland, sie
füllte die tabula rasa seines hohlen Stepticismus mit ihren herrlichen
Idealen, und erschloß seinem Ehrgeize mit kühner Hand die Pforten einer
ruhmvollen Betheiligung an dem Freiheitskampfe des Jahrhunderts.

Die Umwandlung Constant's vollzog sich fast im selben Augenblick,
wo er — am 19. September 1794 — zum ersten Male mit Frau
von Staël zusammentraf. Sie stand seit Kurzem in lebhafter Korrespondenz
mit Frau von Charrière, welche Constant in diesem und im vergangenen
Jahre bei längerem Aufenthalt in der Schweiz wiederholt gesehen hatte,
ohne an dem gewohnten Verkehre den früheren Reiz zu finden. Er gedachte der Frau von Staël in Coppet einen Besuch zu machen, fand aber
nur ihren Vater anwesend. Auf der Rückreise jedoch traf er sie und fuhr
in ihrem Wagen mit ihr nach Lausanne. Wie tief diese mehrstündige
Unterredung auf ihn gewirkt, sagen uns die Zeilen, welche er bald darauf

(den 21. Oltober) an Frau von Charrière schrieb: „Es ist mir unmöglich, Ihnen in Betreff der Frau von Staël so willfährig zu sein, wie in Betreff des Herrn Delaroche. Ich kann es nicht schwer finden, ihr, wie Sie sagen, einige Lobsprüche hinzuwerfen. Im Gegentheil, seit ich sie besser kenne, finde ich es sehr schwierig, mich nicht unaufhörlich in Lobsprüchen zu ergehen und nicht Allen, mit denen ich rede, das Schauspiel meines Interesses und meiner Bewunderung zu gewähren. Ich habe selten einen solchen Verein erstaunlicher und anziehender Eigenschaften, so viel glänzenden Witz und Gerechtigkeitsfinn, ein so aufrichtiges und gebildetes Wohlwollen, so viel Edelmuth, eine so sanfte und der Welt gegenüber so würdevolle Höflichkeit, so viel Anmuth, Einfachheit, Ungezwungenheit im intimen Verkehr erblickt. Sie ist das zweite Weib, das ich gefunden habe, welches mir das ganze Universum hätte ersetzen, welches mir für sich allein eine Welt hätte sein können: Sie wissen, wer die Erste war. Frau von Staël ist unendlich viel geistvoller in der intimen Unterhaltung, als im Gesellschaftsverkehr; sie versteht, was weder Sie noch ich dachten, vortrefflich zuzuhören; sie empfindet eben so viel Vergnügen an dem Geist Anderer, als an ihrem eigenen; sie ist stets bemüht, Die, welche sie liebt, mit einer erfinderischen und beharrlichen Sorgfalt, die eben so viel Güte wie Geist verräth, ins beste Licht zu stellen. Kurzum, es ist ein besonderes, ein höheres Wesen, wie man deren vielleicht eins in jedem Jahrhundert trifft, und so beschaffen, daß Die, welche sich ihm nahen, welche es kennen und seine Freunde sind, kein anderes Glück begehren dürfen."

Aber auch Frau von Staël hatte sich nicht getäuscht, als sie in der wurmstichigen Schale den edlen Kern einer noch unbenutzten Kraft ahnte, welche, einmal geweckt und auf ein würdiges Ziel gelenkt, des glänzendsten Aufschwungs fähig sei. Schon im Sommer 1795 verweilte sie einige Zeit wieder bei ihrem Vater in Coppet und lud Constant zu einem längeren Besuch ein. Sie pflanzte ihm mit ihrer glühenden Beredsamkeit jene Idee einer sich ruhig entfaltenden, verfassungsmäßigen Freiheit ins Herz, welche fortan „der herrschende Gedanke, die einzige Triebfeder seines ganzen Lebens" ward *). Unter ihren Augen schrieb er damals seine Auf-

---

*) B. Constant, Mémoires sur les cent jours, pag. 9.

jehen erregende Abhandlung „Über die Form der Regierung", und im Mai des nächsten Jahres kam er nach Paris, um unter der Ägide seiner neuen Freundin, und an ihrer Seite kämpfend, seine einflußreiche politische Laufbahn zu beginnen.

Die äußere Erscheinung der Frau von Staël entbehrte durchaus jenes schlanken Ebenmaßes der Gestalt und jener proportionierten Anmuth der Züge, in denen man den Hauptreiz der weiblichen Schönheit zu finden pflegt. Sie war von kurzer, gedrungener Statur, mit voller Büste; hatte starke, männliche Züge, dicke Lippen und einen broncefarbenen Teint, welcher ihr, im Verein mit dem turbanartigen Kopfputz, den sie zu tragen liebte, fast das Aussehen einer Orientalin verlieh; schön waren nur ihre großen, feurigen, schwarzen Augen, und ihre kleinen, zierlichen, weißen Hände, welche beständig mit Blumen oder Papierschnitzeln spielten. Die Erscheinung Benjamin Constant's kontrastierte in jeder Weise mit der ihrigen. Der ungewöhnlich schöne junge Mann, der mit seinen blauen Augen und lang herabwallenden blonden Locken wie ein deutscher Student aussah, hatte von der ersten Begegnung an den tiefsten Eindruck auf ihr Herz gemacht. Dies vornehm sichere, selbstbewußte Wesen, dieser weltverachtende Spott, hinter welchem sich eine unbefriedigte Sehnsucht nach Glauben und Liebe verbarg, stießen sie wechselsweise ab und zogen sie mit einer dämonischen Zaubergewalt an. Je rascher es ihr gelang, seinen politischen Ehrgeiz zu entflammen, seinem unruhigen Thätigkeitsdrange einen bedeutsamen Inhalt zu geben, um so mehr fühlte sie sich von seinem Geiste geblendet, um so stürmischer suchte sie das Eis dieser kalten Seele mit dem Feuer ihrer Liebe zu schmelzen. Constant erschrak oftmals vor der glühenden Heftigkeit, vor dem drangvollen Ungestüm dieser Liebe, aber er vermochte sich dem schmeichelnden Bann des Sirenenliedes nicht zu entwinden; er fühlte, daß er ihr sein Leben, und mehr als sein Leben: die Lust und Fähigkeit, es zu genießen, verdanke, und dieses Gefühl nahm auch bei ihm wenigstens Anfangs den Schein der Liebe an. Dazu kam, daß Frau von Staël hauptsächlich um ihres Verhältnisses zu Constant willen schon im Jahre 1796 die Verbindung mit ihrem bejahrten, an Geistesbildung tief unter ihr stehenden Gemahl auflöste, welcher durch seine maßlose Verschwendung das Vermögen ihrer Kinder ernstlich gefährdete und sich rasch genug durch eine Liaison mit der Schauspielerin Contat tröftete. Conftant mußte fich fagen, daß eine Frau, die ihm ein folches Opfer gebracht, doppelte Hingebung und Treue von ihm zu fordern berechtigt fei. Sie ermüdete nicht, ihn daneben zu immer regerer politifcher Thätigkeit anzufpornen und ihn mit hervorragenden Perfönlichkeiten der Oppofitionspartei in Verkehr zu bringen. So fand der unbekannte junge Mann fich im Salon der Frau von Staël bald als Mittelpunkt jener großen Koterie fremder Diplomaten, zurückgekehrter Emigranten, mißvergnügter Journaliften und geiftvoller Frauen, welche in Paris auf eigene Hand eine oft zweifelhafte politifche Rolle zu fpielen fuchten*).

Frau von Staël fah damals in Bonaparte noch den Schützer der verfaffungsmäßigen Freiheit; fie fchrieb ihm, als er fieggekrönt aus Italien heimkehrte, die begeifterungsvollften Briefe, in denen fie ihn mit Scipio und Tankred verglich, und fie erwirkte von ihm die Ausftreichung ihres Vaters aus der Lifte der Emigrierten. Durch die Verfaffung vom 24. December 1799 zum erften Konful ernannt, berief er ihren Freund Conftant ins Tribunat; aber fowohl Diefer wie Frau von Staël erkannten bald das Streben Bonaparte's nach einer abfoluten Regierungsgewalt, und begannen ihn von nun an aufs leidenfchaftlichfte zu bekämpfen. Frau von Staël nannte ihn jetzt einen Robespierre zu Pferde, griff die Ehrlichkeit feines Charakters an, fprach ihm jede Tugend ab, und wurde die Seele der Oppofition wider feine Herrfchaftsgelüfte. Bonaparte, welcher den reinen Freiheitsenthufiasmus ihres edlen Herzens nicht verftand, ließ fie durch feinen Bruder Jofeph befragen, was fie denn eigentlich wolle; er fei ja zu billigen Zugeftändniffen bereit, namentlich auch zur Zahlung der Forderungen, welche ihr Vater an den Staatsfchatz erhebe. Er empfing die charakteriftifche Antwort: „Lieber Gott, es handelt fich nicht um Das, was ich will, fondern um Das, was ich denke." Als ihr in fpäterer Zeit ein Minifter Bonaparte's andeuten ließ, der Kaifer werde jene Forderungen zahlen, fo bald fie erkläre, daß fie ihm zugethan fei, antwortete fie mit fauftifchem Witz: „Ich wußte wohl, daß man einer Lebensbefcheinigung bedarf, um feine Renten zu heben; aber ich wußte nicht, daß eine Liebeserklärung dazu erfordert wird." — „Sie exaltiert die Köpfe auf eine Weife,

*) Vgl. den Auffatz von Loeve-Veimars über B. Conftant in der Revue des deux mondes, 1833, Vol. I. pag. 225 sqq.

die meinen Absichten nicht gemäß ist," pflegte der jeder „Ideologie" ab-
holde Bonaparte ärgerlich von ihr zu sagen. Eben so sehr verstimmte
ihn die erfolgreiche Opposition, welche Constant und seine politischen
Freunde Chenier, Daunou ꝛc. im Tribunat gegen ihn ins Werk setzten.
„Da drunten im Tribunat", herrschte er im März 1802 dem Senate zu,
„sitzen zwölf bis fünfzehn Metaphysiker, welche werth sind, daß man sie
ins Wasser schmeißt!" Sofort wurde durch einen Senatsbeschluß die Anzahl der Tribunatsmitglieder auf fünfzig beschränkt, und die mißliebigen
Mitglieder wurden ausgestoßen. Kurz darauf verbannte der erste Konsul
Frau von Staël aus Paris, weil ihr Vater seiner Politik in einer scharfen
und schlagenden Darstellung ihrer verderblichen Folgen entgegengetreten
war *).

Durch den Verlust seines Gesandtschaftspostens waren die Vermögensverhältnisse des Barons von Staël-Holstein, seit seine Frau sich von ihm
getrennt hatte, in noch größere Zerrüttung gerathen. Da er obendrein
erkrankte und der sorglichsten Pflege bedürftig erschien, war Frau von Staël
unlängst zu ihm zurückgekehrt und beschloß jetzt, ihn in die Schweiz zu
geleiten. Unterwegs jedoch nahm seine Krankheit einen tödlichen Charakter an, und am 9. Mai starb er zu Polignny in ihren Armen. Sie
führte seine Leiche mit sich nach Coppet, wo sie in der nächsten Zeit ihren
Aufenthalt nahm.

Da Constant der Frau von Staël dorthin folgte, verbot Bonaparte
auch ihm die Rückkehr nach Frankreich. Beide unternahmen in den
Jahren 1803 und 1804 jene gemeinschaftliche Reise durch Deutschland,
auf welcher, neben anderen geistigen Berühmtheiten, August Wilhelm
Schlegel sie von Berlin aus begleitete. Dann wagten sie sich nach Paris
zurück, aber Frau von Staël wurde abermals exiliert und empfing auf der
Heimfahrt nach Coppet die erschütternde Kunde von dem am 9. April 1804
erfolgten Tode ihres geliebten Vaters.

Ihre schwärmerische Liebe für Benjamin Constant war in all diesen
Jahren keinen Augenblick erkaltet, wie manches Sturmgewölk auch dieselbe
verdüstert hatte. Zuerst war die Trennung von ihrem Gemahl nicht ohne
schädigenden Einfluß auf ihren Ruf geblieben, und die Schriften der Frau

---

*) J. Necker, Les dernières vues de politique et de finances.

von Staël verrathen uns, mit wie bitterem Schmerz sie der Kampf wider die herkömmlichen Ansichten der Gesellschaft erfüllte. Obschon sie ihrem Roman „Delphine" als Motto den Ausspruch ihrer Mutter vorsetzte: „Dem Manne ziemt es, der öffentlichen Meinung die Stirn zu bieten; das Weib muß sich ihr unterwerfen," war sie doch selbst nicht gewillt, in solcher Unterwerfung fortdauernd auf eigenes Lebensglück zu verzichten. Mit dem Tode ihres Gemahls schien das letzte Hindernis hinweggeräumt, welches der Legalisation ihres Liebesverkehrs mit Benjamin Constant im Wege stand. Sie durfte mit Recht erwarten, daß der Mann, welcher Jahre lang jegliches Opfer ihrer hingebenden Liebe angenommen, welcher sich hatte gefallen lassen, daß sie ihr Vermögen mit ihm theilte, und zu welchem sie von ihrer 1797 geborenen Tochter Albertine stets wie von einem ihm durch die nächsten Blutsbande angehörigen Wesen sprach, nicht anstehen werde, ihr die unverbrüchlichste Treue zu bewahren und sie durch seine Liebe für Alles zu entschädigen, was sie um seinetwillen erduldet. Allein Constant hatte nicht den Muth der Ehrlichkeit; er täuschte sie über seine Gesinnungen und Absichten, als er ihre treue Anhänglichkeit längst schon als eine drückende Fessel empfand; er wagte nicht, ihr zu bekennen, daß er aus der Ferne immer noch ein zärtliches Verhältnis mit Frau von M. unterhielt und mit derselben in steter Korrespondenz stand. Auch als er sich in Paris von Frau von Staël verabschiedete, um nach Weimar zurückzukehren, wo er den Winter des Jahres 1804 mit der Übersetzung von Schiller's „Wallenstein" verbrachte, ahnte seine Freundin Nichts weniger, als daß er sich ihrem Umgang auf längere Zeit zu entziehen gedenke. Sie bewies im Gegentheil durch ein vom 1. November desselben Jahres datiertes Testament, das sie ihm mit einem, den Inhalt kurz wiederholenden Begleitschreiben übersandte, wie sehr sie ihr eigenes und das Schicksal ihrer Kinder an das seine geknüpft hielt. In ihrer Einsamkeit suchte sie einen wehmüthigen Trost darin, die Nachlaßpapiere ihres Vaters, mit einem von rührendster Kindesliebe diktierten Aufsatze über sein häus-liches Leben, herauszugeben. Ihr von trüben Todesgedanken erfüllter Brief an Benjamin Constant lautete, wie folgt*):

---

*) Sämmtliche Briefe sind so wortgetreu wie möglich aus den französischen Originalhandschriften übersetzt.

Lieber Freund, seien Sie froh für mich, wenn die Vorsehung bestimmt, daß ich Ihnen ins Grab voran gehe. Nach dem Verlust meines Vaters hätte ich unmöglich den Ihrigen ertragen — Ich werde diesen bewundernswerthen Mann, den Sie liebten, wiedersehen, und ich werde Sie dort erwarten mit einem Herzen, dem Gott vergeben wird, weil es viel geliebt hat — Schließen Sie sich an meine Kinder; ich bitte sie in diesem Billett, das Sie ihnen zeigen werden, in Ihnen Denjenigen zu lieben, den ihre Mutter so innig geliebt hat — O, dies Wort lieben, das unser Schicksal ward, was bedeutet es in jenem Leben? Der Schöpfer meines Vaters ist ein allgütiges Wesen; beten Sie zu ihm, mein Freund, durch ihn theilen sich die Todten den Lebenden mit. —

Sie wissen, daß durch eine Reihe von Arrangements, die wir mit einander getroffen haben, ein Haus in der Rue des Mathurins, welches Herr Foucault unter dem Namen der Frau von Nassau ankaufte, uns gemeinschaftlich gehört, mit der Bedingung, daß Sie die Einkünfte davon ziehen und das Grundstück nach Ihrem Tode an meine Tochter fällt. Sollten Sie es verkaufen, so würden Sie die betreffende Summe auf eine Weise ersetzen, welche die Billigung der Vormünder meiner Kinder hätte, aber der Ertrag davon gehört Ihnen gleichfalls bis an Ihren Tod.

Leben Sie wohl, lieber Benjamin! Ich hoffe wenigstens, daß Sie mir nahe sein werden, wenn ich sterbe. Ach, ich habe meinem Vater nicht die Augen zugedrückt — werden Sie die meinigen zudrücken? —

Den 1sten 9ber 1804.

Necker Staël von Holstein.

Das Grundstück, welches Sie meiner Tochter hinterlassen, ist bei der Erbtheilung zwischen meinen drei Kindern nicht in Anschlag zu bringen.

Die Antworten Benjamin Constant's auf diesen und die übrigen Briefe der Frau von Staël liegen uns leider nicht vor. Es ist jedoch mehr als wahrscheinlich, daß sein längeres Fernbleiben von Coppet und der kühler werdende, ausweichende Ton seiner Briefe die reizbare Frau mit steigendem Argwohn und Mißtrauen in seinen Charakter erfüllten, wenn es auch vorläufig zu keinem direkten Bruche kam. Man weiß, daß nicht Constant, sondern Schlegel, den sie als Hofmeister für ihre Kinder nach Coppet berufen hatte und der ihr ein treuer Cicerone auf den Feldern deutscher Poesie und Wissenschaft ward, sie 1805 auf ihrer italiänischen Reise begleitete. Um diese Zeit muß ihre Verstimmung gegen Constant in eine neue, tief schmerzliche Phase getreten sein, als deren Ausdruck „Corinna" gelten darf. In „Delphine," bei deren Abfassung ihr hauptsächlich das gestörte Glück ihrer Jugendliebe zu Mathieu von Montmorency vor Augen stand, hatte sie weniger die einzelnen Personen, als die grausame Härte der Gesellschaft angeklagt, welche jede Auflehnung wider das starre Joch ihrer Satzungen mit Reue und Verzweiflung bestraft, und im Konflikt zwischen Liebe und Pflicht dem Weibe nur den Ausweg dumpfer Entsagung läßt. Auch Constant hatte unter den Gestalten dieses Romans als Henry von Lebensay eine Rolle gespielt; aber er war von dem idealisierenden Griffel der Liebe als ein kühner Heros des Geistes geschildert worden, welcher der Auflösbarkeit unglücklicher Ehen und der Widerruflichkeit des Klostergelübdes das Wort redet. In „Corinna" dagegen erscheint er unter der Maske des Lord Nelvil als ein charakterloser Schwächling, welcher in feiger Angst vor dem Kampfe mit den Vorurtheilen der Gesellschaft das geniale Weib, an dessen Liebe er sich berauscht hat und in dessen Armen er aus geistiger Erstarrung zum Leben erwacht ist, herzlos opfert, um eine fashionable Konvenienzehe zu schließen.

Constant hat sich für diese nachtheilige Schilderung seines Charakters später nicht unedel durch seinen Roman „Adolphe" gerächt, den er 1816 in England schrieb, aber erst nach dem Tode der Frau von Staël drucken ließ. Er entwirft dort ein psychologisch feines und glaubwürdiges Bild des steten Wechsels von Lust und Qual, welchen die glühende, aber tyrannische Liebe Eleonorens dem jüngeren Geliebten bereitet, dem ihre Eifersucht endlich zur schmählichen Fessel wird, und der doch den Muth nicht zu finden weiß, eine Frau, die ihm so große Opfer der Hingebung, Ehre und des Vermögens gebracht, undankbar zu verlassen. In der Furcht, sie zu tödten, wenn er dem unhaltbar gewordenen Verhältnis ein Ende macht, wird er zum Heuchler vor Eleonoren und vor sich selbst, und zögert von Tag zu Tag, das entscheidende Trennungswort zu sprechen, obschon er entschlossen ist, sich bei erster Gelegenheit ihrem Bann zu entziehen. Dies war genau Benjamin Constant's Fall in seinem Verhältnisse zu Frau von Staël. Er kehrte wiederholt nach Coppet zurück, wo sie einen Hofstaat glänzender Geister von allen Nationen um sich versammelt hatte; aber vergebens suchte er ihre leidenschaftliche Seele in das Geleis einer ruhigen Freundschaft zu lenken. Mehr als einmal glich, nach heftigen Scenen voll gegenseitiger Vorwürfe, seine Entfernung von ihr einer Flucht, einem verstörten Abschied ohne Lebewohl; allein immer ward nach kurzem Zerwürfnis der alte Verkehr mit erneuter Lebhaftigkeit wieder angeknüpft. Frau Necker-Saussure bemerkt vollkommen richtig in der oben erwähnten Charakterschilderung ihrer berühmten Verwandten: „Frau von Staël war in ihren Anhänglichkeiten außerordentlich standhaft; niemals hat sie mit irgend Wem brechen, niemals hat sie aufhören können zu lieben. Die einmal gefaßte Zuneigung wurde für sie eine Krankheit des Herzens, von welcher die Vergehungen des Gegenstandes sie kaum zu heilen vermochten. Sie empfand diese Vergehungen sehr tief, aber Nichts konnte ihr willkommener sein, als der Erinnerung daran überhoben zu werden. Vielleicht wußte sie im Grunde, daß bei einem solchen Verhältnis keine wahre Sicherheit mehr Statt finden könne, daß dieselben Gelegenheiten dieselben Fehltritte wieder herbeiführen würden; aber Nichts desto weniger verzieh sie, weil sie liebte." — Besonders entrüstet war Frau von Staël, als sie bei der Rückkehr von einer Reise nach Wien erfuhr, daß ihr Freund sich am 8. Juni 1808 heimlich mit seiner langjährigen Verlobten, Charlotte von M., habe trauen lassen. Ganz unvermuthet traf sie zu Interlaken mit dem neuvermählten Paare zusammen, und es kostete Benjamin Constant keine geringe Mühe, den Zornausbruch der eifersüchtigen Frau gegen seine Gattin zu beschwichtigen. Ein ander Mal reiste Frau von Staël ihm bis Lyon nach, und Frau Constant, die den wankelmüthigen Mann im Geiste schon wieder von den Netzen der verhaßten Nebenbuhlerin umstrickt sah, machte einen, zum Glück mißlingenden Versuch, sich zu vergiften*). Seitdem ließ Constant sich seltener in Coppet blicken; aber der Schatten der Vergangenheit verfolgte ihn wie ein finsteres Verhängnis, das, wie wir sehen werden, einmal sogar sein Leben bedrohte. —

Frau von Staël hatte im Herbst 1810 ihr berühmtes Werk „Über Deutschland" unter kaiserlicher Censur in Paris drucken lassen. Obgleich sie alle Stellen, die ihr als anstößig bezeichnet worden, getilgt hatte, konfiscierte die Polizei die ganze Auflage in der Druckerei, und die Verfasserin erhielt abermals den Befehl, Frankreich binnen vierundzwanzig Stunden zu verlassen. Ihr Asyl in Coppet wurde ihr jetzt durch den Haß Napoleon's fast zum Gefängnis gemacht. Sie durfte sich ohne Erlaubnis der Behörden keinen Tag mehr von dort entfernen; all ihre Freunde — unter ihnen auch Mathieu von Montmorency — wurden ausgewiesen; nicht einmal Schlegel, der Hofmeister ihrer Kinder, durfte bleiben. In

---

*) Siehe Loeve-Veimars a. a. O., und Bibliographie universelle, vol. IX., pag. 77 sqq.

der tödlichen Langenweile ihrer Einsamkeit machte sie zu Anfang des Jahres 1811 die Bekanntschaft eines jungen französischen Officiers, der in den spanischen Feldzügen mit großer Bravour gekämpft hatte und nun für seine lebensgefährlichen Wunden in Genf Heilung suchte. Albert Jean Michel de Rocca war den 29. oder 30. Januar 1788 in Südfrankreich geboren, zählte also kaum dreiundzwanzig Jahre, als er durch seinen leidenden Zustand die Theilnahme der Frau von Staël erweckte. Einige Worte des Mitleids, welche sie an den geisterhaft blassen, anscheinend dem Tode verfallenen Jüngling gerichtet, setzten sein Herz in Flammen, und er, brachte der fünfundvierzigjährigen Frau so schwärmerische Huldigungen dar, daß sie gegen dieselben nicht kalt zu bleiben vermochte. Constant, welcher um diese Zeit von Lausanne in Geschäftsangelegenheiten zuweilen nach Genf kam, mag nicht wenig erstaunt gewesen sein, als der neue Liebhaber seiner Freundin ihn eines Tages wegen seiner Besuche bei Frau von Staël in barscher Weise zur Rede stellte und ihn zum Duell herausforderte. Vor dem Zweikampf schrieb Constant nachstehende Erklärung nieder, in welcher sein chevaleresker Sinn sich bezeichnungsvoll ausspricht:

Genf, den 19. April 1811.
Ich Unterzeichneter erkläre: Gestern den 18. April war ich von Lausanne hieher gekommen, um mit meinem Advokaten, Herrn Girod, über eine Angelegenheit, mit der ich ihn betraut hatte, zu konferieren. Nach dieser Konferenz machte ich Frau von Staël eine Visite und speiste bei ihr zu Abend. Als ich nach dem Abendessen von ihr fortging, trat mir Herr Rocca entgegen, welcher mir sagte, daß meine häufigen galanten Besuche [mes assiduités] bei Frau von Staël ihm höchlich mißfielen, und daß er sich auf Tod und Leben mit mir schlagen wolle [et qu'il voulait se couper la gorge avec moi]. Da man einen solchen Antrag niemals zurückweisen kann, so konnte und durfte ich mich weder mit dem genannten Herrn Rocca auf nähere Erläuterungen einlassen, noch ihm bemerken, daß meine angeblichen häufigen Besuche sich auf zwei Visiten in drei Monaten beschränkt hätten, daß ich morgen wieder abreiste und im Begriff stünde, eine sehr lange Reise anzutreten, und daß ich, durch zärtliche Bande an meine Frau gefesselt, von welcher ich mich so wenig wie möglich entferne, nicht im Verdacht stehen könnte, irgend Jemand ins Gehege zu kommen. Die Art, in welcher Herr Rocca mir entgegen getreten war, gestattete mir einzig, seinen Antrag ohne weiteres Gerede anzunehmen. In Folge Dessen kamen wir überein, uns heute Morgen um 9 Uhr am Pont d'Arve zu treffen, um dort den Handel auszufechten, den Herr Rocca anzuzetteln beliebt hatte. Und da ich den Ausgang dieser Affaire nicht voraussehen kann, so treffe ich hier einige Verfügungen für den Fall, daß ich getödtet würde.
Ich bitte meine Frau um Verzeihung für allen Kummer, den ich ihr be-

reitet habe, und für diese letzte Katastrophe, welche sie weit bitterer betrüben wird. Ich bitte sie, wenigstens nicht zu glauben, daß ich dieselbe irgendwie provociert hätte. Mein wahres, tiefes und unveränderliches Gefühl für sie war ein Hinderniß für jede Galanterie meinerseits gegen eine andere Frau; ich liebe Niemand in dem Maße, wie ich sie liebe. Sie ist ein Engel für mich gewesen, und mein letztes Wort, wenn ich sterbe, wird ein Gebet für sie, mein letztes Gefühl ein Gefühl des Dankes und der Liebe sein.

Ich verzeihe der Frau von Staël das Ereigniß, dessen Anlaß sie gewesen sein wird, und ich mache sie nicht verantwortlich für die Raserei eines jungen Thoren. Ich bitte sie, mir gleichfalls zu vergeben, wenn ich sie bei gewissen Gelegenheiten betrübt habe. Ich untersuche nicht, ob ich Recht oder Unrecht hatte; daß ich sie betrübte, genügt, um mich Reue darüber empfinden zu lassen.

Ich vermache Alles, was ich besitze, ohne Ausnahme, meiner Frau, indem ich sie bitte, sich mit meinem Vater in Betreff des Vermögenstheils, den er beanspruchen wird, zu vergleichen. Aber so weit mein Wille Macht haben kann, schreibe ich meiner Frau Alles, was sie von meinen Besitzthümern zu behalten wünscht.

Ich hoffe, daß mein Vater sich um meinen Tod nicht grämen wird, und dieser Gedanke tröstet mich über die Umstände, welche uns in der letzten Zeit von einander entfernt haben.

Ich vermache Herrn d'Arlens sieben versiegelte und mit Σ bezeichnete Packete, die sich in einem Kasten bei Frau von Nassau befinden. Bei ihrer Eröffnung wird er sehen, welchen Gebrauch er davon machen soll.

Benjamin Constant.

Der Ton dieses Schriftstücks scheint zu beweisen, daß Constant sich damals in seiner Ehe vollkommen glücklich fühlte, und daß er der Frau von Staël in der That nur noch selten einen flüchtigen Höflichkeitsbesuch gemacht hatte. Die mit Σ bezeichneten Packete enthielten vermuthlich ihre früheren Briefe; denn Frau von Nassau*), bei welcher er dieselben deponiert hatte, war jene gemeinschaftliche Freundin Beider, in deren Namen das Haus in Paris, von welchem Constant die Revenüen bezog, angekauft worden war. Das Resultat des Duells, über welches jede weitere Nachricht fehlt, wird übrigens kaum sehr ernsthaft gewesen sein; denn Constant trat vier Wochen später die angedeutete längere Reise nach Deutschland an,

---

*) Vielleicht die Gemahlin des tollkühnen Seehelden Karl Heinr. Nik. Otto Prinzen von Nassau=Siegen, welcher seit 1797 meistens zu Paris lebte und dort am 10. April 1808 starb. Er hatte in den achtziger Jahren eine reiche Polin, Charlotte Gobzla, die Tochter eines podlachischen Wojewoden, geheirathet, welche den abenteuernden Sinn ihres Gemahls theilte und die polnischen Flüchtlinge in Paris aufs edelmüthigste unterstützte

und Herr Rocca ließ sich insgeheim mit Frau von Staël trauen, welche auch später diese Heirath niemals öffentlich deklarierte, obschon ein Sohn aus derselben entsproß, der erst lange nach dem Tod seiner Eltern, Anfangs der dreißiger Jahre, verstarb. Die seltsame Ehe fiel übrigens glücklicher aus, als man zu vermuthen geneigt sein mag. Frau von Staël fand in ihrem jugendlichen Gemahl einen treuen, in zärtlichster Dankbarkeit und Bewunderung zu ihr aufblickenden Verehrer, voll ritterlicher Schwärmerei, und selbst nicht ohne geistige Anlagen, auf deren Ausbildung er mit Eifer bedacht war. Dabei erregte seine andauernde Kränklichkeit, welche ihn oft an den Rand des Grabes brachte, der Frau von Staël das tiefste Mitgefühl; sie schwebte in steter Besorgnis, ihn zu verlieren, und wachte an seinem Krankenlager, wie eine Mutter durch aufopferndste Pflege ein geliebtes Kind zu retten sucht. Auch überlebte er sie nur um ein halbes Jahr.

Im Frühling 1812 täuschte Frau von Staël die Wachsamkeit der sie in Coppet beobachtenden Schergen Napoleon's. In Begleitung des Herrn von Rocca und ihrer Tochter Albertine entkam sie glücklich aus der Schweiz und begab sich zunächst nach Wien, dann über Galizien nach Rußland. Aber auch dort folgten die vordringenden französischen Heere ihr auf dem Fuße nach und zwangen sie zu unstäter Wanderfahrt. Anfangs gedachte sie über Konstantinopel nach Griechenland zu reisen, das sie längst hatte besuchen wollen, um an Ort und Stelle die Lokalfarben für ein Gedicht „Richard Löwenherz" zu schöpfen, das sie als ein letztes, reifes Werk der Phantasie zu vollenden hoffte. Allein die Furcht, ihren Gemahl und ihre Tochter den Gefahren einer so beschwerlichen Reise auszusetzen, bestimmte sie, über Moskau nach St. Petersburg und von da nach Stockholm zu gehen, wo die Freundschaft ihres hochgestellten Landsmanns, des von Karl XIII. 1808 als Kronprinz von Schweden adoptierten Marschalls Bernadotte, ihr eine sichere Zufluchtsstatt gewährte. Sie traf dort wieder mit Schlegel zusammen, der sie bereits 1800 auf einer früheren Reise nach Stockholm begleitet hatte und dort von Bernadotte, unter gleichzeitiger Erhebung in den Adelsstand, zu seinem Privatsekretär ernannt worden war.

Benjamin Constant hatte diese für Frau von Staël so stürmische Zeit in idyllischer Ruhe und Zurückgezogenheit verlebt. Er war am 15. Mai 1811 mit seiner Frau von Lausanne nach Göttingen abgereist und hatte sich auf dem benachbarten Stammschlosse seines ältesten Schwagers, des Grafen August Wilhelm Karl von Hardenberg, installiert, welcher während der französischen Occupation Hannovers zum Oberlandjägermeister ernannt worden war und eine Zeitlang das Amt eines Großceremonienmeisters bei König Jérôme bekleidete. Mit großem Fleiß benutzte Constant damals die Schätze der Göttinger Universitätsbibliothek zu gründlichen Vorstudien für sein Werk über den Ursprung und die Entwicklungsgeschichte der Religion, an welchem er fast sein ganzes Leben lang arbeitete. Sehr charakteristisch schreibt er am 10. September seinem Freunde Fauriel nach Paris: „Ich habe mich jetzt, muthmaßlich für den ganzen Winter, in der Familie meiner Frau und in einem alten Schlosse fixiert, das von den Ruinen zweier noch älteren Schlösser überragt wird, inmitten einer anmuthigen Gegend, bei Leuten, welche viel mehr Familiensinn haben, als bei uns Mode ist, in Gesellschaft einer Frau, an welche ich mich mit jedem Tage fester geknüpft fühle, weil sie mit jedem Tage liebevoller gegen mich ist, und in der Nähe der herrlichsten Bibliothek von ganz Europa. Alles Dies versetzt mich in eine weit angenehmere Lage, als auf welche man zu der Zeit, in der wir leben, Anspruch zu haben scheint. Ich mache mir dieselbe zu Nutze, um mich von so vielen überstandenen Aufregungen zu erholen und so viel zu arbeiten, wie ich vermag." Damit stimmt überein, was Constant in einigen selbstbiographischen Notizen aus dem Herbste 1811 bemerkt: „Eine ganz andere Atmosphäre. — Keine Kämpfe mehr. — Charlotte zufrieden. Die öffentliche Meinung nicht mehr gegen uns. — Das gesellschaftliche Leben sehr angenehm." — In der That verlebte Constant damals glückliche und friedvolle Tage mit seiner Frau, die einen aufgeweckten, lebhaften Geist besaß und u. A. auch mit Rahel befreundet war, welche ihrer mehrfach in ihrem Briefwechsel gedenkt. Brünett, klein, korpulent und beweglich, glich sie in ihrer äußeren Erscheinung fast einer Französin. Auch ihr Geist trug mehr das Gepräge französischer als deutscher Bildung, und sie fühlte sich später so heimisch in Paris, daß sie auch nach dem Tode ihres Gatten, den sie um fünfzehn Jahre über-lebte, nicht nach Deutschland zurückkam.

Am 8. November 1811 übersiedelte Constant vom Schlosse Hardenberg nach Göttingen, wo er sich zwei Jahre lang aufhielt und vornehmlich mit dem geistvollen Schriftsteller Charles de Villers verkehrte, dessen

Werk über den Einfluss der Reformation großes Aufsehen in Frankreich
erregt hatte, und der so eben als Professor der französischen Literatur
nach Göttingen berufen worden war. Napoleon's Niederlage im russischen Feldzuge und die Erhebung Preußens im Frühjahr 1813 lenkten
Constant's Interesse wieder ganz der Politik zu. Nicht ungern mochte
er es daher sehen, daß Frau von Staël, welche am russischen und preußischen Hofe werthvolle Verbindungen unterhielt und sich der besonderen
Gunst des Kronprinzen von Schweden erfreute, den unterbrochenen brief-
lichen Verkehr mit ihm wieder aufnahm. Es war ihr ein unerträglicher
Gedanke, auf die Dauer den Ideenaustausch mit einem Manne zu entbehren, dessen Geist sie so hoch bewunderte und dessen geliebtes Bild sie,
trotz alles Grolls über seine Treulosigkeit, nicht aus ihrem Herzen zu
bannen vermochte. Die Qual verrathener Liebe hat sich wohl selten in
gluthvolleren Klagen und Anklagen Luft gemacht, als in diesen seltsamen
Briefen, die in so großer Zeit geschrieben sind und ihrem Hauptinhalte
nach von so weltwichtigen Ereignissen handeln. Dem schriftstellerischen
Genie Benjamin Constant's zollt Frau von Staël die rückhaltloseste Verehrung und feuert dasselbe beständig an, der heiligen Sache der Freiheit und des Vaterlandes alle Kräfte zu widmen, aber sie unterläßt es
nie und nirgends, zugleich den Wankelmuth seines Charakters, seine ge-
fühllose Undankbarkeit mit schwärzesten Farben auszumalen. Und inmitten
dieser Fluth von Vorwürfen, welche das Herz des Schuldigen zermartern
sollen, — von Versicherungen, daß sie ihm nie verzeihen könne, ihr Leben
geknickt zu haben — der immer wiederkehrende Wunsch, mit dem Zerstörer
ihres Seelenfriedens den persönlichen Umgang zu erneuern, gemeinsam
an einem Orte mit ihm den Rest ihrer Tage zu beschließen! Unterstreicht
sie doch gar in einem ihrer Briefe die Versicherung, Herr von Rocca werde
kein Hindernis für die Ausführung solcher Pläne sein, er habe sich sehr
zu seinem Vortheil verändert und werde sich gegen Constant eben so artig
wie gegen Herrn von Montmorency benehmen. Diese Leidenschaft spottet
jeder herkömmlichen Regel des Verstandes; sie ist sich selber Gesetz und
Norm, sie erkennt keine Macht außer ihrer eigenen an. Der erste Brief
der Frau von Staël seit Constant's letztem, verhängnisvollem Besuche in
Coppet, welcher das Duell mit Herrn von Rocca zur Folge hatte, ist in
Schweden kurz vor ihrer Abreise nach England geschrieben:

· Den 20. Mai 1813.

Seit zwei Monaten habe ich Nichts von Ihnen vernommen, seit zwei Jahren habe ich Sie nicht gesehen — erinnern Sie sich Ihrer Behauptung, wir würden nicht von einander getrennt sein? — Ich kann wohl sagen, Sie haben sich, abgesehen von allem Übrigen, eine schöne Karriere entgehen lassen, und ich, was soll aus mir werden in der Vereinsamung meines Geistes? Mit Wem kann ich reden, und werde ich mich selbst erhalten? Mein ältester Sohn ist bei mir, er ist zum Sekretär der Gesandtschaft in den Vereinigten Staaten ernannt, ich begleite ihn zu den Dorat, wo er vier Monate mit mir auf dem Lande bleibt*) Albert²) ist bei seinem Gönner, — Wilhelm³**) auch. Er wird zu mir zurück- kehren, inzwischen aber bewirkt seine Abwesenheit, daß ich mehr noch allein bin — Meine Tochter ist reizend, sie wird Ihnen von Gothenburg] schreiben. Es wird ihr letztes Lebewohl sein, wie auch das meine; aber ich hoffe noch, daß Sie das Bedürfnis empfinden, uns wiederzusehen, und nicht umkommen zu lassen, was Gott Ihnen geschenkt hatte —

Sagen Sie Villers, daß sein Bruder von den Kosaken wieder erwischt, nach Moskau zurückgeschleppt und in den Kerker geworfen oder vielleicht nach Sibirien geschickt worden ist — Er müßte bei dem Kaiser[er] Alexander Fürsprache für ihn einlegen lassen; ich habe meinerseits nach Moskau geschrieben, aber er hat sich verkehrt benommen, und dort ist man hart gegen sich und Andere — Ich weiß Nichts von seiner Frau, noch von seinen Kindern, aber ich werde mich schriftlich nach ihnen erkundigen —

Ich reise zu den Dorat, und dort bleibe ich und warte, oder sterbe viel- leicht; wer weiß, was Gott von uns begehrt — Ich habe immer Briefe von Ihnen bei mir, ich öffne nie mein Schreibzeug, ohne sie in die Hand zu nehmen, ich betrachte die Adresse; Alles, was ich durch diese Schriftzüge gelitten habe, macht mich schaudern, und doch wünschte ich deren wieder zu erhalten — Mein Vater, Sie und Mathieu weilen in einem Theil meines Herzens, der für ewig geschlossen ist — ich leide dort immer und durch Alles hindurch — ich bin dort gestorben und lebe dort — und wenn ich in den Wellen umkäme, würde meine Stimme diese drei Namen rufen, von denen ein einziger unheilvoll war — Ist's möglich, daß Sie so Alles zerbrochen haben! ist's möglich, daß eine Verzweiflung

---

*) Baron August Louis von Staël-Holstein, geb. zu Paris den 31. August 1790, gest. zu Coppet den 11. November 1827. Er war ein eifriges Mitglied der protestantischen Bibelgesellschaft und hatte auf eigene Hand kurz vor dem russischen Feldzuge den fruchtlosen Versuch gemacht, von Napoleon in einer Audienz zu Chambéry die Begnadigung seiner Mutter zu erlangen. Er begleitete letztere nach England, ging aber von dort nicht nach den Vereinigten Staaten, sondern zog am 21. April 1814 mit den Verbündeten in Paris ein. — Die Dorat waren vermuthlich eine französische Familie in der Nähe von London, auf deren Landsitz von Staël die erste Zeit ihres Aufenthalts in England zu ver- bringen gedachte.

**) Dieser zweite Sohn der Frau von Staël verweilte damals bei seinem Gönner Bernadotte und fiel kurz nachher in einem Duell.

***) A. W. v. Schlegel ist gemeint, welcher ebenfalls in Diensten des Kron- prinzen von Schweden stand und ihn während des Feldzugs begleitete.

wie die meine Sie nicht innehalten ließ? Nein, Sie sind schuldig, und Ihr bewundernswerther Geist spiegelt mir noch Illusionen vor — Leben Sie wohl, leben Sie wohl! — Ach, könnten Sie fassen, was ich erleide! — Senden Sie Fanny einige Zeilen — es ist schrecklich, so gar Nichts von Ihnen zu wissen — Leben Sie wohl —

In England veröffentlichte Frau von Staël endlich ihr epochemachendes Werk über Deutschland, dessen Erscheinen die französische Regierung drei Jahre lang zu verhindern gewußt hatte. Der Erfolg war ein fast unerhörter. Die vornehme Londoner Gesellschaft umdrängte die Verfasserin und brachte ihrem Geiste die schmeichelhaftesten Huldigungen dar. Zu ihren einflußreichsten Freunden gehörte der kühne Parlamentsredner James Mackintosh, welcher ihre liberalen Gesinnungen theilte, und welcher einst mit Constant in Edinburg studiert hatte. Constant sandte ihr im Januar 1814, außer zwei längeren Denkschriften über die politische Weltlage, das Manustript seines glänzenden Pamphlets „Über den Geist der Eroberung und der Usurpation", für welches sie ihm in London einen Verleger zu verschaffen suchte.*)

Durch Schlegel wurde Constant um diese Zeit mit dem Kronprinzen von Schweden bekannt, welcher, trotz des Vertrauens, das Frau von Staël in die Ehrenhaftigkeit seines Charakters setzte, doch eine ziemlich zweideutige Figur spielte. Er machte vor Constant kein Hehl daraus, daß die verbündeten Fürsten, trotz aller Freundschaftsbeweise, mit denen sie ihn überhäuften, seinen Absichten insgeheim mißtrauten. Und nicht ohne Grund; denn er trug sich mit der ehrgeizigen Hoffnung, Herrscher von Frankreich zu werden, und bemühte sich, Constant als Theilnehmer an dieser politischen Intrige zu gewinnen. Durch Letzteren veranlaßt, sollte Frau von Staël dem Kaiser Alexander begreiflich machen, daß nur Bernadotte Frankreich wie den auswärtigen Mächten hinlängliche Garantieen böte, um auf den Trümmern der Revolution und des Kaiserreichs eine dauerhafte Regierung zu errichten. Constant scheint sich auf diese Zumuthung nicht eingelassen zu haben, schloß sich aber gleichwohl dem Armeecorps Bernadotte's an, welcher ihm das Ritterkreuz des Nordsternordens verlieh und es auch später für gerathen hielt, sich durch mancherlei Gunst-

---

*) Die erste Auflage dieses Werkes erschien zu Hannover im Januar 1814, die zweite zu London im März, die dritte zu Paris im April desselben Jahres.

bezeigungen seines Schweigens über den abenteuerlichen Plan zu versichern.

So weit der Inhalt der Constant'schen Denkschriften sich aus den
nachfolgenden Briefen der Frau von Staël entnehmen läfst, sollten die
alliierten Mächte bestimmt werden, nach dem vorauszusehenden Sturze
Napoleon's Diesen des Thrones verlustig zu erklären, aber seinem Sohne
unter gewissen Garantieen die Erbfolge zu gestatten und während der
Minderjährigkeit desselben eine Regentschaft einzusetzen. Auch Napoleon
selbst machte bekanntlich nicht lange nachher den Versuch, zu Gunsten seines
Sohnes abzudanken, erhielt aber von den verbündeten Fürsten dieselbe
ablehnende Antwort, welche Frau von Staël in Betreff des Constant'schen
Vorschlages von der österreichischen Gesandtschaft in London empfing.

Die Briefe der Frau von Staël stellen eben so sehr ihrem politischen
Scharfblick wie ihrem uneigennützigen Patriotismus ein glänzendes Zeugnis
aus. Ihr Hafs gegen Napoleon, den sie nach wie vor verächtlich „den
Menschen", „Den, welcher außerhalb der menschlichen Natur steht", „den
Tyrannen" nennt, ist ungemildert; aber sie zittert vor den Gefahren der
Kontrerevolution, die mit den Bourbonen, welche Nichts gelernt und Nichts
vergessen haben, und mit der Fremdherrschaft einziehen wird, um den
letzten Rest von Freiheit zu vernichten; sie vermag ihren Ruf und ihre
Feder nicht, wie Constant, im Dienste des ausländischen Feindes gegen
ihr Vaterland zu wenden; sie will lieber das Elend endloser Verbannung
ertragen, als unter dem Schutze der Kosakenlanzen nach Paris zurückkehren.
„Frankreich mufs sich todt stellen," sagte sie, „so lange es von den fremden
Truppen besetzt sein wird. Zuerst die Unabhängigkeit; dann wird
man auf die Freiheit bedacht sein." Lassen wir sie weiter reden — ihre
Briefe bedürfen keines Kommentars.

London, den 8. Januar 1814.

Nein, fürwahr, ich vergesse Sie nicht; ich wollte, dafs ich es könnte, denn
ich trage einen Schmerz tief in der Seele, den die Zerstreuung wohl eine Weile
beschwichtigen kann, aber der wieder aufwacht, so oft ich allein bin — es ist
das unwiederbringlich verfehlte Glück! Hätten Sie den Charakter des mir ergebenen
Freundes besessen, so wäre ich allzu glücklich gewesen; ich verdiente es nicht —
Sie wiedersehen, wäre die Auferstehung meines Geistes und einer Fähigkeit, zu
hoffen, die mit allem Übrigen in mir erloschen ist — Ich werde nach dem
Kontinent reisen, wenn Sie nicht hieher kommen; mir scheint, dafs man es gegenwärtig kann — aber Wer weiß, was aus der Welt werden wird! Die Freiheit

läuft auf die eine Weise so viel Gefahr, wie auf die andere — aber vor Allem thut es noth, dafs Der, welcher außerhalb der menschlichen Natur steht, sie nicht länger reglere — Ich habe ein Memoire, das Schlegel mir gesandt hat, den Ministern hier übergeben — Es war geschrieben wie Alles, was von Ihnen kommt — ich glaube nicht, dafs dieser Stil, diese Festigkeit, diese Klarheit der Sprache sich irgendwo anders finden kann — Sie wären für den höchsten Rang geboren, wenn Sie die Treue gegen sich selbst und Andere gekannt hätten —

Ich werde Ihnen durch Schlegel Empfehlungen für Villers senden, aber ich vertraue diesen Brief einem Reisenden an und will diese Gelegenheit nicht versäumen — Herr Richard hat mir versprochen, Mariannens Angelegenheit zu ordnen. Was Ihren Kauf betrifft, so hatte er dazu keinen Auftrag erhalten. Die Fonds sind gestiegen, aber für Den, welcher an den Frieden glaubt, dürfte es wahrscheinlich sein, dafs sie noch mehr steigen werden —

Haben Sie die Vorrede meines Buches [über Deutschland] gesehen? und kennen Sie die Wirkung der Vorrede auf dem Kontinent? Wenn Sie hier Ihre Werke verkaufen wollten, so glaube ich Ihnen in dieser Hinsicht nützlich sein zu können, und Das, was sich auf die Politik der Ereignisse bezöge, würde viel gelten — Ich werde nach Griechenland reisen, wenn ich Sie wiedergesehn habe, das Gedicht „Richard [Löwenherz]" ist mein letztes Andenken — Ach, Benjamin, Sie haben mein Leben verschlungen! kein Tag ist seit zehn Jahren verflossen, an welchem mein Herz nicht durch Sie gelitten hätte — und ich liebte Sie doch so sehr! Es ist grausam — lassen wir Das, aber nie kann ich Ihnen vergeben, weil ich nie aufhören kann zu leiden — Der arme Herr von Narbonne! er war nur leichtsinnig, aber er hat sich auch ins Verderben gestürzt *) —

Suchen Sie mir Ihre Pläne bestimmt mitzutheilen — die meinigen hangen sehr von Albertinen ab; was soll aus ihr werden? Bis jetzt gefällt ihr Das nicht, was sich gebozen hat, und dies Land ist wunderlich — Ach, das Sandgebäude des Lebens ist ein mühselig Ding, und Nichts hat festen Bestand, als der Schmerz — Schreiben Sie mir!

Den 23. Januar 1814.

Ich habe Ihre Blätter [über den Geist der Eroberung und der Usurpation] erhalten, und ich bin ganz Bewunderung — Der einzige Mensch, welcher sie gelesen, Macintosh, hat denselben Eindruck davon empfangen, und es kann darüber nicht zweierlei Ansicht geben. Aber hören Sie nun, was ich Ihnen vorschlage — Wollen Sie sie ohne Eigennamen drucken lassen? Scheint Ihnen diese Form à la Montesquieu eindringlich genug für die jetzige Zeit? Der Buchhändler, welcher das erste Kapitel durchflog, sagte, dafs er ohne Eigennamen hundert Louis dafür geben würde, aber fünfmal so Viel mit Namen — Wollen Sie sich der Gelegenheit entschlagen, so veröffentlichen Sie Ihr großes Werk; wollen Sie sich die

---

*) Louis, Graf von Narbonne=Lara, Kriegsminister unter Ludwig XVI., emigrierte 1792, kehrte 1800 in Folge der ihm zu Theil gewordenen Amnestie nach Frankreich zurück, machte 1812 als Adjutant Napoleon's den russischen Feldzug mit, wurde 1813 als Kommandant der Festung Torgau von dem Armeekorps des Generals Tauenzien eingeschlossen, und starb daselbst den 17. November 1813 an den Folgen eines Sturzes mit dem Pferde.

Gelegenheit zu Nutze machen, so setzen Sie Eigennamen hinein — Wenn ich Unrecht habe, so beordern Sie Courier auf Courier, und Ihr Wille soll befolgt werden — Murray*) sagt, Sie seien hier noch nicht sehr bekannt, Sie müssten durch diese Schrift erst bekannt werden, und dann würde man Alles, was Sie schrieben, sehr theuer bezahlen — Ich theile Ihnen meine Ansicht und die des Buchhändlers mit, entscheiden Sie! — 8 Tage nach Ankunft der übrigen Blätter und Ihrer Antwort auf diesen Brief soll das Werk erscheinen — allein, um hier viel Geld zu erhalten, darf die Veröffentlichung nicht zuerst auf dem Continente geschehen; umgekehrt ist's besser — Endlich eine letzte Frage, und die wichtigste von allen: — ist Ihre Stimmung noch dieselbe wie vor drei Monaten? Sehen Sie nicht die Gefahr Frankreichs? Spüren Sie nicht den Wind der Contrerevolution, der in Holland, in der Schweiz weht, und der bald Alles in Frankreich über den Haufen stürzen wird? — Ich bin wie Gustav Wasa, ich griff Christiern an — aber man hat mir meine Mutter auf den Festungswall gestellt — ist Das der Augenblick, Schlechtes von den Franzosen zu sagen, wenn die Flammen von Moskau Paris bedrohen? — Denken Sie an alles Dies, und entscheiden Sie — aber ohne Schmeichelei! Sagen Sie sich, dass Ihr Talent unvergleichlich ist — bestimmen Sie seine Bahn, aber seien Sie nicht unsicher über seine Kraft! —

Der Herzog von Berri hat mich besucht, und ich stehe nicht schlecht mit den Bourbons — Wenn sie zurückkehren, muss man sich unterwerfen, denn Alles ist besser, als neue Unruhen; aber sie haben sich in Nichts geändert, noch vor Allem Die, welche ihre Umgebung bilden, und wenn die absolute Gewalt Napoleon's ganz Europa gegen sich hatte, so wird die ihrige durch dasselbe befestigt werden

Ich möchte gern mit Ihnen plaudern, aber worüber möchte ich nicht mit Ihnen plaudern? Es ist indess nöthig, denn unsere Geister wenigstens werden stets mit einander in Sympathie bleiben —

Wollen Sie, dass man Ihren Namen auf Ihr Werk setze? Alle Welt wird ihn wissen, ausgenommen das Publikum, welches dem Schriftsteller seinen Ruf macht — Es ist nicht mehr die Zeit, wider die Franzosen aufzureizen, man hasst sie nur zu sehr — und was den Menschen betrifft, welches freie Herz möchte wünschen, dass er durch Kosaken gestürzt würde? Die Athenienser sagten von Hippias: „Wir verweigern ihn euch, wenn ihr ihn von uns verlangt" — Er muss einen demüthigenden Frieden unterzeichnen, und Frankreich muss eine Repräsentativ-Versammlung fordern; aber so lange die Fremden dort sind, können wir ihnen behilflich sein? Die Opposition hier ist meiner Ansicht, und Sie wissen, ob ich Napoleon hasse. Erwägen Sie reiflich, was Sie zu thun im Begriff stehen. Alles lässt sich in einem großen Werke sagen; aber bei einem Pamphlete, das eine That ist, muss der Moment gut gewählt sein — Man darf nicht schlecht von den Franzosen reden, wenn die Russen in Langres sind — Gott verbanne mich lieber aus Frankreich, als dass er mir durch Fremde die Rückkehr erwirkte! Ich hab' Ihnen meine Ansicht gesagt; in der Folge rechnen Sie darauf, dass ich Ihnen mit Pünktlichkeit und Eifer dienen werde. Schreiben

---

*) Der bekannte Londoner Buchhändler und Verleger Lord Byron's.

Sie mir; ich habe nicht aufgehört, Ihnen zu schreiben, ich werde nie davon
ablassen — Sie haben mir viel Böses zugefügt, und je länger ich hier lebe,
desto mehr sehe ich ein, daß Ihr Charakter nicht moralisch ist — aber ich
achte in Ihnen Ihr Talent und das Gefühl, welches mein Herz so viele Jahre
hindurch erfüllt hat — ich werde Ihnen daher stets eine Freundin sein — daran
dürfen Sie niemals zweifeln —

Welche Krisis dieser Moment! Die Freiheit ist das Einzige, was allen
Zeitaltern in allen Ländern, in allen Literaturen im Blute steckt — die Freiheit
und, was man nicht davon trennen kann, die Vaterlandsliebe — aber welch
eine Kombination, die uns vor der Niederlage eines solchen Menschen bangen
läßt! Hat denn Frankreich nicht zwei Arme, einen, um die Fremden zu vertreiben, und den andern, um die Tyrannei zu stürzen? — Weshalb könnte der
Senat nicht den Prinzen von Schweden als Friedensunterhändler berufen? Er
müßte Frankreichs Wilhelm III. sein — Weshalb suchen Sie ihn nicht auf?
Weshalb macht er nicht mit seinen Schweden allein einen Abstecher nach Paris?
Das wäre möglich — Ich hab' ihn in der Nähe gesehen, und ich halte ihn
für den besten und edelsten aller Männer, die herrschen können — Ich lasse
mich verlocken, mit Ihnen zu plaudern — Der Herzog von Berri ist auf Jersey,
der Herzog von Angoulème bei dem Lord Wellington — der Herr Graf von Artois *)
ist abgereist, um als ehemaliger General-Oberst in der Schweiz zu rekrutieren,
Jeder hatte nur einen Adjutanten bei sich — Die Regierung hier sagt nur,
daß sie nicht Gefangene sind — Das Land ist nicht für sie, aber sehr gegen
Bonaparte! In der That, mit ihm ist nur ein Waffenstillstand möglich — und
Frankreich, Frankreich, wenn es die Freiheit liebte! — Sagen Sie mir, ob all
meine Briefe Ihnen zugekommen sind; beantworten Sie diesen schnell und eingehend, ich bitte Sie darum — Albertine hat Ihnen auch geschrieben —

[Nachschrift von Albertinens Hand.]

Hier ist ein Brief von Sir James Mackintosh über Ihr Werk. Ich muß
Ihnen meine vollste Bewunderung über das von Ihnen Geschriebene aussprechen,
die Lektüre desselben hat mich gefesselt, wie ein Roman. Es ist Viel, daß Ideen
diesen Eindruck auf mich machen können, ich führe mich als Beispiel der Wirkung
auf die große Menge an.

London, den 22. März [1814].

Sie bitten mich um die Fortsetzung meiner Ideen, ich möchte Sie
um die Fortsetzung der Ihrigen bitten — Haben Sie vergessen, was Sie gegen
die Fremden geschrieben, und stellen Sie sich einen König vor, welcher durch
Kosakenlanzen gestützt wird? — Sie sagen mir, ich sei uneigennützig in
meinen Wünschen, ja, gewiß; aber Sie, Ihre Verbindungen haben Sie zu
einem Kammerherrn gemacht — Glauben Sie denn, daß Bonaparte sich nicht

---

*) Die Herzoge von Angoulème und von Berri waren die Söhne des Grafen
von Artois, welcher beim Einzuge der Verbündeten in Paris als Generallieutenant
im Namen seines Bruders Ludwig XVIII. die Regierung bis zu dessen Ankunft
(3. Mai 1814) in die Hand nahm, und nach dem Tode desselben am 16. September 1824 als Karl X. den französischen Thron bestieg.

in einer Fürstenversammlung zeigen kann? 40 Schlachten sind doch ein Abel — Ich hasse den Menschen, aber ich schelte die Ereignisse, welche mich nöthigen, ihm in diesem Augenblick Erfolg zu wünschen — Wollen Sie denn, daß man Frankreich unter die Füße tritt? Ein Mensch, wer es auch sei, findet sein Ende, aber findet das Schicksal Polens ein Ende? — Wenn die Franzosen die Bourbons unter Bedingungen zurückriefen, so wäre Das recht schön; aber sehen Sie nicht, daß man aus 25 Jahren ein langes Verbrechen und aus legitimen Fürsten einen Glaubensartikel machen wird? — Ich habe Ihr Memoire gelesen; Gott bewahre mich, es zu zeigen! — Ich werde Nichts gegen Frankreich thun, ich werde in seinem Unglück weder den Ruf, den ich ihm verdanke, noch den Namen meines Vaters, den es geliebt hat, gegen dasselbe wenden — Diese verbrannten Dörfer liegen auf seinem Wege, wo die Weiber sich auf die Knie warfen, um ihn vorüberfahren zu sehn — Sie sind kein Franzose, Benjamin — Sie haben nicht an diesen Orten alle Erinnerungen Ihrer Kindheit — daher kommt der Unterschied zwischen Ihnen und mir — aber könnten Sie wirklich wünschen, die Kosaken in der Rue de Racine zu sehen? — Der Tyrann ist in diesem Augenblick noch mit dem Kriegsruhme der Franzosen bekleidet; allein was wären diese Franzosen, wenn ihnen Nichts mehr übrig bliebe, als die Erinnerung an ihre gesetzgeberischen Akte, an ihre bürgerlichen Thaten? — Endlich, wenn Sie 1792 den Einmarsch der Fremden fürchteten — als man Tag für Tag mordete, als Frankreich nicht Europa zum Feinde hatte*), wie steht es denn jetzt? Ich fühle bei mir selbst, daß ich Recht habe, weil meine Erregung unwillkürlich und in Widerspruch mit meinen persönlichen Interessen ist —

Was machen Sie? Werde ich Sie hier, in der Schweiz oder in Berlin sehen? Ihr Buch wird von Kennern sehr bewundert, aber die Gimpel verlangen mehr Eigennamen — man will es übersetzen, und, wie Alles in diesem Lande, wächst sein Ruf jeden Tag —

Albertine schreibt Ihnen in 8 Tagen —

Schicken Sie mir Schlegel zurück, ich kann nicht ohne ihn leben.

London, den 1. April 1814.

Ich habe Ihr Memoire der österreichischen Gesandtschaft überreicht. Sie sagen, daß es sehr geistvoll sei, aber daß sie nicht recht begriffen, wie man den Vater beseitigen könnte, wenn man den Sohn behielte — in der That, es fehlt das Mittel zur Ausführung — Jedermann ist mit Ihnen über die Regentschaft einverstanden, aber die Thatsache steht fest, daß, wenn Bonaparte gestürzt ist, die alte Regierung wieder hergestellt wird. Das ist vielleicht besser, aber es ist traurig —

Ihr Brief hat mich durch die Vorstellung, daß Sie möglicherweise hieher kommen, tief bewegt — doch ich glaube nicht daran — Was ich Ihnen versichern darf, ist, daß Herr von Rocca sich gegen Sie wie gegen Herrn von Montmorency benehmen wird — Unsere gegenseitige Neigung ist für das Leben begründet; er hat mir in meinem Unglück mit einem Edelmuthe und mit einer

*) Vergl. B. Constant's Abhandlung „Über die Wirkungen der Schreckensherrschaft", vom Jahre 1797.

Zärtlichkeit des Herzens beigestanden, die ich nie vergessen werde — Er ist ein ganz Andrer geworden, und Sie werden weder seine Manieren noch seine Unterhaltung wieder erkennen — Denken Sie also an ihn nicht als an ein Hinderniß; sondern thun Sie Ihrerseits, was Ihr Herz Ihnen eingeben wird. Nicht für acht Tage, sondern fürs Leben sollten wir uns an demselben Orte einrichten; aber werden Sie Das thun? Der Wankelmuth Ihrer Entschlüsse ist so groß — meiner Aufnahme sind Sie sicher, nur allzu sicher — Sie fragen mich, weshalb Albertine England nicht liebt? In Wahrheit, die Gesellschaft unter den jungen Leuten ist so zahlreich und so schweigsam, daß ich ihre Langeweile begreife — außerdem giebt es hier nur Liebe oder Nichts, und bis jetzt ist es Nichts — sie zieht Deutschland vor. Ich werde hier noch vierzehn Monate bleiben — am 1sten Juli werde ich nach Schottland reisen. Ich werde Alles thun, um ihre Stimmung zu bemeistern, und gerade mit achtzehn Jahren werde ich sie auf den Kontinent zurückführen — Ich quäle mich oft mit der Angst, daß alle Sorge nicht das ihr Zuträgliche sei — Ach, die Vergangenheit, die Vergangenheit! — Sie haben durch den Wankelmuth Ihres Charakters unser Leben zerstört — wir würden hier beisammen sein und Einer den Andern stützen, wenn Sie nicht Alles wider mich entfesselt hätten — Leben Sie wohl — Seien Sie Frankreich und der Freiheit treu — man richtet Nichts aus ohne Einheit.

[Adresse:] Herrn

Niederlande.

Benjamin Constant de Rebecque,
Ritter vom Nordstern,
bei Hrn. Dubois, Bankier,
zu Lüttich.

Benjamin Constant, welcher, wie Schlegel und August von Staël, im Gefolge Bernadotte's mit den Alliierten in Paris eingezogen war, vertrat dort eifrig die Sache der bourbonischen Restauration. Wir lassen es dahin gestellt, in wie weit er ernstlich an die vielverheißenden Proklamationen des Grafen von Artois und seines königlichen Bruders glaubte. Im Wesentlichen wird er wie Frau von Staël gedacht haben, welche die Bourbonen zwar nur für eine baumwollene Schutzwehr gegen die Rückkehr der alten Mißbräuche hielt, aber ihr Regiment doch dem eisernen Despotismus Napoleon's vorzog. Jedenfalls strebte Constant in der ersten Zeit, zu retten, was an Volksfreiheiten zu retten war, und mahnte eindringlich an die Aufrechterhaltung der Charte vom 4. Juni 1814, als diese durch die Intrigen der alten Adels- und Priesterpartei nur zu schnell mißachtet ward. Schon am Tage seines Einzugs in Paris (21. April) ließ er einen Artikel in das „Journal des Debats" einrücken, worin er sich über die Maßregeln aussprach, von denen die Restauration seines Erachtens begleitet sein müsse. Er entwickelte bei diesem Anlasse zuerst jenen Gedanken von der „Neutralität der königlichen Gewalt", welcher die Grundlage der konstitutionellen Regierungsform bildet. In gleichem Sinne schrieb er in rascher Folge seine noch vor der Charte vom 4. Juni veröffentlichten „Betrachtungen über die Konstitutionen und Garantieen, nebst dem Entwurf einer Verfassung", und seine glänzenden Broschüren über Preßfreiheit, Ministerverantwortlichkeit ꝛc. — Frau von Staël, welche im Herbst des Jahres nach Paris kam und den größten Theil des Winters daselbst verbrachte, erkannte das Verdienstliche dieser Bemühungen, die verfassungsmäßige Freiheit so viel wie möglich zu schützen. Als daher Constant ihr seinen Wunsch aussprach, in die Deputiertenkammer zu gelangen, um dort durch seine Rednergabe noch wirksamer die in seinen Broschüren entwickelten Ideen zu verfechten, streckte sie ihm bereitwillig die Geldsumme vor, deren er bedurfte, um durch Ankauf eines eigenen Grundstücks in Paris (Rue Neuve de Berry Nr. 2) den Bedingungen der Wählbarkeit zu genügen. Kaum war jedoch Frau von Staël nach Coppet abgereist, als der wankelmüthige Vollstribun, dessen ergrauendes Haar schon eine kahle Platte wies, sich trotz seiner siebenundvierzig Jahre sterblich in eine schöne Frau verliebte, welche die Sache der Reaktion begünstigte und ihren Salon zum Vereinigungspunkt der enragiertesten Vorkämpfer des Absolutismus machte. Diese Frau wußte ihn durch das kokette Spiel ihrer Überredungskünste binnen Kurzem ganz ins royalistische Lager hinüber zu locken; er verlor jeden moralischen Halt und verkaufte seine Feder derselben Regierung, deren Willkürmaßregeln er bis dahin lebhaft bekämpft hatte. Nach der plötzlichen Rückkehr Napoleon's von Elba schrieb Constant jenen berüchtigten Artikel, welcher am 19. März 1815, wenige Stunden vor der Flucht Ludwig's XVIII. und dem Einzuge des Kaisers in Paris, im „Journal des Débats" erschien, und welchen er sich vom Minister Lainé selbigen Tages mit mehreren Tausend Francs bezahlen ließ. Man traut nicht seinen eigenen Augen, wenn man die fulminante Sprache dieses Artikels mit der nachfolgenden Handlungsweise Benjamin Constant's vergleicht. Es hieß dort u. A.: „Ich werde nicht, als ein elender Überläufer, mich von einer Gewalt zur anderen schleichen, die Schande mit Sophismen bemänteln und entheiligte Worte stammeln, um mir ein schmachvolles Leben zu erkaufen . . . Auf der Seite des Königs sind die

Freiheit, die Sicherheit, der Frieden; auf der Seite Bonaparte's die Knechtschaft, die Anarchie und der Krieg. Wir erfreuen uns unter Ludwig XVIII. einer Repräsentativregierung, wir regieren uns selbst; unter Bonaparte werden wir einem Mameluken-Regimente verfallen, sein Schwert allein würde uns regieren. Attila ist's, es ist Dschingiskhan, um so schrecklicher und widerwärtiger, weil ihm die Civilisation zu Gebote steht . . . Er erscheint wieder, der Blutmensch!" ꝛc. ꝛc. — Am folgenden Tage befand sich der Mann, welcher so herausfordernde Worte geschrieben, auf der Flucht nach Nantes; als er unterwegs erfuhr, daß auch Nantes sich bereits für den Kaiser erklärt habe, kehrte er um, und suchte sich ein Versteck im Thale von Montmorency.

Inzwischen hatte Napoleon sein Ministerium gebildet. Schon auf dem Zuge nach Paris hatte er erklärt, daß er, fern von jedem Gedanken an Krieg und Eroberung, nur sein Volk beglücken wolle. Er hatte die Kammern aufgelöst, eine neue Versammlung der Wahlkollegien berufen und eine Änderung der Verfassung in liberalem Sinne versprochen. Aber er merkte, daß man der Ehrlichkeit seiner Verheißungen vielfach mißtraue, und sann auf geeignete Mittel, seine Partei zu verstärken. „Über Wen haben sich Eure Majestät am meisten zu beschweren?" frug der Herzog von Otranto, den Napoleon zu Rathe zog. — „Über Benjamin Constant," erwiderte der Kaiser. „Ich begreife den Royalismus einer alten Adelsfamilie, — allein er, ein Republikaner, in der Schweiz geboren, ein Mitglied des Tribunats!" — „Ernennen Sie ihn zum Staatsrath, Sire! Nichts wird besser den Ernst Ihrer versöhnlichen Gesinnung beweisen." — „Thorheit! er wird's nicht annehmen." — „Ich stehe dafür." — Sogleich läßt der Herzog von Otranto Constant, dessen Zufluchtsort ihm bekannt ist, zu sich ins Minister-Hôtel bescheiden. „Weshalb verbergen Sie sich?" fragt er. — „Sie wissen, daß ich in den ‚Debats' . . ." — „Ich weiß, und der Kaiser weiß es auch; aber zehn Monate des Exils haben ihn über Manches nachdenken lassen. Er kennt alle Gefahren des Mißbrauchs der Gewalt. Ich werde Sie ihm vorstellen." — „Aber ich fürchte, der Artikel . . ." — „Fürchten Sie Nichts! Der Kaiser beschäftigt sich nur mit der Zukunft, nicht mit der Vergangenheit. Begleiten Sie mich!" — Constant steigt in den Wagen des Ministers und fährt mit ihm zu den Tuilerien. Der Kaiser eröffnet ohne Weiteres das Gespräch: „Ich sehe, Frankreich bedarf einer zeitgemäßeren Verfassung, und ich weiß, daß Niemand dieselbe besser entwerfen wird, als Sie, Herr Constant. Ich habe Sie zum Staatsrath ernannt. Benehmen Sie sich mit Molé, Sie werden sich leicht mit einander verständigen. Im Übrigen, besuchen Sie die Sitzungen des Staatsraths; ich werde mich freuen, Sie dort zu sehen." Dann winkt ihm der Kaiser, daß er entlassen sei, und Constant arbeitet mit dem Grafen Molé eifrigst an jener Zusatzakte zur Verfassung, welche unter dem Namen der Konstitution des Marsfeldes bekannt ist, und welche von Royalisten wie von Republikanern gleichen Tadel erfuhr. Er hat sich später in seinen „Memoiren über die hundert Tage" wegen der ge- sinnungslosen Rolle, die er damals gespielt, sehr spitzfindig zu vertheidigen gesucht. Es klingt fast wie ein Witz Falstaff's, wenn er dort (pag. 117) die pomphafte Phrase gebraucht: „Man hat mir vorgeworfen, daß ich mich neben dem Throne, den ich am 19. März vertheidigt hatte, nicht tödten ließ; allein als ich am 20. die Augen aufschlug, sah ich, daß der Thron verschwunden war und daß Frankreich noch lebte." Er sagt ferner (pag. 7), daß er sich nur mit Widerstreben und Mißtrauen dem Kaiser ange- schlossen und ihm nur deßwegen gedient habe, um seine furchtbare Auto- rität zu beschränken und ihn am Rückfall in die frühere Despotenwillkür zu hindern. Auch in der Vorrede zu den ersten Bänden seiner Sammlung politischer Schriften bemerkt er pathetisch: „er habe, da Alles eine Militär- diktatur angekündigt, den Versuch machen wollen, einen Despoten in ein konstitutionelles Staatsoberhaupt zu verwandeln." Aber so wenig sich leugnen läßt, daß seine im Mai 1815 veröffentlichten „Grundsätze der Politik" im Wesentlichen mit den früher von ihm ausgesprochenen Lehren verfassungsmäßiger Freiheit übereinstimmen, — es glaubte doch Niemand an die Lauterkeit seines Handelns, am wenigsten Frau von Staël, die ihm mit blutigem Hohn seine eigene Betheurung: „Ich vermag nicht entheiligte Worte zu stammeln!" ins Gesicht schleudert. Wohl hatte sie von dem Kaiser während seines Unglücks großmüthig gesprochen und, um der Un- abhängigkeit Frankreichs willen, seinen Sturz durch die Waffen des Aus- lands schmerzlich betrauert; allein diese patriotische Regung hatte ihren Abscheu vor dem „Tyrannen" nicht einen Augenblick beschwichtigt. Als Napoleon sie jetzt in dringender Weise auffordern ließ, nach Paris zu kommen und bei dem Verfassungswerke behilflich zu sein, gab sie die stolze

Antwort: „Er hat zwölf Jahre lang ohne eine Verfassung und ohne mich auskommen können, und auch jetzt liebt er weder die eine noch die Andere." Die berechtigten Ansprüche ihres Vaters an den Staatsschatz, welche noch immer nicht befriedigt worden waren, machte sie freilich auch bei der Rückkehr des Kaisers von Elba als eine gesetzlich liquide Forderung sofort wieder geltend; aber sie verlangte die Anerkennung ihres Rechts nicht als eine Gnade, noch als den Kaufpreis für das Opfer ihrer Gesinnung *).

Wie in Constant's Lebensbuche manches Blatt durch tolle Spielverluste, kavaliermäßige Nachlässigkeit in der Bezahlung seiner Schulden und Annahme von Geschenken befleckt ist, die den Charakter einer Bestechung an der Stirn trugen, so spiell auch in seiner Staatsraths-Periode während der hundert Tage eine Geldsache eine höchst unerquickliche Rolle. Als Frau von Staël ihm die vorhin erwähnte Geldsumme von 80,000 Franks zum Ankauf eines Hauses in Paris vorstreckte, hatte sich Constant verpflichtet, ihr die Hälfte dieser Summe bei der Verheirathung ihrer Tochter zurückzuzahlen. Frau von Staël verließ sich auf die Erfüllung dieses Versprechens, als sie bald nachher ihre Tochter Albertine mit dem Herzog Victor von Broglie verlobte, der ihre humanen politischen Gesinnungen theilte, und der bis an sein Lebensende ein treuer Kämpfer für die Sache der verfassungsmäßigen Freiheit blieb **). Constant aber machte Ausflüchte über Ausflüchte, und drohte dadurch das Zustandekommen der von Frau von Staël sehnlichst gewünschter Partie zu vereiteln. Mit jedem Briefe steigerte sich ihre gerechte Entrüstung, bis sie zuletzt mit Worten maßlosester Verachtung jedes Freundschaftsband für zerrissen erklärte.

---

*) Die zwei Millionen Franks wurden bekanntlich erst unter der zweiten Restauration im Jahre 1816 der Frau von Staël zurückerstattet.

**) Geb. den 1. December 1785 als Sohn des am 27. Juni 1794 vom Revolutionstribunal hingerichteten Prinzen Claude Victor von Broglie, ward er von Ludwig XVIII. 1814 in die Pairskammer berufen, wo er mit Eifer die Ausnahmegesetze, die Proskriptionen und die Preßbeschränkungen bekämpfte. Er gehörte zu den Wenigen, welche im December 1815 gegen den Tod des Marschalls Ney stimmten, war unter Ludwig Philipp wiederholt Minister, protestierte mit seinen politischen Freunden gegen den Staatsstreich vom 2. December 1851, und starb, allgemein geachtet, am 25. Januar 1870. Sein Sohn Albert, geb. den 13. Juni 1821, ist der bekannte Vertreter katholischer Interessen und Rathgeber des Marschall-Präsidenten Mac-Mahon.

Den 10. April [1815].

Ich empfange einen Brief von Ihnen, worin Sie mir kein Wort von
Victor schreiben! Noch erstaunlicher aber ist, daß wir seit der Ankunft August's *)
kein Wort von ihm erhielten — Das ist so ungewöhnlich, daß ich mir's nicht
zu erklären vermag. Ich bitte Sie, falls diese Heirath zu Stande kommt, und
falls ich mein Geld nicht bekomme, sich Mühe zu geben, entweder 40,000 Francs
oder 2000 Francs Rente zu zahlen. Wenn ich auch all meine Mittel zusammen-
raffe, so kann ich doch wegen der Verluste in Italien, welche total sind, und
wegen der Einbußen in England und der Bedrohung des Ganzen nicht über
100,000 Thaler hinaus gehen. Bringen Sie mir doch in Erfahrung (ohne zu
irgend Jemand in der Welt davon zu reden), wie es zugeht, daß Victor
sich auf eine Weise benimmt, für die es keinen Namen giebt; suchen Sie ihn zu
sprechen —

Ich will Ihnen Nichts über die Politik sagen, ich vermag nicht entheiligte
Worte zu stammeln. Wenn es wahr ist, daß Sie an der Konstitution arbeiten, so rathe ich Ihnen, mehr an die Garantieen als an die Erklärungen der
Rechte zu denken — Der Prinz Joseph hat mir den liebenswürdigsten Brief
von der Welt geschrieben; er sagt mir, daß er an dem Erfolg meiner Re-
klamation nicht zweifle. Das ist das Einzige, was ich wünsche, besonders
wegen dieser Heirathsverzögerung — Meine Gesundheit gestattet mir nicht den
Aufenthalt in Paris, und ich bedarf des Südens, um zu leben — ich weiß
also nicht, wann wir uns wiedersehen — Könnten Sie doch glücklich und ver-
nünftig sein — es ist schwer, daß in unserm Alter Einer ohne den Andern
auskomme —

Sie müssen mir nach Genf schreiben, damit ich den Brief eher erhalte
[Adresse:] Herrn

Benjamin Constant de Rebecque,
Rue neuve de Berry Nr. 2
Fbg. du Roule   in Paris.

Coppet, den 17. April.

Weßhalb war es nicht an Ihnen, mir zuerst zu schreiben? Ich hatte Sie
darum bei der Abreise gebeten, und um es Ihnen zu einer Art von Pflicht zu
machen, hatte ich Sie außerdem ersucht, mich über alle Nachrichten in Kenntnis
zu erhalten, die sich auf meine große Angelegenheit beziehen -- Sie haben drei
Wochen verstreichen lassen, ohne mir eine Zeile zu schreiben, und jetzt berichten
Sie mir, was man August gesagt hat! Das ist nicht Alles, Sie schreiben mir
auf zwei Seiten im Tone der Gewissensberuhigung: „Man sagt, daß der Herzog]
von Broglie an Ihre Tochter denke." Sie selbst war sehr betrübt über diese
Leichtfertigkeit bei einem solchen Interesse — Wahrscheinlich hat August Ihnen
Das gesagt; Nichts desto weniger hätte ich, ich weiß nicht was, für eine Zeile
mehr über einen so wichtigen Gegenstand gegeben — Herr von Broglie ist gerade
der Mann, den ich vor Allem [für meine Tochter] wünschte, und ich kann nicht

---

*) Vermuthlich war August von Staël nach Paris gereist, um dort die An-
erkennung der oft erwähnten Ansprüche seiner Mutter an den Staatsschatz zu
betreiben.

begreifen, wie man ein solches Interesse mit dieser Leichtfertigkeit behandeln mag — Ich weiß, daß, seit Sie sich nicht mehr langweilen, ich Nichts mehr für Sie bin — Seit dem Tage, wo Sie den Prinzen von Schweden gesprochen haben, ist der Ton Ihrer Briefe ein veränderter, obschon damals Nichts anders war, als 8 Tage vorher, höchstens, daß ich für Sie die schöne Angelika bin *), und daß ich Ihnen wie ein Gewissensbiß erscheine, den man nur fühlt, wenn man unglücklich ist — Ich habe die traurige Gabe, im tiefsten Herzen zu lesen — aber schreiben Sie mir über Albertine und suchen Sie sich wenigstens Dasjenige an Gefühl zu bewahren, dessen Sie für Ihr Talent bedürfen. Ihr Brief im Journal des Debats war fest wie der an mich in der letzten Ausgabe, d. h. als Sie an andere Dinge zu denken hatten. — Herr von Rocca hat weder Ihre Broschüre noch seinen Thucydides erhalten. Ich hätte gern die zweite Ausgabe der Preßfreiheit **) unter Kreuzband, Sie könnten mir dieselbe nach Genf schicken — Der Brief der Frau von Montbuissier Malesherbes hat mich in einen gereizten Zustand versetzt, den ich nicht zu schildern vermag! und Sie kennen die Gefühle, die mich bei seiner Lektüre bewegt haben — Gott sei Dank, mein Vater wird keine solche Vertheidigung erfahren — Ich habe wohl daran gethan, mich zu entfernen; wann rathen Sie mir, zurückzukehren, und soll ich Clichy oder eine Wohnung in der Stadt wählen? Rathen Sie mir in dieser Hinsicht! Ich habe hier eine angenehme englische Gesellschaft; ich habe Coppet sehr lieb gewonnen, seit ich mich aus freier Wahl hier aufhalte — ich bete hier viel zum Himmel, indem ich mich an meinen Heiligen wende — erinnern Sie sich, daß Sie ein Mystiker waren? Haben Sie wirklich geschrieben, die Preßfreiheit dürfe nicht den Republikanismus angreifen? — man sagt es in Genf, wo die Leute Aristokraten à la Calvin oder vielmehr auf illiberale Weise sind — Leben Sie wohl, schreiben Sie mir —

Die Angelegenheiten der Schweiz werden einen friedlichen Verlauf nehmen, und die 19 Kantons werden bleiben.

Den 30. April.

Die Konstitution hat mich sehr befriedigt — indeß habe ich doch einige Einwendungen zu machen. Was sollen die Staatsräthe? Sind sie verantwortlich oder unverletzlich? Was bedeutet ihr Vorhandensein in der Konstitution? Was werden die Pairs sein? Man hat mit dem Aussprechen dieses Wortes nicht Alles gesagt ***) — eine Kammer von Militärs würde keine Garantie für die

---

*) Die verlassene Geliebte. — Anspielung auf die heroische Oper „Roland" von Philippe Quinault.

**) Constant veröffentlichte im Jahre 1814 zwei Broschüren über Preßfreiheit, welche beide im selben Jahre zwei Auflagen erlebten: De la liberté des Brochures, des Pamphlets et des Journaux, considérée sous le rapport de l'intérêt du gouvernement, und: Observations sur le Discours prononcé par S. E. le Ministre de l'Intérieur en faveur du projet de loi sur la liberté de la presse. Wahrscheinlich ist hier die erstere gemeint.

***) Nach Constant's eigenem Berichte (s. Laboulaye's Ausgabe von Constant's „Cours de Politique constitutionelle". Tome I., pag. 308) hielt sogar der Kaiser selbst es für höchst bedenklich, nach dem Muster der englischen Verfassung eine erbliche Pairie in Frankreich einzuführen. Auch Constant sah später ein, daß eine Aristokratie sich nicht künstlich schaffen läßt.

Freiheit sein — Wird die Verwaltung in den Provinzen nicht vom Volke erwählten Männern anvertraut werden? Wie Dem auch sei, man muss loben, was
löblich ist, und ich begreife, dass Sie sehr froh sind, dabei mitgewirkt zu haben
— aber was Sie mir über Ihr Zufriedenheitsgefühl sagen, scheint mir nicht
einzig und allein dem Gewissen zu entstammen — Das Aussprechen guter Grundsätze ist immer ein großes Ding, die Grundsätze beherrschen zuweilen mehr die
Menschen, als die Menschen ihrer Herr sind — Was Sie anbetrifft, so wissen
Sie besser als irgend ein Anderer, was man sagen kann; ich selbst bin geneigt,
Alles zu begreifen, ausgenommen Das, was sich auf den Mangel an Gefühl bezieht, und da waren Sie nicht gebunden — Ich erdreiste mich, Ihnen zu sagen,
dass Ihr Benehmen in Betreff meiner Angelegenheiten weit unentschuldbarer ist
— Sie haben mir versprochen, mir 40,000 Francs von den 80 bei Gelegenheit der Heirath meiner Tochter zurückzuerstatten — ich verspreche diese 40,000
Francs Herrn d'Argenson, welcher mich in seinem letzten Briefe an Victor, der
sich mit dieser Summe einzurichten gedachte, daran erinnert hat; was kann ich
thun, ohne zu sagen, dass Sie sich jetzt ihrer Verpflichtung entziehen? — Unsere
Übereinkunft mit einander ist, wie Sie wissen, ein reines Geschenk, das Nichts
bedeuten kann. Betrachten Sie doch Ihre Lage — worin hat sich dieselbe seit
Ihrem Versprechen in Paris geändert, wenn nicht zum Besseren? — Sie
schreiben mir in Ihrem vorletzten Briefe, dass Sie sich mir und Albertine gegenüber verpflichtet hätten, weil Sie damals Deputierter zu werden hofften. Jetzt
sind Sie Staatsrath, Das bringt mehr ein — Sagen Sie doch Foucault, er
möge im Namen meiner Tochter irgend einen Theil Ihrer ausstehenden Schuld
an Madame Du [unleserlich] übertragen — Sie kommen jetzt mit der Erfindung,
dass Ihre Lage nicht von Dauer sein könne; aber da Sie selber sagen, dass
der Kaiser unüberwindlich sei, was fürchten Sie? Außerdem, wann würden Sie
finden, dass diese Lage von Dauer sei? Und was liegt mir daran, was Sie
zu einer anderen Zeit thun oder lassen werden, da es sich hier um vierzehn Tage
handelt, in denen das Schicksal meiner Tochter geregelt werden muss — Wir
haben früher einmal eine Korrespondenz gepflogen, die sechs Monate dauerte,
während welcher Sie mir alle Tage drohten, mich mittels einer Anweisung auf
Valembreuse und Cie. zu bezahlen — Sie haben seitdem Nichts verloren, und
ich habe Ihnen damals bewiesen, dass ich Ihnen Alles schenken wollte, wenn es
sich nur um mich handelte — aber gegenwärtig, wo es sich um das Schicksal
meiner Tochter handelt, muss ich als Mutter diese Angelegenheit mit der ganzen
Dringlichkeit betreiben, mit der sie irgend betrieben werden kann — Sie werden
vor diesen Mißhelligkeiten, die ich nicht näher bezeichnen mag, geschützt sein, wenn
ich mein Geld erhalte, und mir scheint, Sie können leicht den Kaiser überzeugen,
dass er, wenn jetzt eine Liquidation — im Verhältnis zu dem Güterverkaufe
während des verflossenen Jahres — Statt findet, das Princip, welches ich in
Anspruch nehme, und ferner den Artikel der Verfassung befolgt hat, welcher besagt, dass alles auf Grund eines Gesetzes erworbene Eigenthum heilig
sei — Meine Liquidation ist ein erworbenes Eigenthum, — und schließlich
hängt es nur von Ihnen ab, den Kaiser zu überzeugen, dass ich eine Person
bin, über welche die Dankbarkeit immer eine größere Macht haben wird, als

irgend eine Erinnerung — Ich wünsche von Herzen, daß Sie der Verfassung treu bleiben, davon hängt Ihr Ansehen ab — Denken Sie, ich beschwöre Sie, an die Lage Albertinens, an die Sorge, welche ich um ihretwillen erleiden muß, und finden Sie es natürlich, daß in einem solchen Augenblick Alles, was mir irgend an Mitteln zur Verfügung steht, für sie verwandt werde — Haben Sie doch sie wenigstens lieb — Leben Sie wohl —

Coppet, den 25. Mai.

Handelte es sich nur um mich, so würde ich fortfahren, Ihnen zu schenken, was ich Ihnen geliehen habe, wie ich es zu andern Zeiten zu thun die Thorheit besaß — aber Sie sind Schuld daran, daß die Hochzeit meiner Tochter nicht Statt finden kann, Schuld, weil Sie 40,000 Francs versprochen haben und diese im Kontrakt stehen — Ich habe verabsäumt, Sie denselben unterzeichnen zu lassen; aber da Sie mir von Briefen reden, so habe ich einen von Ihnen, welcher dies Versprechen einräumt — Außerdem, was für ein Mensch, der mich nicht fußfällig bittet, zu Albertinens Glück beitragen zu dürfen! — was für ein Mensch, der heute in glücklichen Verhältnissen ist und, weh uns Armen, meiner Tochter nicht nützlich zu sein sucht! — was für ein Mensch, der einem Kinde eben so viel Leid zufügt, wie er der Mutter zugefügt hat — was für ein Mensch! Die Phantasie sträubt sich vor dem Grausen einer solchen Erfahrung — die ganze Welt wird über Ihr Betragen urtheilen wie ich, aber im Augenblick Ihres Todes wird die Erinnerung Ihres vergangenen Lebens Sie schaudern machen — Im Übrigen ist Alles aus zwischen Ihnen und mir, zwischen Ihnen und Albertine, zwischen Ihnen und einem Jeden, der noch für irgend ein Gefühl empfänglich ist — Ich werde mit Ihnen nur noch durch die Abbokaten und als Vormund meiner Tochter reden — Leben Sie wohl —

[Adresse:]

Herrn Benjamin de Constant,
Staatsrath,
Rue neuve de Berry Nr. 2

Fbg. du Roule.   Paris.

Zur Ehre Constant's wollen wir glauben, daß er nach diesem letzten geharnischten Appell an seine Ehre unverweilt seinen Verpflichtungen gegen die Freundin nachgekommen ist. Der jähe Umsturz der Dinge sollte auch ihn bald in den allgemeinen Strudel hinabreißen. Nach der zweiten Thronentsagung Napoleon's wurde Constant von den Kammern den anrückenden feindlichen Heeren entgegengesandt, um die Milde der auswärtigen Herrscher anzuflehen. In trostlosester Stimmung von dieser Mission zurückgekehrt, hatte er eben noch Zeit, sich von dem „neuen Attila" zu verabschieden, welchem er nach England voranging. Mit gewohnter Federgewandtheit suchte er alsbald sein Verhalten während der hundert Tage in einer Denkschrift an Ludwig XVIII. zu rechtfertigen, den er seiner tiefsten Ergebenheit und seiner loyalsten Treue für die Sache der Bourbons versicherte. „Der König ertheilt Jhnen volle Amnestie," ward ihm nach Kurzem berichtet; „Jhre Schrift hat ihn vollkommen überzeugt." — „Das glaub' ich," sagte Constant mit spöttischem Lächeln, „hätte sie doch beinahe mich. selbst überzeugt!" Jndeß machte er erst im Herbst 1816 von der Erlaubniß zur Rückkehr nach Frankreich Gebrauch.

Während Constant sich in England durch ein ernstes Studium des dortigen Parlamentslebens auf eine neue, ruhmvollere Phase seiner poli-tischen Thätigkeit vorbereitete, hatte Fräulein Albertine von Staël sich am 20. Februar 1816 zu Pisa mit dem Herzog von Broglie vermählt. Frau von Staël verbrachte mit dem jungen Ehepaare die Frühlingsmonate jenes Jahres in Jtalien, und knüpfte in der ruhigeren Stimmung ihres dortigen Aufenthaltes den Verkehr mit Constant wieder an. Doch verräth die Nachschrift der Tochter mehr noch, als der freundliche, aber merklich kühlere Ton des Schreibens der Mutter, daß sein liebloses Benehmen im ver-flossenen Jahre, wie immer die Geldangelegenheit sich erledigt haben mag, tiefe Wunden in den Herzen Beider zurückgelassen hatte.

Florenz, den 30. Mai 1816.

Wir stehen im Begriffe, Florenz zu verlassen, wo wir beständig Nachrichten von Jhnen erhielten, obwohl Sie uns nicht geschrieben haben — Jetzt, wo wir uns in Coppet einrichten wollen, lassen Sie uns dort einige Zeilen über Jhre Pläne oder Nicht-Pläne zukommen, denn vielleicht fühlen Sie sich in England so wohl, daß Sie dort bleiben wollen — Über kurz oder lang werde ich Sie dort wiedersehen, aber zunächst wird mein Sohn auf der Reise nach Amerika in diesem Herbste durch England kommen. Jch gedenke in Coppet zu bleiben, bis ich nach Paris zurückkehre; ich habe Grund, zu hoffen, daß die, Gott sei Dank um Vieles bessere Gesundheit des Herrn von Rocca mir gestatten wird, den Winter in diesem gefährlichen Lande zu verbringen, doch muß man es sehen und beur-theilen — Jch hege noch immer die Absicht, dann nach Griechenland zu gehen, um vor dem Tode noch ein letztes Werk zu schreiben, welches Das darstellen soll, was ich an neuer Phantasie noch in mir zu haben glaube *); allein meine Gesund-heit nimmt ab, und mehr noch mein Jnteresse für ein jetzt nur so kurzes Leben — ich hange indeß jetzt an demselben, weil es glücklich ist, und ich beklage sehr den Verlust der Zeit, welche das Unglück mir geraubt hat — aber schließlich,

*) Frau von Staël schrieb um dieselbe Zeit in einem andern Briefe über den Entwurf ihrer mehrfach erwähnten, nicht zur Ausführung gelangten Dichtung „Richard Löwenherz": „Jch hoffe, ein schönes Gemälde von den Wirkungen der Einbildungskraft im reifen Alter darzustellen, in dem Alter, wo die Gegenstände, die sich bald umdunkeln sollen, noch von den purpurnen Strahlen der sich neigen-den Sonne erleuchtet werden."

wer kann Dem, der uns dies wunderbare Geschenk gemacht hat, Rechenschaft über all diese Tage geben?" — Wir haben geglaubt, Sie in einem Artikel der Ebinburgh-Review zu erkennen, welcher „Auszug von Briefen aus Frankreich vom Februarmonat" betitelt war — Lassen Sie mich wissen, ob wir Recht haben — es scheint schwer, einen solchen Verdacht zu hegen, ohne daß er gegründet wäre — Sie sehen oft Miß Berry und Lady Doren, welche ich alle Beide sehr liebe. Bitte, sagen Sie ihnen, daß ich bis zum 1. September in Coppet und dann in Paris zu bleiben gedenke, und daß ich ihre Pläne kennen möchte, um mit ihnen zusammen zu treffen — Italien ist ein angenehmer Aufenthalt, seit die Engländer dasselbe bereisen; man genießt dort zu gleicher Zeit ihre Gesellschaft und die Sonne, eine seltene Verbindung — Wir müssen es dennoch verlassen, denn man ist dort noch unstäter als überall anderswo, aber man bedauert den Verlust dieses Daseins ohne Verantwortlichkeit, ohne Hoffnung wie ohne Furcht, das uns zum Tode führt, wie am Ende Jeder von uns dort anlangen wird, nur gestützt auf die Gefühle seines Herzens — Ich lasse meine Tochter diesen Brief fortsetzen, antworten Sie uns —

[Nachschrift von Albertinens Hand.]

Man erzählt uns Viel von Ihnen, man sagt, Sie hätten große Erfolge. Ich wünschte sehr, daß London Paris wäre, und daß man nur die Londoner Gesellschaft zu fürchten hätte, denn es ist ein Land, wo man nur nach Dem beurtheilt wird, was man im Grunde seines Herzens ist. Aber ich habe das Gefühl, daß ich den Winter inmitten von Feinden verbringen werde. Italien beginnt sehr schön und sehr milde zu werden; dies Klima macht gerade den entgegengesetzten Eindruck von demjenigen Englands, es macht Einen glücklich ohne Grund, wie jenes Einen traurig macht. Victor läßt Sie vielmals grüßen. Ich glaube, Sie denken nicht mehr an mich, und Sie thun Unrecht, denn es bedürfte sehr Wenig, um mir die Liebe zurückzugeben, welche ich für Sie empfand, aber Sie haben das Alles vergessen.

Im Herbst 1816 kehrte Frau von Staël, fast gleichzeitig mit Benjamin Constant, nach Paris zurück. Es fand zwischen den alten Freunden eine vollständige Aussöhnung statt, und der anregende geistige Verkehr von ehemals wurde in herzlichster Weise erneuert. Eine glänzende Frucht desselben war Constant's Abhandlung „Über die politische Doktrin", durch welche er der ultraroyalistischen Schrift Chateaubriand's „Die Monarchie nach der Charte" entgegentrat und zuerst wieder die dumpfe Stille unterbrach, welche seit der zweiten Restauration auf dem politischen Leben in Frankreich lastete. Er rief die verschüchterten Kämpfer der Freiheit mit maßvoller, aber kräftiger Stimme zur Vertheidigung jener „guten Grundsätze" auf, welche, nach den Worten der Frau von Staël, den Menschen oft mächtiger beherrschen, als er sie beherrscht, und welche dem schwankenden Charakter im Ringkampfe des öffentlichen Lebens fortan einen sicheren Halt gaben. Handelte es sich in Benjamin Constant's Schriften nur um die Vertheidigung dieser oder jener vergänglichen politischen Form, so würden dieselben längst veraltet sein; aber noch heute lauschen wir gern seinen beredten Worten, weil er auf allen Gebieten des Staatslebens dieselben unveräußerlichen Freiheitsrechte des Individuums vertritt, welche Frau von Staël mit dem Feuereifer eines Apostels verkündete. Als seine große Freundin nach wenigen Monden in eine tödliche Krankheit verfiel, der sie am 14. Juli 1817 erlag, zog er sich Tage lang verzweiflungsvoll in die Einsamkeit zurück und suchte halbe Nächte hindurch seinen Schmerz in wildem Hazardspiel zu betäuben. Er mochte wohl fühlen, daß mit dieser schwer gekränkten Frau der Genius entfloh, welcher seiner schlaffen Seele die Schwingen gegeben; aber so gewaltig war die Macht des Einflusses, den sie auf ihn geübt hatte, daß ihre leuchtende Schattenhand ihm noch aus der Nacht des Grabes heraus das Banner ihrer Freiheitsideale vorantrug und ihn nöthigte, mit Überwindung seines skeptischen Geistes dem Fluge dieses Banners zu folgen.

Algernon Charles Swinburne.

Nach einer Abhandlung von Edmund W. Gosse.

I.

Unter den mancherlei Namen auf dem englischen Parnasse der Gegenwart, welche mehr oder minder Anerkennung fordern, erheben sich drei an Glanz und weitverbreitetem Ruhme hoch über die andern: Alfred Tennyson, Robert Browning und Algernon Swinburne. In Tennyson hat die „respektable" Gesellschaft ihren vorzüglichsten Sänger gefunden, dessen makellose Reinheit und Feinheit der Form eine etwas zahme und alltägliche Anschauung über das Leben mit seinen Pflichten, Leiden und Freuden umschließt, und ihm gerade deßhalb einen unbegrenzteren Ruhm eingetragen hat, als derselbe jemals einem Dichter bei seinen Lebzeiten zu Theil geworden sein mag. Bei Browning ist ein eklektischerer Geschmack mit einer Muskelstärke der intellektuellen Kräfte verbunden, welche in der poetischen Literatur Englands seit Shakespear nicht übertroffen und kaum erreicht worden ist; allein Mangel an Klarheit des Ausdrucks und Mangel an Fähigkeit, den Vers musikalisch zu gestalten, haben im Verein dazu beigetragen, die Wirkung erhabener geistiger und technischer Anlagen theilweise zu vernichten. Diese beiden großen Schriftsteller haben eine Zeit lang geherrscht und nähern sich ihrem natürlichen Abschlusse; Beide stehen im siebenten Jahrzehnt ihres Lebens. Der aufgehende Stern am Himmel der englischen Literatur ist ein gluthvoller Planet mit unstätem Zitterlicht, welcher Sturm und eine Zeit der Veränderung ankündigt, und welcher mit jedem seiner beiden Vorgänger nur wenig gemein hat. Algernon Swinburne hat geringe Lust gezeigt, als gekrönter Dichter der respektablen Gesellschaft betrachtet zu werden, und kaum größere Lust, der unmelodische Dolmetsch fernliegender philosophischer Theorieen oder der zergliedernde Anatom menschlicher Gemüthsbewegungen zu sein. Die Welt korrigiert sich durch eine steigende und sinkende Gleichgewichtsbewegung. So ist es in der Ordnung, daß wir nach Tennyson's häuslicher Muse und dem Raffinement Browning'scher Probleme uns die Willkür und die stürmischen Melodieen Swinburne's gefallen lassen müssen.

Swinburne ward am 5. April 1837 in Henley on Thames geboren. Er ist seit Byron der einzige bedeutende englische Dichter von aristokratischer Herkunft. Das Geschlecht Swinburne ist eine alte Familie von der schottischen Grenze (wohl von dänischer Abstammung, da die ursprüngliche Form des Namens augenscheinlich Sweinbjörn gewesen ist), und in den Kriegen zwischen England und Schottland unter der Regierung Edward's III. spielte dies Geschlecht eine hervorragende Rolle. Das gegenwärtige Haupt der Familie, Sir John Swinburne, besitzt Capheaton, das alte Erbgut in der wildesten und malerischsten Gegend von Northumberland auf den Abhängen der Cheviot Hills, ein halb uncivilisiertes Land, spärlich bevölkert und mit ungeheuren Wäldern bedeckt. Inmitten dieser Umgebungen und am felsigen Meeresufer Northumberlands verrannen die Knabenjahre des Dichters. Unter vielen Brüdern und Schwestern war er der älteste, auch von jeher der stärkste und wenig geneigt, sich an ihren Spielen und kleinen Vergnügungen zu betheiligen. Er scheint ein wahres enfant terrible gewesen zu sein: hitzig, eigensinnig und unruhig. Swinburne's äußere Erscheinung ist sehr merkwürdig. Ein großer Kopf, der auf einem dicken und kräftigen Halse ruht — einem Halse wie bei einem Vespasian oder Caracalla — ist mit einer Fülle von Locken goldrothen Haares geschmückt, das über eine Stirn, die sonst völlig das Übergewicht über das ganze Gesicht haben würde, herabfällt und sie halb verdeckt. Allein dieser kolossale Kopf und dieser koloffale Hals sitzen auf dem gebrechlichsten kleinen Vogelkörper den man sich denken kann, mit feinen Händen und Armen, schräg abfallenden schmalen Schultern wie bei einem Weibe, breiten Hüften und kleinen schwachen Beinen. Swinburne geht immer kerzengrade, als wage er nicht sich zu bücken, aus Furcht, daß sein großer Kopf ihn dann aus dem Gleichgewicht brächte. Seine Höhe beträgt wenig über fünf Fuß, und sein Körper ist so leicht, daß man ihn ohne Anstrengung mit den Händen emporheben kann. In seinen Kindheitstagen in Capheaton fand er ein besonderes Gefallen an Leibes-

übungen. Entweder ritt er den ganzen Tag in wildester Art auf einem
kleinen langhaarigen Pony, der zu seiner Größe paßte, oder er stürzte
sich in die Flußwellen, oder schwamm ins Meer hinaus. Ungefähr im
Jahre 1853 entdeckte man zum ersten Mal, daß in dem kleinen roth-
haarigen Algernon etwas Außerordentliches stecke. Zufällig war der
Dichter und Maler William Bell Scott im Begriff, die große Halle im
Hause Sir Walter Trevelyan's, des nächsten Nachbarn von Sir John
Swinburne, ringsum mit Fresken zu bemalen. Während Scott, von
seiner Arbeit ausruhend, am Erkerfenster saß, sah er den merkwürdig
schönen Knaben auf seinem plumpen Pony vorüber schießen. Algernon
Swinburne's Kopf war das genaue Modell eines Kopfes, dessen Scott
für seine Freskomalerei bedurfte. Nichts war leichter, als den Knaben
hereinzulocken, und bald wurde er ein täglicher Gast in Trevelyan's Hause.
Es dauerte nicht lange, bis das vogelgleiche Wesen, das keinen Augenblick
still sein konnte, während Scott malte, Fragmente unbekannter Verse her-
vorzuzwitschern begann, und wenn man ihn frug, Wer sie gedichtet habe,
hielt er inne und lachte. Bald entschwand alle Blödigkeit, und Algernon
deklamierte Tag für Tag seine poetischen Versuche. Er zählte jetzt gegen
16 Jahre und war Schüler in Eton geworden. Mittlerweile arbeitete
Scott an seinen großen Freskogemälden, welche noch heutigen Tages
das glänzendste Denkmal seines Genies sind. Wenn die Ferien kamen,
stellte sich Algernon Swinburne wieder ein, lyrischer, geistsprühender, rast-
loser als jemals. Schon war er von republikanischen Ideen entflammt;
der aristokratischen Familie in Capheaton dünkten solche Ansichten entsetz-
lich und todeswürdig; der unbändige Dichter fühlte sich daher mehr und
mehr zu der aufgeklärteren und intelligenteren Familie Trevelyan hinge-
zogen. In Lady Trevelyan, einer blendenden und liebenswürdigen Dame,
die leider schon früh gestorben ist, fand Swinburne eine außerordentlich
fördernde und sympathische Freundin, und ihr hat er manche seiner zuerst
veröffentlichten Gedichte vorgelesen.

In jenen Tagen folgten alle uneigennützigen und edlen Menschen
mit einer tiefen und ernsten Sorge dem Befreiungskampf in Italien.
Sterne blitzten vor dem Sonnenaufgang, Sterne, welche, in Blut er-
löschend, versanken. In die wilden Wälder Northumberlands drang die
Kunde von Mazzini's fruchtlosen Aufstandsversuchen, dann noch traurigere

Berichte von geplantem, aber vereiteltem Tyrannenmord, von Barbès, Agesilao und Orsini, und das Herz des Knaben sehnte sich glühend, wie sie für die Freiheit zu sterben. Ein Drang, Märtyrer zu sein, ist bei Swinburne immer stark entwickelt gewesen; so empfindlich gegen Schmerz er ist, fühlt er Nichts, wenn er für eine Idee leidet. Der Muth, welchen jene unbedeutende Gestalt in sich birgt, ist unbezähmbar, und er ist niemals wirklich zufrieden, wenn er nicht auf irgend einen Widerstand trifft. Während seiner ganzen Laufbahn hat er eine herausfordernde Stellung gegen die Welt angenommen: geborner Aristokrat, hat er Republikanismus und Atheismus geprebigt; vor einem „respektablen" und heuchlerischen Geschlechte hat er, aus purem Widerspruchsgeiste, von Anaktoria und Phädra gesungen. So konnte er in seinen Knabenjahren, wenn der Gedanke an Italiens Knechtschaft ihn mit einer leidenschaftlichen Liebesqual durchbebte, aus der kühlen Tiefe der Fluth, in welcher er sich badete, empor fahren und, während das Wasser aus seinem blonden Haar über seine schönen Glieder troff, seine Arme himmelan erheben in begeisterter Sehnsucht, dass auch er, wie Felice Orsini, als Märtyrer für die Freiheit Italiens sterben, und dass seine entblößte Brust und sein offenes Antlitz den österreichischen Kugeln Trotz bieten und nicht zurückweichen möchten. Mit dieser außerordentlichen Begeisterung war eine leidenschaftliche Freude an Leibesübungen jeder Art verbunden. Er war niemals sehr muskelstark gewesen und war untüchtig zum Ringkampf und zum erfolgreichen Gebrauch seiner Hände; allein in zweierlei Dingen that er es allen Knaben seiner Bekanntschaft zuvor, im Schwimmen und Reiten. Ungefähr 1856 zog Scott nach Newcastle hinab und verbrachte oft Wochen an einem öden Fleck des Meeresstrandes in der Nähe der Stadt; dorthin kam Algernon gern, wenn das Meer in Aufruhr war. Er sprang dann von Klippe zu Klippe, halb erstickt von dem donnernden Brandungsschaum, oder er gab seinen leichten geschmeidigen Körper dem Kamm einer heranrollenden Welle preis, stürzte durch die einsinkende Wölbung des kalten grünen Wassers, und wenn er dann wieder zum Vorschein kam, jauchzte er wie ein Wahnsinniger in den Schaum und das Toben der brüllenden See. Kein englischer Dichter hat die verschiedenen Stimmungen des Meeres so genau gekannt und sie so hoch geliebt wie Swinburne, und diese Kenntnis ist keine bloß theoretische: er ist ein unverzagter und

schneller Schwimmer, der nur einer breiteren Brust bedürfte, um die ge-
übtesten Wettschwimmer zu besiegen. Zu seinem Reiten und Schwimmen
gesellt sich noch ein anderes verwandtes Talent: er ist ein so behender
Schnellläufer wie Einer. Das beste Porträt, welches von ihm existiert,
wurde im Jahre 1860 von W. B. Scott gemalt. Er stand damals auf
dem Gipfelpunkt seiner Schönheit; das Gesicht gleicht dem eines Engels
aus der toskanischen Schule, man denkt unwillkürlich an das Gesicht eines
der lieblichen und ätherischen Wesen, welche Botticelli oder Filippino so
gern malten, mit der Lilie der Verkündigung oder der Palme des Mar-
tyriums in der Hand. Die kleinen vollen Lippen sind der am wenigsten
ansprechende Theil des Gesichts: die Oberlippe ist etwas zu lang und beweglich, wie sie heute noch erscheint. Die Augen sind von einer hellen,
grünlich blauen Farbe, der Teint ist weiß und farblos; das strahlend
roth-goldene Haar kräuselt sich über der Stirn und fällt in dichten Locken
hinter dem Kopfe herab. Ein solches Wunder seltsamer Schönheit war
Swinburne 1860; jetzt haben leider Krankheit und Sorge und hartes
Leben alles Bezaubernde und Frische diesem Antlitz geraubt, auf welches
das Alter so rasch seinen Stempel drückt. Aber das Gemüth blieb unverändert; er ist immer noch derselbe warme und edle Enthusiast.

Im Jahre 1857 bezog er die Universität zu Oxford und ward als
Nicht-Graduierter auf dem Balliol-College immatrikuliert. Hier fand er
Jowett, den Plato-Übersetzer und jetzigen Vorsteher dieses College —
einen Mann, dessen erhabene Biederkeit und herzwarme Treue sich
wiederholt ins Mittel legten, wenn Swinburne Gefahr lief, die eine oder
andere Handlung von verhängnisvoller Thorheit zu begehen. Hier ward
er auch mit den jungen Männern bekannt, die im Begriff standen, die
englische Kunst zu revolution-eren, und er ließ sich in ihre sogenannte
„präraffaelische Brüderschaft" aufnehmen. William Morris war der Erste
unter ihnen, welcher Swinburne anzog. Morris hatte damals noch kaum
Etwas geleistet, das auf eine ungewöhnliche poetische Begabung schließen
ließ; obschon er viel älter als Swinburne war, hatte er doch kaum etwas
Anderes als das kleine Werk „The Defence of Guenevere" geschrieben,
welches 1858 veröffentlicht ward, aber geringe Aufmerksamkeit erregte.
Die außerordentliche Originalität und Schönheit dieser Gedichte, welche
genaue Reproduktionen frühmittelalterlicher Gefühle waren, machten auf

den jungen Swinburne einen so gewaltigen Eindruck, dass er sie nachzuahmen begann. Kurz darauf kam Dante Gabriel Rossetti von London
nach Oxford, um dort zu malen. Dieser Mann, dessen persönlicher Einfluss auf junge Männer von Talent in England größer als der irgend
eines seiner Zeitgenossen war, zog Algernon Swinburne an, wie die
Flamme die Mücke anzieht. Rossetti gehörte zu einer früheren Generation,
er war ein welterfahrener Mann, gewohnt andere Menschen zu beherrschen,
von kraftvollem Willen und Vorsatz. Swinburne klammerte sich an ihn,
wie eine feurige und zärtliche Natur, von ihrer eigenen Feinheit herabgedrückt, sich an eine stark und breit angelegte Natur klammert, deren
physische Kraftfülle ihr imponiert. Swinburne's Studien in Oxford waren
von geringem Erfolg; er brillierte in den klassischen Disciplinen, vermochte aber niemals die Anfangsgründe der Mathematik hinlänglich zu
bewältigen, um das Vorbereitungsexamen für Nicht-Graduierte zu bestehen.
Allein noch während seiner Studentenzeit, 1862, begleitete er seine Mutter
nach der Schweiz und Italien. Das erste dieser Länder machte geringen
Eindruck auf ihn; das zweite blendete ihn fast zum Sterben. In Florenz
besuchte er den alten, in freiwilligem Exil lebenden Dichter Walter Savage Landor, einen der größten Geister Englands, den aber die Engländer
niemals lieben gelernt haben. Er fand den alten Mann fast blind,
murrend und sein Schicksal verwünschend. Der junge Poet warf sich dem
Greise zu Füßen, küsste seine Hände und bat ihn um seinen Dichtersegen.
Landor's alte große Seele erwachte wieder; dieser Besuch war für ihn
wie Sonnenschein und wärmestrahlendes Leben; er fühlte sich wieder jung,
raffte sich aus seiner stumpfen Mattigkeit empor und wanderte, auf
Swinburne's Schulter gestützt, auf und ab durch die Gemächer. Der
junge Poet sagt in einer herrlichen Elegie auf Landor, welche er zwei
Jahre später schrieb:

> „Ich kam, halb vorgeeilt als Dränger,
> Halb zögernd nur,
> Der jüngste zu dem ältsten Sänger
> Aus Englands Flur.“

Algernon Swinburne besitzt die zartsinnigste Sympathie für alte und
schwache Personen und eine wunderbare Gabe, sie aufzurichten und zu
trösten.

Als er aus Italien heimkehrte, ward er von einem großen Kummer betroffen. Die Diskretion verbietet, darüber mehr als diese leise Andeutung zu geben. Ich hätte selbst diese zurückgehalten, wenn es nicht nöthig wäre, hervorzuheben, daß dies Ereignis ihn anspornte, seine erhabensten Dichtungen hervorzubringen. Nach einer langen Pause der Bitterkeit und des Schweigens fand sein gequältes Herz Worte in dem bedeutendsten all seiner kürzeren Gedichte: „Der Triumph der Zeit". Dann folgten „Les Noyades", „Dolores", und bald darauf das Drama „Atalanta in Kalybon". Die Zeit von 1862 bis 1864 war die fruchtbarste Periode im bisherigen Leben des Dichters. Schon während seines Aufenthalts im College hatte er zwei Dramen, „Die Königin-Mutter" und „Rosamunde", verfaßt und veröffentlicht, und „Chastelard" geschrieben. Ich verspare jede kritische Bemerkung darüber für einen späteren Abschnitt. Aus diesem Zeitraum vermag ich keinen ausführlichen Bericht über das Leben des Dichters zu geben, auch bot dasselbe keine besonders merkwürdigen Ereignisse dar; es ward theils in London, theils in Henley, theils in Frankreich verbracht. Die Veröffentlichung der „Atalanta in Kalybon" im Jahre 1864 stellte ihn plötzlich auf die Höhe der besten Dichter der Gegenwart; „Chastelard", eine frühere Arbeit, ward darauf herausgegeben und vermehrte noch seinen Ruf. Aber die „Gedichte und Balladen", welche 1866 erschienen, wurden von der engherzigen und philiströsen „respektabeln" Gesellschaft mit einem Zetergeschrei begrüßt, dessen Gleichen man nicht gehört hatte, seit Byron seinen „Don Juan" herausgab. Von den Ursachen dieser Erbitterung soll später die Rede sein. 1867 machte Swinburne im Hause Karl Blind's die Bekanntschaft Mazzini's. Sie saßen den ganzen Abend Hand in Hand, und als sie von einander Abschied nahmen, sagte Mazzini: „Sie dürfen keine erotischen Gedichte mehr schreiben, Sie müssen Ihr Kräfte der Sache der Freiheit widmen." Swinburne eilte heim und dichtete „Ein Lied von Italien", das noch im selben Jahre erschien und Mazzini gewidmet war. Dann begann er seine „Lieder vor Sonnenaufgang" zu dichten. 1869 verweilte er in der Bretagne. Als er eines Tages bei St. Malo badete, trieb die reißende Strömung ihn ins Meer hinaus. Er schwamm fast eine Stunde lang. Gerade als er den Athem zu verlieren begann und die Kräfte ihn verließen und er dem sicheren Tod entgegensah, nahm ein französisches Fischerboot ihn auf. Die Fischersleute gaben ihm ein paar alte Segeltuchhosen, und ohne andere Bekleidung saß der Dichter auf dem Vordersteven des Fahrzeugs, während das Sonnenlicht über sein Haar floß, und deklamierte seinen Rettern Verse von Victor Hugo. Sie fanden Gefallen an ihm und nahmen ihn nach ihrem etwas entfernt gelegenen Dorfe mit heim. Der leicht erregbare Dichter, welcher über dieses neue Leben entzückt war, vergaß seine Freunde in St. Malo und fand sie, als er nach einigen Tagen zurückkam, in der größten Unruhe um ihn. Inmitten des großen Kriegs 1870 erschienen die „Lieder vor Sonnenaufgang". Im Donnergetöse jenes Jahres ward ihre Musik kaum gehört, und die französische Über= setzung, welche gleichzeitig mit dem Original erscheinen sollte, unterblieb wegen der Belagerung von Paris. Seitdem veröffentlichte er das Trauer= spiel „Bothwell", welches im Sommer 1874 erschien und endgültig die Stellung Swinburne's als des größten der nach 1820 geborenen Dichter befestigte, 1875 einen Band politischer Gedichte: „Lieder von zwei Nationen", so wie zwei Prosaschriften kritischer Natur, im Januar 1876 „Erechtheus", eine griechische Tragödie im Stile des Äschylos, und so eben, im Sommer 1878, eine zweite Sammlung „Gedichte und Balladen."

2.

Im Jahr 1861 gab der junge Dichter, wie wir sahen, einen Band mit zwei versificierten Dramen heraus; dieselben erregten jedoch kein Auf= sehen, nicht einmal in dem unmittelbaren Kreise seiner Bekannten, und es verstrich einige Zeit, bevor er wieder vor die Öffentlichkeit trat. Allein seit 1857 hatte er mit großer Leichtigkeit lyrische Gedichte geschrieben, und im Jahr 1864 hatte er eine hinlängliche Anzahl ausgewählter Poesieen für einen starken Band beisammen. Er suchte jedoch vergebens nach einem Verleger; keiner war geneigt, die Gedichtsammlung eines unbe= kannten Verfassers zu drucken, und Swinburne hatte nicht bares Geld genug, um selbst das Risiko zu übernehmen. Aber sein Pult war übervoll von Manuskripten. Außer den lyrischen Gedichten war ein ganzes Drama, „Chastelard," schon 1860 vollendet, und andere Werke, die jetzt verloren gegangen oder beiseite gelegt worden sind, waren druckfertig. Er war 27 Jahre alt und noch unbekannt. Es mußte Etwas geschehen. Er schrieb daher in der ersten Hälfte des Jahres 1864 sein griechisches Drama „Atalanta in Kalydon," das, von der Firma Moron und Sohn in Verlag genommen, in demselben Jahre herausgegeben und von der gesammten englischen und amerikanischen Presse mit fast einstimmigem Enthusiasmus begrüßt ward. Es war jetzt leicht für ihn, herauszugeben, was er wollte, und im folgenden Jahr erschien das früher verfaßte Drama „Chastelard," und 1866 ein Band lyrischer Gedichte, die auch · fast alle lange vor „Atalanta" geschrieben worden waren. In Wirklichkeit gehören viele Stücke in Swinburne's „Gedichten und Balladen" seiner frühesten Jugend- zeit an; allein Das haben niemals die Kritiker begriffen, welche heutigen Tags immer noch auf „Atalanta's" Reinheit und Fülle hinweisen, als Zengnis dafür, daß der Stil Swinburne's ursprünglich vollkommener als jetzt gewesen sei. Sie urtheilen nach der augenscheinlichen Unreife der später herausgegebenen, aber früher geschriebenen Werke.

Die Veröffentlichung der „Gedichte und Balladen" bezeichnet eine Epoche in der poetischen Literatur Englands. Selten ist ein Buch mit einem solchen Sturme von Schmähworten seitens aller Organe der Presse begrüßt worden. Trotzig, excentrisch und anmaßend hatte der Dichter in diesem Buche fast jede konventionelle Norm der poetischen Schreibart und des poetischen Gedankens zu verletzen gewagt. Es gab wohl nie eine Zeit, die so geneigt gewesen wäre, das Leben bequem aufzufassen, wie die jüngst vergangene Periode; es gab nie ein so kindisch furchtsames, so zier- lich schönredendes, so „respektables" und überfeinertes Geschlecht, wie das, welches mit entzückter Huldigung die großen Thaten seines vornehmsten Freundes, des Gesellschaftsretters jenseit des Kanals, betrachtete. In einer nach dem äußeren Schein so moralischen, in Wirklichkeit aber höchst un- moralischen Atmosphäre war die Poesie, gleich einer Treibhauspflanze, kränklich, matt und bleich. Der Dichter, welcher in jener Epoche die einzige und die allgemeinste Geltung fand, war Alfred Tennyson, dessen idyllische Schilderungen des Liebesverhältnisses zwischen Kaplänen und jungen Edelfräulein auf dem Lande die stärkste geistige Nahrung waren, welche die englische Nation verdauen konnte. Robert Browning machte, nur von Wenigen beachtet, seinen kraftvollen, für die Uneingeweihten dunklen Ausbrüchen Luft; Elisabeth Browning starb 1861, gerade als sie durch ihre „Casa-Guidi-Fenster", und noch mehr durch ihre verblüffende

54

epische Satire „Aurora Leigh," die Nation zur Einsicht zu bringen begann, daß ein umfangreicherer und kräftigerer Geist in der Poesie möglich
sei. Alles war wieder im Begriff, in den fadesten Zustand der Schläfrig-
keit zu versinken; die einzigen Dichter, welche die Presse anerkannte, waren
diejenigen, deren Werke man ohne Bedenken dem jüngsten Backfisch in die
Hand geben konnte. Da erschienen plötzlich Swinburne's „Gedichte und
Balladen," jedes Vorurtheil der brittischen Philister trotzig herausfordernd,
die sanfte Stimme der Idyllen-Dichter in donnernden Melodieen der
Sinnlichkeit, Grausamkeit und Blasphemie ertränkend. Der Gegensatz
war maßlos; der neue Poet schoß in seinem Angriff auf bestehende Verhältnisse weit über das Ziel hinaus; vor Allem fand man ihn des Ver-
brechens der „Unschönheit" schuldig, und er ward wie ein toller Hund
niedergeschlagen.

Oder vielmehr, ihm würde dies Schicksal widerfahren sein, wenn
man nicht sofort erkannt hätte, daß dieser neue Poet sich nicht todtschlagen
und vernichten ließ, und wenn man nicht zugleich die Entdeckung gemacht
hätte, daß, trotz der Journalisten, welche seine Gedichte albern und ruchlos
nannten und behaupteten, kein Mensch werde sie lesen, dennoch alle Welt
sie las, und daß im Laufe der Zeit erst eine Stimme, dann eine zweite
und dritte das Zetergeschrei der Menge mit der Versicherung durchdrang:
die Blasphemie und Ruchlosigkeit seien stark übertrieben worden, das Buch
sei nicht so abscheulich, wie die Tagesblätter meinten, und trotz manches
Unbedachtsamen, Häßlichen oder selbst Unnatürlichen enthalte es doch genug
reine und vollkommene Produktionen, um mit Recht seinen Verfasser unsterblich zu machen. Zwölf Jahre sind seit jenem lärmenden Streit über
die „Gedichte und Balladen" verflossen, und die Kritik hat ihr ungün-
stiges Urtheil mittlerweile stark modificirt. Der Dichter hat seitdem andere,
nüchternere Werke verfaßt; er hat nie wieder auf dieselbe überreizt schwüle
und unehrerbietige Weise über die physiologischen Erscheinungen seelischer
oder geistiger Krankheit geschrieben, und die Gesellschaft steht nachgerade
im Begriff, ihrem enfant terrible seine Jugendsünde zu verzeihen. Außerdem aber ist ja der Dichter auch Prophet, und durch seine rücksichtslose
Kühnheit hat er nicht wenig dazu beigetragen, seine Nation vom beengen-
den Joche der Prüderie und Zimperlichkeit zu befreien. Wenn die englische Literatur der Gegenwart im Vergleich mit der Literatur der fünf-

ziger Jahre als kräftig, männlich und aufrichtig erscheint, so ist es nicht mehr als billig, der kühnen, wiewohl mißverstandenen Gewaltsamkeit Swinburne's ein gut Theil des Verdienstes um diese Emancipation zu vindiciren.

Nehmen wir das gefährliche Buch von 344 Seiten zur Hand! Auf den ersten Blick erkennen wir, daß es kein Produkt christlicher Gesinnung ist. Ein heidnischer Geist durchweht dasselbe, und eifert in den unverblümtesten Ergüssen leidenschaftlich wider die Traditionen und Usurpationen des Christenthums. Es ist keine Verspottung von Glaubenslehren, wie bei Shelley; es ist kein Bestreben, die antike Philosophie und das Christenthum zu versöhnen, wie bei Tennyson und Anderen. Dieser Poet, welcher im neuen Zeitalter allein steht, jammert nach der alten goldenen Zeit, und wüthet blind gegen die Fesseln, die ihn umschlingen. Er ist vor Jahrhunderten im Schoße der Welt als freier Mann in Schlaf gefallen; nun erwacht er, um sich vom Netzgestrick der Philister umgarnt zu finden, und die Welt selber hat ihn verrathen.

Die Gedichte sind in keiner natürlichen Ordnung zusammengestellt. Mit einer Art störrischer Absichtlichkeit sind sie so bunt durcheinander gewürfelt, daß wir sie nur mit unsäglicher Mühe in einen gewissen Zusammenhang bringen können. Die chronologische Zeitfolge würde uns, selbst wenn sie zu ermitteln wäre, wenig dabei nützen. Alle sind Jugendarbeiten, so Viel ist gewiß:

> „Denn die jüngsten schrieb der Knabe zum Spiel,
> Die ältsten sind jung."

All dieser Gluth und Pracht fehlt Eines: ein gereiftes Urtheil. Die lyrischen Gedichte sind in den meisten Fällen von dramatischer Natur, und man könnte sie ihrem Stoffe nach in zwei große Klassen eintheilen: in solche, welche einem vorchristlichen, und in solche, welche einem christlichen Zeitalter angehören. An Ton sind sie sehr verschieden. Von diesem Gesichtspunkt aus beginnen wir die Liste mit dem wundersamen Lied „Itylus". Aus dem dunklen und vorhistorischen Griechenland klingt zu uns diese schwermüthige und leidenschaftliche Melodie, der Vorwurf, welchen die Nachtigall ihrer leichtsinnigen und vergeßlichen Schwester, der Schwalbe, macht, die nicht mehr an die grausamen Schiffe und die fremden Gesichter, an ihr Wachen über Itylus und allen Schmerz und alle Schmach denkt. Dies Gedicht, das im Sommer 1862 zu Fiesole geschrieben ward, ist eines der melodiösesten Versgebinde, deren die moderne englische Literatur sich rühmen darf, und kein anderes unter den lyrischen Gedichten Swinburne's athmet einen so vollkommen antiken Ton. In „Anaktoria" und „Phädra" nähern wir uns der historischen Zeit; hier treffen wir Kraft, allein ohne Zartheit und Anmuth. Diese Monodramen wilder, wahnwitziger Wollust verdanken ihren Charakter großentheils der Lektüre von Baudelaire und seinen Sumpfgewächsen krankhafter Poesie. In „Anaktoria" ist nur Wenig von der wahren Sappho; die Verse dagegen, welche „Sapphische Strophen" („Sapphics") betitelt sind, glühen und beben von einer flammenden Leidenschaft, welche selbst dem größten lyrischen Dichter Griechenlands nicht zur Unehre gereichen würde. Dies herrliche Gedicht schildert, wie die Götter mit Grauen und Mitleid die zehnte Muse, Sappho, sich zur Höhe ihres erhabenen Gesanges emporschwingen und dann, von unfruchtbarer Sehnsucht verzehrt und gebrochen, hinabsinken sehn. Es ist kaum möglich, Einzelnes davon zu citieren; Strophe nach Strophe entfaltet sich die große lyrische Tragödie in einer Sprache, die sich an Majestät, Harmonie und Leidenschaft nicht übertreffen läßt, die aber so fein in einander gewoben ist, daß man die unmittelbare Gedankenkette zerreißen würde, wenn man einen Einschnitt darein machte. Die schönsten rhetorischen Eigenthümlichkeiten in Swinburne's Stil treten klar in diesem bedeutenden Gedichte hervor, das einen so anspruchslosen Titel hat, und Jedermann weiß, wie schwer diese antiken Versmaße sich der rauhen englischen Sprache anbequemen. Ein zweites, in ganz anderem Geist empfangenes Gedicht trägt einfach die Überschrift „Hendekasyllaben;" hier begegnet uns eine Stimmung sanfter Klage über das schnelle Dahinschwinden alles Schönen, in einer Weise ausgedrückt, die eher mittelalterlich als klassisch ist, und in einer Sprache, so zierlich und kühl wie ein thauiger Blumenkelch. Das kleine Gedicht „Erotion" schließt die Gruppe der vorchristlichen, klassischen Poesieen, und ist ein heimlicher Ausbruch der Trauer und Sehnsucht im Stil jener geschlechtslosen Liebesklagen eines Kallimachos oder Meleager, deren man so viele in der griechischen Anthologie findet. Der geliebte Gegenstand ist zu neuen Eroberungen und neuen Aufregungen hinweg geeilt, und der Liebende kann nur den entfliehenden Schritten nachseufzen:

„Verlaß mich nicht; doch, wenn du willst, sei frei!
Lieb' mich nicht mehr, doch sieh mich dir getreu!
Lieb', wo du willst, dein Glück dir zu erwerben;
Doch ich kann Eins, was Liebe nicht kann — sterben."

Bis zu einem gewissen Grade sind mit diesen griechischen Gedichten
diejenigen verwandt, welche hebräische Stoffe behandeln. „Eine Litanei"
ist ein strenges Drohlied im Geiste des Jesaias oder Hosea; „Eine Weh-
klage" spricht die Trauer und Verzweiflung eines Volkes aus, das seinen
Gott verlassen hat und von ihm verlassen ward; in „Aholibah" wird die
Braut und Dienerin Gottes geschildert, wie Hesekiel sie schildert, als die
an die Wand gemalten Gestalten der babylonischen Fürsten ihr Herz und
ihre Lippen zu arger Sünde verlockten, wofür der Fluch und die Strafe
Gottes schwer auf sie herabfiel.

Eine andere Gruppe der „Gedichte und Balladen" läßt sich als Monodramen aus der späteren Zeit des römischen Kaiserthums bezeichnen. Unter
diesen finden wir „Hermaphroditos," vier Sonette von ausgesuchter Feinheit und Anmuth, eine träumerische Grübelei, die schwermüthig fragt:
welcher der Götter, müde der Menschengeschlechter, dies makellose Zwitter-
wesen als eine bloße Trophäe unfruchtbarer Schönheit erschaffen habe. Es
wird keine Antwort darauf ertheilt, und die Liebe selbst, welche blind ist,
weiß Nichts davon. In „Fragoletta" wird dasselbe geheimnißvolle Thema
behandelt, aber mit weniger Zurückhaltung; denn die Grübelei weicht der
Leidenschaft, und der Redende bekennt, daß er, müde der Leoparden-Spuren
der fliehenden Liebe, froh darüber sei, süßere Rast an dieser glatten Brust
und diesem sanft gerundeten Halse finden zu dürfen. In „Faustina"
steht ein Gladiator, in dessen Armen die Kaiserin in der verwichenen Nacht
geruht hat, aufrecht in der Arena, um bald dem Tod ins Antlitz zu
schauen, und ergeht sich in Schmähworten über ihre grausame und erbarmungslose Wolluft. In „Hesperia" segelt ein Mann, welcher bis zum
Übermaße geliebt und in Rom's wilden Genüssen allzu viel gelitten hat,
bleich und ermattet ins goldene Westmeer hinaus, um, wo möglich, die
„glücklichen Inseln" zu erreichen und Ruhe vor dem Tode zu finden.
Besonders scharf aber treten drei Gedichte hervor. Der „Hymnus an
Proserpina" ist der Verzweiflungsschrei eines Heiden bei der Einführung
des Christenthums in Rom. Er perorirt wider die Knechtschaft unter dem
Joche des Galiläers, er will Nichts zu schaffen haben mit der neuen jung-

fräulichen Göttin, — einer neuen Kybele, welche schwerfällig, kalt und freudlos vom Berge Dindymos herabfährt. Für ihn hat das Leben seinen Sonnenschein, die Liebe ihre Leidenschaft, die Welt ihre Hoffnungen verloren, und sein einziger Trost ist, dass auch der Galiläer nicht unsterblich sei, und dass auch er im Laufe der Zeit fallen werde, um stärkeren Göttern Platz zu machen. Während in dem „Hymnus an Proserpina" ein männlicher und heroischer Heide spricht, redet in dem wunderbaren Gedichte „Dolores" ein Mensch, der von wollüstigem Genufs übersättigt ist, und der in seiner Begier nach physischer Aufregung sogar nach dem Schmerz als Reizmittel für seine erschlafften Nerven verlangt. Swinburne hat vielleicht nie etwas Originelleres, Vorzüglicheres, Kraftvolleres und Abstoßenderes geschrieben, als dies berüchtigte Gedicht „Dolores". In Versen, welche reinste Musik sind, schildert der Redende durch Gebet, Vorwürfe und flehenden Anruf die seltsame Göttin, welche er sich für sein Andachtsbedürfnis geschaffen hat, eine Tochter der Kotytto und des Priapus, — höchste Befriedigung, gepaart mit einer nimmer ermüdenden Sinnenlust. Vor dieser scharfgezahnten und rasenden Gottheit strömt er alle Gebete und alle Leidenschaft aus, welche ein Mann seiner Geliebten oder ein inbrünstig Flehender seinem Gotte widmet. Vergebens! die Menschen sind nicht mehr, was sie waren; das Blut ist matt, das Feuer brennt schwach, die herrliche antike Kraft der Liebe und des Gesanges sind erloschen:

> Hoch hängen die Kränze der Alten,
> Ihr Lied überhallt unsern Sang,
> Unsre Lieb' mufs vor ihrer erkalten,
> Und Catull beschämt unsern Klang.
> Wer küfst noch mit Lippen, mit warmen,
> Wie er sang auf der heimischen Au?
> Bitt' für uns in deinem Erbarmen,
> Schmerzgöttliche Frau!

In diesem wildschönen Liede kamen die Strophen vor, welche den englischen Recensenten den größten Schreck einjagten. Leuten, denen Martial, Apulejus oder Petronius unbekannt waren, erschien es unbegreiflich und ganz unerhört, dass ein Poet von Lippen schreiben konnte „in einander geschmiegt und gebissen, bis der Schaum gewürzt ist mit Blut" und von „schweren weißen Gliedern" und „dem grausamen rothen Munde, der einer Giftblume glich," und von jener entsetzlichen Mischung von wollüstiger Freude

und Schmerz. Freilich hätten selbst Diejenigen, welche mit den dunklen
Leidenschaften der antiken Welt näher vertraut waren, eine minder glühende
und minder begeisterte Schilderung ihrer Mysterien wünschen mögen.
Indeß enthält „Dolores" einige der erstaunlichsten Kraftstücke, die Swinburne's Muse geleistet hat. Eine Strophe wie die nachfolgende, welche
den Gesang Nero's beim Brande Rom's schildert:

„Als, umglüht vom feurigen Tosen,
Der schöne Wütherich stand,
Wie ein Harfenspieler, mit Rosen
Bekränzt, den Tod in der Hand;
Und fern durch das Flackern und Flimmern
Ein Ton wie Meeressturm schwoll,
Und zum Blitz des Blutbads das Wimmern
Der Lauten erscholl."

eine solche Strophe hat die ganze Feinheit, Härte und den metallenen
Klang wie ein juwelenverzierter Pokal Benvenuto Cellini's, fest wie Eisen,
leicht wie eine Blume. Natürlich ist es schwer, von der tabellosen Form-
vollendung solcher Verse bei ihrer Nachbildung in einer fremden Sprache
dem Leser eine annähernd richtige Vorstellung zu geben. Das letzte dieser
römischen Gedichte ist „Der Garten der Proserpina". Müde der Wollust
und des Lachens, überdrüssig aller menschlichen und göttlichen Dinge, hat
der Redende nur noch den Trost:

„Da Lebenslust und Hoffen
Und Furcht uns nicht umspinnt,
Danken wir kurz und offen
Den Göttern, wer sie sind:
Daß ewig währt kein Leben,
Sich Todte nie erheben,
Und daß zum Meer doch eben
Der trägste Fluß selbst rinnt."

Und so kommt er, wie Adonis in dem schönen Gedichte des dänischen
Schriftstellers Frederik Paludan-Müller, ermattet von den Rosen Aphroditens, mit schwankenden Schritten zu dem Throne, auf welchem die stille
Persephone, mit kalten, weißen Blumen bekränzt, schweigsam sitzt. So
endet der Cyklus der sinnlich-leidenschaftlichen Gedichte mit Schlaf und Tod.

Es wäre gut gewesen, wenn Swinburne sich damit begnügt hätte,
nur die hier hervorgehobenen Gedichte, und ungefähr in derselben Ordnung,
herauszugeben. Seine anderen lyrischen Gedichte hätten einen besonderen

Band füllen können; sie sind, nach unserer Ansicht, nicht an ihrem Platz unter diesen Klängen aus der antiken Welt. Mit demselben Recht könnte man Leconte de Lisle's „Poèmes Barbares" mit Gautier's „Emaux et Camées" und mit einzelnen von Victor Hugo's „Odes et Ballades" zu einem Bande vereinigen. Denn auch Swinburne hat seinen mittelalterlichen Abschnitt in den „Gedichten und Balladen". Es sind außerordentlich gewandte Leistungen, aber doch mehr Nachahmungen, als originale Erfindungen. In der „Ballade vom Leben," der „Ballade vom Tode" und der „Refrain-Ballade" ahmt er sorgfältig den Stil der Kanzonett-Dichter nach, welche auf Dante und die frühesten italiänischen Lyriker folgten. In „Laus Veneris" erzählt er die Geschichte von Tannhäuser und Frau Venus nach Art der französischen Romantiker des sechzehnten Jahrhunderts; „Sankt-Dorothee" ist eine getreue Wiederaufnahme von Chaucer's eigenthümlichem Erzählungsstil. Das Gedicht „Im Obstgarten" schließt sich genau an die alten provençalischen Refrain-Balladen, während für „Ein Weihnachtslied" und „Das Maskenspiel der Königin Bersabe" noch frühere Muster gewählt sind; ja, wir stoßen auf Gedichte, welche die ersten Anfänge der englischen Lyrik in Liedern und Mysterien so vollständig nachahmen, daß es Einem fast unmöglich ist, sie nicht für echt zu halten. Am wenigsten gelungen unter diesen Nachbildungen sind die Balladen im Tone der herrlichen anonymen Gedichte aus dem fünfzehnten Jahrhundert, welche man „Border-Ballads" zu nennen pflegt, weil sie meistens von umherwandernden Sängern an der schottischen Grenze gedichtet sind.

Wir kommen zuletzt zu den modernen erotischen Gedichten dieses Bandes. Das in jeder Hinsicht bedeutendste ist dasjenige, welches den Titel „Der Triumph der Zeit" führt. Der hier Redende, welcher von dem Mädchen, das er aufrichtig und rein liebt, um eines reicheren oder späteren Nebenbuhlers willen betrogen und verstoßen ward, spricht mit Schmerz, aber ohne Groll und Verbitterung aus, daß ihr Leben sowohl als das seinige durch ihre Untreue zerstört worden ist. Eine Möglichkeit, daß zwei Seelen hätten zu etwas unsäglich Herrlichem mit einander verwachsen können, ist vereitelt worden. Für ihn hat das Leben jetzt keine Freude mehr, und er wendet sich um Trost an das Meer. Das Meer allein, das treue, tiefe, keusche und die Mutter der Menschen, kann ihm Ruhe geben, und wir verlassen ihn inmitten des kühlen Lichtes und der ein-

tönigen Musik der schwermuthvollen grünen Wogen. Was dieses maje-
stätische und gedankentiefe Gedicht daran hindert, ein Meisterwerk zu sein,
ist einzig seine ungebührliche Länge und sein Mangel an Koncentration
— zwei Fehler, welche den meisten von Swinburne's Dichtungen anhaften.
Die übrigen seiner modernen Liebesgedichte sind weniger erhaben und
weniger echt empfunden, als dies. Sie wiederholen zu oft die wilden
Ausdrücke, welche einer Faustina oder einer Dolores gegenüber passen
mochten, welche aber nicht am Platze sind, wenn sie sich an ein weibliches
Wesen unserer Zeit richten. „Ein Abschied" wiederholt gewissermaßen dasselbe Gefühl, welches den „Triumph der Zeit" durchklingt, aber in einer
schwächeren Tonart. „Rokoko" und „Felise" umspielen mit ihren wechselnden Rhythmen den Gedanken, daß das gegenseitige Verhältnis Liebender auf- und abschwanke, und daß, wenn Einer von ihnen leidenschaftlich
werde, der Andere kalt sei; und so lernt der Eine nur lieben, wenn der
Andere des Werbens überdrüssig oder müd ist. „Satia te sanguine"
überträgt die wilden Gelüste eines sinnlichen Römers auf das moderne
Leben, und man schaudert, wenn man als zeitgenössisch liest, was man
in einer siebenzehn Jahrhunderte alten Kultur mit philosophischer Gemüthsruhe hinnimmt. Es ist gesagt worden, daß die Liebe in diesem
Buche Swinburne's keinen Platz einnehme, und obschon diese Behauptung
nicht ganz wahr ist, da Gedichte wie „Der Triumph des Lebens" voll
reiner und zärtlicher Hingebung sind, läßt sich nicht leugnen, daß eine
Zergliederung der Wollust das Hauptthema bildet. Allein es muß doch
bemerkt werden, daß der verletzende Stoff durchgehends mit Ernst und
Feinheit behandelt wird. Man findet keinen schlüpfrigen Ausdruck und
nur sehr wenige, die einem nicht allzu prüden Leser mit Fug zum Ärgernis
gereichen könnten. Dies Buch, welches so verrufen ist, ist zugleich so
gluthvoll und originell, daß man es nicht mit Schweigen übergehen darf.
Es nimmt einen Platz in der Literatur ein. Der Verfasser hat niemals
versucht, ein so teckes Unterfangen zu wiederholen, und er hat selber ge-
äußert, daß ihm Dergleichen nie in den Sinn kommen wird.

Es sind noch einige Gedichte in dem Buche, von denen bisher nicht
die Rede war; vor Allem eine herrliche Elegie bei Gelegenheit von Walter
Savage Landor's Tode. Swinburne ist besonders glücklich in derartigen
Gedichten. Als Baudelaire und Gautier starben, brachte er ihrem An-

denken seine Huldigung in Elegien dar, die aus der „Fortnightly Review,"
wo sie abgedruckt wurden, erst jetzt in die zweite Sammlung seiner „Gedichte
und Balladen" übergegangen sind, die aber in ihrer Art eben so vorzüglich
waren wie die Erinnerungsstrophen, welche Swinburne vor vier Jahren dem
Nestor der englischen Dichter der Gegenwart, Bryan Walter Procter
(Barry Cornwall), in die Gruft nachrief. Die wenigen politischen Gedichte dieser ersten Sammlung gehören zu derselben Klasse wie die „Lieder
vor Sonnenaufgang", und sollen bei Besprechung dieser berücksichtigt werden. Nur der schönen „Widmung" sei noch gedacht, mit welcher Swinburne, in derselben prächtigen Versform, die er sich für „Dolores" erschuf, das Buch dem großen Maler Edward Burne Jones zueignet, dessen
Genius in mancher Beziehung seinem eigenen so nahe verwandt ist. Mit
einem treffenden Bilde nennt er hier seine Gedichte:

> Bleich-finstre und röthliche Blätter,
> Versengt von irr flackernder Gluth,
> Befleckt wie von Wein manche Letter,
> Und von Thränen und Blut.

3.

Das Werk, durch welches Swinburne sich zuerst in der Literatur
bekannt machte, war ein Drama im Stile des Sophokles, das ein alt-
griechisches Thema behandelte. Wir haben schon erwähnt, daß dieses
Gedicht, „Atalanta in Kalydon", 1864 erschien und sofort großes Glück
machte. In manchen Beziehungen ist es wohl das vollkommenste seiner Werke;
das strenge hellenische Muster ließ nicht viel Raum für den Hauptfehler
des Dichters: eine übertriebene Anwendung von Bildern und einen ver-
schwenderischen Überfluß an nur schön klingenden Worten. Die englische
Literatur hatte bisher kein Beispiel eines Dramas aufzuweisen, das so
genau den Tragödien des Sophokles nachgebildet gewesen wäre. Allerdings
hatte Milton in seinem „Samson Agonistes" das lyrische Drama in un-
gereimten fünffüßigen Jamben mit eingeflochtenen Chorstrophen aufgenommen; aber der ganze Geist und der Vorwurf in jener etwas rauhen Dichtung waren hebräisch, wiewohl der Stil griechisch war. Shelley hatte in
seinem „Entfesselten Prometheus" die Form der griechischen Tragödie an-

gewandt, aber in der Manier des Äschylos und mit all seiner phanta=
stischen Freiheit in Betreff einer idealen und übernatürlichen Handlung.
Bei Sophokles und bei Swinburne befinden wir uns unter menschlichen
Wesen, welche der Einwirkung unsichtbarer, aber mächtiger Gottheiten unter=
worfen sind. In dem Werke des modernen Dichters wird kein Versuch
gemacht, die Legende als einen Mythus auszulegen, es wird in dem alten
harten Kern der Geschichte keine moderne Leidenschaft entdeckt, wie William
Morris und Paul Heyse es versucht haben; die Fabel entwickelt sich mit
allem erdenklichen Realismus, und die moderne Seite der Behandlung ist
einfach das Verhalten der Menschen den Göttern und der Götter den
Menschen gegenüber. Wie es damit bestellt ist, wird sich im Verlauf
unserer Analyse des Dramas ergeben.

Das Thema ist der altbekannte Mythus, wie Öneus, der König
von Kalydon, weil er, als er die Götter anrief, Artemis allein vergaß,
von dieser grausam mit einem wilden Eber geplagt ward, der sein ganzes
Land verheerte und von Keinem getödtet werden konnte, und wie dann,
als die angesehensten Männer von ganz Griechenland zusammenkamen,
kein Mann, sondern Atalanta, eine Jungfrau aus Arkadien, den Eber
erlegte und das Land errettete, weil Artemis sie wegen ihrer keuschen
Jungfräulichkeit liebte; wie die Brüder von Öneus' Gemahlin, Althea,
neidisch auf Atalanta wurden und ihr die Beute streitig machen wollten,
allein Meleager, der Sohn Althea's, sie in Folge Dessen tödtete, und wie
dann Althea, wahnsinnig vor Trauer, das Holzscheit ergriff, an dessen
Nichtverbrennen die Schicksalsgöttinnen das Leben Meleager's geknüpft
hatten, und es ins Feuer warf, so daß ihr Sohn sterben mußte.

Das Drama beginnt mit einem Monolog, in welchem der oberste
der Jäger zu Artemis fleht, den Speeren Schärfe und den Hunden
Schnelligkeit und jedem der Männer Glück zu verleihen; sodann ergreift
der Chor das Wort und hebt einen melodischen Hymnus auf die jung=
fräuliche Göttin an. Dieser unvergleichliche Abschnitt, in anapästischem
Versmaß geschrieben, leidenschaftlich, elastisch und wunderbar musikalisch,
fesselt sogleich die Aufmerksamkeit und ist voll inbrünstiger Andacht. Dann
tritt Althea ein, über die Götter klagend und voller Furcht und Zweifel.
Sie erhebt Vorwürfe gegen den grausamen Willen der Artemis, obschon
der Chor sie daran mahnt, daß die Menschen, welche die Götter höhnen,

wenig Ehre gewinnen. Sie erzählt nun die alte Geschichte, wie die drei Schicksalsgöttinnen nach Meleager's Geburt in ihr Schlafgemach traten und drei Dinge in Betreff seiner verkündeten: daß er große Stärke in den Händen erlangen, viel Glück haben und so lange leben werde, bis das auf dem Herde brennende Holzscheit verzehrt worden, und wie sie, ihr Gewand um sich raffend, vom Lager aufgesprungen sei und das Scheit vom Herde gerissen habe, um es zu löschen. Darauf eilt sie hinaus, um ihren Sohn zur Jagd auszurüsten. Der Chor, welcher allein zurückbleibt und nicht mehr in so jubelnder Stimmung ist, singt von der Erschaffung des Menschen und den Geschenken von Trauer und Thränen und kurzen trüben Tagen, die ihm die Götter verliehen. Sie singen nicht mit Zorn, sondern mit der scharfen Stimme der Hoffnungslosigkeit, aus welcher alle jauchzende Musik des ersten Hymnus an Artemis verschwunden ist. Althea kehrt darauf mit Meleager zurück, der voll Übermuth und Hoffnung ist und dem schwachen Gesicht seiner Mutter zu Hilfe kommt, indem er ihr die Fürsten Griechenlands weist, je nachdem sie erscheinen. Dann reden sie mit einander von den entschwundenen heroischen Tagen, — sie mit Schwermuth und Trotz gegen die Götter, er mit Freude und Ehrfurcht. Öneus tritt ein und erzählt ihnen von Atalanta's Ankunft, und warnt Meleager, sie mit liebessehnsüchtigen Blicken zu betrachten. Als Althea von dem Mädchen hört, ruft sie voll Bitterkeit gegen die Götter aus:

> „O König, du bist weis', doch Weisheit hinkt;
> Und bist gerecht, allein die Götter lieben
> Gerechtigkeit nicht mehr, als das Geschick,
> Und schlagen den biedern und den freveln Mund,
> Und mischen des Frommen und des Frechen Blut,
> Und treffen des Heil'gen wie des Lügners Lippen."

Aber indem Althea sich zu ihrem Sohne wendet, ergießt sie in einem wilden Appell voll mütterlicher Leidenschaft, der an Klytämnestra's Worte erinnert, als diese ihre Brust vor Orestes entblößt, einen Strom von Erinnerungen und zärtlichen Gebeten; denn der Schatten des heraufziehenden Unheils lastet schwer auf ihr; und überzeugt, daß die Liebe zu dieser fremden arkadischen Jungfrau Verderben mit sich bringen werde — sie weiß nicht wie — beschwört sie ihn bei jeglicher Sohnespflicht und Treue, derselben nicht mit Liebesreden zu folgen. Meleager beruhigt sie mit Versicherungen seiner kindlichen Ergebenheit, und sie verlassen wieder die

Bühne. Der Chor singt jetzt sogleich ein Lied von der Geburt Aphroditens; er nennt sie eine verderbliche Blume, geboren aus Meeresschaum
und Blutgischt, eine Fleischesblume, schön und gefährlich und tobbringend,
eine Blume, die ein Fluch für alle Menschen sei. Darauf erscheint Atalanta selbst, mit hellen Tönen in frischen und herrlichen reimlosen jambischen
Versen, die in starkem Gegensatz zu den kurzen unregelmäßigen Rhythmen
des zornerfüllten Chors stehen; sie stützt sich in ruhigem Glauben auf
ihre eigene Reinheit und die Hülfe der heißgeliebten Artemis. Mittlerweile versammelt man sich zur Jagd, und Meleager preist Atalanta's
keusche Schönheit; aber Althea's Brüder schelten ihn, voll Neid auf das
Mädchen. Atalanta, welche ihre Reden hört, vertheidigt die Reinheit ihrer
Absicht vor ihnen Allen und bringt ihren Zank zum Schweigen, und Alle
brechen mit einander zur Jagd auf. Der Chor, welcher immer schwer-
müthiger wird, je näher ihm die Gewißheit des Unheils tritt, richtet Vorwürfe wider die Götter, daß sie mit Absicht das Menschenleben zu einem
Jammerloose voll Müh und Sorge gemacht haben:

> „Für kurze Weil' eine kleine Frucht
> Ist unser, bald trifft sie der Wurm" —

aber die hohen Götter droben im Himmel stoßen den Trank sterblichen
Lebens, den sie uns trinken lassen, von ihren eigenen Lippen hinweg, und
menschliches Leid ist für ihren Anblick ein Zeitvertreib. Der Chor endet
mit den rebellischen Worten:

> „Weil du grausam bist und der Mensch voll Erbarmen,
> Und wir uns mühn und dein Hauch zerstreut:
> Sieh, herzzerrissen, mit welkenden Armen,
> Mit flüchtigem Odem und Lippen von heut,
> Bezeugen wir mindestens vor dem Tod,
> Daß die Dinge so sind und anders nicht,
> Daß Jeglicher, seufzend im Herzen, spricht:
> Wir All' in unserer Noth
> Sind wider dich, wider dich, o du erhabenster Gott!"

Bei diesem Ausbruch voll antitheistischer Heftigkeit verlieren wir jedes
Gefühl antiker Denkweise. Es findet sich Nichts von diesem anmaßenden
Trotz wider die erhabenen Götter in den dramatischen Dichtungen des
Alterthums. Höchstens wehklagt der Chor, wie in der Orestie, in bitterer
Verzagtheit über die unabwendlichen Beschlüsse der Götter; oder wenn,

wie im „Ajax," ein Mensch übermüthig genug ist, im Trotz wider die Götter handeln zu wollen, schließt eine jähe und gänzliche Vernichtung ihm die gottlosen Lippen. Es lohnt sich, darauf zu achten, wie ich in einem früheren Abschnitt nachzuweisen gesucht habe, daß es Swinburne selten gelingt, die Stimmungen der frühzeitigsten Kultur darzustellen; seine eigenen Gefühle sind allzu modern, zu revolutionär und zu skeptisch. Er verhält sich zu ihr, wie Lucretius und die großen Dichter aus der römischen Verfallszeit. Bei der Lektüre des oben citierten Chors wird man nicht an Sophokles, sondern an Statius und Seneca erinnert. Die berühmte Zeile der „Thebais:" „primus in orbe deos fecit timor," ließe sich füglich hier als Anmerkung oder Kommentar einschalten.

Dieser Chorgesang ist nun, um zu unserem Drama zurückzukehren, der Mittelpunkt in „Atalanta in Kalydon." Der Herold erscheint am Schlusse desselben und erzählt in kräftigen und malerischen Ausdrücken von der Erlegung des Ebers, und wie Atalanta ihn zuerst getroffen, aber Meleager ihm den Genickfang versetzt hat. Er schildert dann, wie sie nach dem Kampf unter Lilien bei einem Quell in einem pappelbewachsenen Thale beisammen sitzen und sich erquicken. Der Chor stimmt ein Lied an und „schwatzt von grünen Feldern," wie Falstaff, und von der jungfräulichen Herrlichkeit der Artemis. Aber während sie fröhlich singen, tritt ein anderer Bote auf, mit zerrissenen Kleidern und das Haupt mit Staub bestreut, und berichtet ihnen traurige Kunde: die Leichen der Brüder Althea's werden auf einer Bahre hereingetragen. Als Meleager Atalanta mit dem Siegeskranze gekrönt hatte, waren die ungeschlachten Brüder auf sie eingedrungen und hatten ihr den Kranz entrissen, worauf Meleager sie im Zorn beide erschlug. Althea beschließt, wahnwitzig vor Scham und Wuth, ihren Sohn den Manen ihrer Brüder zu opfern. Mit fliegendem Haar fährt sie umher und ergießt ihre Wuth, ihre Liebe und ihre Verzweiflung in einer Sprache von unvergleichlicher Gluth und Schönheit — einer Sprache, die den Vers wimmern und beben macht wie eine straff gespannte Violine, bis sie an der Thüre die drei Schicksalsschwestern, mit Blut auf ihren Gewändern und ihrem Rocken, erblickt; dann stürzt sie hinweg und verschwindet ins Haus. Der Chor singt oder · jammert über die Feuergeburt·des Schicksals, ehe noch Götter oder Menschen erschaffen waren, und beklagt die Schönheit und Stärke des Menschen, welche nur einen Augenblick währe. Er wird durch die Rückkehr Althea's unterbrochen, welche die Thür offen läßt, und drunten in der Halle sieht man ein Feuer und ein brennendes Scheit, das immer dunkler glimmt, und weiße Asche. Sie ergießt ihre ganze Seele in Weinen und Klagen über den Sohn, den sie getödtet habe, und sagt, daß die Flammen, welche in ihm dahinflackern, sie verbrennen. Sie geht ab mit dem Gelübde, nie wieder sprechen zu wollen. Ein neuer Bote erscheint, um von der geheimnißvollen Krankheit zu berichten, welche Meleager befallen hat, dessen Lebenskraft plötzlich verzehrt werde, und der dem Tode nahe sei. Alle kehren jetzt zurück und reden in Chorstrophen von seltener Schönheit. Atalanta klagt darüber, daß sie gekommen sei, um Leid zu bringen; Meleager windet sich vor Schmerz über die schmähliche Art seines Todes; Öneus schleudert Altheen Vorwürfe zu wegen ihrer bösen That, und der Chor singt Ruhmeslieder auf den Scheidenden. Allein Meleager wendet sich um und segnet Atalanta:

„Ob du auch wie Gluth bist,
Verwehnd auf der Au,
Mein sehnender Muth ist
Doch reiner als Thau,
Und keuscher als Regen, und reiner als Sterne im himmlischen Blau.“

Öneus fragt ihn: ob er nicht den Liedern lauschen wolle, die zu seinem Preis in seiner Heimat gesungen werden; allein Meleager antwortet:

„Mit dem Tod aus der Traum ist;
Ach, besser zu sein,
Was die Blüthe von Schaum ist
In des Meergefilds Reihn,
Daß die Wellen ich könnt' als Gewänder, den Golfstrom als Mantel mir leihn!“

und er wiederholt: das einzge Gute, was die Götter ihm jetzt gewähren könnten, sei, sein Leben in das Leben des Grases und der Halme zu verwandeln, die aus der Erde entsprießen. Darauf nimmt er in reimlosen Jamben Abschied von seinem Vater und dann von seiner Mutter, welcher er ihre That vorwirft, allein ohne Zorn, und welcher er sein Angedenken besonders ans Herz legt; zuletzt nimmt er mit inniger und stürmischer Liebe Abschied von Atalanta, und stirbt. Damit schließt das Gedicht.

Es ist nicht leicht, in einem kahlen Resumé dieser Art dem Leser eine Vorstellung von den seltenen Eigenschaften zu geben, welche sich vereinigten; um der „Atalanta in Kalydon" eine so warme Aufnahme bei ihrem ersten Erscheinen und einen dauernden Platz in der englischen Literatur zu sichern. Neben großer Erhabenheit in Sprache und Gedanken, neben einem wunderbaren Wechsel und Wohllaut der Verse und einem höchst lebendigen Kolorit fand man in dem Gedicht eine Originalität der Behandlung, welche in hohem Grade fesselnd und anziehend war. Für jugendliche Leser, die von neuen und revolutionären Gedanken erfüllt waren, hatten gerade die Fehler, welche wir hervorhoben — der un- dramatische Charakter der Exklamationen wider die Götter — einen außer- ordentlichen Reiz. Andere sahen darin Keime jenes zerstörenden Elements, das in Swinburne's späteren Arbeiten so augenscheinlich geblüht und Früchte getragen habe, und entdeckten in diesen Ausfällen wider die Götter einen versteckten und gefährlichen Atheismus. Von modernen Schrift- stellern hatte Shelley am stärksten dem Stil sein Gepräge aufgedrückt; in den reimlosen Versen spürt man eine deutliche Einwirkung Tennyson's, und in dieser oder jener lyrischen Stelle eine schwächere, aber unverkenn- bare Klangfarbe von Rossetti's damals noch unveröffentlichten Gedichten. Allein zuerst und zuvörderst war die starke Individualität einer neuen dich- terischen Lebenskraft für Jeden offenbar, der sich ein Urtheil darüber zu bilden vermochte, und bis auf den heutigen Tag ist dies erste mit Beifall aufgenommene Werk Swinburne's immer noch das, welches die günstigste Aufnahme gefunden hat.

4.

Seit seiner Schulzeit hat Swinburne sich mit besonderer Begeisterung der älteren dramatischen Literatur seiner Heimat zugewandt. Man weiß jetzt zur Genüge, daß Shakespear, weit entfernt, sich als ein einsamer Berg aus einer Ebene zu erheben, gleichsam der höchste und mittelste Gipfelpunkt unter einer ganzen Gruppe großer Dramatiker war. Von 1590 bis 1640 nahm die englische Poesie einen mächtigen Aufschwung und trat, nachdem sie einen sehr unbedeutenden Platz in Europa behauptet hatte, plötzlich in dieser Kunstgattung an die Spitze der modernen Nationen. Jene Periode, die einen so glänzenden persönlichen Ausdruck in dem tüchtigſten Herrſchergeiſte, den England beſeſſen hat, in der großen Eliſabeth, empfing, zeichnete ſich eben ſo ſehr in der Poeſie wie in Krieg, Handel und ſtaatlicher Entwicklung aus. Aus den rohen Elementen der kirchlichen Dramen ging plötzlich Marlowe hervor, ein vorzüglicher Dichter erſten Ranges und der Begründer der engliſchen Tragödie. Dicht auf dem Fuße folgten ihm die erhabenen Geſtalten Jonſon's, Fletcher's und Webſter's, mit dem herrlichen Shakeſpear in der Mitte, während der neue Geiſt in Maſſinger, Tourneur und Ford allmählich wieder von ſeiner Höhe herabglitt. Um dieſe großen Dichter ſammelte ſich eine unzählige Menge kleinerer Dramatiker, deren Werke noch zu Hunderten exiſtieren und unter denen kaum Einer war, der ſich nicht in dem einen oder anderen Zweige der Literatur ausgezeichnet hätte. Dieſe verdienſtvollen Schriftſteller, welche im ſiebzehnten Jahrhundert vernachläſſigt und geringgeſchätzt wurden, kamen hauptſächlich durch die Bemühungen des erſten wirklich hervorragenden engliſchen Kritikers, Charles Lamb, wieder zur Geltung; denn ſeine Abhandlungen waren, neben Hazlitt's und Leigh Hunt's Arbeiten, die vornehmſte Veranlaſſung zur Wiedererweckung des Studiums der eliſabethaniſchen Poeſie in England, nachdem der Anſtoß von Deutſchland her, durch Schlegel's und Tieck's Anregungen, gekommen war. Unter Denen, welche die Dramatiker jenes Zeitalters hochhalten, zollen Wenige ihnen eine glühendere oder verſtändnißvollere Verehrung, als Swinburne, der eine ganze Komödie in genauer Nachahmung Fletcher's geſchrieben hatte, ehe er die Schule verließ, und deſſen Abhandlungen über Ford und Chapman zu ſeinen ſchönſten und bedeutendſten Proſa-Arbeiten gehören. Es war natürlich, daß er ſelbſt verſuchen mußte, in der Form zu ſchreiben, die von ſeinen geliebten Meiſtern Shakeſpear, Marlowe und Webſter angenommen worden war, und ſeine beiden erſten zur Veröffentlichung gelangten Arbeiten, „Die Königin-Mutter‟ und „Roſamunde‟, verrathen deutlich genug die ſtarke Vorliebe für den Stil des eliſabethaniſchen Zeitalters. Dieſe Stücke, romantiſche Tragödien voll ſinnlicher Liebe und Blut, gleichen in vieler Hinſicht der früheſten Produktionen der franzöſiſchen Romantiker. Sie haben wenig ſelbſtändigen Werth. Einige übereifrige Bewunderer des Dichters haben ſie gerühmt, und ihre Aufforderung hat ihn veranlaßt, ſie herauszugeben. Ich finde ſie indeſſen nicht leſenswerth. Obſchon lebendig und von einer frühreifen Entwicklung zeugend, ſind ſie doch kaum sehr vielversprechend oder charakteristisch, und der schwülstige, schwerfällige Stil, worin sie geschrieben sind, verräth Wenig von der melodischen Gewalt, welche dem Verfasser zu Gebote stand.

Von einem ganz anderen Charakter ist ein drittes englisches Drama, das fast gleichzeitig mit diesen verfasst wurde, obgleich die Veröffentlichung desselben eine lange Verzögerung erfuhr. „Chastelard" erschien erst 1865, als die günstige Aufnahme der „Atalanta in Kalydon" ihm den Weg bereitet hatte; aber das Stück war schon 1858 geschrieben — zu einer Zeit, wo der Verfasser kaum zweiundzwanzig Jahre zählte. Von John Ford's Tod, um die Mitte des siebzehnten Jahrhunderts, bis auf unsere Tage sind nur zwei große Tragödien in England verfasst worden: „Das gerettete Venedig" von Otway und „Die Cenci" von Shelley — zwei Dichterwerke, die in zwei unfruchtbaren Jahrhunderten von Englands Befähigung für das tragische Drama zeugten. Im Übrigen scheint es, als hätte das kurze helle Feuer im elisabethanischen Zeitalter allzu stürmisch gebrannt und keinen Brennstoff für eine ernste dramatische Produktion in der Nation hinterlassen. Thomas Otway's einst so berühmtes Stück erhält sich noch kraft einiger bewundernswerthen Scenen; Vorwurf und Grundgedanke des Shelley'schen Drama's entfernen dasselbe allzu weit von der Sympathie des großen Haufens, um die Aufführung desselben zu ermöglichen. Swinburne's „Chastelard" hat viel dazu beigetragen, die Hoffnung wachzurufen, dass eine neue große dramatische Schule in der englischen Poesie denkbar sei.

Das Stück ist originell, interessant und ergreifend; ist auch die Intrige schwach, so ist doch das Interesse stark, und es ist Leben in der Handlung. In jeder Hinsicht, mit Ausnahme einer einzigen, ist es ganz dazu angethan, Glück auf der Bühne zu machen, und diese eine Ausnahme ist Mangel an Geistesadel oder Hoheit bei allen Personen. Die Hauptfigur ist natürlich die unglückliche Maria Stuart, die Königin der Schotten. Unter allen Dichtern, die sich bestrebt haben, uns ein dramatisches Bild dieses außerordentlichen Weibes zu liefern — und es sind Namen wie Schiller und Björnson darunter — ist es keinem gelungen, den Zuschauer so zauberisch zu berücken, wie Swinburne. In dem magischen Spiegel seiner Verse sehen wir ihren herrlichen geschmeidigen Leib, ihren langen weißen Hals und schneeig schimmernden Busen, ihr volles duftiges Haar, ihre heißen liebelechzenden Augen und Lippen und die ganze dämonische Musik ihrer Worte. Es ist keine weinerliche Sentimentalität in der Art, wie er ihren Charakter zeichnet. Falsch, grausam, leichtfertig in ihrer Liebe, gleicht sie jener singenden Nixe mit korallenrothen Lippen, die nach der Erzählung des alten französischen Fabliau in einem Fischernetz aus dem Meere gezogen ward, und die so schön war, daß jeder Mann, welcher sie sah, sie liebte, um zu sterben, wenn er sie umarmt hatte. So treibt Maria, trotz all ihres gewinnenden sanften Wesens und des Glanzes ihrer Schönheit, die Männer in den unentrinnbaren Tod, einen nach dem andern. Und Das ist der Hauptgedanke in „Chastelard"; er, der französische Sänger, ein Schüler Ronsard's, voll Leidenschaft und liebender Hingebung, folgt Marien nach Schottland, und ihre Liebe ist wie ein böses Geschick, von dem er weiß, daß es tödlich ist, und dem zu entrinnen er doch nicht die Kraft besitzt. Er wird von Darnley und den Anderen in ihrem Gemach überrumpelt, als er ihre Kniee umfaßt, und wird sofort in den Kerker geschleppt. Sie schwankt zwischen Liebe zu ihm und Scham vor dem Gerede der Leute, sie verschiebt die Vollstreckung seines Urtheils und nimmt den Aufschub wieder zurück, und läßt zuletzt ihre Kammerzofe Mary Beaton, welche den Sänger mit einer reinen und edlen, aber unerwiederten Liebe liebt, ihm das Begnadigungsschreiben in den Kerker bringen. Allein Chastelard, welcher Marien so gut kennt, zerreißt dasselbe, überzeugt, daß sie ihren Sinn bald wieder ändern wird; sie kommt in der That zu ihm in den Kerker, um dasselbe zurück zu verlangen, und als er auf die Fetzen weist, übermannt die Liebe sie, und sie wirft sich ihm in die Arme — jedoch nicht um ihn zu begnadigen, wie er wohl weiß, und sie wohnt seiner Hinrichtung bei. Dort, bei der Exekution, wendet sich ihr Herz wieder einem neuen Liebhaber, Bothwell, zu, dessen ehernes Antlitz und eherne Sehnen ihn ihrer Begier empfehlen, da sie Stärke, physische oder geistige, bekunden. Stärke ist die einzige Macht, welche dieses Weib unterjocht; auch vermag kein Mann ihre Liebe zu gewinnen, der sie nicht mit einer gewaltigen Wuth, wie ein Sturmwind, liebt. Diesen unbeständigen, blendenden und gefährlichen Charakter hat Swinburne mit der Sicherheit eines Meisters geschildert. Sein Bild Chastelard's ist minder vollkommen; man kann schwer umhin, etwas Geringschätzung gegen diesen liebessiechen Sklaven Aphroditens zu empfinden, in dessen Augen Ehre,

Treue, das Leben selber Nichts wiegt gegen einen Kuß. Er ist völlig
verblendet, und die Mischung von Qual und Verlangen, die in seinem
Herzen weilt, flößt ihm angesichts seines Todes nur Worte wie die folgenden ein:

„Dies Feuer
Wird, glaub' ich, niemals ganz zu Asche brennen,
Und keine Flammenspur auf meinem Staub
Als Zeugnis lassen, daß ein Herz verglomm.
Trotz Christi Werk ist diese Venus nicht besiegt,
Es röthet sich ihr Mund von Männerblut,
Schlürfend mit weißem Zahn der Adern Saft,
Mit Tod bespritzend ihre zarten Lippen —
'ne bittre Schönheit, Gift im Perlenmund.
Ich tauge nur für Lieb' allein zu leben,
Drum sterb' ich lieber schnell."

In einer üppigen Schule zu einer Liebeslaufbahn erzogen, hat der
französische Dichter keinen Gedanken gemein mit den rauhen, nüchternen,
gottesfürchtigen Schotten, zu denen er gekommen ist, und die ihn eben so
wenig verstehen, wie er sie versteht. Die dritte Hauptperson des Dramas,
Mary Beaton, legt mehr wahre Anmuth und Liebenswürdigkeit an den
Tag, als irgend eine andere; aber sie wird vom Schicksal gehemmt und
durch Mariens Falschheit und Chastelard's Hartnäckigkeit der Kraft beraubt,
und Alles, was sie zuletzt thun kann, ist an der Erde liegen und
Verwünschungen wider ihr Schicksal und die Grausamkeit der Königin
ausstoßen.

Das Drama wird durch eine reichhaltige Anzahl bezaubernder kleiner
lyrischer Gedichte belebt; die meisten davon sind in französischer Sprache
gedichtet. Eines derselben, das eines Joachim du Bellay würdig ist,
hebt folgendermaßen an:

„Après tant de jours, après tant de pleurs,
Soyez secourable à mon âme en peine,
Voyez comme Avril fait l'amour aux fleurs;
Dame d'amour, dame aux belles couleurs,
Dieu vous a fait belle, Amour vous fait reine."

Die letzte Zeile in „Chastelard" lautete:

„Platz für Lord Bothwell nächst der Königin!"

und es hieß lange Zeit, daß Swinburne in einem neuen Drama zu
dieser Geschichtsperiode zurückzukehren gedenke. In der That hat der

Dichter stets den Plan gehabt, das Schicksal der Maria in einer Trilogie zu behandeln. Von dieser Trilogie bildet „Chastelard" das Einleitungs=drama, und 1874, nach einem Zwischenraume von neun Jahren, erschien „Bothwell", das mittlere Stück. Das Schlußdrama, welches den Titel „Maria im Kerker" führen soll, existiert erst in einem flüchtigen Entwurfe. „Bothwell," welcher lange in Aussicht gestellt und mit Spannung erwartet worden war, wurde mit Achtung, aber zugleich mit einer gewissen Ent=täuschung aufgenommen. Diejenigen, welche sich mit „Chastelard's" beschei=denem Umfang vertraut gemacht hatten, erwarteten ein Drama von ähn=lichen Proportionen; wie groß war daher ihr Schreck, in „Bothwell" einen Band von etwa fünfhundert enggedruckten Seiten — doppelt so stark wie Schiller's „Wallenstein" oder Hebbel's „Nibelungen" — zu erhalten! Ein so riesenhaftes Chronik=Buch entsprach nicht den hastigen Gewohn=heiten unserer Zeit; auf ein Drittheil seines Umfangs reduciert, würde dasselbe die Aufmerksamkeit aller Gebildeten gefesselt haben und eines glänzenden Erfolges gewiß gewesen sein. So aber besaßen fast nur die Recensenten Energie genug, es zu lesen, und es wird stets zu den Büchern gehören, in denen man eher blättert, und aus denen man einzelne schöne Stellen citiert, als daß man sich von Anfang bis zu Ende durch das Werk hindurch arbeitet. Jeder der fünf Akte ist so lang wie ein gewöhn=liches Drama. Der erste, „Rizzio" betitelt, wiederholt ohne Frische und mit schwächerem Feuer „Chastelard's" Liebesintrigen. Der zweite, „Darnley", zählt zu den herrlichsten Meisterwerken dramatischer Dichtung, und würde, für sich allein veröffentlicht, von allen Seiten als ein solches anerkannt worden sein. Darnley's jämmerlicher Charakter: der Gemahl der schönen Dame, kraushaarig, mit frischen Wangen und verliebten Augen, zahmer als ein Franzose, zu weibisch für einen Schotten, wird uns dar=gestellt, wie er unter der steten Verachtung und den peinigenden Kränkungen von Seiten der Königin allmählich Gesundheit, Lebenskraft, Stärke, ja selbst die Geistesgaben einbüßt. Er kann sie nicht los werden, sie folgt ihm, um die Schalheit und Unwürdigkeit ihres Lebens an ihm zu rächen. Während sie nach Bothwell schmachtet, giebt sie sich keine Mühe, Darnley zu verhehlen, daß sie seiner überdrüssig ist. Die ganze Zeit über sehen wir das Netz sich dichter und dichter um ihn zusammenziehen, und er, der arme Tropf, argwöhnisch und halb darüber unterrichtet, was seiner harrt, wird ganz wild und halb wahnsinnig vor Spannung und Schreck. Einen nach dem andern entfernt sie von ihm jeden Freund, dem er vertrauen könnte; einen nach dem andern bringt sie ihre eigenen Günstlinge und Bothwell's Truppen in seine Nähe und umstellt ihn. In einer Schlußscene voll düsterer Beleuchtung und leidenschaftlicher Verzweiflung sehen wir ihn in der letzten unheilschwangeren Nacht, von der Königin und ihren Begleitern allein gelassen, — allein mit dem jähen Tod, der in den Gewölben auf ihn lauert. Sein letzter Monolog ist ein Meisterstück qualvoller Ungewißheit, seelischer Marter und Spannung, ein geeignetes Vorspiel zu einem so geheimnisvollen und schrecklichen Tode.

Im dritten Akt erhält Maria ihren Willen, und Bothwell ist ihr Gemahl. Allein jetzt, wo sie auf der höchsten Staffel ihres Glückes steht, Darnley's geschändeten Leichnam zu ihren Füßen, jetzt beginnt ihr Verderben und ihre Demüthigung. Denn sie findet in dem rohen Krieger, den sie sich zum Gatten erkor, einen wilden und gewaltthätigen Mann, dessen Liebe zu ihr mit Ehrgeiz gepaart ist, und der, als er sein Ziel erreicht hat, brutal gegen die Frau sein kann, die ihn zur Macht erhoben hat. Zum ersten Mal findet Maria, welche gewohnt war, die Menschen nach ihrem Willen zu beherrschen, sich selbst von einem Willen besiegt, der stärker als ihr eigener ist, und trotz ihrer Missethaten müssen wir ihr unser Mitleid schenken, da der Dichter uns mit meisterhafter Einsicht ihr Herz erschließt, und wir sie vor den Augen des einzigen Mannes, den sie in Wahrheit geliebt hat, und des einzigen, der ihre Liebe verschmäht, unterjocht und überwunden sehn. Die beiden letzten Akte, welche zum größten Theil von Staatsintrigen, Mariens Gefangennahme und Einkerkerung, ihrer Entweichung, Bothwell's letztem Kampf und ihrer Flucht über die Grenze nach England ausgefüllt werden, sind lang ausgedehnt und ermüdend, ein ungefüges, finsteres Gewebe, allerdings mit Goldfäden von glänzendem Licht und Kolorit durchwirkt, aber zu formlos und wild, um einen Eindruck der Schönheit oder eine tiefere Wirkung zu hinterlassen. Es muß in der That wunder nehmen, daß ein so erfahrener, so gewandter und so kritischer Dichter wie Swinburne ein Gedicht in so formlosem Zustand seiner Feder entfließen lassen konnte. Der dritte Theil der Trilogie wird, dem Vernehmen nach, eben so kurz wie „Chastelard" werden, und der Dichter glaubt, daß die ungewöhnliche Länge des mittleren Dramas

minder in die Augen fallen wird, wenn das Werk erst vollständig vorliegt.
Das ist möglich, aber es scheint mir gewiß, daß das Interesse des Lesers
immer bei den letzten Akten des „Bothwell" ermüden wird. Das Schlußdrama wird von Mariens Flucht nach England, ihrer Abweisung und
Gefangennahme durch Elisabeth, ihrer Haft und den Intrigen der katholischen Partei zu ihrem Schutze handeln und mit ihrer Hinrichtung enden,
wo sie, wie später ihr königlicher Nachfahr,

„Gemeines nicht, noch Niedres that,
Als ihr der Tod vor Augen trat.
Sondern das unbewegte
Haupt wie zum Schlaf hinlegte."

In jedem Falle wird Swinburne seine höchste Kraft aufbieten müssen,
um dieser letzten Lebensphase seiner Heldin Interesse und Originalität zu
verleihen.

5.

Man weiß, daß Swinburne's politisches Glaubensbekenntnis von
einem höchst entschiedenen Charakter ist und in sehr bedeutsamen Dichtungen seinen Ausdruck gefunden hat. Seit Shelley hat England keinen
so feurigen und aufrichtigen politischen Dichter wie Swinburne gesehen,
und er gleicht in dieser Beziehung mehr den modernen italiänischen Schriftstellern Leopardi, Pellico, Aleardi 2c., als einem nüchternen Engländer,
der das Gesetz zur Richtschnur nimmt. Sein Republikanismus ist von
glühendster Art, unnachgiebig, schonungslos und fast rachgierig; er hat
daher bei der Veröffentlichung dieser Gedichte keine sehr sympathische Saite
in der Natur seiner Landsleute berührt. Unter seinen „Gedichten und
Balladen" waren drei lyrische Gedichte von ausgesprochen politischem Charakter, welche der spießbürgerlichen Kritik zu fast eben so vielen ungünstigen Bemerkungen Anlaß gaben, wie seine erotischen Poesieen. Das erste
derselben, „Ein Lied aus der Zeit der Ruhe und Ordnung", war eine
Ballade von drei Patrioten, welche, da sie die Länder unter die Tyrannen
vertheilt finden, aufs fessellose Meer hinausziehen und dort, der Freiheit
harrend, ein ungebundenes Leben führen.

„Die Freiheit liegt rings auf der Bahre
Von Cayenne bis zur Adria Saum;
Hinaus denn, den Regen im Haare,
Auf der Lippe den salzigen Schaum!

Entgegen den Stürmen und Winden,
In des Meeres Wogenwühl!
So lang' sich drei Männer verbinden,
Sind drei wen'ger der Könige Spiel."

Nichts konnte markiger und moderner im Gedankengange sein, als dies Gedicht; aber in dem Gegenstücke dazu, „Ein Lied aus der Revolutionszeit", verfiel der Verfasser in den schlimmsten Fehler seiner politischen Gedichte: einen Hang, Rhetorik an die Stelle handgreiflicher Plastik zu setzen, und die scharfen Kontouren der Dinge in einer Fluth orientalischen Bilderprunks zu ertränken. Das dritte Gedicht war eine wahrhaft erhabene Ode „An Victor Hugo", in welcher Swinburne in begeisterten Ausdrücken den Haß des französischen Dichters gegen die Könige und seine Liebe zur Freiheit und Republik pries. Nach diesen Äußerungen seiner Gesinnung blieb kein Zweifel, auf welcher Seite der junge Poet stand; in den Reihen der äußersten Linken war Niemand eifriger als er, die rothe Fahne in ihrem grellsten Purpur zu entfalten. Allein englische Dichter sind schon öfter in ihrer Jugend Republikaner und in ihrem Alter konservativ gewesen — könnte nicht auch Swinburne, wie Dryden, Wordsworth, Coleridge und Southey, seine Ansichten um einer Hofpoetenstelle oder eines Ordensbands willen ändern? Im Gegentheil, wie bei Milton, Shelley und Landor, haben sich dieselben in ihm mit den Jahren mehr und mehr befestigt. Sein nächstes Werk war von rein politischer Natur, und Joseph Mazzini „mit aller Ergebenheit und Ehrerbietung" gewidmet. Das „Lied von Italien", welches 1867 erschien, ist vielleicht die am wenigsten bekannte und am schwersten verständliche Arbeit des Dichters. Das Ganze gleicht zumeist einem der riesigen Wälder auf Sumatra oder Java, die voll üppiger und farbenprächtiger Vegetation sind, welche unter einer übermächtigen Fülle von Lebenskraft zu ersticken scheint. Es macht durchweg den Eindruck eines schnellen, durch die Hitze geil emporgetriebenen-Wachsthums; es ist reich an harten Verknotungen, verworrenen und verfilzten parenthetischen Schmarotzerpflanzen, welche den Fuß des Wanderers hemmen und ermüden, und welche zu entwirren Einem mehr Arbeit macht, als sich mit einer so tropischen Atmosphäre verträgt. Oben in den Wipfeln schweben Guirlanden von Schlingpflanzen, die sich von Baum zu Baum ranken, athemlose Gedanken, die hiehin und dorthin schweifen und sich in einander verwickeln, wenn sie sich mit dem gemeinſamen Unterholze des Textes verweben. Die ganze Maſſe zittert und pocht von Leben; ein lyriſcher Pulsſchlag jubelt darin; Alles iſt von Sonnenlicht beſtrahlt, aber der Glanz wird von ſo vielem ver- äſtelten Laubwerk gebrochen, von ſo viel Schatten und ſchwülem Brodem verdunkelt, daß es kaum möglich iſt, die Formen der Gedanken im Vor- überflug deutlich zu erfaſſen. Das Versmaß, gereimte Kouplets mit reſpektive zehn und ſechs Silben in der Zeile, eilt mit einer Schnellig- keit dahin, welche bezaubert und anlockt, während der Dichter ſich dies- mal geſtattet hat, in plaſtiſcher Hinſicht ſo unbeſtimmt zu ſein, daß er faſt nachläſſig erſcheint. Die Folge davon iſt, daß dieſes „große Lied für unſer freies Italien" mehr einem ſchönen, auf und ab wogenden Muſik- ſtück, einer Symphonie für Flöten und Tamburine, als einer gewöhn- lichen, verſtändigen Dichtung, gleicht. Man findet hier ſo viel wilde Üppigkeit, einen ſo ſorgloſen Gebrauch der Sprache, eine ſo trunkene Miſchung von Rhetorik, Patriotismus und Lyrik, daß ſich die Kritik überhaupt kaum damit befaſſen kann. Man müßte es in freier Luft und Sonnenſchein an einem Maimorgen laut leſen, wenn Alles ſich freut und das junge Laub ausſchlägt und in ſaftiger Fülle prangt; dann würde der Schwung und Wohllaut dieſer Verſe gewiß einen ſchimmernden, wenn auch unbeſtimmten, Eindruck in der Seele hinterlaſſen. In einer Hinſicht ſteht dies Werk in einem ungünſtigen Gegenſatze zu einem noch unrei- feren Buche, nämlich zu Mrs. Browning's „Gedichten vor dem Kongreß", die bei all ihren verſtimmenden Mängeln den einzigen Vorzug hatten, daß man, ohne die neuere Geſchichte Italiens genau ſtudiert zu haben, dem Gang jenes Gedichts folgen konnte. Aber Das iſt ganz unmöglich bei dem „Lied von Italien". Da begegnen uns plötzlich „Ageſilao, vor deſſen Namen Könige dahinwelken", und „der Mörder mit der ſtrahlen- den Stirne, der erſchlagene Thrannentödter", und wir wiſſen nicht, wer ſie ſind. Swinburne iſt natürlich mit den Thaten Piſacane's, Ageſilao's und der übrigen italiäniſchen Patrioten hinlänglich vertraut; allein ihre Namen ſind unter hundert engliſchen Leſern zum mindeſten fünfundneunzig gänzlich unbekannt, und werden es ewig bleiben. Italiäner, welche Ale- ardi's lyriſche Gedichte leſen, werden beim Anblick ſolcher Namen tief er- griffen; aber den engliſchen Leſer ſetzen ſie, trotz aller erdenklichen Sym- pathie für die Sache, der ſie als Opfer fielen, in dieſelbe peinliche Verlegenheit wie eine Reihe unbekannter Gesichter. Mit einem Wort, wie störend Anmerkungen zu Gedichten sonst sein mögen, hier wären sie unbedingt nöthig. Es ist nicht leicht, eine Probe aus diesem Gedicht mitzutheilen, da der leidenschaftliche Schwung desselben den Verfasser von Satz zu Satz fortreißt und ihn selten zu einer Ruhepause gelangen läßt. Indeß mag nachstehende beredte Aufforderung an Mazzini, nicht zu verzagen, weil das Ziel noch nicht erreicht sei, eine Vorstellung von dem Ton und Charakter des Werkes geben:

„Doch, Häuptling, weil nicht Alles glücklich kam,
Drückt Trauer dich und Scham?
Weil Dieser oder Jener dir nicht glich,
Schämst du der Menschheit dich?
Weil noch nicht strahlt die Sonne hoch im Blau,
Ist nicht schon feucht der Thau? — —
Ein Weilchen noch, von Zweifeln bang umkreist,
Halt aufrecht deinen Geist!
Halt an dein Herz ein Weilchen, Vater, noch!
Du siehst die Blume doch;
Blüht sie nicht schon, von süßem Duft umwallt,.
Und zeitigt Früchte bald?"

In demselben Jahre, 1867, wandte Swinburne seine Augen nach Griechenland und sprach in einer schönen „Ode über den Aufstand in Candia" seine Sympathie für die Opfer der türkischen Willkürherrschaft aus. In den nächstfolgenden Jahren schrieb und sammelte er seine „Lieder vor Sonnenaufgang". Wenige Monate vor Veröffentlichung derselben erschien seine „Ode bei der Proklamation der französischen Republik", im September 1870. Es ist ein schmetternder Trompetenstoß, ein pinbarischer Siegesgesang in wuchtigen und beredten Versen, voller Würde und Kraft, aber, wie es Swinburne häufig widerfährt, in grellem Mißverhältnis zu der historischen Bedeutsamkeit des Ereignisses, das er verherrlicht. Dabei ist die Ode zu lang, um ein Ausbruch naiver Begeisterung zu sein; sie hat nicht, wie die Kriegslieder eines Tyrtaios, Körner oder Petöfi, die abgerundete Kürze und elektrische Gewalt, welche eine Nation zu den Waffen ruft; andrerseits ist sie ohne tiefe Reflexion oder Abwechselung, und die klangvollen Strophen ermüden zuletzt die Aufmerksamkeit. Der Jubel des Dichters mag ihm jetzt selbst in einem eigen-

thümlichen Licht erscheinen, wenn er, troß der republikanischen Regierungs-
form, Frankreich schlimmer als zuvor geknechtet sieht. Inmitten des großen deutsch-französischen Krieges, um Weihnachten 1870, erschienen endlich die lang erwarteten „Lieder vor Sonnenaufgang." Der Zeitpunkt war ungünstig und der Eindruck des Buches kein augen-blicklicher. Derselbe hat sich jedoch als ein dauernder erwiesen, und im Ganzen zählt dies Werk zu Swinburne's nachhaltigsten Erfolgen. In dem Widmungsgedicht überreicht er dies „Schwert seiner Lieder" Mazzini, und fordert ihn auf, zu bezeugen, daß es das erste englische Gedicht sei, welches für die große Universalrepublik der Zukunft kämpfe. In einem trefflichen „Präludium" gibt Swinburne eine Art von Autobiographie, und bekennt, daß einstmals die Blumenranken und erotischen Lieder der wilden Liebesgötter seine Lust gewesen, daß jetzt aber all seine Gedanken und Wünsche und sein ganzes Sehnen zu dem dunklen Rande des Lebens-meeres hingewendet seien, welchen bereinst die aufgehende Sonne der Frei-heit strahlend erhellen werde. Bis diese bessere Zeit erscheine, wolle er von der Freiheit und ihren Märtyrern singen, und er schildert die Geistes-verfassung, welche zu einer solchen Waffenmacht erforderlich sei, mit Worten, die eben so erhaben wie philosophisch, eben so würdevoll wie muthig sind:

> „Sein Geist ist gleich der Sonne Licht;
> Was er nicht schaut, begehrt er nicht,
> Er sucht nicht Tags der Sterne Pracht,
> Noch schwüle Tagesgluth bei Nacht.
> Kein Gott kann ihn entmuth'gen, den
> Zur Hoffnung Das allein entfacht,
> Was er natürlich sieht entstehn
> Im Wechselspiel von Recht und Macht,
> Das vorwärts treibt die Menschheitswell',
> Ob trüb der Himmel oder hell."

In diesem Geiste betrachtet der Dichter in dem übrigen Theil seines Buches die hauptsächlichsten Fragen des Menschenlebens, politische wie sociale. Überall späht er nach Zeichen des anbrechenden Tages, flüchtigen Streifen des Sonnenaufgangs vor dem hell erstrahlenden Morgenroth. Im „Vorabend der Revolution" hört er die vier Trompeten der vier Weltwinde zur Schlacht blasen, und er wandert hinaus, um zu sehen, welche der lebenden Nationen die Führerschaft in dem nahenden Kampf wider die Mächte der Finsternis und Unterdrückung übernehmen wird. Gen Osten liegt Griechenland im Schlummer, gen Norden Rußland; gen Westen liegt England, das Land Milton's und Shelley's, das meerumgürtete Eiland der freien Männer, blind und stumpf, als wäre es todt. Gen Süden, jenseit des gebrochenen, blutenden Frankreich, erwacht Italien und lacht in der rosigen Gluth der aufgehenden Sonne. Eben so ist in der „Litanei der Völker," wo die Nationen in auf einander folgenden Chorstrophen reden, Italien am hoffnungsvollsten. „Eine Nachtwache" ist noch schöner; weniger rhetorisch, mit größerem Wirklichkeitsgepräge, persönlicher und leidenschaftlicher, verhaucht dies Lied zitternd seinen Duft und seine Farbe wie eine aufbrechende Rose. In wenigen neueren Gedichten ist ein politisches Thema so fein und anmuthig, wie hier, behandelt worden.

Eine andere Gruppe der „Lieder vor Sonnenaufgang" beschäftigt sich mit geschichtlichen Stoffen aus der Neuzeit. Unter diesen nimmt „Der Halt vor Rom" eine hervorragende Stelle ein. Der Dichter wünscht sich in der Schlußstrophe ein ehrenvolles Martyrium für die Freiheit der geliebten Italia:

> „Nur an ihrem Busen zu enden,
> Zu theilen ihr Heldengeschick,
> Gesellt ihren Tapferen hehr,
> Die vom einen zum anderen Meer
> Zerbrechen des Zwingherrn Speer
> Und den bonnernden Ruf entsenden:
> Hoch die römische Republik!"

Ein zweites Gedicht feiert in herrlichen Anapästen den ersten Jahrestag nach der Schlacht bei Mentana; ein drittes wendet sich, in einer Sprache, welche die Huldigung nachahmt, die man der Madonna darzubringen pflegt, an Signora Cairoli, eine der italiänischen Freiheitsheldinnen. „Siena," eine malerische Träumerei von der lieblichen Taubenstadt, nimmt sich seltsam unter diesen ehernen Kriegsmelodieen aus. Man merkt übrigens, daß Swinburne nur geringe Sympathie für eben jene französische Republik besitzt, an welche er kurz vorher seine Glückwunschrede gerichtet hatte. Er weiß sehr wohl, daß das Gift des napoleonischen Kaiserreiches an ihr fortzehrt, und er verzeiht Frankreich nicht, was es an Rom gesündigt hat; so begegnen wir u. A. einem Protest gegen das be-

rühmte Lobgedicht der Mrs. Browning auf das Verhalten der Franzosen
in der Lombardei. Die große Dichterin „hat nicht Aspromonte erlebt,"
sagt Swinburne.

Es ist vor Allem zu tadeln, daß der Dichter uns über den Charakter und die Ziele der von ihm gepriesenen Republik völlig im Unklaren
läßt. Klarheit der Gedanken ist das unerläßliche Erfordernis eines politischen Dichters. Aber den Rhapsodieen Swinburne's fehlt es an jeder
Geschlossenheit der Form, seine Rhetorik entbehrt allzu oft der Logik des
gesunden Menschenverstandes, seine Sprache hat allzu Viel von jenem un-
persönlichen, verzückten, etwas molluskenhaften Stil, welchen Shelley zuerst
angeschlagen und durch den oft überladenen Prunk seiner Deklamationen
gefördert hat. Unzweifelhaft ist es Swinburne so gut, wie seinem
großen Vorgänger, heiliger Ernst mit seinen radikalen politischen Überzeugungen; er möchte ganz Europa mit Liebesarmen umfassen und in
allen Völkern das Gefühl der herrlichen Zukunft erwecken, die ihrer harrt,
wenn sie ehrlich und wahr gegen einander und gegen sich selbst sein wollen.
Aber die Methode, welche er einschlägt, um für seine Ansichten Propaganda
zu machen, ist unter allen Umständen zu scholastisch, zu exklusiv literär. Er
beraubt seine politischen Gedichte von vornherein jeder unmittelbaren Wirkung, indem er eine Fülle von Worten in klangvollen Perioden ver-
schwendet; trotz aller Reinheit seines Strebens, trotz seines Ernstes und
seiner Wärme, ist ihm nicht die magische Gabe verliehen, den Leser oder
Hörer durch sein Lied zur That zu entflammen.

Bedeutungsvoller, als die politischen, sind in mancher Beziehung die
ethischen Gedichte dieses Bandes, vor Allem das Gedicht „Hertha", welches in durchaus edler Sprache den pantheistischen Glauben des Verfassers
verkündigt. Es ist die Erde, welche hier spricht, indem sie sich an den
Menschen, ihren letzten und höchsten Sprößling, wendet. Sie, welche
früher als Gott gewesen, habe aus ihrem eigenen Innern die Kräfte erzeugt, welche die Seele beherrschen und erretten, und Nichts sei neben oder
über ihr, wie Nichts vor ihr gewesen sei. Sie allein sei der segnende
Gott und die gesegnete Schöpfung; sie sei das Saatkorn und die gepflügte
Furche, die Handlung und das Handelnde, der Staub, welcher Gott sei.
Sie ruft dem Menschen zu, daß die Zeit seiner Kindheit vorüber sei; er
habe lange genug in den Fesseln der Könige, im Schatten Gottes gedient;

es sei jetzt an der Zeit für den Menschen, aufrecht, unabhängig und ernst dazustehen. Denn das einzige Licht sei die Wahrheit, und es sei freier Augen unwürdig, vor dem hellen Strahlenglanze derselben zu erschrecken. In naher Beziehung zu diesem großen lyrischen Gedichte steht der minder vorzügliche, aber eben so kühne „Hymnus an den Menschen," wo der Gedanke, daß Gott nur ein Schatten sei, den der menschliche Geist werfe, mit unerbittlicher Schärfe ausgeführt wird und in den Schlußzeilen gipfelt:

> „Du, Gott, bist ins Herz getroffen,
> Der Tod rafft hinweg dich, o Herr!
> Und der Liebesgesang der Erde
> Jauchzt siegend ob deines Falls —
> Ehre dir, Mensch, in der Höhe!
> Denn du, Mensch, bist der Herscher des Alls."

In dem wunderlichen Gedichte „Vor einem Krucifix" wird der herrschende Glaube der Gegenwart in Nichts weniger als gewählten Ausdrücken verspottet, während derselbe in dem Gedichte „Genesis" eine schonungsvollere, ernst philosophische Kritik erfährt. In „Tenebrae" singt Swinburne von der Befreiung des Menschen in einer mystischeren und verschleierteren Sprache, als gewöhnlich; der Grundgedanke läuft hier abermals auf die Erkenntnis hinaus, daß die antike und die christliche Tugend Gewänder für die Kindheit des Menschen gewesen seien, daß wir uns jetzt aber losreißen müßten vom Joche „der Namen, die uns exaltieren und verwandeln":

> „Vom bluthellen Glanze des Brutus,
> Von Christi schneehellem Glanz."

Ethische Gedichte von mehr rhetorischer und metrischer Pracht, als von klarer Anschaulichkeit, aber immerhin eines ernsten Studiums werth, sind „Tiresias", „Auf den Dünen" und „Weihnachts-Wechselgesänge". Das Hauptverdienst dieser Sammlung liegt indeß auf Seiten der rhythmischen Vollendung und der überaus kunstvollen Versifikation. Gedichte wie „Die Pilger", „Das Opfer" und zahlreiche andere überbieten durch ihren majestätischen Wohllaut, durch die Neuheit, Kraft und Harmonie ihres Strophenbaues fast Alles, was die englische Lyrik der Neuzeit in dieser Richtung geboten hat, und Verse wie folgende:

„Green thing to green in the summer makes answer, and rosetree to rose
Lily by lily the year becomes perfect; and none of us knows
What thing is fairest of all things on earth as it brightens and blows."

müßten wir nur mit ben tiefften Paffagen einer Beethoven'fchen Symphonie zu vergleichen.

Im Jahr 1873 erfchien eine Reihe von Sonetten Swinburne's in der Londoner Wochenfchrift „The Examiner," und enthüllte eine ganz neue Phafe feiner dichterifchen Individualität. Hier war Alles perfönlich und burchaus realiftifch. Seit ben Sirventen Peire Carbinal's ift bas Lieb wohl felten zu einer fo fcharfen, bolchfpitzen Waffe in ber Hand bes Dichters verwendet worden, wie in biefen Hohn= und Rügeliebern Swinburne's, bie eben fo vielen giftgetränkten Pfeilen gleichen, welche ficher und erbarmungslos ihr Ziel treffen. Mag ber Gegenftand feines Zornes ein ruchlofer König Bomba ober ein fich zum Retter ber Gefellfchaft aufwerfenber Louis Napoleon fein, ber Dichter ftreicht ihm ohne Unterfchieb bas Haar von ber elenden Stirne, und fchreibt auf biefelbe mit leuchtender Flammenfchrift Worte ein, bie nicht erlöfchen werden, fo lange bie englifche. Sprache exiftiert. Ich kenne, mit Ausnahme einiger Gebichte in Victor Hugo's „Châtiments", nichts Furchtbareres, als bie vier Sonette, welche Swinburne „Fürbitte" betitelt hat. Im September 1869 verfaßt, als ein Anfall ber verhängnisvollen Krankheit Napoleon's III. Anlaß zu ber Befürchtung feines nahen Endes gab, befchwören fie ben Tob, noch eine Weile zu zögern, ehe er ihm bie letzte Gnabe erweife, gleichzeitig von jebem körperlichen Leiden erlöft und allem menfchlichen Erbarmen enthoben zu werden. Wie ein Hefekiel von ber Infpiration bes Fluches entflammt, betet ber Dichter in biefen furchtbaren Zeilen, baß ber bittere Relch bes Lebens noch fo lange ben bleichen, bebenben Lippen vorgehalten werden möge, bis ber letzte gallige Bobenfatz getrunken und bie beleibigte Menfchlichkeit gerächt worden fei. Denjenigen aber, welche biefe Verwünfchungen, beren Erfüllung nicht lange auf fich warten ließ, zu hart und graufam finben, ruft ber Dichter bie Worte zu:

„Wenn Zorn vergällt bes Liebes füßen Klang
Und Denen roth bie Sonne färbt wie Blut,
Die Frieden tränken gern aus reiner Fluth:
Wir thun bas Unrecht nicht, wir leiben's bang.

„Wir hören allzu laut und sehn zu lang
    Das Weh, das nimmer rastet, nimmer ruht,
    Bis des Erbarmens bittre Schmerzensgluth
Den Pfeil uns legt auf unsres Bogens Strang."

In der That, ein härteres Strafgericht, als mit der Geißel von
Swinburne's unsterblichen Versen gepeitscht zu werden, brauchen wir keinem
Tyrannen der Erde zu wünschen, und Jedem, der sich versucht fühlen
sollte, in die Spuren eines Ferdinand II. oder Napoleon III. zu treten,
möchten wir, mit einer leichten Veränderung, die Schlußworte aus Heine's
„Wintermärchen" zurufen:

„Kennst du die Hölle des Swinburne nicht,
    Den Pferch von grausen Sonetten?
Wen da der Dichter hineingesperrt,
    Den kann kein Gott mehr retten —

Kein Gott, kein Heiland erlöst ihn je
    Aus diesen singenden Flammen!
Nimm dich in Acht, daß wir dich nicht
    Zu solcher Hölle verdammen!"

6.

Mit einigen Worten wenigstens müssen wir zum Schlusse der Prosaschriften Swinburne's gedenken. Wenige englische Dichter haben einen so
hervorragenden Platz in der literarischen Polemik eingenommen, und
Swinburne hat, neben mehreren größeren Werken, zahlreiche Beiträge der
verschiedensten Art für Journale und Monatsschriften geliefert. Seit
seinem ersten öffentlichen Auftreten sind erst vierzehn Jahre verflossen; dennoch hat er es in diesem kurzen Zeitraume möglich gemacht, seinen Zeitgenossen in den Mußestunden, welche die Poesie ihm übrig ließ, einen
ganzen Kodex ästhetischer Gesetze einzuprägen. Er hat Das mehr durch
die frische Kraft und Lebendigkeit seiner Geistesgaben, als durch ein
Musterwerk in seiner eigenen technischen Kunstsphäre, gethan, außerdem
aber durch die eigenthümliche Beschaffenheit des Bodens, auf welchen das
Saatkorn seiner Ansichten fiel; denn so groß auch sein Ruf als Dichter
war, haben doch unzweifelhaft seine kritischen Aufsätze eine viel tiefere
und ausgedehntere Veränderung in den Anschauungen seiner Landsleute
bewirkt, als seine Poesieen. Er betrat die schriftstellerische Arena in einem

Augenblick, wo der Geist der Renaissance in einem weit verbreiteten und
ernsten Kreise von Künstlern, die freilich auf einem ganz anderen Kunst-
felde arbeiteten, seinen Höhepunkt erreicht hatte, und er übertrug diesen
Geist in die poetische Sprache mit einer lyrisch-leidenschaftlichen Wärme
des Ausdrucks, die viel dazu beitrug, der neuen Kunstschule Anhänger zu
gewinnen. Allein Dies war nicht Alles, es war nicht einmal der wichtigste Theil seiner Aufgabe. Die Gedichte von William Morris und
später die von D. G. Rossetti waren dazu ausersehen, den seinigen zu
folgen, und den Wünschen und Zielen, welche den Reformatoren im Gebiet der plastischen Künste vorgeschwebt hatten, einen weit entsprechenderen
und schärferen poetischen Ausdruck zu geben. Wenn aber Swinburne
nicht dieses Vermögen besaß, so besaß er dafür andere und nicht minder
mächtige Gaben. Für jene Dichter existiert die Zukunft nur als ein nebel-
umhüllte Land, gegen das sie ein unbestimmtes Mißtrauen haben und
von dem ihre Herzen und Blicke sich bestimmt abwenden, und die Gegenwart nur als eine öde Fläche ohne eigenthümliche Züge und ohne jegliches
Interesse. Ganz anders ist Swinburne's Verhalten: mit wildem Trotz
gegen die Zögerungen und Hemmnisse der Gegenwart steht er gleichsam
auf den Zehen, voll zitternder Sehnsucht nach Flügeln oder beschwingten
Füßen, die ihn schnell in jene Zukunft hinübertragen könnten, welche für
ihn voll herrlicher Aussichten und übersinnlicher Hoffnungen ist. Daher
nimmt er bis zu einem gewissen Grade die Stellung eines Propheten
ein, und statt der Kälte, welche von den Lippen Derer strömt, die da
sagen: „Ich weiß Nichts davon, ich lebe in der Vergangenheit," zeigt er
seinen Begleitern die glühende Wärme eines Antlitzes, das dem Sonnenaufgang zugekehrt ist. Es thut Wenig zur Sache, ob dies Hoffen und
Sehnen getäuscht werden wird, oder nicht; ehrlicher Glaube und edle Vor-
sätze sind die großen Triebkräfte, welche in jungen Herzen die begeisterte
Stimmung erwecken, und es ist sicherlich diesen Eigenschaften seines
Charakters zu verdanken, daß Swinburne so frühzeitig die Aufmerksamkeit zahlreicher junger Männer auf sich zog, denen seine Abhandlungen,
mehr noch als seine Gedichte, für ästhetische Offenbarungen galten, die
mit Ungeduld erwartet und leidenschaftlich diskutiert wurden.

In einem Zeitalter, das achselzuckend von der Poesie redet, als wäre
sie nur ein Zeitvertreib für Knaben und Mädchen, ein seichtes Wasser

schaler Empfindsamkeit mit vereinzelten lyrischen Lilien, ein unwürdiger
Müßiggang, der nicht zu dulden sei, wenn er nicht mindestens mit den
Resultaten der exakten Wissenschaft befrachtet und beschwert ist — in einer
solchen Zeit erweist ein Prosaschriftsteller wie Swinburne, welcher die
ganze Majestät seines Stils, die ganze Lebendigkeit seiner Geistesgaben
dazu verwendet, den Adel der Dichtkunst wider alle Angriffe zu vertheidigen, den wahren Freunden der Poesie einen Dienst, der kaum geringer
ist, als der, welchen der Poet selbst ihnen durch die Produktion seiner
vorzüglichsten Dichtungen erweist. Dies erfreuliche Resultat des Ver-
theidigungskampfes ist nachgerade schon in der englischen Gesellschaft zu
spüren: die Verachtung der Poesie macht sich dort nicht mehr so breit wie
vor fünfzehn Jahren; man erklärt nicht mehr so vorwitzig laut, daß mit
Tennyson die Kunst aussterben und für immer todt und begraben sein
werde; man spricht, wenn auch nicht von den lebenden, so doch wenigstens
von den verstorbenen Dichtern mit einiger Achtung als von Personen, die
ein wenig über dem Niveau der Gouvernante oder ihrer Backfischchen
stehen, und diese Rehabilitation der Geschmähten verdanken wir zum
großen Theil den geistvollen Abhandlungen, die Swinburne von Zeit zu
Zeit erscheinen ließ.

Eine der ersten und berühmtesten war die Abhandlung über Byron,
welche im Jahr 1866 eine Auswahl der Gedichte jenes Poeten einleitete.
Diese Studie voll Feuer und Originalität machte in ihrer fessellosen
Energie einen weit tieferen Eindruck, als der Verfasser selbst geahnt haben
mochte. Übrigens war es nicht seine erste Prosa-Arbeit; schon einige
Monate vorher hatte er im „Spectator" eine lange Recension von Charles
Baudelaire's „Les Fleurs du Mal" veröffentlicht, in welcher er schon
den ihm eigenthümlichen Ton kritischen Verfahrens anschlug. Es ist be-
achtenswerth, daß er dies bittere und trostlose Buch, welches voll der
Fata-Morgana-Gesichte eines zerrütteten Lebens ist, zum ersten Vorwurf
für eine Kritik erkor, die bald ihre höchste Lust darin finden sollte, alles
Das zu verherrlichen, was in der Poesie der Vergangenheit und der Gegenwart am erhabensten, männlichsten und lebenskräftigsten ist. Vermuthlich war es der trotzige Empörungsgeist des französischen Dichters, welcher
die brüderliche Sympathie des jungen Engländers zu Baudelaire's schwachem
und krankhaftem Genius hinzog, und seine Opposition gegen alle zahme

und gefühlsselige Konvenienz mag Swinburne als ein Ersatz für den
vollständigen Mangel an Gesundheit des Inhalts und Originalität der
Gedanken erschienen sein. Man kann nicht sagen, daß seine eigenthümlich sympathische Einsicht sich erst im Laufe der Jahre vertieft und erhöht
habe — schon die Abhandlung über Byron war eben so reich an treffenden und scharfsinnig das Wesen des Dichters aufdeckenden Gedanken, wie
irgend einer seiner späteren Essays — aber ein männlicherer und ruhi-
gerer Ton charakterisiert jetzt seine Ausdrucksweise, und ein reiferes Urtheil
hat ihn die kleinen rhetorischen und Alliterations-Effekte, welche den süßlichen
Kritikern so anstößig und den jüngeren Bewunderern Swinburne's so willkommen waren, einschränken und beschneiden gelehrt. Indeß scheint eine
gewisse jugendliche Frische, eine gewisse hinreißende Lebendigkeit und ju-
belnde Freude der Phantasie ihn in letzter Zeit verlassen zu haben. Die
nach 1870 geschriebenen Abhandlungen zeigen nicht mehr die unaufhörliche
und blitzartige Beweglichkeit, das leuchtende Geflacker, den jähen Wechsel
von Herausforderung und Anbetung, welche seinen ersten Studien einen
so ganz eigenthümlichen Charakter verliehen.

Ein großes Werk über Blake, den mystischen Dichter und Maler
des achtzehnten Jahrhunderts, entfloß Swinburne's Feder im Jahre 1868
und war überströmend voll von diesen bestechenden Eigenschaften. Am
vorzüglichsten von allen sind die Prosaschriften, welche die Jahreszahl
1867 tragen, nämlich die Recensionen über Morris' episches Gedicht
„Jason's Leben und Tod" und Matthew Arnold's „Neue Gedichte", nebst
der Skizze von Coleridge's Genius, welche vor einer Auswahl der Werke
dieses Dichters stand. Besonders die Abhandlung über Matthew Arnold
— so voller Abschweifungen sie ist, voller Dinge, die, streng genommen,
nicht zur Sache gehören, Nebenfäden, die so weit ausgesponnen werden,
daß sie das kritische Centralgewebe verwirren — ist nichtsdestoweniger ein
Meisterstück seiner Einsicht und äußerst phantasievoller Auffassung. Wie
prunkhaft diese Abhandlung auch sein mag, kein Wort davon ist übereilt
oder gedankenlos hingeschrieben; am allerwenigsten stößt man auf eine
Spur von Schwulst oder Wortschwall. In der Analyse des Morris'schen
Gedichts zeigt sich dieselbe Zurückhaltung und Selbstbeherrschung; in dieser
ganzen edlen und unbedingten Würdigung ist Nichts auf Schrauben gestellt oder schwach. Freilich nicht immer ist Dies der Fall. Der Aufsatz

über Victor Hugo's Roman „L'Homme qui rit" ist in zu hohem Maße ein Resultat der Theorie, daß alle Werke, die ein Dichter ersten Ranges hervorbringt, selber von großem Werth sein müssen, und der Aufsatz über Dante Gabriel Rossetti enthält Stellen, die man nur unvernünftige und grelle Übertreibungen nennen kann. Swinburne macht kein Hehl aus seiner intimen persönlichen Freundschaft zu Rossetti, und Jeder weiß, wie schwer es ist, wenn man die Werke eines Freundes bespricht, die zwei entgegengesetzten Gefahren, Übertreibung und Herabsetzung, zu vermeiden, das Herz reden zu lassen und doch nicht den Schein der Schmeichelei auf sich zu laden. In anderen Abhandlungen hat Swinburne mit vielem Takt diese Gefahren vermieden; in dieser einen scheint er mir nach der Richtung übertriebener Lobhudelei gefehlt zu haben. Rossetti ist ein großer und geistvoller Dichter, der alle Anerkennung und Ehre verdient; aber von ihm in einer Sprache reden, die übertrieben klingen würde, wenn es sich darum handelte, eine übermenschliche Vereinigung von Shakespear, Dante und Goethe in e i n e r Person zu charakterisieren, heißt doch der Kritik alle Schärfe benehmen.

Von den übrigen Prosawerken des Dichters kann hier nur in aller Kürze die Rede· sein. 1872 schrieb er eine eingehende und sympathische Analyse von Victor Hugo's „L'Année terrible", und eine noch eingehendere von „Shelley's Text", voll geistvoller Winke, und weit kritischer und sorgfältiger, als die glühende Begeisterung des Verfassers für diesen Dichter erwarten ließ; im vorhergehenden Jahre lieferte er der „Fortnightly Review" einen trefflichen Artikel über den alten englischen Dramatiker John Ford, ein Meisterstück kritischer Forschung in gewähltester Sprache. Diese verschiedenen Abhandlungen stellte er 1875 zu einem starken Band unter dem Titel „Abhandlungen und Studien" zusammen, welcher mit nahezu einstimmigem Lob aufgenommen ward und den Leserkreis Swinburne's in hohem Grad erweiterte. In demselben Jahre veröffentlichte er gleichfalls eine Arbeit über den alten Dramatiker und Gnomendichter Chapman als Einleitungsband zu einer großen Gesammtausgabe der Werke dieses halbvergessenen Schriftstellers.

Swinburne ist in seiner literarhistorischen und poetischen Thätigkeit unermüdlich. Den „Liedern von zwei Nationen" (1875) ließ er im folgenden Jahr ein neues Drama „Erechtheus" folgen, das ungefähr im Stil

seiner „Atalanta in Kalydon" geschrieben ist, aber dies frühere Werk an
erhabener Kraft der Gedanken und markiger Gedrungenheit der Form noch
übertrifft. Ein romantisches Epos, „Tristan und Isolt", nähert sich,
wie man hört, gleichfalls dem Abschlusse. Vor wenigen Monaten überraschte Swinburne das Publikum durch eine neue Folge von „Gedichten
und Balladen," welche der ersten Sammlung an Reiz und Interesse nicht
nachsteht und als ein entschiedener Fortschritt zu betrachten ist. Wie bei
allen poetischen Werken dieses Dichters, verdient auch hier die meisterhafte
Vollendung der Verstechnik besondere Beachtung. Mit Recht hat ein
englischer Kritiker in seiner Besprechung dieses Bandes im „Athenäum"
auf die Kunst aufmerksam gemacht, mit welcher Swinburne den in seiner
Muttersprache so schwer zu behandelnden anapästischen und daktylischen
Maßen durch die häufige Anwendung der Alliteration und der literae
liquidae (z. B. „lisp of leaves and ripple of rain") eine graziöse
Leichtigkeit und einen beflügelten Schwung verleiht, während freilich andererseits seine Jamben durch allzu häufige Anwendung dieser musikalischen
Reizmittel hin und wieder in einen Tanzrhythmus verfallen, der ihnen
den eigentlich jambischen Charakter benimmt und zu weitschweifiger Breite
verlockt. Völlig vermieden ist dieser Fehler in dem unvergleichlich schönen
Gedichte an Marlowe: „In the Bay;" hier ist der Dichter äußerst
koncis, eben so in seinen trefflichen Nachbildungen Villon'scher Gedichte.
Im Ganzen zeigt sich in dieser neuen Gedichtesammlung unverkennbar
eine größere Ruhe und geistige Reife des Verfassers. Allerdings überwiegt noch immer die Tendenz und die Reflexion; das alte schmerzliche
Räthsel der Welt drängt sich, nach wie vor, überall dem Dichter auf,
und gönnt dem Leser selten ein Aufathmen von dem beklemmenden Alp-
druck weltschmerzlicher Stimmung. Der erwähnte Kritiker im „Athenäum"
zieht in dieser Hinsicht eine treffliche Parallele zwischen Swinburne und
Victor Hugo, an den drei begeisterte Gedichte dieses Bandes gerichtet sind.
Beide Schriftsteller, sagt er, rebellieren gegen das Bestehende, aber Victor
Hugo rebelliert gegen die Gesellschaft, gegen die menschlichen Einrichtungen,
während Swinburne gegen Gott, wie ihn die Vorstellungen der Menschen
sich denken, rebelliert. Victor Hugo greift, beim Anblick der Armen und
Elenden von Schmerz überwältigt, die Gesellschaft an, indem er ihr zu-
ruft: „All dies Elend hast du, die Gesellschaft, verschuldet, weil du von

den Gesetzen eines allgütigen Gottes abgewichen bist". Swinburne dagegen sagt: „All dies Elend kommt von Gott her, in so fern er es zu-
läſst; denn wenn er allwiſſend und allmächtig ist — wie ein Gott es doch
sein muſs, um diesen Namen zu verdienen, — so heißt sein Vorhersehen
Vorherbestimmung". Aber während Victor Hugo seit Jahrzehnten entwick-
lungslos auf dem einmal angenommenen Standpunkte verharrte, beginnt
Swinburne einzusehen, daſs, trotz aller grellen Widersprüche des Lebens,
doch die Welt nicht fortbestehen könnte, wenn nicht ein Vorwiegen des
Guten über das Böse stattfände, daſs wir die Leidenschaften, obschon sie
ein Theil von uns sind, beherrschen müssen, wenn sie uns nicht zerfleischen
sollen, und baſs die Erde zwar kein Himmel, aber doch je nach den Augen
Dessen, der auf ihr wandelt, voll Blumen oder voll giftigen Unkrauts
ist. So sehen wir auch in dem vorliegenden neuen Gedichtbande das
Feuer Swinburne's nicht gedämpft, sondern mit reinerer Flamme brennen.
Fügen wir noch hinzu, baſs er eine Abhandlung über die dramatischen
Dichter Beaumont und Fletcher und eine zweibändige Biographie der
Romanschriftstellerin Charlotte Bronté schon im vorigen Jahre erscheinen
ließ; eben so eine politische Flugschrift: „Der englische Republikaner über
den russischen Kreuzzug", die uns nicht zu Gesichte kam, so wird damit
die Liste seiner bisherigen Arbeiten geschlossen sein. Bei der Besprechung
eines Schriftstellers, der so rüstig weiter schafft, muſs man sich schließlich
begnügen, seine jüngsten Geistesthaten kurz zu verzeichnen. Wer mag er-
messen, welche Höhe der Entwicklung er bei so eifrigem Vorwärtsstreben
noch erklimmen wird? Vielleicht baſs sein Name dereinst unter den hellsten
Sternen der ganzen neueren Literatur erglänzt. Jedenfalls hat er in
England unter den Schriftstellern seiner eigenen Generation keinen Neben-
buhler zu fürchten.

Hans Christian Andersen.

Ein Dichterleben!

In der kleinen Provinzhauptstadt Odensee auf der Insel Fühnen lebte zu Anfang dieses Jahrhunderts ein armer Schuhmacher, der sich in seinem Handwerkerstande nicht glücklich fühlte. Er las lieber in Holberg's Komödien, in Romanen und Geschichtsbüchern, und beklagte es stets, dass er nicht hatte studieren oder als Kriegsmann die Welt durchziehen und Ruhm und Ehre erwerben können. Seine Frau, mit einem Herzen voll Liebe, aber ganz ohne Bildung und Weltkenntnis, und arm wie er, verstand nicht sein unbefriedigtes Sehnen. Der junge Mann hatte selber sein Ehebett aus dem Holzgestell zusammen gezimmert, das vor Kurzem den Paradesarg einer gräflichen Leiche getragen, und in diesem Bette, an dessen Brettern noch die schwarzen Tuchreste hingen, erblickte am 2. April 1805 ein weinender Knabe das Licht der Welt. Einsam und träumerisch wuchs derselbe heran. Die innere Unrast und eine schwärmerische Begeisterung für die Heldenlaufbahn Napoleon's trieben den Vater in den Krieg, aber er kam nur bis Holstein, da ward Friede geschlossen, und bald nach der Heimkehr sank er ins Grab. Die Mutter wusch jetzt für fremde Leute, und verheiratete sich nicht lange nachher mit einem anderen Handwerker, der sich wenig um die Erziehung des Knaben kümmerte und ihn für den Schneiderstand bestimmte. Hans Christian — so war der Name des Knaben — hatte jedoch die poetische Natur, die Reiselust und den Bildungsdrang des Vaters geerbt; wie dieser, las er Komödien, fertigte sich ein Puppentheater an, und schrieb Gedichte und Dramen, als er noch kaum ein Wort richtig buchstabieren konnte. Früh konfirmiert, wanderte er dann als vierzehnjähriger Bursche, mit dreizehn Reichsbankthalern in der Tasche, nach Kopenhagen, um dort sein Glück als Schauspieler oder Sänger zu suchen. In abenteuerlichem Aufzug, die Hosen in die Stiefelschäfte gesteckt, ging er mit dem Empfehlungsschreiben eines Buchdruckers seiner Vaterstadt zu einer demselben völlig unbekannten Tänzerin der königlichen Bühne und bat sie um ihre Protektion. Sie hielt ihn für toll, als er ihr mit grotesten Gebärden die Rolle Aschenbrödel's vorspielte, und der Theaterdirektor wies ihn eben so spöttisch ab. Der Musiker Weyse, der Dichter Guldberg und andere brave Leute nahmen sich jedoch des naiven jungen Menschen an, unterstützten ihn mit Geldmitteln und freundlichem Rath, und sandten ihn endlich aufs Gymnasium und auf die Universität. So lernte er die klaffenden Lücken seiner Bildung ergänzen und Vertrauen auf das in ihm schlummernde Talent gewinnen, wie feindselig auch die tonangebende Kopenhagener Kritik seine Erstlingsprobuktionen verspottete. Zum Glück ließ er sich in der eingeschlagenen Bahn nicht beirren, und fand mit dem sicheren Instinkte des Genius bald das seinen eigenthümlichen Anlagen entsprechende Feld, auf welchem er unverwelkliche Lorberen ernten sollte. Der Name des armen Handwerkersohnes zog auf den Schwingen des Ruhmes, weit über die Grenzen seines kleinen Heimatlandes hinaus, durch die Welt, und als er vor Kurzem die Augen schloß, trauerten um ihn viele Millionen von Lesern, denen er Licht und Sonnenschein ins Herz gesenkt. Denn kein zeitgenössischer Schriftsteller hat sich ein Publikum erworben, wie er, — ein Publikum, das die frische, fröhliche Kinderwelt aller Länder des indogermanischen Sprachstamms, von der höchsten Spitze Norwegens bis nach Indien hinab, von den rauchgeschwärzten Waldhütten Dalekarliens bis zu den eisernen Kaufmannspalästen San Francisco's am stillen Meere umfaßt. —

Wie die ganze dänische Literatur dieses Jahrhunderts auf den Anregungen der romantischen Schule in Deutschland beruht, nahm auch Andersen von diesen Einflüssen seinen Ausgang. Sein Jugendwerk, die „Fußreise nach Amager", bewegt sich noch ganz in den willkürlichen Arabesken der Callot-Hoffmann'schen Manier; auch in seinen späteren Reiseschriften hat er sich von der Nachahmung romantischer Muster niemals befreit. Hier und in seinen lyrischen Gedichten tritt namentlich die Einwirkung Heine's allzu stark hervor, als daß der Ruhm des Dichters in

diesen Erzeugnissen fortleben könnte, so frisch und ansprechend auch manche
Naturschilderungen und so anmuthig einzelne Lieder sind. Eben so wenig
werden die dramatischen Versuche Andersen's sich auf der Bühne erhalten.
Schon bei seinen Lebzeiten sind nur wenige seiner Lustspiele in seiner
engeren Heimat mit einigem Erfolg zur Aufführung gelangt; sein Talent .
lag nicht in dieser Richtung. Größeren Werth haben seine ersten Romane:
„Der Improvisator", „O. B." und „Nur ein Geiger", in denen er seine
eigenen Kindheitserinnerungen und die Kämpfe des Talents mit den
spießbürgerlichen Vorurtheilen und den Gehässigkeiten der äußeren Umgebung
warm und ergreifend schilderte. Vor Allem der letzterwähnte Roman ist
ein Stück poetisch verklärter Selbstbiographie, deren Held die frappanteste
Porträtähnlichkeit mit den Charakterzügen und Jugendschicksalen des Verfassers trägt. Wie der arme Geiger Christian, bewahrte auch Andersen
sich sein Lebenlang das sensible, harmlose, weltunerfahrene Kindesgemüth,
wenn auch sein Genie sich mannhafter und glücklicher Bahn brach, statt
wie Jener, wundgeritzt von den Dornen des Weges, zu verbluten. Was
diesen Romanen einen eigenthümlichen Reiz verleiht, ist die intensive
Wahrheit und Wärme, mit welcher subjektive Empfindungen und Erlebnisse zum Ausdruck gelangen; aber dieser Vorzug ist ein mehr lyrischer
als epischer, die künstlerische Erfindung ist schwach, die Handlung dürftig,
die psychologische Entwicklung gering. Das Kinderleben wird mit unüber-
trefflicher Meisterschaft geschildert; allein wir vermissen die spätere Entfaltung zu gereifter Männlichkeit oder Weiblichkeit, die Romanhelden
Andersen's wachsen nur den Jahren nach heran, an Gemüth, Verstand
und Willen bleiben sie, was sie waren: weiche, thörichte, unentschlossene,
vor jedem rauhen Windstoß des Schicksals erschaudernde, hilflose Kinder.
Sie haben ein Herz voll Liebe, eine Seele voll Adel und Schönheitsdrang,
aber es fehlt ihnen die feste Kraft der Muskeln, das Mark in den
Knochen. Träumerisch, fast wie schlafwandelnd, gehen sie durchs Leben;
sie gleichen den Treibhausblumen unter einer Glasglocke, die verwelken,
wenn die kalte Luft der Außenwelt sie berührt.

Vielleicht hat die höhnische Aufnahme, welche den Schöpfungen Andersen's bei der dünkelhaften Literaturkritik seiner Heimat zu Theil wurde,
ihn zuerst auf die Idee gebracht, sich in der naiven Kinderwelt ein sym-
pathischeres, dankbareres Publikum zu suchen. Die Bestrebungen der

romantischen Schule hatten die Aufmerksamkeit der Dichter und Gelehrten damals schon erfolgreich auf die Sagen- und Märchenpoesie hingelenkt. Den nüchtern verständigen, altklug rationalistischen Bearbeitungen deutscher Volkssagen von Musäus waren die phantastisch freien Märchenerfindungen von Ludwig Tieck, Brentano, Fouqué, Eichendorff und Wilhem Hauff gefolgt. Gewiß hatten dieselben der Poesie ein neues, frisches Element zugeführt, sie hatten die Freude am Naiven, Einfachen, Elementaren wieder erweckt; allein sie hatten sich wissentlich an ein Publikum gewandt, das nicht mehr naiv, sondern raffiniert in seiner Denk- und Empfindungs- weise war, das sich an den bunten Märchenbildern ergötzte, wie der blasierte Tourist sich an der schlichten Einfalt des Tyroler Gemsjägers oder der Sennerin auf der Alm ergötzt. Allzu oft hatten die Verfasser selbst mit dem Naiven, Volksthümlichen nur kokettiert, nur ein ironisches Spiel mit demselben getrieben, ja, sich ausdrücklich ihren „gebildeten" Lesern gegenüber durch allerlei geschraubte Witzreißereien dawider verwahrt, als sei es ihnen Ernst mit ihren Erfindungen. Andersen aber, so sehr sein träumerisches Gemüth von den Phantasiebildern der Romantiker an- gezogen ward, erschrak vor dieser selbstzerstörenden Ironie; sein künstleri- sches Spiel mit den Stoffen war ihm heiliger Ernst, so naiver Ernst, wie das Spiel dem Kinde, das seine Puppe wiegt, wäscht, ankleidet, spazieren führt, oder Sandhäufchen zu Kuchen formt, Zinnsoldaten mit einander Krieg führen läßt, und sich keinen schlechteren Helden denn Achilleus dünkt, wenn es mit dem Holzsäbel wider die Rotte der Trojaner stürmt und des Nachbars Peter als Hektor zum Kampfe herausfordert. Selbst ein kindliches Gemüth, wählte er sich die Kinderwelt als Publikum und erzählte ihr jene Märchen, die sie mit gespanntestem Interesse und gläubigster Hingebung vernahm.

Warum haben diese Märchen einen so universellen Beifall gefunden, bei Erwachsenen fast nicht weniger, als bei Kindern? Es verlohnt sich wohl, diese Frage zu stellen und ihre Beantwortung zu versuchen.

Die erste Ursache für die rasche und allgemeine Verbreitung der Andersen'schen Märchen erblicke ich in dem Umstande, daß der Verfasser von Anfang an mit klarstem Bewußtsein für ein ganz bestimmtes Publi- kum schrieb. Die ersten Sammlungen seiner „Märchen" trugen auf dem Titelblatte den ausdrücklichen Zusatz: „Den Kindern erzählt". Wer mit

bewußter Absicht für ein bestimmtes Publikum schreibt, stellt sich naturgemäß auf den geistigen Standpunkt desselben; er vergegenwärtigt sich in
jedem Augenblick dessen Bildungs- und Kenntniszustand, dessen Fassungs-
kraft, Interessen und Bedürfnisse. Durch dies Verfahren wird sowohl
die Wahl der Stoffe, wie die Form der Behandlung bedingt. Der Stoff
einer Märchenerzählung, welche Kindern verständlich sein und sie lebhaft
interessieren soll, kann nicht elementar, nicht einfach, nicht naiv genug sein;
denn jede komplicierte Handlung, jedes psychologische Raffinement gehen
über den Horizont des Kindes hinaus und würden seine Aufmerksamkeit
verwirren. Eben so schlicht einfältig muß die Behandlungsart und die
Sprache sein; der ruhig und gleichmäßig fortlaufende Faden der Erzählung
darf durch keine abstrakte Reflexion, durch keinen wirr verschlungenen
Knoten der Begebenheiten unterbrochen werden, keine verwickelte Satzfügung,
kein unverständlicher Ausdruck, keine Anspielung auf ein dem kindlichen
Leserkreise fremdes Gebiet darf sich einschleichen. Diese Beschränkungen
vorausgesetzt, darf aber die Phantasie des Märchendichters aufs freieste
ihre Schwingen entfalten; denn die Phantasie des Kindes ist eben so un-
begrenzt, wie die seine. Sie ist es gewohnt, in poetischem Schöpferdrange
mit allen Dingen zu spielen, wie er; sie belebt das todte Spielzeug, sie
verwandelt es in ein Anderes: eine Reihe von Stühlen und Fußschemeln
wird ihr zur Eisenbahn, ein Nußknacker zum Kobold, die kleine Schwester
zum Pferdchen, das Kellerloch zur Räuberhöhle oder zum unterirdischen Saale
mit den Schätzen des Aladdin. — Nichts ist so abenteuerlich und so
seltsam, daß die traumschnelle Phantasie des Kindes ihm den Glauben
verweigerte, wenn es nur nicht aus seinem Vorstellungskreise herausfällt.

Man sollte meinen, diese naheliegenden und einfachen Gesetze wären
für Den, welcher es unternimmt, für Kinder zu schreiben, leicht zu erfüllen.
Der flüchtigste Blick auf unsere herkömmliche Jugendliteratur widerlegt
jedoch sofort diese Ansicht. Die meisten der für Kinder bestimmten Schriften
verrathen in jeder Zeile, daß sie weniger der Rücksicht auf die Phantasie
des Kindes, als einer moralisierenden oder Belehrungs-Absicht des Verfassers
ihren Ursprung verdanken. Nicht aus der Seele des Kindes sind die
meisten dieser Bücher geschrieben, sondern aus der Seele des Erwachsenen,
welcher das Kind nach seinen pädagogischen Grundsätzen zu modeln wünscht.
Andersen aber brauchte fast nur den Eingebungen der eigenen kindlichen

Seele zu folgen, um den richtigen Ton für das Publikum seiner Märchen zu treffen. In diesem Einklang seines eigenen Wesens und künstlerischen Dranges mit der Natur und den Interessen des Leserkreises, den er sich gewählt, liegt der zweite Grund seiner Erfolge.

Dies kindliche Wesen des Dichters spricht sich indeß nicht allein in seiner Freude an dem Naiven, Einfachen, Elementaren, es spricht sich vor Allem auch in der heiteren, sanften, optimistischen Weltanschauung aus, welche seine Märchen durchweht. Das gesunde, unverderbte Kind ist ein geborener Sanguiniker und Optimist. Es vergißt im nächsten Augenblicke den Schmerz der vergangenen Minute über ein Bilderbuch, über ein neues Kleid, es lächelt mit glücklichem Humor unter Thränen, die Welt und das Leben dünken ihm gut und schön, es spielt selbst mit den Blumen in der Hand des todten Brüderleins. Eben so Andersen. Wo immer wir seine Schriften durchblättern, überall tritt uns dieser heitere Optimismus entgegen, der sich an den Dingen freut, wie sie sind, und ihnen, wie der Flachs im Märchen, stets die beste Seite abzugewinnen versteht. Selbst die kranke Mutter des armen Geigers, welche so wenig Sonnenschein genossen, ruft noch im Sterben aus: „Die Welt ist dennoch schön! Das Leben ist eine gesegnete Gottesgabe. Ein Jammerthal, eine Stätte des Elends ist sie nur für Denjenigen, welcher bei dem dunklen Flecken, dem zertretenen Wurme, der geknickten Blume verweilt. Freilich, ein einzelner Wurm muß zertreten, eine einzelne Blume geknickt werden; aber wir müssen die ganze Natur betrachten, und da scheint die Sonne auf Millionen von Glücklichen; die Vögel jubeln, die Blumen duften.“ Und wenn Andersen das Märchen seines eigenen Lebens überblickt, wenn er bedenkt, wie sein einst so mißachteter Name über das große Weltmeer bis in die fernsten Zonen geflogen ist, so ist ihm in seinem Freudenschauer zu Muthe, als sei er ein armer Bauernknabe, dem man einen Königsmantel umwirft, und er jubelt: „Ich fühle, daß ich ein Glückskind bin; fast Alle kommen mir offen und liebreich entgegen, nur selten ist mein Zutrauen zu den Menschen getäuscht worden. Vom Fürsten bis zum ärmsten Bauern herab hab' ich das edle Menschenherz schlagen gefühlt. Es ist eine Lust zu leben, an Gott und Menschen zu glauben.“

Vielleicht ist es nicht überflüssig, bei dieser Gelegenheit die trefflich Sammlung „Dänischer Volksmärchen“ zu erwähnen, welche Svend Grundt-

vig vor Kurzem herausgegeben hat*). Ohne Zweifel hat Andersen viele
dieser alten, in der einen oder anderen Gestalt heute noch in allen Gegenden Dänemarks fortlebenden Märchen gekannt und seine Phantasie unmittelbar von denselben befruchten lassen. Auch in ihnen zeigt sich die
gleiche sorglos optimistische Lebensauffassung, die gleiche naiv gesunde
Moral, welche nach so viel Fährnissen am Ende stets dem Guten
zum Siege, dem Bösen zur verdienten Strafe verhilft. Der in Thier-
gestalt verwunschene Prinz wird zuletzt unfehlbar entzaubert und führt
die schöne Prinzessin heim in sein Königreich, während die boshafte Hexe
oder der tückische Zauberer in tausend Kieselsteine zerspringt oder zu Asche
verbrennen muss; selbst dem Schlingel von Faulpelz, wenn er nur im
Grunde seines Herzens ein gutmüthiger Bursch ist, ergeht es über die
Maßen wohl, und er gelangt durch die Hilfe freundlicher Geister mühelos
zu behaglichem Lebensgenuss. Nur das wirklich Schlechte, das principiell
Böse wird vom Märchendichter unnachsichtig aus der Welt geschafft, damit
es den idyllischen Frieden guter Menschen fortan nicht mehr störe.

Einer solchen Gesinnung liegt natürlich auch auf religiösem Felde jeder
zelotische Eifer fern. Wenn in den Märchen Andersen's ein Bewohner der
himmlischen Regionen seinen Flug einmal zur Erde lenkt, so ist es eben
ein holdes Geschöpf der Phantasie, wie andere Märchengestalten, wie der
Rosenelf oder Fliedermütterchen oder die Fee des Paradieses, und nur
eines einzigen Beispiels entsinne ich mich, wo der Dichter — in der
unheimlichen Erzählung von den rothen Schuhen — die kindische Eitelkeit
eines jungen Mädchens, das seiner Pflichten gegen die Kirche vergaß,
allzu grausam bestraft. Wie schön kontrastiert hiergegen (in den Reise-
erinnerungen „Aus Schweden") die Geschichte von dem zornigen Pfarrer,
welcher den Bösen ewige Höllengluth in Aussicht stellt, und nun seine
sanfte, fromme Frau nach ihrem Tode ruhelos umherwandern sieht, weil
er ihr nicht ein einziges Haar von dem Kopfe eines Sünders geben kann,
den Gott zu ewiger Pein verdammen wird. Denn auch die schlimmsten
Sünder sind vor Gott nur Thoren, Verirrte, Wahnwitzige, kurz arme
Unglückliche, und erst als der Pfarrer Dies erkennt und sein hartes Wort

---

*) Eine deutsche Übersetzung derselben ist unlängst bei Joh. Ambr. Barth in
Leipzig erschienen.

widerruft, findet die unstäte Seele seiner Gattin den Frieden. „Es war
dein hartes Wort," sagt die Todte, „es war deine Verzweiflung an der
Menschheit, dein finsterer Glaube an Gott und seine Schöpfung, was mich
zu dir trieb. Lerne die Menschen kennen! Selbst in den Bösen lebt ein
Theil von Gott, ein solcher, der die Flammen der Hölle löscht und besiegt."
Brauchen wir noch darauf hinzuweisen, daß eine solche Gesinnung, welche
die Märchen Andersen's, wie jedes seiner übrigen Werke, beseelt, das Herz
des Kindes wohlthätiger berühren, veredelnder und bildender auf dasselbe
einwirken muß, als alle lehrhaften Moralpredigten?

Noch ein anderes Moment möchten wir zum mindesten beiläufig
betonen, da wir auch darin einen Vorzug jener Märchen erblicken, der zu
ihrer Verbreitung mit beigetragen hat. Wir meinen den durchaus modernen
Charakter, der ihnen inne wohnt. Sie verleugnen oder verketzern nirgends
die Zeitperiode, welcher sie entsprossen sind; im Gegentheil, es pulsiert in
den meisten von ihnen das warme Herzblut und Leben der Gegenwart.
Zuweilen, wie in den „Galoschen des Glücks", macht der Verfasser sich
geradezu lustig über die thörichten Lobredner der alten Zeit; nicht selten,
wie im „Wassertropfen", zieht er die großen Entdeckungen der modernen
Wissenschaft mit glücklichem Griff in den Bereich seiner Dichtung; ja, er
selbst spricht es an einer anderen Stelle mit begeisterten Worten aus,
daß die Wissenschaft das wahre Kalifornien der Poesie sei, das dem
Blick des geweihten Dichters immer neue Aladdinsschätze enthülle. „Glücklich," ruft er aus, „glücklich bist du, Dichter, der in unserer Zeit geboren
ward! Du erbst alle die herrlichen Schätze, die deine Vorgänger der Welt
gaben, du erbst von ihnen die Erkenntnis, daß nur das Wahre, das
Wahre in der Natur und dem Menschen, ewig ist . . . Das Sonnenlicht
der Wissenschaft soll den Dichter durchdringen, mit hellem Auge soll er
die Wahrheit und Harmonie im Großen wie im unendlich Kleinen erfassen:
Dies wird seinen Verstand und seine Phantasie läutern und bereichern,
wird ihm neue Formen zeigen, die das Wort noch lebendiger machen.
Selbst die einzelnen Entdeckungen werden uns einen solchen neuen Flug
verleihen. Welche Märchen vermag nicht das Mikroskop zu enthüllen, wenn
wir unsere Menschenwelt unter dasselbe bringen; der Elektromagnetismus
kann einen neuen Lebensfaden in neuen Lustspielen und Romanen abgeben,
und wie manche humoristische Dichtung wird nicht emporwachsen, indem

wir von unserer staubgrauen, kleinen Erde mit ihren kleinen hochmüthigen Menschen in das unendliche Weltall hinausblicken, von Milchstraße zu Milchstraße! O, es liegt so unendlich Viel in dem Meere, in der Luft und in der Erde verborgen, Wunderwerke, größer als sie die Phantasie der Dichter zu erschaffen vermag. Es wird ein Dichter kommen, der mit kindlichem Sinn, ein neuer Aladdin, in die Höhle der Wissenschaft tritt; mit kindlichem Sinn, sagen wir, denn sonst werden ihn die starken Geister der Naturkräfte erfassen und zu ihrem Diener machen, während er durch die Lampe der Poesie, die immer das menschliche Herz ist und bleibt, als Herrscher dasteht und wundervolle Früchte aus den dunklen Gängen heraufbringt, und ihm die Macht verliehen ist, das neue Schloß der Poesie zu bauen, in Einer Nacht durch dienende Geister geschaffen."

Die letzte Ursache endlich für den allgemeinen und wohlverdienten Erfolg dieser Märchen liegt in der hohen Kunstvollendung ihrer abwechse= lungsreichen Form, in der vollkommenen Übereinstimmung der Behand= lungsart mit dem jedesmaligen Stoffe. Wie bei einem melodiösen, sicher und fest durchgeführten Musikstücke, fällt kein Ton aus dem Charakter des Ganzen heraus. Scherz und Humor, ja selbst ausgelassene Lustigkeit erhalten ihr Recht, wenn das Thema es bedingt, so gut wie andererseits ernsthafte, rührende, weiche Molltöne angeschlagen werden, wo sie am Platze sind. Aber niemals, selbst in den abenteuerlichsten Erfindungen, begegnet uns jene barocke Vermischung des Burlesken und Pathetischen, die uns so häufig in den Märchendichtungen der deutschen Romantiker verletzt. Überall ist das Streben nach innerer Wahrheit das Kunstgesetz, welches Andersen unverbrüchlich befolgt. Er läßt die Geschöpfe seiner Phantasie genau so empfinden, denken, reden und handeln, wie ihre Natur es erfordert, nicht wie die willkürliche Laune des Verfassers es beliebt. Wenn die alte Storchmutter im nordischen Dorfneste ihren Jungen von der Herrlichkeit Ägyptens erzählt: „Da ist ein Fluß, welcher aus seinem Bette tritt, dann wird das ganze Land zu Schlamm. Man geht im Schlamm und ißt Frösche", so ist Das eine Auffassung, welche durchaus der Vorstellungsweise eines Storchgehirns entspricht, und das kleine Wort „man" ist hier von treffendster psychologischer Feinheit. Und wenn die Maikäferfräulein über die zierliche Schönheit Däumelinchens ihre Fühl= hörner rümpfen und sagen: „Sie hat ja nicht mehr als zwei Beine,

Das sieht erbärmlich aus! Sie hat keine Fühlhörner! Sie ist so schlank in der Taille, pfui, sie sieht aus wie ein Mensch! Wie sie doch häßlich ist!", so stimmt Das gerade so sehr zu der einzig denkbaren Maikäfervorstellung von Schönheit, wie es zu der Sperlingsvorstellung von Schönheit stimmt, wenn die prosaischen Spatzen nicht begreifen können, „was an so einem rothen Klumpen, wie einer Rose, Rares ist."

Will man nun einwenden, daß die Vorzüge, welche ich den Andersen'schen Märchen nachgerühmt, im Wesentlichen dieselben sind, welche auch jedem anderen poetischen Kunstwerke von echter Art Anerkennung und Erfolg zu verschaffen pflegen, so bin ich ganz damit einverstanden. Die Gesetze dichterischen Schaffens sind in ihren Grundzügen dieselben einfachen und allgemeinen, gleichviel ob man für Erwachsene oder für Kinder schreibt, und weil Andersen diese Gesetze aufs treulichste beobachtet hat, gewährt die Lektüre seiner Märchen dem Erwachsenen fast eben denselben reinen und hohen Genuß, wie dem Kinde, für das sie ursprünglich erdacht und bestimmt sind.

C. J. L. Almquist.

Nach den neuesten Quellen geschilbert.

Zu den genialsten und vielseitigsten schwedischen Schriftstellern dieses Jahrhunderts gehört ohne Zweifel der Mann, mit dessen bunt bewegtem Leben sich die nachfolgenden Blätter beschäftigen sollen. In Deutschland sind nur wenige seiner Romane und Novellen durch Übersetzungen bekannt geworden, welche Anfangs der vierziger Jahre im „Belletristischen Ausland" und in zwei ähnlichen Berliner Sammlungen erschienen. Im Sommer 1851 fand man in allen Journalen die sensationelle Nachricht, daß der Verfasser dieser fesselnden Erzählungen unter höchst verdächtigen Umständen aus seiner Heimat entflohen sei, wo kurz darauf eine Anklage wegen Wechselfälschung und versuchten Giftmordes gegen ihn erhoben ward. Dann war er fünfzehn Jahre lang gänzlich verschollen, bis im Oktober 1866 die „Weser-Zeitung" die kurze Notiz brachte, daß am 26. September d. J. im Bremer Krankenhause ein Professor C. Westermann gestorben sei; bald darauf folgte die Enthüllung, daß der Name ein angenommener gewesen, und daß sich unter demselben der berühmte und berüchtigte schwedische Schriftsteller Almquist verborgen habe.

Das abenteuerliche Leben dieses merkwürdigen Mannes würde an sich interessant sein, auch wenn seine seltene poetische Begabung nicht unsere menschliche Theilnahme an seinen Schicksalen erhöhte. Er gehört zu jenen räthselhaften Charakteren, deren dämonische Natur sich zwar auch in ihren schriftstellerischen Erzeugnissen unverkennbar ausprägt, deren volles Verständnis aber zugleich eine genaue Bekanntschaft mit ihren äußeren Lebensereignissen und ihrer absonderlichen geistigen Entwicklung erfordert. Wir freuen uns daher, daß ein talentvoller und vorurtheilsloser schwedischer Schriftsteller der jüngeren Generation, Herr Arvid Ahnfelt, sich einer

Revision der vielfach gefälschten literaturgeschichtlichen Akten in Sachen Almquift's unterzogen und eine auf sorgfältigftem Quellenftubium beruhende Biographie des Dichters*) verfaßt hat, welcher wir größtentheils die nachstehenden Mittheilungen entnehmen.

Carl Jonas Ludwig Almquist war am 28. November 1793 zu Stockholm geboren. Sein Vater war Kriegskommissär, seine Mutter, die Tochter des Bibliothekars Gjörwell, war eine hochbegabte, aber schwärmerische und exaltierte Frau. Dieselbe übte den größten Einfluß auf die nachmalige Geistesrichtung des Sohnes, welcher, nach seinem eigenen Ausdruck, zwei Seelen besaß: „eine Kämmererseele, die er von seinem Vater, und eine poetische Seele, die er von seiner Mutter geerbt habe." In seinen Briefen spricht er mit der wärmsten Liebe von dieser Mutter, aber in einer Weise, welche ihre excentrische Natur durchblicken läßt. „Ihr größtes Vergnügen," sagt er, „war, in Garten und Wald umherzustreifen, am liebsten allein oder mit Rousseau." Bei ihrem Tode war er erst dreizehn Jahre alt. Sein Hauslehrer und Andere machten ihm Vorwürfe, weil er nicht trauerte, sondern Romane las und bei der Lektüre oft hell auflachte; „aber," fügt Almquist hinzu, „in der Stille erfüllte Gott meine Augen mit vielen Thränen, die ich nicht mit den Taschentüchern Anderer, sondern mit meinen eigenen abtrocknete, so daß Keiner darum wußte." Im Übrigen erzählt er, daß er ein ausgelassen lustiger und muthwilliger Knabe gewesen sei, von dem man wenig erwartet habe. Den größten Theil seiner Kindheit verbrachte er auf dem schön gelegenen Landgut seines Vaters, Antuna, in der Nähe der Residenz, wo er schon früh Gelegenheit fand, das freie Leben in Wald und Feld kennen und lieben zu lernen. In Upsala, wo er seine Universitätsstudien begann, vermißte er aufs schmerzlichste die romantischen Naturschönheiten Antuna's. Von 1814 bis 1820 war ihm die Erziehung eines jungen Finnländers anvertraut, mit dem er sich eine Zeit lang in der Heimat desselben aufhielt. 1815 machte er in Upsala sein Magister-Examen und trat gleich darauf in das geistliche Departement in der Hauptstadt ein.

Im Herbst jenes Jahres stiftete der junge, nur um zwei Jahre

*) C. J. L. Almquist, hans lif och verksamhet. Af Arvid Ahnfelt. Stockholm, F. & G. Beijers Förlag. 1877.

ältere Dichter C. F. Dahlgren, in Gemeinschaft mit dem Pfarradjunkten Cnattingius, den „Mannheimbund", eine eigenthümliche Erscheinung im schwedischen Kulturleben dieses Jahrhunderts, welche in mancher Beziehung an die Anfänge der englischen „Seeschule" und an die jugendlichen Reformbestrebungen Coleridge's und Southey's erinnert. Der Name bezog sich auf ein Gedicht Geijer's, in welchem der alte skandinavische Norden als das echte „Mann-Heim", die Heimat echter Manneskraft und Mannestugend, verherrlicht ward. Die Entstehung des Mannheimbundes war übrigens sehr einfach und stand in Verbindung mit einer Schule, deren Leiter der bekannte, der nationalen, sogenannt „gothischen" Literaturrichtung angehörende Dichter und Schriftsteller Afzelius war. Der Zweck des Bundes war, wie Cnattingius in dem noch erhaltenen Protokollbuch desselben erklärt, „durch geeignete anregende Beschäftigungen einige hoffnungsvolle Knaben, deren höhere geistige Entwicklung uns am Herzen lag, zu ermuthigen und vom Schulstaube zu befreien." Man gedachte sie zu dem Ende besonders mit der altnordischen Literatur, mit ihrer Mythologie, ihren Sagen und ihrer Sprache bekannt zu machen. Gerade als man mit dem Entwurf des Lehrplans und der Jnangriffnahme des Werkes beschäftigt war, kam der 21jährige Magister der Philosophie, C. J. L. Almquist nach Stockholm. Es ist leicht erklärlich, daß der enthusiastische Jüngling sich mit lebhafter Sympathie den Jdeen des neu gestifteten Bundes zuwandte, der ihn mit offenen Armen aufnahm. Almquist wurde sofort der Leiter und die Seele desselben, und unter seinem Vorsitz ward nicht allein der vorläufige Unterrichtsplan schleunigst festgestellt, sondern es wurde ihm auch der Auftrag ertheilt, einen detaillierten Organisationsentwurf auszuarbeiten.

Die vorläufigen Statuten für die derzeitigen fünf Grade des Bundes bestimmten in ziemlich drakonischer Weise die Details des Lehrplans, zu dessen Kennzeichnung die Notiz genügen mag, daß die Schüler des fünften Grades nicht allein die Kurse in der Mythologie, den Sagen und der Chronologie der nordischen Geschichte beendigen, sondern auch, wie buchstäblich gefordert ward, „alle schwedischen Alterthümer" kennen sollten.

Die Zusammenkünfte des Bundes pflegten damit zu schließen, daß sämmtliche Mitglieder sich im Kreis aufstellten, und der Sprecher die Schlußstrophen des erwähnten Geijer'schen Gedichtes „Mann-Heim" vorlas.

Man verfiel auf allerlei wunderliche Dinge; so z. B. sollten die jüngeren Bundesmitglieder gegen Gespensterfurcht abgehärtet werden. Zu dem Ende hüllten die Väter des Bundes sich in weiße Laken und offenbarten sich den Novizen auf einem Bodenraume. Bei einer solchen Gelegenheit erkannte einer der Knaben den Regimentsprediger Gravallius an den Stiefelschäften, die unter dem Laken hervorguckten, und seitdem mochte der würdige Herr nie wieder Gespenst spielen.

Nach einigen Jahren (1818) stellte man den Schulunterricht ein, statt dessen wurden nur noch Vorlesungen gehalten, und die Bundesstatuten nahmen eine minder pedantische Form an. Die Grade waren noch um zwei vermehrt worden; das Ceremoniell der Aufnahme in den siebenten Bundesgrad schildert Almquist in einem der Protokolle, wie folgt: „Der Saal ist christlich geschmückt. Von einem Älteren wird den Aufzunehmenden eine Rede vorgetragen, welche eine für sie geeignete Schilderung der Beschaffenheit des ganzen Bundes enthält: was sie durchgemacht haben, wo sie jetzt stehen, und was sie noch ferner erwartet. Sie werden zu Christen eingesegnet und erhalten als Dekoration ein vergoldetes Kreuz an rothem Bande. Gesang und ein frohes Mahl beschließen das Ganze."

Die Versammlungen waren zuweilen recht zahlreich besucht, und außer den Genannten gehörten dem Bunde mancherlei Persönlichkeiten an, die später eine hervorragende Rolle in der Literatur oder Politik gespielt haben. Unter den noch erhaltenen Versammlungsreden einzelner Bundesmitglieder findet sich ein interessanter Vortrag Almquist's über den damaligen Zustand der Literatur in Schweden. Überhaupt scheint Almquist vorherrschend das Material zu den Diskussionen geliefert zu haben, und nach seinen gedruckten Vorschlägen zur Organisation des Mannheimbundes zu urtheilen, war er vollauf im Stande, die Gesellschaft auch mit allerlei absonderlichen Ceremonien und extravaganten Einfällen in Athem zu erhalten. So kam es einmal fast zu einer Spaltung, weil er einen Erziehungsplan ersonnen hatte, nach welchem die jüngeren Mitglieder des Bundes die ersten drei Jahre lang als Heiden, dann drei Jahre als Juden und zuletzt drei Jahre als Christen erzogen werden sollten. Er besaß schon damals eine glänzende dialektische Schlagfertigkeit, und in einem Debattierklub, welcher Anfangs der zwanziger Jahre gegründet ward, machte es ihm besonderes Vergnügen, zuerst nach allen Regeln der Kunst die eine Seite einer Sache und dann die entgegengesetzte Ansicht zu vertheidigen, Beides mit gleicher Gewandtheit und anscheinender Überzeugtheit.

Die erwähnten Vorschläge zur Organisation des Mannheimbundes, welche Almquist 1816 ausgearbeitet hatte, wurden zwar verworfen, aber trotzdem einige Jahre nachher mit einigen anderen Aktenstücken vom Bunde selbst veröffentlicht. Almquist schildert hier die Jdeen des Bundes in folgender Weise: „1) müssen die Eintretenden einen deutlichen Hinweis auf das allgemeine Veredlungsbedürfnis erhalten; 2) muß ihnen ein herrliches Asenleben, gothische Kraft, glühende Vaterlandsliebe und eine vollkommene physische Menschlichkeit eingehaucht werden; 3) müssen sie eine tiefe Ahnung vom Himmel, von ihrer eigenen Unbedeutenheit als nur physisch kräftige Menschen, von der durch sich selbst kundgegebenen Auflösung des Asenlebens und von der Hoffnung eines besseren Lebens erhalten; 4) müssen sie in den frischen, warmen Odem des Christenthums erhoben und zu der Erkenntnis gebracht werden, daß sie bei einer richtigen Beurtheilung der physischen Kraft diese nicht über die Kraft der Seele setzen dürfen, sondern daß das volle Bewahren, Hinschmelzen und Aufgehen dieser Kraft im Christenthume die Vollendung ihrer Bildung ausmacht."

Den Mannheimbund wollte Almquist in neun Grade eintheilen; für jeden derselben sollte ein Saal bestimmt sein, und mit seiner feurigen Phantasie malte er sich die Dekoration dieser Säle aus. „Wäre Mannheim ein Palast," sagte er, „so müßte in dem ersten der neun Säle schwarzer Trauerflor an den geweißten Wänden herabwallen. Denn die Welt sagt, daß sie weiß sei; aber hier würde man sehen, daß die dunklen Wellen der Finsternis, in unsichtbarem Wogengang, aber doch mit tiefen Seufzern, über das Ganze hinfluthen. Eine Leichenhalle also. Wie die gewöhnliche Welt lebt, um mit dem Tode zu enden, beginnt dagegen das Schauspiel Mannheim's damit, zu sterben, auf daß das Leben nachher ohne Ende sei. Bilder sollen an allen Wänden dieses Saals hängen. Auf den nördlichen und südlichen Wänden sollen alle Thorheiten abgebildet sein, — auf der nördlichen alle Lächerlichkeiten, in Triumphgewändern auf einem morschen Vulkan tanzend, — auf der südlichen alle zarten Anlagen, durch die Thorheit der Zeit zu Karikaturen verzerrt, so lächerlich, daß man sich darüber todtlachen müßte, wenn man nicht eher in Thränen

ausbräche. Auf der westlichen und östlichen Wand sollen alle scheußlichen
Leidenschaften mit der furchtbaren Pinselkraft eines Michelangelo dem
stutzenden Blick begegnen, — auf der westlichen alle Wildheit, die mit
Wolfsaugen aus dem frommen Lammsfell, mit dem sie sich bedeckt hat,
funkelt und mit den Blitzen spielt, die sie zur Verwüstung der Erde hinab=
schleudert, die aber zum Verderben Derer, die sie schleudern, auf sie zurück=
prallen, eine ungeheure wohlthuende Vernichtung, — auf der östlichen alle
guten Kräfte, von dem Scharfrichterschwerte des Mechanismus und eines
falschen Formalismus erschlagen; Engelgestalten auf der Erde hingestreckt,
mit Ameisen, Ottern und Schlangen bedeckt, von Würmern und Raben
zernagt, langsam mit den Tropfen eines vergifteten Wassers besprützt, so
daß sie in Fäulnis verfallen, aber nicht schnell, sondern so, daß der Pest=
geruch sich genügend verbreiten kann, — die rechte Vollendung des Grab=
saals."

Der Organisationsplan enthält mancherlei Phantasieen von eben so
toller Art wie die angeführte Schilderung, und Vieles darunter von barock
komischer Natur. Zum Exempel läßt Almquist bei einer Aufnahme=
Ceremonie die Nornen auftreten und schreibt vor, in der Ferne solle man
eine unheimlich wilde Musik, Waffengetöse und Donnergeroll hören, und
dazu bemerkt er in einer Note, die an dieser Stelle höchst possierlich wirkt,
daß der Donner sich am leichtesten durch das Umherrollen einer eisernen
Kugel herstellen lasse. Man kann sich daher nicht eben wundern, daß die
Kritik die kleine Schrift vielfach verhöhnte, obschon sie andrerseits nicht
verkannte, daß dieselbe bei all ihren Absurditäten das Gepräge einer
großen und eigenthümlichen Genialität trage.

Es ist kulturgeschichtlich interessant, unter den vom Mannheimbunde
herausgegebenen Aktenstücken, neben den phantastischen Vorschlägen Alm=
quist's, den vom Bund angenommenen und von der Oberstatthalterei ge=
nehmigten, äußerst zahmen Organisationsplan abgedruckt zu sehen. Man
verleugnete hier feierlich jeden Versuch einer sogenannten „transcendierenden
Tendenz", und versicherte, daß man nur das Vaterland und ein tugend=
haftes Leben im Auge habe. Unter den stehenden Programmstücken des
Bundes nannte man jährliche Reden über Gustav I., Gustav II. Adolf
und „Seine regierende Majestät," im übrigen harmlose Spiele, Gesang
und Musik 2c. Besonders erklärte man, keinerlei Raisonnement über

Gegenstände der Politik jemals bei den Zusammenkünften dulden zu
wollen.

Der Mannheimbund wurde im Anfang der zwanziger Jahre aufgelöst, da das Interesse daran so schwach geworden war, dass Keiner mehr
das Amt des Sekretärs übernehmen wollte. Indess erhielt Almquist's
Thätigkeit im Mannheimbund ein eigenthümliches Nachspiel in Wermland,
indem er dort mit einigen Bundesbrüdern ein Naturleben nach Rousseau's
Ideal zu verwirklichen suchte.

An einer Stelle seines gedruckten Entwurfs zur Organisation des
Mannheimbundes schreibt Almquist: „Ausschliesslich als idealisierter Bauer
zu leben, würde die einfachste und höchste Lebensweise sein. Diese Aufgabe würde eine eigene Entwicklung erfordern; sie würde uns vielleicht
neue Perspektiven eröffnen. Die Erzählungen von römischen Diktatoren
und Konsuln, die vom Pfluge zu den höchsten Staatsgeschäften berufen
wurden und zu demselben zurückkehrten, sind kein Gedicht. Der schlichte
Verkehr mit der Natur und die Pflege so einfacher Beschäftigungen waren
die erste Lebensweise. Sie müsste daher auch die letzte, die höchste werden.
Aber die wahre innere Bildung (die Idealisierung) muss sich dann mit
dieser Einfalt verbinden. So schildern uns Philosophen und Dichter das
eigentliche Glück, und wenn wir sie in so vielem Anderen bewundern,
sollten wir ihnen in diesem Punkte keinen Zweifel entgegenstellen. Und
auch nach der Theorie des Staats ist diese Schilderung wahr — was
wollen wir also mehr?"

Auf diese Worte seines Organisationsvorschlages verweist Almquist in
einem Briefe vom Jahr 1821, worin er erwähnt, dass er sich auf dem
Lande in der Umgegend von Stockholm anzusiedeln gedenke. Und er fügt
hinzu: „Unter dem echten Bauernleben verstehe ich kein plumpes und
rohes (unidealisiertes) Bauerthum, sondern ein thätiges Naturleben. Als
Kavalier auf dem Lande zu leben, ist, recht betrachtet, ein Unding. Lieber
Freund, kann man sich etwas Dümmeres für Mann und Weib denken,
als im Prunkzimmer auf dem Lande zu sitzen, am Theetisch zu konversieren,
Karten zu spielen, feingekleidet zu gehen, einen Spazierritt zu machen,
Abends zu gähnen, Morgens schläfrig im Bette zu liegen, und schliesslich
cedere bonis?"

Die Fortsetzung dieses Briefs enthält eine bestimmte Andeutung, dass es eigentlich die Rousseau'schen Ideen waren, welche in Almquist wieder auflebten. Er spielt dort auf Rousseau als seinen geistigen Vater an, mit dessen Gedanken, wie sich in der früher citierten Bemerkung über seine Mutter zeigt, gleichsam schon die Luft seiner Kindheitsheimat geschwängert gewesen war, und den er später einmal „ein raisonnierendes Herz und einen weinenden Kopf" nennt.

Bald darauf (1822) schreibt er von seinem väterlichen Erbgut Antuna: „Ich habe jetzt ernstlich mein Landleben für dieses Jahr begonnen. Bisher war Alles recht schön. Ich bin jetzt meist auf dem Felde. Gleichwohl verbringe ich einen Theil des Tages im Hause mit Schreiben und Lesen." Indeß lag doch Stockholm zu nahe, als daß sich ein rechtes Bauernleben an diesem Aufenthaltsorte führen ließ. Auch nahmen ihn seine Amtsgeschäfte als Kanzlist im geistlichen Departement noch vielfach in Anspruch. Gegen Ende 1823 schied er daher aus dem Staatsdienst aus. Er schrieb bei dieser Gelegenheit an seinen Bundesbruder Jonas Wärn, den nachmaligen Staatsrath und Landeshauptmann: „er könne die schwere Luft von Stockholm nur mit der Überzeugung einathmen, daß ihm solche bisher vielleicht nützlich gewesen sei, um Menschenkenntnis und Abscheu davor nebst der Hoffnung auf ein schöneres Leben zu erwerben."

Dies „schönere Leben" begann Almquist im Januar 1824. Jonas Wärn, oder vielmehr Dessen Vater, hatte verschiedene Besitzungen in Wermland, und dorthin richtete Almquist seine Schritte. „Komm und werde unser Patriarch," schrieb ihm sein Freund Jonas; „ich werde dir Land zur Ansiedelung verschaffen." Als Almquist und sein Begleiter, der Lieutenant Gustav Hazelius, auf der unweit Karlstad liegenden Wärn'schen Besitzung Adolfsfors anlangten, kleideten sie sich nebst Jonas Wärn in volle Uniform, d. h. als Holzhauer mit langem Schurzfell und großen Äxten, und zogen solchergestalt aus, um Holz zu fällen. Nach einigen Monaten kaufte Almquist von Jonas Wärn eine kleine Bauernstelle in einer der schönsten Gegenden Wermlands, nachdem er kurz zuvor ein ungebildetes Bauernmädchen geheirathet hatte, mit dem er seit seinem vierzehnten Jahre heimlich verlobt gewesen war. Anfangs fühlte er sich in seiner neuen Lage durchaus zufrieden. Er schrieb einem Freunde: „Wenn es Freude macht, unser Leben ganz und gar in einer einzigen Richtung, einem einzigen Gedanken aufgehen zu sehn, so habe ich diese Freude und danke Gott dafür. Ich theile meine Zeit in zwei Hälften. Der eine Theil gehört der Arbeit für unseren Unterhalt, für die behagliche Einrichtung des Hauses, der andere Theil gehört den Ideen, dem Lesen und Schreiben."

Sein landwirthschaftlicher Betrieb brachte ihm indessen nicht Viel ein; einigen Nebenverdienst verschaffte er sich durch die Aufnahme von Ländereien, über welche er vortreffliche Karten anfertigte. Die Beschäftigung mit geographischen und geometrischen Untersuchungen gehörte von jeher zu seinen besonderen Liebhabereien. Im Pfarrhause des Kirchsprengels, in welchem er wohnte, erzählt man sich noch allerlei Anekdoten über sein Verhalten als Gemeindemitglied. Er machte sich u. A. gern den Spaß, bei den üblichen Hauskatechisationen den Kaplan aufs Glatteis zu führen. Bei derartigen Katechisationen auf dem Lande pflegen die Prediger Fragen an die ganze Versammlung zu stellen, und Den, welcher Lust hat, sie beantworten zu lassen. Wenn Solches geschah, erhob sich oft der Büdner Love Carlson Almquist (zur Zeit seiner Bauernschwärmerei nannte er sich gewöhnlich so, oder nur Love Carlson), und beantwortete die Frage des Predigers, aber nicht immer in Übereinstimmung mit der lutherischen Religion. Für ihn, welcher später die ganze theologische Fakultät zu Upsala an der Nase herumführte, war es natürlich ein Kinderspiel, einem armen Dorfprediger durch ein dialektisches Sturzbad das Hirn zu verrücken. Im Übrigen hat er bei Allen, die in Wermland mit ihm verkehrten, das freundlichste Andenken hinterlassen.

Wie man sich denken kann, erweckte der Versuch Almquist's, eine der abenteuerlichen Ideen die er in seinem Entwurf zur Organisation des Mannheimbundes vorgebracht hatte, zu verwirklichen, großes Aufsehen und wurde vielfach in der Tagespresse besprochen. Als Geijer von dem Unternehmen erfuhr, schrieb er einen höchst interessanten Brief an Almquist. Es heißt darin: „Was deinen Entschluß betrifft, so kann ich nicht viel Mehr sagen, als daß ich Gott bitte, dich in jedem Falle zu segnen. So Viel muß ich jedoch sagen: ich wünsche dir wenige Nachfolger, wozu auch wohl geringe Aussicht sein dürfte. Nicht Alle besitzen deine Stärke oder deine Besonnenheit. Die bürgerliche Sphäre, in der man geboren und erzogen ist, bildet um Jeden auch eine Art natürlicher Atmosphäre. Wenige treten aus derselben heraus, ohne den Odem zu verlieren. Eher geht ein Streben nach aufwärts, durch eine allmählich errungene Bildung, an. Die standhafte Schule des Unglücks kann auch lehren, den Sturz nach abwärts zu ertragen. Freiwillige Sprünge in der einen oder anderen Richtung gelingen selten." Diese Worte Geijer's erwiesen sich bald als wahr. Der Erste, welcher ermüdete, war Jonas Wärn. Er nahm eine Stelle als Disponent in einer Fabrik an und sagte dem Bauernleben Valet. Almquist selbst begann dessen überdrüssig zu werden. „Du kannst dir wohl benken, wie es um mich steht," schreibt er im Frühling 1825, „wenn ich bir sage, dass ich seit letztem Herbst kaum eine Zeitung las." Er behauptet freilich in demselben Briefe, dass er mehr und mehr sein Glück darin finde, in der Einsamkeit und Stille für sich selbst zu arbeiten; aber neben dem angeführten Stoßseufzer nimmt sich eine solche Versicherung etwas zweideutig aus. Und gleich darauf äußert er: was ihm fehle, sei der Umgang mit gebildeten Menschen. Er tröstete sich nach bestem Vermögen durch poetische Thätigkeit. „Ich verschaffe mir Gesellschaft," schreibt er, „durch eine Anzahl von Individuen, die ich zu meinem Amüsement in Dichtungen darstelle, in welchen ich sie ihre Charaktere so gut wie möglich durchführen lasse, mit denen ich rede und die ich zum Gegenstand der Betrachtung und des Umgangs mache."

Ökonomische Mißhelligkeiten gesellten sich zu der Langenweile des einförmigen Lebens, und Almquist war der ganzen Wermland-Episode herzlich satt. Ziemlich lange hielt er bei Alledem die freiwillige Verbannung in eine entlegene, spärlich bevölkerte Gegend aus; denn erst 1826 verließ er Wermland, und war somit volle zwei Jahre „idealisierter Bauer" gewesen. Bei der Rückkehr nach Stockholm mußte er sich Anfangs mit Korrekturlesen und Notenabschreiben kümmerlich sein Brot erwerben; bald aber fand er eine Anstellung als Lehrer, und wurde 1829 zum Rektor der „Neuen Elementarschule," der angesehensten Gelehrtenschule in der Hauptstadt, ernannt. Von nun an begann seine einflussreiche literarische Thätigkeit.

Der vorhin erwähnte Entwurf zur Organisation des Mannheimbundes war nicht das erste Debüt Almquist's als Schriftsteller. Schon im Jahre 1814 ließ er ein kleines humoristisches Gedicht unter dem Titel „Versuch zu Hektor's Lebenslauf" erscheinen. Almquist bemerkt selber, dass

diese Travestie der homerischen Heldensage nur zum Zeitvertreib eines geschlossenen Kreises verfaßt und gedruckt worden sei, „um den Vorrath an
Papillottenpapier zu vermehren." Ein spanischer Hund, Namens Hektor,
gab Anlaß zu dem Scherze. Um dem Eigenthümer des Hundes einen
Spaß zu machen, schrieb Almquist diese versificierte Schilderung: wie Hektor
ursprünglich der berühmte trojanische Held gewesen, aber später auf dem
Wege der Seelenwanderung erst der Mops einer alten Jungfer, dann
eine Feder, die einem Juristen, einem Dichter und einem Vogt diente,
und zuletzt ein spanischer Hund geworden sei. Mit Rücksicht auf diese
Seelenwanderungsgeschichte ist das kleine Buch, statt in Kapitel, in drei
Promenaden eingetheilt. Abgesehen von einer starken Einwirkung der
Blumauer'schen Äneïde, begegnet man hier schon manchen Zügen, welche
Almquist's spätere schriftstellerische Richtung andeuten. Namentlich finden
sich allerlei Ausfälle gegen das konventionelle Gesellschaftsleben. So heißt
es an einer Stelle:

„Ich sah versammelt eine Schar
Von feinen Herrn und Damen;
Die saß — man hieß sie Société —
Und trank warm Wasser — vulgo Thee —
Und schwatzte unaufhörlich."

Dies Büchlein ist daher, was den Inhalt betrifft, auch ein unmittelbarer Vorläufer der nächsten Schrift Almquist's: „Was ist Liebe?"
(Stockholm 1816.)

Ein Vierteljahrhundert später mußte Almquist von seinen Gegnern
häufig den Vorwurf hören, daß er in seinen Bestrebungen für eine Reform der ehelichen Verhältnisse nur ein Nachbeter von George Sand sei.
Diese Anschuldigung ist sinnlos, wenn man sich ins Gedächtnis ruft, daß
George Sand erst nach der Julirevolution als Schriftstellerin auftrat,
während Almquist schon 16 Jahre vor dem Erscheinen der „Indiana" in
dieser kleinen Broschüre über die eheliche Liebe von allen Seiten, wie er
sich ausdrückt, „den kalten, leeren Schall Moral" zu hören glaubte. „Laßt
uns einmal," sagt er, „in die Tiefe der dunklen Höhle hinabsteigen, wo
diese Sirene ihr eigentliches Wesen verbirgt, um zu erfahren, in wie weit
sie wirklich, wie sie vorgiebt, der Schutzengel der Menschheit, oder ob sie
ein Gespenst aus dem Abgrund ist." Er findet in der Moral u. A.
„einen der stärksten Grundpfeiler des Egoismus." Die Ehe erscheint ihm

unter dem Insiegel der konventionellen Moral als durchaus verfehlt, und
er läßt sich zu Ausfällen wie dem folgenden verleiten: „Das Gesetz verurtheilt Den, welcher Banknoten fälscht, zum Tod am Galgen; gewiß weil
das Wohl des Ganzen es so erfordert. Aber verübt Der, welcher die Liebe
fälscht — b. h. Der, welcher aus tausend anderen Ursachen, aber nicht aus
Liebe, sich mit einer Person verbindet, die er nicht liebt, und solchermaßen
einen untauglichen häuslichen Kreis bildet — verübt er nicht ein Verbrechen, dessen eigenthümliche Größe und dessen unberechenbare Folgen für
Mitwelt und Nachwelt weit entsetzlicheres Unheil anrichten können, als die
Fälschung von Millionen Banknoten?"

Kurz nach Abfassung dieser Kritik der konventionellen Ehe sammelte
Almquist all seine Kräfte zu einem Angriff auf alles Bestehende in den
Gesellschaftsinstitutionen, in Sitte und Religion — ein so wilder, genialer
und dabei so unverständiger Angriff, daß vielleicht die Literatur aller
Völker kein Seitenstück dazu aufweisen kann. Es war ein Mittelding von
Erzählung und Drama, betitelt „Amorina." Die Ausgabe des Buches,
welche dem Publikum vorliegt, erschien freilich erst 1839, aber das um-
fangreiche Gedicht war schon 1822 fast vollständig gedruckt, obwohl es
damals durch Vermittelung eines Oheims des Verfassers, des Bischofs
Almquist, nicht in den Buchhandel kam, sondern bis auf wenige Exemplare
eingestampft ward. In der Vorrede zur neuen Auflage nennt Almquist
selbst das Gedicht „eine scharfe Degenspitze, auf den empfindlichsten Nerv
der Menschheit gezückt," und er veröffentlichte es gleichzeitig mit der bekannten erotischen Novelle „Es geht an," als seine Bemühungen, eine
Professur an der Universität Lund zu erlangen, gescheitert waren. „Amorina"
hat die Tendenz, nachzuweisen, daß die angeborenen Naturanlagen die
eigentlichen Voraussetzungen der Sittlichkeit sind. Man kann nach Blut
dürsten, man kann die abscheulichsten Dinge begehen, und doch ohne Schuld
sein. Mit einem Wort: „Amorina" ist ein Protest gegen die Lehre vom
freien Willen.

„Kalt, unbeweglich, unerklärbar dunkel
Faßt unsre Hand und lenkt uns die Natur —
Wer löst das Räthsel?"

heißt es an einer Stelle des merkwürdigen Gedichts — um so merkwür-
diger, wenn man bedenkt, daß sein Verfasser ein neunzehnjähriger Jüng-

ling war, — und es läfst sich nicht leugnen, dafs dasselbe, trotz aller Ver-
werflichkeit des Inhalts und mancher Geschmacklosigkeit der Form, reich
an poetischen Schönheiten von ergreifender Gewalt ist. Wir haben gesehen, wie Almquist nach der Einstampfung des Gedichts und nach dem Scheitern seiner abenteuerlichen Pläne im Mann-
heimbunde seinen Unmuth in einem „idealisierten Bauernleben" zu ersticken
suchte. In den ersten Jahren nach seiner Rückkehr aus den Wäldern von
Wermland scheint er sich ganz dem pädagogischen Berufe gewidmet zu
haben, wofür u. A. eine große Anzahl damals von ihm verfaßter mathematischer und arithmetischer, historischer und geographischer Lehrbücher,
Grammatiken und Lexika zeugt; allein zu Anfang der dreißiger Jahre begann er sein großes Dichterwerk, das „Dornrosen-Buch," zu veröffentlichen. Die Neuromantik in Schweden lag damals fast in den letzten
Zügen; sie erhielt durch Almquist ein neues Leben im Hinblick auf die
deutschen Ideale der Nachromantiker, während er zugleich die französischen
Muster überbot. Schon Frauqué hatte den „edlen Thiersinn" gepriesen,
und später begann man offen, wie die Ägypter, einen Kultus mit allen
möglichen Vierfüßlern zu treiben. In Victor Hugo's „Han d'Islande"
spielt ein solcher bekanntlich eine wichtige Rolle. Mit einer gewissen Vorsicht hatten die tonangebenden Kreise in Schweden vor Almquist's Zeit
derartige Geistesprodukte wie glühende Kohlen angefaßt, aber man konnte
sich doch nicht das Vergnügen versagen, wohlgefällig den rothen Schimmer
zu betrachten. Jetzt veröffentlichte Almquist seinen Roman „Der Juwelenschmuck der Königin," worin es unter Anderem heißt: „Aber auch
das Thierische, Instinktive, weßhalb sollte es so niedrig sein? Das Thierische, welches in den meisten Fällen unter uns steht, steht doch in Einer
Beziehung über dem Menschen, besonders in einer Zeit, wo wir in Folge
zahlloser Streitigkeiten uneins mit uns selber sind. Die thierische Art, zu
sein, das Instinktleben, zeigt uns das harmonisch fesselnde Bild hoher
Einigkeit mit sich selbst. Ihr habt wohl von dem Gedanken der Mystiker
in Betreff des animal coeleste gehört? Das Ziel des Menschen, so behauptet man, soll wirklich sein, zuletzt wieder Natur zu werden, gleichsam
ein Thier zu werden." Dies ist, nach Atterbom's klar ausgesprochener
Ansicht, der interessante, eigenthümliche und — wie die Worte in Atterbom's Recension lauten — „mit fast allzu großem Scharfsinn behandelte

Grundgedanke." Die Heldin des Buches, dies „himmlische Thier," heißt Azouras Lazuli Tintomara, und ist die Tochter einer Schauspielerin, welche in den leichtfertigen Tagen Gustav's III. vergessen hatte „die heilige — heilige — wie heißt es doch gleich? Scene, nein Akt — ja, richtig! — den heiligen Akt der Taufe" an ihrer Tochter zu vollziehen. Im Übrigen ist die liebenswürdige, unschuldige Heldin Tintomara eine Halbschwester Gustav's IV. Adolf und einigermaßen verwandt mit Victor Hugo's Esmeralda, nur noch leichtfüßiger und geschmeidiger. „Sie war wie ein junges Füllen, das beim geringsten Laut erschrocken beiseite fährt," und sie konnte wie eine Katze in die Baumwipfel klettern. „Wenn sie behend und geschmeidig hinauf kletterte, sah es aus, als hätte sie vier Hände und keine Füße; aber wenn sie zuweilen, sich buckend, durch die Waldthäler sprang, schienen es vielmehr lauter Füße und keine Hände zu sein." Das Buch ist durchaus krankhaft; gerade da, wo die Dissonanzen eigentlich aufgelöst werden müßten, im sittlichen Verhältnis der Personen, werden sie beibehalten, und Almquist scheint absichtlich die Aufmerksamkeit darauf hinzulenken, daß das Saitenspiel verstimmt sei.

Das Ende des Romans ist, wo möglich, noch abgeschmackter, als der Anfang. Tintomara wird nämlich unter den abenteuerlichsten Umständen vor ein Kriegsgericht gestellt und in einem Walde bei Stockholm erschossen. Nichtsdestoweniger hat „Der Juwelenschmuck der Königin" ein bedeutendes literaturgeschichtliches Interesse, einmal als ein charakteristisches Beispiel der tollsten Ausschreitungen der Neuromantik, sodann als Zeugnis für die merkwürdige Gabe Almquist's, auch das Wahnsinnige und Widerwärtige auf eine Weise zu behandeln, die gegen unsern Willen unsere Theilnahme erweckt.

Nicht lange nachher schrieb Almquist ein Drama, das zu den wunderbarsten Erzeugnissen der schwedischen Literatur gehört: „Ramido Marinesco," vielleicht das glänzendste Gedicht, das man in schwedischer Sprache besitzt, obschon es gewiß nicht zu den vollendetsten oder reinsten Zierden jener Literatur gerechnet werden kann.

Der Held in „Ramido Marinesco" ist eigentlich Don Juan, der alte Lüstling, welcher reuig und bußfertig geworden ist. Unerkannt und unter dem Namen Anselmo hat er sich längere Zeit als Mönch in einem Kloster auf Majorca aufgehalten und seinen und Donna Bianca's Sohn

Ramido in Künsten und Wissenschaften erzogen. Im Grunde jedoch thut er Buße für seine Sünden, und hat in dieser Absicht Donna Bianca aufgesucht, um, wie später bei allen Frauen, deren Hingebung er mißbraucht hat, sich ihren Haß, wie früher ihre Liebe, zu erringen. Bianca fordert ihren Sohn auf, nach Spanien zu reisen, um Liebe und Ehre zu gewinnen. Ramido verliebt sich dort nach der Reihe in vier junge Mädchen, lernt aber in ihnen allen Don Juan's Töchter und seine eigenen Schwestern erkennen. Verzweifelnd kehrt er in die Heimat zurück, und seine Liebe richtet sich auf ein Bild, das sein Vater Don Juan in seinen leichtfertigen Tagen mit Schlangengift gemalt hat. Von Liebe berauscht, bedeckt Ramido diese gemalte Schönheit mit Küssen, und findet dadurch den Tod.

Es läßt sich nicht leugnen, daß Almquist auch in diesem Drama den Menschen zu einem bloßen Spielball seiner physischen Triebe macht, welcher der zerstörenden Macht der Leidenschaften eben so sehr unterliegt, wie die vegetative Welt der Fäulniß unterworfen ist, und daß der Verfasser auch hier, wie in manchen anderen seiner Schriften, den Unterschied zwischen Gut und Böse nahezu aufhebt — in „Ramido Marinesco" ist die Darstellung jedoch von so überwältigender plastischer Vollendung, daß man über den Zauber der Form alle ethischen Bedenken vergißt, und den Dichter bewundern muß, der im Kampfe mit allen Voraussetzungen der herkömmlichen Moral ein Werk von so intensiver poetischer Schönheit erschaffen konnte.

Es ist nicht möglich, an dieser Stelle bei sämmtlichen Schriften Almquist's zu verweilen, deren Titel allein im „Biographischen Lexikon schwedischer Schriftsteller" fünf enggedruckte Seiten füllen. Das erwähnte „Dornrosen-Buch," in welchem sich die zuletzt erwähnten Dichtungen finden, umfaßt eine ganze Reihe von Werken der Phantasie in jedem erdenklichen Genre, sowohl lyrische und epische wie dramatische, ja sogar musikalische Arbeiten, die nur durch den äußerlichen Rahmen eines Familienkreises zusammengehalten werden, der seine Abende mit Erzählung und Lektüre verbringt. Nur wenigen dieser Poesien kann man seine Anerkennung versagen, sowohl was die Erfindung als was die Form betrifft, und doch sind beide so bizarr, daß man darüber stutzt. In Betreff der Form kennt Almquist als echter Romantiker kein anderes Gesetz, als seine eigene Willkür; er wählt zum Drama lyrische Versformen, unterbricht die epische

Erzählung durch dramatische Dialoge, und huldigt auch in dieser Beziehung dem Grundsatz, den er in „Ramido Marinesco" ausgesprochen hat: „So male ich; denn so amüsiert mich's zu malen."

Von seinen phantastisch-romantischen Produktionen wenden wir uns jetzt zu denjenigen seiner Schöpfungen, in welchen er sich als ein scharfer Beobachter und meisterhafter Schilderer der Alltagswirklichkeit erwiesen hat. Seine Darstellungen aus dem Volksleben, von denen zwei der vorzüglichsten — „Die Filialkapelle" und „Die Mühle zu Källnora" — auch in deutscher Übersetzung vorliegen, sind direkte Vorläufer der heutzutage so beliebten Dorfgeschichten, in welchen die Dichtkunst das Gebiet der konventionellen Kreise verläßt und zu den Wurzeln allgemein menschlicher Empfindung hinabsteigt. Die bewunderungswürdige Frische und ungekünstelte Einfachheit dieser Erzählungen waren ohne Zweifel eine Frucht der Studien, welche Almquist während seines Bauernlebens in Wermland und bei seinen häufigen Reisen in den Landdistrikten Schwedens gemacht hatte. Ein Brief, den er 1837 auf einer solchen Reise in Schonen an einen seiner Freunde schrieb, gewährt uns einen interessanten Einblick in die Art und Weise, wie er Land und Leute zu studieren pflegte. Er machte wohl hie und da einen Besuch auf den Edelhöfen, den größten Theil seiner Zeit verbrachte er jedoch im Verkehr mit der naiven Landbevölkerung. „Ich habe," sagt er, „in diesem Jahre mehr Glück als in den letzten Jahren darin gehabt, Tausende von Individuen kennen zu lernen, die natürlich in den sogenannten unteren Klassen eine weit reichere Variation darbieten, als unter den höheren Ständen, wo die Menschen fast alle auf einer und derselben Bildungsstufe stehen. Aber ich bin durchaus kein Bewunderer des Bäurischen, ich erkenne sehr wohl die Mängel und das Unglück dieser Leute; ich stoße auch nicht das Herrschaftliche zurück; meine Aufgabe geht dahin, beide Theile zu verstehen. Es hat für mich etwas in höchstem Grade Pikantes, die eine Nacht unter den schwellenden Eiderdaunendecken eines Barons, die andere auf einer schmutziggrauen Strohmatratze und gewöhnlich nur mit einem Laken zu schlafen — den einen Mittag neben der Gräfin N. N., geb. N. N., südländische Orangerie-Leckerbissen, wie Apfelsinen, Weintrauben ꝛc., zu verzehren, den nächsten Mittag auf einem schwarzen Herde zu sitzen und saures Rundbrod (woran besonders Schonen Überfluß hat) zu verspeisen, umgeben von

alten Frauen, Kindern, Greisen, welche mittlerweile ihrer Hantierung nach-
gehen, Schuhe flicken, Zeug waschen ꝛc. Doch gefällt es mir nicht, daß
man Seifenlauge in meine Milchschüssel hinüber spritzt, wie es mir in
Edenryd passierte. Solche Abwechselungen kennst du schon von meiner Re-
kognoscierungszeit her; ich rekognosciere nicht militärisch, sondern dramatisch, und ich kann sagen, daß meine ganze Reise aus dramatischen Studien besteht." Er war immer zufrieden und heiter, was ihm auch begegnen mochte; so blieb er z. B. im besten Humor zwei Tage lang während
des schlechtesten Regenwetters in einer Dorfschänke in Smaaland und
schrieb Verse.

Im Frühling desselben Jahres (1837) hatte Almquist nach kurzer
Vorbereitung in Upsala das theologische Examen absolviert. Als einer der
Examinatoren bemerkte, daß es ihm wohl an der Zeit gefehlt habe, sich
die erforderliche Übung im Predigen zu verschaffen, extemporierte Almquist
auf der Stelle eine so vorzügliche Predigt, daß alle Bedenklichkeiten ge-
hoben wurden und der Erzbischof ihm die Weihen ertheilte.

Indessen trat Almquist vorläufig noch kein Predigeramt an, sondern
behielt sein Stockholmer Rektorat. Allein seine Freunde ermuthigten ihn,
sich um die erledigte Stelle eines Professors der Ästhetik und der neueren
Sprachen an der Universität Lund zu bewerben. Er stand damals auf
dem Gipfelpunkte seines schriftstellerischen Ruhmes, und man glaubte allgemein, daß ihm Niemand das Professorat streitig machen werde. Un-
glücklicherweise fanden sich einige Grammatikalfehler in den lateinischen
und französischen Abhandlungen, welche er seiner Bewerbung beigefügt
hatte, während ein anderer Bewerber, der ihm in allem Übrigen nach-
stand, ein sehr korrektes Französisch schrieb. Die Fakultät gab Diesem den
Vorzug, und als Almquist später im Dienste der Staatskirche auf Be-
förderung hoffte, hatte er das gleiche Loos, hintangesetzt zu werden, und
mittelmäßige Köpfe die Stellen, um die er sich bewarb, einnehmen zu
sehen. Diese Erfahrung übte einen demoralisierenden Einfluß auf sein
Gemüth. Er erhielt dadurch Nahrung für seine fatalistischen Spekulationen und wurde von Haß gegen die Gesellschaft ergriffen, deren Institutionen ihm früher schon so oft als thöricht und unvernünftig erschienen
waren. Unmittelbar nach der vereitelten Bewerbung um das Professorat in Lund
veröffentlichte er das Gedicht „Amorina" und die Novelle „Es geht an".

Man kann nicht füglich sagen, daß Almquist in der letztgenannten Erzählung, die einen Sturm ohne Gleichen in der schwedischen Literatur hervorrief, ein Evangelium des Fleisches gepredigt hätte. Auch die Anschuldigung, daß er die Ansichten über die Ehe, welche er hier entwickelt, der Schlegel'schen „Lucinde" entnommen habe, ist eben so grundlos, wie der vorhin erwähnte Vorwurf eines Plagiates an George Sand. In „Lucinde" wird nicht bloß ein Evangelium des Fleisches, sondern mehr noch ein Evangelium des Müßiggangs gepredigt — die unthätige Gefühlsschwelgerei wird dort „göttlich" genannt und das vegetative Leben als das höchste dargestellt, — während Almquist in seiner Erzählung „Es geht an" die Arbeitsamkeit als eine Kardinaltugend darstellt. Man kann es mit Recht unwahrscheinlich finden, daß eine junge Glaserstochter aus einem Städtchen am Wenernsee so radikale Ansichten über die Ehe ausspricht — zu einer Zeit obendrein, wo saintsimonistische und jungdeutsche Emancipationsideen kaum nach Schweden gedrungen waren — aber der Grundgedanke der kleinen Erzählung, daß die Unauflöslichkeit der ehelichen Bande für beide Theile zum Fluch werde, wenn die Liebe entschwunden sei, und der Zwang fortdauernden Zusammenlebens mit einem vielleicht bösen und lasterhaften Menschen die Reinheit der Seele vergifte, daß also die Ehe füglich lieber ein freier Kontrakt sein sollte — dieser Gedanke ist seitdem so oft ausgesprochen und debattiert worden, daß er Viel von seiner ursprünglichen Schrecklichkeit verloren hat. „Sind die Menschen gezwungen, Tag und Nacht in böser Gesellschaft zu sein," heißt es in einer der Hauptstellen dieser Erzählung, „so werden sie an Seele und Leib angesteckt; und wenn sie diese Gesellschaft verabscheuen, aber dennoch genöthigt sind, in derselben zu verweilen, so geschieht es sehr oft, daß sie erbittert, gereizt und fast in Teufel verwandelt werden. Schrecklich ist und bleibt es immer, daß ein Mensch ein Recht erhalten soll, wodurch er im Stande ist, einen andern bis in den Tod zu verderben. Dadurch macht Gottes schöne Liebe gewiß keinen Fortschritt auf Erden." Nebenher waren es auch persönliche Verhältnisse, welche Almquist zum Nachdenken über diese Fragen veranlaßten. Nicht ohne Bedeutung stehen unter dem Titel dieser Erzählung die Worte: „Ein Gemälde aus dem Leben;" es waren Almquist's eigene eheliche Verhältnisse, welche den Anstoß zu der Novelle gaben. Er hatte sich in früher Jugend mit einem Bauernmädchen verheirathet, in der

Hoffnung, mit ihr den Traum von einem idyllischen Leben im Schoße der Natur verwirklichen zu können; aber er litt in späteren Jahren unsäglich darunter, daß er sich auf Lebenszeit an sein Jugendideal gebunden sah, nachdem sich jener Traum als Täuschung erwiesen hatte. Er sehnte sich nach einer Gattin, die sein geistiges Streben zu würdigen und zu theilen vermöchte; statt dessen bedrückte ihn seine Ehe überall als eine Fessel, als ein Hemmschuh für jeden höheren Aufschwung. Dazu kam sein Haß gegen das Konventionelle, und wie er sich einst mit einem gewaltsamen Ruck dem Zusammenhang mit dem bürgerlichen Leben hatte entreißen und in der Einöde ein neues Leben nach den Gesetzen der Natur begründen wollen, so wollte er jetzt auch die moralischen Begriffe nach den Vorstellungen seines eigenen Geistes neu konstruieren, und verlor dabei mit der Zeit jeden ethischen Halt.

Die Erzählung „Es geht an" wurde die erste Staffel zu seinem socialen Untergang. Seine Freunde begannen sich von ihm zurückzuziehen, seine Feinde jubelten, und ihm fehlte die sittliche Kraft, sich in diesen Kämpfen aufrecht zu erhalten. Theils aus Nahrungssorgen — nachdem man ihn zur Niederlegung seiner Rektoratsstelle genöthigt hatte, — theils aus Verachtung des Publikums und der Kritik, ergab er sich einer verdrossenen und immer handwerksmäßiger werdenden Vielschreiberei. An den nachmaligen Bischof Thomander, der vergebens seinen Einfluß zu Almquist's Gunsten aufgeboten hatte, schrieb er einige Worte, die bezeichnend für seinen inneren und äußeren Ruin sind: „Du sollst mich nicht mehr klagen hören. Ich muß mich jetzt verzehren und zu Grunde gehen in jämmerlicher, kraftzerrüttender Arbeit ohne Werth, da es unmöglich ist, irgendwie Hilfe und Beistand zu finden." Und in einem anderen Briefe, der eben so charakteristisch für seine wachsende Bitterkeit ist, schreibt er an Thomander, welcher ihn in seinem Votum über Almquist's Anstellung als Professor in Lund mit Byron, Lamartine und Victor Hugo verglichen und es für die Universität als eine Ehre bezeichnet hatte, eine so bedeutende Kraft ihrem Lehrerpersonal beizugesellen: „Obschon ich allen Menschen darin gleiche, daß ich aus einer Mischung von Fehlern und Vorzügen bestehe, unterscheide ich mich doch von den meisten darin, daß man sich bei mir vornehmlich an die Fehler und bei anderen besonders an die Vorzüge hält. Ich weiß nicht, welche Bahn ein gnädiger Gott für mich bestimmt haben mag; doch gebricht es mir, wenn ich nur will, weder an Humor noch an Satire, so dass es mir wohl eines Tages einfallen könnte, die Eigenschaften der Leute zu allgemeiner Ansicht darzustellen und ein Informator in extenso zu werden. Höflichkeit und Liebe sind Das, was mich am meisten ergötzt; nur im Nothfall könnte ich mich ihrer entschlagen."

Noch glänzte indess sein Geist in manchen seiner Zeitungsaufsätze und in einzelnen Stellen seiner Romane und wissenschaftlichen Schriften. Solchen Geistesblitzen begegnen wir z. B. in der Sammlung neuer und älterer Abhandlungen, die er 1844, unter dem Titel „C. J. L. Almquist, eine Monographie," herausgab. Unter Anderm findet man hier einen Aufsatz „über Staatsreligion," in welchem der Verfasser mit edler Wärme nachdrücklich betont, dass die religiösen Anschauungen, wie alles Wissen, dem Begriffe der Entwicklung unterworfen sein müssen und nicht in den Dogmen einer Staatskirche erstarren dürfen. „Wenn die unverwerflichen Zeugnisse aller Zeiten beweisen," ruft Almquist aus, „wie grosse Fortschritte alle Wissenschaften in der Welt dadurch gemacht haben, dass man sie der vollen Freiheit der Forschung überliess (was Dasselbe ist, wie der freien Einwirkung Gottes auf die Seele überlassen zu werden), wie kann man sich dann vorstellen, dass die Wissenschaft von dem Allerhöchsten, dem Allerwichtigsten, Dem, was für Alle das Vornehmste, Theuerste, Beste ist — die Wissenschaft von Gott, von unserem eigenen Leben und unserer Seligkeit, — bei einer solchen Freiheit vernachlässigt werden, zu Grunde gehen oder auf Irrwege gerathen würde? Es giebt keine Staatschemie, keine Staatsbotanik, keine Staatsastronomie ꝛc., aber eine Staatsreligion. Man glaubt an die Geschichte und hegt keine Furcht, die Kritik ihre Fackel über allen Jahrhunderten schwingen zu lassen. Man glaubt an Alles, nur nicht an Gott und Christenthum; desshalb muss man hier ein bestimmtes Reglement haben."

Eben so interessant ist ein Aufsatz über den Pauperismus, den Almquist während eines längeren Aufenthaltes in London zu Anfang des Jahres 1841 für das Stockholmer „Abendblatt" schrieb und in der „Monographie" wieder abdrucken liess. Die Frage, wie der mehr und mehr überhand nehmenden Armuth mit Erfolg abzuhelfen sei, erschien ihm als ein Hauptproblem für England, ja für ganz Europa, das gelöst werden müsse, wenn unsere Civilisation nicht zu Grunde gehen solle. „Ist es unmöglich, die Lösung des schrecklichen Räthsels zu finden?" ruft er aus. „Leben wir denn mit unserer ganzen Civilisation in einem so dädalischen Labyrinthe, dass uns selbst kein Ariadnefaden aus demselben hinausführt? Und soll dies Ungeheuer, die Armuth, wie der Minotauros, uns und unsere ganze Gesellschaft verschlingen, während alle Wege und Stege des Labyrinths immer zu ihm hin, aber keine von ihm hinweg führen?" — „Gewiss," lautet die Antwort, „hat die Vorsehung der Civilisation hiemit ein schweres Räthsel aufgegeben. Allein Gott stellt die Menschheit niemals vergeblich anf die Probe, und das Räthsel wird gelöst werden." Die Mittel, welche Almquist oder vielmehr der englische Philanthrop, mit dem er sich über die Frage unterhält, zur Abhilfe des Pauperismus in Vorschlag bringt, sind freilich nur die üblichen Palliativmittel, aber man sieht doch, wie ernstlich der schwedische Schriftsteller sich schon zu jener Zeit mit einem Thema beschäftigt hat, das bald nachher so unheimlich in den Vordergrund aller Fragen des Jahrhunderts treten sollte. Schon in der Einleitung fragt er: „Soll der Zustand des Armen innerhalb des Rahmens der gegenwärtigen Gesellschaftsordnung und durch freiwillige Maßnahmen verbessert werden? Oder wird man ihn zum Extrem drängen, diese Ordnung zu zerstören, um sich selbst zu helfen?" — „Wir wünschen von Herzen das Erstere," antwortet Almquist; „allein es sieht aus, als wollten Viele das Letztere. Nicht dass sie sich eine Revolution über das eigene Haupt herabzuziehen wünschen — aber sie rufen sie herbei, und haben seit Jahrhunderten dahin gearbeitet, sie herbei zu rufen." Er bemerkt ferner, man denke sich die Armuth gewöhnlich nur unter ihrer materiellen Gestalt, als physische, leibliche Noth. Aber diese umfasse doch nur die eine, kleinere Hälfte des Unglücks. „Die Armuth der Seele ist bei Millionen die größere Noth: der Mangel an Licht und Wärme des Geistes, der Mangel an belebender Freude in Herz und Gemüth, welche allein ein schönes inneres Leben gewährt. Warum soll leibliche und geistige Noth andauern? Sie dünkt uns unnöthig zu sein. Wir sprechen durchaus nicht von einem Rechte auf Überfluss, aber wir glauben alles Ernstes, daß die Schöpfung keine Ungereimtheit enthalten kann, oder mit anderen Worten, daß irgend ein Geschöpf, das mit Lungen und Odem erschaffen ist, nicht ein angeborenes und unveräußerliches Recht auf frische Luft für seine Athemzüge besitzen sollte. Wir glauben — um ohne Bild zu reden, — daß jeder Mensch ein Recht auf Wärme, Licht und Schönheit für den Frieden und die Freude seiner Seele, so wie ein Recht auf Nahrung, Kleidung und Obdach für seinen Körper hat. Wir glauben, daß Jeder ohne Ausnahme ein Anrecht auf Religion und Tugend hat, so daß Keiner zu Kälte, Dunkel und Sünde genöthigt werden darf."

Neben vielem Anderen enthält die „Monographie" auch die Aktenstücke der zu ihrer Zeit vielbesprochenen „Inquisitionssache", welche mehrere Jahre lang zwischen Almquist und dem Domkapitel zu Upsala schwebte, da er als Geistlicher für die Ansichten, welche er in der Erzählung „Es geht an" und an einigen anderen Stellen seiner Schriften ausgesprochen hatte, zur Rechenschaft gezogen ward. Almquist vertheidigte sich mündlich und schriftlich auf eine so überlegen talentvolle Weise, daß der theologische Senat zuletzt keinen andern Ausweg zu finden wußte, als die Erklärung: daß „für den Augenblick Nichts in der Sache zu unternehmen sei." Nicht lange darauf trat Almquist ein geistliches Amt in der Hauptstadt an, nachdem er sich vergeblich um eine Pfarrstelle in Wermland beworben hatte. Man erzählt sich, daß sein Bruder im Mannheimbunde und sein Genosse während des Bauernlebens, der Staatsrath Jonas Wärn, eines Tages zu König Oskar gesagt habe: „Majestät, es geht nicht an, daß man das größte Genie Schwedens verhungern läßt." Almquist, der sich im Übrigen nach wie vor seinen Unterhalt hauptsächlich durch Artikel für das Stockholmer „Abendblatt" verschaffte, erhielt jetzt die schlecht dotierte Stelle eines Regimentspredigers bei der königlichen Leibgarde, und noch wenige Tage vor seiner Flucht soll er ohne Befangenheit eine vortreffliche Predigt gehalten haben, aber beim Vaterunser ins Stocken gerathen sein.

An einem Tage im Junimond 1851 verließ Almquist für immer sein Vaterland, da der Verdacht gegen ihn laut wurde, daß er Schuldbokmente gefälscht und einen alten Wucherer durch Arsenik zu vergiften gesucht habe. Die in psychologischer Hinsicht außerordentlich interessanten Beweise für sein Verbrechen: seine veränderte Unterschrift (Almgren statt Almquist*), sein Brief mit verstellter Handschrift, welchen er schrieb, um den Verdacht des Vergiftungsversuches auf eine Unschuldige zu lenken, seine im Voraus

---

*) „Gren" und „Quist" haben im Schwedischen dieselbe Bedeutung: „Zweig".

verfaßten Aufzeichnungen für den Fall einer Selbstvertheidigung vor Gericht — alles Dies wird ausführlich in dem Ahnfelt'schen Buche mitgetheilt, ohne jedoch das Dunkel, welches über der Angelegenheit schwebt, völlig zu lichten.

So Viel ist sicher, daß Almquist durch seine heimliche Entweichung dem Glauben, daß es um seine Sache nicht aufs beste bestellt sei, den stärksten Vorschub lieh, so wahr es andererseits ist, daß der große Haufe nur zu geneigt war, einem Manne, der in seinen Schriften der herkömmlichen Moral gern ein Schnippchen schlug und mit dem Verbrechen spielte („Zwei Dinge sind weiß: Unschuld — Arsenik" lautete das Motto des Romans „Der Juwelenschmuck der Königin"), auch im Privatleben jede Abscheulichkeit zuzutrauen. Aber die Anklage war doch zu ernster Natur, als daß Almquist, wenn er sich schuldlos fühlte, einer selbst noch so langwierigen Untersuchungshaft hätte aus dem Wege gehen und seine bürgerliche Ehre preisgeben sollen. Daß er schuldig gewesen sei, hat er freilich eben so wenig jemals eingeräumt, und die Untersuchung endigte damit, daß das königliche Kriegshofgericht nach drittehalb Jahren die öffentliche Erklärung erließ: es halte zwar die Anklagepunkte für mehr als zur Hälfte erwiesen, überlasse aber die Sache „der Zukunft, da sie offenbar werden kann."

Über Kopenhagen, Bremen und London ging Almquist nach Nordamerika, wo er unter dem Namen eines Professors Gustavi in New-York, Philadelphia, St. Louis, Chicago und New-Orleans sein Brot theils als Sprachlehrer, theils durch die Abfassung von Zeitungsartikeln erwarb. Auf einer Reise in Texas ward er ausgeplündert und büßte bei dieser Gelegenheit auch seine Manuskripte ein. Als hilfsbedürftiger Ausländer wendete er sich in dieser Noth an den Präsidenten Lincoln, um durch Dessen Vermittelung vielleicht seine Habseligkeiten zurück zu erlangen. Aus dieser unbedeutenden Berührung zwischen den beiden Männern hat man später die pikante Fabel geschmiedet, daß der alte schwedische Romantiker als Sekretär des Präsidenten fungirt habe, und daß seine Papiere nach der Ermordung Lincoln's mit Beschlag belegt worden seien, wie man ihn andererseits bald zum Mormonenbischof oder Trappistenmönch, bald zum Walfischfänger gemacht hat. Gegen Ende des Jahres 1865 kehrte er nach Bremen zurück, wo er, wie Anfangs erwähnt, unter dem Namen eines Professors Westermann lebte und, von Niemandem erkannt, ehe noch seine Tochter, welcher er vom Krankenlager aus seinen Aufenthaltsort gemeldet hatte, zu seiner Pflege bei ihm eintraf, am 26. September 1866 verschied.

Dafs Almquist der vielseitigste Schriftsteller Schwedens war, ist eine oft wiederholte Wahrheit. Aber wichtiger ist die Thatsache, dafs er wie kein anderer schwedischer Dichter auf das Leben seiner Zeit zu wirken suchte. In der französisch geschriebenen Abhandlung „Über die Zukunft der Poesie", mit welcher er sich um das Professorat in Lund bewarb, findet sich unter Anderm die denkwürdige Äußerung: „Nichts ist so noth-wendig, als dafs man die wahren Verhältnisse des Geschäfts, das man betreibt, oder der Kunst, die man übt, der Zeit, in der man lebt, sieht und erkennt. Denn wenn unsere Arbeit nicht mit den Wünschen und Bedürfnissen unserer Zeitgenossen übereinstimmt, und wir uns nicht auf den Standpunkt der Zeit stellen, so wird sie unfruchtbar und ohne die Freude der Wechselwirkung sein. Die Früchte einer solchen Arbeit gehen nicht in die Nahrungssäfte der Menschheit über, sie haben keine Folgen für die allgemeine Bildung, und sie stehen als bloße Kuriositäten auf den Bibliotheksregalen." In Übereinstimmung mit dieser Ansicht war das alte Terenzische Wort „Homo sum, humani nihil a me alienum puto" eine wirklich lebendige Wahrheit für Almquist; denn nichts Menschliches war ihm unwichtig. Er studierte alle menschlichen Erscheinungen mit gleichem Interesse, allein er vergaß dabei auf sich selber zu achten. Die gefähr-lichen und dämonischen Anlagen, welche ohne Zweifel seit frühester Jugend in ihm schliefen, gelangten endlich zum Durchbruch, als er sich von der Gesellschaft schlecht behandelt sah. Er ist selbst ein menschliches Phänomen, das zur Bewunderung wie zum Abscheu, aber auch zu einer schonenden Beurtheilung auffordert.

Anhang:

Ein Proceß der Hölle wider Jesum.

Lichtenberg sagt irgendwo: „Gott schuf den Menschen nach seinem Ebenbilde — zum Dank dafür erschafft der Mensch sich Götter nach dem seinigen." Die Geschichte bestätigt, wohin immer wir blicken, diesen Ausspruch. Wer weiß, ob nicht schon der eifrige alte Jehovah seinen Verehrern nur beßhalb verbot, sich ein Bildnis ihres Gottes zu machen, weil er einen geheimen Abscheu davor empfand, seine Züge in dem Hohlspiegel menschlicher Auffassung verzerrt zu sehen? Es konnte seinem Schönheitssinne nicht schmeicheln, vielleicht, wie seine göttlichen Kollegen in Ägypten, mit einem Ibiskopfe dargestellt zu werden, oder in der entwürdigenden Gestalt eines Stieres, nachdem sein auserwähltes Volk schon einmal in der Wüste ein goldenes Kalb umtanzt hatte. Der christliche Priesterstand erließ in den ersten Jahrhunderten unserer Zeitrechnung ähnliche Verbote, die göttlichen Gestalten der Bibel auf Leinwand oder in Stein zu porträtieren, bis der instinktive Drang des Menschengemüthes, seine Ideale zu verleiblichen, auch in den Klöstern erwachte, und diese mit kluger Bereitwilligkeit Kunst, Poesie und Wissenschaft zur Ehre des Höchsten in ihren Dienst nahmen. Darstellungen aus der Passionsgeschichte und dem Leben der Märtyrer schmückten bald die Altäre und Wände der Kirchen, Christi Geburt und Leiden wurden der andächtigen Gemeine in geistlichen Schauspielen leibhaftig vor Augen geführt, und wenn dabei die Kunst eine recht menschlich derbe Sprache sprach, so heiligte der religiöse Zweck das Mittel, wie die Religion ja das ganze Leben beherrschte. In so ausgebreitetem Maße war Dies der Fall, daß uns manche Erscheinung des mittelalterlichen Lebens unverständlich bleiben oder fast als blasphemisch erscheinen muß, wenn wir nicht stets in Erinnerung behalten, dafs, was uns heute ein Possenspiel dünken mag, für den naiven Sinn einer früheren Zeit barer und biederer Ernst war. Im „Heliand" reden Christus und seine Apostel wie sächsische Bauern des neunten Jahrhunderts, was im Grunde viel weniger seltsam ist, als wenn sie in Dulk's Volksdrama „Jesus der Christ" die philosophische Sprache des neunzehnten reden. In einem Zeitalter, wo die Bibel der unbe= strittene Kanon, die geweihte Richtschnur für alle menschlichen Verhältnisse war, durfte man ohne Furcht vor Misbeutung umgekehrt wieder die biblischen Dinge in menschlicher Weise behandeln, wenn es einen nützlichen Zweck zu fördern galt. Waren Religion und menschliches Streben Eins, hatte selbst die Wissenschaft sich mit dem biblischen Dogma völlig in Ein= klang zu setzen, so mußte und konnte die heilige Schrift es sich gern ge= fallen lassen, daß ihr erhabener Inhalt als Stoff und Exempel für die wissenschaftliche Arbeit benutzt ward.

Von diesem Gesichtspunkte aus möge der Leser die nachfolgenden Mittheilungen über ein kurioses Buch betrachten, mit welchem ich ihn be= kannt machen will. Ich habe dasselbe zwar nicht, wie Fritz Reuter seine „Urgeschichte von Mecklenburg", in einem unterirdischen Gewölbe neben einem seligen Edelmannsgerippe, sondern in der Rumpelkammer eines Detmolder Antiquars gefunden; doch ist der alte Pergamentband mit seinen mehr als 800 engbedruckten Folioseiten heut zu Tage selten genug, um voraussichtlich nur einer sehr beschränkten Zahl Literaturkundiger vor Augen gekommen zu sein.

Der Titel des Buches, das zuerst 1597 zu Frankfurt am Main er= schien, mir aber in der dritten, vermehrten und verbesserten Ausgabe von 1601 vorliegt, ist, mit einigen Abkürzungen, folgender:

Historischer Processus IVRIS,

In welchem sich Lucifer über Jesum, darumb daß er ihm die Hellen zerstöhrt, eingenommen, die Gefangene darauß erlöst, und hingegen ihnen Lucifern gefangen und gebunden habe, auf das aller hefftigest beklaget.

Darinnen ein gantzer Ordentlicher Proceß, von anfang der Citation, biß auff das Endurtheil inclusive, in erster und anderer In= stantz, darzu die Form, wie in Compromissen gehandelt wird, einver= leibt: Auch allerley Schrifften, Gerichtsgebräuch, Juramenta und Pflicht,

Commissiones, Zeugenverhör, sampt allen andern Acten und Actitaten zu dem Proceß gehörig, begriffen und zu finden seyn, dergleichen in Truck zuvor nie außgangen.

Den Gerichtsschreibern, Procuratorn, Notarien, und der Schreiberey verwandten überauß nützlich, dienstlich und lieblich zu wissen.

Durch

Jacob Ayrern beyder Rechten Doctorem und Advocatum in Nürnberg.

Es liegt nahe, zu denken, und ist in der That oftmals geglaubt worden, daß der aus Nürnberg stammende gleichnamige Schauspieldichter Jacob Ayrer, welcher mit vielen anderen evangelischen Glaubensgenossen 1593 seinen bisherigen Aufenthaltsort Bamberg, einer dort ausgebrochenen Protestantenverfolgung halber, verließ und in seine Vaterstadt zurückkehrte, wo er am 26. März 1605 als öffentlicher Notarius und Gerichtsprokurator starb, der Verfasser dieses seltsamen Buches gewesen sei. Neuere Forschungen haben jedoch das Irrthümliche dieser Annahme erwiesen. Der Schauspieldichter war nach Allem, was über seine Lebensumstände bekannt ist, kein studierter Jurist, sondern Autodidakt, konnte mithin weder Doctor juris, noch Advokat sein; der Verfasser des „Historischen Processus Juris" war vielmehr sein Sohn, welcher, laut einer Notiz des Nürnberger Stadtarchivs, am 13. Oktober 1593 zu Nürnberg das Bürgerrecht erwarb, also wahrscheinlich mit seinem Vater dorthin kam. Seine gut protestantische Gesinnung, seine begeisterte Verehrung des Dr. Martin Luther und sein Zorn gegen die Unduldsamkeit des katholischen Klerus, die ihn aus seinem früheren Wohnort vertrieben hatten, sprechen sich deutlich an mehr als einer Stelle seines Buches aus. Nachdem er sich zehn Jahre lang zu Nürnberg aufgehalten, trat er 1603 zu Weiden in pfälzische Dienste; über sein späteres Leben und über sein Todesjahr fehlt es an jeder zuverlässigen Nachricht, obschon sein obengenanntes Werk im ersten Viertel des siebzehnten Jahrhunderts nicht weniger als vierzehn neue Auflagen in Folio, und dann bis 1773 noch dreizehn Ausgaben in Quart erlebte. Der Antheil des Vaters beschränkt sich lediglich auf eine, in deutschen Reimversen abgefaßte, mit „Jacob Ayrer senior, P. N." unterzeichnete „kurtze DefensionSchrifft dieses Buchs", welche am Ende desselben steht. Wichtiger ist uns die Thatsache, welche der jüngere Ayrer in der Widmung seines Werkes an „den Durchlauchtigen Hochgebornen Fürsten und Herrn, Philipp Ludwig Pfaltzgraffen bey Rhein, Hertzogen in Obern und Nidern Bayern rc.", wie in der Vorrede an den Leser, erwähnt: daß er den Stoff seines Buches der um mehr als hundert Jahre älteren Arbeit eines Geist-lichen, Jacob von Theren, verdanke. Dieser hatte bei Albrecht Pfister zu Bamberg schon 1462 unter dem Titel „Belial, oder der Trost der Sünder" einen ähnlichen Proceß drucken lassen, in welchem Christus „umb Spolii und Raub von den Hellischen Geistern verklagt" und die ganze Klage nach geistlichem Rechtsgebrauche verhandelt wird. Da jedoch das genannte Buch, welches 1483 und 1507 zu Straßburg neu aufgelegt ward, ziem-lich kurz und flüchtig, ohne genügenden juristischen Scharfsinn gearbeitet, in vielen Stücken veraltet und „wegen deß bösen Teutsch übel zu vernem-men" war, hielt Ayrer es für wohlgethan, sich „deß mehr gedachten Autoris bloße Invention, als die Histori, zu Nutz zu machen, und diesen Belial oder Historischen Proceß auffs newe zu verfassen, — alles nicht allein sehr lieblich, kurtzweilig und lustig, sondern also, daß sich solchen Buchs auch die Advocaten, Procuratores, Notarii, Schreiber, Raths und Gerichtsherrn, und andere mit gutem Nutzen wohlgebrauchen können."

In der That hat Ayrer, wie wir uns durch eine Vergleichung seines Buches mit der Ausgabe des „Belial" von 1483 überzeugten, die ganze novellistische Einkleidung des seltsamen Processes fast unverändert seinem Vorgänger entlehnt; nur die gründliche juristische Ausführung und Durch-arbeitung aller Incidenzpunkte ist sein unbestreitbares Eigenthum. Auch hat er durch Verweisung der in lateinischer Sprache abgefaßten juristischen Specialerörterungen an den Schluß jedes Kapitels dafür gesorgt, daß der nur auf den kurzweiligen Verlauf der „Geschichte" begierige Leser sein Unterhaltungsbedürfnis zu befriedigen vermag, ohne durch die angehängten „Observationes und Notabilia mit ihren Rechtsgründen und Allegaten", gestört zu werden.

Die Einleitung hebt in echt mittelalterlicher Weise mit der Schöpfungs-geschichte an, und führt durch den ersten Sündenfall und die messianischen Weissagungen des alten Testaments bis zur Erlösung des Menschen-geschlechts durch das Leiden und Sterben Jesu Christi, welcher nach seinem Kreuzestode „Freitag den 25. Martii des Jahres 33 abwärts gen Hellen fuhr", dem Tode seine Macht nahm, die Pforten der Hölle überwand, und „die sonsten ewig in der Hellen bleiben, brennen und braten sollten, mit hulbreicher Hand darauß erlöste, welches der Teuffel und seine Hellische Gemein für ein unbefugte Vergewaltigung, Turbation und Spolio angezogen, und darauff ursach gesucht, Christum zu verklagen."

Das erste Kapitel schildert die rathlose Verzweiflung Lucifer's, des obersten Fürsten der Hölle, den Jesus mit starken Banden gefesselt hat, so daß er in ohnmächtiger Wuth ein grausames, gewaltiges Geschrei erhebt. Seine höllischen Geister weinen und wehklagen eben so verzweiflungsvoll um ihn her; sie fürchten, daß man diesem Jesu Nazareno, der so gewaltig seine Macht bewiesen habe und wahrhaftig ein Sohn Gottes zu sein scheine, mit aller List keinen Abbruch zu thun vermöge; auch werde es nutzlos sein, ihn etwa vor Gott, seinem eigenen Vater zu verklagen, denn er werde, so meint Asmodäus, an Diesem einen gnädigen Richter finden, der ihnen, den Teufeln, ohnehin nicht hold sei, und sie um einer schlechten Ursach willen aus dem Himmel verstoßen habe.

„Da biß die andern Geister höreten, schrien sie den mehrerntheil, es were alles war, was Asmodüus vorgebracht hette, derhalben sie eine verlohrne Sachen hetten, und weiter nichts zu rathen wüsten, und fielen mit ihren scharpffen Klawen in sich, kratzten und raufften sich hefftig, heulten und wüteten über die massen sehr, biß Astaroth, ein verschmitzter und im Rechten hochgelehrter Teuffel, ihnen wincket, daß sie still weren, ihn auch höreten, und sprach: Es ist gleichwol zu Recht versehen, daß man wol Gewalt mit Gewalt vertreiben möge. Wann aber dieser Jesus Gottes Sohn seyn soll, wie ich ihn dann wegen seiner unermeßlichen Stärck, an uns und unserer Burg erwiesen, das sonst kein pur lauter Mensch vermag, dafür halte, so sind wir ihme zu schwach, und gehet uns dieser Weg nicht an, sondern und weil sonsten noch andere Recht sind, die verordnen, daß ein jeder, so beschwert, seine Klag vor dem ordentlichen Richter klagen, und ihme nicht selbst verhelffen soll: So achte ich darvor, daß wir uns seines Gewalts, Unfugs und Spolii halben, gegen ihme ordentlicher weise beklagen, ungeacht, daß Gott sein Vatter; jedoch, wo wir uns anders geholffen werden haben wollen, ihme vor denselben, als competenti judice, nachfolgen müssen. Und irret uns nicht, daß Gott sein Vatter ist", fährt Astaroth fort, „so ist Gott doch gerecht und kann bei ihm seiner göttlichen Natur halben kein Unrecht bestehen oder statthaben.

Da wir ferner wiſſen, daß er uns, ſein allerſchöneſtes Geſchöpf, allein wegen einer Hoffahrtsſünde aus ſeinem Himmel verſtoſſen, und nachher den Menſchen, als derſelbige im Paradeiß geſündiget, gleichfalls erbarmungslos aus demſelben vertrieben und dem Todt unterworfen hat, ſo geben uns dieſe beiden Exempel ſeiner Gerechtigkeit genugſamen Beweiß', daß wir keine Zweifel der Partheilichkeit wegen in ihn zu ſetzen haben."

Ob dieſer Rede Aſtaroth's verſtummten der hölliſche Großfürſt und all ſeine Geiſter, daſs ſie Augen und Maul auffſperrten und vermeinten, daſs ihnen ſchon mehr denn halb geholfen ſei. Belial aber, „ein lang geübter Practicus im Rechten, und dazu ein ſehr verſchwatzter Geiſt," nimmt das Wort und macht darauf aufmerkſam, daſs der eine proceſſierende Part ſelbſt einen gerechten Richter mit Fug recuſieren könne, wenn derſelbe mit dem Part verwandt oder befreundet ſei. Da Gott aber die Teufel in den Pfuhl der Hölle verſtoßen habe, könnten dieſe bei allem Reſpekt vor ſeiner Gerechtigkeit nicht ſchuldig ſein, vor ihm, als ihrem ärgſten Feinde, wider ſeinen Sohn vor Gericht zu ſtehen. „Iſt darumb Gott ſo gerecht, wie du Aſtaroth ſagſt, und er von Natur nicht ungerecht ſeyn kann, ſo trag ich keinen Zweiffel, wenn es anders von unſerm der helliſchen Gemein Syndico, den wir abordnen und vollmächtigen müſſen, alſo begert wird, Gott muß uns einen andern unpartheyiſchen Richter oder Commiſſarium an ſein ſtatt ordnen. Wird derhalben jetzt allein an dem fehlen, daß man ein wolberedten Geiſt, der unverſchämt und unverzagt das Maul aufthue, und ihm kein Blatt fürs Maul nemme, die recuſation ſchrifftlich oder mündtlich fürbringe, und alles auffs getrewlichſt aufrichte."

„Da diß Lucifer, der gefangene Großfürſt der Hellen, neben ſeinen Räthen nach der Länge vom Belial angehört, verwundert er ſich mit Händ und Füſſen, und der zuvor lang kläglich geſchryen, geheulet und geweinet hat, fieng itzt wider vor Frewd an zu lachen, und mit ihm alle helliſche Geiſter." Alle bringen in Belial, das Syndicat auf ſich zu nehmen und die Rechtsſache im Namen der hölliſchen Gemeine zu führen, wofür ihm von Lucifer die Belohnung verſprochen wird: wenn er den Proceſs gewinne, ſolle er neben ihm der oberſte Fürſt über 12,000 Legionen hölliſcher Geiſter ſein, und noch dazu ſolle er mit allen falſchen Juriſten, die bis zum jüngſten Tag in die Hölle kämen, als mit ſeinem Eigenthum nach

Gefallen haufen. Belial erhält fodann in der höllifchen Canzlei folgende
Syndicats-Gewalt:

„Wir Lucifer Oberfter Fürft der verftoffenen Engel, ein Fürft der
Welt, und aller hellifcher Geifter, und wir diefelben Geifter und gantze
Gemein der ewigwehrenden hellifchen Verdammnüß, bekennen hiemit diefem
Brieff, nachdem uns nechftverfchienen Freytags den 25. Martii diefes zu
end gefetzten Jahrs, einer fo fich Jesus von Nazareth, den waren Messiam und Gottes Sohn nennet, und aber von Maria, Joachims deß
Priefters und Annae feiner Ehewirtin Tochter, die Joseph dem Zimmermann vertrawt, geboren ift, ohne alle gegebene Urfach mit großmächtiger
Künheit, an unfer bey der 4000 Jahr lang wolhergebrachter ruhiger Pof-
feffion, vel quasi gewaltthätige turbation gethan, und unfer Veftung,
Burg und Verwahrung der Hellen erftiegen, die Thor zertretten, und die
hellifchen Geifter darinnen vergewaltiget, mich den Großfürften härtiglichen
mit Feffeln gefangen und gebunden, und alle die Menfchen, die von der
zeit Adams, bis auff denfelben Tag inn der gantzen Welt Todts ver-
fchieden, und zu uns kommen, cuß dem hellifchen Kerker mit fich hinweg
geführt, und uns derfelben wider alle Billichkeit beraubet und spoliirt,
alfo daß wir nicht können überhaben feyn. ermelten Jesum von Nazareth
umb folche turbation, geübten Gewalt, Raub und Spolii, vor Gott dem
Allmächtigen, als Oberften Großherrn über alle Herrfchafften, und be-
meltes Jesu angegebenem Vatter, oder wen fein Göttliche Allmacht, als
partheyifche, an feine Statt zum Commissario oder Delegato erwehlen
wird, mit ordentlichen Rechten zu befprechen, daß wir derhalben an unfer
ftatt, und in unferm Namen, zu einen Syndicum gefetzt, geordnet, und
in der allerbeften, beftändigften Form, Maß und Geftalt, als folches nach
Ordnung der Rechten und eines feden Gerichts Gebrauch am kräfftigften
und beftändigften feyn, befchehen foll, kan oder mag, unfern gantz vollkommenen GeneralGewalt und Macht auff- und übergeben haben, dem
über die maß wolerfahrnen und beredten Belial, eim vorfteheuden Geift
der hellifchen Nottturfft, alfo und dergeftalt, daß derfelbe foll und mög in
unferm Namen erfcheinen, Process erlangen, verkünden laffen, klagen,
Gegenklag verantworten, 2c. 2c. Zu urkund haben wir diefen Gewalt und
Syndicat mit unferm gewöhnlichen SecretInfiegel befiegelt, der Geben
ift Sonntags den 27. Martii unfers hellifchen Reichs im 3987. Jahr."

Mit dieser Vollmacht versehen, verfügt sich Belial, in Begleitung eines Notars und zweier Zeugen, vor den Thron des allmächtigen Gottes, und bringt demüthig und kläglich, „nach Fuchsschwenzer Art, die böse Sachen haben", seine Klage vor. Ermuthigt durch die sanftmüthige Antwort des Herrn, reicht er zugleich seine Recusationsschrift ein, und Gott erklärt sich, zum Beweise, daß seine Gerechtigkeit größer als Belial's Bosheit sei, gnädiglich bereit, auf des Letzteren Vorschlag den allerweisesten König Salomon zu Jerusalem statt seiner zum Commissario und Entscheider dieses Rechtsstreits zu delegieren.

Nachdem die göttliche Commission in der himmlischen Kanzlei ausgefertigt worden ist, zieht Belial mit derselben gen Jerusalem hinab und überreicht das Schreiben dem König Salomon. Dieser prüft Brief und Siegel, läßt es auch seinem Notar Daniel sehen und recognoscieren, und da er Gottes Insiegel erblickt, „neiget er sich vor demselben mit großer Reverenz, zieht seine königliche Kron von seinem Haupt, erhebt sich von seinem Thron, und liest stehend den Brief." Belial übergiebt darauf seine Vollmacht und seinen schriftlichen Klagantrag, welchen der König verliest. Es heißt in diesem Dokumente, mit näherer Ausführung der in der Vollmacht berührten Beschwerdepunkte, und mit drolligen Anachronismen:

„Wiewol zu Recht lauter und ganz heilsam versehen, und in deß heiligen Römischen Reichs Abschieden, auch den außgekündigten gemeinen Landfrieden bey ernstlicher Straff verpeent und verbotten, daß keiner dem andern an seinem rechtmäßigen Besitz, Güter und possession vel quasi nicht betrüben, vergewaltigen, viel weniger jemand in derselben deß seinigen berauben und spoliirn, sondern einen jeden bey seinen ordentlichen Rechten ruhig seyn und bleiben lassen sol: So hat doch ermelter Jesus von Nazareth, ohne alle Ursachen sich jüngst den 25. Martii bey spathem Abend eigenes Freffels, Gewalts und Muttwillens unterstanden, und ist mit einer roth und weissen Siegfahnen für die Festung der Hellen kommen, und dieselben ihme zu eröffnen begert, und kurtzumb öffnung derselben haben wöllen. Als sich aber der Klagend Hellische Großfürst Gewalts vor ihme besahrt, dieweil dergleichen TriumphZeichen niemals vor die Hellen kommen, viel weniger dergleichen begeren an ihnen gesunnen worden, als hat er die Thor noch besser verwahren lassen, und sich seiner Verwahrung und possession gebrauchet: Aber das alles bey diesem beklagten Jesu nicht

statt haben wöllen, sondern er hat die Thor der Hellen mit allen ihren
starcken eysfernen Verwahrungen mit gewalt entzwey getretten, sich hienein
in die Hellische Feitnng verfügt, ermelten klagenden Großfürsten mit Fesseln
härtiglichen gebunden, ihme seine Macht und Gewalt genommen, und noch
darzu vor seinem Angesicht alle die Menschen, so von dem ersten erschla-
genen Abel an biß auff dieselbige Zeit zeitlich gestorben und von ihrer
Übertrettung und Sünden wegen, der Teuffel eygen, und derohalben in
dem Hellischen Kercker verhafft gelegen gewesen, mit sich raublich hinweg
geführt, und sie terselben hochsträfflicher weiß spoliirt, also daß biß auff
den heutigen Tag, ungeachtet daß seydhero viel Menschen gestorben, jedoch
niemand mehr gen Hellen und in ihren Gewalt, wie zuvorn geschehen,
kommen, deßhalben sie, die Teuffel, ihnen Jesum umb solchen Raub und
Gewaltthat vor Ew. Königl. Mayestät mit Recht zu besprechen nicht überhaben seyn mögen." ꝛc. ꝛc.

Der König Salomon nimmt die Klage an und setzt den ersten Ver-
handlungstermin auf „Freytag post Misericordias Domini den 15. Aprilis
schierst früher Tageszeit" fest. Er sendet seinen geschwornen Gerichtsfrohn
Azael mit der Citation an Jesum ab, und Belial trollt sich nach der
Hölle, wo er mit großem Jubel empfangen und höchlich ob seines Eifers
belobt wird.

Azael aber, der Frohn- und Gerichtsbote des Königs Salomon,
begiebt sich zu Jesu, welchen er „bey seinen eilff Aposteln zu Jerusalem
auf einem großen Saale nach seiner Auferstehung versammelt" findet,
und überreicht ihm die Citation. Jesus nimmt dieselbe „ganz tugendlich"
in Empfang, und antwortet, daß er sich schuldig erkenne, der Vorladung
zu folgen. „Dieweil er aber seiner vorhabenden Auffahrt zu Gott, seinem
himmlischen Vatter, mit seinen Aposteln und Jüngern, auch andern frommen
gläubigen Leuten noch viel wichtiger Geschefft zu verrichten und seinen
Abschied von ihnen zu nemmen hette, so würde er gleichwol in eigner
Person nicht erscheiren können, sondern er wölte mit genugsamer Vollmacht
an seine statt einen Procuratorem oder Anwald abfertigen, der erscheinen
und dem Ankläger auff sein unzimliche Klag gnugsam Antwort geben sol."
Dann fordert Jesus Mosen, den jüdischen Gesetzgeber, den er mit andern
alten Jüden der Hellen entführt," als einen wohlerfahrenen Juristen vor
sich, händigt ihm die Citation nebst Anlagen und Instruction ein, und

beauftragt ihn, statt seiner auf dem angesetzten Gerichtstage zu erscheinen und seine Vertheidigung zu führen.

„Nun aber so hatte Moyses sonst noch viel Händel, besonders aber wider die ungläubigen, halsstarrige, böse Jüden, welche sich unterstunden, die Jüdische Prophecehen wider Messiam, und als ob derselbig noch zu erwarten wer, zu reprehendirn gar viel zu schaffen, also daß er dieses newen angenommenen Handels vergaß, weder instruction noch citation lase, deßhalben ihm der terminus comparitionis verfloß, und er schuldiger massen nicht erschiene."

Belial aber erschien rechtzeitig im Termine, und hoch erfreut, daß weder Jesus, noch sein Stellvertreter sich eingefunden, bat er sofort das hohe Gericht, ob des bewiesenen Ungehorsams den Beklagten nicht weiter zu hören, sondern in der Hauptsache ob contumaciam zu erkennen, wie er in dem alsbald zu übergebenden Klagelibell beantragt habe, nämlich:

„Daß dieser beklagte Jesus, wider die Recht, den Landfrieden und alle natürliche Billichkeit gehandelt, daran zu viel und unrecht gethan habe, und vorbehältlich der deßhalben verwirkter Straff schüldig seyn, sich hinfüro gegen der Hellischen Gemein dergleichen Gewaltthaten gantz zu enthalten, genugsam caviren und verbürgen, den Großfürsten und andere gefangene Hellische Geister ohne Unterscheidt ihrer Gefängnüß wider entledigen, und sie wie bißhero ihren Gewalt wider Menschlich Geschlecht ohn hinderung verüben lassen; dann auch die gefangene Menschen, so er auß der Hellen mit sich raublichen hinweggeführet, ohne Abgang widerumb restituire, und daß er solches vollkommen thue, weil man die Zahl der hinweggeführten nicht wissen kan, eydtlich bethewre, Alles und jedes mit Abtrag der eingeführten expens, auch aller anderer geursachter Kosten und Schäden."

Nachdem König Salomon das Ende des Gerichtstags abgewartet hat, hält er rechtliche Umfrage unter seinen Räthen und giebt dann das Erkenntnis ab, daß der Beklagte zunächst noch einmal peremptorisch auf den nächsten Termin, Freitag nach Cantate, den 29. April, zu citieren sei. Belial muß sich murrend in diesen Bescheid fügen und ist ziemlich verstimmt, als er aus dem Berichte Azael's erfährt, daß Jesus gerade Mosen zu seinem Anwalt erwählt habe. Weßhalb Letzterer ausgeblieben, begreift Belial nicht. „Ich wolt aber," sagt er nach seiner Rückkehr in die Hölle zu Lucifer, „daß er gestorben, und ein anderer Anwald were, denn er ist wol so ein alter, arger, verschmitzter Vogel, der nicht allein der Gesetzen vor allen andern trefflich wol erfahren und derselben ein Beschreiber, sondern uns den Teuffeln jederzeit spinnenfeind gewesen ist, und hat sich von jugent auff beflissen, bir und deinem gantzen Reich Abbruch zu thun, wie solches seine hinderlassene Bücher genugsam außweisen und zu erkennen geben. Und darumb so muß ich bekennen, daß ich mich etlicher massen vor ihm fürchte." Lucifer verwundert sich über die Keckheit Mosis, der, erst seit wenig Tagen aus der Hölle befreit, nun als abtrünniger Böse-wicht gegen ihn, seinen eigenen Herrn, plaibieren wolle, und schwört, diesen „alten Jüdenführer mit schärpffster Höllenpein ewig zu straffen, quelen und martern", sobald er „seines Spolii restituirt" werde.

Am nächsten Gerichtstage erscheinen die Vertreter beider Parteien, mit genügender Vollmacht versehen. Moses erhebt aber sofort einen Einwand wider die Person des höllischen Syndici. „Dann ein solcher, der ein gantze Gemein verwesen wil, der muß zu solcher Vertrettung qualificirt, und ehrlich sehr. So ist aber dieser Belial, so wol als die gantze hellische Gemein, die er sich unterstehet zu defendirn, umb Miß-handlung willen auß dem Himmel verstossen, relegirt und verbannt worden; und vermögen die Recht, daß man dergleichen Personen, die relegirt und im Bann seynd, auff ihr außgebrachte Proceß zu Recht stehen und Antwort zu geben nicht schuldig sey."

Belial erschrak zwar sehr über diese Exception, faßte sich aber schnell und erwiderte schlagfertig: „Wir seynd uns dir keiner Excommunication oder Banns geständig, sintemal nit nur viel Teuffel, sondern die gantze hellische Gemein vom Himmel, von den Engeln geschieden ist, wie die Jüden und Heyden unterschieden seyn. Es volgt aber auß solcher Abthei-lung oder Unterschiedung kein eygentlicher Bann, wie du fürgibst, in be-trachtung, daß man ein gantze Gemein nicht bannen kan, sondern wann du von dieser Abtheilung reden wilt, so kannstu sie anders nicht, als ein separation der Teuffel und Engel nennen und heissen, nemblich, daß wir beide Naturn der Himmlischen und Hellischen Geister von einander separirt und unterschieden seyn, gleich wie die Jüden (deren Führer und Fürsteher du gewest) von den Heyden und andern ungläubigen Völkern unterschieden und getheilet sind. Nun weißtu, daß ein Jüd einen Heyden oder Christen, und hinwieder ein Heyd einen Jüden mit Recht besprechen kan. Warumb

folte bann nicht ein beleibigter Teuffel, vielmehr aber die gantz hellifche
Gemein, einen separirten Engel ober Jesum, mit Recht, umb zugefügten Ge=
walt, verklagen können? Hingegen aber, wann es beffen gelten fol, o Moyfes,
fo hette dir wol gebüret, dich felbften recht zu examinirn und zu erinnern,
wer du geweft und noch bift, nemmlichen ein Todfchläger, welcher einen
Egyptifchen Mann erfchlagen, und barnach, vor Forcht der wolverdienten
Straff, dich flüchtig davon gemacht haft. Alfo und darumb du felbften
unbüchtig bift, dich wiber mich und die gantze hellifche Gemein in Anwalb=
fchafft einzulaffen, fondern du bift viel ärger und unzuläffiger, als ich
felbften, und wil hiermit wider dich felbften excipirt und dich ganz verworffen haben."

König Salomon unterbricht diefen fruchtlofen Zank und verfucht
zunächft die proceffierenden Theile zu vergleichen. Belial hat Nichts wiber
einen gütlichen Vergleich einzuwenden, wenn der beklagte Jefus feinen
Raub wieder herausgebe, Lucifern feiner Banden entledige und in den
vorigen Stand fetze, und die Koften und Schäden reftituiere.

Mofes aber fpricht zornig: „Ja, Belial, wann man dir es kochet,
wie du es effen möchft, und bantzte dir nach deiner Pfeiffen, fo hetteftu
gut machen, und hetteft mehr, als du begert, erlanget und gewonnen.
Und warumb foll dir mein HErr und Principal, der aus Freffel beklagte
Jesus, von allen denjenigen, fo er aus der Hell mit fich geführt, wiber-
geben, der doch nichts anbers, bann was vorhin fein eygen gewefen,
darauß genommen hat, fintemalen die Hell, und alles was darinnen
gewefen und noch barinnen ift, niemand als ihme zuftehet. Ja, du und
deine mit dir vom Himmel verftoffene Geifter habt Chrifto die Seinen
de facto, und wiber Recht, bißhero auff- und vorgehalten, die er anbers
nicht bann mit Erweifung feines Allmächtigen Gewalts von euch wiberumb
bringen mögen, die hat er deinem Großfürften und andern beinen hellifchen
Geiftern wiberumb genommen, wiberumb zu ewiger Seligkeit gebracht,
die kommen nimmermehr in dein oder beines Hellifchen Großfürften Gewalt
oder Gefängnüß. Denn, die Warheit zu fagen, fo bin ich felbften über
1500 Jahr in diefem Hellifchen finftern Kerker gefangen gefeffen, und
von diefem Jesu von Nazareth barauß mit Gnaden erlebigt worden!
Wirft berthalben du und kein Hellifcher Geift dein Lebenlang und in
Ewigkeit fo fcharpff kein Geficht mehr bekommen, daß du mich biefer

Orthen nicht mehr sehen werdest. Darumb so kan dein begeren der restitution und Schäden halb durchaus nicht statt haben, ungeachtet, daß ich sonsten die Sach meines Theils auch wol vergliechen sehen möchte." Da bei so geringem Entgegenkommen der streitenden Parteien von einem Vergleich nicht die Rede sein kann, nimmt der Proceß seinen Fortgang, und es werden mit beiderseitigem Einverständnis hinfüro Verhandlungs= termine von vierzehn zu vierzehn Tagen angesetzt.

Am nächsten Gerichtstage begehrt Belial vor allen Dingen restitu- tionem spolii, Rückgabe der gewaltsam aus der Hölle entführten Ver- dammten. Moses erhebt dagegen den Einwand der noch unerwiesenen Klage; er führt näher aus: Alle, welche sein Herr und Principal mit in den Himmel genommen, seien ursprünglich sein, ihm von Lucifer durch Betrug und List abgerungenes Eigenthum gewesen, das er sich mit Ge- walt habe zurückholen müssen, weil er es mit Gutem nicht habe erlangen können. Belial wirft dem Anwalt seines Gegners vor, er suche mit seiner „geschwätzigen, wol und glatt geballierten Zungen", die aber spitziger und stechender als eine Schlangenzunge sei, den Gang des Processes nur unnütz aufzuhalten, indem er solche grundlose und unzulässige Exceptionen vorbringe, statt auf die Hauptsache einzugehen. Über dies Vorgeben wird Moses heftig erzürnt, und fährt den Belial an: „Du thust mir Gewalt und Unrecht, und du selbsten bist ein solcher Gesell, der die Ge- rechtigkeit verhindert. Deine Worte sind wol süß wie Honig, der Effect aber derselben seynd nichts als Gifft und Gallen. Und wann du weynest, so vergeussestu Zähren, lauter DrachenGallen, wie der Crocodil, der gibt mit zehrenden Augen zu verstehen, daß er Erbarmung habe über deß Menschen Verderben, und frißt ihn doch nichts desto weniger. Also ist dir auch, und hat nie kein Teuffel nichts guts gethan." Nachdem sie sich weidlich herumgezankt, lässt König Salomon sie Beide das juramentum malitiae schwören, d. h. die eidliche Versicherung abgeben, dass Belial seine Restitutionsforderung und Moses seine Exception wider dieselbe nicht boshafter Weise eingebracht haben. Moses kratzt sich hinter den Ohren und versteht sich nur ungern und widerstrebend dazu, als „alter, verlebter Mann", zumal in dieser „an ihr selbst warhafftigen" Sache, noch einen Eid ableisten zu sollen. Belial dagegen, „als ein leichtfertiger Geist, battschet vor Frewden mit den Händen zusammen, antwortet Moysi mit lachendem Maul spöttlich, und sprach: Do recht, lieber alter Moyses, wie anders? warum wolltestu nicht schweren? muß ichs doch auch thun, und bin dennoch froh, daß es nur dazu kommen ist ꝛc." Moses enthält sich schwer, Belial ob dieser leichtfertigen Reden abermals übel anzufahren, läßt es aber aus Respekt vor dem Könige für diesmal bei der kurzen Erwiderung bewenden: „Ich glaub dirs wol, du hast gut schweren, dann du bist vorhin verdampt." Nach Vollziehung des Eides reicht darauf Moses seine Exceptionsschrift wider Belial ein, an deren Schlusse er zugleich seine Entlastungszeugen benennt, welche sämmtlich auf den folgenden Gerichtstag, den 27. Mai, vorgeladen werden.

Dort stellt Moses dieselben dem Gerichtshofe vor: „Allerweisester und unüberwindlichster König Salomon, hie stehen meine Zeugen, als nemblich: Adam, der erste Mensch, unser aller Vatter; Abraham, Isaac und Jacob, die drey alten Patriarchen; David, der allerfürtrefflichste Königliche Prophet; Johannes der Täuffer, deß Priesters Zachariae und der unfruchtbaren Elisabeth Sohn; Petrus der Apostel, meines HErrn und Principal Jesu Christi getrewer Schaaffhirt und Seelsorger; und Joseph, der Sohn Jacobs, ein Zimmerman von Nazareth, sein Zieh-Vatter und Pfleger." — Belial verlangt zuerst zu wissen, ob keiner unter diesen Zeugen Jesu mit Pflichten verwandt und zugethan sei; sodann findet er sämmtliche Zeugen, mit alleiniger Ausnahme Johannes des Täufers, verdächtig und zu einer rechtmäßigen Beweisführung untüchtig, will aber gegen ihre Vernehmung vorläufig nicht protestieren, sondern sich nur seine rechtliche Nothdurft vorbehalten. Moses erwidert, daß unter allen Zeugen nur Petrus Jesu mit Pflichten verwandt wäre, „dem hette Jesus an seine statt seine Schäfflein zu weyden und die Seelsorg auff diesem zeitlichen Jammerthal befohlen." Petrus aber habe seinen Entledigungsschein, daß Jesus ihn bis zur Vollendung seiner Zeugendeposition seiner Pflichten gegen ihn entbinde. Belial sagte höhnisch: „Seynd sie dannoch alle zween so eins mit einander worden? Dieser Petrus hat Stein und Bein geschworen, er kenne Jesum nit, und ihn in einer Nacht wol dreymal verläugnet, und jetzo soll dieser Peter Fischer sein Schaaffhirt und Seelsorger seyn?" Petrus, „ein alter verlebter Mann, sahe ihn gar sehnlich an, und gieng ihm die Schmach von diesem Gottlosen Teuffel so hart zu Gemüth, daß es ihm auch die Zehren aus den Augen triebe, und sprach: „Mein Herr Jesus hat sich meiner erbarmet, ich will es nicht mehr thun." Moses sprach zu Belial: „Du bist ein rechter Calumniator." Aber der König Salomon fiel ihm in die Rede, und befahl Daniel, den Ladigungszettel zu verlesen. Sodann läßt er seinen „herzlieben Herrn Vatter" und die übrigen Zeugen, nach vorhergehender Meineidsverwarnung, feierlich, unter Anrührung des königlichen Scepters, den Zeugeneid schwören.

Das umständliche Zeugenverhör, bei welchem Belial mit echt teuflischer Tücke die einzelnen Zeugen dadurch in Verwirrung zu setzen sucht, daß er sie aufs grausamste über ihre persönlichen Fehltritte examinieren läßt, können wir übergehen, da die späteren Streitschriften Belial's und Mosis alle wesentlichen Aussagen rekapitulieren und dieselben mit juristischem Scharfsinn je zum Nutzen der von ihnen vertretenen Sache als Beweismittel verwenden. Beispiels halber sei nur das Verhör des Patriarchen Jakob auszüglich mitgetheilt. Auf die Frage nach seinem Namen, Vater, Alter und Hantierung antwortet er: „Er heisse Jacob; aber als er einsmahls mit Gott gerungen, hab ihn derselbig hinfüro Israel geheissen, das sey ein Fürst und Kempffer Gottes, von ihme kommen die zwölff Geschlecht von Israel her, und sein Vatter habe Isaac geheissen. Er meine, er sey 1385 Jahr alt. Er sey ein Prediger, und habe darzu ein Viehzucht gehabt, und sich, Gottlob, reichlich ernehret." Sein Verhältnis zum Beklagten und zum Kläger bezeichnet er, wie folgt: „Er habe den Producenten, ausserhalb in der Hellen, leiblicher weiß nie gesehen; aber im Geiste habe er gewust, daß Messias auß seiner Linien und Geschlecht kommen sol. Mit Lucifern und der Hellischen Gemein hab er keine Gemeinschafft, sey ihnen derhalben weder holdt noch feindt." Ferner sagt er aus: Ob der Teufel ein Fürst und Herr dieser Welt sei, wisse er nicht; „aber in der Hell hab er deß Teuffels Gewalt etlicher massen innen worden. Er wisse nicht anders, als daß die Hell, und alles so darinnen, deß Teuffels ewig sey und bleibe. Auch förcht er, es sey wahr, daß durch den Fall Adams und Evae das gantze Menschliche Geschlecht dem ewigen Todt, der Hell und Verdamnüß unterworffen worden. Weniger nicht sey es wahr, daß Lucifer, der Hellische Großfürst, und andere Teuffel, von der Welt Erschaffung an und biß auff diese Zeit, und also bey die vier tausent Jahr, alle Menschen, so jemahls zeitliches

Todts gestorben (allein Jesum außgenommen) in seinem Hellischen Gewalt gehabt; er selbsten sey, seiner Rechnung nach, in die 1735 Jahr in
der Hellen gesessen." Auf die Fragen Belial's, ob der Zeuge diese lange
Zeit nicht zu einer immerwährenden Praescription und zu dem guten
Titel einer beständigen Possession für mehr als überflüssig genug er-
achte, und ob er nicht der Meinung sei, daß die Teufel die Hölle mit
gutem Glauben besessen hätten, giebt Jakob die ausweichende Antwort:
„Es solls ihme der Frager die Rechtsgelehrten lassen sagen." Dann
folgen die verfänglichen Personalia: „1) Ob nicht Zeug ein öffentlicher
Betrieger sei, der seinen eygnen Vatter betrogen, seinen Namen verläugnet,
und seinem Bruder den Esau den Segen betrieglicher weiß gestohlen hab?
2) Ob er nicht eben der sey, welcher seinen Bruder, den bemelten Esau,
umb sein erste Geburt betrogen hab? 3) Ob er nicht gegen seinem
Schwäher, dem Laban, Betrug gebraucht, und so viel zuwegen bracht
habe, daß seine Schaaf mehr fleckend als weiße Lämmer gebracht?
4) Ob nicht Zeug wisse, daß die Recht sagen: Wann einer einmal nicht
richtig erfunden, daß er allweg in der gleichen Sachen für unrichtig zu
halten sey?" — Jakob antwortet mit kindlicher Naivetät: „ad 1) Er habe
nicht anders gethan, dann ihn sein Mutter angelernet und unterwiesen.
ad 2) Sein Bruder habs selbsten also an ihm gesunnen, und glaub er,
daß es von Gott also versehen gewest. ad 3) Sein Schwäher habs an
ihn wol gebracht. ad 4) Er sei nicht schuldig ihm seiner Mängel halb
Anzeig zu thun." Die Behauptung Mosis, daß Gott die ersten Menschen
„ihm selbsten zum Bildnüß, das ist rein und unschuldig", erschaffen habe,
bestätigt Jakob, „dann er habs auf Erden auß dem ersten Buch Mohsis
im 1., 5. und 6. Cap. selbsten also geprediget." Auf die Querfrage
Belial's: „Ob Zeug auch ein solches reines und unschuldiges Bildt Gottes sey?" kann er nur antworten: „Nein, er sei leyder auch ein Sünder."

Am schärfsten nimmt Belial den letzten Zeugen, Joseph den Zimmermann von Nazareth, ins Gebet. In der That muß ihm Dessen Aussage von höchster Wichtigkeit sein; denn erklärt Joseph, daß Jesus sein
rechter Sohn sei, so erleidet des Letzteren, von gegnerischer Seite behauptete
Göttlichkeit eine schwere Anfechtung. Sagt aber Joseph zu Belial's Nachtheil aus, so hat Dieser in schlauer Vorsorge die verfängliche Frage in
Bereitschaft, ob der Zeuge nicht längere Zeit hindurch eines festen Domicils

entbehrt habe? um ihn dadurch zum „Vagabunden" zu stempeln, der als
solcher überhaupt kein gültiges Zeugnis ablegen könne. Joseph antwortet,
seinem Stande und seiner geringen Bildung gemäß, mit schlichter Treu-
herzigkeit auf alle ihm gestellten Fragen: „Er heisse Joseph von Nazareth,
und sein Vatter habe Jacob geheissen, etliche haben ihn Eli genant,
darumb daß er vom Geschlecht Eli herkomme. Er dörffe nahe bei achtzig
Jahren alt seyn. Sey oben gehört, daß er ein Zimmermann sey, sey
nicht reich, aber redlich. Jesus sey sein PflegSohn gewest, und er habe
ihn solcher weiß erzogen und ernehrt. Es sey nicht wahr, daß er Jesum
mit Maria gezeugt habe und also sein rechter Vatter sey, sondern Maria,
die ihm vertrawt gewest, sey vom heiligen Geist schwanger, von ihm aber
nicht erlaubt worden. Daß Jesus Gottes Sohn sey, wisse er auß deß
Engels und Göttlicher Offenbarung. Seiner Göttlichen Natur halb, die
er mit Seinem Himmlischen Vatter von Ewigkeit her gebracht, habe es
wol sein können, daß Jesus seinem Vatter alles schaffen helffen, ehe er
geboren worden. Daß Maria, Jesu Mutter, könne eine Jungfraw seyn,
wisse er daher, daß ihm es der Engel gesagt, und daß er ihre Jungfräw-
liche Keuschheit, so lang sie bey ihm gewest, gespüret, sich auch offt über
ihrer Zucht und Erbarkeit höchlichen verwundert, und sey Gott nichts un-
müglich. Auff das Fragstück: ob nicht wahr, daß er etlich Jahr mit
ermelter Maria im Land umb gezogen sey, und kein eygen domicilium
und häußlich Wesen gehabt hab? müsse er antworten: Daß selbige Fragstück nicht wahr seyn, er habe stetigs sein Haußhaltung zu Nazareth gehalten; daß er aber die Jungfraw Mariam und ihr Kind in Egypten-
landt geflöhet, das hette er auß Befehl Gottes gethan, und ohne allen
Zweiffel auß Gottes Vorsehung also geschehen müssen." Die Fragen
Belial's endlich über des Teufels rechtlichen Besitz der Hölle fertigt Joseph
kurzweg mit der Bemerkung ab: „Er wisse nichts vom Teuffel. Er könne
solche hohe Ding nicht verstehen. Er sey ein Leyhe (Laie) und Handt-
werdsmann, wisse nicht, was ein Praescription, ein guter Glaub und
ein Besitz sey, er sol andere darvon fragen."

Im Ganzen hat Belial wenig Ursache, mit den Aussagen der gegneri-
schen Zeugen zufrieden zu sein; denn die meisten der letzteren haben die
Behauptung Mosis bestätigt, daß Jesu von Ursprung her das Eigenthums-
recht an der gesammten Welt, an Himmel, Erde und Hölle zustehe, daß

folglich die höllischen Geister keinen rechtlichen Grund gehabt, sich der von ihm aus der Hölle geführten Menschen als ihres Eigenthums anzumaßen, viel weniger ihm dieselben vorzuenthalten, oder gar ihre Rückerstattung zu verlangen. Als er die ihm ertheilte Abschrift der Zeugenaussagen durchlas, „erschrak deßhalben Belial über die maßen sehr, fiel mit seinen scharpffen Klawen in sein Haar und Bart, brüllet, schrye und heulet, und vermeynte, nunmehro sein Sachen über die helfft verloren seyn." Er war in seinem Ärger zuerst fast willens, „der Schanden und seiner Mitgesellen böser Wort halben nimmermehr in die Hellen zu kommen, sondern in den Gerörigen sich auffzuhalten, und sich alles weitern procurirons zu enteussern, wo er nicht gefördtet, daß ihn die ander Hellischen Geister zustücken zerrißen."

In der That wird er bei seiner Rückkehr in die Hölle übel aufgenommen und von allen Seiten gescholten. Selbst Lucifer sagt verstimmt: „Ja, lieber Belial, wann du ein solcher einfältiger Narr seyn, und dem Moyse bekennen wilt, daß dieser Jesus Gottes Sohn sey, so ist der gantzen hellischen Gemein Sachen, Possession, Gewalt, Herrschafft und Regiment, alles mit einander verspielt, und zu einem Filtzhut worden. Dann daß Gott nicht uns selbsten, und alle Ding im Himmel, auff Erden und under der Erden gemacht, das können wir nit läugnen, und müste auch vernünfftig volgen, wann Jesus Gottes Sohn were, daß er mit ihm auch gleichen Gewalt, Allmächtigleit, Recht und Gerechtigleit habe, und dann auch alles, was deß Vatters, auch sein eigen sein müßte, und würden wir nit gute Sachen haben. Welches aber wir Teuffel nit glauben, alldieweil wir diesen Jesum, da wir noch im Himmel gewesen, nit gesehen haben. Hetteſt derhalben nit geschehen laſſen sollen, daß Jesus Gottes Sohn sey."

Belial entgegnet, daß er in der ganzen Sache stets nach eingeholtem Rath und mit Gutheißen Lucifer's, und der übrigen Höllengeister gehandelt, auch die Gottheit Christi niemals zugestanden, sondern dieselbe vielmehr stets bestritten habe. Allein Moses habe gegen die Restitutionsklage eine Exceptionsschrift eingereicht und seine Einwände leider durch seine Zengen so gründlich bewiesen, daß zu befahren sei, er möchte des Spolii halber absolviert werden. Es frage sich also, was nun weiter geschehen solle, um einem solchen unglücklichen Ausgang des Processes vorzubeugen.

Aftaroth und Sathanas meinen, die Aussagen fast sämmtlicher Zeugen seien mit Grund deßhalb anzufechten, weil alle diese Personen, mit Aus- nahme Petri, bei dieser Sache Gewinn oder Schaden, Heil oder Verderben zu hoffen und zu befürchten hätten. „Als so Jesus gewinnet, so sind sie uns benommen; gewinnen dann wir, so müssen sie mit uns ewig ver- dampt bleiben, das wird ihnen gar schwerlich eyngehen, und viel lieber wöllen falsch schweren, als die Wahrheit sagen."

Dagegen wendet Asmodeus ein: Die Zeugen würden nicht falsch schwören, da sie zum ersten sämmtlich „Jüden" seien, denen Moses, David und andere Propheten den Meineid bei schwerster Strafe verboten hätten; zum Andern aber würden sie durch Ableistung eines falschen Eides sich ja der göttlichen Barmherzigkeit und Erlösung wieder verlustig machen und den Teufeln für ewig anheim fallen.

Letzteres scheint dem Beelzebub doch nicht so ganz sicher zu sein. Er sagt: „Falschschwerens wissen wir sie nicht bald zu überweisen, doch ist auch die Barmherzigkeit Gottes gegen die Sünder viel grösser, als zu der Zeit, da wir noch im Himmel waren, die wir nur von einer Sünden, der Hochfarth wegen, auß dem Himmel in diesen fewrigen Pfuel verstossen worden, so doch unter diesen, die bey uns in der Hellen gewesen sind, ein grosse unzehlige Mänge Hochfertiger, Geiziger, Lügner, Todtschleger, Mör- der, Räuber, Ehebrecher, Dieb und andere Übeltäter mögen erfunden werden, die uns dieser Jesus mit Gewalt wider genommen hat, also daß sie wol falsch schweren, und bei GOTT dennoch widerumb Gnad erlangen können."

Hierauf sagt Belial: „Es ist nicht ohne, daß man vielleicht auß der Zeugen Auffage ein contrarietet und andere Untüchtigkeit und Mängel colligirn möchte. Deßgleichen so hette ich auch wider die Personen der Zeugen viel gewaltige Exceptiones. Als wider Adam, den ersten Zeugen, hette ich zu excipirn, er were ein Anfänger der Sünden, und hette ganz Menschlichs Geschlecht in den ewigen Fluch und Verdamnüß gebracht. Was er aber jetzo wider uns, die Teuffel, zeuget, das thete er umb seines und aller Menschen Nutzes willen, deßhalben gülte sein Zeugnüß nichts, und were ihme, als einem bösen Menschen und offenbaren Sünder, nichts zu glauben. Abraham, der ander Zeug, ist ein offener Ehebrecher und hat mit seiner Magd Hagar einen Sohn, Jsmael genannt, im Ehebruch erzeuget, beßhalben er Kundschafft zu sagen untüchtig. Isaac sein Sohn, der dritte Zeug, ist ein überwundener Lügner und Falschschwerer, der dem Abimelech sein eigenes Weib verläugnet und für sie geschworen hat, derhalben er als ein Meineydiger zu einem Zeugen nicht zuläßig ist. So ist Jacob, der vierte Zeug, ein Dieb und Betrieger, der seinen Namen verläugnet, seinen Vatter betrogen, seinem Bruder Esau den Segen heimlicher weiß abgestolen, und umb die Freyheit seiner ersten Geburt betrogen, darzu auch seinem Schwäher Laban mit den Schaaffen ein hinderlistiges Bubenstück bewiesen hat, daß ich ihn auch zu keinem Zeugen, der Glauben haben soll, passiren lassen könbte. David, der König und fünffte Zeug, ist ein Mörder und Ehebrecher, umb welcher beyder unterschiedlicher Laster wegen er zu einem Zeugen nichts taug; ja, wann dieser Laster nur eins were, so könbte er von der Kundschafft rojicirt und verworffen werden. Esaias der Prophet und sechste Zeuge, ist von dem gantzen Jüdischen Voll für ein Narren und Lügner gehalten, derwegen verspottet, verlachet und mit Fingern auff ihn gedeutet, endlich auch derowegen vom König Manasse gar getödtet worden, wider den ich auch gar leichtlich, als einen Thoren und Übelthäter, eine Exception erfinden wolt. Petrus, der siebende Zeug, hat seinen eygnen Herrn verläugnet, daß er ihn nicht kenne. Was solt man denn einem solchen Verläugner der Wahrheit und meineydigen Buben für einen Glauben in andern seinen Aussagen zustellen, über das, so er deß Jesu domesticus und Diener ist. Joseph der Zimmermann und achte Zeug, ist dieses beklagten Jesu Vatter, und kan für seinen Sohn kein Zeuge seyn. Und wann schon Johannes der Täuffer, der neunte und letzte Zeug, seiner Person, Standts, Ampts und Wesens halben, so fromm und gerecht ist, daß ich wider denselben nichts Unerbares (als wider die andern) fürbringen kann, so möchte ich, unangesehen er singularis und eintzlich, dennoch der Blutsfreundschafft halben, daß er mit diesem Jesu anber Geschwisterkindt und darzu sein Diener gewesen, und umb solcher beyder Ursachen willen ohne Zweiffel affectionirt ist, auch wol eine Ursach, wider ihn zu excipirn, von einem Zaun brechen, und was dergleichen Eynrede und Behelff mehr seyn möchten. Jedoch so ligt mir im Weg, daß diese Zeugen an vielen Orten auff die heylige Schrifft sich behelffen, bie kann nicht liegen [lügen], und macht also ein Zeug den andern seine Aussage kräfftig. Ja, es hat von Rechts wegen Moyses uns allein mit der Schrifft dieser Gestalt überweisen können. Dann den alten Gerichts-, Statt-, Raths- und andern Cantzley-Büchern wird nicht weniger Glauben zugemessen, als den Zeugen. Und, das noch viel mehr ist, so ist es nicht genug, wider die Untüchtigkeit der ZeugenPersonen oder die Nichtigkeit ihrer Aussage allein zu excipirn, sondern der Richter hat noch allererst darüber Gewalt und Macht zu erkennen, ob die Exceptiones oder Aussage der Gezeugen anzunehmen sey oder nit."

Am Schlusse dieser Verhandlung der höllischen Geister wird unter so bedrohlichen Umständen der Vorschlag Belial's angenommen, daß man von dem Recht jedes Klägers, seine Klage vor der Kriegsbefestigung (ante litis contestationem) zu ändern, Gebrauch machen, sich der restitutio spolii begeben und die Klage in diesem Sinne berichtigen wolle.

Belial überreicht am nächsten Gerichtstage zum Ärger Mosis dies korrigierte Klagelibell, und Moses verlangt hinwiederum, daß der Kläger, nachdem er schon einmal einen seiner Klagepunkte fallen zu lassen genöthigt worden sei, sich nun vor allen Dingen erst wegen Schadenersatzes und Kostenerstattung im Fall des Verlustes seiner Sache fideijussorisch verbürge, auch das juramentum calumniae sowohl in seinem eigenen, als im Namen seiner Auftraggeber schwöre. Belial ist zwar zu Letzterem gern bereit, weiß aber die verlangte Bürgschaft nicht aufzubringen, sintemal, wie er sagt, „mein Großfürst Lucifer jetzo gefangen, die Hell zerstöhrt und geplündert, und von allen Menschen ein solcher Abfall von uns Teuffeln geschehen, darzu großer Neid und Haß gewachsen ist, daß jetziger Zeit fast jedermann unser spottet und lachet, daß ich wol sagen kan, wir sind je arme Teuffel."

Da Moses trotzdem auf seiner Forderung beharrt, bietet ihm Belial zuerst die Hölle als ein unbewegliches Gut der höllischen Gemeine zum Unterpfand. Von seinem Gegner belehrt, daß die immobilia, welche die Teufel besitzen, „solche Güter, die zu keiner Pfandschafft tügen, deren auch kein Mensch auff dem gantzen Erdboden geschenckt begeret", erwidert Belial, sich vor dem König verneigend: „Allerdurchleuchtigster König! Nachdem in der heiligen Schrift gegründet, daß Jesus, mit dem ich zu rechten habe, mit eigenem Mundt meinen hellischen Fürsten, den Lucifer, einen Fürsten dieser Welt nennet, so wil ich Jesu die gantze Welt zu einem Unterpfand setzen, und in dieses Hierosolymitanisch Königlich Gerichtsbuch verschreiben." Moses aber bedeutet ihn, daß Lucifer und seine Gesellen zwar „vor dem Leyden Christi Fürsten dieser Welt, d. i. der gottlosen unbußfertigen Leut in der Welt, gewesen seynd und auch über dieselbigen in alle Ewigkeit herrschen werden. Du weist aber wol, was Jesus kurtz vor seinem Leyden und Sterben seinen Jüngern, Johan cap. 12 gesagt, da er schon im Werck der Erlösung gewest, daß durch solches Mittel der Fürst dieser Welt gerichtet sei, das ist, daß derselbig hinfüro über die frommen und auserwählten Menschen kein Gewalt mehr habe. Und eben umb die Welt, darinnen Gute und Böse wohnen, ist jetzo zwischen mir und dir der Streit; wie wölleftu mir dann ein solches Gut verunterpfänden?" Eben so wenig will Moses eine hypothekarische Anweisung auf sämmtliche vergrabene Schätze der Welt, accceptieren, da auf solche keine Execution geschehen könne. Noch minder tauglich zu Bürgen erscheinen ihm Cain und der zur Linken Jesu gekreuzigte Schächer, welche Jesu in der Hölle belassen hat, denn sie sind nicht allein Mörder, sondern Belial weiß recht wohl, „daß sie nicht alle beyde zween Pfenning werth vermögen, dann der Cain hat seinen Vatter nicht beerbet und nichts hinder sich auff Erden seiner zeitlichen Güter verlassen. So ist der ander ein nackender Bub, der in gleichem nichts gehabt oder verlassen." Endlich entscheidet Salomon: wenn der Kläger am nächsten Gerichtstermin seine Unfähigkeit, einen Bürgen zu erhalten, beschwöre, so sei er, nach Vorlegung einer auf diesen Punkt gerichteten Specialvollmacht Lucifer's und der ganzen höllischen Gemeine, mit einer juratorischen Kaution zuzulassen; der Beklagte habe gleichfalls Bürgschaft zu stellen, und die beiden streitenden Parteien sollten sodann gegenseitig das juramentum calumniæ schwören.

Es folgt jetzt wieder eine höchst ergötzliche Berathung der höllischen Geister über die zweckdienlichsten Mittel, einen für sie günstigen Ausgang des Processes herbeizuführen. „Lucifer begeret, man solte ihm seine Brillen herreichen, dann er sagte, er hette die Zeit über seine Augen dermassen außgeweinet, daß er gar übel gesehe; und weil die Hellischen Geister, die bey den Berathschlagungen gewesen, bißher mancherley übersehen, befahl er, daß hinfüro alle Teuffel, wann sie etwas schreiben oder lesen, so diese Sache betreffe, allesampt Brillen auffstecken und nichts mehr übersehen solten, dann er befünde und merckte schon wol, was sie übersehen, das sehe Moyses, der doch in der Wahrheit auch ein alter vielhundertjähriger Mann

were, der darzu nur zwey Augen hette. Aber Belialn lobet er über sieben
Schellen, und saget, er were als ein geschwinder Jurist wol werth, daß er
eine güldene Retten und rothen Rock trüge, dann er sich auff diesen Termin wider Moysen redlich gewehret." Er hält es jedoch für nützlich, daß
Belial zu vollständiger Orientierung über alle Rechtspunkte den ganzen
Fall etlichen berühmten hohen Schulen vorlege und ein Gutachten von
denselben einhole. Damit indeß keine Mißgunst wider die Teufel sich in
das Urtheil einmische, sollen die Thatsachen nur im Allgemeinen und ohne
Namensnennung der spolierten Festung wie der streitenden Parteien geschildert werden. Die formulierten Fragen werden sodann an die Universitäten von Athen, Rom, Korinth und Paris verschickt. Die Antworten,
welche mit gelehrten Citaten aus allen möglichen Rechtsbüchern gespickt
sind, fallen sehr verschiedenartig und sich gegenseitig widersprechend aus.
Athen und Korinth stellen sich in ihren Entscheidungen so ziemlich auf
die Seite der höllischen Kläger; aus Rom kommt ein Bescheid voll rabu-
listischer Winkelzüge, der gegen die Kläger spricht. Die hohe Schule von
Paris erklärt sich für unfähig, bei so geflissentlich verdunkelter Sachlage und
so ungenügender Fragestellung eine bestimmte Antwort zu geben, da sie
sich auf Wahrsagerei nach Zigeunerart nicht einlassen möge. Im Ganzen
empfängt man durch die Lektüre dieser Gutachten der berühmten Universitäten denselben Eindruck wie Lucifer, „daß sie die Mäuler nicht aufthun
und den Fuchsen recht beissen wöllen, dann alle ihre Consilia klingen
gleich als wann einer, der Brey im Maul hat, zierlich reden wolte."
Belial belehrt ihn jedoch, daß ein so kauderwälsches pro- und contra-Dis-
putieren bei den Juristen also bräuchlich sei; er werde sich schon Das, was
günstig für ihn sei, herausklauben, und das Andere, was ihm nicht in
seinen Kram diene, ausmustern und sich Desselben gar nicht viel berühmen.

Nachdem beide Parteien am nächsten Gerichtstage die ihnen vorgeschriebenen Eide geleistet, stellt Moses den pharisäischen Fürsten Nicodemus
und den Rathsherrn Joseph von Arimathia als Bürgen Jesu vor, und
Belial muß dieselben annehmen, obschon er wieder allerlei Einwendungen
gegen sie vorbringt. Darauf reicht Moses seine Kriegsbefestigung und
Antwort auf Belial's Klagelibell ein, in welcher er einen Theil der ihm
schuldgegebenen Thatsachen als wahr, aber nicht als verbrecherisch, einräumt. Belial benennt noch selbigen Tags seine Zeugen, durch deren

Aussagen er den ihm vom Gegenpart bestrittenen Rest seiner Behauptungen zu beweisen gedenkt.

Als er seine sechs Zeugen — Adam, den ersten Menschen; Cain, dessen Sohn; Dismas, den zur Linken Jesu gekreuzigten Schächer; Belfebor, einen alten Teufel; den König David, und den Riesen Ruperan — vorstellt — protestiert Moses, unter Vorbehalt aller seiner Rechte, wider vier derselben als untüchtige Zeugen: Belfebor sei ein leichtfertiger Teufel, dazu Mitkläger und Theilhaber der Sache, Cain ein Brudermörder, Dismas gleichfalls ein Mörder, „die darzu alle beyde verzweiffelt gestorben"; der Riese Ruperan aber sei ein Meineidiger, welcher „dem Ritter Siegfried, König Siegmunds in Niederland Sohn, für den Schlüssel, welchen er zu Crain gehalten, deß Königs Leibrechts Tochter am Rhein in Gefängnuß gehabt, unwarhaffter weiß verläugnet, und darnach zum andernmal ein falschen Eydt darwider geschworen."

Es wiederholt sich jetzt in umgekehrter Weise die Scene beim früheren Zeugenverhör; wie damals Belial gegen die Zeugen Mosis, so übt jetzt Moses gegen die Zeugen Belial's jegliche Chikane, und rückt ihnen durch ein Kreuzfeuer von Fragen all ihre Verbrechen und Laster vor. Wir erfahren bei dieser Gelegenheit, dass Belfebor einer jener Teufel ist, welche Jesus am Gazarener See aus einem Besessenen in die Säue getrieben, „damals sich die Säw in ermeldten See gestürzt, und sie die Teuffel alle schier ertränckt hetten. Darumb so gestehe ers, daß er Jesu noch auff den heutigen Tag spinnenfeind sey, und nicht hold werden könne." Der Riese Ruperan sagt aus: „er sey über die fünffthalb hundert Jahr gar wol alt, hab sich Essens, Trinckens und Fastens wie ein Kriegsmann ernehret. Er sey darvon wegen ein Rieß oder Ritter, daß er Leut erschlagen soll, und hab ihrer viel erschlagen, dargegen so habe ihn der Hürnen Sewfried, deß Königs aus Niderland Sohn, erschlagen. Es sey wahr, daß Jesus mit unglaublicher, erschrecklicher Grewlichkeit die Hellen eingenommen habe, doch halt er Jesum für einen siegbarn, gewaltigen Mann, der sich gewißlich keines Mannes auff Erden förcht, er habe sich wol so dappfer under den Teuffeln herauß gewehrt, daß sie fast alle zu nicht gemacht." In Betreff des letzten Fragepunktes bestätigt auch der König David: „es sey wol wahr, daß Jesus mit Gewalt die Hellen geöffnet, den Teuffel gefangen und gebunden, dargegen aber ihne Zeugen, und andere viel tausend

darinnen verhaffte Seelen, mit sich herauß erledigt. Was nnn in der
Hellen geblieben und bleiben müssen, denen sey dieser Triumph ohne
zweiffel unaußsprechlich und unglaublich schrecklich, grausam und unleiblich
gewest, und noch. Aber denjenigen, die er Jesu mit sich außgeführt,
denen sey es über allen Trost tröstlich, über alle Frewd frölich, und über
alle Lustbarkeit lustig, frewdenreich, angenem und wolgefällig gewest. Darumb sie mit ihm Zeugen diesem Jesu in alle Ewigkeit, mit allen seligen
Engeln, Lob, Danck, Preiß, Ehr, Ruhm, Glori, Macht, Mayestät und
alle Herrlichkeit verjähen und sagen sollen, und ohne alles auffhören willig
und gern thun wöllen."

Nachdem die Anwälte der streitenden Parteien je eine Abschrift des
Zeugenverhör-Protokolls in Empfang genommen, arbeiten sie ihre Be-
weißschriften zur Begründung, respektive Widerlegung der Klage aus und
überreichen dieselben gleichzeitig im nachfolgenden Termine. Belial sucht in
seiner Probationsschrift die von gegnerischer Seite angefochtenen Klagepunkte durch geschickte Kombinierung der Zeugenaussagen zu erhärten. Daß
die Hölle wirklich das Eigenthum der höllischen Gemeine sei, hätten Cain,
Dismas und Belsebor bestätigt; Ersterer sei über 3000 Jahr selbst in
der höllischen Festnng gewesen, Letzterer habe aus eigener Erfahrung bekannt, „daß die Teuffel länger als 4000 Jahr darinnen gewest und ihr
Wohnung gehabt, ehe die Menschen (deren Jesus einer) nie erschaffen gewest", also daß dieser Artikel mit drei übereinstimmenden Zeugen erwiesen
worden sei. Dieselben drei Zeugen hätten bestätigt, daß Jesus hochsträf-
licher Weise sich unterstanden, die Hölle einzunehmen. Eben so sehr sei
es erwiesen und notorisch bekannt, daß alle Menschen bisher in die Hölle
gekommen. Und daß endlich Jesus mit greulicher, erschrecklicher Gewalt
in der Hölle gehaust habe, sei von Cain, Dismas, Belsebor und Kuperan,
ja selbst vom König David, ausdrücklich gesagt worden. Zum Schlusse
beleuchtet dann der Kläger in vorhin angedeuteter Art den verdächtigen
Charakter der von dem Anwalt des Beklagten producierten untüchtigen
Zeugen, deren Aussagen ihm (dem Kläger) zum Nachtheil gereichen dürften.

Moses schlägt in seiner Rechtfertigungsschrift ein verwandtes Verfahren ein. Von den Zeugen des Klägers, hebt er hervor, habe sogar
einer, Adam, ausgesagt, Gott habe die Hölle erschaffen, daß sie aber der
Teufel Eigenthum sein solle, davon sei ihm, Zeugen, Nichts bewusst. Ferner

sage dieser Zeuge: er glaube nicht, daß Jesus mit seinem Vorhaben oder Begehren gesündigt oder sträflich gehandelt habe, da Einer mit dem Seinigen thun dürfe, was er wolle. Derselben Ansicht sei er, der Anwalt. Habe Gott nun durch Jesum die Hölle gemacht und erschaffen, so müsse auch daraus folgen, daß er und Jesus derselben rechte Eigenthumsherren seien und damit thun mögen, was sie wollen. Desgleichen habe Adam gesagt, er glaube nicht, daß durchaus alle Menschen in die Hölle gekommen, sondern daß einige, wie Henoch und Elias, „lebendig vom Erdboden entzückt und der Hellen entübrigt worden." Wenn aber diese Leute nicht in die Hölle gekommen, „ergo so müssen sie im Himmel gewesen sein." Endlich habe dieser Zeuge, sowie auch König David, nicht gestanden, „daß Jesus die Hell mit solcher großen, unglaublicher, schröcklicher Greulichkeit eingenommen hab, sondern daß er und diejenigen, die Jesus aus der Hellen geführt, darob nicht erschrocken, sondern viel mehr gar herrlich und hoch erfreuet worden seyn." Da die übrigen Zeugen völlig verwerflich, habe Kläger also seine Klage in keinem Theile bewiesen. Dagegen wolle er, der Anwalt des Beklagten, zum Überflusse die von ihm in seiner früheren Exceptionsschrift aufgestellten Punkte sämmtlich durch Berufung auf die Aussagen der von ihm producierten Zeugen und auf zahlreiche Stellen der heiligen Schrift ausführlichst beweisen. Dieser Beweis bildet den Schluß seiner Widerlegungsschrift.

Moses ist erbötig, mit Einreichung der letzteren seine Vertheidigung für beendigt zu erklären und auf eine Schlußschrift zu verzichten, wenn Belial seine Probationsschrift ebenfalls als Schlußschrift gelten lassen wolle. Da Dieser jedoch nicht dazu geneigt ist, erhält Jeder eine Kopie von der Schrift des Andern, und Beide arbeiten ihre Schlußrepliken aus.

Belial erwidert: Wenn Adam nicht wisse oder wissen wolle, welchergestalt und woher die Hölle der Teufel Eigenthum sei, so wisse er doch aus der langen Besitzung, da er selbst an 4000 Jahr in der Hölle gefangen gewesen, daß die Teufel selbige so lang inne gehabt, und sie folglich schon durch Verjährung ihr Eigenthum sein müsse. Frevel aber sei es, wenn man Jemanden widerrechtlich in seinem Besitz kränke. Daß vielleicht zwei oder drei Menschen nicht in die Hölle gekommen, beweise Nichts wider die allgemeine Regel. „Ebener gestalt, und wann schon dem Adam nicht schröcklich gewest, daß die Hellen bey nächtlicher Weil also gestürmet, zerriffen und spolirt, so ist es aber den Teuffeln, dem Cain, dem Dismas, dem Kuperan und Belseborn desto schröcklicher geweft, und ist von Adams oder Davids wegen dieser Artickel nicht gesetzet worden. Daß sich aber die ermelte zween Zeugen beduncken lassen, ihnen sey durch diese gewaltsame Außführung Heyl widerfahren, ist die Ursach, daß sie etliche Propheceyen auß der heiligen Schrifft auff diesen Jesum deuten, und sich beduncken lassen, er sey der Messias und ein solcher Helffer, der ihnen, wie Jesus articulirt, auß ewiger Hellenstraff helffen werde, oder allbereit durch diese seine Außführung geholffen hab, darmit sie sich aber selbst betrogen, und eben ihres eygnes Schadens erfrewen, gleich als wenn ein kleines unvernünfftiges Kind fro wird, wann man ihme ein spitziges Messer gibt, dann das weiß nicht, was ihme für ein groß Unglück darauß leichtlich erfolgen kann. Aber wir Teuffel halten mit den Jüden diesen Jesum für keinen Gott, beßgleichen auch für keinen Messiam, sondern wann der Messias kommen wird, daß derselb nur ein zeitlicher Mensch sei, welcher die noch lebenden Jüden, so er finden, auß der Christen und Türcken [sic!] Gewalt in das gelobte Landt führen und zu grossen Herren machen werde." Wenn Moses seine, des höllischen Syndici, Zeugen ver- dächtige, so sei bereits der Beweis geliefert worden, was die Zeugen Mosis „für ehrliche Leut seyn, nemlich daß under ihnen allen nicht mehr, als der Hans Täuffer, redlich ist, und darffs gar wenig außführens, daß nicht der Lucifer besser Kundschafft hab, als Jesus." Übrigens hätten sämmt- liche neun Zeugen des Moses mehr oder minder offen bestätigt, daß die Hölle und Alles, so darinnen, des Teufels ewig sei und bleibe. Nicht zu be- achten, sondern gänzlich zu verwerfen bitte er Alles, was Moses zur ver- meintlichen Bestärkung seiner Aufstellungen aus der Bibel abgeschrieben, zusammen geflickt und citirt habe. „Ja, wenn die Teuffel auff dasjenig, so in diesem Bibelbuch geschrieben stehet, sehen wolten, so müsten wir arme Teuffel seyn, offtermahls ein Ding, das nimmermehr geweft, noch werden kan, und darzu in der Vernunft nicht zu begreiffen ist, für lauter War- heit halten und gläuben, sie können aber solches nicht in ihre Köpff, viel weniger zu dem Hertzen bringen. Dann diejenigen, welche solche Bücher schreiben, als Mohses, Abraham, Jsaac, Jacob, David, Esaias und an- dere Propheten und Pfaffen, seynd mehrerstheils lose, untüchtige und nicht gültige Leuth, und je einer wider den andern geweft, darumb der mehrer-

theil mit Schanden und Spott gestorben und umbkommen. Noch viel ärgers ist,
was Matthæus, Marcus, Lucas, Johannes, Paulus, Petrus und andere, die
sich selbsten für Zeugen Jesu aufgeworffen, von ihme geschrieben haben, dann
es seynd lauter schlechte, einfeltige Taglöhner und verführte Leuth gewesen,
die alle (keinen außgenommen) eines schändlichen jämmerlichen Todts gestorben und umbkommen seyn, daß demnach die Teuffel ihr Gezeugnuß
auß der Schrifft nicht annemmen, und darumb ich nicht gestehen können,
daß Moyses ihre Schrifften bei dieser Rechtfertigung allegire und an-
ziehe." Belial bittet also, zu erkennen, wie zuvor wiederholt gebeten.

Die Schlusreplik Mosis betont, daß der Streit sich vor Allem darum
handle, ob die Possession der Hölle und das Eigenthum oder Dominium
über dieselbe Lucifer'n und seiner Gemeinde oder Jesu zustehe. „Dann
es ist zweyerlei, besitzen, und in Possession seyn. So kann auch einer
wol ein Gut besitzen, das nicht sein ist." Es sei allerdings wahr, daß die
Hölle von dem allmächtigen Gott, der sie durch seinen Sohn Jesum und
den heiligen Geist erschaffen, dem Teufel ewig zu besitzen und darin ge-
peinigt zu werden verordnet und gegeben worden. Daraus folge aber
nicht, daß Gott, Jesus und der heilige Geist sich ihres Eigenthums und
Dominii daran jemals verziehen und begeben hätten, wenn auch immerhin
seit Verstoßung der gefallenen Engel und Erschaffung der Welt sich Keiner
bisher des menschlichen Geschlechts und des Eigenthums an der Hölle
wirklich mit der That und der Person, wie Jesus, angenommen hätte.
Wenn Lucifer nun Jesu, als dem rechtmäßigen Eigenthumsherrn, die Hölle
auf sein Begehren gütlich geöffnet hätte, so würde er sich keiner Turbation oder, wie er's nenne, Spoliation zu befahren gehabt haben. Die
Hölle sei eben ein Strafhaus für die sündigen Menschen gewesen, bis
Jesus dieselben durch sein Leiden und Sterben erlöst, sie demnach dem
Teufel wieder abgefordert und, da man sein gerechtes Begehren verweigert,
sie mit Gewalt in das Himmelreich geführt habe. Sei den Teufeln Dies
als schrecklich und grausam erschienen, so sehe die Vertheidigung auf die
Geretteten, welche nur Freude, Trost und Seligkeit über ihre Erlösung
empfunden hätten. Bekenne Belial endlich, daß Jesus durch seinen Er-
lösertod den Teufeln ihre Gewalt dermaßen genommen habe, „daß sie ohn
deß Menschen Verwirkung und Gottes Verhengnuß dem menschlichen Geschlecht weiter nicht schaden thun können," so wisse man ja, daß dem Teufel

an seiner Gewalt Niemand Verhinderung thun könne, als Gott selbst, und so müsse ja daraus folgen, daß Jesus wahrer Mensch von der Jung= frau Maria geboren, und wahrer Gott von seinem himmlischen Vater aus Ewigkeit her erzeugt, des Teufels mächtig und sein rechter Herr und Herrscher sei. Zum Schlusse vertheidigt Moses den Charakter seiner Zeu= gen wider die Verunglimpfungen Belial's: Adam sei von dem Gegenpart selbst ebenfalls als Zeuge vorgeschlagen und gebraucht worden. „Und was will er ihme die auß dem Irrdischen Parabeiß geschehene Außschaffung ver= weissen und fürwerffen, so doch Adam auff diese Stund durch Jesum widerumb in das ewige Parabeiß versetzt und aller Ehr gezwifacht resti= tuirt und ergetzet ist?" Der von Abraham verübte Ehebruch sei „mit seines Weibes Geheiß und Verwilligen, darzu aus sonderbarer Schickung Gottes" geschehen. Isaac habe „sein Weib nicht fürsetzlicher, leichtfertiger weiß, sondern (wie Genesis 26 zu finden) in Gefahr ihr und seines Leibs und Lebens verläugnet, damit er dann so hart nicht peccirt hat, sondern er ist von vorstehender Noth wegen zu entschuldigen, dieweil die höchste eusserste Nothurft kein Gesetz hat." Was sich zwischen Jacob und Esau zugetragen, sei nicht mit Betrug, sondern „auß sonderlicher fürsehung Gottes" geschehen. Und obwohl David ein Todtschläger und Ehebrecher gewesen, habe er doch, wie seine sieben Bußpsalmen beweisen, seine Sünde und Missethat so bitterlich bereut, daß Gott ihm dieselbe gnädig verziehen. Das Gleiche sei mit Petrus der Fall, dem Jesus nach seiner Auferstehung selber erschienen und ihn zu einem Hirten über seine Schafe gesetzt habe. Was den Propheten Esaias betreffe, so sei es nicht neu, daß fromme, ge= rechte und gottselige Leute von den Gottlosen verachtet, verspottet und wohl gar getödtet worden seien, wie es selbst Jesu unschuldiger Weise geschehen. Aber solche Verfolgung mache die Opfer derselben nicht närrisch, viel weniger unehrlich. Letztlich werde nicht gestanden, daß Jesus von Joseph dem Zimmermann gezeugt oder dieser sein natürlicher oder leiblicher Vater sei, sondern die heilige Schrift bestätige an mehreren Orten, daß er „nur sein Zieh= oder Pflegvatter gewesen."

Nach Übergabe dieser beiderseitigen Schlußschriften wird Termin zur Anhörung des richterlichen Erkenntnisses auf den 12. September angesetzt. Das Urtheil lautet, seinem wesentlichen Inhalte nach, wie folgt: „daß Hellischer Syndicus seine Klag, in massen er die angestellt, nicht erwiesen, und daß dem Heilischen Großfürsten und seiner Gemeinde nicht gezimbt und gebüret habe, dem Beklagten Jesu von Nazareth auf sein gütliches Begeren und Erforderung sein Eigenthumb, das erlöste Menschlich Geschlecht, gewaltsamer weiß vorzuhalten, und wo derhalben ermelter Jesus hierüber das seinig mit Gewalt auß der Hellen genommen und geführt, darzu den Teuffeln hinfürter allen Gewalt über dasselbig Menschlich Geschlecht benommen, daß er daran nicht gefreffelt, weder Spolium noch Turbation begangen, oder unrecht gethan habe, sondern daß er von solcher unerwiesener Klag sei zu absolvirn, als wir ihn auch hiermit absolvirn und ledigen, den Kläger aber in die eingeführten Gerichtsexpens und andere Kosten und Schäden nach Richterlicher Mässigung condemnirn und verdammen, von Rechtswegen."

Belial ist begreiflicherweise nicht wenig empört über dies Urtheil und meldet sofort seine Appellation wider dasselbe an. Dann zieht er, „stillschweigens, wie ein Ratz auß einem Taubenhauß, über den königlichen Hofffaal hinauß, und zur Hellen zu. Lucifer mit seiner Hellischen Schaar, die er zu Anhörung dieses Urtheils mit fleiß versamblet hatt, kondten kaum erwarten, biß Belial kam, ungeacht sie ihnen wohl einbildten, daß es nicht gut auff ihrer Seiten seyn kondt. In dem so trat Belial ganz trawrig und betrübt daher, der hette sich verweint, daß sein ganzer Leib träuffet, als wann er in ein Bach gefallen wer, der warff dem Lucifer das Urtheil vor die Füß, und fieng wider auf ein newes an zu weinen, zu heulen und zu schreyen, daß er gar nichts reden kundt. Lucifer laß das Urtheil, und als er sahe, daß gar nichts für ihn darinnen begriffen, sprach er: „Ich glaub, daß mich das Sodomitisch und Gomorrisch Schweffel-Fewer mit dem alten Schelmen dem Moyse betrogen hab!' Wann er widerumb in die Hell käme, er wolte ihn dermassen zumartern, daß er dem Judæ Iscarioth gleich seyn müste. Dem Judæ aber wolt er Gnad beweisen und gute Wort geben, dann weil derselbig viel Heimlichkeit von Jesu wüst und ihme spinnenfeindt wer, wolte er ihne in der andern Instantz zu einem Zeugen fürschlagen, und wolt auff noch andere mehr dergleichen Gesellen bedacht seyn, sie mit Schmiralien und guten Worten darzu vermögen, daß sie Jesum anders aufgiessen müsten, als die vorigen Zeugen gethan."

Wir wollen über den Gang des Processes in der Appellationsinstanz nur einen flüchtigen Überblick geben. Belial verfügt sich zunächst wieder ans Himmelsthor und verneigt sich vor Petrus, dem Beschließer, „anders nicht, als wenn derselbig noch Babst zu Rom wer." Dann bittet er Gott den Herrn, welcher seinen teuflischen Wolfspelz unter der Schafshaut sofort erkennt, demüthiglich, Josephum, des Königs Pharaonis in Egypten obersten geheimen Rath und Statthalter, als Apellationsrichter zu kommittieren. Mit der versiegelten, vom 18. September des Jahres 33 nach Christi Geburt datierten Kommission „fuhr Belial über Stock und Stein, über Wasser, Hölzer, Berg und Thal, Tag und Nacht, und kam den 21. Septembris und also bey rechter guter Tagszeit in Egyptenland, und überantwortet dieselbe dem benelten Joseph." Wir erfahren beiläufig durch diese Angabe, daß die Entfernung des Himmels von On in Egyptenland, wenn man per pedes diabolorum reist, nicht ganz drei Tage- und Nachtreisen beträgt. Joseph erbittet sich zunächst von König Salomon die Akten der ersten Instanz, welche Dieser durch Daniel kopieren läßt. Zugleich schickt er durch seinen Gerichts-Pedellen Jesu die Licitation, am bestimmten Termine, dem 4. November, entweder persönlich oder durch seinen bevollmächtigten Anwalt vor ihm und anderen königl. Egyptischen Hofräthen zu erscheinen.

Belial, welcher durch die Aushändigung der Akten erster Instanz an Joseph dem ferneren Gerichtszwange des Königs Salomon enthoben ist und seinen Proceß jetzt bestimmt zu gewinnen hofft, kehrt triumphierend in die Hölle zurück. „Aber lieber Gott, er hatt das nötigst vergessen, und nicht darzu gesetzt: so ferrn es Gott haben wil, sondern er meinet, sein Sach were so gewiß, als wenn er den Wind mit Händen fangen und behalten solt, und als wer es nur an seinen blossen Gedancken gelegen und gedacht lang nicht, daß offt mancher Bawren Knecht mit jauchzen und hohen Sprüngen vom Tantz heim geht, der morgens frü mit lerem Beutel sich hinder den Ohren krawet, wider Mist laden und aufführen muß. Dann er gedacht, wenn er jetzt wider gen Hellen kem, so würde schon sein verheissen große Würdigkeit, daß die andern schröckliche, heßliche, schwartze, Bocksstinckende, Fewer außspeiende, verbelzte, vermumbte, bekreulte und wolverzänte Teuffel alle die Hüt vor ihm abziehen, und ihn Gnad Herr Belial heissen müssen, und hett er einem den Gewinn dieser Sachen nicht umb St. Peters Apostolat oder sein Römisches Babstumb geben, zumal wann man ihn auch creutzigen sollen. Darumb so hört nun weiter, wie lang seine Frewd weret."

Diese Freude währte freilich nicht allzu lang. Schon am ersten Ge-richtstage muß er sich gefallen lassen, daß Moses, welcher wieder als An-walt Jesu fungiert, ihn weiblich hänselt, weil er es verabsäumt hat, in der Appellationsinstanz mit einer neuen Vollmacht zu erscheinen. Sobann hat er vergessen, bei der Einreichung seines Appellationslibells die Formalität der Kriegsbefestigung, der contestatio litis, hinzuzufügen, und wird darob wieder von Moses verhöhnt. Die Beschwerdepunkte Belial's sind, neben den früheren, welche in etwas abgeschwächter Weise wiederholt werden, einerseits darauf gerichtet, daß sämmtliche Zeugen der Vertheidigung noth-wendig parteiisch und an dem Ausgang der Sache direkt interessiert seien, da der Appellat sie der Hölle entnommen habe und sie besorgen müßten, wieder dorthin zurückgeliefert zu werden. Sobann hätten im Hofgerichte des Richters a quo „lauter Jüden gesessen, die alle Gottes Volck und eygene Leut seyn, und derhalben wider seinen Sohn nicht Urtheil sprechen können." Endlich aber reicht Belial nachträglich eine Anzahl Additional-Artikel ein, welche hauptsächlich durch von ihm vorgeschlagene jüdische Zeu-gen bewiesen werden sollen. Zum Verständnis dieser kuriosen Nachtrags-artikel sei erwähnt, daß bei den jüngsten Verhandlungen der höllischen Gemeinde eine neue Persönlichkeit, der alte Judenteufel Hebelfurd, in den Vordergrund getreten ist. Dieser verschlagene Gesell wird, nachdem er schon einmal einen nützlichen Rath ertheilt, von Lucifer zur Tafel gezogen und aufgefordert, ihm Näheres über den Glauben der Juden und ihre Ansichten über Christum zu berichten. Seiner eigenen Erzählung nach, ist er es gewesen, der von jeher die Juden zu allerlei greulichen Sünden und Missethaten verführt hat, so daß Gott über sie erzürnt worden sei und die ganze Welt durch die Sündfluth ersäuft habe. Wenn sie später in der Wüste das goldene Kalb angebetet, dem Baal und dem Moloch ge-opfert oder sich anderweitig an Gott versündigt hätten, so sei er stets die geheime Triebfeder all dieses Unfugs gewesen. Ja, er habe neuerdings die Juden aufgehetzt, diesen Jesum nicht allein selbst zu verachten, sondern ihn auch „bei den Römischen Heydnischen Amptleuten und Dienern der-massen zu verunglimpffen, diffamirn, anzuklagen und zu beschuldigen, daß sie ihn gar außreuten und an das Creutz schlagen sollen, wie geschehen."

Er habe auch mit den Hütern am Grabe gewacht, sei aber durch eine
große Anzahl Engel von demselben fortgetrieben worden, und habe dann
den Hohepriestern Hannas und Caiphas eingeblasen, die Wächter mit Geld
zu bestechen, damit sie vor Pilato aussagen sollten, die Jünger hätten
ihnen, während sie in Schlaf gefallen, den Leichnam Christi gestohlen.
Daraus sehe man schon, „was die Jüden für grosse Narren seynd, daß
sie solche Lügen so gar leichtfertig geglaubt haben. Denn wann die Lands-
knecht geschlaffen hetten, wie wolten sie wissen, daß man ihnen Jesum
gestolen hett, oder wenn sie geschlaffen haben, wie können sie wissen, wer
ihnen Jesum gestolen hett, da sie doch billich den Dieben hetten wehren
sollen, und gemahnet mich gleich an die Kundschafft, welche einsmahls ein
unbesonnener Bawer in einer EntleibungsSachen gegeben hat, da er gesagt: Ja, der Artickel ist wahr, dann Urjach meines Wissens ist die: Ich
lag eben darbey in der Stuben auff der Banck und schlieffe, hörete und
sahe, und sahe gar wol, daß der Inzichter den Entleibten mit der Hacken
an Kopff schlug, daß er alsbald umbfiele und starbe; nicht weisse ich), ob
er ihn hat troffen oder nicht. Die Jüden aber glauben wohl noch när-
rischer Ding.“
Weiter berichtet nun Hebelfurck, die Juden hätten mancherlei verschiedene Meinung über Jesum. Die meisten hielten ihn für ein unehe-
liches Kind, das Joseph der Zimmermann mit der Maria erzeugt, und
viele glaubten, er sei ein Zauberer gewesen, der alle seine Wunderwerke
durch den Schemhamphoras verrichtet habe. „Dann sie sagen: zur Zeit
der Königin Halona zu Jerusalem, welche ein Regiererin fast über die ganze Welt
gewest, hetten ihre Eltesten den außgelegten Namen Gottes Tetragram-
maton, welchen sie Schemhamphoras heissen, mit güldenen Buchstaben
auf die Bundeslade geschrieben, und dieselben Buchstaben oder der bemelte
Name Schemhamphoras sey der Krafft und Wirkung gewest, wann ihn
einer hab außwendig gelernet, und denselben Namen gesprochen, so hab er
alles, was er begert, thun und verrichten können. Auf daß sich aber nie-
mandt denselben Namen zu mißbrauchen unterstünd, so haben sie, die
Eltesten Jüden, mit grosser Geschicklichkeit zween schröcklicher Löwen oder
Hund von Ertz oder Messing gemacht, die haben, so jemand diesen Namen
im Tempel gelernt, und wider damit nach Hauß gehen wollen, so grausam
und erschröcklich gebrüllt, geheult, geschrieen und denselben Menschen der-

maſſen erſchreckt, daß er alles, was er im Tempel gelernt, alsbaldt widerumb vergeſſen hat. Aber dieſer Jescho Hanozari ſey von Art ein ſehr
liſtiger ſpitzfindiger Mann geweſt, der ſey auch zu dem Tempel gegangen,
hab die Wort auff der Laden Gottes gelernt, darnach auff ein Pergament
geſchrieben, Schemhamphoras geſprochen, und ihme ſelbſt eine Wunden
in den Schenckel geſchnitten, und wegen des Worts Schemhamphoras
hats ihme nit wehe gethan, alſo dann widerumb Schemhamphoras geſprochen, ſo iſt der Schenckel ohne Schmertzen und ohne Verletzung des
Zettels wieder zugeheilt, und obwol im hinaußgehen die Löwen oder Thier
grewlich geheulet und getobet, jedoch als er Jescho heimkommen die Wunden wider auffgeſchnitten, den Zettel herauß gethan, und den Schemhamphoras auffs new gelernt, und ferrners den Schemhamphoras über die
Wunden geſprochen, da iſt ſie wider heyl geweſt, und er hat alles gekönnt.
Alsdann hat er 150 Jüdiſcher Jüngling zu ſich genommen, denſelben die
Schrifft außgelegt und geſagt, daß ihre Elteſten ihne bezüchtigten, als ob
er unehrlicher Geburt were, daran theten ſie ihme gröbliche Gewalt und
Unrecht, ſondern er wer von Gott, ein Sohn Gottes von Ewigkeit hero
erzeuget, und aber von der Jungfrawen Maria ein wahrer Menſch vom
H. Geiſt empfangen, geboren, und daß ſie deſſen keinen Zweiffel hetten,
ſo ſolten ſie ihme einen Blinden herbringen, den wolt er ſehend, oder
einen Tauben und Stummen hören und reden machen, welches dann die
jungen Jüden auß Fürwitz und Unverſtandt gethan. So baldt ſie ſolche
gebracht, und er den Schemhamphoras über ſie geſprochen, ſeyndt ſie
ſehend, hörend und redend worden. Das iſt ihnen, den jungen Juden,
als die von Schemhamphoras und ſeiner Zauberey nichts gewuſt, gar
frembd geweſt, und als er auch Auſſetzige rein, die Lahmen gerad, und
die Todten lebendig gemacht hat, haben ſie ihne für Gottes Sohn, ja für
den großen Propheten und Meſſiam gehalten, und dieſe Wunder ſeynd
auch für die Königin kommen, die hat begert, daß er vor ihr auff dem
Waſſer wandlen ſolt. So bald er aber den Schemhamphoras geſagt,
hat ers alles gekönnt, daß auch die Königin ihme ſeiner Zauberey wegen
Glauben geben, und den Elteſten der Jüden ein Botten geſchickt, und ſie
dieſes Jeſu halben zu Redt geſetzet und gefraget hat. Die haben ihr geſagt, daß er ein Hurenkindt, ein Zauberer und ein Verführer deß Volcks
ſey, und nachdem ſie einen under ſich gehabt, der Judas Ischarioth ge-

heiſſen, und den Schemhamphoras auch gelernt hatte, haben ſich die
Elteſten erbotten, ſie wolten erweiſen, daß alles ſein Fürgeben nichts als
lauter falſch und Betrug ſey, und begert, wann er Gottes Sohn ſey, ſoll
ihne die Königin auff in die Höhe gegen Himmel heiſſen fahren, ſo ſoll
ihr der Betrug offenbahr werden. Da nun die Königin Jeſum für ſich
beruffen, und er ſtettigs beharret, daß er Gottes Sohn ſey, hat ihne die
Königin auff gegen Himmel heiſſen fahren, und als er Schemhamphoras
geſagt, iſt er ſtracks gen Himmel auffgehoben. Aber der Judas Ischarioth, mit dem es die Elteſten angelegt, hat auch Schemhamphoras geſprochen, und iſt hernach gefahren, und hat dieſen Jeſum in der Höhe
ergriffen, mit ihme gerungen, endlich aber ihne herunder für die Königin
auff die Erden geworfen, daß er ein Bein gebrochen, und ſolches ſey ge-
ſchehen am Charfreytag, daher die Gemein der Chriſten noch alle Charfreytag dieſen Schaden ſo heſſtig betrawren; aber da die Königin mit
ſichtbarn Augen den Betrug geſehen, hat ſie befohlen, daß man den Jeſum
creutzigen ſolt. Da haben ihn die Juden außgeführt zu creutzigen, und
wiewol von allerley Holtz Creutz gemacht worden, ſo hab er doch allwegen
den Schemhamphoras über dieſelben geſprochen, daß ſie ihn nicht creutzigen
können. Es ſey aber ein Kohlſtauden im Tempel geſtanden, die jährlich
100 Pfund Samens getragen, dieſelb haben die Jüden genommen und ein
Creutz darauß gemacht und ihne daran gehenckt, und weiln dieſe Kohlſtauden kein Holtz geweſen, und im Tempel geſtanden iſt, ſo hab ſie Jeſus
nicht bezaubern können."

Hebelfurck erzählt noch viel Abenteuerliches und Seltſames von den
Juden und ereifert ſich dabei ſehr über die Chriſten, die „wol den Jüden
gar ſpinnenfeindt, aber darneben ſo lieberlich und närriſch ſeyn, daß ſie
von ihren glatten, guten, aber ſchelmigen, gleiſſenden, liſtigen Worten und
umb ein wenig Genieß wegen, den Jüden nit allein Schutz in ihren Lan-
den, ſondern ſolche Gnad, Freyheiten und Gerechtigkeiten geben, daß ſie
die faulen Schelmen ſeyrend under ihnen leiden, erlauben ihnen zu wuchern
mit ihren Mitchriſten, womit ſie denſelbigen das Marck aus den Beinen
ſaugen, ja erlauben ihnen ein freyes unverhinderts exercitium, mit ihren
Gebetten ihren Gott Jeſum und ſie ſampt allen Heyden uffs allerheftigſt
zu verläſtern, daß kein Wunder wer, daß allein umb ein ſolches Orts
willen, da Jüden wohnen, Gott ein ganzes Land ſtraffet." Bei dieſer

Gelegenheit spricht Hebelfurck (im Jahre der Kreuzigung Christi!) von all den unverantwortlichen Privilegien, welche christliche Kaiser, Päpste, Concilien ꝛc., durch jüdisches Geld bestochen, den Juden ertheilt hätten; er erwähnt der jüdischen Rabbinen zu Frankfurt, Ginsberg und Prag, ja, er redet sogar höchst ärgerlich von dem großen Bibelbuche, „welches der Doctor Martin Luther uns Teuffeln zu Troß und zu Abführung unsers Reiches verdeutscht hat."

Nachdem Hebelfurck alle Schelmenstücke der Juden aufgezählt, die Lucifer „lieber als Harpffenschlagen" anhört, erhält Belial den Auftrag, die obenerwähnten Abbitional=Artikel zu verfassen, welche hauptsächlich auf die Behauptung hinauslaufen, daß Jesus nicht Gottes Sohn, sondern ein unehelicher Sohn Joseph's von Nazareth und der Maria sei, die ihn vor ungefähr 33 Jahren in dem „Kühstall oder Rabel" eines Wirthshauses zu Bethlehem geboren, und daß Jesus all seine Wunder, einschließlich der Erstürmung der Hölle, nicht als ein Gott, sondern als ein Zauberer durch den von ihm einstmals im Tempel erlernten Schembamphoras verrichtet habe. Diese Behauptungen hofft der höllische Syndicus unschwer durch die Aussagen der Jesu feindlichen Zeugen zu erweisen, welche er vorladen läßt, nämlich: König Saul, die Hohenpriester Hannas und Caiphas und die vier jüdischen Rathsmitglieder Rabam, Rosmophin, Putiphares und Diarabias, welche Jesum verdammen helfen; Dismas, den Schächer zur Linken Christi; Barrabas, den Pilatus freigegeben; den Hauptmann Longinus, welcher Jesum am Kreuz in die Seite gestochen; die heidnischen Kriegsknechte Emer und Lucins, welche ihn geißeln und kreuzigen helfen und an seinem Grabe mit Wache gehalten; und den Verräther Judas Ischarioth.

Natürlich protestiert Moses sofort wieder gegen all diese Zeugen. König Saul habe sich selbst in sein Schwert gestürzt und sei ein an Gott verzweifelter Selbstmörder; die Übrigen seien fast sämmtlich seines Herrn Principals ärgste Todfeinde, die ihn unschuldig verklagt, verurtheilt, mißhandelt und zu Tode gebracht hätten, oder ruchlose Mörder. Von Judas Ischarioth werden, außer dem Frevel, daß er seinen Herrn und Hausgenossen, dessen Brot er gegessen, um 30 Silberlinge verkauft und sich endlich erhenkt habe, noch schändlichere Dinge gesagt, auf welche wir gleich zurückkommen. Das Gericht beschließt indeß, sowohl diese, wie die von

Moses vorgeschlagenen 29 Zeugen, der Billigkeit halber zu hören, und beide Parteien verständigen sich darüber, daß die Vernehmung der einen wie der andern an demselben Tage, dem 24. Februar des Jahres 34, geschehe.

Das Zeugenverhör fällt für Belial wider Erwarten nachtheilig aus. Sogar seine eigenen Zeugen lassen ihn theilweise im Stich, freilich nicht in der Art, wie die Teufel gedacht, wenn einer derselben z. B. befürchtet, Caiphas könnte seinen Ausspruch: „Es ist besser, daß Einer sterbe, denn daß die ganze Welt verderbe", dahin auslegen, daß er Christi Märtyrer= tod im Interesse der Erlösung des Menschengeschlechts habe befürworten wollen. Die von Moses vorgeladenen Engel, Propheten, heiligen drei Könige, Evangelisten und Apostel sammt anderen Persönlichkeiten des Neuen Testaments, an denen Jesus seine Wunder verrichtet, geben der höllischen Anklage vollends den Gnadenstoß. Wir heben aus ihren Aus= sagen einige der ergötzlichsten Kuriosa heraus.

In Betreff des Schemhamphoras hat Moses die Fragen gestellt weshalb denn Keiner Jesu den Pfiff nachgemacht habe, sich den Wunder namen ins Bein zu heilen, wenn die Sache sich wirklich so verhalte? ob Judas, der das Zauberwort gleichfalls gelernt haben solle, denn auch solche Wunder wie Jesus verrichtet habe? was überhaupt die Zeugen über den Schemhamphoras wüßten? Hannas und Caiphas antworten ziemlich übereinstimmend: Der im Allerheiligsten des Tempels mit gülbenen Buch= staben auf die Bundeslade geschriebene Schemhamphoras bedeute den ausgelegten Namen Gottes, der aus 72 Engelnamen kolligiert sei; er komme aus dem 14. Capitel Exodi, und stehe in 3 Versen von 216 Buchstaben, welche die 72 Engelnamen ausmachen. Wie man aber den Schemham= phoras lerne, Das hätten sie nie zu wissen begehrt, da solches Ding gar zu heilig sei.

Judas Ischarioth erzählt von seiner Vergangenheit eine seltsame Ge= schichte, die als ein Gemisch jüdischer und hellenischer Sagen erscheint. Den Kern derselben bildet offenbar die Ödipus=Mythe, mit den Aus= setzungslegenden von Moses und Perseus verquickt: „Er sey seiner Religion halben ein Heyd, auß der Insel Scarioth geboren. Seiner Mutter, weil sie ihn getragen, habe offtermahls geträumet, sie trage einen Sohn, der werde die größten Übel verrichten. Und als sie solches seinem Vatter

gesagt, hat er ihr gerathen, wann sie genese, solte sie das Kind in ein
Kästlein auffs Meer legen und weg schwimmen lassen, wie geschehen.
War aber nicht ferrn darvon Joseph, ein König deß Meers, gewohnet,
dessen Gemahl mit ihren Jungfrawen an dem Gestadt deß Meers, Berlein
zu suchen, deren in derselben Insel viel gefallen, spaciren gangen, hetten
sie das Kästlein mit ihren Zeugen auffgefangen, und als sie ihn als ein
schönes Kind darinnen gesehen, hat ihme die Königin Seugammen befohlen, auffziehen, darnach an Kindes statt annemmen und in die Schul
führen lassen. Über zwey Jahr hernach war die Königin auch gelegen,
und hette einen schönen jungen Sohn gebracht, der were hernach mit ihm
in die Schul gangen, und hette Zeuge gleichwol nicht anders gewust,
dann er were ein geborner Königs Sohn, und als er sich, wie die Kinder
offt thun, mit seinem vermeinbten Bruder gezanckt, hat man ihm zu verstehen geben, daß er kein geborner Königs Sohn, sondern nur ein Fünd-
ling were, das hat ihm hefftig Zorn gethan, und hats darauff gesetzt und
ihm fürgenommen, wann sein vermeinbter Bruder mit ihm mehr zanckte,
so wolt er ihn gar erschlagen, und darvon ziehen, wie er kürtzlich hernach
gethan, und hat sich hierüber in die Insel Pontio, da der Pilatus daheim
gewest, begeben, und hat ihn Pilatus zu einem LeibJungen angenommen.
Über etliche Tage aber hernach hat er ihm gesagt, daß er newlich in der Insel
Scarioth bey einem Mann (welches Zeugen Vatter gewest) so schön Obs
in seinem Garten gesehen, dessen solt er ihm ein gut Theil lauffen und
herüber führen. Solches hat ihm Zeug zu verrichten promittirt, er hat
aber das Gelt behalten, und seinem Vatter (den er gleichwol nicht ge-
kennt, auch nicht gewust, daß es sein Vatter gewest) das Obs zu stehlen
begeret, wie er dann über das Gedüll in Garten gestiegen, mit Brügeln
in die Bäume geworffen, und seines Gefallens darauß genommen, was
ihm geliebt. Aber zu allem Übel were sein Vatter darzu kommen und
hette ihm seinen Hochmuth gewehret, er aber ein Brügel, damit er das
Obs abgeschlagen und geworffen, ergriffen und seinen Vatter geschlagen,
daß er gestorben were. Seine Mutter hette ihm mit Fleiß nachgeforschet,
und als sie erfahren, daß er bey Pilato gedienet, hette sie ihn umb diesen
Todtschlag hart verklagt. Aber er der Pilatus, der ihm günstig gewest,
hette ihn dahin gehalten, daß er sein Mutter zum Weib behalten müssen,
die ihn nicht gern genommen, und als sie einsmahls mit schweren seufftzen

bey ihm geschlaffen, hat er sie genöthiget, ihm zu sagen, was ihr were, da hat sie ihm gesagt von ihrem Sohn, wie sie den auff das Meer gelegt und verschwimmen laffen, unt andere Umbstände mehr. Da hat er darauß vermerckt, daß ihn die Königin Josephs der Insel auffgefangen, und seiner Mutter alles gesagt, wie es seiner Person halben ein Gelegenheit hette, und hab darauff Urlaub von ihr genommen, were hinweg gezogen, hette New und Leyb über seine Sünde bekommen, und sich zu einem Jünger Jesu versprochen, der Meynung, fromb und Gottesfürchtig zu werden, seine Sünde zu bereiwen, so were er darnach in dieses Unglück kommen. Vom Schemhamphoras wiffe er nichts, halts für ein Jüdisch Gedicht. Jesus habe den Schemhamphoras nicht kennet, sondern sein Wunderwerck für sich gethan, und nicht durch Zauberey. Die Zauberey sey ein Kunst, die mit deß Teuffels Hülff zugehet, über die der Teuffel, wie auch über die Zauberer, ein Herr sey, aber mit Jesu habe es viel ein ander Meynung. Wenn ein Zauberer in die Hell keme, er keme nie wieder herauß."

Der Erzengel Gabriel sagt aus: Jesum habe er in seiner Gottheit gekannt, so lang er sei, Mariam aber, seit er ihr die Geburt Jesu verkündigt habe. „Daß Jesu Mutter ein rechte ware Jungfraw vor, in, und nach der Geburt geweßt, und noch sey, und daß Joseph, ihr Vertrawter, sie niemals erkennet hab, könne er daher sagen, daß er selbst dem Joseph verbotten, die Mariam zu berühren. Es habe mit diser Jungfrawen gantz ein andere Gelegenheit, dann mit anderen, dann er und andere heilige Engel hetten sie jederzeit vor aller Unreinigkeit bewahrt, und wüste er für sie wol zu schweren, wenn es auch, nach Belial's Bemerckung, ein gemeines Sprichwort sey, daß einer solches Ding für seine eygene Schwester eydlich zu beschweren in Bedencken nemmen soll." Gleicherweise erklärt der Erzengel Michael in Betreff dieses Punktes: „Daher könne es Zeuge wahr sagen, daß er je und allzeit die Keuschheit der Jungfrawen Marien helffen bewahren, und sie sei nie mit unkeuschen Gedanken, viel weniger mit Worten, am wenigsten aber mit Wercken befleckt geweßt." — Ein weiteres Zeugnis für die unbefleckte Empfängnis Mariä stellt der Prophet Esaias durch eine sehr scharffsinnige Deutung seiner ihm vom heiligen Geist eingeflößten messianischen Weiffagung [Kap. 7, V. 14] aus: „Siehe, eine Jungfrau ist schwanger, und wird

einen Sohn gebären, den wird sie heißen Emanuel." Der Hauptnach-
druck liege auf dem Wörtlein „ift". Die Juben hätten die Prophezeihung
durch Veränderung des Praesens in das Futurum falsch ausgelegt: „Sie,
die N., so jetzt ein Jungfraw ift, wenn sie heurath, wirdt sie schwanger
und ein Sohn geberen, natürlicher weiß, wie ein anders Weib. Aber das
sey deß Heiligen Geistes Meynung gar nicht geweft, darumb habe Zeug
setzen müssen: Ein Jungfraw ift, id est jetzt schon schwanger im
Jungfrawstandt. Zum andern hat er angezeigt, daß sie ein Sohn gebern
und gleichwol ein Jungfraw sein werde, darumb stehe: Ein Jungfraw ift
schwanger, ein Jungfraw wird ein Sohn geberen." — Endlich gehört hieher
noch das Zeugnis des Evangelisten Johannes: „Und sey des heiligen Jesu
Mutter ein solches keusches und reines Jungfräwlein geweft, daß ihres
gleichen nie zuvor gesehen, auch nit auff Erden kommen sey, und er hab
sie noch auff den hentigen Tag bey sich in der Kost, und ihres reinen
Wandels halben kein Zweiffel in ihr Jungfrawschafft zu setzen." Zum
Beweis, daß übrigens auch bei den gelehrten Juden an letzterer nicht
gezweifelt werde, erzählt Johannes eine merkwürdige Legende, deren Haupt-
inhalt früher schon der Hohepriester Caiphas in ähnlicher Weise berichtet
hat: Zur Zeit des römischen Kaisers Justinian, im Jahre 528 nach
Christi Geburt [alles Dies sagt der Zeuge im Jahre 34 aus!] sei ein
frommer jüdischer Schriftgelehrter, Namens Theodosius, von einem christlichen Wechsler Philippus wiederholt ermahnt worden, sich zum Christenthum zu bekehren. Theodosius habe sich Dessen aus menschlicher Schwäche
geweigert, da er bei den Juden in großem Ansehen gestanden; allein er
habe seinem Freunde Philippus anvertraut, daß Christus auch bei vielen
Juden insgeheim für den wahren Messias gelte, wie aus folgender Erzählung erhelle. Die Juden hätten stets 22 Priester, nach der Zahl der
hebräischen Buchstaben und der Bücher des alten Testamentes, im Tempel
zu Jerusalem gehabt. Als zur Zeit, da Jesus in Judäa umhergewandert,
aber noch nicht als Lehrer und Wunderthäter aufgetreten, einer jener
Priester gestorben sei, habe man Jesum wegen seines frommen Lebens-
wandels zum Nachfolger desselben erwählt. Nun sei es aber Sitte gewesen, nicht allein den Namen des ausgewählten Priesters, sondern auch
die Namen seiner Eltern in ein Buch des Tempels einzutragen. Caiphas
berichtet über den weiteren Verlauf dieser Angelegenheit: „So hat man

sie alle drey beschicket, und erstlich von Joseph verstanden, daß er sein Verlobte noch nie erkennt, und als man sie zu Rede gesatzt, und auch durch hierzu insonderheit verortnete und der Sachen wolerfahrene Weiber Bericht und Erkundigung einnemmen lassen, woher sie dann diesen Jesum empfangen, wann sie noch ein Jungfraw sey, hat sie angezeiget: von dem heiligen Geist, und ihr Sohn Jesus were nicht eines Menschen, sondern wahrer Gottes Sohn." Etwas abweichend lautet der Bericht des Theodosius in der Aussage des Evangelisten Johannes. Danach haben die Priester, nachdem sie die Versicherung der Maria vernommen, „alsbald ihre Reinigkeit durch das EysserOpfer und bitter verfluchte Wasser, davon Moyses redet Numeri am 5. Cap., nach altem Gebrauch erforschen und explorirn lassen, wie dann auch zuvor Joseph selbst, da Maria ist schwanger gangen, solle per aquas repurgationis rein und unsträfflich erfunden sein worden. Da aber Maria auß aller Zeugnuß und Bewahrung rein gewesen, haben sie sie rein gesetzt, und also in ihr Buch geschrieben: ‚Auff diesen Tag ist verschieden unser Mitpriester, ein Sohn deß und dieser, und ist an seine statt auß gemeiner Willkühr erwehlet worden der Priester Jesus, welcher ist deß lebendigen Gottes Sohn, ein Sohn der keuschen Jungfraw Marien.'" Dies Buch sei bis zur Zerstörung Jerusalem's im Tempel aufbewahrt, dann aber in die Stadt Tiberias gebracht worden.

Der Zeuge Legion endlich, der arme Besessene, aus welchem Jesus zu Gazara die Teufel in die Sauherde trieb, sagt aus, der böse Geist habe beim Anblick Jesu aus ihm geschrieen: „O Jesu, du Sohn Gottes, des Allerhöchsten, was hab ich mit dir zu thun!" so daß also selbst von Seiten eines Teufels ein unverfängliches Zeugnis für die Göttlichkeit Christi vorliegt.

Begreiflicher Weise sind Belial und seine höllischen Auftraggeber arg enttäuscht, als sie erkennen, was für bedenkliche Dinge selbst ihre eigenen, so schlau gewählten Zeugen ausgesagt. „Es war eben alles ein Ding: wer unter deß Belials Zeugen Christum nit außdrücklich für Gottes Sohn und Messiam bekennet, der zweiffelt doch daran, dann er war mehr denn ein Mensch. Darüber war Lucifer also betrübt, daß er gleichsam in ein Ohnmacht fiele und fieng an zu schreyen: O zetter Mordio, O Jammer, O Noth, O HöllenTodt, O Leydt ohn End, O sterben mit verderbtem Leben, O Handschlagen, Grießgrammen, seufftzen, weinen und heulen!

Nun haben wir je an dieser Rechtfertigung weder Fleiß, Mühe noch Unkosten jemals gesparet. Ach, wo es die Richter und Assessores nemmen,
so wollen wir ihnen gern Schenck und Gab geben, und alles, was per
fas & nefas daran zu wenden, noch fernerrs daran wenden, und nicht
sparen. Wann aber je das alles nicht helffen will, so schlag Schwessel,
Bech, Salpeter, Pulser, Hutrauch, Trachen, Ottern, Schlangen, Glut und
aller Hellischer Brandtsvorrath in das Geloch!" Es ist vergebene Mühe,
daß Belial in seiner Probationsschrift, nach dem Rathe Belsebor's, wieder
die Zeugenaussagen verdreht und verfälscht, aus Schwarz Weiß, aus Weiß
Himmelblau macht, und dem Recht eine wächserne Nase dreht. Die kurzsichtigen Teufel schöpfen zwar für den Augenblick neuen Muth und dräuen
schon dem menschlichen Geschlecht, „wann sie dessen wieder mächtig würden, wie sie mit ihm umbgehen, wie sie die Hell (dem Babylonischen
glüenden Ofen gleich) verheitzen, mit Salpeter, Schwessel, Bech, Hütten-
und Büttners Rauch erstencken, erdempffen, verbittern, und mit Schnee
und Eyß, Fewer erkalten, mit Schlangen, Ottern, Blindschlangen, Trachen,
Uncken, Crocobilen, Kröten, Salmanter, Basilisken, Molbwürmen, Scor-
pionen und andern vergifften Ungziffern, Blut und Schwerengifften verun-
reinigen, ihr auch wol zetter, jammer, morb, wemer, grißgrammen, zeen-
klappern, heulen, schreyen, winseln und klagen dermassen erweitern, er-
grössern, erheuffen und mehren wolten, viel erger, als kein Menschenzung
aussprechen, kein Schreiber auff der Welt schreiben, kein Mensch begreiffen,
außrechnen, oder mit einiger Pein, wie groß die immermehr were, vergleichen oder anzeigen könte." — Aber eitle Hoffnung! — Moses zerreißt
alle Spiegelsechtereien höllischer Rabulisterei mit dem Schwert göttlicher
Wahrhaftigkeit, und als Belial, welcher vergeblich die Richter und Gerichts-
schreiber zu bestechen sucht, vollends einem der Assessoren, den er betrunken
gemacht, die Nachricht entlockt, daß das Urtheil ganz ohne Zweifel für
Jesum Christum ausfallen werde, beschließen die Teufel, lieber durch einen
Kompromiß mit Letzterem der Sentenz zuvorzukommen.

Es fragt sich jetzt, wer darüber mit Jesu oder Mosi unterhandeln
solle. Von den Teufeln hat keiner Muth und Lust dazu, und Dagon, ein
alter abgöttischer Teufel, meint witzig: „Unser Raht gemanet mich gleich
an der Meuß Raht, die den Katzen die Schellen anhencken wollen, daß
sie dieselben darbey hören und ihnen entlauffen können, welcher Raht ihnen

den Menſſen auch gar wol gefiel, und vermeinbten baburch ihrer viel
beym Leben zu behalten. Sie warn aber nit ſo geſcheub, baß ſie bebächten,
bie Katen würben ihnen bie Schellen nit gern anheuden laſſen, biß enblich ein alte Mauß herfür fommt unb fraget, wer bann ſolche Schellen
ber Katen anhenden würbe, bann ſie für ihre perſon gebacht es nit zu
thun, ſo werbens auch ber anbern Mcuſſe keine thun, unb iſt ſolches
Schellen anhenden biß auff ben heutigen Tag verblieben." Man beſchließt
enblich, ben römiſchen Rathsherrn unb Bürgermeiſter Cicero, ber ein
trefflicher Nebner ſei unb gut ſchwaten könne, mit ber häßlichen Aufgabe
zu betrauen, unb bieſer übernimmt um ſo lieber bie Miſſion, als er burch
Chriſti Gnabe vielleicht ber Hölle entriſſen zu werben hofft. Moſes
empfängt ihn ſehr mißtrauiſch am Parabieſesthor, verſpricht aber boch,
ſeinem Principel ben Vorſchlag zu berichten. Cicero muß inzwiſchen
vor ber Pforte bes Parabieſes warten, ſo gern er bie Luſtbarkeit beſſelben
viel lieber aber noch ben Herrn Jeſum ſelber geſehen unb mit ihm gerebet
hätte, „weil er ſo viel von ihm ſagen hören, beſonbers baß er Gottes
Sohn were. Dann er gern ein lebenbigen Gott geſehen, unb mit ihm
Kunbſchafft gemacht hette, bann ſeine Heybniſche Götter haben nicht können reben, ſehen, hören, riechen, ſchmecken, gebenden, greiffen unb gehen."
Aber Moſes, ber harte Eiferer, will Das nicht geſtatten. Er meint, er
habe ſelbſt am Hofe bes Königs Pharao, „item nach ber Flucht von
Egypten, als er 40 Jahr im Exilio mit ber Schäferei zugebracht," unb
als Prophet unb Führer ſeines Volls in ber Wüſte, ſo viel gelitten, unb
ſei boch nicht ins gelobte Land gekommen. Da nun „anbere Menſchen
nicht ſo viel ausgeſtanben ober ſo viel an Gottes Werden gearbeitet, als
er, ſo erforbert er ſolche Straffe von Gott über alle Menſchen, unb miß-
gönnet ihnen gleichſam Gottes Gnabe unb bie ewige Seligkeit. Unb eben
barumb mußte Cicero vor beß Parabeiß Thor warten, biß er ſein Bott-
ſchafft bey Jeſu geworben hett." Jeſus weiß zwar, baß er ben Proceß
nicht verlieren kann, willigt aber boch in ben vorgeſchlagenen Kompromiß,
unter ber Bebingung, baß beibe Theile ſich bei ernſtlicher Strafe ver-
pflichten, unweigerlich ben ſchiebsrichterlichen Spruch zu befolgen. Zugleich
ernennt er ben römiſchen Kaiſer Octavianus unb ben Evangeliſten Johannes zu ſeinen Schiebsrichtern, welchen Belial ſeinerſeits gleichfalls einen
geiſtlichen unb einen weltlichen Schiebsrichter hinzufügen möge; ber Ob-

mann solle Joseph in Egypten sein. Die Teufel sind damit zufrieden, und wählen ihrerseits den Caiphas und den gewaltigen heidnischen Philosophen Aristoteles.

Die Verhandlungen finden am 18. und 25. März des Jahres 34 nach Christi Geburt zu Jerusalem in dem großen Saale auf dem Palatio statt, in welchem Jesus vor einem Jahre mit seinen Jüngern das Osterfest gehalten und gleichzeitig der Teufel in Judam Ischarioth gefahren. Das Protokoll führt, wie bei den Verhandlungen der Appellationsinstanz, der römische Dichter Seneca. Die bisherigen Sachführer der beiden Parteien, Moses und Belial, sollen nur zweimal, und zwar gleichzeitig, weitere Schriften einreichen dürfen: dann soll das schiedsrichterliche Urtheil gefällt werden. In der ersten Schrift Belial's ist allenfalls die Behauptung erwähnenswerth: Gott habe den Teufeln den Ort oder die Festung der Hölle zu einer ewigwährenden Wohnung überwiesen. Dies Wörtlein „ewig" habe nothwendig den Verstand, „daß solche Immission oder Eynweisung der Zeit halben nimmermehr kein aufhörens habe. Hat aber der Teuffel Wohnung kein aufhörens, so volgt unwidersprechlich darauß, daß weder Jesus noch jemand anders ihnen solche Wohnung wider nemmen, zerstöhren und verwüsten soll, kann oder mag, sondern daß solche Wohnung stettig für und für und ohne aufhören der Teuffel lauter eygen sey und bleibe." Moses widerlegt diese Supposition durch Wiederholung seiner früheren Ausführung: Gott habe durch Verstoßung der Teufel in die Hölle sich seiner Oberherrlichkeit über dieselbe niemals begeben, er könne nach wie vor mit seinem Eigenthum machen, was er wolle, und der gegnerische Syndicus möge sich nicht einbilden, daß Lucifer mehr Gewalt über die Menschen habe oder die Hölle heißer heizen dürfe, als Gott ihm's verhänge.

Die in ihrer Gravität höchst possierlichen Debatten der Schiedsrichter enden damit, daß Letztere sämmtlich von dem Ungrund der Klage und von dem guten Rechte Christi überzeugt werden, und daher fast verbotenus dieselbe Sentenz fällen, welche der Appellationsrichter bereits formuliert hatte. Der Kaiser Octavianus bedauert schmerzlich, daß er die theologischen Belehrungen des Evangelisten Johannes, nicht früher bei Lebzeiten, empfangen habe, „es soll uns lieber als unser Keyserthum gewesen seyn." Das Mysterium der Trinität, daß „ein Ding drey, und drey ein Ding seyn könne", erläutert Johannes scharffinnig an dem Beispiel der Sonne: „Die Sonne ist nur eine Sonne, die gibt von ihr den Glanz, und der Glanz gibt die Wärm' oder Hiß', und deren seynd dreyerley, als Sonn', Glanz und Hiß', und aber doch nur eine einßliche Sonnen." Aristoteles, der in seinen letzten Worten: „O, Ens Entium, miserere mei!" ein Ding aller Dinge, ein Wesen, das über seinen heidnischen Göttern stehe, geahnt und angerufen, sieht ein, daß es ihm troß all' seiner Weisheit an der rechten, vollständigen Erkenntnis Gottes gefehlt habe, und daß Moses ein besserer Philosoph, als er selber, sei. Sogar der verstockte Caiphas ist zuletzt genöthigt, Jesum nicht mehr für einen Lügner und Zauberer, sondern für Gottes wahrhaftigen Sohn und den Messias zu erklären; denn mit dem Schemhamphoras sehe es doch recht windig aus. Er selbst könne ja das große Wort ebenfalls aussprechen und kenne dessen Bedeutung, vermöge aber nicht das kleinste Wunderwerk dadurch zu verrichten. Der Ringkampf Jesu mit Judas Jscharioth, welcher ihm am Charfreitag gen Himmel nachgefahren sei und ihm ein Bein zerbrochen habe, müsse pure Fabel sein, denn Jesus sei zu dieser Zeit in seinem, des Caiphas, Verwahrsam als Gefangener gewesen, Judas aber habe sich schon am Freitag früh erhenkt. Ebenso widersinnig sei die Annahme, daß Jesus, wenn er durch den Schemhamphoras Alles vermocht habe, nicht auch den großen Kohlstengel, aus welchem man das Kreuz für ihn gemacht, sollte haben beschwören können. Alles Dies habe er zuvor nicht bedacht. „Ach Gott, wir Jüden denken in geistlichen Sachen so weit nicht, sondern wann uns unsere Rabuni etwas sagen und fürhalten, so sehen wir auff die authoritet ihrer Personen, und nicht auff die Umb- ständ, ob ein Ding seyn könne oder nicht."

Das schiedsrichterliche Endurtheil lautet: „Wir Octavianus Augustus, der II. Römisch Keyser, allezeit Mehrer deß Reichs, Caiphas der Jüdisch Hohepriester zu Jerusalem, Johannes ein Jünger, Apostel und Evangelist Jesu von Nazareth deß Sohn Gottes, Aristoteles der Philosophy Magi- ster zu Stagirita, als nidergesaßte Compromissarii oder Schußrichter in der Appellationssachen, die sich vor dem Durchlenchtigen, GOttesfürch- tigen, keuschen und frommen Joseph, Sohn Jacobs deß Patriarchen in Canaan zu Hebron, Königlicher Würden in Egypten Presidenten und Statthalter, als belegierten und verordneten Göttlichen Commissario und OberRichter zwischen Lucifer dem Hellischen Großfürsten und der Hellischen Gemein, oder ihrem Syndico Klägern und Appellanten eines, und dann auch Jesu von Nazareth, dem Sohn Gottes und Mariae, Messiae, Erlöser und Heyland der gantzen Welt, und Moysi, seinem Anwaldt Beklagten und Appellaten, anderntheils erhaltet, Bekennen sampt und jonders, daß wir nach Verlesung aller in beyder Jnstantz verübter acta und Actitaten, verführten Kundschafften und allen andern für- und einbringen, auch dessen, so vor uns, dem geschwornen und verpeenten Compromiss und gethanem Beschluß gemeß, so schrifft- als mündlich eintommen, für recht achten und sprechen: daß in voriger Jnstantz vom König Salomone zu Jerusalem rechtmässig und wol geurtheilt, und aber übel und unbefügter weiß darvon appellirt worden, und demnach diese Sachen dabey billich zu bewenden sey. Wir erkennen und sprechen auch ferner, daß Jesus Gottes Sohn, und Lucifers und aller Teuffel Herr, Lucifers auch und aller anderer Hellischen Geister Gefängnüß so lang wehren, daß sie ferner über einigen Menschen keinen Gewalt oder Macht (wie der genennet) haben · sollen, dann so weit ihnen auß Gottes unerforschlichem Gericht verhengt werde, und daß allein diejenigen, die Jesus nach seiner Hellenfarth mit sich nicht auß der Hellen geführt, und die biß an den jüngsten Tag an der Barmherzigkeit Gottes mutwilliger weiß verzweiffeln, Jesum in wahrem Glauben nit erkennen wöllen, in Sünden verharren und darinnen absterben, sampt allen die Jesus am jüngsten Tag mit Urtheil und Recht in die Hell verdammen wird, ihrer der Teuffel leibeygen seyn und bleiben, und hinführo, wie zu Jesu, dem Menschlichen Geschlecht keinen Zuspruch nimmermehr haben, noch sie mit List wie Evam hintergehen sollen, alles und jedes bei Peen dem Compromiss einverleibt. Jnmassen dann Moyses an statt seines HErrn Jesu, und Belial an statt Lucifers und der Gantzen Hellischen Gemein dessen Außspruch also angenommen, stett festzuhalten, an Eydts statt angelobet und zugesagt, Dessen zu Urkund so haben wir die obbenannten Nidersetze mit und neben dem Obmann, diesen Außspruch mit unsern eignen Jnsigeln besigelt, und uns mit eignen Händen unterschrieben. Actum zu Jerusalem, Freytags den 25. Martii Anno 34."

Belial erschrak über dies Urtheil so heftig, „daß er, zuvor gantz fewerroth, erbleiche, als solte man ihn jetzt begraben, und wuste nicht,

was er sagen soll. Und weil ihn Mopses außlachet, ward er ergrimmt,
daß, wo es auff diesem Saal nicht ein gefreyeter Orth gewest, er den
Mopsen himmelblaw geschlagen hett. Also zahlet er seines Theils Un-
kosten, und zottet mit sein armen Leuten, wie ein Wolff auff weiter
Heyden auß einem Schaaffpferg, gen Hellen, weitab lincker Handt von
Jerusalem."

Lucifer hat bereits alle Teufel, welche den früheren Berathungen der
höllischen Gemeinde beigewohnt, zu sich berufen, und wir erfahren bei
dieser Gelegenheit ihre sämmtlichen Namen, Ämter und Würden, — ein
verruchtes Dämonenregister, das an Länge dem homerischen Schiffskataloge
Nichts nachgiebt, denselben an Kurzweiligkeit aber weit übertrifft. Die
Teufel sind ziemlich gefasst; sie wissen ja, wie schlecht ihre Sache steht,
und daß sie nicht Mehr verlieren können, als sie bereits verloren haben.
Und als Belial ihnen das Urtheil mitgetheilt, tröstet sie Belsebor mit
Worten, welche die antipäpstliche Gesinnung des Verfassers dieser juristischen Divina Comedia noch deutlicher, als der vorhin angeführte Ausspruch über die Luther'sche Bibelübersetzung, verrathen: „Was sollen wir
uns viel bekümmern? Ich glaub nicht, daß ihr alle diesen Außspruch
recht verstehet; es ist uns Teuffeln noch nicht aller Gewalt zerstöret, so
erstrecket sich auch unser Gefängnüß nicht auff alles oder auf ewig, sondern wir seynd gefangen allein wider die frommen und über die uns
Gott nicht verhengt. Dargegen seynd uns zugesprochen alle diejenigen, die
in ihren Sünden unbußfertiger weiß auß dieser Welt fahren. Item,
die Jesum nicht für Gott erkennen, die in Sünden verzweiffeln, und die
so Christus in das ewig Verdammnüß am Jüngsten Tag verordnen wird.
So rechnet nun selber auß, wie viel hats doch auff der Welt Jüden,
Türcken und Heyden, die Christum nicht für Gott, Messiam und den
Erlöser der Welt erkennen, sondern ihn nicht weniger als wir Teuffel
selbst verläugnen, verachten, lästern, schenden und schmehen, ach wie viel
hats abergläubischer Bäpst, und in allen Ständen Geistlicher Leut, die
wider ihr besser Wissen und Gewissen, Pflicht- und Eydvergessner, trew-
loser weiß, ihre Regel und Statuta brechen, denselben auch, ihren Geistlichen Rechten zuwider, sich mit schencken, schmieren, Gaben, Fürbitt grosser
Leut, in die Ämpter, Bißthumb und Praelaturen eindringen, und von
wegen deß grossen Einkommens die edle Seel in die Schantz schlagen.

Auch bedencket doch, was die Gottlosen Geiftlichen für schreckliche, schwef-
felbechifche Sodomsterey, wider ihre gelobte Keuschheit, in ihren Klöftern
und Stifften treiben, wie fie die rechte wahre Religion und den Glauben
wider ihr wiffentliche Wahrheit verläugnen, grewliche, erschreckliche Ab-
götterey wider das ausgetruckte, klare Wort Gottes treiben, und sonften
viel unzehliche böse Thaten, welches hieher zu erzählen viel zu lang were,
verüben. Wie viel hats in der Welt Widertäuffer und andere Ketzer
und Schwermer, wie viel hats meinetybige Spieler, Wucherer, Gottslästerer,
Freffer, Säuffer, Chebrecher, Hurer, Diebe, Mörder, Strassenräuber,
Landsfriebbrecher, Mordbrenner, Müntzfälscher, falsche Juristen, ungerechte
Richter und Regenten, Epicurer, Berächter Göttliches Worts, und andere,
wie viel werden ihr dann noch biß an den Jüngsten Tag werden. Darumb so haben wir eben Leute genug, es wird allezeit der weniger Theil
selig, wie Jesus selbft gesprochen: daß ihr wol viel beruffen, aber wenig
außerwehlet seyn. So wöllen wir so viel der Legion deiner Tenffel,
Könige, Fürsten, Marggraffen, Graffen, Oberste, Führer, Hauptleut und
andere, die auff allerley Laster auff der gantzen Welt abgeführt seynd,
als wie die Burckhäuser Würffel, mit allerley Anleitungen, allen ober-
zehlten verbampten Ständen, noch ein groffen mächtigen Hauffen uns an-
hängig machen und die Hell mit solchem losen Gefinblin, deffen die gantze
Welt fast voll ist, dermaffen erfüllen, daß du nicht wiffen folt, wo mit
auß oder ein. Darumb habt nur ein gutes Hertz, singt, jauchtzt und
springt, wir haben gar gute Sachen; der Belial, welcher vorhin ein Regent über 80 Legion Teuffel ist [eine Legion Teufel zählt, wie wir ander-
wärts erfahren, 6666 böse Geister], hat verdienet, daß man ihm noch
80 Legion zuordne. Da biß Lucifer höret, ward er erfrewet, und sprach:
Fröhlichern Trost hat mir noch keiner zugesprochen als du, mein Belsebor
darumb so hab Danck deines Trosts. Und du Belial hab Danck, du haft
an dir nichts erwinden laffen, du bist hievorn über 80 Legion Teuffel
ein Regent gewest, und du solt noch über 80 Legionen gesetzet, und alles
was wir dir verheiffen, fol dir alles trewlich gehalten werden. Darumb
ihr lieben Fürsten und Herren der Hellen, gehet zu ewren Gemachen biß
zu Nacht, so kompt alle zu mir, und effet mit mir zu Gaft, da wöllen
wir den Belial confirmirn zu allem dem so wir ihme verheiffen, daß er
neben mir und dem Sathanas fol der oberften HellenRegenten einer seyn.

Wir müssen doch selbst bekennen, daß wir Jesum umb keine fügliche Sachen mit Recht fürgenommen. Und damit ging ein jeder biß zur Nachtmal= zeit zu seinem Beruff, und ist seythero in der Hell kein solche Frewde gewest, als auff diesen Tag, da Belial mit dem Außspruch gen Hellen kommen war, welcher mit seinem Fleiß diesen gantzen Proceß zu diesem End und Außgang gebracht.‟